新编高等学校人力资源管理专业系列教材

现代企业人力资源管理

第三版

主　编　安鸿章

中国劳动社会保障出版社

图书在版编目(CIP)数据

现代企业人力资源管理/安鸿章主编. —3版. —北京：中国劳动社会保障出版社，2014

新编高等学校人力资源管理专业系列教材

ISBN 978-7-5167-0889-7

Ⅰ.①现… Ⅱ.①安… Ⅲ.①企业管理-人力资源管理-高等学校-教材 Ⅳ.①F272.92

中国版本图书馆CIP数据核字(2014)第048004号

中国劳动社会保障出版社出版发行

（北京市惠新东街1号　邮政编码：100029）

*

保定市中画美凯印刷有限公司印刷装订　　新华书店经销

787毫米×1092毫米　16开本　34.75印张　574千字

2014年3月第3版　　2014年3月第1次印刷

定价：59.00元

读者服务部电话：(010) 64929211/64921644/84643933

发行部电话：(010) 64961894

出版社网址：http://www.class.com.cn

第三版前言

本书第一版自1995年出版以来，随着科学技术的进步和世界经济的全球化，国外先进的人力资源管理理论的广泛传播，人力资源管理这门学科在我国得到了迅速发展，越来越多的高等院校和科研院所开始关注人力资源管理的理论研究，并纷纷开设了人力资源管理专业或相关课程，企业也逐渐意识到人力资源在各项管理中的重要地位和作用，并将人力资源开发与管理提升到企业发展的战略高度。同时，由于我国企业管理水平的提高，以及人力资源管理实践活动的不断深化，使现代人力资源管理的理论和方法得到极大丰富和发展。

2002年本书出版了第二版。当时，作者根据教学的需要，在认真听取有关专家意见的基础上，对本书的构架作了重新设计，在保证基本理论和概念体系完整性的前提下，对大部分章节进行了调整，其新增加的大部分内容是作者长期深入企业参与人力资源管理实践的经验总结，也反映了作者致力于人力资源管理理论研究的最新成果。

现今，为了适应现代企业人力资源管理的新变化，作者根据新形势的要求，又对本书第二版做了全面的修订。在整体构架不变的情况下，本书第三版由原来的十四章，压缩到十二章，并对各个章节的内容进行了删减、修改和补充，以进一步体现我国企业人力资源管理独有的特色，力求把现代企业人力资源管理的最新理念和研究成果介绍给广大读者。

本书从第一版印行到第二版修订，再到第三版付梓，前后经历近廿年，跨越两个世纪。作为本书的主编，我深切地感到：如果本书对每位读者开卷有益，对企业人力资源管理有用，对学科及其专业的建设有利，那将是令人感到十分欣慰的事情。

参加本书第一版、第二版编写的有：安鸿章、李琪、刘雄、吴江、吴孟捷、田大洲、李丹、张兰等。第二版修订时，曾得到中国人民大学刘昕博士、南京理工大学朱必祥老师的帮助。

参加本书第三版编写的有：安鸿章、汪昕宇、王宝石、许明月、刘凤霞、李新娥、刘传青、李晨、彭莹莹、刘霞、张玲玲、刘慧勇、王彦芳、荣风杰等。本书由安鸿章教授主编，联合大学生化学院人力资源研究所汪昕宇副教授、王宝石副教授任副主编。

由于作者的水平有限，本书还存在着许多缺陷和不足，恳请广大读者批评指正，以便作出修改，使其更加充实和完善。

安鸿章

于 2013 年 9 月 10 日

目录

Contents

第一章 导论

第一节 企业人力资源管理的基本概念和作用

一、人力资源的一般特点

人力资源是指在一定的时间空间条件下，劳动力数量和质量的总和。按照不同的空间范围，人力资源可区分为：某国家或区域的、某一产业（或行业）或某一企业的人力资源。劳动力即人力资源作为一种特殊的资源，与自然界其他的资源相比具有以下几个特点：

（一）时间性

以劳动力的生产和再生产的周期来看，一个成熟的劳动者的培养教育需要相当长的时间，少则十五六年，多则二十几年。即使是一个成熟的劳动者，随着科学技术的进步，生产条件的变更，也需要进行再培养、再教育，才能适应生产发展的需求。也就是说劳动力的生产具有长期性。从劳动力的具体形式上看，劳动者体力形成后，如果在一定时间限度内不被使用，它就会自然消耗掉，体力不能像物品一样储存起来，以备再用。劳动者的智力与体力不同，它的形成和发展需要经过一个长时期的积累过程。劳动者的智力形成后，如果长时期得不到发挥，也将白白浪费掉。也就是说，劳动者的体力、智力不能及时合理地被使用，就会随着时间的推移而流失。

（二）消费性

人力资源作为一种“活”资源，无论是存在还是被开发利用都离不开消费。劳动者个人既是生产者，又是消费者。企业在研究开发和利用自身人力资源时，必须注意物质原则的贯彻，因为劳动者具有生存、享受与发展的物质需要。

（三）创造性

人力资源区别于其他资源的最本质的特征，就在于它是“有意识的”，具有无限的创造力。在其从事脑力和体力活动的过程中，它不仅增强了自身抵御自然或社会困难自我完善自我发展的能力，而且也极大地丰富了人类物质资料的生产和生活，推动了人类社会的发展。从社会的角度看，人力资源的创造性特征表现为通过社会制度的完善与创新，调动社会全员的积极性，实现各种社会资源的有效配置，以推动生产力的发展；从企业的角度看，员工创造性特征是通过有效的员工激励，推动企业生产率的不断提高；从个体来看，它是通过人力资本的再投资，提升智力资本的竞争力，从而获取人力资本投资收益的最大化。

（四）主体能动性

人力资源区别于其他物质资源的一个最重要的特点，就在于它是一种具有主观能动性的资源。从资源开发的角度看，人力资源既是被开发、被管理的对象，又是自我开发、自我管理的主体。作为被开发的对象，人力资源开发的广度和深度，取决于社会的、经济的、宏观的、微观的外部条件，劳动者的劳动力是被开发的对象，而开发的主体是社会、企业或单位；作为自我开发的主体，劳动者个人的主体能动性，对于人力资源开发的效果，具有很重要的影响。在这里，劳动者个人是开发的主体，开发的对象是劳动者自身的劳动能力。在一定条件下，劳动者对自身劳动能力的开发程度和效果，取决于劳动者个人的主体条件、政治素养、价值观念、使命感、责任心、意志力、自我控制力等。这些因素越是接近最佳状态，人力资源开发的效果就越好。企业在运用各种方法进行人力资源管理，开发人们劳动能力的过程中，必须掌握人力资源这一特点，劳动者的自我开发与被开发是相互联系不可分割的整体。

二、人力资源管理的基本概念

人力资源管理是为了实现既定的目标，采用计划、组织、领导、监督、激励、协调、控制等有效措施和手段，充分开发和利用组织系统中的人力资源所进行的一系列活动的总称。

从人力资源管理的对象来看，人力资源管理活动表现为以下两个方面的内容：

1. 对人力资源外在要素——量的管理

对人力资源进行量的管理，就是根据人力和物力及其变化，对人力进行恰当的培训、组织和协调，使二者经常保持最佳比例和有机结合，使人和物都充分发挥出最佳效应。

2. 对人力资源内在要素——质的管理

对人力资源进行质的管理，主要是指采用现代化的科学方法，对人的思想、心理和行为进行有效的管理（包括对个体和群体的思想、心理和行为的协调、控制和管理），充分发挥人的主观能动性，以达到组织目标。

如果从人力资源管理概念范畴的形成过程来看，它有两个基本含义。一是指组织中的人力资源管理工作，即人们在改造客观与主观世界的过程中所发生的人力资源管理实践活动；二是有关人力资源管理的理论，即现代人力资源管理学。人力资源管理活动是人力资源管理理论的基本前提和基础，而人力资源管理理论又是对人力资源的各种管理工作和实践活动在理论上的高度概括和系统的总结。

进入 20 世纪 60 年代以后，企业的经营管理者开始摒弃“劳动人事管理”的用语，而代之以“人力资源管理”的新术语。这是因为现代企业人力资源管理出现了一系列新的变化，使它与传统的劳动人事管理之间存在着许多不同点。

首先，在市场经济条件下，社会资源的合理配置是通过市场机制来实现的，企业作为资源配置的主体，需要采取一系列有效措施和手段，在市场竞争中实现诸生产要素的组合和再组合，以不断实现效益最大化。资源配置即人力、物力和财力的配置是对相对稀缺的资源在各种可能的生产用途之间做出的选择，或者说是各种资源在不同使用方向上的分配，以获得最佳效益的过程。企业内部各种生产要素的补充、调节是通过外部市场的作用来保证的，而企业内部人力、物力、财力三大资源的合理配置则必须通过有效的科学管理来实现。

现代企业人力资源管理理论是以企业人力资源为中心，研究如何实现企业资源合理配置的学问。它冲破了传统的人事管理的约束，不再把人看成是一种“技术要素”，而是把人看成是“具有内在的建设性潜力”的因素，把人当做一种使组织在激烈的竞争中生存、发展，始终充满生机和活力的特殊资源来刻意地发掘；它不再是把人置于“严格监督与控制之下”，而是要为他们提供、创造各种条件，使其主观能动性和自身劳动的潜力得以充分地发挥；它不再容忍人才的浪费和滥用权力造成员工士气的低落，而是要像保护自然资源为子孙后代造福一样，珍惜和爱护人力资源。人力资源是各种资源中最宝贵的资源，是创造社会物质财富的源泉，因此，必须杜绝人力资源的浪费。

其次，现代企业人力资源管理充分运用了当代社会学、心理学、管理学、经济学、技术学等学科的最新研究成果，为了有效地对劳动者进行管理，以社会为背景，从不同视角对人作了深入探讨和研究，提出了一系列新的管理原则和方法。例如，早在 20 世纪 70 年代美国的心理学博士韦恩·卡肖教授（Wayne F. Cascio）等人就指出：现代人力资源管理在社会经济发展中具有不可估量的意义和作用，为了促进经济效益的提高，虽然我们面临的最迫切的需求是提高生产率——从投入中得到更多的产出。但是在研究生产率问题的同时，还必须注意提高员工的职业生活质量。职业生活质量是指员工在工作中所产生的心理和生理健康的感觉。衡量职业生活质量的指标是多方面的，既有物质方面，又有精神方面的，如劳动报酬、福利、保险、工作安全性和民主性、工作紧张程度、工作时间的长短与灵活性、参与有关决定的程度等。参与管理是改善职业生活质量的重要措施。参与形式多种多样，而最有效的形式是：（1）通过实施奖励提高生产率；（2）通过工作改革增加工人的责任心和自觉性；（3）通过教育、培养和训练，鼓励更多的员工参与。

20 世纪中期以来，国内外有大量的心理学、教育学、管理学和社会学专家围绕人力资源管理问题进行了非常有意义的研究，提出了一系列新观点、新学说和新理论，极大地丰富充实了现代人力资源管理理论，使其不断完善臻于成熟，成为现代管理科学的一个重要分支。

最后，现代企业人力资源管理更加强调了管理的系统化、规范化、标准化以及管理手段的现代化。为了实现企业人力、物力、财力资源的有效合理配置，第一，要加强计划性，使劳动人事工作的各个方面在一个经过精心设计的系统中，得到合理、妥善的安排；第二，从员工的招收、录用，到培训、考核、晋升、奖惩、报酬等各个环节都应实现标准化、规范化，做到有章可循，不因人员变动而受到影响；第三，管理手段要现代化，运用系统论的原理来处理每项工作，充分考虑它的前因后果、纵向和横向的联系，要运用电子计算机来储存和处理人力资源管理信息。总之，全面推行管理的现代化、标准化，才能适应社会化大生产的要求，这也是现代人力资源管理的实践及其理论的一个重要特征。

目前比较公认的观点是：现代企业人力资源管理就是一个获取、整合、保持、激励、控制、调整和开发企业人力资源的活动过程。通俗地说，现代企业人力资源管理主要包括求才、识才、用才、育才、激才、留才等一系列工作任务。

三、现代人力资源管理的特征

随着经济体制改革的深入，传统的劳动人事部门的工作内容都在不断调整、不断变化，传统的劳动人事管理工作逐渐被现代人力资源管理所取代。现代人力资源管理与传统的劳动人事管理的主要区别是：

1. 在管理内容上。传统的劳动人事管理以事为中心，主要工作就是管理档案、人员调配、职务职称变动、工资调整等具体的事务性工作；而现代人力资源管理则以人为中心，将人作为一种重要资源加以开发、利用和管理，重点是开发人的潜能、激发人的活力，使员工能积极主动地、创造性地开展工作。

2. 在管理形式上。传统的劳动人事管理属于静态管理，也就是说，当一名员工进入一个单位，经过人事部门必要的培训后，安排到一个岗位，员工完全被动性地工作，自然发展；而现代人力资源管理属于动态管理，强调整体开发，也就是说，对员工不仅安排工作，还要根据组织目标和个人状况，为其做好职业生涯设计，不断培训、不断进行横向及纵向的岗位或职位调整，充分发挥个人才能，量才使用，人尽其才。

3. 在管理方式上。传统的劳动人事管理主要采取制度控制和物质刺激手段；现代人力资源管理采取人性化管理，考虑人的情感、自尊与价值，以人为本，多激励、少惩罚，多表扬、少批评，多授权、少命令，发挥每个人的特长，体现每个人的价值。

4. 在管理策略上。传统的劳动人事管理侧重于近期或当前人事工作，就事论事，只顾眼前，缺乏长远，属于战术性管理；现代人力资源管理，不仅注重近期或当前具体事宜的解决，更注重人力资源的整体开发、预测与规划，根据组织的长远目标，制定人力资源的开发战略措施，属于战术与战略性相结合的管理。

5. 在管理技术上。传统的劳动人事管理照章办事，机械呆板；而现代人力资源管理追求科学性和艺术性，不断采用新的技术和方法，完善考核系统、测评系统等科学手段。

6. 在管理体制上。传统的劳动人事管理多为被动反应型，按部就班，强调按领导意图办事；现代人力资源管理多为主动开发型，根据组织的现状、未来，有计划有目标地开展工作。

7. 在管理手段上。传统的劳动人事管理手段单一，以人工为主，日常的信息检索、报表制作、统计分析多为人工进行，很难保证及时、准确，并浪费人力、物力和财力；现代人力资源管理的软件系统、信息检索、报表制作、核算、测评、招聘等均由计算机自动生成结果，及时准确地提供决策依据。

8. 在管理层次上。传统的劳动人事管理部门往往只是上级的执行部门，很少参与决策；现代人力资源管理部门则处于决策层，直接参与单位的计划与决策，为单位的最重要的高层决策部门之一。

四、现代企业人力资源管理学的研究对象

现代企业人力资源管理学作为现代管理学的一个重要分支，它具有很强的综合性、艺术性和实用性，并有十分明确的研究对象。一门学科的研究对象是指它所研究的客体和范围，现代企业人力资源管理学就是以企业中的劳动者——人，以及人与人、人与组织、人与事、人与物之间的相互关系作为自己的研究对象。

在市场经济条件下，企业要克敌制胜立于不败之地，生产出适销对路的产品，就必须有效地对人进行管理，实现各种生产要素的合理配置。因此，现代企业人力资源管理学的基本任务就是以人为中心，深入探索和研究企业生产经营活动中人与人、人与组织、人与事、人与物的相互关系，在掌握其发展变化规律的基础上，构建一个完整的企业人力资源管理的基本概念、基本原理和基本方法的理论体系。同时，还应当指出：

第一，现代企业人力资源管理学所要研究的范围，涉及企业生产过程中的劳动者、劳动对象、劳动资料和劳动环境等多种要素，它们是一个互相联系、互相制约的动态系统，而在这一系统中劳动者是最积极主动、最具创造力的要素。事实上，企业人力资源管理的过程，就是协调处理劳动者在劳动过程中人与事、人与物以及人与组织、人与人之间关系的过程。因此，现代企业人力资源管理学虽然是以劳动者为中心，但它从不忽视人力与物力、财力等要素之间的密切联系，它是在与物质要素的密切联系中去深入探索和研

究人的要素。

第二，现代企业人力资源管理学所要研究的内容，如果从劳动过程各个生产要素的性质和关系上看，其基本内容包括以下两个方面：

一是对人力资源数量方面的管理。在市场经济条件下，企业要保持竞争的优势，首先必须保障企业人力资源与物力、财力资源配置的科学性和合理性，才能真正提高企业的核心竞争力。企业人力资源在数量上的合理配置，主要表现在对企业员工的外在性管理，即定编定岗定员定额管理、人力资源规划、人员招聘与配置等，诸如企业组织结构模式的选择与机构设置，劳动组织的科学化（分工与协作、工作时间和轮班组织、工作地组织），等等。企业需要通过规划、招聘、调配、晋升、流动等人事管理的途径和手段，根据不同时期内外环境和条件，以及人力、物力和财力的变化，适时地对人力资源供求关系进行动态的调整，实现企业人力资源的优化配置，发挥其最大的能量和效应。

二是从人力资源质量方面进行管理，即对企业员工的内在性管理。它是以提升人力资源的综合素质为中心，注重人的职业技能的培训与开发，运用多种科学的手段和方法，积极开展企业的文化建设，不断改善劳动关系，强化员工的绩效管理，推进薪酬福利、保险制度改革，以激发员工斗志，对员工的劳动行为实施有效的激励。

五、人力资源管理的地位和作用

（一）人力资源管理在现代企业中的地位

企业管理是随着社会经济的发展、企业的不断进步而不断发展的，已经历了几个不同的历史发展阶段。在世界性新技术革命迅速发展的今天，现代企业管理较之于传统的企业管理，有了巨大发展，具有很多新特点，形成一系列新的发展趋势。人们在研究企业管理发生演变历史的过程中，越来越清楚地认识到：对人的管理是现代企业管理的核心。现代企业管理的重心已经由过去对物的管理转移到对人的管理。这是现代企业管理发展的一个重要趋势。

如何看待人在管理中的地位和作用，这是传统管理理论与现代管理理论的一个重要的区分标志。传统管理理论重视对生产过程和组织控制的分析研究，强调对“物”的要素的管理，把劳动者当做机器的附属物。而现代管理理论认为，人是社会中的人，管理的基本目的之一就是采用特定方法，充分发挥人的积极性、主动性和创造性。有效的管理者，总是把人视为管理的对象和客体，又把人视为管理的主体和动力。现代管理的一个重要学派——行为科学学派认为，管理的首要问题是如何调动职工的积极性，激励人的动机。动机可以支配人的行为，一个能力差的人有时工作成绩可能比能力强的人更好；一个处境艰难的企业通过企业家和全体职工的努力，有可能在很短时间超过比自己先进的企业。这是动机激励程度不同的结果。总之，企业在市场经济条件下要生存发展，就要重视人的因素，特别要重视加强企业的人力资源开发与管理。

（二）人力资源管理在现代企业中的作用

人力资源管理是现代企业管理的核心。这一重要地位的确立，取决于人力资源管理在现代企业中的如下重要作用：

1. 科学化的人力资源管理是推动企业发展的内在动力

列宁曾指出，全人类首要的生产力就是工人、劳动者。在一定物质条件下，劳动者是推动生产力前进的决定性因素，这是因为人与物根本不同，人是有理智的社会人，具有能动性和创造性。科学化的人力资源管理是以企业中的员工为对象的管理，它的中心任务就是有效地开发和利用企业各级员工的潜能。无论是组织员工的招聘、录用、晋升、培训和绩效考评，还是确立完善员工的薪酬福利和保险制度，乃至不断地调整劳动的分工与协作，改善工作环境和劳动条件，实现劳动组织的科学化，其目的都是有效地开发利用企业的人力资源，挖掘潜力，降低消耗，提高工效。总而言之，以人力资源开发为主导的现代企业人力资源管理就是要通过有效的物质与精神鼓励，不断发掘员工的主观能动性和聪明才智，为企业的发展提供永不枯竭的内在动力。

2. 现代化的人力资源管理能够使企业赢得人才的制高点

随着科学技术的迅速发展，市场需求的变化，企业间的竞争将会比以往任何时期都要激烈得多。企业外部社会环境的深刻变化，促使企业竭尽全力去探寻克敌制胜的法宝，那就是首先要占领生产经营战略的制高点。在激烈的市场竞争中，企业为了赢得经营战略上的先机，应当占领哪些制高点呢？笔者认为，至少有五个制高点，即人才的制高点、资本的制高点、技术的制高点、产品的制高点和市场的制高点，而人才的制高点或者说智力资本的制高点则是关键中的关键。在现代市场经济的发展中，跨国公司激烈竞争的事实说明：企业之间的竞争实质上是人才的竞争、智力资本的竞争，哪个企业拥有大批高素质的人才，占据了智力资本上的优势，哪个企业就能开发、引进、采用最高最新的技术，开发研制出具有高技术含量、高品质、高附加值的产品，并运用最新的经营战略和战术去占领市场，最终在激烈的市场竞争中克敌制胜。所谓高素质的人才包括三类：一是具有经营战略头脑的企业家；二是掌握并具有开发能力的管理和技术人才；三是一大批训练有素，具有敬业、创业精神的员工队伍。现代化的人力资源管理，不仅为企业的经营管理者选拔和配置高素质的人力资源奠定了可靠的基础，也为企业抢夺人才的制高点，并相继占领资本、技术、产品和市场的制高点，在激烈的市场竞争中立于不败之地提供了必要的决策依据。

总之，企业外部环境和内部条件是一个相辅相成的有机整体。如果企业仅有良好的外部环境，而内部缺乏动力，在激烈的竞争中不会“克敌”，也不可能“制胜”，反之亦然。

人力资源管理之所以成为现代企业管理的核心、中心和重心，正是因为企业需要充足丰富的内在动力，需要在日益激烈的市场竞争中赢得总体发展战略的制高点。

第二节　企业人力资源管理的基本原理和职能

一、两种不同的人力资源管理哲学

哲学是关于世界观的学说，它是对自然和社会科学知识的概括和总结。而人力资源管理哲学，则是人力资源管理的世界观，是对人力资源管理知识的高度概括和总结。

从某种意义上说，管理的任务和目标是实现组织中资源的有效配置。组织中人力、物力、财力等各类资源配置，是通过对相对稀缺的资源在各种可能的生产经营用途之间所作出的选择，或者说是对各种资源在不同使用方向上的分配，以获得最佳经济和社会效益的过程。组织中各种生产要素的补充、调节是通过外部市场的作用来保证的，而组织内部人力、物力和财力三大资源的合理有效配置则必须通过有效的科学管理来实现。

人力资源管理理论是以组织中的人力资源为核心，研究如何实现人力资源与其他资源合理配置的学问。现代的人力资源管理理论与传统的人事管理理论之间存在着明显的不同。首先，它比传统的人事管理更具战略性和预见性，传统的人事管理基本上是一种业务性管理，好比是机器的润滑油，需要的时候才能发挥作用，而现代人力资源管理不仅兼顾局部还要总揽全局，不仅要应对当前更要考虑长远，一切着眼于未来；其次，它比传统的人事管理更具系统性、科学性和可行性。现代人力资源管理吸收了当代各种相关学科的最新研究成果，为我所用形成了自己的完整的概念和理论体系，同时，它所阐述的基本原理、基本观点和基本方法，经受了长期的实践检验，被证明是科学正确和可行的。但是这些特点，尚不足以完全区分现代人力资源管理理论同传统人事管理理论的本质差别。

事实上，现代人力资源管理理论与传统人事管理理论，基于两种完全不同的管理哲学。

一种哲学是将员工看成单一的技术要素，认为他们或多或少地，有意或无意地总是与组织的目标、与管理发生抵触。为了实现组织的目标，必须将员工置于严密的监督、控制之下。因此，应当采取“用人成事，军令如山，严格控制，步步为营”的策略。

另一种哲学则认为，员工是组织中“活”的要素，是最具主动性、积极性和创造性的一种特殊的资源，他们具有内在的无限的建设性潜力。员工的建设性潜力开发的程度，完全取决于管理。可以说，人的成长和组织的发展同等重要，甚至在某种情况下，员工的成长应当先于组织的发展。因此，应当采取使员工“乐于成事，积极主动，勤奋工作，自立自强，有所提高，有所创新，有所前进”的策略。

上述两种不同的人力资源管理哲学的根本区别就在于：一个是“用人做事”，另一个是使人“乐于成事”。旧中国的民族资本家在这方面也不亚于西方的资本家早期的原始积累，如天津红桥区三条石工人在讲述解放前工厂状况时，所举证的“昧心钟”，乃至各种奴役工人的“惩罚律条”，都充分证明了传统的人力资源管理与现代人力资源管理在理念上的根本区别。

总之，现代人力资源管理理论完全冲破了旧的传统的人事管理哲学的“桎梏”，它不再把员工看成是一种“技术要素”，而是最具主动性、积极性和创造性的，具有“内在的无限建设性潜力的最活泼的要素”。它将员工作为一种能使组织在激烈的竞争中生存和发展、始终充满生机和活力的特殊资源，刻意地加以发掘；它不再把员工置于“严格的监督和控制之下”，而是要为他们提供并创造良好的环境、氛围和条件，使其主观能动性和潜力得以充分的发挥；它不再容忍滥用权力造成士气的低落，乃至人力资源的浪费，而是像保护自然资源为人类造福一样，更加珍惜和爱护人力资源。这是因为人力资源是各种资源中最宝贵的资源，是创造社会物质财富的源泉。

二、现代人力资源管理的基本原理

为了有效地对企业人力资源进行管理，应掌握以下基本原理：

（一）同素异构的原理：总体组织系统的调控机制

同素异构原理一般是指事物的成分因在空间组合关系和方式的不同，即在结构形式和排列次序上的不同，会产生不同结果，引起不同的变化。例如，在群体成员的组合上，同样数量和素质的一群人，由于排列组合不同会产生不同的效应；在生产过程中，同样人数和素质的劳动力因组合方式不同，其劳动效率高低也不同。

同素异构是化学中的一个重要的原理，最典型的例子就是金刚石与石墨，其构成是同样数量的碳原子，但由于碳原子之间在空间上的排列方式与组合关系的不同，形成了在物理性质上存在着极为明显差别的两种物质：金刚石坚硬无比，而石墨却十分柔软，在色泽与导电等方面两者也迥然不同。

通过观察金刚石与石墨的元素结构图，就足以证明企业人力资源管理“同素异构”原理的科学性与现实性。在组织中同样一群人，由于领导者与被领导者的组合排列方式上的差别，会产生不同的结果。在现实活动中，可以列举出大量此类案例。由此，可以说明构建完善组织系统的动态调节机制的重要意义。

根据这一原理，企业必须建立有效的组织人事调控机制，根据企业生产经营的需要，重视组织内部各种信息的传递和反馈，不断对组织与人员结构方式进行调整，以保证系统的正常运行。

（二）能位匹配的原理：人员招聘、选拔与任用的机制

能位匹配原理是指根据岗位的要求和员工的能力，将员工安排到相应的工作岗位上，保证岗位的要求与员工的实际能力相一致、相对应。“能”是指人的能力、才能，“位”是指工作岗位、职位，“匹配”是一致性与对称性。企业员工聪明才智发挥的如何，员工的工作效率和成果如何，都与人员使用上的“能位适合度”成函数关系。能位适合度是人员的“能”与所在其“位”的配置程度。能位适合度越高，说明能位匹配越合理越适当，即位得其人，人适其

位，适才适所，这不但会带来高效率，还会促进员工能力的提高和发展，反之亦然。

根据这一原理，企业必须建立以工作岗位分析与评价制度为基础，运用人员素质测评技术等科学方法甄选人才的招聘、选拔、任用机制。从根本上提高“能位适合度”，使企业人力资源得到充分开发和利用。

（三）互补增值、协调优化的原理：员工配置运行与调节的机制

互补增值、协调优化的原理是充分发挥每个员工的特长，采用协调与优化的方法，扬长避短，聚集团体的优势，实现人力、物力和财力的合理配置。人作为个体，不可能十全十美。而作为群体，则可以通过相互结合，取长补短，组合成最佳的结构，更好地发挥集体力量，实现个体不能达到的目标。在贯彻互补原则时，还应当特别注意主、客观因素之间的协调与优化。所谓协调，就是要保证群体结构与工作目标协调，与企业总任务协调，与生产技术装备、劳动条件和内外部生产环境相协调；所谓优化，就是经过比较分析选择最优结合方案。

互补的形式是多层次、多样化的，如个性互补、体力互补、年龄互补、知识互补、技能互补、组织才干互补，主客观环境和条件互补等。

（四）效率优先、激励强化的原理：员工酬劳与激励的机制

效率优先、激励强化的原理是指将提高效率放在优先位置，通过有效的激励，使员工明辨是非，认清工作的目标和方向，保持持续不竭的内在动力。在企业中一切工作都要以提高效率为中心，时时将提高效率放在第一位，各级主管应当充分有效地运用各种激励手段，对员工的劳动行为实现有效激励。例如，对员工要有奖有惩、赏罚分明，才能保证各项制度的贯彻实施，才能使每个员工自觉遵守劳动纪律，严守岗位，各司其职，各尽其力。如果干与不干、干好与干坏都一样，那就不利于鼓励先进、鞭策后进、带动中间，把企业的各项工作搞好。

此外，通过企业文化的塑造，特别是企业精神的培育，教育感化员工，以提高组织的凝聚力和员工的向心力；通过及时的信息沟通和传递，以及系统的培训，使员工掌握更丰富的新信息新技能，促进员工的观念与知识的转变和更新。

（五）公平竞争、相互促进的原理：员工竞争与约束的机制

公平竞争、相互促进的原理是在企业的人事活动中坚持“三公”的原则，即处人待事，一切人事管理活动都必须秉持“公正、公平和公开”的原则，提倡起点相同、规则相同、标准相同，考评公正、奖惩公平、政务公开，采用比赛、竞争的手段，积极开展“比、学、赶、帮、超”的活动，激发员工的斗志，鼓舞员工的士气，营造良好的氛围，调动员工的积极性、主动性和创造性。在企业中，为了促进生产任务的完成，应当提倡员工相互比赛、相互竞争。在社会主义市场经济条件下，企业要为全体员工搭建一个体现“三公”原则的大舞台，将绝大多数员工吸引到这个“效率优先，平等竞争”的舞台上，使他们能够大显身手，施展本领，发挥自己的才能。在企业中，应创造一切条件鼓励员工在生产产量、质量、技术操作等各方面相互比赛、相互竞争，使员工的才干在竞争中得到充分开发和利用。

（六）动态优势的原理：员工培训开发、绩效考评与人事调整机制

动态优势原理是指在动态中用好人、管好人，充分利用和开发员工的潜能和聪明才智。在工作活动中，员工与岗位的适合度是相对的，不适合、不匹配是绝对的，因此，应当注重员工的绩效考评与员工潜能和才智的开发，始终保持人才竞争的优势。社会一切事物和现象都是处在变动当中的，企业的员工也处在变动当中，“流水不腐，户枢不蠹”，从优化组织的角度上看，企业员工要有上有下，有升有降，有进有出，不断调整，合理流动，这样才能充分发挥每个员工的潜力、优势和长处，使企业和员工个人都受益。

三、现代人力资源管理的原则

在实践中，人力资源管理哲学与上述六个基本原理必然引申出一系列有关人事管理活动和人力资源规划的特定准则。这些准则或原则，虽然不是一成不变、永恒的管理“箴言”和法律条令，但总是有规律可循的。

1. 完整全面地看待人的因素。人是一个多面体，经济的需求，技能的施展，情感的交流，社会政治背景与文化修养、道德观念的交融，都会在企业的各种活动过程中发挥作用。

2. 使员工认识到工作的意义及其与企业利益的关系。员工付出辛勤的劳动，不仅是为了获取一张面值很高的工资单，还应当使每个员工在高效率地工

作之后，对个人的成就充满自豪感。

3. 肯定个人的尊严，公正待人，对人彬彬有礼。

4. 鼓励员工自立自强。每个员工都要自食其力，绝不能指望无劳动的报酬。天下不会有“无偿奉送”的宴席。

5. 不断加强员工之间的沟通，随时向员工提供有关的信息。

6. 不要高估自己，而低估下属的能力。

7. 领导者、管理者的计划、决策和意图，要用简洁的语言向下属解释清楚。

8. 因人而异，随机制宜，适时适度，有理有利有节。

四、现代人力资源管理对象的特征

人力资源管理的对象，简单地说，是以“人”为中心的人与人、人与事的关系。“事”既包括劳动者在社会生产活动过程中使用的劳动资料以及作用和影响的劳动对象，也包括人与人形成的各类组织及其相互关系。因此，“人与事”又具体表现为“人与物”和“人与组织”的关系。在上述各种关系之中，“人”即劳动者，始终处于核心和主导地位。为了对企业员工有效地进行管理，必须掌握员工作为“人”的因素所具有的各种特征。

（一）员工的基本特征

1. 员工不仅有生理性的行为，而且有生理性的需要。

2. 员工既要有心理性的行为，而且有心理性的需要。

3. 员工不但有社会性的行为，而且有社会性的需要。

4. 员工不仅有道德性的行为，而且有道德性的需要。

在人力资源管理中，员工在生理、心理、社会和道德方面所具有的多亘特性，是不容忽视的，尽管这些特性在表现形式和主次位置上会有所不同。

（二）员工的动态特征

注意研究人的动态性，对人力资源管理来说是至关重要的。人是由一系列复杂交错、不断变化更新的因素组成的多面体。以这个事实为基础，就可以正确并有效地解决好员工激励、员工自我保护意识、员工的成熟和发展等人事管理问题。

1. 员工激励

员工激励具有以下几个特点：

(1) 激励员工的尝试不一定会产生直接的反应或达到满意的结果；

(2) 要使员工对激励作出相应的反应，通常需要一定的时间；

(3) 任何一种刺激方法都不是万能的，没有一种刺激方法能在各种场合和任何时间下都适用。

2. 员工的自我保护机制

员工自我保护机制具有以下特点：“人”的自我保护机制是一种动态表现；个人通过各种方式拟订的计划，大多数是为了满足自身生理、心理、社会、道德等方面的个人需求，达到或提高自己意想中的目标和标准；在这种压力下，会使不同员工和群体作出不同程度和类型的反应；管理者必须灵活地对个人的自我保护行为和产生的影响作出正确的决策和选择。

3. 员工的成熟和发展

人和惰性金属不同，他们总是处在发展变化和逐步成熟的过程中，因此应当全力避免上述消极因素，调动员工的积极因素，促使他们与企业同步发展。

管理的任务是促进员工逐步成熟，真正实现：增强自主自立性，取代依附依赖性；增强行为的多样性，取代行为的有限性；增强精力的集中性，取代兴趣的分散性；增强关心他人的高尚情操，取代突出自我的狭隘观念；增强工作的计划性，取代活动的盲目性；增强积极向上的奋进精神，取代情绪低落的士气；增强竞争意识，取代无所作为的涣散性；增强学习的自觉性，取代培训的被动性。

五、企业人力资源管理的职能

现代企业人力资源管理是以组织中的人为对象的管理，在某种意义和程度上，它至少涉及以下五种基本职能：

1. 吸收、录用。这项工作包括以下活动：明确组织中工作岗位的需求，提出人员补充的计划；对有资格的求职人员提供均等的就业机会；采用科学方法确定符合岗位要求的最合格的人选。

2. 保持。保持由以下两种活动组成：保持员工有效工作的积极性、主动性和创造性，并得以充分发挥；保持安全、健康、舒适的作业环境和良好的工作氛围。

3. 发展。通过教育、培养、训练，促进员工知识、技巧、能力和其他方面素质的提高，不断保持和增强员工在工作中的竞争地位，使员工的综合素质得到全面提高和发展。

4. 评价。对员工的基本素质、劳动态度和行为、技能水平、工作成果以及其他各个方面，作出全面考核和评价；对组织气氛和管理状况以及员工的满意度进行深入调查、分析与全面评价。

5. 调整。为保持员工良好的工作状态，通过定编定岗、定员定额、绩效考评、员工激励、培训开发，以及人事调整等一系列科学的方法和手段，使员工技能水平和工作效率达到并超过工作岗位的基本要求。

以上五种基本管理职能是围绕着计划、组织、监督、激励、协调和控制等管理环节开展的，要有效地完成这些职能，还必须健全和完善企业人力资源管理的各项基础工作，如畅通的信息沟通渠道与管理信息系统，合理的劳动分工协作与定编、定岗、定员、定额标准，系统的工作岗位分析与评价制度，完善的劳动人事规范规章规则，健全的员工绩效管理体系，动态的员工教育、培养和训练体制，等等。

第三节 战略性人力资源管理的概念及其特征

一、正确地界定战略性人力资源管理的基本概念

“战略人力资源管理”一词，实际上就是“战略性人力资源管理”或者“战略上的人力资源管理”，如从英文原意看，后者的翻译也是比较确切的。与此有关的术语还有：“人力资源战略管理”（Human Resource Strategic Management）或者“人力资源策略管理”，以及“人力资源战略”（Human Resource Strategy）。

首先，应当明确“战略”与“策略”两个基本概念的差异性。战略和策略都是军事上常用的专业术语，战略是指导战争全局的计划或规划，是事关全局发展的大政方针和策略，而策略是指根据形势发展变化而制定的行动方针和斗争方式。很显然，战略是策略的上位概念，这说明一些港台人力资源管理专家将 Strategic 一词译为“策略（性）”，要比“战略（性）”更确切一些，因为人力资源战略毕竟是企业总体战略的重要部分。

其次，人力资源战略（规划）与战略性人力资源管理的概念内涵是完全不同的。人力资源战略是企业总体战略的下属概念，它是指企业对所处的内外部环境和条件以及各种相关因素进行全面系统分析的基础上，从企业全局利益和

发展目标出发，就企业人力资源开发与管理所做出的总体策划。人力资源战略管理就是对人力资源战略及其规划进行全方位的指挥、监督、协调和控制的过程。

对战略性人力资源管理概念的理解，有人认为，它是“通过人实现可持续的竞争优势而设计的组织系统”；有人则认为，它是“为促进企业实现目标的规划性部署与活动方式”；还有人认为，它是“把人力资源实践活动与业务战略联系起来的过程”，它包括识别实施业务战略所需配备人力资源能力和保障这些能力而专门设计的政策和实践做法。这些学者的分析判断基本上概括了战略性人力资源管理的概念内涵，但至少还有以下几个特点有待于进一步探讨：

1. 战略性人力资源管理代表了现代企业一种全新的管理理念。企业经营者不能把人力资源视为与资金、技术和其他要素具有同等重要性的资源，同等对待，而应当将员工视为更为珍贵的资源，将其置于企业发展的战略层面之上，事事处处时时将人力资源管理放在首要位置，并系统地进行管理，刻意地进行发掘。

2. 战略性人力资源管理是对人力资源战略进行系统化管理的过程。战略性人力资源管理更加突出了人力资源的方向性、整体性、时空性和规划性，它要根据企业总体发展战略，适时地制定出人力资源战略规划，集中全力组织实施人力资源战略规划，全方位地对战略规划进行监督、控制，及时地对战略规划进行必要的反馈和修订。

3. 战略性人力资源管理是现代人力资源管理发展的更高阶段，无论在实践方面，还是在理论创新方面，都取得了很大的进步。这一历史性飞跃使它具有一系列新的转变和新的特点。

4. 战略性人力资源管理对企业专职人力资源管理人员和直线主管提出了更高更新的要求，他们不但应当具备战略规划管理的知识和技能，还必须具备更高水准的决策力和执行力。

总之，战略性人力资源管理是现代人力资源管理发展的高级阶段，它以全新的管理理念，在健全完善企业人力资源各项管理基础工作的前提下，将人力资源管理提升到企业战略管理的高度，实现了管理职能和角色的根本性转变，最终确立以可持续发展为目标，以提高核心竞争力为主导的具有指向性、系统性和可行性的现代企业人力资源管理体系。

二、战略性人力资源管理是现代人力资源管理发展的必然结果

一个管理科学的概念既是一个现实的范畴，也是一个历史的范畴。战略性人力资源管理概念的产生是现代人力资源管理发展到一定阶段的必然结果。综观西方现代人力资源管理发展的历史不难发现，它大致经历了以下三个重要的发展时期：

1. 经验管理时期

经验管理时期是从西方资本主义工业革命开始到19世纪末泰勒制产生之前的一段历史发展时期。伴随着西方工业革命和社会生产力的迅猛发展，大量先进技术的涌现，各种生产设备的更新，使工厂内劳动力的配置状况发生了重大的转变，它不但要求劳动者与劳动资料实现更加紧密的结合，迫使劳动者时时处处适应生产技术设备的要求，而且由于生产作业方式的变革，要求劳动者“奴隶般地服从并满足”更加专业化、复杂化和精细化的劳动分工与协作的要求。这种劳动组织方式的变革，虽然给企业和资本家带来了巨大生产率和经济收益，但正如马克思所揭示的那样：资本主义生产作业方式给劳动者在心理生理上所带来的伤害是无法弥补的。工厂主把一个人肢解成各种碎片，使其变成机器的附属物，工人在工作中的活力完全消失了，而工作变成了令人厌恶的苦差事。他们使人与劳动中的智慧完全分离了。面临当时工厂中出现的劳动问题，某些企业的管理者也试图进行一些改革，如罗伯特·欧文（Robert Owen，1771—1858）曾经在苏格兰的一家纺织厂进行了有益的改革尝试，由于他最早创建了工作绩效评价系统，并提出了一些新的观点，而被人们认为是“现代人事管理之父”。

2. 科学管理时期

从19世纪末到20世纪20年代中期，被称为“科学管理之父”的美国管理学家泰勒（Frederick Winslow Taylor，1856—1915）与同时代的其他管理学家一起，彻底抛弃了根据经验和习惯或者凭借主观想象和假设组织生产进行企业管理的传统做法，从企业的实际出发，运用科学的实验方法，通过不断的实践和深入的探索，创立了一套全新的管理思想和管理方法体系。泰勒等人所倡导的“动作与时间研究”的理论，为提高劳动生产率促进企业劳动组织的科学化提供了可靠的依据和方法，开创了现代劳动定额学以及工业工程学的先河。以泰勒为代表的科学管理理论和管理制度即泰勒制所阐明的各种原理，如挑选使用一流工人承担岗位工作，通过系统训练使工人掌握标准化操作方法，实现

工具、设备和材料以及作业环境的标准化，为以后的工业心理学、劳动心理学等学科的建立创造了条件。此外，泰勒所提出的构建激励性工资报酬制度，实行职能制或直线职能制，坚持例外原则，进行有效的监督控制，在劳资双方建立融洽的协作关系等方面的论述，也成为早期企业人事管理理论的基本范畴。

1912 年，泰勒在美国国会众议院特别委员会对泰勒制的听证会上所作的证词，对科学管理的实质做出了明确的概括：科学管理是一切公司或企业中的员工的一种彻底的精神革命，即员工对自己的工作、同事和雇主态度，以及企业方面对待自己的职责、同事和下属员工的态度方面的一种彻底的精神革命，如果没有这两个方面彻底的精神革命，科学管理也就不复存在了。实际上，泰勒制不仅是一种新的科学管理方法，而且还是一种变革性的管理哲学。正如英国管理学者厄威克所指出的那样，他（泰勒）对过去（19 世纪）产生、发展起来的东西加以综合形成了一整套的思想，使一系列无条理的首创事物和试验有了一个哲学体系。总之，泰勒等管理学家所倡导的科学管理原理，不但极大地丰富了企业管理理论和方法，也为现代人力资源管理理论的发展奠定了十分坚实的基础。

3. 现代管理时期

从 20 世纪 20 年代开始，到第二次世界大战结束是前期的行为科学即人际关系学说的发展阶段。泰勒的科学管理理论和制度主要是从劳动者的生理和物理方面研究劳动效率问题，通过作业操作的合理化、工作程序的科学化，制定工作标准和时间定额，实行有差别的计件工资，从而实现劳动效率的不断提高。虽然，泰勒制在推动劳动效率方面发挥了前所未有的重要作用，但它加大了劳动者的工时强度和体能消耗，引发了工人们的不满和抵制。正如列宁所说，泰勒制“一方面是资产阶级剥削的最巧妙的残酷手段，另一方面是一系列最丰富的科学成果”。[①] 实践证明，仅仅从物理、生理方面研究企业生产效率问题是不够的，还必须应用心理学来研究人的因素与生产效率的关系。由此，哈佛大学教授梅奥（George Elton Mayo，1880—1949）以著名的霍桑试验（Hawthorne experiment）为基础，开创性地探索了员工在企业生产中的人群关系，系统研究了作为“社会人”的员工及其社会需要的满足问题，最终创立了人际关系学说。他认为，员工是“社会人”，企业中存在着“非正式的组织”，优秀的企业

① 参见：列宁选集（第 3 卷）. 北京：人民出版社，1963. 511.

领导在于能够正确处理人际关系，通过提高员工满意度来鼓舞士气。梅奥所创立的人际关系学说为以后的行为科学研究，以及一系列新的理论产生发挥了先导的作用。1949 年，在芝加哥大学的一次科学会议上，正式提出了“行为科学”这一新的名称，以替代人际关系学说。

如果将梅奥创立的人际关系学说称为前期的行为科学的话，那么，在 20 世纪 40 年代以后涌现出来的各种行为科学理论的研究成果，可以称之为后期的行为科学。如美国心理学家马斯洛（Abraham H. Masiow，1908—1970）提出的需要层次理论、美国心理学家赫茨伯格（F. Herzberg）创立的激励—保健双因素理论，美国社会心理学家麦格雷戈（Douglas Mcgregor，1906—1964）创立的 X 理论—Y 理论，以及其他一些著名心理学家提出的 Z 理论、成就需要理论、期望理论、目标理论、挫折理论、强化理论、不成熟—成熟理论，团体动力学理论、敏感性训练理论、沟通理论、冲突调节理论、行为效果理论、领导方式一体化理论、支持关系理论、管理方格理论等。行为科学理论研究的一系列成果已被广泛推广应用到企业人力资源管理活动中，如目标管理，参与管理，工作分析与再设计，岗位评价与分级，薪酬福利制度变革，工作条件和劳动环境改善，生产安全与健康等诸多方面，并且取得了显著的成效。

20 世纪 40 年代以后，随着经济发达国家社会经济的发展和科学技术的进步，各类企业的规模迅速扩大，原有的生产经营管理理论和管理方法已经远远不能满足新形势的要求，因此，许多新兴的管理学派应运而生，尽管这些学派在产生背景、历史渊源、研究对象、涉及范围和具体内容上，有所交叉互相影响，但从历史的延续上看，基本上可以归为几个大类，除了古典管理、行为科学学派以外，还有社会系统理论、决策理论、系统管理理论、权变理论和管理科学（数理、会计和经济分析等学派）等学派，这些新兴的管理理论可以统称为现代管理理论。

美国人力资源管理专家韦恩·卡肖认为，行为科学即研究与人们的行为有关的社会学、心理学，它为人力资源管理的实践和理论做出了贡献，人力资源管理的很多知识、应用技能与方法都出自行为科学。同时，他举证一些管理学专家的意见，认为现代人力资源管理的产生，至少应当与以下因素有关：（1）工业革命所带来的技术更新，对劳动专业化分工与协作以及企业劳动组织提出了更新的要求；（2）劳资双方关系的紧张与自由劳资谈判的出现；（3）泰勒倡导的科学管理运动；[①]（4）芒斯特伯格（Hugo Munsterberg，1863—1916）创立的早期工业心理学；（5）美国文官委员会的建立所带来的政府的人事活动；（6）人事专家以及由这些专家组成的人事部门的出现；（7）20 世纪 20 年代以后发展起来的行为科学理论（包括前期的人际关系学说和后期的行为科学）；（8）20 世纪 60 年代以后的社会劳动立法及法庭的判例。这些影响因素大致可以分成两类，一类属于社会与企业管理的实践范畴，另一类则是管理思想和管理方法的理论范畴。也就是说，现代人力资源管理概念的形成，包含了两个方面内容：一是基于社会的生产生活单位的人力资源管理的实践活动；二是与管理劳动者有关的各种管理思想、管理理论、管理方法和管理制度。前者的社会实践活动是后者产生的前提和基础，而后者又是对前者在理论上的高度概括和总结，它既来源于实践又高于实践，并能够指导人们的人事管理的实践。

追溯历史，研究人力资源管理实践与理论的发展轨迹，可以看出现代人力资源管理经历了以下三个具体的发展阶段：

1. 传统人事管理由萌芽到成长的迅速发展阶段

从 20 世纪 20 年代开始到 50 年代后期，是西方传统人事管理由萌芽到成长迅速发展的时期。如前所述，19 世纪末 20 世纪初形成的以泰勒为代表的科学管理理论，20 世纪 20 年代创立的人际关系—行为科学理论，乃至第二次世界大战后出现的各种现代管理理论，都对人事管理理论的形成和发展产生了重大的影响，同时，也给企业事业单位人事管理的实践活动注入了丰富的营养和动力。1923 年美国出版了“人事管理学”的专门著作，在此之后，有关人事管理学的专著大量发行，其中比较有影响的代表作是 1947 年出版的由麦克尔·朱修斯教授（Michael J. Jucius ph. D. ）主编的《人事管理学》，该书以建立有效的人事管理为目标，阐述了人事管理的基本原理，系统地提出了企业人事管理应当如何充分运用计划、组织、指导和控制的管理手段，有效发挥人事管理的录用、开发、维持和使用四种基本职能，强化和推动人事管理的基础工作以及现代管理模式的基本原则和基本方法，把人事管理的理论性和实用性提高到一个新的高度。

从欧美企业人事管理的实践活动来看，这一阶段具有以下四个特点：（1）

---

① 芒斯特伯格（Hugo Munsterberg，1863—1916）在 1912 年发表的《心理学和工业效率》中，提出了将心理学应用于工业生产领域的原理与原则。在他的影响下，梅奥进行了霍桑工场的试验，并发展了工业心理学，创立了人际关系学说，芒斯特伯格被认为是工业心理学的创始人。

人事管理活动被纳入制度化规范化的轨道，企业人事管理的制度体系逐步趋于健全完善，如建立了人事档案，员工规则（手册），人事统计和员工记录等；(2) 管理工作的范围不断扩大和深入，由一般行政性事务性管理，扩展到实行集中式的员工招聘、人员的测试和挑选，正式的员工绩效评估，以及有效激励的薪资福利管理；(3) 企业雇主的认知发生了重大变化：由以工作效率为中心，强调采用动作时间研究的方法，推行生产工作定额，加大劳动强度，转变到有效地运用心理测量和面谈等科学方法，重视员工的个别差异，借用工会、非正式组织、团队建设、薪资福利、保险计划、入职教育、技能培训、主管关怀下属、执行劳动法令等管理措施，注重调整人际关系，激励员工的积极性；(4) 出现专职的人事管理主管和人事管理部门。

2. 现代人力资源管理替代传统人事管理的阶段

从 20 世纪 60 年代开始到 70 年代，是现代人力资源管理逐步替代传统人事管理的转换期。其实，“人力资源管理”一词，早在 20 世纪 20 年代已经开始出现了，但多见于宏观经济的研究之中。20 世纪 60 年代以后，随着社会经济的发展和科学技术的进步，企业生产经营范围和规模的不断扩大，企业内外部环境和条件的变化以及日益剧烈的市场竞争，企业人事管理面临着巨大的挑战，传统的人事管理理论所提供的原则和方法已经无法容纳并且不能满足企业客观形势发展的要求，这时，传统的“人事管理”被新兴的“人力资源管理”所替代，已经成为不可避免的发展趋势。具体表现在以下四个方面：

(1) 人事管理的范围继续扩大，由原有的几项扩展到几十项，如工作分析与岗位评价，人力资源规划，员工招聘录用与考评，平等就业与反对歧视，员工安全与健康管理，员工激励方案，员工发展计划，员工培训与开发，员工关系管理，员工士气调查，劳动力市场调查，薪资结构设计，工资测算，薪酬调查，劳动纪律监察，劳资合同与协商谈判，退休与解职管理，医疗与饮食服务，员工住房保障，证书管理等。

(2) 不但人事部门承担着员工的责任，各级直线主管也必须对其组织中的人力资源管理活动及其相关资源运作的效果全面负责。

(3) 企业人事管理不仅对内部的员工负责，也必须对外部的社会和政府负责，不断提高员工的职业生活质量。

(4) 企业雇主开始接受了人力资源开发的新观念：“人力资源”是一种把人力即劳动力当做一种财富的价值观。企业的人力资源管理就是通过一系列途径和方法，将“人力”作为一种特殊的积极主动的具有创造性的资源加以刻意地开发，从而更有效地实现组织与个人的预定目标。

20 世纪 70 年代初，一些发达国家如美国、日本的许多知名大公司之所以纷纷将其“人事部”更名为“人力资源部”，就是接受了这种人力资源管理的新观念和新理论。盖斯特教授[①]（D. E. Guest，1987）系统分析比较了传统人事管理与现代人力资源管理的差异性。他认为，从计划的性质上看，人事管理具有短期性、应急性、单一性和战术性，而人力资源管理具有长期性、预先性、整合性和战略性；从管理制度的特点上看，前者强调外部控制，要求员工严格遵守规章制度，而后者倡导自我控制，注重自我约束，实现个人承诺；在员工关系上，前者对员工采取统一的机械的无差别的态度，信任度很低，后者则采用积极的灵活的承认个别差异性的态度，对员工有很高的信任度；从管理目标上看，前者追求成本最小化，而后者追求效用最大化；从管理人员的功能定位上看，前者强调专家实现专案性管理，而后者要求专业人员与直线管理层的全面整合，即倡导“人力资源管理不仅仅是人事经理的职责，亦是所有直线经理[②]不可推卸的责任”的管理理念。

3. 现代人力资源管理由初阶向高阶发展的阶段

从 20 世纪 80 年代以来，现代人力资源管理的实践和理论，不论是在欧洲、美洲，还是在亚洲以及世界的其他国家和地区都有长足的进步。这一时期，现代人力资源管理作为一门独立学科确立自己在管理科学体系中的学术地位，各种人力资源管理的专著和学术论文如雨后春笋般地发表出来，现代人力资源管理理论最终取代了传统人事管理理论。这一切都是基于一个客观的事实：人力资源管理在现代企业中已经上升到主导的地位，它日益受到人们的普遍重视，成为现代企业管理的中心和重点。

由传统的人事管理转变成现代人力资源管理，它以丰富多彩的实践活动为背景为舞台出现理论上的巨大飞跃。实际上，进入 20 世纪 90 年代以后，一些先进的国际化大公司为了提升企业的核心竞争力，占领市场的产品、技术、资本和人才的制高点，在不断深入地实践现代人力资源管理理论的基础上，又将人力资源管理从初级阶段推向了一个更高更新的阶段，即战略性的人力资源管理阶段。在这样一个新的历史阶段上，人力资源管理的实践和理论，无论在管

① D. E. Guest，1987“Human Resource Management and Industrial Relation” Journal of Mannagement Studies，24（5），503-521.

② 直线经理或直线管理人员（Line Supervisor，Line Manaser）是指在组织管理决策系统中，从最上层到最下层在一条“决策”线上的所有主管人员。

理的理念和目标、管理的性质和深度、管理的角色和职能、管理方式和方法等诸多方面都凸显了新的变化和新的特色。

三、战略性人力资源管理基本特征的分析

分析研究战略性人力资源管理，不但要分析由传统人事管理转变为人力资源管理，再由人力资源初阶管理发展到高阶管理的历史发展延续过程，还应当从以下几个方面入手，分析研究战略性人力资源管理的基本特征，从而正确地把握战略性人力资源管理与企业人力资源战略规划的区别和联系。

（一）将企业经营的长期性目标作为人力资源管理的战略目标

由过去仅仅满足和实现企业年度生产经营计划的要求，提升到企业发展的战略层面，使企业人力资源管理系统成为企业总体发展战略的重要的支持系统。在人力资源规划方面，从狭义的人力资源供给与需求的平衡计划，提升到广义的人力资源规划，即为了提高企业核心竞争力，增强企业总体的竞争优势，从企业经营战略出发，制定企业总体的人力资源战略规划。企业人力资源战略规划是由多方面多层次的规划组成，它具体可以区分为：人力资源总体战略规划，以及与之配套的组织发展与变革，人力资源管理制度，人力资源培训与开发，薪酬福利保险与员工激励，各类专门人才补充与选拔，劳动关系与职业发展等多种年度计划或中长期规划。

（二）汇集当代多学科多种理论研究的最新成果

以当代多学科多种理论研究的最新成果集于一身，从而极大地提升和丰富了战略性人力资源管理的基本原理和基本方法。有的专家认为，战略性人力资源管理基于以下五种理论：

1. 一般系统理论

如凯兹（D. Katz）和康恩（R. L. Kahn）以及赖特和赛内尔（P. M. Wright & S. A. Snell）提出的人力资源管理系统论。他们认为，人力资源管理是一个组织中的子系统，它通过人才的获得、使用、留任和替换等功能，提升组织效能。他们还认为，这个子系统是完全开放性的，并且在组织竞争力的管理模型中，员工的知识技能是“投入”，员工的行为是“转换”，员工的满意度和绩效是“产出”。

2. 行为角色理论

行为角色理论认为，一个员工的行为与其他员工相联系，进而产生可以预测的结果。人力资源管理则是组织的工具，用来传递角色信息，支持期望变成行动，审视角色的表现，以实现组织的目标。

3. 人力资本理论

以西奥多·舒尔茨（Theodore. W. Schultz）和加里·贝克尔（Gary S. Becker）等人为代表的人力资本理论。该理论认为，人力、人的知识和技能是资本的一种形态，人力资本投资增长水平决定着社会经济发展水平，人力资本投资收益率远远高于物质资本投资的收益率。由此引申到企业人力资源管理，如果企业重视员工的培训开发，在员工知识技能培训上投资越多，企业获利的机会也就越高。

4. 交易成本理论

交易成本理论认为，企业会选择适当的管理形式和组织结构，使它在执行、监督和评估交易过程中发生的成本最经济化。每个组织都要解决好管理形式和组织措施问题，以期获得正当的权益，并对非正当利益进行有效控制。人力资源管理的各项措施如能充分发挥，对员工与企业形成有形或无形的契约进行有效的管理，组织交易成本会下降，组织效益会提高①。

5. 资源基础理论

资源基础理论认为，组织存在三种基本资源，即物质资源、人力资源和组织资源。人力资源管理对企业中的人力与组织资源（如组织结构、组织制度、组织内外的社会关系）具有巨大的影响力，人力资源管理是获得企业竞争优势的主要工具②。也有的专家认为，战略性人力资源管理是建立在以理性选择（Rational Choice Theories）和用户基础（Constituency-Based Theories）两种理论基础之上的。前者包括如前所述的行为角色、资源基础、人力资本、交易成本理论，以及代理理论。代理理论认为，人力资源管理采用战略管理的模式会给公司带来巨额利益，比如在薪酬策略上，采用以绩效为基础的计酬方法，提倡3P（岗位、绩效与报酬）管理的模式；而后者包括制度管理（Institutional Management）和资源依赖（Resource Dependence）理论。

总之，不管专家们如何分类或怎样做出判断，战略性人力资源管理作为现

① 参见 Wright，P. M. & McMahan G. C.（1992）“Theoretical Perspective for Strategic HRM” Journal of Mannagement Studies，18，pp. 295-320.

② 参见 Schuler，R. S. & MacMillan，I. C.（1984）Human Resource Management，23，pp. 241-255.

代人力资源管理理论的一个重要发展阶段，它汇集了各种学科和理论的最新的研究成果是一个不可争辩的事实。

实际上，如果从另一个角度去考察也不难发现，战略性人力资源管理兼收并蓄，荟萃了管理学、经济学、生理学、心理学、社会学、法学、政治学、工程学等多种学科的最新研究成果和精华，从而形成了自己的理论和方法体系。例如人力资源战略规划基于企业战略管理的基本原理和方法，员工培训与开发源于人力资本投资与教育经济学的理论，员工的招聘与选拔运用了心理测量的方法与技术，各种人力资源基础管理技术出自生理学、人体工程学和工业工程学，劳动关系的确立和调整禀赋于劳动法学的原理和基本原则等。

（三）人力资源管理部门的性质和功能发生了重大的转变

企业人力资源部门由单一的行政性事务管理转变为整体的专业性职能管理，再转变到综合的系统性战略管理，反映了几十年来现代人力资源管理实践和理论，从人事管理、人力资源管理到战略性人力资源管理几个不同发展阶段的转变过程。它主要具有以下几个特点：

1. 组织性质的转变

从图 1—1、图 1—2 和图 1—3 三张不同时期的企业组织结构图，可以清晰地说明人力资源部门性质和功能的转变。图 1—1 显示了早期管理阶段人事部门的地位和作用，在企业组织中各个层级都设立人事部门，但它是在各级直线部门

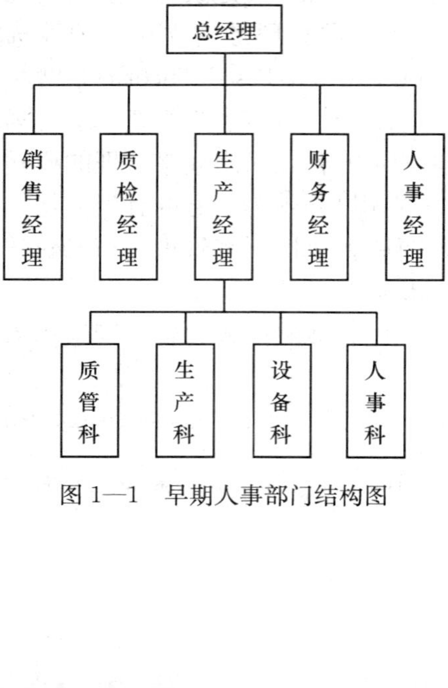

图 1—1　早期人事部门结构图

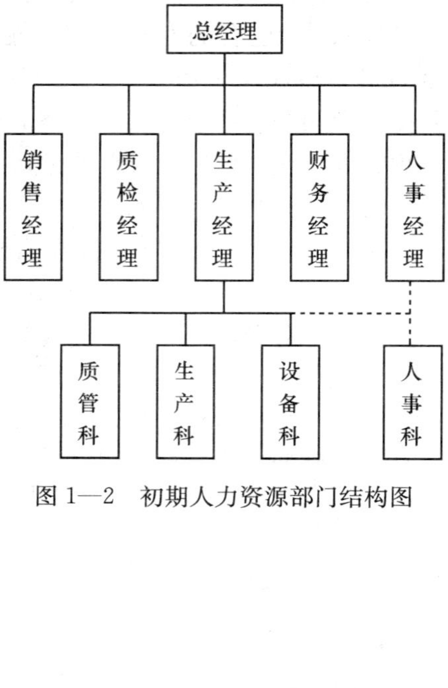

图 1—2　初期人力资源部门结构图

的集中指挥和领导下，承担着人事管理的服务性和咨询性的参谋部门。图 1—2 说明了人力资源初级阶段人事部门的地位和作用。这时，部门的性质发生了微妙的变化，每个层级的人事部门除受到直线部门的指挥和监督外，还直接隶属于上一层级的领导，人事部门处于半独立性的地位，既具一定的参谋性又具一定的决策性。这种组织制度上的安排，更加强调了人力资源管理的控制性，以保障各个层级直线主管人事管理活动的政策性和公平性。图 1—3 体现了战略性人力资源管理部门的新变化。人事部门不再是服务性、咨询性和控制性的参谋部门，已经完全转变为足以直接影响到企业整体表现和绩效的重要决策部门，成为企业提升核心竞争力的动力源和直线主管部门的重要支撑系统。

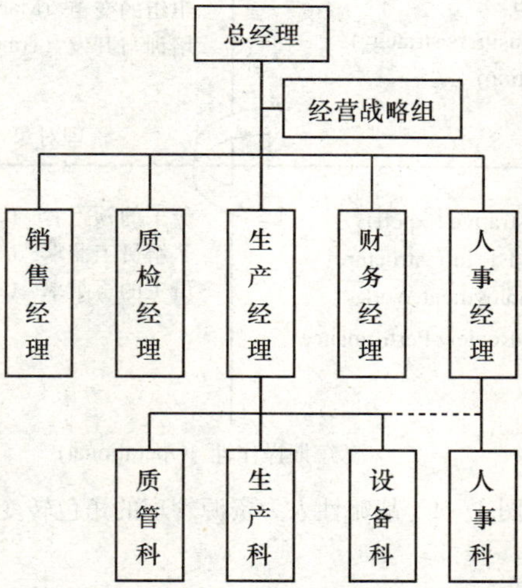

图 1—3　战略性人力资源管理部门结构图

2. 管理角色的转变

随着企业人力资源管理目标、部门性质和地位的转变，从事人力资源管理的人员的角色也随之发生了重大的变化。近几年来，国外的一些人力资源管理专家，从管理程序、管理对象、管理期限（短期与长期）和管理性质（战术性与战略性）四个维度上，剖析了战略性人力资源管理在企业经营管理中的角色转变和新的定位。首先，从作业程序与短期的战术性操作的维度上看，人事经理是构建人力资源各项管理基础工作，组织绩效评估，进行薪酬制度设计，实施员工管理的行政管理专家；其次，从短期的战术性操作与管理的对象——员工的维度上看，人事经理是了解并尽可能满足员工的需求，使员工为企业做出贡献的领跑者、带头人即领导者；再次，从员工与企业长期发展战略的维度上看，人事经理是企业员工培训与技能开发的推动者，组织发展和组合变革的设计师，企业改革的代理人；最后，从长期发展战略与管理作业运作的维度上看，人事经理是企业经营战略合作伙伴，他不但要把人力资源管理与企业发展战略有机地结合起来，制定出适应企业内外环境和条件的战略规划，而且能够运用各种工具和手段，对规划进行有效的实施、监督、控制和反馈，最终保障战略规划目标的实现，如图 1—4 所示。

图 1—4 战略性人力资源管理的角色转变

3. 管理职能的转变

人力资源部门性质和人事经理角色的转变，实质上是人力资源管理职能的转变。现代人力资源管理之所以得以不断地演进，其根本原因在于人力资源管理具有经营性和战略性的双重职能。经营性职能是基础和起点，它要支撑企业日常的生产经营活动正常运行，实施企业短期的年度计划，保障基本经营目标的实现；战略性职能是从企业的总体出发，立足全局，关注长远，力求管理理念、组织制度和方法的创新，不断提升人力资源竞争的优势。随着企业外部经营环境的变化，其战略职能的重要性正在日益增强。

战略性人力资源管理职能的扩展，不但表现在纵向上还表现在横向上。纵向的扩展是以经营性职能为起点，逐步转换到系统性、方向性、全局性和长期性职能。横向的扩展是由过去强调“提升员工职业生活质量”，注重员工的劳动安全卫生和身体健康，发展到企业社会性职能即企业的社会责任，企业不但要奉公守法，保障公平公正，还要贡献社会，有益于社会的发展，提倡企业与劳动者的双赢，与社会同步发展。

4. 管理模式的转变

战略性人力资源管理实现了从交易性的实务管理到方向性的战略管理的转变，交易性实务管理只强调“用正确的方式方法做好事情”，而方向性战略管理强调“运用正确的方式方法，做正确的事情”。因此，战略性人力资源管理在管理思想和管理模式上发生了质的飞跃，它更加突出了：（1）管理的开放性和适应性，即人力资源管理要全方位地面对市场，不仅要考虑企业内部的条件，还要重视和适应企业所处的国内与国际环境；（2）管理的系统性和动态性，人力资源管理是企业总体系统的重要的支持分系统，企业的人力资源是处在一个不断发展与变化的系统中，人力资源管理需要随机应变，不断地变化管理方式方法；（3）管理的针对性和灵活性，人力资源管理对象的特殊性，以及人力资源管理目标和要求的多样性，决定了人力资源管理的针对性和灵活性，为了实现更高更新管理目标，要求战略性人力资源管理采用和选择系统的权变的管理模式，因人、因事、因时、因地，随机制宜才能达到理想的境界。

四、战略性人力资源管理衡量标准的确立

在剖析了上述人力资源管理基本特征之后，应试图建立一个战略性人力资源管理的衡量标准（模型）。至少应从以下五个方面提出具体的衡量标准：

（一）基础工作的健全程度

企业人力资源管理的各项基础工作是否健全和牢固，如定编定岗定员定额标准化程度，各种规章制度规范的健全程度，人力资源管理信息管理的水平，包括信息输入、存储、处理与输出等环节的配套程度等。

（二）组织系统的完善程度

企业人力资源战略管理的子系统是否确立，内外系统的配套性和协调性如何，通过何种方法和途径保障系统运行的有效性，即从人力资源战略的制定到实施、监督、反馈和控制的机制是否确立，各个环节的运作是否顺畅。

（三）领导观念的更新程度

企业高层决策者是否树立全新的战略性人力资源管理的理念，实质性地将人力资源部门提升到决策层面，视人事经理为自己的战略经营伙伴。人事经理的角色是否重新定位，是否由单一的亚角色，转变为二重、三重或四重角色。

（四）综合管理的创新程度

从企业文化、管理理念到组织结构、制度规范、管理模式和管理方法等诸多方面，是否有所更新、有所变化、有所发展。

（五）管理活动的精确程度

人力资源管理的精确度可以从多个角度去衡量，如企业人力资源规划的正确性和可行性，重大人力资源管理决策的效率和效果，基础性管理的精细化程度，管理评估的数量化、标准化程度，等等。

总之，从传统的人事管理发展到现今企业的人力资源管理，无论从企业管理的实践活动来分析，还是从专业理论和学科的发展上去考察，战略性人力资源管理不但面临着以往不同的内外部环境和条件的巨大变化，也具备过去未曾有过的一系列新特点。现代人力资源管理由初阶的管理向高阶管理阶段，乃至向更高更新阶段的不断演变，告诉我们这样一个最基本的事实：人力资源管理是一门艺术，需要我们与时俱进，深入实践，努力学习，不断探索，力求创新，才能在瞬息万变的经济大舞台上导演出全新的生动的剧目来，使现代人力资源管理理论和实践更加绚丽多彩。

第四节　现代人力资源管理的基石和测量技术

现代人力资源管理是为了实现组织既定的目标，采用计划、组织、指挥、监督、激励、协调、控制等有效措施和手段，充分开发和利用组织系统中的人力资源所进行的一系列活动的总称。

从我国企业长期的人力资源管理的实践活动来看，笔者认为，现代人力资源管理学，即中国特色的现代人力资源管理理论，应当建立在定编定员定岗定额、绩效管理和员工技能开发三大基石，以及工作岗位研究和人员素质测评两大测量技术的基础之上。

一、现代企业人力资源管理的三大基石

基于全新的管理哲学和管理理念，现代人力资源管理更加强调以下三个方面的基础工作：

（一）定编定岗定员定额

定编是指根据组织战略规划的要求，对组织结构模式的正确选择，以及各种职能和业务部门的合理布局和设置；定岗是在生产组织合理设计以及劳动组织科学化的基础上，从空间上、时间上科学地界定各个工作岗位的分工与协作关系，并明确地规定各个岗位的职责范围、人员素质要求、工作程序和任务总量；定员是在定编定岗的基础上，为保证组织生产经营活动的正常进行，按照一定素质要求，对配备各类岗位的人员所预先规定的限额；定额是在一定的生产技术组织条件下，采用科学合理的方法，对生产单位合格产品或完成一定工作任务的活劳动消耗量所预先规定的限额。定编定岗定员定额（以下简称“四定”）等项工作之所以被称为人力资源管理的基石，就在于它是在组织机构以及岗位设置合理化的基础上，运用系统的量化方法，不断地进行组织诊断、变革和创新，使工作岗位对员工的质与量的规定性更加明确，从而为企业实现人力资源的优化配置，搭建了一个有效运作的系统平台。

60 多年来，我国企业通过自己的管理实践活动，从正反两个方面充分地证明了强化“四定”工作的重要性和必要性。特别是在社会主义市场经济的条件下，更加凸显了强化“四定”的重要意义。仅从劳动定员定额工作来看，它就具有以下五个方面的重要作用：（1）劳动定员定额是企业编制人力资源规划的重要前提；（2）劳动定员定额是企业进行人力资源经济活动分析，建立和推行人工成本核算控制制度的主要依据；（3）劳动定员定额是企业革新挖潜，提高劳动生产率，不断增强员工综合素质的必要手段；（4）劳动定员定额是企业建立有效约束、激励和竞争机制，建立“对外具有竞争力，对内公平”的薪酬制度的基本保障；（5）劳动定员定额是贯彻劳动法律法规，进行集体谈判，订立集体合同，保证劳资双方合法权益的主要根据。

（二）员工的绩效管理

绩效管理是指为实现企业发展战略目标，采用科学的方法，通过对员工的行为表现、劳动态度和工作业绩，以及综合素质的全面监测、分析和考评，充

分调动员工的积极性、主动性和创造性，不断改善组织与员工行为，提高员工素质，挖掘其潜力的活动过程。绩效管理的目标是不断改善组织氛围，提高组织与员工的效率。绩效管理的范围覆盖组织中所有人员的所有活动，它是企业全员、全面和全过程的立体管理。从宏观上讲，绩效管理是一个将公司与部门、员工个人目标紧密地联系在一起，运用科学的考核方法，从目标、程序导向到愿景、行为、效果导向，从事前策划到过程的监测，从事后考评到绩效改进的动态过程。绩效管理过程的每一次循环都将使企业和员工迈上一个新的台阶，有所提高，有所发展，有所创新。

绩效管理是一个完整的过程，它包括以下多个环节：

1. 绩效计划

绩效计划是考评者与被考评者，即主管与下属，围绕着计划目标、本岗位工作任务量及重要程度等一系列问题，共同进行探讨并达成共识的过程。绩效计划是绩效管理活动的首要和关键的环节。

2. 绩效监测

绩效监测是运用科学的量化方法，对绩效计划执行的进度、计划目标实现的可能性，按照客观衡量标准，对上下级的行为、态度、表现和能力等进行全面监督、检查、测量和记录的过程。

3. 绩效沟通

绩效沟通是在绩效管理的活动中，主管与下属之间围绕绩效计划执行情况，相互传递信息、交换意见的过程。绩效管理是在互动中实现的，主管与下属之间通过有效的沟通，能及时地对下属的工作进行指导，帮助下属解决工作中遇到的困难和问题，促使员工全面提高和发展，最终实现企业或部门的计划目标。

4. 绩效考评

绩效考评是绩效管理活动的中心环节，是考评者与被考评者双方对考评期内的工作绩效进行全面回顾和总结的过程。

5. 绩效诊断

绩效诊断包括直接的诊断与间接的诊断。直接的绩效诊断是指对绩效管理活动中各个环节以及相关的因素进行全面分析判断的过程。间接的绩效诊断是在绩效诊断活动中，找出绩效管理存在问题的同时，及时发现企业组织中存在着的各种各样的问题。绩效诊断无论对企业还是对员工个人都是十分重要的，通过诊断分析，既有利于改进企业总体系统，也有利于提高员工的素质和工作质量。

6. 结果应用

结果应用是每一轮绩效管理活动的终点。为了促进企业和员工的共同提高和发展，每一轮绩效管理活动的结束，都要对绩效计划、绩效沟通、绩效考评、绩效诊断等各项活动过程进行深入全面的总结，无论组织上、制度上、管理上存在的问题，还是员工个人存在的问题，都应当制定具体可行的工作计划，采取有效的措施逐步加以解决。

总之，绩效管理之所以被称为人力资源管理的基石，其根本原因在于：

对组织来说，绩效管理是企业人事决策的重要依据和基础；绩效管理是组织诊断、组织变革和组织发展的有力措施；绩效管理是显示和监测公司领导方式、工作方法、工时制度、劳动环境、生产条件、设备配置状况的重要手段；绩效管理是实现“效率优先、兼顾公平、按劳付酬”的分配制度的基本依据；绩效管理是制定和修改公司员工技能培训开发计划的主要前提；绩效管理是监测和提高企业整体生产效率和经济效益的主要途径。

对员工而言，绩效管理又具有相互沟通，规范行为，激励斗志，提升素质，展示才能，促进发展等多种功能。

（三）员工技能开发

现代人力资源管理理论与传统人事管理理论一个重要的区别就在于，它第一次提出了“员工的发展与企业发展同等重要”的命题。因此，现代人力资源管理理论比以往任何一种管理理论都更加强调人力资源开发的重要性和必要性，并将员工的技能开发视为人力资源管理的重要基石之一。

员工技能开发的基本概念可以表述为：通过科学、系统、全面的教育、培养和训练，使全员的职业品质、专业素养和操作技能不断提高，人力资源潜力得到充分发掘的过程。具体来说，它包括教育、培养和训练三方面的具体内容。

1. 教育

教育是指通过媒体等有效的宣传手段，对组织中的劳动者进行职业道德教育的活动，通过言传身教使员工能够顺利地接受企业文化的洗礼和熏陶，树立正确经营理念和价值观，尽快地融入企业各种生产经营管理的活动之中。对员工职业道德和品质的教育绝不是企业的权变之策，而应当是百年大计。过去，国有企业曾经提出过一句响亮的口号“我们要培养一支又红又专的职工队伍”，几十年过去了，这句口号并没有错，其实稍加修改就可为我所用：“企业必须建立一支德才兼备的员工队伍，才能克敌制胜!”

2. 培养

培养是指企业对各类生产、技术、经营、管理等专门人才的培养，通过专才的培养，为企业造就出一支生产经营管理的骨干队伍。这支骨干队伍应当具有很强的向心力，具有事业心和使命感，敬业爱岗，富于团结协作和不断创新的精神。

3. 训练

训练是指企业通过岗位练兵、现场操练，提高员工各种操作技艺、技法、技巧的过程。员工的生产技能既包括动嘴、动脑的能力，也包括动手、动脚的能力，训练的基本目的就在于通过学习和教练，使员工掌握并不断提高某种操作技能，如操纵机械、控制设备、照看电器等。

在市场经济条件下，社会资源的配置是通过市场的机制来实现的，企业作为资源配置的主体，需要采取一系列有效的措施和手段，在市场竞争中实现人力资源等各种生产要素的分配与再分配、整合与再整合，在资源的配置与整合当中，人力资源始终占据着中心、核心和重心的地位。因为市场的竞争，虽然表现为产品的竞争、技术的竞争、资本的竞争，但实质上还是人才的竞争。这也就是国际上那些知名的大公司、大企业，为什么非常重视人力资本投资，始终将员工技能培训和开发放在首位的根本原因。

综上所述，定编定岗定员定额是企业贯彻“能位匹配”的原则，科学地选贤任能的基本前提和依据，从而为人力资源管理系统的有效运行搭建了一个坚实的平台；员工绩效管理使人力资源的“能位匹配”原则得以动态的保持和实现，从而也就为企业资源配置的最优化、组织效率的最大化提供了切实的保障；而员工技能培训和开发，不仅能最大限度地提高员工综合素质和工作绩效，也为企业的发展奠定了雄厚的物质与精神基础。正是基于这些原因，可以认为，定编定岗定员定额、绩效管理与员工技能开发是构建中国特色的现代企业人力资源管理的三大基石。

二、现代人力资源管理的两种测量技术

在人力资源管理的学科体系中，运用现代数学、心理学、生理学、卫生学、人机工程学等学科的研究成果而形成的测量应用技术，可以分成两大类：一是以工作——“岗位”为研究对象的学问，即工作岗位研究；另一类是以劳动者——“人”自身品质为研究对象的学问，即人员素质测评。它们所阐明的基本原理和基本方法，不但极大地丰富了现代人力资源管理理论，而且已经成为

实现人力资源与劳动组织科学化管理，有效地开发利用企业人力资源的重要工具和支撑点。

（一）工作岗位研究

岗位研究是岗位调查、岗位分析、岗位评价与岗位分类分级等项活动的总称。更确切地说，它是以各类劳动者的工作岗位为对象，采用科学的方法，经过系统的岗位调查、岗位信息采集，以及岗位的工作分析与评价，制定工作说明书、岗位规范等人事文件，为员工的招聘、录用、考评、培训、晋升、调配、薪酬、福利和奖惩提供客观依据的过程。工作岗位研究所阐明的原理和方法、技术，在国外已经得到了广泛的推广和应用，并且由工商企业推广到国家行政机关。例如，美国联邦政府机构目前实行的职位分类和薪酬制度，就是采用工作岗位分析与评价的技术，经过 40 多年的不断修改、调整和补充最终确定下来的，并成为美国国家行政人事管理制度的基础。

现代人力资源管理的三大基石之一的定编定岗定员定额管理，与工作岗位研究的专门技术存在着非常密切的天然联系，从组织结构模式的选择，到组织诊断、组织分析和组织变革；从工作岗位职责和岗位要求的确定，到岗位定员以及劳动定额标准的制定和修订，每一个管理环节和具体工作步骤的推进，都需要运用工作岗位研究所提供的原理、方法和技术。纵观目前国内外现代人力资源管理的各种专著、教材，就不难发现，大家一致将工作岗位分析技术作为人力资源规划、人员招聘、员工薪酬、技能培训等日常人事管理活动的重要前提和工具，并重笔浓墨加以阐述。

（二）人员素质测评

人员素质测评是采用定性和定量相结合的科学方法，对各类人员的德、智、体等素质所进行的系统测量与评定的过程。人员素质测评作为人力资源管理专业的一门应用性技术，它全面地阐述了对人员各种素质进行系统、科学的测量与评定的基本原理、基本程序和基本方法。

人员素质测评涉及三个基本概念：（1）人员，泛指有劳动能力的劳动者，专指各行各业在业的人员，如生产工人、技术人员、管理人员、中高层职业经理人，等等。（2）素质，劳动者个体完成一定（生理和心理的）活动与工作任务所具备的基本条件和基本特点，素质是行为的基础与基本因素。有的人认为，素质是由德、智、体三要素构成的；也有人认为，它包括德（品德）、才（才能）、学（教育水平）、识（知识水平）、体（身体）五个要素。实际上素质包括：身体素质（体质、体力、体格和精力）和心理素质两大类。心理素质又包括：品德素质（政治、思想、道德）、文化素质（受教育程度、自学程度）、智能素质（知识、智力、技能、才能），以及其他个性素质即人格特征。（3）测评，即测量与评定。人员素质“测量”是运用多种数量分析方法和统计技术，对人员的综合素质所进行的系统全面的描述，通常是用具体数字表示；人员素质“评定”则是按照这些描述来确定人员素质的价值和水平，对人员素质进行客观、全面、整体的衡量。例如，对某人的工作效率的测量得 20 分，20 分就是对他的工作效率的客观描述。如评定标准规定 20 分属于“良好”级，那么“良好”就是其素质要素——工作效率的水平。

从美国在第一次世界大战期间首次在军队中运用心理测量的方法选拔军官以来，人员素质测评的理论已经有了很大发展，被广泛地应用到航天、航空、交通、运输、工业、农业、商业、金融、文教、卫生、体育等各个领域，同时，它也成为现代企业人力资源管理重要的应用技术之一。

人员素质测评的理论和方法，与企业以下活动存在非常密切的关系：（1）企业人力资源管理活动必须体现“能位匹配”的基本原理和要求，才能从根本上保障企业经营管理目标的实现，这里所说的“能”是指人员的能力、才能，“位”是指工作岗位，“匹配”是指相对应、相一致，人员的能力必须同工作岗位的要求相对应、相一致，即保持完全的动态的“能位匹配”，才能双赢，既提高人员与岗位的隶属度，保证了岗得其人，又实现了人得其位，人尽其才，适才适所；既提高了岗位工作的效率和效益，又不致造成人力资源的浪费。（2）人力资源管理的各个工作环节，如人员招聘、培训、考核、晋升、调配、薪酬等，都需要通过工作岗位分析，在明确岗位要求的基础上，对人员的素质状况作出全面、客观、真实的测量和评价，才能从根本上保障人事决策的科学性和正确性，使这些工作环节保持连贯和畅通。（3）企业生产经营管理活动的过程，就是领导者与被领导者之间相互影响、相互作用、相互沟通的互动过程，在这个过程中，如何做到“任人唯贤”，怎样才能保证“用人得当，扬长避短”，充分地发挥每个员工的长处，这就需要企业的领导者掌握识才之术。（4）企业在贯彻绩效管理制度的过程中，对员工“德、能、勤、绩”等方面所进行的综合考评，是绩效管理的核心和关键。为了保证绩效管理的质量，需要充分吸收人员素质测评理论研究的最新成果，有效运用人员素质测评的最新方法和最新技术。由此可见，人员素质测评的方法和技术，已经成为企业人力资源管理中识才选才、用人管人的重要工具和支撑点。

总之，人力资源管理的三大基石与两种技术之间既相互依存，又相互影响、相互促进，在现代企业管理中发挥着极其重要的作用。可以断言，随着我国人力资源管理实践活动的不断深入，人力资源管理的三大基石和两种技术将会得到进一步充实和发展，从而也将使中国特色的现代人力资源管理理论得到极大的丰富和完善。

本章小结

作为本书的导论，本章介绍了现代企业人力资源管理的基本概念、作用、地位、原则与理论基础。第一节主要介绍了人力资源的基本概念、一般特点以及人力资源管理的基本概念、地位、作用等；第二节介绍了企业人力资源管理的基本原理与职能，包括人力资源管理哲学、现代人力资源管理的基本原理以及原则与对象等；第三节主要介绍了战略性人力资源管理的基本概念和历史沿革，战略性人力资源管理基本特征，以及战略性人力资源管理衡量标准；第四节则主要介绍了人力资源管理的理论基础，即人力资源管理的三大基石和两种测量技术。

本章习题

1. 简述人力资源的基本特点以及人力资源管理的含义。
2. 简述人力资源管理在现代企业管理中的地位与作用。
3. 简述现代人力资源管理的基本原理及其主要的职能。
4. 简述战略性人力资源管理的概念、特征和衡量标准。
5. 简述人力资源管理三大基石和两种技术的主要内容。

案例分析

案例1　伊莱克斯具有一种有别于其他跨国企业的“个性”：它强调“容”，只要不伤害它的核心价值观，一切不完美它似乎都可以包容。在伊莱克斯（中国）公司，谈及人员招聘与配置时，其中心思想就是“最佳组合”。

主要指四个方面：一是人员招聘的来源，伊莱克斯在招聘时，主要看一个人的才干在某一岗位上是否能够得到充分的发挥，而不计较这个人是来自外企、国企或民企；二是人员的不同背景的搭配，比如人力资源部的员工有的来自IT业，有的来自制药业；三是性格的组合，伊莱克斯（中国）公司认为，只有把性格内向和性格外向的人搭配起来的员工队伍才会有生气；四是性别上的组合，在伊莱克斯（中国）公司，目前男性员工占总数的60%，女性员工占总数的40%。

1. 试分析伊莱克斯“最佳组合”思想的特点所在。

2. 请结合您所在企业的实际情况，与伊莱克斯的案例进行比较，说明您的企业应用伊莱克斯“最佳组合”模式的可能性，并作出详细的分析说明。

案例2　巴斯夫公司①之所以能够在百年经营中兴旺不衰，很大程度上归功于它在长期的发展中确立的人力资源管理的五项基本原则。具体地讲，这五项基本原则是：（1）给员工分配的工作要适合他们的工作能力和工作量。巴斯夫公司认为，不同的人有不同的工作能力，不同的工作也同样要求有不同能力的人，而企业家的任务在于尽可能地保证所分配的工作适合每一位职员的兴趣和工作能力。（2）论功行赏。巴斯夫公司的原则是：员工的工资收入必须依他的工作表现而定。他们认为，一个公平的薪酬制度是高度刺激劳动力的先决条件，工作表现得越好，报酬也就越多。因此，为了激发个人的工作表现，工资差异是必要的。另外，公司还根据员工表现提供不同的福利，例如膳食补助金、住房、公司股票等。（3）通过基本和高级的训练计划，提高员工的工作能力，并从公司内部选拔有资格担任领导工作的人才。（4）不断改善工作环境和安全条件。巴斯夫公司建立了一大批保证安全的标准设施，由专门的部门负责，例如医务部、消防队、工厂高级警卫等。（5）抱合作态度的领导方法。巴斯夫公司领导人认为，在处理人事关系中，上级领导应像自己也被领导一样，积极投入工作，并在相互尊重的气氛中合作。巴斯夫公司给领导者规定的任务是商定工作指标、委派工作、收集情报、检查工作、解决矛盾、评定下属员工和提高他们的工作水平。

该公司由于贯彻了上述五项基本原则，近10年来销售额增长了5倍。目前，巴斯夫公司生产的产品品种达6 000种之多，每年还有数以万计的新产品投入市场出售。

---

① 资料来源：李啸尘编著. 新人力资源管理. 北京：石油工业出版社，2000.

根据案例请回答：

1. 你对巴斯夫的人力资源管理有什么看法？

2. 巴斯夫的“五项基本原则”体现了哪些人力资源管理的基本原理与原则？

第二章
人力资源的战略管理

在激烈的市场竞争中，企业为了寻求长期的生存和发展，必须从企业外部环境和自身条件出发，在明确企业的目的、经营宗旨和目标的基础上，制定出切实可行的总体发展战略，并在总体发展战略之下，制定出各类职能战略，如人力资源战略、营销战略、研发战略、生产战略、财务战略等。在这些战略中，人力资源战略处于核心性、中心性地位。面对竞争全球化、技术化、知识化的未来趋势，企业的竞争归根结底将是人才的竞争，企业必须制定合理的人力资源战略，以适应环境的变化和竞争的需要，并与企业的总体战略有效整合，以赢得企业的竞争优势。

第一节　人力资源战略的基本概念和特点

一、企业战略的基本概念和分类

（一）战略的含义

“战略”一词来源于战争，原是指统帅军队的将领，后来演变成军事上的一个重要术语，意为指导战争全局的计划和方略，是交战国的一方运用武装力量赢得战争胜利的一种科学和艺术。

“战略”一词应用到企业管理领域始于20世纪30年代末，最初出现在1938年巴纳德（C. I. Bernad）所著的《经理的职能》一书中，作者为了说明企业组织决策机制，从有关企业的各种要素中产生了“战略”因素的构想。1965年，美国著名的管理学家安索夫（H. I. Ansoff）所著的《企业战略论》一书问世，此后“战略”一词被广泛应用起来。

对企业战略基本概念的表述有很多种，西方学者阿尔弗雷德·钱德勒（Alfred Chandler）认为，战略是企业基本的长期目标及其为达到目标所采取的行动方案与配置所需资源的决策；迈克尔·波特（Michael Porter）认为，战略是公司为之奋斗的一些终点与公司为达到它们而寻求的途径的结合物。

加拿大麦吉尔大学教授明茨伯格（H. Mintzberg）认为，战略是一系列或整套的决策或行动方式，可以从五方面进行解释。(1) 计划（Plan），战略是一种有意识、有预计、有组织的行动程序，是解决一个企业如何从现在的状态达到将来位置的问题；(2) 计策（Ploy），战略不仅仅是行动之前的计划，还可以在特定的环境下成为行动过程中的手段和策略，一种在竞争博弈中威胁和战胜竞争对手的工具；(3) 模式（Pattern），战略可以体现为企业一系列的具体行动和现实结果，而不仅仅是行动前的计划或手段，即无论企业是否事先制定了战略，只要有具体的经营行为，就有事实上的战略；(4) 定位（Position），战略是一个组织在其所处环境中的位置，对企业而言就是确定自己在市场中的位置；(5) 观念（Perspective），战略表达了企业对客观世界固有的认知方式，体现了企业对环境的价值取向和组织中人们对客观世界固有的看法，进而反映了企业战略决策者的价值观念。

综上所述可以认为，企业战略是企业根据其外部环境、内部资源和能力状况，为了企业的生存和发展，不断赢得市场的先机和竞争上的优势，对企业未来的发展目标，以及实现目标的途径、方式和方法所作出的总体谋划。

（二）企业战略的分类

按照不同的标志，企业战略有以下几种分类方法：

1. 按照企业战略的层次分类，可以分为总体战略、业务战略和职能战略

总体战略也称公司战略，是企业从全局出发制定的未来一定时期内要达到的总体目标和总体规划，是企业一切行动的纲领和指导方针，是企业的战略经营单位及各个职能部门战略制定的指引。其战略重点是：公司内的资源如何有效配置和合理分配，各个下属单位如何提高绩效、相互协调聚集团体的竞争优势，如何根据公司的体制和战略目标开拓新的事业，进入新的领域等。

业务战略也称竞争战略、经营战略，是公司的二级战略或属于事业部层次的战略，受企业总体战略的指导。它一般是指在单一生产经营的企业中，为了生存、发展和赢利，实现总体战略目标，围绕企业的生产经营模式、增强市场竞争优势、提高整体绩效等问题所做出的战略决策。而在大型企业或企业集团

中，往往有多个子公司、事业部或者其他具有相当独立地位的部门或单位（如分厂），一般称为战略经营单位或者战略业务单位，这些战略经营单位或者战略业务单位层次的战略也属于业务战略，受大型企业或企业集团战略的指导并服从于大型企业或企业集团战略。

职能战略是涉及公司各个职能部门，充分发挥其功能，以推动企业总体发展战略实现的具体的分支战略。不管是大型企业还是中小型企业，往往有多个职能部门，如生产部门、营销部门、财务部门、人力资源部门等，职能战略就是这些职能部门在企业总体战略或者战略经营单位战略的指导下制定的一定时期内的职能部门的运作策略。因此，本部分在特指经营战略或职能战略时，经常采用“策略”一词来替代，以显示它们与总体战略在范围和层级上的差别。

总体战略、业务战略和职能战略之间的关系如图 2—1 所示。

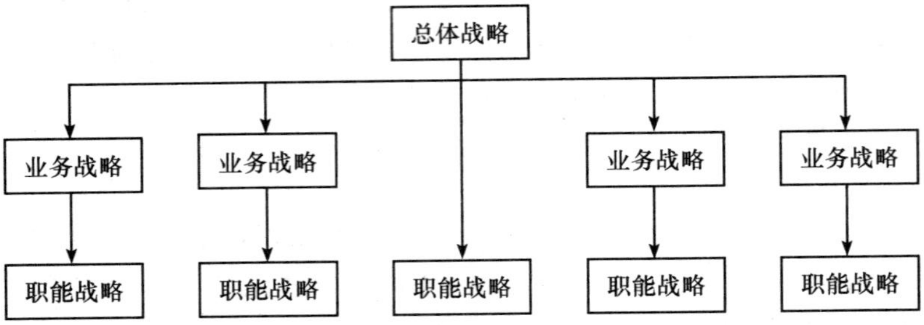

图 2—1　各层次战略关系

2. 按照企业的基本竞争方式分类，可以分为成本领先战略、差异化战略和集中化战略

成本领先战略的目标是成为产业中的低成本生产厂商，较长时期内在价值链的各环节上企业产品成本保持同行业的领先水平，因此可以以低单位成本价格为用户提供标准化产品，以赚取更高单位利润，获取竞争优势。首先是采取成本领先战略的企业往往通过实现规模经济降低成本，并且能够在降低成本的同时满足消费者的需求；其次是采用最新技术来降低成本和改进生产力，或在可行的情况下采用廉价劳动力；再次是企业往往专注于生产力的提高，并将制造成本降到最低；最后为了降低成本想方设法获得更优惠的供应价格。

为了实现低成本，企业还可以采取的经营策略有：减少产品和产品种类的数量，减少为顾客提供的服务；减少产品性能和质量特色；低工资和低福利；减少产品分销中使用的不同销售渠道的数量；延长给客户的送货时间；专注于提高生产率；提高或降低购入材料的价格等。但是这些策略可以供企业有选择的、适度的采用，因为这些策略在降低成本的同时，也可能给企业带来负面效应，如客户不满，员工流失，质量下降，公司声誉下降等。采用该战略还应注意可能出现的过度削价的威胁，容易忽视顾客需求特性和需求趋势的变化，以及大量投资集中于现有技术、现有设备，对新技术的采用和技术创新反应迟钝等弊端。

差异化战略是指企业力求在顾客广泛重视的一些方面在产业内独树一帜，它选择许多客户重视的一种或多种特质，并赋予其独特的地位以满足顾客的需求。这些特色可以表现在产品设计、技术特性、产品品牌、产品形象、服务方式、销售方式、促销手段等某一方面，也可以表现在几个方面。为了保持产品的差异化，企业往往以提高成本为代价，伴随着成本的提高，企业的产品或服务价格也会相应提高，甚至高出同类产品很多倍，但是实行该战略之所以能成功是因为顾客对企业产品或服务特色的注意和信任，由此对产品价格不敏感，企业也因此可以获得较高的利润。

集中化战略也称聚焦战略或小市场战略，是指企业集中于整体市场的某一狭窄部分或专注于某类客户的特殊需求，来建立自己的竞争优势及其市场地位。由于经营目标集中，可以集中使用企业的人、财、物等资源，有条件深入钻研专门技术，很好地熟悉产品的市场、用户及同行业竞争方面的情况，一般适用于实力较弱的中小企业，可以做到以小补大，以专补缺，以精取胜，成为受市场欢迎的“小型巨人”。

3. 按照企业的总体战略态势分类，可以分为发展型战略、稳定型战略和紧缩型战略

发展型战略也称成长型战略，是以发展壮大企业为基本导向，致力于使企业在产销规模、资产、利润或新产品开发等某一方面或某几方面获得增长的战略，增长的方式可以通过自我发展或者外部并购、战略联盟等方式实现。发展型战略一般包括一体化战略、密集型成长战略和多元化成长战略。一体化战略是指企业对具有优势和增长潜力的产品或业务，沿其经营链条的纵向或横向扩大业务的深度和广度，扩大经营规模，实现企业成长。密集型成长战略，也称为加强型成长战略或集约型成长战略，是指企业在原有生产范围内充分利用在产品和市场方面的潜力，以快于过去的增长速度来求得成长与发展的战略，是较为普遍采用的一种公司战略类型。多元化战略是指同时生产和提供两种以上基本经济用途不同的产品或劳务的一种经营战略，可能跨越不同的行业，也可

以是在同一行业内经营，但是产品或劳务有较大的差别，有着不同的经济用途。

稳定型战略又称为防御型战略、维持型战略，即企业在战略方向上没有重大改变，在业务领域、市场地位和产销规模等方面基本保持现有状况，以安全经营为宗旨的战略。采取稳定型战略的企业往往追求既定的或与过去相似的经营目标，企业战略规划期内所追求的绩效按大体的比例递增，企业在产品上的创新也较少。

收缩型战略也称为撤退型战略，是企业从目前的战略经营领域和基础水平收缩和撤退的战略。收缩型战略有以下特征：（1）对企业现有的产品和市场领域实行收缩、调整和撤退战略；（2）对企业资源的运用采取较为严格的控制，尽量削减各项费用支出；（3）收缩型战略具有明显的短期性；（4）收缩型战略的目标侧重于改善企业的现金流量。

（三）企业战略的一般特点

从上述对战略以及企业战略基本概念的表述中不难看出，企业战略具有以下六个基本特点：

1. 目标性

企业战略必须体现企业发展总体目标的要求。企业发展目标是企业使命和宗旨的具体化。企业使命是指为了达到生存、发展和赢利等经济目的，对经营活动内容和业务范围即企业长期的战略意向，以及价值观、行为准则和经营理念所做出的正确定位。企业使命包括企业生存发展的目的、企业宗旨、管理哲学和经营理念等具体内容。企业目标是一个体系，既有长期目标，又有中短期目标；既包括总体的全局性战略目标，又包括局部的阶段性战役、战术目标。

企业目标是以下六种基本要素综合平衡的结果：（1）获利程度。获得满意的较高水平的利润，是实行战略管理的企业主要目标之一；（2）产出能力。企业的生产规模及产出能力标志着企业的贡献程度；（3）竞争地位。提高企业的竞争地位是企业战略的目标之一，企业产品的销售额和市场占有率是衡量企业绩效的主要指标，不占领市场的制高点，企业的经济目的就无法实现；（4）技术水平。企业的技术水平标志着企业参与竞争的能力，决定着产品的市场地位，关系到企业的战略选择，企业常常将技术领先作为重要的战略目标；（5）员工发展。在21世纪，员工的发展同企业的发展具有同等重要的意义，而且员工必须先于企业发展，才能形成企业的核心竞争力；（6）社会责任。现代企业要想取得长远发展，必须考虑包括股东、员工、消费者、供应商、社区等各类利益相关者在内的利益，必须承担除了经济责任、法律责任之外的社会责任，如提供质量安全可靠的产品、保护环境、支持公益事业等。

2. 全局性

无论是从战争战略学的角度看，还是从企业战略学的角度看，战略问题都是指具有全局性的问题。研究企业生存发展的带有全局性的指导规律，应当是企业战略管理学的任务。

3. 计划性

计划是由计划信息采集与分析、计划目标的定位、计划资源的供需平衡、计划决策、计划实施与检查、信息反馈等具体环节构成，企业战略的形成过程也就是一项战略管理计划形成的过程。企业战略管理的计划过程，包括战略分析（了解企业组织所处的环境和相对竞争地位）、战略选择（战略制定、战略方案评价与选择）、战略方案的实施（采取措施实现战略目标）等内容。

4. 长远性

企业战略是由总目标和若干分目标组成的。这些目标不是权宜之计，而是具有前瞻性的长远大计，即需要从企业发展的大局出发，“不畏浮云遮望眼”，登高望远，经过充分的预测、考量、剖析和综合平衡而最终确定的。企业发展战略是在未来相当长的一段时期内需要通过企业领导和全体员工的共同努力奋斗才能实现的。

5. 纲领性

企业战略是企业为了生存、发展和赢利，实现企业的使命和宗旨，达到一定时期的发展目标而提出的一个纲领性的文件。这个文件指明了企业发展的总体方向，规划了企业未来发展的总体框架，对经营活动领域、业务扩张范围、技术攻关重点、企业获利水平、市场营销策略等一系列关键性问题做了基本定位，但它不可能面面俱到，只能“写意”划出粗线条。战略规划“具体细化”的任务是由企业中短期计划如年度计划来体现和完成的。企业年度计划是实施战略规划的具体操作计划，是实现战略规划目标的保障计划。

6. 应变性、竞争性和风险性

企业战略不仅具有目标性、全局性、计划性、长远性和纲领性，还具有应变性、竞争性和风险性，前一类特点是相对稳定的，而后一类特点是动态的、随机可变的。由于企业外部社会经济环境和条件的复杂性和多变性，以及内部资源的多样性，将使企业遭遇始料不及的各种挑战、压力和威胁，这些随机出现的困难和问题，既是一种挑战，又是企业发展的一种机遇。这就需要高度重视对企业战略“例外的特殊问题”的管理，提高企业战略管理的应变性、竞争性，以及抵御风险的能力。

二、企业人力资源战略的概念和分类

（一）人力资源战略的基本概念

人力资源是其他物力、财力等资源的对称，是企业在一定的时间、空间条件下，劳动力数量和质量的总和。作为企业战略的下属概念，人力资源战略可以定义为是企业在对其所处的外部环境、内部组织条件以及各种相关要素进行系统、全面分析的基础上，从企业的全局利益和发展目标出发，就人力资源的开发（利用、提高和发展）所做出的总体策划。

人力资源战略作为企业战略的重要组成部分，除了具有上述企业战略的一般属性和特征之外，还具有两个鲜明的特点：一是它的精神性，相对于其他资源来说，人力资源是软件，属于哲学的精神范畴，而企业生产经营资料和条件、物力、财力等则属于哲学的物质范畴，按照正确的哲学观点，物质决定精神，精神又对物质产生巨大的反作用。人力资源战略作为企业战略的一部分，它虽然受到一定时期内企业外部环境和条件、企业的经营范围、生产规模、财务实力等因素的制约和影响，但它始终是一种重要的核心性战略，对企业的物质资源具有巨大的推动力；二是它的可变性、可调性。与企业其他的职能战略相比，如研发战略、生产战略、营销战略等战略计划运作的周期长，见效慢，而人力资源战略却具有更大的弹性和灵活性，运作的周期短，见效快，潜力大，效益高。

（二）人力资源战略的分类

人力资源战略按照不同的方式可以做出如下划分：

1. 从时限上划分

从时限上划分，可以将人力资源战略分为长期战略和中短期战略。长期战略即 5 年以上的人力资源的总体战略，中短期战略即在近期的 3～5 年以内所采取的战略决策。

2. 从内容上划分①

① 由于人力资源战略属于企业战略体系中第三个层级即职能性战略，因此，在特指人力资源战略的具体内容时，通常使用了“策略”这一术语。以下同。

从内容上划分，可以将人力资源战略分为人力资源开发策略、组织变革创新策略、专才培养选拔策略、员工招聘策略、绩效管理策略、薪酬福利与保险策略、员工激励与发展策略以及劳动关系管理策略等。

3. 从性质上划分

从性质上划分，可以将人力资源战略划分为吸引策略、参与策略和投资策略三种类型。（1）吸引策略主要是通过丰厚的薪酬吸引人才，培养人才，从而形成一支高素质的员工队伍。常用的薪酬策略如员工利润分享计划、奖励政策、绩效奖酬、附加福利等；（2）参与策略谋取员工积极参与组织决策的权力和机会，使员工在工作中有主动权，能充分调动员工的积极性和工作热情。采取这种策略的企业往往注重团队建设和管理，注重授权和员工的自我管理；（3）投资策略主要是视员工为企业的投资对象，通过聘用数量较多的员工，形成备用人才库，储备多种专业技能人才，注重员工的培训和开发，注意培育良好的劳动关系，以提高企业的灵活性。

4. 从变革方式上划分

美国学者史戴斯和顿菲（Stace & Dunphy）根据企业变革的程度以及管理方式上的不同，将企业人力资源战略划分为家长式、发展式、任务式和转型式策略。四种策略比较见表 2—1。

表 2—1　　史戴斯和顿菲的人力资源战略分类

变革程度	管理方式	人力资源战略
基本稳定，微小调整	以指令式管理为主	家长式策略
循序渐进，不断变革	以咨询式管理为主，指令式管理为辅	发展式策略
局部改革	以指令式管理为主，咨询式管理为辅	任务式策略
总体改革	以指令式管理和高压式管理并重	转型式策略

家长式策略采取以指令式管理为主的管理方式，进行集中控制人事的管理，建立硬性的内部任免制度；人力资源管理的基础是奖惩和协议；强调程序、先例和一致性；强调操作和监督。

发展式策略采取以咨询式管理为主，指令式管理为辅的管理方式，注重发展个人和团队，制订大规模的发展和培训计划，尽量从企业内部进行招聘，注重运用内在激励多于外在激励；优先考虑企业的总体策略发展，强调企业的整体文化，重视绩效管理。

任务式策略以指令式管理为主，咨询式管理为辅，策略的制定采取自上而下的指令方式，强调人力资源规划、工作再设计和常规检查，注重企业业绩和绩效管理，注重对员工的技能培训，有正规程序处理劳动关系和问题，强调策略事业单位的组织文化，在员工招聘上采取内部招聘和外部招聘并重的方法。

转型式策略是当企业面临重大组织变革时采取的策略，由于重大变革会触及相当部分员工的利益而很难得到员工的普遍支持，企业只能采取指令式管理和高压式管理并重的方式保证变革的成功。因此，采取该策略往往会调整员工结构，进行必要的裁员；从外部招聘管理骨干；对管理人员进行团队训练，建立新的理念和文化；打破传统习惯，摒弃旧的组织文化，建立适应环境变化和组织发展需要的新的人力资源系统和机制。

三、企业制定人力资源战略的重要意义

在当代，企业发展战略以及人力资源战略为什么受到企业家的普遍关注，成为企业发展的热点和焦点问题，其原因有三：首先，世界经济的全球化以及变幻莫测的外部环境给企业带来了巨大的压力和挑战，使企业不得不以全新的视角来审视和思考未来。可以说，每一个成熟的企业都需要对以下几个基本问题做出正确的回答：企业未来将如何发展？企业如何迎接竞争对手的挑战？企业在日益激烈的市场竞争中怎样才能克敌制胜？其次，企业在今后的发展中如何把握事关全局的关键性工作，即需要明确地指出战略的重点是什么。毛泽东同志在《中国革命战争的战略问题》中指出，如果全局和各阶段的关照有了重要的缺点或错误，那个战争是一定要失败的。说“一着不慎，满盘皆输”，乃是说的带全局性的，即对全局有决定意义的一着，而不是那种带局部性的即对全局无决定意义的一着。[①] 战争如此，企业的发展也是如此，企业的决策者必须懂得全局的规律性东西，学会指导和把握住全局，才能更有效地指导各个阶段的局部性工作，使局部的阶段性工作服从于全局、服务于全局；最后，现代企业除了受到外部环境的压力，还面临自身的各种资源如何有效开发与利用的问题。特别当涉及企业发展的重大战略问题时，企业不可能超越现有物质资料的占有情况，也不可能超越现有的财务实力和人力资源的现状，盲目地做出某种超现实的设想。总之，企业需要根据内外部的环境和条件，从现实和可能出发，通过对各种资源的综合平衡，明确自身的努力方向和奋斗目标，才能把握企业发展的全局，在激烈的市场竞争中保持优势，克敌制胜。

---

① 参见：毛泽东选集（第一卷）. 北京：人民出版社，1991. 175.

在企业总体战略确定的情况下，制定人力资源战略具有以下重要意义：

（一）有利于使企业明确人力资源管理的重点

使企业明确在未来相当长的一段时期内人力资源管理的重点，即哪一项工作是真正值得投入，需要加以关注的。

（二）有利于界定人力资源的生存环境和活动空间

企业的管理问题可以分成内外两个部分，对内管理的目的是如何在现有的组织构架下，获得生产和工作活动的高效率化；对外管理的目的是如何在所处的环境下选择和拓展自己的生存发展空间，与外界机构、组织以及资源提供者保持均衡的互利互惠关系。企业竞争战略的着眼点立足于后者，而人力资源战略不仅要重视前者，更多的是考量后者。事实证明：很多企业的成功，并不完全是靠高水准的内部管理，有些企业是在关键时刻把握住了商机，有些企业则是掌握了关键性的资源，如核心技术、顶尖的专门人才等，有些企业则是设置了各种“防火墙”，采取积极的防御措施，保持了人力、物力和财力等竞争的优势。由于企业人力资源战略的着眼点是如何使企业保持人才竞争的优势，因此，它的制定有利于界定人力资源的生存环境和活动空间。

（三）有利于发挥企业人力资源管理的职能以及相关政策的合理定位

企业人力资源管理的职能包括：吸引、录用、保持、发展、评价和调整六个方面。这些职能之间相互制约、相互影响和相互作用，在企业价值链的运行中发挥着积极的主导作用。但是这种主导作用的正常发挥，有赖于正确的策略和劳动人事政策的指引。企业必须根据人力资源战略的要求，对一定时期内的工作重点，以及与之配套的劳动人事政策做出明确的规定，才能使人力资源的职能部门明确工作的目标，把握住正确的工作方向。

（四）有利于保持企业人力资源长期的竞争优势

企业人力资源战略核心是从全局发展的要求出发，着眼于企业人力资源的未来，增强和保持人力资源竞争的优势。企业人力资源战略虽然是着眼于将来，对企业资源的长期开发利用有着重要的指导意义，但是它并没有忽视对企业当前的工作目标和行动方向的指引，特别是对那些带有全局性的关键事项的调控。

列宁指出，战略家必须“朝着大的目标走去，又必须从小的目标开始”。一项成功的人力资源战略不仅要具有前瞻性，对企业人力资源管理发展的总方针和总方向做出明确的规定，还必须从企业现有资源状况出发，对各个阶段性工作做出正确的指引。

（五）有利于增强领导者的战略意识

人力资源战略的确定是企业领导者的天职，这是因为：第一，企业人力资源战略决策所需要的各种信息，来自于企业各个部门，只有企业领导者才有可能接触并掌握这些资料和数据；第二，由于居于高位的领导者与外界保持着密切联系，只有他们才最了解谁是自己的主要竞争对手，谁又是潜在的、未来的竞争对手，或者是有力的支持者、合作者；第三，战略的实施需要调动包括人力资源在内的企业所有资源，唯有企业的领导者有权全面地调节、配置和指派这些资源；第四，战略决策具有很大风险性，为了规避风险提高其效度和信度，唯有企业领导者可能具有这样的能力和远见，而一般员工“不在其位，不谋其政”，不可能具有这样的胆识和远见。通过战略的制定与贯彻，将进一步促进企业领导者战略意识的提高。

（六）有利于全体员工树立正确的奋斗目标，鼓舞员工的士气，增强员工的信心，努力进行工作

人力资源战略的确定和贯彻落实，将使员工树立起正确的信念和奋斗目标，从根本上拓宽了员工生存和发展的空间，为有效地调动员工生产积极性、主动性和创新性提供了前提条件。

第二节　企业战略与人力资源战略的关系

一、企业战略与人力资源战略的基本关系

（一）企业总体战略决定企业人力资源策略

企业战略是从企业全局出发，综合考虑企业外部环境和内部资源和能力状况而做出的未来一定时期内的规划，而人力资源策略是企业职能战略中的重要部分。戴尔（Dell）1984 年就曾提出组织战略是人力资源策略的主要决定因素，

并列举事实来证明其观点。拉贝尔（Laber）在调查 11 家加拿大企业的高层管理人员时发现，大部分被调查者认为组织战略是人力资源策略的决定因素，组织追求的战略目标不同，人力资源策略的形成就会有很大的差异。舒勒（Schuler）于 1987 年也提出较高层次的组织战略是人力资源策略的决定因素，认为不同的组织战略决定不同的人力资源策略，企业战略通过对组织结构和工作程序的作用对人力资源策略产生影响；企业战略与人力资源策略之间存在着密切联系，后者与前者是一体的。

人力资源策略定位于企业的职能战略层次上，企业战略决定企业的人力资源策略，人力资源策略必须适应企业战略的要求。如前所述，在英文中“Strategy”具有双重含义，既是指战略，也可指策略。在上述的分析中，泛指企业战略管理中人力资源问题时，使用了“人力资源策略”的术语。实际上，作为企业的职能战略，人力资源策略更应体现具体的、操作性强的人力资源管理活动或计划，因此，使用“人力资源策略”的术语，更能体现和反映其概念的内涵。

（二）企业人力资源策略影响企业战略的实施

伦格尼可·霍尔（Lengnick Hall）认为，组织战略与人力资源策略之间相互依赖，二者之间有双向作用，人力资源策略不仅受到组织战略的影响，其对全面的企业战略的形成和执行有着独特的贡献。人力资源策略的产生是为了适应组织的成长期望和组织对成长期望的准备，如果组织有较高的期望，而企业的人力资源策略还不成熟，组织会采取以下行动：

1. 对人力资源进行投资以提高执行能力。
2. 根据所缺乏的准备条件调整组织目标。
3. 利用现在的人力资源配置优势改变战略目标。

人力资源策略不仅影响企业战略的实施与调整，而且也支撑着企业战略的实施与调整。这是因为企业战略的实现离不开企业人力资源作用的充分发挥，企业要获取战略上成功的各种要素，如研发能力、营销能力、生产能力、财务管理能力等，最终都要落实到人力资源作用的发挥。人力资源战略管理强调通过人力资源的规划、政策及管理实践达到获得竞争优势的人力资源配置的目的，强调通过人力资源管理活动实现组织战略的灵活性，强调人力资源管理活动的目的是实现组织目标。因此，人力资源策略是组织战略的有力支撑，是组织战略不可或缺的有机组成部分。

二、在不同的总体战略下人力资源策略的选择

对于企业人力资源职能部门来说，从总体发展战略出发，根据企业参与市场竞争的经营战略目标的要求，适时地做出人力资源策略决策，是自己义不容辞的责任。但是，一些企业在制定人力资源策略时，往往忽视了它与企业其他战略之间的系统性、协调性和配套性。从人力资源管理的地位和作用来看，它确实是企业管理的中心、核心和重心，但对不同时期、不同条件、不同规模的企业来说，企业人力资源策略的覆盖范围、具体内容和作用程度也不尽相同。在研究人力资源战略管理的问题时，一定要实事求是，既不能低估其重要的地位和作用，也不能无限地加以夸大。虽然人力资源策略是企业总体发展的重要支撑点，是企业发展战略的重要组成部分，但它毕竟是企业战略的下位概念。

按照企业的总体战略态势分类，企业战略可以分为发展型战略、稳定型战略和紧缩型战略。这三种战略是基于不同的战略环境和企业内部实力的情况下的战略选择，相应的企业人力资源策略也应采取不同的方式。

（一）基于发展型战略的人力资源策略选择

发展型战略强调未来一定时期内企业和现有的战略水平相比有较大的进步。从企业经营范围来看，采取发展型战略的企业可以是单一产品或服务的提供商，也可以是多元化成长的企业或者一体化纵向发展的企业。因此，可选择以下三种与之对应的人力资源策略：

1. 单一产品发展战略

采取该发展战略的企业往往具有职能型组织结构和规范的运作机制，具有高度集权的控制和严密的层级指挥系统，各部门和人员有严格的分工，这类企业往往采取家长式人力资源策略，以指令式管理为主，在员工甄选、招聘和绩效考评上，较多地从职能作用上评判，并且较多依靠各级主管的主观判断；在薪酬方面，采用自上而下的家长式分配方式；在员工培训和发展方面，以单一的职能技术为主，较少考虑整个系统。

2. 纵向一体化发展战略

采取该发展战略的企业在组织结构上仍较多实行规范性职能型结构的运作机制，控制和指挥同样较集中，但这类企业更注重各部门实际效率和效益，一般会采用任务式人力资源策略，强调人力资源规划、工作再设计和常规检查，注重企业业绩和绩效管理，强调战略事业单位的组织文化；人员的招聘、甄选

和绩效考核较多依靠客观标准，立足于事实和具体数据，奖酬的依据主要是工作业绩和效率，员工的发展仍以专业化人才培养为主，少数通才主要通过工作轮换进行培养和发展。

3. 多元化发展战略

采用该发展战略的企业既可以是跨越不同的行业或产业，也可以是在同一行业中发展但产品或服务有较大的差别，如利用甘蔗生产蔗糖并利用残渣造纸同属化工行业，但是蔗糖和纸两类产品的经济用途截然不同，因此生产这两类产品的企业属于多元化发展。采取多元化战略的企业由于涉及多种经济用途不同产品的生产或服务的提供，通常采用事业部制组织结构，各事业部有相当的独立性。这类企业的发展变化比较频繁，通常会采取发展式人力资源策略，注重发展个人和团队，重视绩效管理，在人员的招聘、甄选上，较多采用系统化标准，在绩效考核方面，较多依靠客观标准，主要依据员工对组织的贡献，主客观标准并用，往往通过跨职能、跨部门甚至是跨事业部的系统化开发。

企业人力资源策略与企业发展战略的关系见表2—2。

表2—2　　企业战略与企业人力资源策略

企业战略	员工甄选	绩效评估	薪酬	员工发展
单一产品	职能导向：运用主观确定	主观化：经由个人接触去量度	非系统化、家长式分配方法	非系统化，主要通过工作经验：以单一功能为主
单一产品（垂直整合）	职能导向：运用标准确定	非个人化：基于成本和生产力数据	基于表现和生产力	职能专才和若干通才：主要通过工作轮换
通过收购不相关的事业实现增长	职能导向：系统化的程度视个别业务而定	非个人化：基于投资回报率和赢利	依据公式计算，包括投资回报率和赢利在内	跨职能但非跨事业
通过内部增长和收购相关产品线的多元化增长	职能和通才导向：运用系统化确定	非个人化：基于投资收益率、生产力及对公司整体贡献的主观评估	大额奖金：基于赢利和对公司整体贡献的主观评估	跨职能、跨部门和跨事业/部门：正式发展
多国家多元产品	职能和通才导向：运用系统化确定	非个人化：基于多项目确定，例如投资回报率作为某国家产品特别拟定的赢利目标	奖金：基于多项计划目标计算，容许高层管理者有中度的酌情权	跨部门和跨附属公司以至企业：正式和系统化

（二）基于稳定型战略的人力资源策略选择

采取稳定型战略的企业主要有三种情况：

1. 企业所处的外部环境比较稳定，企业比较成功；
2. 企业外部环境较好，但是企业内部实力较差；
3. 企业经过一段时间的快速扩张或紧缩之后，采取稳定型战略有利于企业休养生息，等待机会。

不论是哪一种情况，采取稳定型战略的企业都希望在未来一定时期内不会有大的扩张或收缩，因此组织不会有大的调整，人力资源也会相对稳定，人力资源策略的目标就是谋求人力资源活动的稳定运行，不会出现大量的裁员或聘用人员活动，由于比较稳定，企业成长的机会有限，给予员工的发展和锻炼机会也会较少，容易导致部分核心员工的离职。当公司采取稳定型战略时，人力资源策略的重点应是保留住核心员工，维持人员稳定。

（三）基于紧缩型战略的人力资源策略选择

由于紧缩型战略是从目前的战略经营领域收缩或撤退，因此采取该战略的企业，要对组织的目标、组织结构、经营管理程序等一系列问题进行重新思考和选择，人力资源策略也要作相应调整，降薪和裁员是通行的做法。但是面临变革，这两种做法都会影响到员工的士气和信心，因此人力资源策略的重点是规划和实施好员工的解雇工作以及对剩余员工的管理工作。员工的解雇主要包括解雇人员的计划、解雇的方式以及再安置的问题，对于剩余员工的管理，主要是增强员工安全感和提高工作士气的问题。

三、不同竞争策略下人力资源策略的选择

在日益激烈的市场竞争中，企业获得竞争优势，赢得市场，基本的竞争策略有三种，即成本领先策略、差异化策略和集中化策略。而集中化策略归根结底也要考虑是靠特色取胜还是靠成本取胜，因此，现实中这三种竞争策略可以归为两类，即成本领先策略和差异化策略。这两类竞争策略的侧重点各有不同，对企业的要求也完全不同，企业只能根据现有情况，突出重点，选择最有利的竞争策略。

在企业确定采取某种竞争策略之后，企业人力资源管理将如何与之配合，充分发挥积极的推动作用，便成为一个极为重要的课题。如前所述，美国康奈

尔大学在一项专题研究中，提出了人力资源管理与之对应的三种策略，即吸引策略、投资策略和参与策略。

（一）吸引策略

在企业采取成本领先策略时，宜采取科学管理模式（如泰勒制）。其特点是：中央集权，高度分工，严格控制，依靠工资、奖金维持员工的积极性。

采用吸引策略的企业，其竞争策略是以廉价取胜。因此，企业的组织结构采用中央集权的模式，生产稳定、规模较大，分工细、协作紧密，它要求员工具有一定的稳定性和可靠性，掌握简单的操作技术，高效率地进行生产，并对员工进行严格的监督和控制。

在采用成本领先竞争方式的情况下，企业要尽量减少一切与业务无关的开支，对人工成本实行严格的控制，因此员工的配置要以“人少高效”为目标，企业无论是在招收、录用，还是在人员培训方面投入的资金很少，企业与员工的关系纯粹是一种简单直接的利益交换关系。

（二）投资策略

在企业采取差异化策略时，为了实现差别化的提供创新性产品策略，宜采用投资策略模式。美国 IBM 公司就属于典型的采用人力资源投资策略的企业。其特点是：重视人才储备和人力资本投资，企业与员工建立长期工作关系，重视发挥管理人员和技术人员的作用。

采取投资策略的企业，企业内在的环境与采取吸引策略为主的企业大不相同，主要区别是：第一，其竞争策略通常是以创新性产品取胜；第二，其生产技术复杂，对人员的要求很高。为了适应市场的变化和生产技术进步，企业始终处在一个不断成长、发展和创新的环境和过程中。

为了有效地配合企业创新策略的实施，采取人力资源投资策略的企业，常常聘用多于实际工作需要的员工，注重专门人才的储备和培养，高度重视对员工的教育培养和训练，不断提高员工个体素质和企业的整体素质，并通过较高的薪酬、福利和保险，与员工建立长期稳固的关系。企业将人员作为投资的主要对象，以求获得技术与产品创新的竞争优势。

（三）参与策略

在企业采取差异化策略时，为了实现差别化的提供高品质产品策略，宜采取参与策略。其特点是：企业决策权下放，员工参与管理，使员工具有归属感，注重发挥绝大多数员工的积极性、创造性和主动性。

采取参与策略的企业，立足于产出高品质的产品，企业将决策权下放到基层，使每个员工都有参与决策的机会。例如，日本企业中的小组自管制使员工享有较大自主权，小组员工的聘任由小组决定，管理人员只为小组提供必要的信息和技术上的支持，培训的重点放在员工的沟通、协调以及解决问题的能力方面，薪酬与奖励制度也是以小组为单位贯彻实施，这样就从根本上保障了全面质量控制（TQC）制度得到有效的贯彻实施。

总之，企业无论采取哪一种人力资源管理策略，其主旨都是一样的，即通过系统有效的人力资源管理，统一员工的观念和行为，协调员工与企业的关系，充分调动全员的积极性、主动性和创造性，一方面使员工适应企业内在的环境和要求，另一方面使人力资源成为实现企业竞争策略强有力的内在动力。

企业竞争策略与人力资源管理策略的决策能否得到完全贯彻，有赖于企业职能性的人力资源管理的计划性、系统性和有效性。企业人力资源管理系统科学的设计和有效推行，将直接影响到员工的信念、精神状态和行为，而员工的信念、精神状态和行为又是决定竞争策略成败的关键。

企业人力资源管理系统是通过两个基本途径来影响企业精神、员工信念和行为的，一是物质性的管理活动的作用和影响，二是企业各种有益信息的传递和灌输。企业所有的人力资源管理活动，如人员的甄选、调配、晋升、考评、培训、薪酬福利等，除了具有各自专门的作用之外，还有一个更重要的功能，就是直接向员工表明：哪些信念和行为是企业赞赏、支持和鼓励的，哪些信念和行为是企业坚决抵制、排斥和反对的；什么东西最重要，什么东西不重要。同时，通过人力资源的信息系统持续不断地向员工传递和灌输各种有用的信息，潜移默化地对员工进行教育，使他们能够尽快地融入企业。例如在员工入职培训时，应将企业的经营理念、发展战略以及规章制度，向新员工做出详细的诠释，使他们对企业文化有较为深入、全面的认识；在进行绩效评估时，对优秀员工进行表彰，树立典型和模范，又使员工对什么是正确的工作行为有了更具体的感受。

当企业根据内外环境和条件的变化，从企业文化的要求出发，制定了企业竞争策略和人力资源管理策略之后，企业人力资源的职能部门就要按照系统的设计组织日常的管理活动，表 2—3 具体显示了三种不同的策略之间的对应关系。由于企业竞争策略和企业文化背景不同，人力资源管理的具体方式方法也就大不相同。例如，采用人力资源吸引策略的企业，其人员的补充主要有赖于外部劳动力市场，工作岗位的要求严格具体，员工晋升的路线阶梯狭窄，职位不易转换。在这种企业中，员工绩效评估具有三个特点：注重短线目标，以最终成果为评估标准，以个人考核为主体。在员工培训上，投入很少，强调“急用先学，立竿见影”，只要求员工掌握简单的应用技巧；在薪酬上以对外公平为原则，不但薪酬水平低，员工的归属感、雇用保障也很低。相比之下，采用人力资源投资策略或参与策略的企业，其具体管理模式和方法存在较大的差异。

表 2—3　　　　人力资源管理策略运行比较

内容	吸引策略	投资策略	参与策略
岗位分析评价	详尽、具体、明确	广泛	详尽、明确
员工招聘来源	外部劳动力市场	内在劳动力市场	两者兼顾
职位晋升阶梯	非常狭窄，不易转换	广泛，灵活多样	较为狭窄，不易转换
绩效考评目标 行为/结果导向 个人/小组导向	注重短线目标 注重实际成果 以个人为主	注重长期目标 重视行为与成果 以小组为主	注重中短期目标 重视实际成果 个人和小组综合评估
培训内容	应用范围有限的知识和技能	应用范围广泛的知识和技能	应用范围适中的知识和技能
薪酬原则 基本薪酬水平	对外公平 水平较低	对内公平 水平很高	对内公平 水平适中
归属感	低	较高	很高
雇用保障	低	较高	很高

根据表 2—3 所示的三种人力资源管理策略及其特点，从我国企业人力资源管理的现状来看，大多数企业的人力资源管理是以吸引策略为主，特别是在发达的沿海城市，无论是国有企业，还是民营企业，大部分企业采用这种策略模式，只有很少的企业采用了其他两种模式，其中大部分是外资或合资性质的企业。

四、企业战略与人力资源策略四种不同的关系形式

在企业实践中，人力资源策略的制定有三种情况：（1）人力资源策略完全根据企业总体战略的需要而制定，人力资源管理者不参与总体战略的制定；（2）

人力资源规划和企业总体规划之间有双向的沟通，人力资源管理者一方面促成总体战略的制定，另一方面也回应总体战略的需要；（3）人力资源管理者积极参与企业总体战略的制定，既可以是正式的，也可以是非正式的。因此，在企业战略的执行过程中，人力资源策略与总体战略之间存在四种不同形式的关系，即行政关系、单向关系、双向关系和一体化关系。

（一）行政关系

人力资源管理过程与企业战略管理的全过程相分离，人力资源部门仅仅从事与企业的核心业务没有太大联系的日常性行政管理工作，不参与企业战略的形成及实施，人力资源管理停留在人事管理的水平，这种情况也会使得企业战略难以有效地实施。

（二）单向关系

企业战略制定后再通知人力资源部门，人力资源部门虽然不参与战略的制定和形成，但参与战略实施，人力资源部门的职能就是根据企业战略制定和实施人力资源策略方案。在这种关系中，组织虽然承认人力资源部门在企业战略执行中的重要作用，但人力资源职能被排除在战略形成过程之外，也会导致企业战略往往不能成功实施。

（三）双向关系

在双向关系中，人力资源部门不仅参与企业战略的制定，也参与企业战略的实施，在形成企业战略的过程中提出建议，将人力资源问题一并考虑，进而实施企业战略，企业战略和人力资源策略彼此相互依赖，较好地保证战略制定，并能成功实施。

（四）一体化关系

在一体化关系中，人力资源管理活动完全融入企业战略的制定和实施之中，企业战略和人力资源策略始终处于一种动态的、全方位的、持续的联系状态，人力资源的高层管理者往往是企业高层管理团队的成员，参加企业所有重要的经营决策，结果是能够保证企业战略所需要的人力资源的储备及投入，保证企业在竞争中处于有利地位及企业战略的成功实现。

企业战略和人力资源策略之间的关系形式，见表2—4。

表 2—4 企业战略与人力资源策略的关系形式

关系	人力资源管理活动	人力资源管理部门地位	人力资源管理部门对企业战略的参与	结果
行政关系	孤立的人事日常事务处理	较低层级服从	无机会，不参与企业战略的形成和实施	停留在人事管理的水平，企业战略难以有效实施
单向关系	人力资源部门根据企业战略制定和实施人力资源策略	中高层次服从	参与战略实施，但不参与战略形成	因没有参与企业战略的制定，使企业战略难以成功实施
双向关系	在形成企业战略的过程中提出建议，将人力资源问题一并考虑，进而实施企业战略	较高层次服从和建议	既参与战略形成，也参与战略实施	彼此相互依赖，较好地保证战略制定，并能成功实施
一体化关系	人力资源管理活动完全融入企业战略的制定和实施之中	决策层决策、执行	持续、全面地参与企业战略的制定、实施	保证企业在竞争中处于有利地位及企业战略的成功实施

第三节 企业人力资源战略的影响因素

随着生产经营活动的不断拓展，企业人力资源与企业的其他资源一样，总是受到外部环境和内部条件的制约和影响。因此，在制订企业人力资源战略方案时，只有充分地把握企业内外部各种影响因素及其作用的程度，才能切实保证战略方案的科学性、合理性和可行性。图 2—2 高度概括了企业人力资源战略的各种制约因素。

企业人力资源战略的制定必须建立在对客观环境和形势冷静分析、正确评价的基础上，而对同行业或同类产业结构的分析研究是最重要的前提。迈克尔·波特在他的《竞争战略》一书中，通过对产业竞争的系统分析，提出有五个重要因素决定着产业竞争状态：（1）新进入本行业者的威胁；（2）产业内部现有企业的竞争；（3）替代性的产品或服务的威胁；（4）购买者谈判条件和实力；（5）供应商的谈判条件和实力。一旦企业对这些产业竞争因素做出全面分析和正确把握之后，便可以根据实际情况提出适合自己环境和条件的竞争策略。

由于人力资源战略的基点是企业竞争策略，因此，它在对外部环境和条件进行分析评估时，应当将重点放在劳动力市场、国家劳动法律法规以及工会组织等重要影响因素上，如图2—2所示。

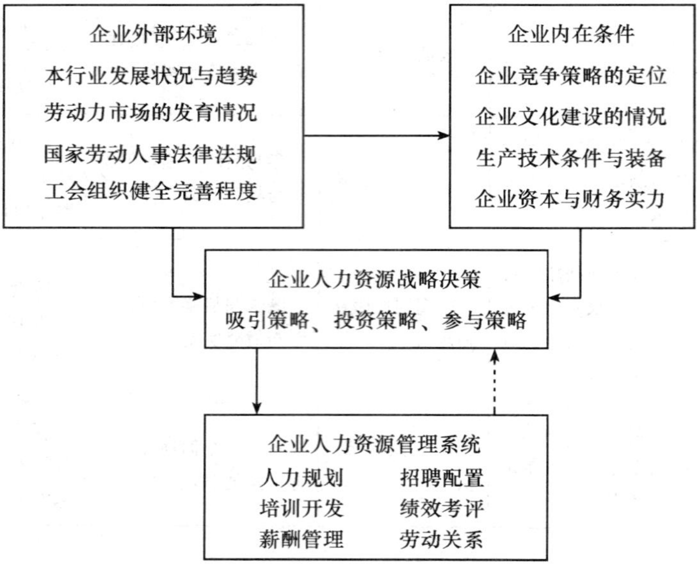

图2—2 人力资源战略的主要影响因素

一、企业外部环境和条件

（一）劳动力市场的完善程度

劳动力市场的运行过程也就是求职者与用人单位以及社会中介、政府之间相互影响和作用的过程。具有市场主体资格的劳动者和用人单位始终是劳动力市场运作的主角，企业在一定时期内对具有一定数量和素质的劳动力的补充，形成了劳动力市场的需求方，而素质不同、要求各异、个性多样的劳动者，无论是短期聘任还是长期使用，他们始终是劳动力市场的供给方。

企业外部劳动力市场的劳动供给与以下因素有关：（1）劳动力参与率，由于经济的发展，我国劳动力参与率在逐年提高，劳动力参与率受到社会文明程度、教育普及率、劳动时间的长短等因素的制约和影响；（2）人口的平均寿命；（3）工作时间长度；（4）人员的素质和技能水平提高的程度；（5）国家经济发展水平，以及增长率、投资率与消费率的影响；（6）产业结构的调整，第一、二、三产业比重的变化等。

企业作为劳动力市场的需求主体，它要根据企业总体战略发展的目标，从生产经营、财务实力、装备水平、技术研发等方面的要求出发，确定一定时期内劳动力补充的种类和数量。当企业所在地区的劳动力市场不太健全完善的情况下，即企业处在不完全竞争的劳动力市场的状态下，一方面劳动者信息不灵，对劳动力市场缺乏全面的了解，另一方面劳动力供给相对大于需求，很多求职者不愿冒失业的风险，这就使企业在劳动力需求上具有一定的独占性，可以按照自己预定的劳动价格招收劳动力。正是这种劳动交易的相对独占性，使企业往往按照例行的规则和一般通行的办法，处理、调整劳动力市场的供求关系。目前我国大多数企业在人员招聘方面所依据的规则或标准，基本上是本行业或本企业经过较长时间的尝试认为比较可行的方法，采用这些例行的规则，可以减少劳动力供需双方的风险和不确定性。

实际上，在社会保障制度、劳动法律体系、员工技能培训与开发机制，以及劳动就业服务机构等基础工作都比较健全完善的条件下，企业作为劳动力需求方，将处于劳动力市场的完全竞争之中，除了它的行为受到法律法规的约束外，它还要遵守市场公平竞争、公平交易的原则，它的独占性将遇到巨大的挑战。在这种情况下，每个企业虽然对求职者具有不同的偏好，但它不可能以市场的平均价位录用所有符合资格条件的求职者。企业必须根据不同时期劳动力市场的供求关系，以及各类劳动者薪酬福利保险方面等条件的变化情况，及时地提出正确的人事政策和招聘策略。

一般而言，企业劳动力的补充存在着两种来源：一是外部的劳动力市场；二是企业内在的劳动力市场。企业大部分级别比较低的岗位，其人员是由外部市场招聘录用的，而企业中级以上的岗位空缺，大部分是通过内在市场来补充，即由企业现有人员升任的。企业在采用内部升补制时，其薪酬水平并不完全受市场价位的制约和影响，它要考虑诸如任职年限、技能水平、贡献大小，以及同类同级岗位的薪酬水平等很多因素才能最终确定。

（二）政府劳动法律法规的健全程度

随着 1994 年我国《劳动法》的颁布、2001 年新修改的《工会法》的发布以及 2008 年《劳动合同法》的实施，我国的劳动法律法规体系正在逐步健全和完善。目前，我国劳动法律的司法、立法、执法和守法体系基本形成，各类企业中的劳动者只要诚实劳动、遵纪守法，他们正当、合法的权益将会受到有效的保护。作为企业来说，根据其发展战略的要求，制定和采取何种竞争策略，实施哪一种人力资源政策和策略，都必须符合国家和地方政府主管部门发布的各种法律、法规和规范性文件，企业不但应当成为市场竞争的胜者，也应当成为社会守法的主体。

（三）工会组织的作用

在我国，中华全国总工会以及下属的各级地方工会是唯一合法的代表企业员工权益的社团组织和法人。随着社会主义市场经济体制的逐步健全和完善，工会组织在企业中的地位和作用越来越突出和重要。

工会的基本职责是维护职工的合法权益，工会通过平等协商和集体合同制度，协调职工与用人单位的劳动关系，维护职工的劳动权益。工会依照法律的规定通过职工代表大会或者其他形式，组织职工参与本单位的民主决策、民主管理和民主监督。此外，工会还是企业文化的积极宣传教育和推动者，它要动员和组织职工积极参加经济建设，努力完成生产任务和工作任务，不断提高思想道德、技术业务和科学文化素质，协助用人单位建设有理想、有道德、有文化、有纪律的职工队伍。

为了切实保障职工的合法权益，工会将在劳动合同的签订、劳动关系的建立和调整、工资谈判与集体协商、劳动争议的处理、职工工资福利和保险、劳动保护、职业安全和卫生、职业病防治、工作时间和工作轮班、女职工合法权益和保护等涉及职工切身利益方面发挥重要的作用。同时，《工会法》还针对不同类型企业的工会组织，在参与企业生产经营和管理方面的地位和作用做了明确的界定。

二、企业内在环境和条件

企业人力资源战略作为企业总体发展战略的一部分，它的确定不仅受到竞争策略的制约和影响，而且还需要在充分考量外部环境和条件的基础上，分析研究企业内在的要素，把握这些要素的相关性以及交互作用和影响的程度，从而增强人力资源策略确定与选择的针对性、配套性和可行性。

（一）企业文化

企业文化是指在企业中长期形成的共同思想、作风、价值观念和行为准则，它表现为一种具有企业个性的信念和行为方式。美国的昆恩（Quinn）教授按照企业的内向性和外向性、灵活性和稳定性，将企业文化区分为家族式文化、发展式文化、市场式文化和官僚式文化四种类型，如图 2—3 所示。

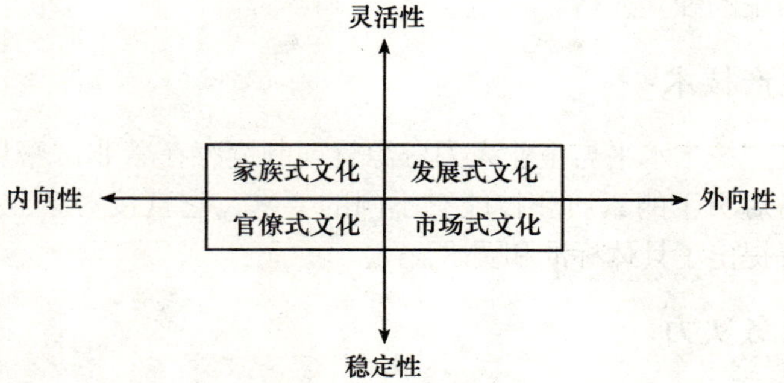

图 2—3　企业文化的四种类型

1. 家族式企业文化。强调人际关系，企业如同一个大家庭，彼此关心爱护，忠心敬业，发扬企业良好传统。

2. 发展式企业文化。强调创新和创业，企业组织比较松散，非正规化，一切注重发展与创新。

3. 市场式企业文化。强调市场导向，以产品为中心，强调员工按时按质按量完成工作任务和经营目标。

4. 官僚式企业文化。规章至上，凡事循规蹈矩，要求员工有章可守，有法可依。企业强调组织结构的正规化，企业管理追求稳定性和持久性。

企业文化以企业精神（企业在长期实践中形成的全员认同的理想、价值观和信念）为内核，最外层是企业物质文化层（厂容厂貌、技术装备和工作地配置水平、产品造型、外观、质量等），也称企业硬文化；中间层是企业制度文化层（企业领导体制、人际关系、各项生产经营管理制度），它是企业物质文化与精神文化的中介，企业精神通过中介转化为物质文化；最内层是企业精神文化层（行为规范、价值观念、群体意识、员工素质），也称企业软文化。企业文化具有整体性、稳定性、开放性、可塑性和独特性。独特性又包括时代性、地域性、民族性和行业性。企业文化有创新型、努力型、敬业型、过程型和风险型等多种典型，具体有企业的信息文化、广告文化、娱乐文化、技术文化、教育文化、精神文化、生产文化、沟通文化等多种表现。企业文化具有凝聚的功能、规范的功能、激励的功能、渗透的功能和革新的功能，是现代企业生存与成功之本。

总之，企业文化实质上是企业内部的物质、精神和制度诸要素的动态平衡和最佳结合，它的精髓是提高员工的道德、文化与职业素养，重视员工的社会价值，尊重员工的独立人格。

（二）生产技术

企业的生产技术水平与企业人力资源管理制度存在着非常密切的联系。不同的技术装备对员工的素质和技能有不同的要求，它直接对企业员工的招收、选拔和培训等提出了具体标准和要求。

（三）财务实力

企业的财务状况直接关系到人力资源策略的定位，直接影响到企业的招聘能力、劳动关系、绩效考评、薪酬福利与保险、员工技能培训与开发等人力资源运作模式的选择以及具体管理制度的制定。当遇到经济不景气或者因市场激烈竞争造成产品滞销，企业资金不足，财务遇到严重困难，以致需要采取应急措施时，企业的劳动关系将面临较大的挑战和压力，是保持良好的合作关系，同舟共济以求共存，还是遣散员工，各奔前程，自谋生路。在巨大的财务压力下，有些企业不得不“忍痛割爱”，采取大幅度裁员的办法；也有的企业及时调整对策，寻求新的途径如适度减薪或暂时冻薪、停薪等，以共渡难关。虽然企业财务实力对企业人力资源策略具有很大的制约力和影响力，但在进行决策时还是有一定空间和回旋余地。

第四节　企业人力资源战略的总体设计

从某种意义上说，企业领导者既是企业战略的设计者，也是战略实施的指挥者。一个企业的领导者必须积极主动地参与企业战略管理的全过程，担当起战略指挥的重任，才能成为一个成功的业绩卓越的领导者。

企业战略管理的主要内容是：（1）设计企业发展远景；（2）明确企业的主要任务；（3）分析企业外部环境和条件；（4）掌握企业内部资源的现状；（5）设定企业战略总目标和分目标；（6）为完成每一项目标制定行动方案；（7）贯彻实施行动方案；（8）对实施过程进行监控，保证行动方案的落实。因此，一个成功的企业战略指挥者应当担当起以下主要的职责：对企业发展远景和任务的描述进行审查；对企业外部环境和内部的资源状况有清晰、准确、全面、深入的认知；对总目标做出科学合理的分解，提出分步实施的计划；对战略实施的全过程进行监控。

从企业人力资源战略管理的全过程来看，它是人力资源战略的设计与形成、战略的贯彻实施、战略的评价与控制三个主要环节的统一。

一、企业人力资源战略设计的要求

企业人力资源战略的设计，应当充分体现“信念、远景、任务、目标、策略”等基本要素的统一性和综合性。

信念是企业文化的内涵，属于精神范畴，它要对企业为什么存在，企业的价值观做出简洁明确的概括。如摩托罗拉公司将自己企业的信念概括为：始终如一以礼待人，恪守公正诚信不渝。再如，TCL 公司提出了员工应当秉持“敬业、诚信、团队、创新”的信念，以实现企业“为顾客创造价值，为社会创造效益，为员工创造机会”的经营宗旨。

远景是企业发展的宏伟蓝图，即企业将在国内或国外成为一家什么样的企业。如宏基公司提出：我们要成为广受各地赞誉的企业；摩托罗拉公司则提出：我们要成为世界上最好的公司。

任务是企业所肩负的责任和义务，以及对社会和客户的承诺。如施乐复印机公司提出：我们要帮助您提高办公效率。再如台积电公司（台湾积体电路制造股份有限公司）提出：我们要兼顾员工福利与股东权益，尽力回馈社会。

目标是对企业发展的长期、中期和短期目标的定位。策略是实现战略的具体措施和办法。

二、企业人力资源内外环境的分析

如前所述，企业人力资源受到多种因素的制约和影响，在制定企业人力资源战略时，需要从企业战略的基本概念体系（信念、远景、任务、目标、策略）出发，对企业人力资源环境进行总体的分析研究。环境分析的模型如图 2—4 所示。

（一）人力资源外部环境分析

企业人力资源外部环境分析的目的是，全面了解和掌握外部环境的状况及其变化的总趋势，并揭示企业在未来发展中可能遇到的机会（发展的机遇）和

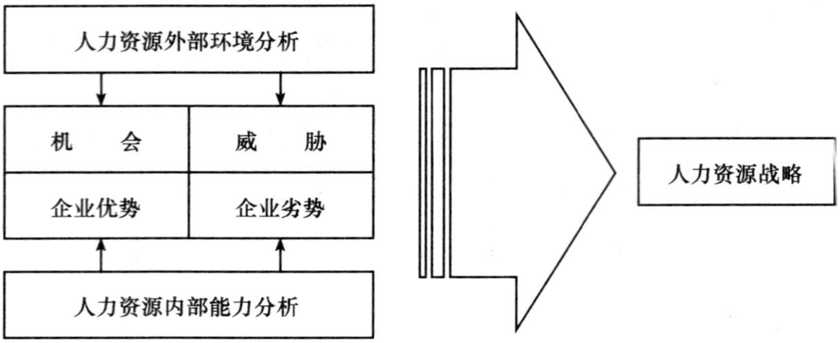

图 2—4　企业人力资源环境分析模型

威胁（面临的风险）。分析的内容包括：（1）社会环境分析，主要是对社会经济、政治、科技、文化、教育等方面发展状况和总趋势的分析。（2）劳动力市场的环境分析，包括对劳动力市场四大支持系统的分析（就业与失业保险体系、劳动力的培训开发体系、中介服务体系和相关法律法规体系）；对劳动力市场功能的分析，如劳动力市场覆盖率、劳动力流动率以及劳动力流动的结构分析，各类专门人才供给分析，劳动力市场价位变动情况的分析；通过劳动力市场进入本企业的各类劳动力供给来源的分析（地域特点、员工素质状况、劳动力流动率和稳定性等）；劳动力市场的这些变数将会对企业产生何种有利与不利的影响。（3）劳动法律法规和政策的环境分析，各种法律法规对企业产生了何种影响，利弊得失如何。（4）产业结构调整与变化对企业人力资源供给与需求的影响分析，它对本企业将产生何种影响，企业的优势和劣势是什么。（5）同行业各类劳动力供给与需求的分析，本企业与同业在人力资源市场的竞争中具有何种优势和劣势。（6）竞争对手的分析，掌握竞争对手的相关情况，竞争对手采用何种策略吸引和留住人才，其企业文化状况与人力资源策略的分析，人力资源管理具体模式的分析等。

（二）人力资源内部能力分析

企业人力资源内部能力分析是从企业人力资源的现状出发，通过全面深入的分析，了解并掌握企业在未来发展中的优势和劣势，为人力资源战略的确定提供依据。通过对人力资源内部能力的客观全面分析，将有利于企业针对人力资源现存的问题，有效地克服各种妨碍企业战略目标实现的缺点或缺陷，并就如何继续保持和增强企业人力资源的竞争优势做出正确的决策。

企业人力资源内部能力分析的内容包括：（1）企业人力资源的现状分析，各类专门人才（技术人才、管理人才和其他人才）的需求情况分析，人员素质结构的分析，员工岗位适合度与绩效情况的分析等；（2）企业组织结构的分析，通过组织分析和诊断，发现组织上的优势以及存在的主要问题，提出组织变革和创新的设想；（3）人力资源管理的规章制度以及相关的劳动政策的分析，企业在劳动组织、分工与协作、工作小组、工时与轮班制度、安全生产与劳动卫生、薪酬福利与保险，以及劳动关系和劳动争议处理等方面存在的优势和劣势；（4）企业文化的分析，从文化的内涵，如企业精神的培育、员工信念的树立、企业价值观的认同，乃至企业形象的设计，通过认真的检讨，找出企业文化的优势与缺陷、不足，并提出意见和建议。

在对人力资源内外部环境条件和能力分析的基础上，还需要进一步对企业人力资源在未来发展中可能获得的机遇以及可能遇到的威胁和挑战，做出冷静客观的分析。机遇包括：经济高速发展，政府政策更加宽松，劳动力市场机制日臻完善，竞争对手决策失误，突破同业的防御进入新的领域，企业全员素质迅速提高，集团凝聚力明显增强等；威胁包括：经济低迷，发展速度明显放慢，不利的政府政策，劳动力市场供求矛盾突出，劳动力成本上涨，竞争对手迅速成长，潜在竞争者进入市场，进攻不利、防御失败等。

三、企业人力资源战略的决策

一般来说，企业在对外部环境和内部能力系统分析的基础上，首先应当就人力资源战略的类型做出正确的抉择，如图 2—5 所示。

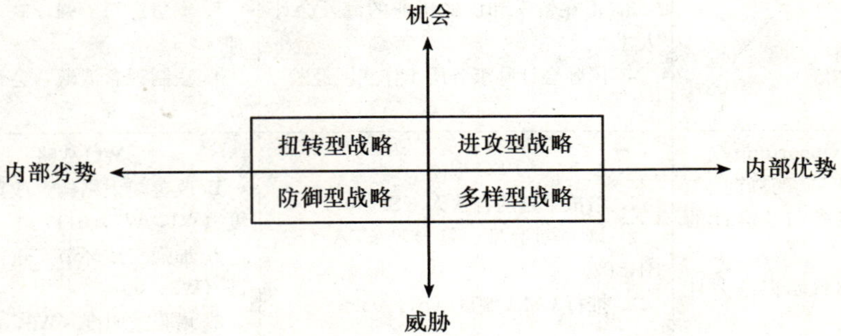

图 2—5　四种战略模型

当外部环境遇到良好的机遇，企业人力资源内部能力与竞争对手相比却处于劣势时，宜确定扭转型战略；而当企业人力资源具有较强的优势时，则应采用进攻型战略。当外部环境遇到巨大威胁，企业人力资源内部能力与竞争对手相比却处于劣势时，宜确定防御型战略；而当企业人力资源具有较强的优势时，则应运用多样型战略。目前，从我国企业的实际情况来看，大多数外资或合资企业采取了进攻型战略，利用自己的资金、技术等方面的优势，从劳动力市场吸引了大量专门人才，在市场竞争中具有一定的独占性；而一些国有企业无论从外部环境还是从内部资源的配置来看，都处于巨大的压力之下，因此，这些企业多采用防御型战略，以维系劳动者与企业的关系。一项成功的人力资源战略，不仅要紧紧把握全局性和关键性的问题，还需要从以下 6 个方面做出全面评析和综合平衡，才能保证人力资源战略的整体性、一致性和正确性。具体包括：(1) 人员甄选、晋升和替换的模式；(2) 人员绩效考核与评价的重点；(3) 人员薪酬、福利与保险的设计；(4) 员工培训与技能开发的类型；(5) 员工关系调整与员工职业生涯规划的政策；(6) 企业内部组织整合、变革与创新的思路。

复旦大学管理学院张文贤教授运用 SWOT 分析方法，对我国会计人才的选择与重塑问题，提出了四种会计人才开发战略的组合模型①，见表 2—5。

表 2—5　　会计人才竞争战略的四种模型

内部条件 / 外部环境	优势（Strength） 1. 拥有 1 200 万会计大军（数量优势） 2. 国际会计准则的熏陶（理论准备） 3. 正在留学和已经毕业的海外会计人才 4. 国际会计师事务所工作实践经验	劣势（Weakness） 1. 专业基础薄弱，缺乏会计独立性 2. 知识结构单一，缺乏职业判断能力 3. 竞争意识不强，缺乏创新精神 4. 法制观念淡薄，会计信息失真
机会（Opportunity） 1. 更加广阔的舞台 2. 直接参与“会计的奥运会” 3. 转变观念提高会计地位	SO 战略 1. 培植卓越的合伙人（S1，01） 2. 培养创造型、复合型 CPA（S2，S4，02） 3. 推行 CMA 制度（S1，03）	WO 战略 1. 改善知识结构，改革考试制度（W1，W2，01） 2. 加强实践环节，重塑职业生涯（W3，03） 3. 增强透明度（W3，02）

① 参见张文贤《中国会计人才的选择和重塑》，第二届企业管理研究与学科建设论坛，首都经济贸易大学 2002 年 1 月 19—20 日。表 2—5 的标题是笔者后加的。

续表

威胁（Threats） 1. 国际人才竞争，优胜劣汰 2. 国际竞争风险 3. 知识爆炸，信息爆炸	ST 战略 1. 以会计为中心的管理模式（S2，T1） 2. 增强企业核心竞争力（S3，T2） 3. 充分发挥 CFO 作用（S2，S3，T2）	WT 战略 1. 增强会计独立性，加强职业判断力（W3，W4，T2） 2. 发展继续教育，加速知识更新（W1，W2，T1，T3）

注：CPA——创造型、复合型注册会计师；
CMA——注册管理会计师；
CFO——财务总监。

四、企业人力资源战略的实施与评价

企业战略的管理过程是战略的制定和形成、战略的实施以及战略的评价三个环节的循环与周转的过程。

（一）企业人力资源战略的实施

企业人力资源战略形成之后，应从以下五个方面入手，对人力资源战略的实施进行有效的管理。

1. 认真做到组织落实

为了切实保证人力资源战略决策的实现，企业首先应当组建起一支反应迅速、机动灵活、短小精悍的人力资源管理专业队伍，具有竞争优势的专门管理人才是实现企业战略的组织保证。

2. 实现企业内部资源的合理配置

人力资源战略的实施有赖于企业的技术、财力、物力、信息和人力等资源的合理配置和有效运作，企业应当根据战略规划的要求，建立职能部门项目规划和经费预算，将主要资源相对集中在全局的重点上，以确保战略目标的实现。

3. 建立完善内部战略管理的支持系统

为了保证战略的实施，企业必须对原有人力资源政策和规章制度进行全面检索，并做出必要的调整和更新，使它们成为战略实施的支撑点；建立畅通的信息传输、处理、存储和反馈的渠道，有利于对战略实施过程进行监控；优化职能和业务部门的办事程序，提高组织和人员的工作效率，增强实施战略目标的兼容性；建立机动灵活的内部监控和制衡系统，权限适当下移，重大问题由决策层定夺，一般问题由执行层落实，确保战略方向的准确性和不变性。

4. 有效调动全员的积极因素

企业战略的实施有赖于全体员工的积极性、主动性和创造性，企业应通过企业精神的培育，良好工作氛围的营造，高尚品质和操守的追求，积极进取和斗志的激发，一流业绩的倡导，物质与精神的双向激励，即通过一切有效措施调动起企业的一切积极因素，以推动企业战略的实施。

5. 充分发挥领导者在战略实施中的核心和导向作用

就实质而言，企业战略的制定与实施是企业领导者的神圣天职。在企业战略实施过程中，企业领导者必须以战略家的眼光和胸怀，高瞻远瞩，审时度势，把握机遇，保持正确的方向，最终实现企业的战略目标。

（二）企业人力资源战略的评价与控制

对企业人力资源战略的评价与控制过程包括：

1. 确定评价的内容

评价的具体内容是：（1）企业使命与战略目标的执行情况；（2）在战略实施过程中局部工作与全局工作协调配合以及具体运作的情况；（3）影响战略实施的主要因素及其变化情况；（4）各个部门和员工对战略目标的实现所做出的贡献，通过对这些情况的分析评价，可以全面掌握战略实施的进度和所取得的业绩及成效；（5）人力资源战略与企业总体战略以及其他职能战略的配套性和统一性，即对其实际发挥的作用做出评估。

2. 建立评价衡量标准

监测和衡量企业人力资源战略的具体指标和方法主要有：（1）岗位员工的适合度，岗位人员配置与人员接替的及时率、岗位工作的负荷率等；（2）员工的工作满意度，既可以通过上下级之间的沟通和对话来了解实际情况，也可以通过劳动力流动率、岗位人员流失率等统计指标，或发放调查问卷的方法来掌握实际情况；（3）工作绩效，可以通过劳动生产率、出勤率、工时利用率、劳动定额完成率、文件传递速度、目标的实现率或工作进度、利润率、资金周转率等指标衡量；（4）员工心理和生理承受程度和状态，通过测试、问卷或面谈等方式，掌握实际情况；（5）员工的收入水平，与社会平均水平、与同行业同类岗位水平进行对比评估；（6）员工对本企业文化的认知程度，通过面谈或问卷来掌握实际情况；（7）员工接受培训以及素质提高的情况，通过各种统计资料、面谈以及调查问卷等手段采集相关的信息等，根据这些指标可以提出具体评价标准。

3. 评估实际绩效

在战略评价的主要内容和评价标准确定之后，应当定期、定点地对企业人力资源运行的实际情况做出测量记录，为进行有效的战略控制提供必要的数据资料和信息依据。在这个工作阶段，应当注意采用定量分析与定性分析相结合的方法，深入实际进行调查，只有采集到第一手真实的数据资料，才能有利于战略评估的全面性和准确性。

4. 根据分析结果采取行动，对战略决策进行必要的修改调整

在战略评价过程中，用预定的标准对实际取得的业绩进行对比，以便查找出战略实施中存在的主要问题和偏差，如果业绩处于偏差的允许范围内，可以继续按照原定的战略计划执行，如果实际业绩与目标的要求差距太大，必须查明原因，经过比较分析，提出改进和调整的具体对策，并付诸实施。

在战略实施过程中，有两种情况可能导致企业发展目标和方向发生偏移，一是以分目标替代总目标，以局部利益牺牲全局利益；二是以工作方法或手段作为目标来追求。究其原因有三：首先是管理层对战略意图的认知与实际的要求不对称；其次是管理者所掌握的数据资料和相关信息与事实不对称；最后是评价的指标和标准与战略实施的要求不对称。因此，为了确保工作方向和目标的正确性，首先，应当向员工反复宣传和强调战略目标的内涵和实际意图，使大家对战略实施中的重点、要点以及事关全局的关键步骤达成共识，同时要建立畅通的信息沟通渠道，保证信息传递的及时性和准确性；其次，还应当选择和确定有利于实现企业人力资源战略目标的评价考核指标，对于难以定量考核的因素，可采用政策、规章制度或标准程序进行行为监控，以确保战略目标的实现。

同时，在对战略实施情况进行评价与调控的过程中，作为企业的高层决策者应当紧紧把握住关系企业发展的全局性问题，借助各种监控手段，有效防止以战术的运行与控制替代战略的运行与控制的倾向，使企业当前的行为不偏离大方向和长远目标，始终沿着正确的道路前进。

本章小结

现代企业的生存与发展过程，实际上是“制定战略——实施战略——实现战略目标——制定新战略”的循环过程。当企业已经认识到企业战略的重要性的时候，如何根据企业不同的实际环境来制定、实施战略，成为亟待解决的难题。而随着各界对人力资源管理的重视，人力资源的战略管理也成为学术界讨论的重点。本章在介绍企业战略管理的同时，着重论述企业人力资源的战略管理。主要包括人力资源战略的基本概念、分类及重要意义，人力资源战略与企业战略的关系，影响企业人力资源战略的主要因素，企业人力资源战略的总体设计与实施等内容。

本章习题

1. 简述企业战略的基本概念、分类和特点。
2. 简述企业人力资源战略的基本概念和分类。
3. 简述企业制定人力资源战略的重要意义。
3. 简述企业人力资源战略与企业战略之间的关系。
4. 简述企业在不同总体战略下如何选择人力资源策略。
5. 简述企业在不同竞争策略下如何选择人力资源策略。
6. 简述企业战略与人力资源策略四种不同的关系形式。
7. 企业在制定人力资源策略时，应主要考虑哪些影响因素?
8. 简述人力资源策略的设计、决策、实施、评价与控制的内容和要求。

案例分析

案例1　戴尔：配合低成本战略的人力资源管理措施[①]

一、公司背景

戴尔公司是一家充满传奇的公司，它的创始人 Michael Dell 谈到他的成功

① 资料来源：www. baidu. com.

秘诀时说："我们取胜主要是因为我们拥有一个更好的商业模式。"这个商业模式就是著名的戴尔模式，以"直接与客户建立联系"的创新理念经营，按照客户要求制造计算机，向客户直接发货，从而能够最有效地了解客户需求，并迅速做出反应。取消中间商可以有效地降低成本、压缩时间、了解客户、及时反应。坚持直销、摒弃库存与客户结盟是戴尔公司的"黄金三原则"，"低成本+高效率+好服务"是戴尔公司的评价标准。Dell发明了一种全世界都想模仿的商业模式，但成功效仿的公司却是寥寥无几。正是凭借着这个神奇的模式，成立于1984年的戴尔公司在20多年的时间中成长为全球领先的IT产品及服务提供商，年营业额高达500亿美元。

目前，中国市场已成为戴尔公司海外仅次于英国的第二大市场。戴尔公司号称将直销、按需定制、零库存等先进的销售方法引入中国，但实际运作时也采取了和其他IT生产商一样的渠道分销法，这已是IT业内半公开的秘密。事实上，戴尔公司有四成以上的产品是通过分销到达消费者手中的。这主要是因为中国人有其特殊的购买习惯，到卖场挑选、亲自试用，而且也少有人为享受一次上门服务而愿意多支付几百元。因此，戴尔公司实际上在中国采取的是分销和直销相结合的方式。

戴尔的企业文化被公司概括为"戴尔灵魂"，它描述了戴尔是一个怎么样的公司，它是戴尔服务全球客户的行为准则，它也最终成为戴尔文化的基础。"戴尔灵魂"的主要内容包括：

客户第一：我们相信客户的忠诚度来源于享受具有最佳价值的客户体验。我们力求与客户保持直接关系，向其提供基于行业标准技术的最佳产品及服务，从而为其带来非凡的客户体验。

戴尔团队：我们相信持续的成功来自团队的紧密协作以及每一位成员的不懈努力。我们在全球市场力求发展、力求吸引并保留最佳人才。

直接关系：我们在公司业务的方方面面中贯彻直接经营模式。我们力求遵循职业道德，及时并合理地满足客户需求，与客户、合作伙伴、供应商开诚布公地交流并建立有效关系，在经营管理中消除造成低效率的多层机构及官僚作风。

全球公民：我们在全球主动承担起社会义务。我们力求理解并尊重我们市场所涉及的本土法律、价值观及文化，力求在各市场取得利润增长，力求在全球推行健康的商业环境，不论个人或公司均力求为社会作贡献。

致胜精神：我们对我们所从事的每一件事都具有获胜的信念及热情。我们力求达到卓越的运营管理，提供非凡的客户体验，领先于全球市场，成为人们所熟知并向往的优秀公司及工作场所。

二、配合低成本战略的人力资源管理措施

21 世纪初的几年对整个电脑行业的打击很大，为了维持刚刚获得全球头号个人电脑制造商地位，戴尔公司在 2001 年第一季度把每台电脑的平均价格降低了 300 美元左右，公司的利润也随之从 21%降至 18%。戴尔公司的毛利率虽然低于它的主要竞争对手 IBM 和惠普，但净利润却大大高于二者，最主要的原因是直接面对客户的戴尔模式节约了大量成本。

电脑行业失去了往日欣欣向荣的景象，电脑价格大幅下跌。对于一贯凭借低成本取得成功的戴尔来说，要想继续保持领先，只能尽可能地再压缩成本。为了配合低成本领先战略，所有部门都应该为之做点什么，人力资源部门也不例外。

与其他公司一样，戴尔公司压缩人力成本的第一个举措就是裁员。2001 年上半年，公司决定裁掉 4 000 名工人。但辞退雇员是一件非常麻烦的事情，涉及诸多细节，这几乎是每个人力资源部门都感到头疼的事儿。戴尔公司人力资源部专门制定了一套确定哪些人应该离开公司的制度，并有效地处理了这次解雇过程中层出不穷的细节问题。被解雇的工人较早地拿到了两个月的薪资、年度奖金以及离职金，生活得到了保障。并且这些被辞退的工人还得到了重新谋职咨询和相应福利，有助于他们尽早找到新工作。通过妥善安排，戴尔公司顺利地精减了人员，节约了一大笔人力成本。

作为一家 IT 企业，戴尔公司充分利用内联网，用先进的手段管理大多数人力资源工作。在公司的内联网上有一个管理者工具箱，其中包含了 30 种自动网络应用程序，这些工具能够帮助管理者方便而有效地承担部分人力资源管理工作，而这些工作过去必须由人力资源部门承担，并且成本相当高。雇员也可以利用内联网查询人力资源信息，管理自己的 401（K）计划、监控各类明细单。过去要到人力资源部才能办到的事情，现在只需轻轻一点鼠标即可完成。有效地利用公司内联网，用电子技术管理人力资源，简化了人力资源部门大量繁杂的工作，大大降低了管理成本。

传统的人力资源部门根据工作内容划分成几块，如招聘、培训、薪酬、考核等，每块都有相应人员负责，不但要处理具体的工作，还要根据公司战略做出相应决策。戴尔公司摒弃旧的组织结构，将人力资源管理部门划分成人力资源“运营”部门和人力资源“管理”部门。人力资源“运营”部门主要负责福利、薪酬、劳资关系等具体工作，直接与雇员接触，很少与其他部门的负责人打交道。这些工作虽然繁多琐碎，但属于日常事务性工作，可以借助例行程序、制度、方法完成，戴尔是通过集中的呼叫中心来协调这类人力资源管理职能。人力资源“管理”部门主要负责招聘、培训等工作，从事这些工作的专员要向事业部的副总裁和人力资源副总裁汇报，并且要以顾问的身份参加事业部的会议，为事业部制定专门的人力资源战略，而且从人力资源角度来帮助事业部实现战略。这种划分方式，可以让人力资源“运营”部门有效地处理大量日常事务，又可以让人力资源“管理”部门为事业部提供有效的专业支持。重新划分工作，不但效率得到提高，而且精减了专门从事人力资源工作的人员。

基于商业模式以低成本战略著称的戴尔公司，正想方设法地从各个环节压缩费用。人力资源战略作为公司战略的重要组成、必要支持，必须以低成本领先为导向，配合整个公司的发展。如何把这样一个战略思想转变成现实可操作的措施，是解决问题的关键，也正是戴尔努力的方向。

根据本案例，请回答以下问题：

1. 为了配合戴尔采取的低成本人力资源战略，人力资源部门还应采取哪些有效措施压缩成本？

2. 人力资源部门如果以降低成本为导向，可能会引起哪些问题？你是否有解决这些问题的对策？

3. 戴尔凭借直销模式成为行业领袖，人力资源战略是否可以借鉴该模式进行改革？你对此有何看法？

案例 2　中美集团战略性人力资源管理模式[①]

中美集团是一家集医疗、科研、制药、生物工程技术和中医中药研究开发为一体的大型医疗企业。近两年的高速发展，中美集团员工队伍不断壮大，拥有一批比较优秀的经营管理和技术人才。

但是，在经历了一段高速增长后，中美集团出现了企业成长期常见的人力资源约束，突出表现为集团内部中高层管理人才的短缺问题。仅在 2003 年，中美集团就采用收购、托管、自建等方式经营了多家医院，规模迅速扩大。而要采用市场化运作模式管理各个医院，无法再依靠初创期一主多辅的家长式领导来实现，必须依靠善于管理的专家型团队进行科学决策，同时变跟随型管理团

① 资料来源：www. baidu. com.

队为知识型管理团队，从而提高中间管理层的执行能力，因此对既懂管理又有医学背景的管理人才的需求量激增。

与此同时，与集团的飞速发展相比，内部的管理水平却相对滞后。初创期人力资源投入相对不足，使得人力资源管理机制尚未健全，出现了一系列与集团的发展阶段和经营战略要求不相匹配的状况，在一定程度上制约了集团的可持续发展。

针对这一问题，中美集团高层决定进行人力资源管理变革，以突破中高层人才瓶颈为切入点，构建基于战略的人力资源管理体系，探索出适应企业成长期发展要求的战略性人力资源管理模式。

一、制定人力资源战略

根据中美集团成长阶段的经营发展战略，在集团人力资源整体工作定位的指导下，制定了成长期人力资源战略的三阶段规划。

第一阶段：搭建体系性架构，夯实管理基础

重点构建战略性人力资源管理体系，夯实人力资源基础工作，初步将各项制度、机制融入到人力资源管理体系中来，引进现代人力资源管理制度和机制，有针对性地开展当前紧迫的工作，着重突破企业成长期人才瓶颈。

第二阶段：系统规划，综合提升

全面推进人力资源管理体系的构建，真正实现对全集团公司的人力资源工作进行综合统筹、分级管理，在整个集团公司内充分形成互动，提升人力资源管理体系的整体运作效果，培养和开发大批核心员工。

第三阶段：完善升级，实施前瞻性管理

根据内外环境变化对人力资源管理体系进行升级、维护，在此基础上，前瞻性地开展人力资源战略管理，形成一批能够管理重量级医疗企业的人才团队，使人力资源成为中美集团的核心竞争力之一，充分发挥人力资源对集团公司整体工作的牵引作用。

二、提出人力资源规划

根据集团经营发展战略与指示精神，集团人力资源部重点进行了以下几个方面的规划。

1. 根据集团的经营发展战略，确定核心岗位的职责及其要求，并确定公司未来的人才需求趋势；

2. 通过研究现有人力资源的配置和利用状况以及工作岗位对人力资源的知识、技能需求的预期变化，制订未来人力资源配置计划；

3. 根据盘点现状以及市场调查情况进行人力资源配备情况分析，在集团内部进行人力资源的优化配置；

4. 经过内外分析，中美集团将成长期人力资源管理的重点管理对象确定为经营管理班子成员、高级管理人才、高级技术人才以及其他掌握企业关键资源的核心员工；

5. 根据以上内容，配合经营战略规划和人力资源战略，制订人力资源获取、开发、保留、激励等具体计划。

三、完善人力资源基础管理平台

（一）搭建招聘体系

目前，集团公司统分结合的人力资源招聘体系已经初步形成，搭建了基于校园、猎头、网络和报纸、杂志等多渠道的招聘平台，初步建立了以集团公司人力资源统一调配和储备为主，支持、指导各企业自主招聘为辅的人员招聘制度，完善了高级专业技术人才和高级管理人才的引进机制。

（二）短期项目考核

针对当前人力资源市场中符合集团所需的中高层管理人才供给不足的问题，中美集团探索出"短期项目考核"的管理措施，即每当在成功收购或托管一家医院之后，便成立项目小组，由中美集团多年培养起来的经营院长做组长，带领一批新加入集团的医院院长或运营总监深入这家医院，以较为成熟的市场化医院经营管理标准对该医院的管理状况、医疗水平、服务水平和市场开发状况等运营情况进行系统诊断，并提出相应的解决方案。

这样做的目的，一方面是为了让刚刚加入中美集团的医院管理者和运营总监们迅速了解集团的市场化经营管理模式和医院的实际情况，起到熟悉企业情况和培训的作用；另一方面，则是在组织诊断的过程中对每一名员工加以短期考察，在一种真实的经营管理情境中对员工的管理能力和综合素质进行全面考察，如果员工在这个项目组中表现突出，便会成为集团的核心员工储备和重点培养对象，跟进相应的人力资源管理和开发措施。

（三）长期培养开发

为了结合中美集团实际情况培养具备医学背景的管理人才，集团着力开展了员工的长期培养开发计划，逐步建立了包括新员工入职培训、专业知识、管理技能、企业文化等在内的综合培训体系。集团人力资源部于 2003 年完成了《中美集团医院经营管理培训资料库》的编辑工作。该培训资料库由近 20 个集团培训专题报告组成，为各中美医院的员工培训提供了集团原创的经营管理教材，收到良好效果。

员工的长期培养开发既需要集团自上而下的推进，更需要来自基层单位领导的重视。中美集团要求各中美医院每年年初把培训计划报集团人力资源部备案，在组织员工接受集团组织的培训项目之外，还要根据自己实际情况组织各种形式的培训学习，并保证培训成果有效转化，以员工的工作行为改变、思想观念转变和绩效改进作为衡量培训效果的重要依据。

另外，为了满足医疗业长远发展的人力资源需求，中美集团还开始探索与国内 MBA 教育联手培养医疗业高级职业经理人的人才培养模式，主动为 MBA 院校提供医疗业案例教学基地，为更多的中高层管理人才进入医疗业提供便利的实践条件。

四、建立战略性激励机制

中美集团认为，提高员工的工作效率和工作积极性是提高医疗企业竞争力的核心，因此，基于战略的激励机制必须有效评估人力资源价值，并建立价值分配机制，以最大限度地激发人的内在潜能，依靠发挥人的潜能来支撑企业的使命追求与战略实现。

根据集团指示精神，中美集团将激励机制的指导原则确定为“效率优先、规范管理”，主要通过以下几个方面进行。

（一）建立分层、分类、分步骤的绩效评价体系

中美集团采取了分层、分类、分步骤的管理措施，首先在核心员工范围内建立了以 KPI 评估为核心的绩效评估体系，将集团的战略分解到核心员工层面。通过客观、科学的绩效评估，将核心员工的工作行为和工作结果约束到集团的发展战略与公司利益上，牢牢把握住创造集团 80%核心竞争力的核心员工。

其次，建立基于岗位层级的绩效评估机制，将全员的业绩评估纳入集团的整体人力资源战略，将集团的战略目标进一步分解到每一个岗位和每一名员工。通过建立这种绩效评估体系，将每个人的工作任务完成情况与企业的发展结合起来，将集团的经济效益和成长发展与员工个人的发展和收入结合起来，同时将企业承受的巨大市场压力充分地分解到每一名员工身上并使之转化成动力，将绩效评估从约束机制转变为激励机制，从而进一步激发员工的工作潜力。

在具体的考核方法上，对高层的考核更强调结果指标和长期指标，对中层管理者的考核主要关注其行为过程，而对医生、护士等医疗专业技术类员工则强调量化的结果指标和患者的满意度。

（二）建立价值分享的薪酬激励体系

薪酬激励体系着力解决的是人力资源价值链中的价值分配问题，如果处理不好，很容易导致整个激励体系的坍塌。中美集团步入成长期后认识到，单纯依靠创业初期的激情和发展愿景是无法实现对员工的长期激励的，建立价值分享的薪酬激励机制成为中美集团构建战略性人力资源管理体系必须解决的问题。

为此，中美集团将薪资结构转变为“基本工资+岗位工资+绩效工资+社会保险+年终奖金+股票期权”的形式，不仅承认员工的个人利益，还努力寻找企业和员工利益的共同点，主动与员工分享企业发展的成果，通过建立价值分享体系来支撑企业战略目标的实现。

此外，集团还准备根据近几年发展的实际情况，补充制定具有本集团特色的企业福利制度，如建立企业年金等，将其作为一种激励员工和增强企业凝聚力的手段，进一步完善薪酬激励体系。

（三）重视建立非物质激励体系

非物质激励属于内在激励，往往更能激发起员工的工作热情和职业自豪感。中美集团的非物质激励体系主要包括职业晋升机制、精神激励机制和员工参与管理的分权管理机制等几部分，并注重将非物质激励与企业文化结合起来。

职业晋升机制：各中美医院员工已经具有一定的职业发展和职务升迁的机会，但显得较为零散并欠缺公平。从2004年起，中美集团内部设置了不同的职业发展道路，即经营管理与技术专家两大职业发展体系和若干职业发展分支，使得下属各中美医院内部无论是经营管理人才还是技术专家人才，都能够在职业发展与社会认可上获得较大程度的满足，从而填补物质激励的不足，加大对人才的吸引力度并保留优秀人才。

精神激励机制：根据企业发展的实际情况和企业使命的要求，设置各种精神激励奖项，如特殊待遇、特殊称号等，从精神上激励员工，满足员工受尊重层面的需求。

员工参与管理的分权机制：设立如建议、提案等制度，鼓励员工参与企业的管理与建设，特别鼓励核心员工关心企业的发展，为企业发展献计献策，赋予员工更多的工作自主性和工作权限。同时，在这一过程中也发现了一些具有管理潜质的医生、护士，充实了集团的人才储备，进一步缓解了人才瓶颈。

五、企业文化导航

中美集团自成立之日起便十分重视企业文化的建设。经过多次研究，针对各中美医院成长期存在的实际问题，中美集团将“实现自我价值、造福大众健康”作为首先要确立的企业使命，将其与企业的发展有机联系。在将医院当做企业来经营管理的同时，还注意医疗业自身的特殊性，注重在企业文化中明确中美集团的社会取向和价值取向，主动承担医疗业特有的企业责任，致力于为患者提供高超的医疗水平和优良的医疗服务，造福大众健康。

为了更加详尽准确地阐释企业文化的基本观念，集团文化部组织编写了《中美集团企业文化手册》，对企业文化进行了详细论证，从企业理念入手积极进行制度体制层面建设，利用各种形式使企业文化深深植入每一名员工的观念之中，同时把员工工作行为的转变程度作为检验其观念转变与否的唯一方法。

根据本案例，请回答以下问题：

1. 中美集团采取了哪种人力资源战略？为什么？
2. 如何评价中美集团人力资源战略方案？

第三章 企业劳动组织科学化

企业人力资源管理侧重于处理人与人的关系。但在企业生产经营过程中，劳动者首先是要在一定的组织机构中，与物质资源相结合进行生产劳动。科学合理地组织劳动者与生产资料的结合，不断提高劳动生产率，这既是企业劳动组织的任务，也是研究人与人关系的起点。本章主要研究企业组织机构设置、劳动分工与协作以及在此基础上的劳动时间与空间组织、劳动过程的优化，劳动定额管理等涉及人与物、人与组织的几个主要问题。

第一节 企业组织机构的设置

一、企业组织机构的概念

企业组织机构是保障其生产经营活动正常进行所设置的各类职能与业务部门的总称。

企业组织结构是对组织机构内涵的性质和特点及其存在形式的概括。

“组织”一词通常有两种含义：其一是作为一个实体，是为达到特定目标而建立的社会系统，其二是指一个过程，即建立这一系统并使之正常运行的全部活动过程。这里所说的企业组织机构取其前一种含义，它是指企业为了实现经营目标，根据内外部环境所确立的一个能使全员有机地结合在一起的分工与协作的社会经济系统。

整个企业组织机构可分为两个层次。第一个层次是由经营决策者、风险承担者和收益分享者构成经营主体和规定其相互关系的经营制度所组成的企业高层组织，即经营体制；第二个层次是负责筹集和优化资源（人力、物力、财力）的配置、产品研发，生产、技术、销售、服务及日常管理职能的机构及其相关的制度，即职能体制。

企业根据生产经营的需要，通常在内部设立多个专业性职能和业务部门。例如一个生产性企业，除了设立多个职能部门如计划、供应、销售、质量、安全、人事、财务等职能科室之外，还要根据产品生产工艺的性质和特点，设立若干生产车间或分厂，车间或分厂视其规模大小又可进一步划分为若干工段或班组。职能科室和生产班组又是由若干岗位组成。科室、车间、班组、岗位均可视作管理单位，而“企业——车间——班组——岗位”之间则形成管理层次，这是企业组织的有形部分，即所谓管理体制中的“体”；企业组织还要分别对不同管理层次，不同管理单位的职责范围、工作任务、责任权限以及沟通、协作方式做出规定，形成制度，这是企业组织的无形部分，即所谓管理体制中的“制”。不同的管理体制既可以反映为“体”的不同，也可以反映为“制”的差别，从而形成不同企业组织结构的差异。

由此可见，企业组织机构是“体”，是指企业各个层级各类具体部门的设置，而企业组织结构是“制”，是指具有不同性质和特征的组织制度模式在企业中的实际选择与应用。

二、企业组织机构设置的原则

为使组织能够最有效率地实现其经营目标，根据目前的管理理论和实践，企业组织机构的设置应遵循以下六项原则：

（一）任务目标原则

任何组织都是为实现特定目标而设置的，没有任务和目标的组织就没有存在的价值。每个组织及其每一个部分，都应当与其特定的任务目标相关联。组织的调整、增加、合并或取消都应以对实现目标是否有利为衡量标准。

根据这一原则，在组织设计之前，首先要对企业的目标和发展战略作深入的研究，明确企业发展方向和战略部署，这是组织设计的大前提。一旦企业战略目标有所改变，组织机构也必须作出相应调整。对于各个机构来说，不仅应该明确职能分工，还要明确每一时期该机构应达到的目标和应完成的任务，并使该机构编制与其承担的任务量相对应，广泛实行目标管理，反对不顾企业实际需要，搞“上下对口”。

（二）分工协作原则

组织设计中要坚持分工与协作的原则，做到分工合理，协作明确。对于每个部门和每个员工的工作内容、工作范围、相互关系、协作方法等，都应有明确规定。

根据这一原则，首先要搞好分工，使分工粗细适当。分工越细，专业化水平越高，责任越明确，效率也越高，但也容易出现机构增多，过分强调局部利益，协调工作量增加等问题。分工太粗又可能影响专业化水平，容易产生推诿责任的现象。具体确定时，要根据企业自身情况，如人员素质、工作性质、管理水平来确定。同时要强化协作，在企业中树立整体意识，突破小团体主义的圈子，在必要时应当主动打破分工界限，实行必要的“补位”管理。除了明确规定各部门间的协作方法外，还应赋予主管人员调度权，随时解决协作中出现的问题。

（三）统一领导、权力制衡原则

统一领导是指无论对哪一件工作来说，一个下属人员应只接受一个上级主管的命令。权力制衡是指权力的运用必须受到监督。在贯彻统一领导原则中，要做到在确定管理层次时，使从最高层到最基层之间形成一条连续的等级链；任何一级组织只能由一个人负责；正职领导副职；下级组织只接受一个上级组织的命令和指挥；下级只能向直接上级请示工作，不能越级请示工作；上级也不能越级指挥下级，应维护下级组织的领导权威；职能管理部门一般只能作为同级直线指挥系统的参谋，但无权对下属直线领导者下达命令和指挥。

权力制衡原则要求首先必须在企业高层组织中形成权力制衡机制，设立专门的监督机构，如公司中的股东大会、监事会，国有企业中的职工代表大会、纪检、监察部门等，对行政领导进行监督。另外，企业中的监督机构，如质量监督、财务监督和安全监督等部门，应同生产执行部门分开设置，并在监督的同时，搞好对被监督部门的服务工作。

（四）权责对应原则

为了实现组织目标，各项工作必须明确责任。要承担责任，就必须要有相应的权力。无论权大责小还是责大权小都会影响组织目标的顺利完成。有责无权或责大权小，会导致负不了责任；而责小权大，甚至有权无责，则会造成权力的滥用。权责不明确容易产生官僚主义无政府状态，组织系统中易出现摩擦和不必要的争吵、忌妒等。权责不对应对组织效能也是十分有害的，有权无责或权大责小很容易产生不负责任的瞎指挥和滥用权力；有责无权或责大权小就会束缚管理人员的主动性和创造性，使管理组织缺乏应有的活力。

（五）精简及有效跨度原则

精简是指组织机构、人员和管理层次在保证功能有效的前提下，尽量减少办事程序及规章制度，力求简单明了，努力使每个成员都能满负荷高质量地工作，最大限度地提高企业整体效率。

机构精简涉及管理跨度和管理层次问题。管理跨度也叫管理幅度，是指一个管理者直接指挥的下属人员数。管理层次是指从企业最高行政领导到最基层员工之间分级管理的层次，它与管理跨度呈反比，即管理跨度越大，层次越少。例如一个 100 人的组织，在管理跨度为 5，即一名主管直接管理 5 个人时，组织必须有 4 个层次，而管理跨度为 10 时，则只要 3 个层次。管理跨度过小会使层次太多，造成机构臃肿，沟通困难，反应迟钝，管理成本加大，还会出现过度控制而影响下属积极性的情况。而管理跨度过大又会由于主管直接指挥的人员过多，精力有限而疏于管理，指导不力。管理跨度与领导者能力和被领导者素质成正比，而与部门业务的复杂性和所需协调的工作量成反比。因此，要想提高有效管理跨度就需要调整好上述几个要素的关系。通常认为适中的管理跨度应控制在 10 人左右。

（六）稳定性与适应性相结合原则

一个企业的管理机构，是保证企业正常运行的基础，应保持相对稳定性，避免情况稍有变化就使系统出现混乱而影响正常工作秩序。同时，管理机构又是企业实现经营目标的工具，随着客观条件的不断变化，企业的目标和战略必然会经常作必要调整，这就要求组织必须随之进行相应的调整，以保持对外部环境和组织目标的适应性。企业领导的责任就是把稳定性和适应性恰当结合起来。企业领导必须懂得，一个一成不变的组织，是个僵化的组织；一个经常变化缺乏相对稳定性的组织，则是一个难以创造或者难以保持最佳业绩的组织。

三、传统的企业组织结构模式

企业的组织结构承担着企业的决策支持、决策实施及业务控制等项任务。

在企业发展的历史上，企业的组织结构出现过直线制、职能制、直线职能制、事业部制等多种传统模式。

（一）直线制

直线制又称军队式结构，它是一种最简单的集权式组织结构形式。其领导关系按垂直系统建立，不设立专门的职能机构，自上而下形成垂直领导与被领导关系。

直线制结构的优点是：结构简单，指挥系统清晰、统一；责权关系明确；横向联系少，内部协调容易；信息沟通迅速，解决问题及时，管理效率高。

直线制结构的缺点是：组织结构缺乏弹性；组织内部缺乏横向交流；缺乏专业化分工，不利于管理水平的提高；经营管理事务仅依赖少数几个人，要求企业领导人必须是经营管理全才，但这是很难做到的，尤其是在企业规模扩大时，管理工作会超过个人能力所能承受的限度，不利于集中精力研究企业管理的重大问题。因此，直线制组织结构的适用范围是有限的，它只适用于那些规模较小或业务活动简单、稳定的企业。

（二）职能制

职能制又称多线制，它是指按照专业分工设置相应的职能管理部门，实行专业分工管理的组织结构形式。即在总经理下面设置职能部门，各部门在其业务分工范围内都有权向下级下达命令和指示，直接指挥下属单位，下属既服从直线领导的指挥，又服从上级各职能部门的指挥。

职能制结构的优点：提高了企业管理的专业化程度和专业化水平；由于每个职能部门只负责某一方面工作，可充分发挥专家的作用，对下级的工作提供详细的业务指导；由于吸收了专家参与管理，减轻了直线领导的工作负担，使其有更多的时间和精力考虑组织的重大战略问题；有利于提高各职能专家自身的业务水平；有利于各职能管理者的选拔、培训和考核的实施。

职能制结构的不足：多头领导，政出多门，不利于集中领导和统一指挥，造成管理混乱，令下属无所适从；直线人员和职能部门责权不清，彼此之间易产生意见分歧，互相争名夺利，争功诿过，难以协调，最终必然导致功过不明，赏罚不公，责、权、利不能很好地统一起来；机构复杂，增加管理费用，加重企业负担；由于过分强调按职能进行专业分工，使各职能人员的知识面和经验较狭窄，不利于培养全面型的管理人才；这种组织形式决策慢，不够灵活，难以适应环境的变化。因此职能制结构只适用于计划经济体制下的企业，必须经过改造才能应用于市场经济下的企业。

（三）直线职能制

直线职能制是一种以直线制结构为基础，在厂长（总经理）领导下设置相应的职能部门，实行厂长（经理）统一指挥与职能部门参谋、指导相结合的组织结构形式。

直线职能制的主要特点是：厂长（总经理）对业务和职能部门均实行垂直式领导，各级直线管理人员在职权范围内对直接下属有指挥和命令的权利，并对此承担全部责任；职能管理部门是厂长（总经理）的参谋和助手，没有直接指挥权，其职能是向上级提供信息和建议，并对业务部门提供指挥和监督，它与业务部门的关系只是一种指导关系，而非领导关系。

直线职能制是一种集权和分权相结合的组织结构形式，它在保留直线制统一指挥优点的基础上，引入管理工作专业化的做法，既保证统一指挥，又发挥职能管理部门的参谋指导作用，弥补领导人员在专业管理知识和能力方面的不足，协助领导人员决策。

直线职能制是一种有助于提高管理效率的组织结构形式，在现代企业中适用范围比较广泛。但是随着企业规模的进一步扩大，职能部门过多，各部门之间的横向联系和协作变得更加复杂和困难；各业务和职能部门都须向厂长（总经理）请示、汇报，使其无法将精力集中于企业管理的重大问题。当设立管理委员会，制定完善的协调制度等改良措施都无法解决这些问题时，企业组织结构就面临着改革问题。

（四）事业部制

事业部制也称分权制结构，是一种在直线职能制基础上演变而来的现代企业组织结构形式。它遵循“集中决策，分散经营”的总原则，实行集中决策指导下的分散经营，按产品、地区和顾客等标志将企业划分为若干相对独立的经营单位，分别组成事业部。各事业部在经营管理方面拥有较大的自主权，实行独立核算、自负盈亏，并可根据经营需要设置相应的职能部门。总公司主要负责研究和制定重大方针、政策，掌握投资、重要人员任免、价格幅度和经营监督等方面的大权，并通过利润指标对事业部实施控制。

事业部制结构主要具有以下四个方面的优势：

1. 权力下放，有利于最高管理层摆脱日常行政事务，集中精力于外部环境的研究，制定长远的全局性的发展战略规划，使其成为强有力的决策中心。

2. 各事业部主管摆脱了事事请示汇报的规定，能自主处理各种日常工作，有助于增强事业部管理者的责任感，发挥他们搞好经营管理活动的主动性和创造性，提高企业适应能力。

3. 各事业部可集中力量从事某一方面的经营活动，实现高度专业化，整个企业可以容纳若干经营特点迥异的事业部，形成大型联合企业。

4. 各事业部经营责任和权限明确，物质利益与经营状况紧密挂钩。

事业部制结构的主要不足是：容易造成组织机构重叠，管理人员膨胀现象；各事业部独立性强，考虑问题时容易忽视企业整体利益。因此，事业部制结构适合那些经营规模大、生产经营业务多元化、市场环境差异大、要求较强适应性的企业。

四、新型的企业组织结构模式

从企业组织发展历史来看，在20世纪30年代以前，主要经历了由直线制、职能制、直线职能制，乃至事业部制的发展演变过程，而进入20世纪60年代以后，则出现了以下几种新型的组织结构模式。

（一）超事业部制

超事业部制又称执行部制，是在20世纪70年代中期美国、日本的一些大公司中出现的一种新的在事业部制基础上演变而来的现代企业组织结构模式。它首先按产品、地区和顾客等标志将企业划分为若干相对独立的经营单位，分别组成事业部，然后将提供的产品（服务）的种类相近、地理位置相对集中，或顾客对象相同的事业部组合在一起形成超事业部，即在公司总经理与各个事业部之间增加一级管理机构。各事业部在经营管理方面拥有较大的自主权，实行独立核算、自负盈亏，并可根据经营需要设置相应的职能部门；各超事业部负责管理和协调下属各个事业部的活动；总公司主要负责研究和制定重大方针、政策，掌握投资、重要人员任免、价格幅度和经营监督等方面的大权，并通过利润指标对超事业部和事业部实施控制。

超事业部制的主要优点是：（1）可利用几个事业部的力量联合开发新产品，加快新产品的研制开发进度，以更快地形成新产品的拳头优势；（2）超事业部的主要功能是协调各事业部的生产经营活动方向，从而大大增强了企业的灵活性和适应性；（3）同时，能够使公司总经理从繁重的日常事务中解脱出来，将主要时间和精力集中在企业重大战略性决策上；（4）有利于为最高领导层培养出色的接班人。

超事业部制的缺点是：由于超事业部制增加了管理层次，一方面会加大企业内部的横向、纵向的协调与沟通的工作量，降低决策与执行的效率；另一方面，也会带来增加管理人员和管理成本等一些新的问题。

因此，采用超事业部制这种极为复杂的管理体制时，一般应同时满足下列条件：企业规模特别巨大；产品品种较多，且都能形成大批量生产；所涉及的业务领域及市场分布很广；所设立的事业部很多；最高领导者深感有适当集权的需要，否则无法有效地协调、控制这众多的事业部。总之，超事业部制主要适用于规模巨大，产品（服务）种类较多的企业。

（二）矩阵制

矩阵制的组织结构也称规划—目标结构、非长期固定性或项目性组织结构。矩阵制组织形式是在直线职能制垂直形态组织系统的基础上，再增加一种横向的管理系统。这是一种横纵两套系统交叉形成的复合结构组织。纵向是职能系统，横向是为完成某项专门任务而组成的项目系统。项目系统没有固定的工作人员，而是随着任务的进度，根据工作的需要，从各职能部门抽人参加，这些人员完成了与自己有关的工作后，仍回到原来的职能部门。实际上，各个小组成员处在双重领导下，一方面是受成员本身所在机构行政首长的领导，另一方面是受专门项目小组管理者的领导。因此，对同一名员工来说，他既同原职能部门保持组织与业务上的联系，又参加产品或项目小组的工作。

总之，矩阵制组织结构是由职能部门系列和为完成某一临时任务而组建的项目小组系列组成的，具有双道命令系统。

矩阵制组织结构的优点是：将企业横向联系和纵向联系较好地结合起来，有利于加强各职能部门之间的沟通、协作和配合，及时解决问题；提高了组织的灵活性，可以随时组建、重建和解散团队，能在不增加机构设置和人员编制的前提下，充分利用组织的人力资源；将不同部门的专业人员集中在一起，使员工有机会学到更多的技能；能较好地解决组织结构相对稳定和管理任务多变之间的矛盾，使一些临时性、跨部门工作的执行变得不再困难；为企业综合管理与专业管理的结合提供了一种新组织结构形式，对于高层管理者而言，矩阵制是一种有效的分权工具；由于项目团队成员享有较高的决策权，其激励和对组织的承诺水平较高。

矩阵制组织结构的缺点是：组织关系比较复杂，由于人员受双重领导，对来自两个上级的指令有时无所适从，不易分清责任；由于项目组成员来自各个职能部门，当任务完成后仍要回原单位，因而容易产生临时观念，导致责任心不强；项目小组负责人的责任大于权力，既可能出现个人权力过大，一个人说了算的情形，也可能陷入过度的妥协，出现指挥混乱，影响决策的效率。

（三）多维立体组织

多维立体组织又称多维组织、立体组织、多维立体矩阵制等，它是矩阵组织的进一步发展，它把矩阵组织结构形式与事业部制组织结构形式有机地结合在一起，形成了一种全新的管理组织结构模式。

多维立体组织是由美国道—科宁化学工业公司在 1967 年率先建立的。该公司运用该组织结构模式取得了显著的经济效益，在 1967—1976 年的 10 年间，该公司的营业额平均每年递增率一直保持在 15%左右。

多维立体组织结构综合考虑了产品、地区与职能参谋机构，形成了三类主要的管理组织机构系统。一是按产品划分的事业部，即产品利润中心；二是按职能（如市场研究、生产、调查、财务、人事、质量控制等）划分的专业参谋机构，即专业成本中心；三是按地区划分的管理机构，即地区利润中心。这种组织结构模式把产品事业部经理、地区经理和总公司专业职能参谋部门很好地统一和协调起来，由三方代表共同组成产品事业委员会，对各类产品的生产与销售进行领导。他们三方中的任何一方都不能单独作出决定，而必须通过共同的协调才能采取统一行动。

多维立体组织结构的优点是：（1）能够使产品事业部、地区事业部与专业参谋部门三方面都能从整个组织的全局考虑问题，从而减少部门间的摩擦，互通信息，集思广益，共同决策；（2）能够最大限度满足客户的要求；（3）在分权的基础上，能够确保职能目标的实现；（4）使人力资源在多种产品线之间灵活共享；（5）能适应不确定性环境的变化，进行复杂决策的需要；（6）它主要应用于跨国公司和规模巨大的跨地区公司。

多维立体组织结构的缺点是：（1）员工面临三重职权关系，容易产生无所适从的情况；（2）员工需要接受高强度的训练，具有良好人际关系等多种专业技能；（3）部门之间的横向协调困难，必须付出很大努力实现权力的平衡；（4）需要频繁召开会议协调关系，讨论解决冲突的方案，从而增加管理成本，影响决策效率。

（四）模拟分权组织

模拟分权组织也称模拟分权制或模拟分散管理组织，是20世纪80年代以来，我国一些化学工业企业、大型钢铁联合企业、铝业企业及某些原材料工业企业，在汲取国外企业组织结构设计有益经验的基础上，所采取的一种新型的组织结构模式。这类企业由于生产过程具有高度的连续性，整个企业生产经营活动的整体性很强，因此，不可能把企业的各个组成部分划分为若干个完全独立的自治单位，即不宜采用高度分权的事业部制。但这些企业的生产经营规模又过于庞大，如果再继续采用高度集权型的直线职能制组织形式，显然难以管好管活，厂长或总经理经常会显得力不从心。于是，在事业部制与直线职能制之间就产生了一种新的组织形式，即模拟分权管理组织结构模式。

模拟分权制的主要优点是：（1）实践证明该组织结构模式具有较广的适用范围，它不但适用于生产经营活动生产连续性很强的大型联合企业，如大型钢铁、化工、铝业等原材料加工等企业，而且也适用于不宜完全实行事业部制的中型企业，不管这种企业的生产连续性是强还是不强，都可以采用；（2）有利于深化国有企业的内部改革，加速老企业经营机制的转换；（3）有利于增强企业活力，调动分厂或车间的生产经营积极性，大幅度提高劳动生产率；（4）有利于使责、权、利相结合，强化责任感，激发员工的参与意识，努力降低成本，提高质量，提高效益。

模拟分权制的主要缺点是：内部的价格体系不容易完全理顺，各专业分公司的生产经营计划的目标和生产任务难以确定，对各单位任务完成情况的考核显得比较困难而复杂，企业内部的信息交流较差，组织内横向协调的难度大。

（五）流程型组织结构

流程型组织结构模式是20世纪90年代，随着信息科学技术的发展，为了适应竞争剧烈、变化急速的市场需要而出现的一种全新的以业务流程为中心的组织模式。其主要特点是：（1）以提高对顾客需求的反应速度与效率，降低对顾客的产品或服务供应成本为目标；（2）管理者的职权很大，业务流程较长，实行全程式管理，在组织内部，把所有提供一种产品或服务所需要的职能人员安排在同一个部门，这个部门由一个通常的“流程负责人”来管理；（3）纵向管理链较短，而横向管理链较长，把与传统的职能型组织结构相比，流程型组织结构更加强调组织各要素之间的横向关系。简而言之，流程型组织结构是以系统、整合理论为指导，按照以业务流程为主、职能服务为辅的原则进行设计的一种组织结构模式。

佩帕德和罗兰认为①，基于流程的组织结构也必须具备三方面内容：（1）组织以流程维度为主干，每一流程由若干个子流程和团队组成；（2）设计必要的职能服务中心，以保障流程团队和业务流程的有效运行；（3）团队之间、业务流程之间及其与职能中心之间的整合和协同工作需要信息技术的支持。由于企业内外环境的变化，流程型组织的存在形式虽差别很大，但是其组织结构的性质和特征却是一致的。如图 3—1 所示。

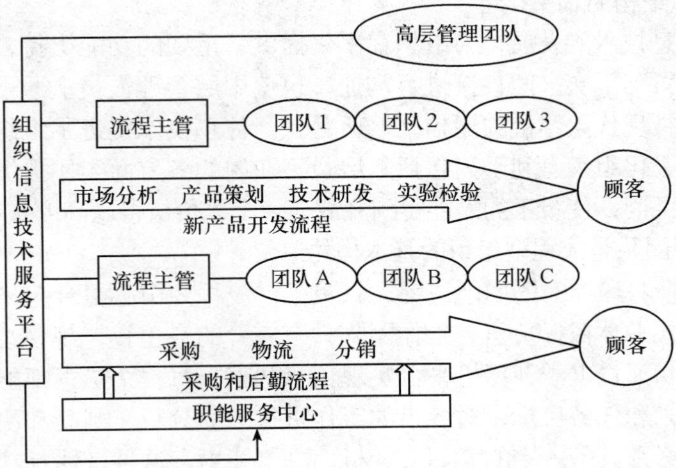

图 3—1　流程型组织结构

资料来源：参见：理查德·L. 达夫特. 组织理论与设计. 北京：清华大学出版社，2003.

从图 3—1 中可以看出，流程型组织结构和传统型组织结构相比较，具有以下优点：

1. 以顾客或市场为导向

企业的目的是实现自身的价值，而价值的实现取决于企业是否满足顾客的需求。流程型组织把顾客的需求作为企业制定战略的出发点和归宿。流程型组织改变了传统职能组织对任务、对上司、对局部负责的局面，而对整个流程、

① 参见：佩帕德，罗兰. 业务流程再造. 北京：中信出版社，1999.

对最终目标、对顾客负责。

2. 业务流程是以产出（或服务）和顾客为中心，从而提高了组织的运行效率

在传统劳动分工的影响下，作业流程被分割成各种简单的任务，并根据任务组成各个职能管理部门，经理们将精力集中于本部门个别任务效率的提高上，而忽视了企业整体目标。基于流程的组织是以业务流程为主干，以职能服务中心为辅助的一种扁平化的组织，在以流程为中心的组织中，流程团队代替了传统的职能部门，从而大大消除了原有各部门间的摩擦，降低了管理费用和管理成本，减少了无效劳动并提高了对顾客需求的反应速度。

3. 组织结构的扁平化

现代信息技术的发展，为组织扁平化提供了重要的功能支持，不但使企业高层管理者可与下层之间直接进行沟通，也使中层管理人员上通下达的功能在很大程度上被现代大容量的通信技术所替代。信息技术促进了组织结构扁平化的实现。扁平化组织有利于为包括基层员工在内的各方面人才提供充分发挥作用和能力的空间，使员工的潜能得到释放，使个人价值得以高度实现。

4. 流程团队是流程型组织的基本构件单位

流程团队打破原有的职能边界，将员工以流程为中心组合起来直接面对顾客，并对公司总体目标负责，工作团队具有充分的自主权，规模小，工作效率高。团队成员通过电子计算机平台实现信息共享，每一个员工都能及时了解企业的整体规划和任务目标，对各自的工作进行独立分析、判断和决策。这就要求团队成员必须具备一定的学习、分析、决策能力，这种良性互动推动了组织素质的不断提高，成为一种学习型组织。团队的存在使企业能够对市场变化作出快速的反应。

5. 为了适应不断变化的市场环境，从集权层级制到分权层级制再到扁平化的流程组织，使企业组织结构的灵活性和适应性不断增强

传统组织为了开展经营活动，往往具有多方面的功能，如原材料供应、生产、销售等，按照分工原则，将其固定在各个职能部门之中，结果使得企业规模过大，妨碍了企业有效地运作，面对迅速变化的市场，企业反应迟缓。流程型组织则是按照流程建立的具有高度柔性的流程团队，运用先进的信息技术如ERP、CRM、SCM等，它能根据市场需求的最新变化，迅速调整团队成员，有利于新产品的开发，满足顾客的需求，在激烈的竞争中抢占市场的制高点。

该组织结构的缺点是：确定核心流程较为困难；需要对组织文化、管理体

制、人事财务、信息管理等系统进行配套性变革；需要加强员工培训开发，提高其综合素质，逐步适应流程型团队工作的环境等。

（六）网络型组织结构

网络型组织结构也称虚拟组织结构，它是以信息、通信技术为基础，依靠高度发达的网络，将供应、生产、销售企业和客户，乃至竞争对手等独立的企业或个体连接而成的经济联合体。例如，美国伊斯特曼化学公司是一个由800多个相互关联的团队组成的巨大组织系统，在该组织中包括供应、生产、销售商和客户，跨越了公司的边界。1994年，该公司的市值达到50亿美元，成为拥有17 500名员工，生产包括塑料、饮料、容器、轮胎、地毯和牛仔裤在内的400种产品的全球性企业。它们为了适应遍布全球客户的需要，建立了网络型运营体制。公司期望员工采用水平沟通的形式而不是垂直沟通。该组织由四个向量组成：（1）业务，如涂布、染料和树脂等；（2）区域，如北美、欧洲和东亚等；（3）技术，如聚合物技术；（4）职能，如制造、销售等。公司总部的主要任务是在制定健康、安全、环境规划的同时，制订特殊的支援计划。总之，网络型组织结构是20世纪90年代以来，在信息系统、网络和通信技术高速发展的大环境之下，伴随着网络型企业①的产生而出现的一种新型的组织结构模式。如图3—2所示。

根据组织成员的特征及其相互关系，网络型组织可分为以下四种基本类型②：

1. 内部网络

内部网络是在组织内部通过减少管理层级，打破部门间的界限，使企业成为一个扁平的、由多个部门界限不明显的员工组成的网状联合体。该组织内部信息流动快，部门摩擦少，有助于及时准确地识别顾客的需求，围绕特定顾客或顾客群，有效地配置人力物力资源，组建由设计、生产、营销、财务、服务等多方面专业人员组成的团队，为顾客提供全方位、定制化的服务。

2. 垂直网络

---

① 网络型企业是一种企业间动态联盟的暂时组织形式，是指企业在组织上突破有形的界限，虽有生产、营销、设计、财务、人事等功能，但企业体内却没有完整的执行这些功能的组织，仅仅保留最关键的功能，而其他功能虚化，通过各种方式借助外力进行整合弥补，在竞争中最大限度地发挥企业有限的资源。其目的在于共享技术，共担费用，联合开发。

② 参见任浩主编．现代企业组织设计．北京：清华大学出版社，2008.

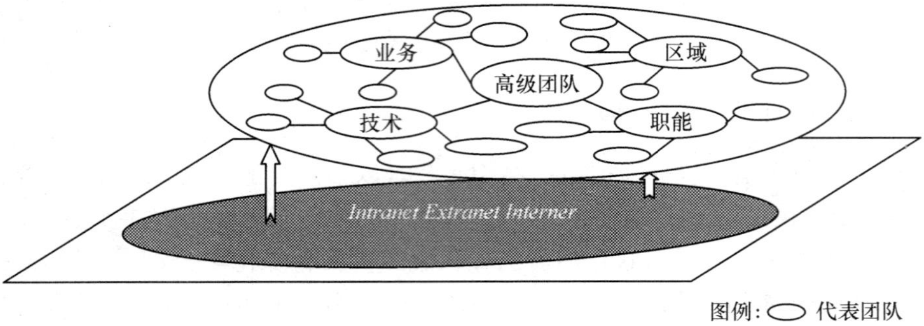

图 3—2　美国伊斯特曼化学公司网络型组织结构

垂直网络是在特定行业中由处于价值链不同环节的企业共同组成的企业之间的网络型组织。在该组织中，原材料供应商、零部件供应商、生产商、经销商等上下游企业之间不仅进行产品和资金的交换，还进行技术、信息等其他要素的交换和转移。联系垂直网络中各个企业的纽带是实现最终顾客价值这一共同使命。垂直型网络的组织职能往往是由价值链中创造核心价值的企业来履行的，网络内企业通过紧密合作实现服务或产品的供应和生产，大大提高了工作效率、降低了生产销售成本。

3. 市场网络

市场网络是指代表不同市场的企业之间的联系，这些企业之间发生着业务往来，在一定程度上相互依存。

4. 机会网络

机会网络是现代网络型组织中最先进的一种。它是由不同的组织为了实现一个共同目标暂时组成一个联合体，一旦目标实现，这种网络结构也就随之解体。

组织的网络化有两个层次，一个是一般企业内部组织的网络化，一个是多个企业之间关系的网络化。一般企业组织内部的网络化是以特定的项目或任务为导向而结成的任务团队，也就是流程组织中的动态流程团队。团队的成员来自同一企业的不同部门或同一企业集团的下属分公司。当项目结束或任务完成时，团队自动解体。这样的虚拟组织应用于多个企业之间则构成企业之间关系的网络化。由此可见，网络化组织突破了企业组织的有形边界，寻求相关者利益作为企业边界，强调通过对企业外部资源的有效整合，迎合某一快速出现的市场机遇。

网络型组织与一般流程型组织相比，它具有以下特点：（1）具有更大的灵活性，是一种“市场驱动型”组织；（2）组织结构的扁平化；（3）流程的动态化特征更为明显，能够实现对市场的敏捷响应；（4）具有突出企业自身的核心能力；（5）工作地点离散化，能够充分利用外部人力、物力、财力资源，实现成本共担，降低生产成本；（6）企业之间是为了完成一定的目标而结成的一种短暂的动态联盟；（7）各企业的核心能力得到最大限度的发挥，从而拥有得天独厚的竞争优势；（8）企业规模小型化趋势更为明显：（9）要求有更为完善的网络技术。

网络型组织结构的优点是：能够促进组织对顾客的变化做出灵活而快速的反应；能够实现企业间的优势互补，实现组织资源的优化配置；促进组织成员伙伴关系的建立，使企业将资源转向顾客和市场需求；能够降低企业管理成本，使中小型企业迅速成长；能够促进组织中每个成员提高其核心竞争力；有利于促进员工注重团队工作和合作。

网络型组织结构的缺点是：由于企业边界的不确定性容易使企业丧失控制权；不同企业的组织文化，及其发展目标的差异性，将使企业之间的相互关系难以协调；容易使企业潜在对手急速增加；容易暴露组织成员的专有技术，其知识产权被侵占；企业成员的专业领域狭窄，相互依存性增强，信用问题成为企业合作的主要问题。

五、企业组织结构设计的内容和概念

（一）企业组织结构设计的内容

企业组织结构的设计包括组织环境分析，组织发展目标的确立，企业流程设计，组织职能设计，组织部门设计和工作岗位设计等多项内容。

如果从企业组织结构存在的具体形态来看，组织结构的设计又包括决策层、管理层、执行层和操作层四个层级的组织设计。

如果从企业组织的内部互联关系来看，组织结构的设计又包括各类管理和业务（生产）部门的横向结构设计和部门纵向结构的设计。

（二）管理层次与管理幅度的概念

1. 管理层次是指职权层级的数目。即一个组织内部，从最高管理者到最基层职工的职级、管理权力的层级。一般来说，企业组织中管理层次的多少，根据组织的任务量、组织规模的大小、技术运用的状况等因素而定。企业管理层次的多少，表示企业组织结构的纵向复杂的程度。管理层次的设计代表了组织的纵向结构，纵向分工的目的是解决组织管理权限的问题，因为每个管理者的能力、精力与时间都是有限的，主管人员为有效地领导下属，必须考虑能有效地管理直接下属的人数问题。这样就引出了管理幅度的概念。

2. 管理幅度又称管理跨度。是指主管人员有效地监督、管理其直接下属的人数。管理幅度的大小，意味着上级领导直接控制和协调的业务活动量的多少。因此，管理幅度既同人（包括领导和下属）的状况有关，也同业务活动的特点有关。管理层次与管理幅度这两个因素密切相关。一方面，管理层次与管理幅度成反比。在组织规模给定的情况下，管理幅度增大，管理层次就减小；管理幅度减少，则管理层次就增多。另一方面，管理幅度与管理层次之间存在相互制约的关系，因为管理层次的多少取决于主管人员有效管理直接下属的人数，所以在这一对矛盾变量中，管理幅度起主导作用。

3. 管理层次与管理幅度的关系。1933 年法国管理顾问格兰丘纳斯在一项研究报告中，分析了各级主管与下属之间可能存在的关系，并从上下级关系对管理幅度的影响程度进行了深入研究。他指出：管理幅度以算术级数增加时，主管和下属间可能存在的相互交往的人际关系数，将以几何级数增加。因此，上级管理较多的下属人员会使管理工作复杂化。

按照这种上下级关系的理论进行组织设计，就应根据主管人员能够处理的人际关系数量来确定具体的管理幅度。格兰丘纳斯认为，上下级关系可分为三种类型：一是直接的单一关系；二是直接的组合关系；三是交叉关系。可采用以下公式，计算出上下级之间的关系数：

$$N = n[2^{n-1} + (n-1)]$$

式中 N——人员之间的关系数；

n——管理幅度。

例如，一个高层主管 A 的管理幅度为 3，将会产生 18 组关系，如果管理幅度为 4，则会产生 44 组关系。由此可见，管理过程中，人际关系是很复杂的，为了避免人际关系过于复杂，应适当确定管理幅度，从而保证管理幅度的有效性。

第二节　企业劳动分工与协作

一、劳动分工的概念与形式

（一）概念与作用

劳动分工是在科学分解生产过程的基础上所实现的劳动专业化，以使劳动者从事着不同的、但有相互联系的工作。劳动分工有三个主要层次，即一般分工、特殊分工和个别分工。一般分工是按社会生产的大类划分的，如农业、工业、建筑业、交通运输业、商业等；特殊分工是一般分工的再分解、再细划，将上述各大部门分解成许多行业，如农业可分为种植业、林业、畜牧业、渔业等；工业可分为冶金、化工、机械等。一般分工与特殊分工是社会内部的分工，简称社会分工；个别分工是企业范围内的分工，它是每个企业内部各部门以及每个生产者之间的分工。个别分工是把生产、服务过程分解为若干局部的劳动，各个局部的劳动既相互联系，又各自独立，具有专门的职能，企业的劳动分工，正是建立在社会分工基础上的个别分工。

劳动分工对促进企业生产的发展，提高劳动效率具有极其重要的作用。具体表现在：

1. 劳动分工一般表现为工作简化和专门化。这有利于劳动者较快地提高熟练程度，不断积累经验，完善操作方法，提高劳动效率。

2. 劳动分工能不断地改革劳动工具，使劳动工具专门化。由于劳动分工，劳动者长期从事一种工作。为了提高效率，他必须会寻找或设计制造出适应这种工作的专门工具。这样，通用工具就慢慢被专用工具代替了。同时，由于专用工具从通用工具中逐步分化出来，又促进劳动的进一步分工。

3. 有利于配备人员，发挥每个劳动者的专长。每个劳动者的劳动能力和特长客观上存在差异。劳动分工形成的具有不同特点的局部劳动，可以为每个劳动者提供与本人的劳动能力和特长相适应的工作。

4. 劳动分工大大扩展了劳动空间，使产品生产过程有更多的劳动者同时参与，因而有利于缩短产品的生产周期，加快生产进度。

5. 劳动分工可以防止劳动者经常转换工作岗位而造成的工时浪费。

（二）企业劳动分工的形式

企业内部劳动分工，一般有以下三种形式：

1. 职能分工

企业全体员工按所执行的职能分工，一般分为工人、学徒、工程技术人员、管理人员、服务人员及其他人员。这是企业劳动组织中最基本的分工，它是研究企业人员结构，合理配备各类人员的基础。

2. 专业（工种）分工

专业（工种）分工是职能分工下面第二个层次的分工。专业或工种分工是根据企业各类人员的工作性质和特点所进行的分工，例如，工程技术人员及管理人员可以按专业特点分为设计人员、工艺人员、计划人员、财会人员、统计人员等。生产工人按他们从事的生产工艺的性质及使用的工艺装备特点进行分工，如机械制造业的工种有造型工、冶炼工、锻工、车工、铣工、电工等。这类分工对有计划地培训人员是很重要的，同时也是研究每类人员构成的基础。

3. 技术分工

技术分工是指每一专业和工种内部按业务能力和技术水平高低进行的分工。例如，技术人员分为助理技术员、技术员、助理工程师、工程师和高级工程师。每个专业及工种的级别，应该规定相应的业务能力和技术水平规范。进行这种技术分工，有利于发挥员工的技术业务专长，鼓励员工不断提高自己的专业和技术水平。企业应使各个技术等级的人员保持合理的比例，注意提高员工队伍的素质，以适应企业不断提高生产经营水平的需要。

二、企业劳动分工的组织

企业在组织劳动分工时，应做到以下几点：

第一，把直接生产工作和管理工作、服务工作分开。特别要保证直接从事物质生产活动以及在生产经营活动中起关键作用的工作，如产品开发、市场营销等。

第二，把不同的工艺阶段和工种分开。企业的整个生产过程可以分成不同的工艺阶段。按照生产工艺阶段的不同，又可以把工作分成不同的工种或操作岗位。例如，在机械制造企业里，生产过程一般可以分为准备阶段（铸、锻），加工阶段和装配阶段；在加工阶段又可进一步分为车工、铣工、磨工、刨工等工种。把不同的工种和工艺阶段分开，可以按照工人的技术专长合理地配备工人。

第三，把准备性工作和执行性工作分开。如在机床上加工零件是执行性工作，而加工前准备图纸、准备工具、调整机床等都属于准备性工作。将两者分开，使生产准备工人专干准备工作，生产工人专干执行工作，便于发挥两者的专长，提高劳动效率。

第四，把基本工作和辅助工作分开。基本工作是指直接加工劳动对象的工作，辅助工作是指为基本工作服务的工作。例如，在纺织企业中，清花、纺纱、织布都是基本工作，修车、加油、领料、送半成品则是辅助工作。把基本工作和辅助工作分开来，是为了让基本工人不干或少干辅助工作，使其劳动时间能得到更充分的利用。

第五，把技术高低不同的工作划分开。把不同技术等级的工作分配给相应等级的工人去做。

为了防止劳动分工过细带来的消极影响，必须注意以下几点：（1）使每一项分工都具有独立的技术内容；（2）在掌握低等级工作后要向高等级工作发展；（3）掌握本工种技术后要向多工种技术发展；（4）既从事生产工作，又参加管理。

同时可以采取下列各种方法对过细的劳动分工进行改进，扩大劳动者的工作范围，克服对单调工作的厌倦情绪。

（1）扩大业务法。将同一性质（技术水平相当）的作业，由纵向分工改为横向分工，如图3—3所示。

图3—3　扩大业务法

（2）充实业务法。将工作性质与负荷不完全相同的业务重新进行分工。例如将计划（A）、检查（B）、装配（C）的分工，改变为同时含有三者（ABC）的分工，如图3—4所示。

（3）工作连贯法。将紧密联系的工作交给一个人（组）连续完成。例如将研究、试验、设计、工艺和制造等密切相关的各项工作交由一名技术人员担任，使其参与完整的工作过程。

图 3—4 充实业务法

（4）轮换工作法。将若干项不同内容的工作交给若干人去完成，每人每周轮换一次，实行工作轮换制。

（5）小组工作法。将若干延续时间较短的作业合并，由几名工人组成的作业小组共同承担，改变过去短时间内一人只干一道工序的局面。

（6）安排生产工人负担力所能及的维修工作。

（7）个人包干负责。例如可由一个人负责装配、检验、包装整台产品，并挂牌署名，以便由用户直接监督。

三、劳动协作的概念与形式

企业的劳动协作，就是采用适当的形式，把从事各种局部性工作的劳动者联合起来，共同完成某种整体性的工作。马克思在《资本论》中指出："许多人在同一生产过程中，或在不同的但互相联系的生产过程中，有计划地一起协同劳动，这种劳动形式叫做协作。"[①] 企业有分工，就要有协作。协作是分工不可缺少的条件，分工越细，越需要加强协作。通过协作不仅可以提高个人生产力，而且可以创造出一种新的生产力，这种生产力本身必然是集体力。协作以分工为前提，而分工又以协作为条件，在分工的基础上协作，在协作的原则下进行分工。分工和协作是不可分割的整体。

劳动协作分为两种。如果以简单分工为基础就是简单协作，如果以细致分工为基础就是复杂协作。简单协作的劳动者无详细分工，只是一起协力完成一项工作，如搬运重物，挖沟。简单协作是一种结合的劳动，它使劳动者摆脱了个人局限性，从而创造了一种新的社会劳动生产力，它同单个劳动者力量的机械总和存在本质上的区别。因为结合劳动能扩大劳动的空间范围，缩短完成工作的时间，并能在较小的空间范围内，使相互联系的生产过程靠拢，生产资料聚集，容纳较多的劳动者，从而节约劳动资料，降低生产成本。

---

① 马克思恩格斯全集（第 23 卷）．北京：人民出版社，1975．362．

复杂协作是建立在较为细致的分工上的协作。复杂协作是把生产过程中的各种操作分解并交给若干人，每人只负责一种操作，全部操作由若干操作者同时进行，成果则是这个以分工为基础的联合体的劳动产品。在复杂协作的生产机构中，每个劳动者只是这个机构的一个部分。复杂协作所特有的优越性是使劳动专业化，工具专门化，在劳动方式、劳动组织方面发生了重大变化，更有利于改进技术，提高劳动熟练程度。

企业劳动协作的形式，一般分为企业之间的协作和企业内部的协作。从协作范围上看，有空间范围的劳动协作和时间范围的劳动协作。

四、企业劳动协作的组织

（一）组织企业内部劳动协作应注意的问题

第一，尽可能地固定各种协作关系，并在企业管理制度中，对协作关系的建立、变更、解除的程序、方法、审批权限等内容作出严格的规定。

第二，实行经济合同制。协作双方通过签订经济合同，保证协作任务按质、按量、按期完成。

第三，全面加强计划、财务、劳动人事等项管理，借用各种经济杠杆和行政手段，保证协作关系的实现。

（二）作业组是企业中最基本的协作形式

作业组是在劳动分工的基础上，把为完成某项工作而相互协作的有关工人组织起来的劳动集体。它是企业里最基本的组织形式，是我们研究企业劳动协作组织的基础。

组织作业组时要遵守的一条基本原则，就是要把生产上有直接联系的工人组合起来，不能把生产上没联系的工人凑合在一起。以下几种情况需要组成作业组：

1. 生产作业需工人共同来完成。生产作业必须由几个人共同完成，而不能分配给每个工人独立完成时，需要组织作业组。例如，石油化工企业里的设备检修组，机械制造业的装配组。

2. 看管大型复杂的机器设备，在工人共同看管大型复杂的机器设备情况下，需要组成作业组。例如，机械制造企业的锻压作业组，冶金企业的高炉炉前作业组。

3. 工人的工作彼此密切相关。当工人的工作彼此密切联系时，为了加强协作配合，需要组成作业组。例如，流水生产线，各道工序联系十分密切，为了加强全线各道工序的协作配合，便需组成作业组。

4. 为了便于管理和相互交流。生产工作虽然分配给每个人独立去完成，但为了互相帮助，交流经验，也要组成作业组。例如，机械制造企业的车工组、铣工组，纺织企业的细纱作业组。

5. 为了加强工作联系。为了加强准备工作、辅助工作和基本工作的紧密联系和相互协作，可以组成作业组。例如，建筑企业中砌砖瓦工和运送灰、浆、瓦的工人组成一个作业组。

6. 在工人没有固定的工作地，或者没有固定工作任务的情况下，为了便于调动和分配他们工作，需要组成作业组，如厂内运输组、电工组、水暖工组等。

作业组按工人的工种组成情况区分，有专业作业组和综合作业组两种。专业作业组是由同工种工人组成，综合作业组是由不同工种的工人组成。按轮班工人的组成情况分，作业组又可分为轮班作业组（即按照横班组织作业组）和圆班作业组（即按照早、中、夜三班组成一个作业组）两种。无论组织哪一种形式的作业组，企业都必须合理地配备作业组的人员，建立明确的岗位责任制，克服组内成员职责不清和无人负责的现象。

（三）作业组组织工作的主要内容

1. 搞好作业组的民主管理，同时结合生产实际情况，建立完善的岗位责任制度。

2. 为作业组正确地配备人员。

3. 选择一个好的组长。作业组组长的人选可采取民主选举、领导批准的办法产生。

4. 合理确定作业组的规模，一般 10～20 人为宜。

企业的劳动协作除了要安排好最基层的班组、作业组的组织之外，还应当搞好车间一级的协作。车间是企业劳动协作的中间环节，起着承上启下的重要作用。长期以来，我国企业普遍存在着车间一级劳动协作不平衡的问题，特别是按生产工艺组织的车间，每遇一事，相互扯皮、互相推诿影响企业生产正常运行。近年来，许多企业与车间通过签订经济承包合同，实行层层承包，使劳动协作关系制度化，保证了企业生产经营活动的总体协调和统一。这说明要实现企业内部劳动协作，也必须要借助经济杠杆。

第三节　劳动时间与空间组织

一、工作时间组织的内容

对于企业来说，工作时间组织的主要任务是建立工作班制，组织好工作轮班，以及合理安排工时制度。企业里的工作班制有单班制和多班制两种。单班制是指每天组织一个班生产，多班制是指每天组织两班或两班以上的员工轮流生产。工作轮班是指在实行多班制生产条件下，组织各班人员按规定的时间间隔和班次顺序轮流进行生产活动的一种劳动组织形式，它体现了劳动者在时间上的分工协作关系。

实行单班制还是多班制，主要取决于企业生产工艺的特点。工艺过程不能间断进行的，例如发电、化工、石油、冶金等行业的主要生产过程，都是连续生产，必须实行多班制。工艺过程可以间断进行的，例如机械制造、纺织等行业的工作班制，要根据企业生产的任务、经济效益和其他有关的生产条件而定。一般地说，实行单班制不利于厂房、机器设备的充分利用，但员工生活起居比较有规律，有利于员工的身体健康，劳动组织工作也比较简单。多班制有利于充分利用机器设备，缩短生产周期，合理使用劳动力，但需要组织工作轮班，组织工作较为复杂。

根据企业实际灵活安排工时制度也是工作时间组织的一项重要内容。我国已经把周制度工时从48小时缩短到40小时，企业可以根据实际情况试行较为灵活的工作时间制度，即采取软化工时的模式，如实行弹性工作制，即每周制度工时不变，在每天工作时间中规定有核心时间，在核心时间内必须上班，核心时间之外可以自由选择上下班时间；此外还有：（1）非全时工制，即是以天或以周为单位，其工时长度可以少于社会的正常工时，比如一天只工作4小时，一周只做3～4天工作；（2）分职制，即将一个职业岗位由两个人分担，共同从事全时的工作，工资与福利待遇按各人所做的工时比例分配；（3）在家做工和野外工作的大班制，等等。设计灵活而适宜的工时制度，有助于缓和冗员过多的矛盾，满足劳动者的实际需要，有利于他们的身心健康，提高劳动积极性。

二、工作轮班的组织形式

工作轮班的组织形式很多，企业曾经采用过的有两班制、三班制、四班制和五班轮休制。

（一）两班制

两班制是每天分早、中两班组织生产，工人不上夜班。这有利于工人的身体健康，也便于机器设备的维修保养和做好生产前的准备工作。工人倒班也比较简单，每隔一周轮换一下班次即可。

（二）三班制

三班制是每天分早、中、夜三班组织生产。根据公休日是否进行生产，又可分为间断性三班制和连续性三班制。实行三班制必须组织好工人的倒班，对连续性三班制的工人还要组织好轮休。

倒班的方法分为正倒班和反倒班。正倒班是甲、乙、丙三班工人都按早—中—夜的顺序倒班，即原来的早班倒中班，原来的中班倒夜班，原来的夜班倒早班。反倒班是甲、乙、丙三班工人都按早—夜—中顺序倒班，即原来的早班倒夜班，原来的夜班倒中班。两种倒班方式见表 3—1。

表 3—1　两种倒班方法

方式 / 周次 / 班次	正倒班								反倒班							
	第一周	公休	第二周	公休	第三周	公休	第四周	公休	第一周	公休	第二周	公休	第三周	公休	第四周	公休
早	甲		丙		乙		甲		甲		乙		丙		甲	
中	乙		甲		丙		乙		乙		丙		甲		乙	
夜	丙		乙		甲		丙		丙		甲		乙		丙	

上述两种倒班方式在间断性三班制中都可采用，但一般以采取正倒班为好，因为公休日前最后一班的工人就是公休日后第一班的工人，这样可以避免出现因公休日全部停止生产而工作无法交接的现象。

对于生产过程不能间断的企业，一年内除了设备检修或停电等时间外，每天必须连续组织生产，公休日也不间断，这时必须实行连续性三班制。工人不能一起休息，只能组织轮休。

在原来的每周 48 小时工时制下，企业可以实行三班轮休制、三班半轮休制和四班轮休制。实行每周 40 小时工时制后，三班轮休制和三班半轮休制都超过了制度工时，不宜再采用。

四班轮休制，即“四班三运转”，也称四三制。四班三运转的轮休制，是以 8 天为一个循环期，组织四个轮班，实行早、中、夜三班轮流生产，保持设备连续生产不停，工人每 8 天轮休 2 天的轮班工作制度。具体倒班方式见表 3—2。

表 3—2　　四班三运转倒班方法

日期 / 班次 / 工作班	1	2	3	4	5	6	7	8	9	10	11	12	13	14	15	16
甲	早	早	中	中	夜	夜	0	0	早	早	中	中	夜	夜	0	0
乙	中	中	夜	夜	0	0	早	早	中	中	夜	夜	0	0	早	早
丙	夜	夜	0	0	早	早	中	中	夜	夜	0	0	早	早	中	中
丁	0	0	早	早	中	中	夜	夜	0	0	早	早	中	中	夜	夜

注：0 表示轮休。

四班三运转制的组织方法，除上面介绍的每天三个班生产，一个班轮休，两天一倒班，工作 6 天休息 2 天之外，还可以安排工作 3 天休息 1 天，或者工作 9 天休息 3 天，从循环期上看，可分为 4 天、8 天、12 天等形式。在实行每周 40 小时的工时制度下，企业采用这一轮班方法时，每个月需要安排一个公休日，以补付员工每周工作平均超出 1.95 小时。

四班三运转制的优点是：

1. 人休设备不休，提高了设备利用率，挖掘了设备潜力，在原有设备条件下增加了产量。

2. 缩短了工人工作时间。工人平均每周工作 42 小时，比制度时间还少 2 小时，有利于保护劳动力，提高工人的积极性。同时，劳动强度较大的一线工人每周工作 42 小时，一般管理人员每周工作 44 小时，保持了两者的平衡，有利于理顺一线人员和二、三线人员的关系。

3. 减少了工人连续上夜班的时间，有利于工人的休息和生活。由于两天一倒班，工人每周只连续上两个夜班，对身体健康影响较小。

4. 增加了工人学习技术的时间，可提高工人技术水平，有利于提高工作效率和产品质量水平，从而提高企业经济效益。

5. 有利于在现有厂房设备条件下，增加用工量，为社会提供了更多的就业岗位。

（三）四班制

四班制是指每天组织两个班进行生产。四班制轮班组织又分为两种形式，即“四八交叉”和“四六工作制”。

“四八交叉”也称“四班交叉作业”，是指在一昼夜24小时内组织四个班生产，每班工作8小时，前后两班之间的工作时间相互交叉。交叉时间一般为24小时，具体组织形式见表3—3。

表3—3　　四八交叉作业

工作班次	甲	乙	丙	丁
上班时间	8～16点	14～22点	20～4点	2～10点

在交叉时间里，接班工人进行生产准备工作，了解和研究完成本班生产任务的一些关键性问题，并与上一班工人一起进行生产活动。这样可以加强各班之间的协作，缩短生产准备和交接班时间，更充分地利用工时和设备工具。

四六工作制是每一个工作日由原来组织三班生产，改为四班生产，每班由8小时工作制改为6小时工作制。

四六工作制是1980年在我国煤炭企业井下采掘工人开始实行的工作时间制度。一般适于在井下采煤、掘进、开拓延伸工人以及矿建工程中的掘砌工人中实行。如果范围扩大，需要增加人员过多，势必影响效率，加大成本。但在我国目前企业冗员较多、人浮于事、一线岗位却留不住人的客观情况下，实行四六工作制不失为解决企业富余人员问题，增加一线岗位吸引力的一条有益途径。

（四）五班轮休制

五班轮休制，即“五班四运转”，它是员工每工作10天轮休2天的轮班制度。

五班四运转的轮休制，是以10天为一个循环期，组织五个轮班，实行早、中、夜三班轮流生产，保持设备连续生产不停，并每天安排一个副班，按照白天的正常时间上班（不超过6小时），负责完成清洗设备、打扫卫生、维护环境等辅助性、服务性工作任务。

五班轮休制是我国企业推行 40 小时工时制度以后，在原“四班三运转制”的基础上，实行的一种新的轮班制度，它保证了企业员工某月平均工作时间不超过 166.66 小时（20.83×8）的规定。具体倒班方式见表 3—4，该轮班制适合于大中型连续生产的企业采用。

表 3—4　　五班轮休制倒班方法

班组 \ 班次 \ 日期	1	2	3	4	5	6	7	8	9	10
甲	早	中	中	副	0	早	晚	晚	副	0
乙	副	0	早	中	中	副	0	早	晚	晚
丙	0	早	晚	晚	副	0	早	中	中	副
丁	晚	晚	副	0	早	中	中	副	0	早
戊	中	副	0	早	晚	晚	副	0	早	中

注：0 表示轮休；副：即副班安排白班。

三、工作轮班组织应注意的问题

为了组织好多班制生产，除了要安排好轮休、倒班外，还应注意以下几个问题：

（一）工作轮班的组织

应从生产的具体情况出发，以便充分利用工时和节约人力。在一个企业里，并非各类工人都须实行统一的轮班制度。例如，在化工企业，有的化工产品的操作工人需要三班连续工作，但包装工人也可组织两班制甚至单班制生产。再如，车间的检修工人，除在系统停车大修或主要设备发生故障时需要实行多班制外，通常只需要实行单班制。

（二）要平衡各个轮班人员的配备

应注意各班人员数量保持大致相等，避免相差过多。在业务素质、技术力量的配备上，也要注意平衡，防止把骨干力量都集中在一个班，使其余各班力量相对削弱。各班人员配备后，应尽量保持相对固定，避免调动频繁，以利于加强班组管理和工人之间的联系。

（三）建立和健全交接班制度

在交接班时，对于交接设备的完整、清洁、润滑和安全，机器的使用运转情况，工具的有无丢失，产品的质量和数量，在制品的完成程度以及生产中存在的问题，都要按规定的手续交接清楚。这样不仅能明确各班工人的责任，使各班工人更关心本班生产，并且能够加强各班之间的协作，使上一班工人关心下一班工人的工作，主动为下一班准备好有利的生产条件。

（四）适当组织各班工人交叉上班

当工人从事前后密切衔接的不同工序时，为了便利下一班工人在接班前做好准备工作，上一班工人做好结束工作，可以把各班工人的上下班的起止时间，进行适当的交叉；或者下一班工人中的一部分工人，提前上班，先做好生产准备工作。这就可使前后两班的工作更密切地取得配合，消除不必要工时的损失。

（五）工作轮班制对人的生理心理会产生一定的影响

夜班工作对人的影响最大。科学家和社会学者的研究表明，倒班制使员工的生物钟发生极大混乱。当工人在短时间内频繁地改变上班时间时，他们的睡眠周期就不能适应。国外调查资料表明，有8%的长期上夜班的工人因睡不好觉而垮掉，而在每个星期轮班时，有60%的人在班上打盹。倒班特别是经常上夜班给工人造成身心危害，还造成许多工业事故，例如美国三里岛核电站和前苏联切尔诺贝利核电站出现的核泄漏事故，大都发生在后半夜。

为了解决夜班疲劳、工人生理心理不适应和工作效率下降的问题，一般可采用以下办法：（1）适当增加夜班前后的休息时间；（2）缩短上夜班的次数，例如采取四班三运转制的倒班办法。时间生物学家科尔曼和其他一些研究人员在美国犹他州大盐湖矿物和化学公司进行了试验。过去，该公司的员工上一个星期白班，接着上一个星期夜班，然后再上一个星期中班，而研究人员设计的新的倒班方法是，先上白班，接着上中班，然后再上夜班，每班工作时间每天向前推移1～2个小时，而且每三个星期才换班一次，在每次倒班时还给几天空闲时间。他们认为，这样做才能符合人体生物钟自然变化的规律，使工作轮班与人体生理结构相互适应。经过9个月的实验，工厂管理人员发现工人生病、缺勤和事故数量大大减少，而工人生产效率提高了20%。

四、工作地组织

工作地组织是劳动空间组织的重要内容。工作地是指配置一定的设备、工具、器具，能够使劳动者从事某项生产劳动活动或进行工作的地点。合理组织工作地应当达到以下几点要求：

1. 应有利于工人进行生产劳动，减少或消除多余、笨重的操作，减少体力消耗，缩短辅助作业时间。

2. 应有利于发挥工作地装备（如生产设备、工具、防护装置、监控仪表等）以及辅助器具的效能，尽量节约空间，减少占地面积。

3. 要有利于工人的身心健康，使工人有良好的劳动条件与工作环境，防止职业病，避免各种设备或人身事故。

4. 要为企业的所有人员创造良好的劳动环境（包括办公室、设计室、理化检验室、库房等），使企业员工在健康、舒适、安全的条件下工作。

工作地组织的基本内容包括：

1. 合理装备和布置工作地。装备工作地，主要是确定使用的各种设备、工具和必要的辅助设备。其中生产设备是工作地装备的主体部分。装备确定以后，还必须进行合理的布置。布置工作地应尽量缩短工人在班上行走的距离，减少工人辅助生产时间，减轻劳动强度。

2. 保持工作地的正常秩序和良好的工作环境。这方面要做的工作主要包括：安装必要的防护装置，保持工作地的清洁卫生，保持良好的照明条件，保持正常的温度、湿度和通风条件，控制工作地的噪声，尽量减少有毒有害气体和工业粉尘的危害，合理调节工作地的色彩，等等。

3. 正确组织工作地的供应和服务工作，包括及时供应原材料、半成品，防止停工待料；按计划检修机器设备，防止发生设备事故；按时供应各种工具、图纸和有关的技术资料；指导操作工人按技术规范操作；加强质量检验；及时运送加工好的半成品和成品；搞好各项辅助性和服务性工作，等等。

五、劳动环境优化

为劳动者创造一个舒适安全且有效率的劳动环境，是管理者的一项重要工作内容。优化劳动环境涉及的范围很广，因素很多，主要有：

（一）照明与色彩

工作环境中的采光一般有自然采光和人工照明两种形式。在设计照明时，应尽量利用自然光，因为自然光线柔和，而且对人体机能还有良好影响。通常，照明亮度越高看得越清楚，但如果亮度过高，反而会造成眩目看不清。一般应以人眼观察物体舒适度为标准。在劳动环境中的不同地点，照明度应有所区别：在工作地和加工部位应比周围环境的照明度高一些；运动中的物体应比静止的物体照明度高一些。从整个厂房讲，各部分的照明度不可悬殊过大。

在劳动环境中选用适当的色彩，不仅可以调节人的情绪，还可降低人的疲劳程度。色彩对人的生理影响主要表现为提高视觉器官的分辨能力和减少视觉疲劳。实践证明，在视野内有色彩对比时，视觉适应力比仅有亮度对比有利。由于人眼对明亮度和饱和度分辨较差，因此，在选择色彩对比时，一般以色调对比为主。选择色调时，最忌讳蓝色、紫色，其次是红色、橙色，因为它们容易引起视觉疲劳。所以，在工厂厂房（包括设备外壳）主要视力范围内的基本色调宜采用黄绿色或蓝绿色。色彩还可以影响人的情绪：明快的色彩使人感到轻松愉快，阴郁的色彩则令人心情沉重。

（二）噪声

噪声对人的听觉和其他器官都有严重危害。在劳动环境中控制噪声一般可采取如下办法：消除或减弱噪声源（经常通过更新或改造设备的方法）；用吸声或消声设备控制和防止噪声传播，一般采用隔声罩、消声器、隔音墙等；把高噪声和低噪声的机器设备分别排放，集中治理；采取个人防护措施，如佩戴防噪声耳塞等。

（三）温度和湿度

工作地要保持正常的温度与湿度。要根据不同的作业性质和不同的季节气候，采取必要的措施。夏季当工作地点的温度经常高于35℃时，应采取降温措施，冬季室内温度经常低于5℃时，应采取防寒保温措施。人体的舒适温度夏季为18～24℃，冬季为7～22℃。

目前，我国常用的调节环境温度和湿度的设备有蒸汽和热水管空气加热器、电加热器、窗式和柜式空调机、蒸汽喷管、电加湿器、冷冻除湿机等，企业可根据情况采用适当的设备。

（四）绿化

厂区绿化是优化劳动环境的一项重要工作。绿化不仅能改善工厂的自然环境，还能为劳动环境中各种因素的优化起到辅助作用。实践证明，花草树木是劳动环境天然的“消声器”“吸尘器”和“空调机”。绿化厂区是一项投资少、收益大的“基本建设”。绿化可以吸收有毒气体，杀死细菌，吸滞灰尘、降低风速，减弱噪声，增加空气湿度、降低温度，释放新鲜空气。企业可以根据厂区环境和生产特点选择适当的树种和绿化方法。对于产生二氧化硫的企业，如冶金、化工、火力发电以及用煤和重油作燃料的企业可多种植柳杉、悬铃木、臭椿、垂柳、洋槐、丁香、中国槐、加拿大杨、夹竹桃等；对于产生氟化氢的磷肥厂、陶瓷厂、玻璃厂、制铅或有色金属冶炼等企业可以多栽培泡桐、垂柳、洋槐、松柏、梧桐、女贞、丁香、月季、美人蕉等；对于产生氯气的企业，应选择洋槐、垂柳、合欢、黑枣、女贞、夹竹桃、美人蕉等。

第四节　优化劳动过程的方法

一、劳动过程优化的基本内容

企业员工的劳动过程是指员工操纵、使用一定的机械设备，借助一定的工位器具，在不同的时间、空间内直接或间接地参与产品的制作，从事管理性、服务性、生产性工作的全过程。实现企业劳动过程的最优化就是要采用科学的方法，对企业现行的劳动过程进行全面的评价，力求设计出节省人力，节约时间的最佳方案。

通常将劳动过程优化方法总称为工作研究，它包括方法研究和时间研究两大部分。方法研究又可分为：程序分析和动作分析。

程序分析是从整个工作过程出发，以工序或操作为基本单位，运用剔除、合并、简化、重排的技巧，改进整个劳动过程，使其合理化、科学化。

动作分析是从一道具体的工序或操作入手，以劳动者细致的动作为基本单位，凭借目测或摄影录像等手段，对现行的操作方法作出全面评价，并提出改进的方案。

程序分析是从全局出发，着眼于大的方面，而动作分析是从整个劳动过程的基本单位入手，注重于细微动作的研究，前者的目的是使整个劳动过程的结构科学化，后者是促进操作所包含的各细微动作合理化。

在进行方法研究时，应当首先从程序分析开始。如果花费很大力气先对某一操作的构成作动作分析，而这一操作很可能在程序分析时被认为不必要，应予以剔除，则前者研究的成果就会被淘汰。因此，为了实现劳动过程的最优化，必须先做程序分析，使整个过程合理化，然后再做动作分析，才能取得成效。

时间研究是在方法研究的基础上，借用秒表等计时工具，通过测时、写实或工作抽样，建立起工作的时间标准。

二、程序分析

进行程序分析一般需要根据不同的研究目的和对象，绘制不同的图表。如分析产品整个加工制造过程，采用操作程序图；分析物品材料或在制品的流动，采用流程程序图；分析工厂布置及厂内运输，采用流线图；分析多设备看管或研究设备、操作者的空闲时间，可采用人—机程序图；分析工人的手工操作时，可采用操作人程序图；有时需要分析的对象比较复杂，也可将上述的若干程序图合并使用。

工艺程序图是反映产品在各道加工工序之间流动的程序图。在绘制工艺程序图时，可采用表 3—5 中所列的符号表示产品在各个工序间的流向。

表 3—5　　工艺程序图使用的符号

符号	美国工程师学会符号	名称	工作内容
○	○	操作	在一个工作地上完成一项工艺加工
□ ◇ }	□ {	数量检查 质量检查	按照原始记录核对实际的产品产量；根据技术要求检查产品的质量
○	⇨	运输	产品位置发生变动
▽	D	延迟	管理不善造成的空闲或等待
▽	▽	储存	在计划控制下产品的保存、停放

三、动作分析

（一）动作分析的原理

动作分析是以劳动者生产操作中的各种动作为对象，经过对比分析，研究如何消除其不必要的部分，力求设计出最有效的操作方法而进行的一系列活动。1912 年，美国工程师吉尔伯斯首次按人体活动的特点，将人的动作分为手指、手腕、前臂、上臂、身躯 5 级动作，对操作时各类不同动作解体，细分出 17 种基本动素，分为有效动素和无效动素两类。有效动素是保证操作向前推进必不可少的基本动作，而无效动素阻碍作业操作的进展，延长了作业时间。在进行动作分析时，可采用目视、摄影、录像等手段，掌握现行的操作方法，并绘制出动作程序图，然后根据动作经济原则，对有效动素设法简化、合并，对无效动素设法删除。

（二）动作经济原则

动作经济原则也称动作节约原则，是为了保证动作经济合理，减少人体疲劳，提高劳动效率，在劳动过程中应遵守的各种规范。

关于人体方面，包括：（1）双手动作，尽量同时开始、结束；（2）双手在同一时间内，除正常休息外应防止空闲；（3）双手动作方向应尽量相反、对称；（4）动作包含的动素应尽量少，尽可能采用最低等级的人体动作；（5）应尽量利用物体的动力和重力；（6）采用连续的曲线运动要优于方向突变的直线运动；（7）抛物线的运动较之受限制的运动来得轻快、准确；（8）动作应有一定的节奏。

关于工作地布置方面，包括：（1）工具、物料应固定放置地点，便于拿取；（2）工具、物料应位于操作者两臂正常工作范围之内，取用时可避免身体转动；（3）工具、物料应按工作顺序排列，以便于衔接，减少寻求、移动等项动作；（4）物料的供应应尽量利用自身重力，通过滑道落在工人手中或最近位置；（5）配置适当的照明装置，保证工作地的照度、亮度符合法定的技术标准；（6）工作台、座椅应适合操作者工作时的要求，其高度、宽度、式样要能使操作者感觉舒适，保持良好的姿势。

关于设备工具方面，包括：（1）尽量用双脚代替双手操作，可安脚踏板；（2）经常使用的工具量具，尽量合并为一；（3）尽量使用滑轮、弹簧等装置，设法使工具能够自动还原；（4）手指操作时，应按其能力分配使用；（5）工具手柄的设计，应尽量增大与手的接触面，以便于掌握；（6）机器上的杠杆、手摇轮盘等，应安排最适宜的位置，保证使用时省力、轻快、灵活。

（三）动作分析的工作步骤

进行动作分析时，应按下列步骤进行：

1. 准备工作阶段，应做好以下几项工作：（1）正确确定研究对象。动作分析主要适用于工作重复性强、速度快、周期短、比较复杂的手工操作，如装配、拆卸、包装等。（2）了解工作地的布置情况，对使用的设备、工具一一登记，以作为今后评价的依据。（3）准备好测定分析时需要的各种器具。（4）预先绘制观测登记记录表格、卡片。（5）计算全部研究费用，进行经济方面的核算。

2. 正确选择动作分析的方法。一般选择：（1）直接观察法，凭生产经验直接目视观察记录。（2）影片分析法，利用电影摄影机进行实地拍摄，将工人的每一动作连续记录下来。

3. 分析观测的资料，根据动作经济原则进行评价，决定取舍。

4. 确定最有效的动作标准，编制出工作指导书，以便于推广。

四、时间研究

通过程序分析和动作研究，可获得最佳工作程序和最省时、省力的操作方法。在此基础上，运用科学的手段测定劳动的时间消耗值，确定合理的时间标准，这就是时间研究。制定某一操作的时间标准，可采用经验判断法、历史记录法和技术测定法等方法。

时间研究的具体步骤如下：

1. 深入现场调查研究，收集操作者、被加工对象及所使用的设备、工作器具等有关的各种数据、资料。

2. 将实际操作分解成若干细小的操作单元并详细地加以记录。

3. 实地进行观测。具体可采用连续测时法、归零法和工作抽样法等方法。

（1）连续测时法。

连续测时法是按操作顺序，从第一个观测周期第一个操作单元开始，用秒表不停地进行登记记录。在登记时只记录各单元终止时间，各单元的延续时间等于前后相邻的两个单元终止时间之差。这个方法的优点是对整个操作作了全面详尽的记录，保证了测时资料的完整性和真实性，适用于测定延续时间较短的操作。

（2）归零法。

归零法是按操作顺序直接测定各个单元的延续时间，每次测定时秒表针由零位开始，本单元终止记下延续时间后，表针立即返回，再从零位开始记录下一单位的延续时间。这种方法能直接得到各个操作单元的延续时间，减少了书面计算汇总的工作。但每次测定时，秒表针需返回到零位，这个归零时间会影响测时的准确性。为弥补这一缺陷，可将两只秒表装在测时板上，借助杠杆的作用，控制两只秒表交替作用测定各个操作单位的时间值。

(3) 工时抽样法。

工时抽样法是根据概率论和数理统计的原理，对工作随机地进行抽样调查，运用样本资料推断出总体的一般状况。抽样法的优点是适用范围较广，节省时间，节约费用，而且在样本量足够大时也能保证取得真实可靠的资料。具体步骤如下：

第一，明确调查目的，确定工作抽样所应达到的可靠程度和精确度。一般来说，可靠度取 95%，精确度取 ±5%～±10%，即可满足需要。

第二，对被观测对象的活动作出适当的分类，以便于正确地进行观测记录和事后的汇总整理、统计分析。

第三，确定观测次数和时刻。观测次数就是抽取的样本数。样本越少则代表性越差。根据数理统计中标准差 σ 的计算公式，当抽样的可靠性为 95%时，观测次数可按下式求出：

$$N=4(1-P)/S^2P$$

式中　N——观测次数；

S——相对误差；

P——调查事项发生率（或不发生率）的预测估算值。

根据经验，要掌握员工工作的一般情况，需观测 1 000～2 000 次；要精确测定设备停机率或工时利用率，需观测 3 000～5 000 次；要精确制定出工作的时间标准，需观测 5 000～10 000 次。

观测时刻的确定必须遵守随机的原则。可借助随机数字表、随机时刻表等工具，采用单纯随机时间间隔、等时间间隔、分层抽样、区域抽样等方式。

第四，现场观测。首先应根据现场布置确定最佳的观测巡回路线和观测点，观测时像拍照一样将每一瞬间观察到的工作内容，记录到预先设计好的调查表格中。

第五，整理与分析。对观测得到的结果进行检验，作出必要的分析评价与说明，写出书面报告，以利于改进。

第五节　企业定员与定额管理

一、企业定员的概念

企业定员，也称劳动定员或人员定额。它是指在一定生产技术组织条件下，为保证企业生产经营活动的正常进行，按一定素质要求对配备各类人员所规定的限额。

企业定员要保持先进合理的定员水平。定员水平是指企业现行定员在数量上的松紧程度以及各类人员控制的幅度。定员水平是定员管理的核心问题。所谓先进，是指在条件大体相同的企业间比较，定员人数相对的少，各类人员结构适当，劳动生产率高；所谓合理，就是指定员人数切实可行，能保证生产工作正常进行，人人有事做，事事有人做。

二、企业定员的方法

企业计算定员的依据是：计划期内规定的总的工作量和各类人员的工作效率。即

定员人数 = 计划期内总的工作量/一个员工的工作效率

定员的具体方法主要有以下几种：

（一）按劳动效率定员

按劳动效率定员是根据计划期规定的工作量、劳动定额和平均出勤率等因素来计算定员人数的方法。它主要适用于有定额的工种，有按产量定额和按工时定额两种计算方法。按产量定额计算定员人数的公式如下：

定员人数 = 计划期生产任务总量（即产品数量）/（制度工作时间 × 出勤率 × 产量定额 × 平均定额完成率）

当某工作生产的产品品种多，变化较大时，宜采用工时定额来计算定员人数，并考虑不可避免的废品因素。公式为：

定员人数 = $\sum$（每种产品年总产量 × 单位产品工时定额）/（年制度工日 × 8 × 定额完成率 × 出勤率）

（二）按设备定员

按设备定员是根据机器设备的数量和开动班次以及工人的看管定额和出勤率来计算定员人数的方法。这种方法主要适用于以机械操作为主的工种，特别是有较多同类机器设备，采用一人多设备管理的劳动组织形式，如纺织厂的挡车工。其计算公式如下：

定员人数 = （设备开动台数 × 设备开动班次）/（工人看管定额 × 出勤率）

（三）按岗位定员

按岗位定员是根据岗位的多少，以及岗位的工作量大小来计算定员人数的方法。它适用于需若干工人共同看管一台大型设备，和一些不操纵设备又不实行劳动定额的人员。确定岗位定员时，要根据设备能力的特点、技术要求、岗位多少、工作量、开动班次、出勤率、轮休等因素来计算定员。在一般情况下，每一操作岗位只需配备一个工人。如负荷量较大，劳动紧张，作业环境又比较艰苦，工人不可能连续工作 8 小时，则应考虑配备轮换操作的人员。主要工种及女工岗位，应考虑出勤情况，适当配备补缺人员。

（四）按比例定员

按比例定员是按照与企业员工总数或某一类员工总数的比例，来计算某种人员的定员人数的方法。在企业中，总有某一类人员与另一类人员之间存在着一定的数量依存关系。如炊事员与就餐人数，保育员与入托儿童人数之间就存在比例关系。企业对这些人员定员时，应根据适当的比例，采用以下公式：

某一种人员的定员人数 = 员工总数或某一类人员总数 × 定员比例

（五）按组织机构、职责范围和业务分工定员

按组织机构、职责范围和业务分工定员主要适用于企业管理人员和工程技术人员的定员。其步骤一般是先定组织机构，定各职能科室，明确了各项业务分工及职责范围以后，根据各项业务工作量的大小、复杂程度，结合管理人员或工程技术人员的工作能力、技术水平确定定员。

三、定员的组织工作

企业定员工作一般可按下面几个步骤进行：

（一）准备阶段

准备阶段的主要工作是成立专门的工作机构，制订定员工作程序和方案，收集各种资料等。

（二）定员阶段

定员阶段的主要工作是发动员工，提出定员初步方案，然后由专门人员进

行测定和评价，对原方案进行反复修改，提出定员的最后方案。

（三）贯彻执行阶段

贯彻执行阶段的主要工作是试行新定员方案，在企业内进行劳动力的平衡调剂，妥善安排富余人员，建立和健全有关规章制度。

在定员工作过程中，应该注意以下几个问题：

第一，要先定额后定员。对于企业中可以实行劳动定额的工人来说，定额是定员的基础。定额如果落后，定员就不可能先进合理。

第二，应先进行试点，待取得经验后，再逐步铺开。

第三，要做好定员的日常管理工作。包括健全统计报表、台账，设立员工登记卡片，掌握员工内部调动的情况；定期考核各部门员工人数，检查定员执行情况，经常了解人员使用情况，研究进一步挖掘劳动潜力的措施等。

第四，适时修改定员方案。要根据企业生产经营和员工状况的变化，相对地适时修改原定员方案。修订间隔期一般为一年，过长或过短都不利于企业的生产经营。

四、劳动定额的基本概念

劳动定额是指在一定的生产技术组织条件下，对劳动者生产某种产品或完成某项工作任务活的劳动消耗量所预先规定的限额。劳动定额是在企业一定的生产、技术、组织条件下，在生产过程之前预先制定的。它所研究的对象是劳动者活的劳动消耗量。按其表现形式，劳动定额可分为：时间定额，即对生产单位合格产品所消耗的劳动时间预先规定的限额；产量定额，即对单位时间内所生产的合格产品的数量或完成某项工作任务量预先规定的限额；此外，还有看管定额、服务定额、管理定额等。按不同使用功能，又可区分为现行定额、计划定额、不变定额和设计定额，企业一般以现行定额为主。另外，还可按其他标志作出各种不同的分类。

五、劳动定额的制定方法

制定劳动定额的基本方法主要有以下四种：

（一）经验估工法

经验估工法是由定额员（必要时可以和技术人员、老工人相结合），依照产品图纸和工艺技术要求，并考虑生产现场使用的设备、工艺装备、原材料及其他生产条件，根据过去的实践经验对产品劳动消耗量进行估定的一种方法。这种方法简便易行，能满足定额制定上“快”和“全”的要求，但容易受估工人员的水平和经验的局限，准确性较差。

（二）统计分析法

统计分析法是根据过去生产的同类型产品或零件、工序的实施工时或产量的原始记录和统计资料，经过整理和分析，考虑今后企业的生产技术组织条件的变化，来制定或修订定额的方法。其特点是简便易行，以大量的统计资料为依据，比经验估工更能反映实际情况，能满足“快”和“全”的要求。但统计资料只能反映过去平均达到的水平，而且统计数据中可能包括不合理和虚假的因素，如浪费损失工时或加班加点工时等，从而影响定额制定的准确性。这种方法一般适合于生产条件比较正常，产品比较固定，大量大批生产以及原始记录和统计工作比较健全的企业。

（三）类推比较法

类推比较法是以现有同类型产品的零件或工序的定额为依据，经过分析比较推算出另一种产品、零件和工序的定额的方法。

这种方法的一般做法是：首先把产品结构和工艺相同的零件或工序进行分组排列，从各组中选择具有代表性的典型零件，并根据直径、长度、精度、重量等影响工时消耗的因素，按照工序制定出典型定额标准，然后根据典型定额来类推比较，制定同类型相似零件的工序定额。这种方法的优点是，制定定额简便易行，工作量小，便于保持定额水平的平衡，也有利于提高定额的准确性，但采用这种方法需要制定一套典型定额标准，工作量比较大。另外，如果典型零件的选择不适当和对影响劳动时间的因素考虑不充分，就会影响定额的质量。此法适用于生产同类型产品、零件的企业。

（四）技术定额法

技术定额法是通过对生产技术组织条件的分析，在挖掘生产潜力和操作合理化的基础上，采用分析计算或实地测定来制定定额的方法。其步骤一般包括：分解工序；分析设备状况；分析生产组织和劳动组织；最后进行现场观察和分析计算，即上节中所说的时间研究的各种方法。在测出操作时间消耗值以后，再根据被观测者不同的工作水平和条件，利用适当的评定系数将实测时间还原成标准工作状态下的正常工作时间，然后按一定的宽放率给予适当的宽放时间，最后核算出定额标准时间。这种方法的优点是比较准确、科学，缺点是工作量大、对工作人员素质要求较高。它适用于生产技术组织条件比较正常，产品品种少，生产批量大，以及组织流水线生产的企业。

六、劳动定额的工作内容

劳动定额工作包括定额的制定、贯彻执行、统计分析和修订这四个相互联系的环节。

（一）劳动定额的制定

采用适当的方法，“快”“准”“全”地制定出产品、零件、工序的各项工时定额，保证定额水平的先进合理，是劳动定额管理的首要环节和基本前提。

（二）劳动定额的贯彻执行

评价企业劳动定额贯彻实施的状况可采用这几项标准：（1）劳动定额面的大小；（2）企业的计划、生产、财务、劳动等职能部门是不是按劳动定额组织企业的生产经营管理；（3）企业、车间或班组是不是按劳动定额对工人的劳动量进行严格考核，做到日清月结；（4）企业为推行新定额是不是采取了有效措施。

（三）劳动定额的统计分析

劳动定额贯彻执行以后，到底能不能满足企业生产组织和劳动组织的需要，新定额在执行中还存在哪些问题，这些情况只有通过收集各种信息情报以及各种有关的数据资料，经过统计汇总、整理和统计分析，才能加以说明。

（四）劳动定额的修订

随着企业生产的发展，企业原有的定额水平就会落后于现实的生产水平，这时就需要对定额进行修订。修订分定期修订和不定期修订两种。定额修订既是劳动定额管理的最后一个环节，又标志着新定额的产生，回到了第一个环节。

企业的劳动定额管理过程就是上述四个环节的循环往复。每一次循环过后，都使企业劳动生产率水平在原有基础上有所提高。

七、劳动定额定员标准化

（一）劳动定额定员标准的概念

1. 劳动定额标准的概念

劳动定额标准是对劳动定额制定、实施、统计分析、考核和修订的各个环节中重复性事物和概念所作的统一规定。它是以科学技术、生产（或工作）实践经验的综合成果为基础，经有关方面协商一致，由主管机构批准，以特定形式发布，作为共同遵守的准则。

2. 劳动定员标准的概念

劳动定员标准是由劳动定额定员标准化主管机构批准、发布，在一定范围内对劳动定员所作的统一规定。

在过去传统的计划管理体制下，国家对国有企业劳动力的使用实行严格控制，并由各行政主管部门统一制定劳动定员标准，作为编制劳动计划、核定员工工资基金的依据。纵观我国过去劳动管理的历史，各产业部门以及劳动行政主管部门制定、发布的各类编制定员标准，对于节约使用劳动力，提高全员劳动生产率，促进国民经济的发展，确实起到了积极的作用。

随着我国经济体制改革的不断深入，社会主义市场经济体制的逐步确立，企业为了迎接市场的挑战，提高竞争能力，必然在开拓市场的同时，重视和加强包括劳动定员在内的各项基础管理工作。如前所述，以制定、贯彻劳动定额定员标准为主要内容的标准化活动，对于提高企业经济效益具有十分重要的意义。

劳动定员标准作为劳动定额标准体系的重要组成部分，它属于劳动定额工作标准，即以人力（活劳动）消耗、占用为对象制定的标准。

（二）劳动定额定员标准的特点

劳动定额定员标准具有以下几个特点：

1. 劳动定额定员标准的对象是定额管理各个环节中的重复性事物和概念

它既包括“事物”，又包括“概念”。对“事”制定的标准，一般属于劳动定额定员方法标准、工作标准或管理标准；对“物”制定的标准，一般是以产品（工序或作业）为对象制定的时间、产量定额标准；对“概念”制定的标准，是对劳动定额定员的概念、相关的名词术语、代号、符号等所作的统一规定。

劳动定额定员标准所涉及的“事物和概念”，在劳动定额定员制定、贯彻执行、统计分析和考核、修订等各个环节中多次反复出现，并具有重复利用价值。

2. 劳动定额定员标准具有统一性

劳动定额定员标准是对定额各个环节中重复性事物和概念所作的统一规定。“统一”是在限定范围的一致性。一般来说，不同级别的劳动定额定员标准是在不同范围内进行统一，不同类型的劳动定额定员标准是从不同角度和侧面进行统一。“统一”才能规范劳动过程，使其有序有效运作。

3. 劳动定额定员标准具有科学性、技术性、先进性和可行性

这些性质表现在它是科学研究、技术进步的新成果与劳动定额定员工作实践积累的先进经验相结合的产物；它是从劳动工作的全局利益出发，经过对比分析、优化选择、综合评比、反复协商，在取得一致意见的基础上形成的。

4. 劳动定额定员标准具有一定的约束力和强制性

劳动定额定员标准一经正式颁布，它就成为企（事）业单位以及各级生产、建设、科研、行政管理部门“共同遵守的准则和依据”，成为劳动者从事生产或工作活动的规范。

（三）劳动定额定员标准的分级分类

随着标准化事业的发展，劳动定额定员标准体系将会逐步健全和完善。按照常规方法，可对劳动定额定员标准作出如下区分：

1. 劳动定额定员标准分级

标准分级是按照标准的管理体制及适用范围、对劳动定额定员标准所作的区分。一般分为四级：

（1）国家劳动定额定员标准（GB）。对全国劳动定额定员管理，以及各行业劳动定额定员工作具有重大指导意义，必须在全国范围内统一制定的劳动定额定员标准。

（2）行业劳动定额定员标准。没有劳动定额定员的国家标准而又需要在某个行业范围内统一制定、贯彻的劳动定额定员标准。

（3）地方劳动定额定员标准。在没有劳动定额定员国家标准和行业标准的前提下，在某一地方区域内统一制定、实施的劳动定额定员标准。

（4）企业劳动定额定员标准。企业在本单位范围内统一制定、实施的劳动定额定员标准。

根据标准的法律特征，上述各级劳动定额定员标准一般属于推荐性标准。

上述各级劳动定额定员标准的制定、审批、编号、发布以及复审、修订，应依照国家及标准化行政主管部门颁布的《中华人民共和国标准化法实施条例》、《国家标准管理办法》、《行业标准管理办法》、《地方标准管理办法》、《企业标准化管理办法》，以及各种相关的法规、标准化工作导则等标准执行。

2. 劳动定额标准分类

参照标准的一般分类方法，劳动定额标准大致有两类划分方法。

（1）按标准化对象区分

①劳动定额基础标准。在一定范围内作为制定其他各类劳动定额标准的依据，具有广泛指导意义并普遍使用的共性标准。例如，劳动定额标准化工作导则；劳动定额术语、符号、代号，工时消耗分类、作业宽放时间、个人需要与休息宽放时间标准；操作动作速度、工作评比标准；工作岗位分析与评价标准，等等。

②劳动定额方法标准。以劳动定额制定、贯彻实施、统计分析、考核、修订及管理方法为对象制定的标准。如：程序分析、作业分析、动作分析、工作日写实、测时、工作抽样等分析测定方法标准；作业操作程序、劳动规范等工作方法标准；劳动定额统计分析考核、定额水平平衡和评价等管理方法标准，等等。

③其他劳动定额标准。以产品或工作岗位（任务）为对象制定的各类标准，如：时间定额标准、产量定额标准、看管定额标准、服务定额标准、工作定额标准、人员定额（劳动定员）标准，等等。

（2）按标准本身的属性区分

①劳动定额技术标准。以劳动定额标准化活动中需要协调的技术性事项和概念为对象制定的标准。例如，劳动定额名词术语、代号、符号标准；工时消耗分类与标准时间构成标准；流程程序、作业操作动作分析标准；工作日写实、测时、工作抽样法等测定标准；工作评比标准，岗位评价与分类标准，人员素质及能力测评标准；标准化工作导则，等等。

②劳动定额管理标准。以劳动定额标准化活动中需要协调的管理性事项为对象制定的标准。例如，游动定额管理制度和程序标准；劳动定额统计分析、考核、修订程序标准；劳动定额文件、资料管理标准；现行定额、设计定额、计划定额、不变定额等分项管理标准；劳动定额水平的平衡、验证标准，等等。

③劳动定额工作标准。以劳动定额标准化活动中需要协调统一的各类人员的工作事项为对象制定的标准。例如，岗位劳动规范、作业程序。操作规程以

及作业操作方法等工作程序、方法标准；有关劳动岗位工作范围、内容、要求、职责、权限的工作质量标准；采用产量定额、时间定额、看管定额、服务定额、工作定额和人员定额（劳动定员）等形式的工作数量标准。

3. 劳动定员标准的分类

（1）按定员标准的综合程度，可区分为：

①单项定员标准，亦称详细定员标准，是以某类岗位、设备、产品或工序为对象制定的标准。

②综合定员标准，亦称概略定员标准，是以某类人员以至企业全部人员为对象制定的标准。

（2）按定员标准的具体形式，可区分为：

①效率定员标准：根据生产任务量、每个劳动者的工作效率、出勤率等因素确定的定员标准。

②设备定员标准：根据设备性能、生产组织状况、技术要求、工作范围、劳动者负荷量等因素确定的定员标准。

③岗位定员标准：根据工作岗位的性质和特点、工作流程和任务总量，以及劳动者的负荷量等因素确定的定员标准。

④比例定员标准：按与员工总数或某类人员总数的比例，确定另一类人员人数的定员标准。

⑤职责分工定员标准：根据生产规模、技术复杂程度、管理方式以及工作人员的业务能力要求等因素，按组织机构、职责范围和业务分工确定的定员标准。

以上五种定员标准，一般以“单位用工数量”（人年、人月）或“个人综合工作效率”来表示，以适应不同条件的需要。

（四）劳动定员标准的内容

不同级别的劳动定员标准虽基本内容大致相同，从不同角度对人员使用规定了素质要求和数量界限，但也存在一些差别，例如企业定员标准根据生产规模、加工方法、工艺流程、设备类型和性能、岗位工作内容、职责范围等生产技术、劳动组织条件，明确规定出企业各类人员的数量和比例，并提出各个工序、设备或工作岗位具体的用人标准。而行业定员标准不仅要包括上述内容，还应对不同类型企业的机构设置、管理层次、轮休轮班组织形式、作业率、出勤率以及设备开动率等提出原则性要求。

劳动定员标准中，由于影响人员使用的因素不同，有的要根据主要影响因素划分出若干组（可按数量指标亦可按质量指标）分别确定用人标准。例如，炊事人员的定员标准，要根据就餐平均人数和开饭次数多少等因素来确定。在劳动定员标准中，对人员数量标准的规定，可采用绝对（数）指标，具体明确；亦可采用相对（数）指标，便于按比例核定人数。有时根据需要还可以规定控制幅度。规定控制幅度既可适用于不同环境不同条件的单位采用，也可以促进企业提高定员水平，控制幅度中的低限是多数企业经过努力即可达到或超过的一般水平，高限是相对多数企业经过一定时间的努力方可达到的先进水平。

（五）编制劳动定额定员标准的原则

为了切实保证定额定员标准的先进性、技术性、科学性、可行性，在编制劳动定额定员标准时，应注意遵守以下原则：

1. 定额定员标准水平要科学、先进、合理

从本行业本企业现时生产技术组织水平出发，充分考虑到随着科学技术的进步可挖掘的劳动潜力，编制出既能综合反映同行业同类企业先进水平，又能使多数企业经过努力达到或超过的定额定员标准。

2. 依据要科学

充分分析和深入研究本行业或本企业各类人员制度时间内总工作量和个人工作效率的各种影响因素，以及与用人数量之间的内在关系，找出其规律性，并正确选择和确定劳动定额定员标准的具体形式和内容。

3. 方法要先进

核定各类定额定员标准时不但要正确选择、采用传统的核定方法，还应注意广泛采用已被实践证明行之有效的各种先进的核定方法。

4. 计算要统一

对企业人员、岗位、工种工序、产品、设备等定额定员标准中涉及的基本要素，以及各种指标名称、计算口径和方法要作出统一划分和明确规定，使定额定员标准具有广泛的适应性和可比性。

5. 形式要简化

严格按标准化工作导则的要求，制定定额定员标准。其格式要规范，形式要简洁，尽量避免繁琐庞杂，以利于有关单位套用。

6. 内容要协调

定额定员标准的各项内容相互要协调，有关工种名称、工序结构、岗位划

分、工作范围和职责、技术等级要求等项目，都应尽量与其他有关的技术标准、工艺规范相一致，切实保证标准内部以及各项标准之间的协调和统一。

（六）劳动定额定员标准化的涵义

劳动定额定员标准化是以制定和贯彻劳动定额定员标准为主要内容的全部活动过程。具体地说，劳动定额定员标准化是在劳动管理的实践中，对劳动定额定员各个环节中重复性事物和概念，通过制定、发布和实施标准，达到统一，以获得最佳秩序和社会效益。

劳动定额定员标准化涉及的范围十分广泛，它不仅包括物质生产领域，还涉及到非物质生产领域。

劳动定额定员标准化作为一个活动过程，不仅要制定、实施各类劳动定额定员标准，随着生产的发展、生产技术组织条件的变更、劳动者技能的提高，还需要修订标准，组织新标准的实施，通过标准化工作的不断深化，力求建立新的秩序和统一。劳动定额定员标准化所要建立的秩序包括：正常的生产秩序和工艺规程；科学合理的作业规范和操作秩序；劳动定额定员标准制定、贯彻、统计、考核、修订等项工作秩序。这些秩序的建立必将促进局部与全局、当前与长远、宏观与微观之间关系的协调和统一，保证全员劳动生产率稳步增长，经济效益不断提高。

（七）劳动定额定员标准化的意义

劳动定额定员标准化工作在新形势下，具有以下重要意义：

1. 劳动定额定员的法定性将极大增强

劳动定额定员纳入标准化管理，形成国家标准、行业标准、地方标准和企业标准体系以后，制定、实施劳动定额定员的法定性将大大增强。根据我国标准化有关法规规定，标准分为强制性和推荐（指导）性标准两大类。劳动定额定员标准体系中，有一些相关标准属于强制性标准，也有一些标准属于推荐性指导性标准。对于强制性标准，凡是“从事科研、生产、经营的单位和个人，必须严格执行……[①]”。推荐性标准虽属于指导性标准，不具有鲜明的法律强制特征，但国家将采取一切手段，制定一系列优惠政策，鼓励、支持企业采用。推荐性标准具有一定约束性、严肃性，它“一旦纳入指令性文件，将具有相应

① 见《中华人民共和国标准化法实施条例》第4章，第23条。

的行政约束力。[①]”企业劳动定额定员应该按照企业标准化的要求制定，同时受到行业标准、地方标准、国家标准的制约。由于企业制定的劳动定额定员标准是科学合理的、有充分可靠依据的定额，它将有利于贯彻实施，能有效地避免任意更改、中止、废弃，从而使劳动定额定员的法定性得到增强。

2. 劳动定额定员制定和管理的科学性将明显提高

建立和贯彻劳动定额定员标准，可以从根本上从传统的经验管理摆脱出来，转向现代化、科学化管理。几十年来，我国强大的工业体系已经形成，但是管理基础工作却十分薄弱。从劳动定额定员的管理理论、管理方法和管理手段上看，不但落后于世界先进水平，而且与我国的经济发展的要求也不适应。劳动定额定员标准化，不但要求管理者的管理思想和观念彻底更新，用现代化、标准化、系统化、规范化、法制化的先进科学理论取而代之，而且意味着在劳动定额定员的制定、贯彻过程中，全面推行科学测定方法，注重数据的技术依据，深入研究评析，消除各种无效的工时损失，推广先进操作方法和作业流程，使劳动定额定员工作由单纯的传统经验管理转向丰富多彩的全面化的科学管理。从历史发展的角度看，劳动定额定员标准化工作的深入开展，将使我国劳动定额定员管理在理论、方法、技术和手段上发生变革。

3. 劳动定额定员水平的先进合理性和统一性将得到保证

长期以来，我国企业劳动定额定员水平问题，一直是普遍关注的中心。由于劳动定额定员制定和管理方法落后，势必影响劳动定额定员的先进合理性和统一性；没有统一的各级别劳动定额定员标准作根据，难以确切地反映现实的劳动定额定员水平和生产水平的高低，也无法衡量企业劳动生产率水平的高低。国家、行业、地方和企业标准体系的建立，不仅能较好地解决劳动定额定员的先进性和统一性问题，而且使企业有了明确的赶超目标，能有计划、有步骤地提高现行劳动定额定员水平。

此外，全面推进劳动定额定员标准化管理，还可克服过去行业和门类间标准不统一的问题，从根本改变传统劳动定额定员管理体制的缺陷。统一归口在劳动和社会保障部门管理，不仅使制定标准费用减少，还可以通过有偿服务，得到补充。

---

① 见《中华人民共和国标准化法条文解释》第3章，第14条，第3款。

（八）劳动定额定员标准化的工作内容

如前所述，劳动定额定员标准化是以制定、贯彻标准为主要内容的有组织的活动过程。具体来说，它包括以下工作内容：

1. 劳动定额定员标准的制定

标准的制定是标准化工作中首要和关键的一环。只有制定出先进合理的劳动定额定员标准，并加以实施，才能给国家和企业带来真正的效益。劳动定额定员标准的制定，要在国家、行业或地方主管行政部门及技术委员会的统一领导下，有计划、有步骤地进行。

劳动定额定员标准体系及体系表是制定各层次各类劳动定额定员标准的总体蓝图和基本依据。

劳动定额定员标准的制定是一项系统性、科学性极强的工作，需要按一定程序和原则进行。

2. 劳动定额定员标准的贯彻

劳动定额定员标准的作用，只有通过实施贯彻才能发挥，其质量和水平以及存在的问题，也只有通过贯彻才能检验和发现。标准的贯彻是制定与修订的中介，是整个标准化工作的关键。

劳动定额定员标准的贯彻是宣传和推广标准，将标准变为企业广大员工实践的过程。它需要克服各种各样的困难和阻力，在行政管理部门领导下有计划、有步骤地进行。

3. 劳动定额定员标准的修订

劳动定额定员标准制定、发布以后，应在一定时期内保持相对稳定，以便通过不断地贯彻与实施而取得社会和经济效益。

随着科学技术进步、生产工艺和劳动组织的改进和完善，在社会和企业劳动生产率普遍增长的情况下，需要严格按照一定程序和方法，对劳动定额定员标准进行局部或全面的修订。

（九）劳动定额定员标准化的技术组织

按照我国标准化法规规定，标准化工作实行统一管理和分工管理相结合的管理体制。在这一体制下，为了充分发挥生产、科研、教学等方面专家的作用，更好地开展各专业技术领域的标准化工作、原国家技术监督局（现已更名为国家质量监督检验检疫总局）作为国务院标准化行政主管部门负责统一规划并组建全国专业标准化技术委员会。1988 年 10 月经原国家技术监督局批准，原劳动和社会保障部组建成立了第一届全国劳动定额标准化技术委员会（1993 年 3 月改选后的第二届委员会更名为："全国劳动定额定员标准化技术委员会"，2001 年 8 月改选后的第三届委员会和 2013 年 6 月改选后的第四届委员会延续使用该名称。以下简称定额标委会）。

全国定额标委会是国家质量监督检验检疫总局委托人力资源和社会保障部领导，负责全国劳动定额定员标准化工作的技术工作组织，是与国际劳动标准组织对口的国内工作机构。定额标委会的主要工作职责和任务是：

1. 在国家有关方针、政策、法规指导下，向国家质量监督检验检疫总局和人力资源和社会保障部提出劳动定额定员标准化工作方针、政策的建议。

2. 编制劳动定额定员劳动定额定员标准体系表，并在此基础上，提出制定、修订国家和行业劳动定额定员标准的长远规划和年度计划的建议。

3. 根据批准的计划，组织有关部门进行本专业国家标准、行业标准的制定、修订和复审工作，以及有关的科学研究工作。

4. 负责审查、鉴定劳动定额定员标准化科研成果，向国务院标准化行政主管部门和有关行政主管部门提出本专业标准化成果奖励项目的建议。

5. 负责审核劳动定额定员国家标准，审查行业标准，对标准中的技术内容负责，提出审查结论，以及划分强制性标准或推荐性标准的建议。

6. 负责对分标准化技术委员会进行业务指导。

7. 受标准制定部门的委托，负责本专业国家标准和行业标准的宣传贯彻、解释工作，收集对标准的反馈意见。

8. 承担国际劳动标准组织的国内对口技术工作，提出对外开展劳动定额定员标准化技术交流活动的建议。

9. 受人力资源和社会保障部委托，承担对本专业范围内标准水平的评价工作。

10. 在完成上述任务的前提下，面向社会开展本专业标准化工作，接受有关省、市和企业的委托，承担本专业地方标准、企业标准的制定、审查和宣讲、咨询等技术服务工作。

定额标委会在履行上述职责时，应按照下列程序完成各项工作任务：

1. 根据国家质量监督检验检疫总局、人力资源和社会保障部提出的标准编制计划要求，提出本专业标准（指国家标准和行业标准，简称国标、行标）的制定、修订和复审计划的建议，上报各有关部门。

2. 根据国家质量监督检验检疫总局、人力资源和社会保障部下达的制定、修订标准计划，组织实施，指导和督促各标准工作组或负责起草单位制定、修订标准。

3. 工作组（起草单位）在调查研究和试验验证的基础上，提出标准征求意见稿，分送标委会委员广泛征求意见（期限两个月）。工作组或负责起草单位在征询意见、综合分析的基础上，对标准进行修改形成送审稿，报送标委会秘书处。

4. 送审稿经主任委员初审后，正式提交标委会全体委员进行审查。可函审或会审。审查标准时，原则上应协商一致，如需表决，必须经标委会四分之三以上的委员同意。审查标准的投票情况，应有书面材料。

5. 审查通过的送审稿，由工作组（起草者）根据审查意见再修改后，提出报批稿及其附件送秘书处。

6. 标准的报批稿经秘书处复核后，送主任委员或其委托的副主任委员审核。审核通过后，报送有关主管部门终审。国家标准由国家质量监督检验检疫总局审批、发布；行业标准由人力资源和社会保障部审批、发布。

分标委会审查通过的标准报批稿，送标委会秘书处按上述程序办理。标委会对分标委会审查通过的标准报批稿，有权提出复议和修改意见。

本章小结

“组织”一词在企业管理概念体系中的地位越来越清晰。从某种角度上来说企业是由各种组织相互作用而形成的组织的结合体，或者说，企业本身就是一个组织。因此，研究组织的构成、组织的功能、组织间的相互作用就显得十分重要。本章就从这一视角出发，围绕着企业劳动组织的基本内容，对企业组织机构的设置、组织间的劳动分工与协作、劳动时间与空间组织、劳动过程优化以及劳动定额定员标准化等重要问题进行了深入的探讨。通过本章的学习，应该掌握企业组织机构设置的原则，企业组织结构模式的选择，劳动分工与协作的主要形式，以及劳动定额定员与标准化管理工作的具体程序和方法。

本章习题

1. 简述企业组织机构的设置基本原则。
2. 简述企业传统和新型组织结构模式的类型和特点。
3. 简述企业劳动分工与劳动协作的基本概念与形式。
4. 说明可采取哪些措施解决过细劳动分工带来的问题?
5. 简述劳动过程优化的基本内容及其方法研究与时间研究的内容。
6. 简述企业定员的概念和基本方法，以及各种定员方法适用范围。
7. 简述劳动定额的概念、种类、内容和制定劳动定额的基本方法。
8. 简述劳动定额定员标准的种类，以及全面推行标准化重要意义。

案例分析

案例1 钱先生是一家小公司的老板，他是一位以设计和生产优质产品而闻名的工匠，过去这家公司一直由他自己经营，可是现在，他请您指导他如何组织和扩展他的公司。在过去的一年中，他的公司在业务上有了很大的发展，现在，他有30多名生产工人，2名监管人员，2名质量检控员，1名秘书和1名记账员。钱先生和他的妻子负责一切的销售工作，钱先生计划在近期内再雇用20名工人，把他们分派到目前的这2名监管人员手下去工作。

钱先生的公司所从事的行业竞争性很强，而且变化快，因此，他觉得公司有必要生产24种不同的产品，每年每种产品都会有一个新的型号出现，在颜色和质地上有所改变，每种产品的生产都要经过7个以上的加工工序。

他对你说："过去，我一个人应付这一切。但现在发展得这么快，我没法处理所有需要我亲自去干的事情，我得设计产品、管理生产、处理销售问题，如果我不组织起一个班子来，实在是应付不了"。

到年底，公司将发展到60名员工。除非你提出一个更好的方案，否则，所有的这些生产工人都得由那2名监管人员负责，而这2名监管人员以及其他的职员也都得直接由钱先生负责。

请结合本案例，回答下列问题：

(1) 你为该公司制订发展和组织方案时，可以利用什么样的正式的组织结构?

(2) 该公司目前是否有一个令人一目了然的组织结构？为什么？

(3) 你的重组方案会对公司各层员工产生什么影响？试推测一下公司重组后人际关系上可能产生问题？

案例2　我曾在海上石油钻井台工作过，我手下两名钻井工长之间的矛盾给我印象尤为深刻。工长张先生很支持我们的工作，而另一个姓吴的工长却总是从中作梗。

应该先说明一下，我们的工作轮班安排是：工作六天，休息六天，每个工作日工作12个小时，另外还要加上一小时的往返交通时间，工人分为两班，每班12个小时，两班轮值，24小时全天生产。

这种六天制轮班方式需要调整。我认为，在实行这种六天工作制之前，情况更为糟糕。那时候，工人们得在工地一直待到工作结束——一般时间总在两个星期到一个月之间，甚至会更长，然后取而代之的是工作十天休息十天的工作制；后来，就改为现行的六天工作制了。一名老工人曾说，过长时间地远离家人容易引起大量的家庭矛盾。他举例说，自己的女儿三岁时，才认得他是自己的父亲。

我觉得要适应下午五点到清晨五点的夜班实在太难了，每六天人的昼夜的概念就得颠倒一次，我们值夜班的第一天，总有许多人白天睡不着觉，因为我们前一天是像一般人一样晚上睡觉，我们第六天夜班下了之后，在清晨五点左右离开工地，上午回到家中，再开始正常的生活模式，逐渐去适应。工作记录表明，在工作的第一天和第六天，事故发生率都比较高。第一天晚上，我们常常打瞌睡；而第六天晚上，我们的心思全放在回家上面，没人关注工作，于是有了一条不成文的规定，工作的第六天晚上任何人不得谈论回家的事。

油田的每件工作都有一定的危险，又枯燥单调。张先生是我们的新的带班工长，他实行了一个工作转换计划，减轻了我们的厌倦情绪。按这个新计划，每名工人都可以选择自己认为他能够干得最好的工作，他试过一种工作之后，可以转换去干另一种不同的工作。

工人们很欢迎这个计划，因为它有一定的挑战性，看他们是否能够掌握一种以上的工作技能，工作岗位轮换计划不仅能刺激工人们更努力地工作，还能提高他们的工作效率，因为工人都彼此了解其他人的工作。

张先生想建议公司为工人制订一个新的奖励制度。虽然我们的薪酬水平并不低，但大家仍然欢迎张先生这个主意，事实上，他们马上就开始行动，每一轮班的钻井进度（米数）都在迅速增加，现在回想起来，我意识到这个计划并没有提交给公司管理层，他们也并没有表示同意，工人们认为这是个好主意，然后马上就干上了，我们是在与自己过去的工作记录进行竞赛。

几个星期后，另一名姓吴的工长休假回来了，他不喜欢张工长提出的这个新的计划，也不关心奖金制度，人们开始感到压抑，特别是当张先生回到自己原先的职务之后，好在我的雇用期只剩下几天，我感到庆幸地是，以后再也不会在吴工长的领导下工作了。

请结合本案例，回答下列问题：

1. 讨论一下本案例中六天工作制的利弊？

2. 请解释岗位轮换计划为什么会成功？是什么条件促使它获得了成功？

第四章 工作岗位分析与评价

第一节　岗位研究概述

一、工作岗位研究的概念

工作岗位研究是岗位调查、岗位分析、岗位设计、岗位评价和岗位分级等项活动的总称。更确切地说，它是以企业各类员工的工作岗位为对象，采用科学的方法，通过系统岗位调查和岗位分析，编制工作说明书等人事文件，以及对岗位的相对价值进行全面的测量和评价，为企业人员招聘、考评、培训、晋升、调配、薪酬等人力资源管理活动提供客观依据的过程。

在系统阐述工作岗位研究的基本原理和方法之前，必须对工作岗位研究所引用的各种概念，以及与之相关的术语逐一加以说明，并力求统一化、规范化和标准化。

（一）任务

任务是指为达到某一特定的目标而进行的一项活动。例如，工人将若干物料运送到某一工作地点；会计员登记一笔账目；打字员打印好一份文件。在一定时间内需要有一名员工承担一系列相同或相近似有联系的任务时，一个工作岗位也就产生了。

（二）职务

职务是对员工所承担工作任务的性质和特点的综合和概括。“职位”强调承担某类工作任务的人员数量以及具体的工作地点（位置），而“职务”主要强调的是规定员工应该承担工作的内容和要求，而不是工作任务的地点和时空条件。职务反映了员工所承担的工作性质，是对其所承担的任务内容和特点的高度概括和总结。

（三）责任

责任是指分内应做的事，责任是员工根据劳动分工的要求，在职责范围内应尽的义务，即应尽职尽责、保质保量地进行工作，按时完成任务。

（四）职责

职责即职务与责任的统一，它是根据岗位的性质和特点，对该岗位全部的工作任务从时间上、空间上所做出的限定。例如，某企业的劳资管理员有 10 多项工作职责，其职责之一是定期（如每半年或一年）进行工资调查。这一职责由下列任务组成：（1）设计工资调查表；（2）发给被调查单位；（3）对调查表进行必要的解释和说明；（4）按期收回调查表；（5）进行汇总、整理；（6）写出分析报告（半年或年报）。

（五）工作岗位（简称“岗位”）

在特定的生产技术组织中，在一定的时间内，由一名员工承担完成若干项工作任务，并具有一定的职务和责任、权限，就构成一个工作岗位。“职位”一词，其含义与“工作岗位”基本相同，专指一定组织中具有一定职责的员工的工作位置。不过，“职位”一词多见于机关、团体、事业单位人事管理中。而在我国企业人力资源管理中，更广泛使用的是“岗位”一词。

（六）工作

工作有三种含义：（1）泛指体力和脑力劳动活动；（2）专指职业；（3）特指若干项专门任务。在岗位研究中，工作是由一组相近或相似的任务所组成的。

（七）工作族

工作族是两个或两个以上工作的集合。一个工作族是由性质相同的若干项工作组成。例如，销售工作和生产工作分别是两个工作族。

（八）职业

职业是指人们在社会中所从事的作为主要生活来源的某种工作。“工作”和“职业”的主要区别在于其范围不同。前者是“不工作”的对称，其范围很广，泛指人们的劳动活动过程；而后者范围较窄，特指人们所从事的具有某种性质和特点的劳动活动。

二、工作岗位研究的作用

工作岗位研究是企业人力资源管理中一项重要的基础工作，它同企业人力资源各项管理工作存在着不可分割的联系，从这些联系中可以看出工作岗位研究的必要性和重要性。

（一）岗位研究与员工招聘、选任

企业员工的招收、选拔和聘任是企业开发利用人力资源的重要措施。努力实现招收和选拔员工工作的科学化，对于加强企业员工队伍的组织建设，提高员工队伍的总体素质，保证企业生产任务的完成，推动企业的发展，具有十分重要的意义。而岗位研究是企业员工招收、选拔、任用的基本前提。岗位研究所形成的人事文件，如工作说明书，对某类工作的性质、特征，以及担任此类工作应具备的资格、条件，都做了详尽说明和规定，这就使人事管理人员明确了招收的对象和标准，在组织人员招收、选拔和聘任的考评时，能够正确选择科目和考核内容，避免了盲目性，保证了“为事择人、任人唯贤、专业对口、事得其人”。

（二）岗位研究与企业定编定员

岗位研究与企业组织机构的设置以及劳动定员工作有着十分紧密的联系。所谓定编，就是按照一定程序，采用科学的方法，从企业生产技术组织条件出发，合理确定企业组织机构的结构、形式和规模，以及人员配置数额；所谓定员，就是在定编的基础上，严格按编制和岗位的质量要求，为企业每个岗位配备合格的人员。定编定员是企业重要的基础工作，只有不断加强这项工作，才能使企业组织机构达到精简、统一、效能的目的，杜绝人员浪费，实现劳动者与生产资料的最佳配置，促进企业经济效益的提高。有关统计资料显示，目前尚有相当多的企业没有定员标准，普遍存在机构臃肿、人员膨胀、效率低下的问题。究其原因，一个很重要的方面就是这些企业至今没有建立起岗位评价与分类制度，使机构设置缺乏真实可靠的客观依据，人员安排和使用没有统一、严格、具体的质量要求。值得欣慰的是，工作岗位研究的理论和方法已经开始受到企业及主管部门的重视。

（三）岗位研究与劳动定额

劳动定额是企业在一定的生产技术组织条件下，采用多种方法，对生产某种产品或完成某项工作任务的活劳动消耗量所预先规定的限额。无论是从理论渊源、研究的对象和范围、研究的内容和方法，还是从基本功能来看，岗位分析、岗位评价与劳动定额之间都存在许多共同点。例如，企业劳动定员定额管理所采用的工作日写实、测时、工时抽样等技术测定方法，在工作岗位分析中也得到广泛运用，而岗位评价的结果又是确定工序（或工种）劳动定额水平，以及标准工作日长度的重要依据之一。

（四）岗位研究和岗位职务培训

企业岗位职务培训是指为了满足岗位的需要，对具有一定文化素质的在岗人员，进行有针对性的专业知识和实际技能的培训。岗位职务培训作为企业员工培训的重要组成部分，除具有员工培训的一般特征外，还有以下特点：(1) 岗位职务培训具有很强的针对性和实用性，其根本目的是帮助员工获得岗位必备的专业知识和技能，具备上岗任职的资格，不断提高员工胜任本岗工作的能力。因此，岗位职务培训的内容必须从岗位的特点和要求出发加以规定。(2) 岗位职务培训还具有长期性、全员性和效益性。(3) 岗位职务培训的前提是岗位规范化。岗位规范包括岗位任职标准和岗位培训规范。岗位职务培训的上述三个特点说明：工作岗位研究的结果，如岗位规范等项文件是岗位职务培训必不可少的客观依据。

（五）岗位研究和绩效考核

员工的绩效考核是按照一定标准，采用科学的方法对企业员工的心理品质、职业道德、工作能力、劳动态度、工作业绩等方面所进行的全面考察、评定和审查。绩效考核与岗位研究的对象和目的有所不同。工作岗位研究是以岗位为中心，分析和评价各个岗位的功能和要求，明确每个岗位的职责、权限，以及承担该岗位职责的人员所必备的资格和条件，以便为事择人；而绩效考核是以员工为对象，通过对员工的德、能、勤、绩等方面的综合评价，来判断他们是否称职，并以此作为任免、培训、奖惩、薪酬的依据，促进人适其位。虽然岗位研究与人事考核有许多不同点，但就其实质而言，这两项活动都体现了人力资源管理“因事择人，适才适所”的要求。从人力资源管理工作程序上看，工作岗位研究是员工绩效考核的前提，它要为员工绩效考核的内容和指标体系，以及评价标准的确定提供客观依据。

（六）岗位研究与劳动报酬

岗位研究为企业贯彻按劳分配原则，公平合理地支付工资提供了可靠的保证。企业员工劳动报酬的高低主要取决于其工作的性质、技术繁简难易程度、工作负荷、责任大小和劳动条件等；而工作岗位研究正是从这些基本因素出发，建立了一套完整的评价指标体系和评价标准，对各个岗位的相对价值进行衡量之后完成岗位分级列等工作的。这就有效地保证了岗位和担当本岗位的劳动者与劳动报酬之间的协调和统一，使企业员工得到公平合理的工资。实际上许多欧美工业化国家的企业普遍实行岗位评价制，其最根本、最直接的目的，正是为了使企业工资制度更确切地反映岗位与劳动报酬之间的对应关系。

（七）岗位研究与劳动计划、经济核算

岗位研究所形成的人事文件为企业准确地编制劳动计划、核算成本提供了前提条件。岗位研究完成以后，企业计划、财务部门对各个生产单位、职能科室的工作任务总量，以及人力资源的安排和使用，有了较为精确的统计和计量，从而为企业劳动计划的编制、产品成本的核算提供了可靠的依据，大大提高了计划的准确性和可行性。

（八）岗位研究与员工积极性

在调动企业员工生产的积极性、主动性和创造性，提高劳动效率方面，工作岗位研究具有重要的推动作用。由于工作岗位研究能够从根本上保证同工同酬，使员工明确了自己的职责，以及今后努力的方向，他们必然会在生产中明确目标，服从领导指派，积极努力工作，不断开拓进取，最终结果将是企业经济效益的不断提高。

（九）岗位研究与企业劳动组织

岗位研究的重要作用还在于，通过岗位测定和分析，不断地对岗位进行重新设计和改进，推动各岗位在劳动组织中合理配置，促进劳动组织的科学化，保证生产过程尽可能均衡、协调地进行，实现劳动力与生产要素配置的合理化、科学化；还有利于节约生产成本，提高劳动生产率。

（十）岗位研究与现代企业制度

现代企业制度是适应社会主义市场经济要求的一种新型的企业制度，除了具有“产权清晰、权责明确、政企分开、管理科学”等传统企业所不具备的一些特点外，还是由相互联系、相互制约的一系列制度所组成的一个完整的体系。这些制度包括企业的法人制度、有限责任制度、企业的组织制度、企业的管理制度等项内容。企业的管理制度覆盖了企业运营的方方面面，包括经营管理的组织模式、岗位责任制、民主管理制度、财务管理制度、劳动工资管理制度、企业文化建设等内容。从广义上看，除财务制度外，上述的其他制度都属于人力资源开发与管理的范畴。但为了便于分析研究问题，进行专门化管理，往往从人力资源管理中将它们分离出来。具体地说，人力资源管理制度主要包括两大部分：一是人力资源配置制度，二是员工技能开发制度。而工作岗位研究的一切最终结果，都与实现人力资源的有效配置和员工的技能开发有着不可分割的密切联系。因此，从这一意义上说，工作岗位研究是构建现代企业制度的重要前提和基础。

三、工作岗位研究的对象和原则

（一）工作岗位研究的对象

工作岗位研究作为人力资源管理学的重要组成部分，其研究的对象和范围，虽然与人力资源管理学基本一致，但侧重点有所不同。现代企业人力资源管理学的研究对象是企业劳动过程及其组织中人与物、人与事、人与人、人与组织的相互关系。它的基本任务是：在深入研究和探索企业劳动过程中人与物、人与事、人与人、人与组织的相互关系，掌握其发展变化规律的基础上，为劳动组织的科学化，促进企业经济效益的提高提供基本原理和基本方法。岗位研究的对象是企业中需要有人来承担的工作岗位。在一定时间、空间内，岗位是企业赋予每个员工所应完成的工作任务、应担负的责任、应具有权限的统一。或者说，岗位是一定的技术或行政职务、工作任务、责任和权限的统一，岗位是以“事”为中心，将工作任务、责任、权限分派给每个员工。因此，工作岗位应由员工专任或兼任，有时也可能出现空缺。岗位研究所考察的岗位，涉及的范围很广，既包括企业中的生产岗位、服务岗位，也包括技术岗位、管理岗位，以及中上层领导岗位。岗位研究的中心任务是为企业人力资源管理提供科学依据，实现“人事相宜，人称其职，人尽其才”。

（二）工作岗位研究的基本原则

为了提高工作岗位研究的科学性、合理性和可靠性，在组织实施中应注意遵守以下原则：

1. 系统原则

所谓系统，就是由若干既有区别又相互依存的要素所组成的，处于一定环境条件中，具有特定结构和功能的有机整体。其中各个要素可以是单个事物，也可以是一组事物构成的小系统。每一系统又可成为一个更大规模系统中的一个子系统。

人类社会是一个大系统，它是由自然资源、人力资源、政治、经济、文化等许多相互依存又相互区别的要素组成的有机整体。社会大系统中又包含许多中系统、小系统和更小系统。一个组织、一个单位甚至一个岗位就是一个系统。它们是由这一组织、单位或岗位独立承担的各种各样既有区别又相互依存的工作任务组成的有机统一体。一个系统具有以下特征：

（1）整体性。系统不是各个要素的简单集合，而是各个要素按照统一目的，根据一定的规则活动的集合体，它要以整体观念来协调各要素之间的联系，使系统的功能达到最优化。

（2）目的性。系统都具有某种特定的目的，为了实现这一目的而具有特定的结构和功能。作为人类社会生活中任何一个系统，总是为了达到一定目的而存在，没有目的性就不可能成为一个系统。决定一个系统并区别于其他系统的标志，是它们的基本目的不同。

（3）相关性。在系统内部各个要素之间具有某种相互依赖的特定关系，形成一定的结构秩序和运动规律。

（4）环境适应性。系统所处的外部环境都是有规律地运动、变化和发展着的，系统必然要与环境产生某种交换（物质、精神、能量、信息等方面）。因此，人们要研究系统为适应外部环境变化而运动、发展、变化的规律性。

从系统的具体形态来看，它表现为：自然系统与人造系统，实体系统与概念系统。前者是以矿物、生物、机械、能量等实体构成的系统，后者则是由概念、原理、原则、制度、程序等观念所构成的系统。现实生活中系统往往是两者的结合，动态系统与静态系统，开放系统与封闭系统等。

任何一个完善的组织、单位都是一个相互独立的系统。因此，在工作岗位研究中，应从系统论出发，将每个岗位放在组织系统中，从总体上和相互联系上进行系统性分析研究。

2. 能级原则

能级是指组织机构中各个岗位功能的等级，也就是岗位在组织机构这个“管理场”中所具有的能量等级。一个岗位能级的大小，是由它在组织中的工作性质、复杂难易程度、责任大小、任务轻重等因素决定的，功能大的岗位，其能级就高；反之就低。一般来说，在一个组织、单位中，工作岗位能级从高到低，可区分为四大层次：决策层、管理层、执行层和操作层，并呈上小下大的梯形分布状况。

3. 标准化原则

标准化是现代企业人力资源管理的基础，也是有效地推行各项管理的重要手段。现代化企业，不仅要实现产品设计、工艺、质量、销售等项生产活动中的标准化，还要促进企业管理的标准化。企业管理的标准化，就是将企业生产经营活动中需要统一的各种管理事项和概念，制定成标准或具有标准性质的技术文件并加以贯彻实施的活动过程。标准化表现为简化、统一化、通用化、系列化等多种形式和方法。工作岗位研究的标准化表现为岗位调查、岗位分析、岗位评价和岗位分级在内容、程序、方法、因素、指标上的标准化，及其工作岗位研究的各项成果如工作说明书、岗位培训规范等人事文件的标准化。

4. 最优化原则

最优化是指在一定约束条件下，使系统的目标函数达到最大值或最小值。最优化原则不但体现在工作岗位研究的各项环节上，还反映在岗位研究的具体方法、步骤上。例如，在一个组织系统中，为了实现其总目标和总功能，必须设置一定数目的岗位，而岗位设置的决策应体现最优化原则，即以最低数量岗位设置谋求总体的高效率化，确保系统目标的实现。再如，岗位评价方法很多，在具体实施中到底采用哪一种方法，这就需要在一定约束条件下优选优化。

四、工作岗位研究的方法

任何一项专项研究都需要有正确的科学方法，工作岗位研究的方法取决于它的研究对象、内容、任务和目的。虽然任何科学研究都需要有正确的世界观和方法论作指导，但是，马克思主义的唯物论和辩证法并不能替代专业研究中所运用的各种具体方法。

在工作岗位研究中，主要采用以下方法：

（一）调查研究的方法

调查研究是指运用科学的方法，有步骤地去考察某一现象总体，收集必要的数据资料，进行整理汇总、分析，研究各种因素及相互关系，以掌握现象的性质、特征以及运动规律。它是社会科学研究的基本方法之一。调查研究方法的适用范围很广泛，调查方式多种多样，如普查、抽样调查、典型调查、重点调查、个案调查等。一般常用的调查方法有：参与法、观测法、问卷法、访谈法、通信法等。

岗位调查是以工作岗位为对象，采用科学的调查方法，收集各种与岗位有关的信息的过程。岗位调查的目的是：（1）收集各种有关的数据、资料，以便系统、全面、深入地对岗位进行描述和分析；（2）为改进工作岗位的设计提供信息；（3）为制定各种人事文件（如岗位规范、工作说明书等），进行岗位分析提供资料；（4）为岗位评价与岗位分类提供必要的依据。

岗位调查不同于一般的了解情况。它是通过系统深入调查，取得说明工作岗位的第一手资料，同时还需要根据企事业单位所处的具体环境和条件，正确地选择适合的调查方式和方法，认真地采集与岗位相关的各种信息，以确保所获取的调查资料具有一定的真实性、可靠性和完整性。

岗位调查是岗位研究的重要组成部分，只有搞好岗位调查，才能准确、全面、系统地占有岗位研究所需掌握的各种信息，有效地组织岗位分析、岗位设计和岗位评价等其他工作环节，全面地认识岗位的性质和特征，达到岗位研究的目的；反之，如果不认真搞好调查，只是道听途说，了解到一鳞半爪的资料，即使是认真仔细地整理和汇总，周密地分析和研究，也不可能得到正确的判断，得出真实地反映岗位特征的科学结论。

（二）数量分析的方法

数量分析是指运用现代数学、统计学等数量方法，对经济进行数量分析，从而判定经济过程和各种因素属性的数值（或数量）关系的一种方法。在岗位分析与评价的过程中，需要采用模糊数学、概率论、数理统计以及社会经济统计分析等方法，对岗位进行数量分析。不过应当指出，任何事物都是质与量的统一，只有对事物的质做出准确的定位，才能进行量的精确分析。质的分析是要判定经济现象和过程所具有的各种因素、属性。采用数量分析的方法，并不排斥质的分析方法，量的分析是质的分析的延伸，只有在质的分析基础上进行量的分析，才能加深对质的认识。

（三）心理学的方法

由于工作岗位研究与工业心理学及其分支劳动人事心理学存在密切的联系，所以运用心理学的一些基本原理，对工作岗位进行分析评定时，也需要采用心理学的一些方法。

1. 测验法。它是通过测验（考试、测试）来测量受试者的智力水平以及个性特征差异的方法。心理测试包括能力测验、成绩测量、品格测验等类别，主要采用两种方式：一种是使用器械、实物，另一种是使用文字或图形等。

2. 观察法。包括直接观察法和间接观察法。它是有计划、有目的地用感官来考察心理现象，掌握情况，进行分析，找出规律。有效的观察，除需要有正确的理论指导，还需要有明确具体的观察目的，有被观察对象的知识，对客观事物分析判断、综合的能力，以及记录、整理材料的正确方法。

3. 评定量表法。即采用不同量表方式进行心理测量、评定的方法。具体有四种量表方式：（1）称名量表，也称类别量表，以测量类别记分。（2）顺序量表。这种量表既没有相等单位，也没有绝对零，只要求在若干项目中按一定标准排列出等级次序。（3）等距量表。该表测量水平高，采用相等单位但没有绝对零。它以间距相等的记分点对心理特征做出测量，常见的是 5 点或 7 点量表。（4）等比量表。该量表除含有上述三种量表的特征外，还有一个具有实际意义的绝对零点。该表测量水平最高。

（四）其他科学方法

在现代经济科学的研究中，新的观察、分析比较和控制的方法、手段正在大量涌现。例如，信息论、控制论、系统论、协同论、突变论、耗散结构论，以及微电子技术的发展应用，使经济学科的理论和方法有了巨大的进步。特别是电子计算机的广泛应用，使经济管理中原来无法处理的庞大繁杂的原始数据能够得到处理和储存，并可以随时调用。在工作岗位研究中，应当注意学习、吸收和应用当代科学中出现的一系列新方法，从而提高岗位研究成果的精确性、可靠性和可行性。

第二节　工作岗位分析

一、工作岗位分析的概念

一般来说，基于工作岗位研究的总目标和总任务，工作岗位分析包含三个方面的内容。首先，岗位分析应先确定岗位的内涵，即岗位名称、地点、任务、权限、责任、工作对象、劳动资料、工作环境及本岗位与相关岗位之间的联系和制约方式等，对这些因素的系统表述，通常称之为岗位描述。其次，岗位分析应明确岗位对员工的要求，即根据岗位自身的特点，说明承担本岗位工作的员工应具备什么样的资格条件，诸如知识水平、工作经验、道德标准、身体状况等。再次，对岗位分析的最终结果做出全面地表述，即制定出岗位规范和工作说明书等相关文件。

总之，工作岗位分析就是指对企业各类岗位的性质、任务、职责、权限以及劳动条件和环境等方面的特点，以及承担本岗位工作的员工应具备的资格条件所进行的一系列分析和研究，并制定出工作说明书等岗位规范的活动过程。

二、工作岗位分析的程序

岗位分析是一项复杂而细致的工作，其基本程序分为如下三个阶段：

（一）准备阶段

准备阶段的具体任务是：了解情况，建立联系，设计岗位调查的方案，规定调查的范围、对象和方法。

1. 首先应根据岗位分析的总目标、总任务，对企业各类岗位的现状进行初步了解，掌握各种基本数据和资料。

2. 设计岗位调查方案，主要包括以下几项主要内容：

(1) 明确岗位调查的目的。岗位调查的任务是根据岗位研究的目的搜集有关反映岗位工作任务的实际资料。因此，在岗位调查的方案中要明确调查目的。有了明确的目的，才能正确确定调查的范围、对象和内容，选定调查方式，弄清应当收集什么资料、到哪儿去收集和用什么方法去收集。

(2) 确定调查的对象和单位。调查对象是指被调查的现象总体，它是由许多性质相同的调查单位所组成的一个整体。所谓调查单位就是构成总体的每一个单位。如果将企业劳动岗位中的生产岗位作为调查对象，那么，每个操作岗位就是构成总体的调查单位。在调查中如果采用全面调查的方式，须对每个岗位一一进行调查，如果采用抽样调查的方式，应从总体中随机抽取一定数目的样本（调查单位——岗位）进行调查。能不能正确地确定调查对象和调查单位，直接关系到调查结果的完整性和准确性。

(3) 确定调查项目。在上述两项工作完成的基础上，应拟订调查项目，这些项目所包含的各种基本情况和指标，就是需要对总体单位进行调查的具体内容。

(4) 确定调查表格和填写说明。调查项目中提出的问题和答案，一般是通过调查表的形式表现的。为了保证这些问题得到统一的理解和准确的回答，便于汇总整理，必须根据调查项目，制定统一的调查表格（问卷）和填写说明。

(5) 确定调查的时间、地点和方法。确定调查的时间应包括：首先，明确规定调查的期限，指出从什么时间开始到什么时间结束；其次，明确调查的日期、时点，在调查方案中还要指出调查地点，调查地点是指登记资料、收集数据的地点；最后，在调查方案中，还应当根据调查目的、内容，决定采用什么方式进行调查。调查方式方法的确定，要从实际出发，在保证质量的前提下，力求节省人力、物力和时间，能采用抽样调查、重点调查方式的，就不必进行全面调查。

3. 为了搞好岗位分析，还应做好员工的政治思想工作，说明工作的目的和意义，建立友好合作的关系，使企业全体员工对岗位分析有良好的心理准备。

4. 根据岗位分析的任务、程序，分解成若干工作单元和环节，以便逐项完成。

5. 组织有关人员，先行一步，学习并掌握调查的内容，熟悉具体的实施步骤和调查方法。必要时可先抓一两个重点岗位进行试点，取得经验。

（二）调查阶段

调查阶段的主要任务是根据调查方案，对岗位进行认真细致的调查研究。在调查中，应灵活地运用访谈、问卷、观察、小组集体讨论等方法，广泛深入地搜集有关工作岗位的各种数据资料。例如，工作岗位的工作内容、工作程序、工作职责、劳动负荷、疲劳与紧张状况、工作任务的生理和心理上的要求、工作环境与工作条件等。对各项调查事项的重要程度、发生频率（数）应详细记录。

（三）总结分析阶段

总结分析阶段是岗位分析中最后的关键环节。它主要对岗位调查的结果进行深入的分析和全面的总结。岗位分析并不是简单地收集和积累某些信息，而是要对岗位的特征和要求做出全面考察，创造性地揭示岗位的主要成分和关键因素，并在深入分析和认真总结的基础上，撰写岗位规范、工作说明书等人事文件。

工作岗位分析应从以下两个方面进行：

1. 岗位规格分析

岗位规格分析是紧紧围绕工作本身的特点而展开的研究，即研究处于不同管理层次、拥有不同职权的人员的工作内容、职责权限、工作时间安排、工作环境与工作条件、所受监督和所施监督、体力消耗和工作姿势等特性，从而确定每一职务的工作性质以及不同职务的工作性质差异，为明确各级管理人员的职责权限，消除职务间的空白与重复，防止相互推诿或多头领导提供依据。

具体而言，岗位规格分析包括两方面内容：一是工作分析，二是工作分级。工作分析是指对职务所承担的工作的各个构成因素进行分析研究，判明工作的性质、内容、任务和不良环境条件；而工作分级是将企业中所有的职务所承担的工作，按劳动的技术繁简、责任大小、强度高低、条件好坏等因素，划分为若干相对等级。工作分级是以一个具体的职务所从事的工作为研究对象，主要从技术、能力、强度等有限的几个方面对职务所承担的工作进行划分，从而明确某个职务在整个组织中所处的地位和作用，进而使人们能够从全局角度更进一步地理解和把握这个职务。

虽然工作分析和工作分级的着眼点不同，但也可以看到二者的最终目的相同，都是为了明确职务；同时，二者又是相互联系的。工作分级必须依赖于工作分析及其结果作为划分等级的依据，反过来它又为工作分析提供条件，因为工作分析所确定的工作等级再加上工作的实际内容，有助于更全面、完整地表达该项工作的实质。因此，从理论上讲，工作分级是工作分析的继续，二者可以分开。但在实际工作中二者是一起进行的，工作分析的过程就是工作分级的过程。

实际进行工作定向分析，可以采用以下四种方法：

(1) 通过查阅有关的关系标准、制度和工作流程图等资料，了解相似工作的性质与能力要求。如果已有“工作岗位分析汇编”“职业分类词典”等资料，则更有益于分析工作。

(2) 通过面谈或问卷调查的方法，广泛征询目前直接从事某项职务的人员，了解管理过程、困难程度、关系环境与时间等信息。通过面谈，了解相关员工的工作情况以及工作感想和工作经验，同时还可以对已经得到的资料加以证实。问卷调查是通过让有关人员填写事先设计好的调查表进行。调查表应采取无记名方式，只要求填写职务名称即可，以便减轻被调查者的心理压力。

(3) 通过直接观测、实地考察的方法跟随一个业务处理循环过程，以求掌握工作性质的第一手资料。例如，对生产调度这一职务的调查就可以同调度员一起从事若干天的调度工作，从中了解有关调度的详细情况。在进行观察时，要时刻记住研究的对象是工作，而不是从事这项工作的人。在观察一个人如何工作后，还要再观察做同一工作的其他几个人，以证实工作的内容，避免片面性。

(4) 要求职务从事人员在一段时间内对自己的一切活动进行系统的记录，以掌握其他方法无法获得的或观测无法注意到的细节问题。例如，要求厂长对他连续一星期每天的工作情况加以记录。

2. 员工规格分析

员工规格分析是围绕每一职务的任职者应具备的基本条件而进行的研究。这种研究根据工作定向分析所提供的信息来预测任职者的工作行为；根据工作行为与工作成绩的关系来确定合格任职者的基本条件，即研究、确定担任该职务的员工所应具备的政治素质、工作能力、知识结构、基本经历以及个人气质、身体状况等方面的基本条件。具体而言，这项分析包括应知应会、工作实例和人员体格、特性等方面的内容。

(1) 必备知识分析，是指对执行各项工作的员工应具备的基本知识分析，包括接受教育的最低程度要求，应具备哪些方面的专业知识以及所应达到的水平；对管理人员来说，还应分析对该职务的相关法令、政策、工作细则以及有关规定和文件等的通晓程度，并提出基本要求。

（2）必备经验分析，是指对执行各项工作的员工为完成工作任务必须具备的操作能力和实际工作经验的分析。包括担任此项工作的人过去从事同样工作或相关工作的年限及成绩，确定他们必须经过什么样的专门训练等。

（3）必备能力分析，是根据应知应会的要求，通过某项典型工作，来分析判断从事该项工作所需的决策能力、创造能力、适应能力、注意力、智力以及操作的熟练程度。

上述三方面的分析，应注意相同工作、不同等级之间的衔接问题，以便各岗位员工都能有一个循序渐进的方向。

（4）员工的体格及特性分析。体格分析包括工作岗位对行走、跑步、爬高及听力、视力等运动能力和感官能力各方面的要求，这些都要由"量"的概念来分析说明；特性分析包括对各职位所需人员的素质（如手、指、腿的力量及灵巧程度、感觉辨识能力、记忆和表达能力等）、性别、年龄幅度等具体要求。

三、工作岗位分析的方法

在岗位分析的第二阶段——调查阶段中，除了可采用面谈法（也称访谈法）、书面调查（问卷）法、观察法等方法外，还可以采用：

1. 参与法。通过调查者直接参与某一岗位的工作，从而细致、深入、全面地体验、了解和分析岗位特征及岗位要求的方法。这种方法虽然比调查询问、书面调查等方法能获得更真实可靠的数据资料，但是由于调查人员本身的知识与技能的局限性，使参与法的运用范围很窄，特别是在现代化大生产条件下，岗位操作的技术难度、工作频率、质量要求差异大，并非一般人在短时期内可以掌握的。因此，参与法一般适用于较为简单的岗位分析。

2. 关键事件法。要求调查人员、本岗位员工或与本岗位有关的员工，将劳动过程中的"关键事件"详细加以记录，在大量收集信息之后，对岗位的特征和要求进行分析研究的方法。所谓关键事件是指在劳动过程中，给岗位工作任务造成显著影响（如成功与失败、赢利与亏损、高效与低产等）的事件。关键事件的记录应包括：（1）导致该事件发生的背景、原因；（2）员工有效的或多余的行为；（3）关键行为的后果；（4）员工控制上述后果的能力。

将上述各项详细记录以后，可以对这些数据资料做出分类，并归纳总结出该岗位的主要特征和具体要求。

采用关键事件法应注意：（1）调查的期限不宜过短；（2）关键事件的数量应足够说明问题，事件数目不能太少；（3）正反两方面事件要兼顾，不得偏颇。

四、工作岗位分析的具体项目

（一）岗位内涵分析

岗位内涵分析又称岗位规格说明，即对岗位所做的全面描述。它主要包含以下内容：岗位名称分析，岗位任务分析，岗位职责分析，岗位关系分析，劳动强度分析，劳动条件和环境分析以及劳动资料和劳动对象分析。

1. 岗位名称分析

岗位名称只是岗位的一个代号，给岗位定义什么名称似乎无关紧要，其实不然。一个好的岗位名称，它不仅能给人们一种理念上的认识，同时，它还能增加人们对本岗位感性上的认识。如财务部经理，从这个名称可以得出这些信息：（1）该岗位人员在财务部工作；（2）这个岗位主管财务工作；（3）职务是经理；（4）如果存在行政划分，这个岗位属于中层管理职位。尽管由于企业经营性质和企业规模多种多样，岗位名称自然千差万别，但根本不变的一条便是名称必须与岗位的任务、职责等相匹配，如果张冠李戴，一定会给具体工作带来很多麻烦。

2. 岗位任务分析

任务是指为了达到某一特定目的而进行的活动，当有足够的相关任务时，一个岗位便产生了。每个岗位都有它规定的任务，岗位因任务而存在。所谓任务的分析，就是分析任务的性质、任务的内容、实现任务的形式和执行任务的步骤等。通过对任务的分析可以实现任务的一体化和体现任务的意义。如某些任务设计的问题缺乏一体化，员工不能参与完整的工作，他们几乎没有责任感及缺少对成果的满足感，在完成本岗位工作后无成就感。如果岗位任务设计能使员工感到自己做出了贡献，工作的积极性就会大大提高；同理，如果岗位任务设计对于组织内外部的其他人来说是重要的，从事本岗位工作的人员就会因自豪感而较好地完成工作，从而就能给企业带来较好的经济效益。

3. 岗位职责分析

职责是职务与责任的统一。岗位职责的分析，不仅包括对本岗位任务范围的分析，还包括对岗位责任大小、重要程度的分析。分析的项目侧重在资金、设备、仪器仪表、工具器皿、原料材料的使用、保管上，在与他人的分工、协作和安全生产上，在完成工作任务的数量、质量以及劳动效率上，在维护企业信誉、搞好市场开发、产品设计、生产工艺、质量检验、行政管理、员工政治思想、业务素质培养上等。在上述各项具体分析中，既要有定性的分析，又要有定量的说明。

4. 岗位关系分析

虽然企业中每个岗位都具有独特的功能，但岗位之间又存在一定的不可分割的联系。一个岗位与另一个岗位有何种协作关系？协作的内容是什么？它受谁的监督、指挥？它又去监督、指挥谁？这个岗位上下左右的关系如何？本岗位员工的升降方向、平调的路线如何？这些都是岗位关系分析的主要内容。为了深入进行岗位关系的分析研究，可采用科学测定方法，将性质、特点和要求相同或相似岗位划分在同一个“工作族”内。实践证明，在同一个工作族内进行人员调配的成功率，大大高于不同工作族内的人员调配。

5. 劳动强度分析

劳动强度指作业时间内人体做功的多少，能量消耗的大小。劳动强度主要包括劳动紧张程度、劳动负荷、工时利用率、劳动姿势和工作班制等指标，所以对劳动强度的分析也就围绕上述指标展开。劳动紧张度的定性分析主要是指对员工在劳动过程中脑、眼、耳和四肢的协调性、感知和处理信息的速度、注意力集中程度、反应的快慢等进行分析，根据作业时间、作业持续时间和动作频数等判断劳动紧张度；劳动负荷的定性分析主要是指根据员工在工作中采用的推、拉、走、跑等动作来分析员工做功的大小和能量消耗的多少；工时利用率定性分析主要是指对员工的工时利用情况进行分析，计算工时利用率等相关指标；劳动姿势的定性分析主要是指对员工作业时必须采用的坐、站、跑、蹲、攀、踢、踏、伏卧、仰视、蹲伏、弯腰和倒悬等进行分析；工作班制的分析主要是指对各种班制如常白班、三班倒、两班倒、四班三运转、四六班制、四八班制、大三班等进行分析，以确定工作班制对员工身心健康有无影响。

6. 劳动条件和环境分析

劳动条件和环境主要包括以下因素：工作环境有无噪声污染，温度、湿度和空气的含尘量如何，以及工作环境有无危险性等。对劳动条件和环境的分析也就是对上述要素进行分析。对上述因素的定性和定量分析应结合国家各行业主管部门公布的有关标准进行。

7. 劳动资料和劳动对象分析

劳动资料和劳动对象分析，即是对资金资产、机械设备、仪器仪表、工具器皿、原料材料等的保管与使用的情况进行分析。

（二）岗位外延分析

岗位外延分析，也称员工规格要求分析，是对岗位人员素质要求的分析，即岗位对员工的知识水平、工作经历、职业道德水平、能力要求及身体素质等项目进行分析。

1. 知识水平分析

在岗位调查之后，应对各种岗位所需的知识水平进行分析，认真研究胜任每一岗位所需要的基本知识与作业知识，以便更好地实现人岗匹配。当然，岗位所需的知识水平，不仅指正规学校教育，也包括通过岗位培训获得的知识与技能。通常由以下6个方面组成：（1）文化程度，指胜任本岗位工作所应具有的最低学历或同等学力；（2）专门知识，指胜任本岗位工作所具有的专业基础知识与实际工作经验；（3）政策法规知识，指应具备的政策、法律、规章或条例方面的知识；（4）管理知识，指应具有的管理科学知识或业务管理知识；（5）外语水平，指根据专业、技术或业务工作需要，对一种或两种外语应掌握的程度；（6）相关知识，指本岗位主体专业知识以外的其他知识。知识要求可采用精通、通晓、掌握、具有、懂得、了解6级表示法。表4—1所示为某单位制冷站主任岗位知识要求分析的实例。

表4—1　　某制冷站主任岗位知识要求分析表

应知内容	应会内容
1. 企业管理的基础知识，如企业财务管理、劳动组织、工业统计等方面的理论知识，以及企业管理制度及有关规定 2. 流体力学、空气调节、空调制冷理论、工业通风一般理论 3. 设备构造原理、设计基础理论 4. 设备维修工艺学以及检测与设备故障诊断技术知识 5. 本部门常用设备的规格、型号及分布情况、设备技术等级，设备安排、调试的程序，设备技术指标的构成及计算方法等方面的知识 6. 技术改造、新技术、新工艺、新知识 7. 本单位各种管理制度的制定原则和依据	1. 本部门方针目标的诊断 2. 向本单位提出本部门中长期发展规划或建议 3. 研究生产和设备维护工作，提高设备的完好率；审核技术报告和技术文件，拟订设备更新改造计划，并组织实施 4. 对生产中出现的疑难问题进行综合分析论证，提出解决方案，解决生产中的各类疑难问题 5. 对所管业务进行综合评估与分析 6. 审定本部门技术培训计划，组织培训、考核 7. 重大事故的调查、分析、处理以及提出防范措施

2. 工作经历要求分析

由于每个岗位规格不同，岗位对员工的要求也就不同，它不仅仅表现在知识方法上，还表现为需要本岗位人员具备一定的感知判断力和领悟力，这些能力的取得必须依靠工作经历的积累，这也就构成了工作经历分析的任务。通过对工作经历要求的分析，来决定工作岗位所要求的员工工作经历指标。

3. 职业道德水平分析

通过职业道德水平分析，以提高全体员工的职业道德水准，形成一种团结互助、爱岗敬业、优质生产、服务规范的积极向上的企业文化。

4. 能力要求分析

能力要求分析是指对员工胜任本岗位工作应具备的主观条件进行分析，主要包括8项内容。(1) 理解判断能力分析。对有关方针、政策、工作指令、科学理论、目标任务的认识领会程度，对本岗位工作中各种抽象或具体问题的分析、综合与判断方面应具有的能力。(2) 组织协调能力分析。组织本部门人员开展工作以及协同有关部门人员工作的能力。(3) 决策能力分析。从系统的整体能力出发，对方向性、全局性的重大问题进行决断的能力。(4) 开拓能力分析。对某一学科、业务或工作领域进行研究、开发、创新、改革的能力。(5) 社会活动能力分析。为了开展工作，在社会交往、人际关系方面应具有的活动能力。(6) 语言文字能力分析。在撰写论著、文章，起草文件、报告，编写计划草案、情况说明、工作纪要，以及在讲学、演说等方面，应具有的文字和口头语言表达能力。(7) 业务实施能力分析。在贯彻执行计划任务过程中，处理工作业务、解决实际问题的能力。(8) 其他方面特殊要求的能力分析。

5. 基本素质要求分析

基本素质要求分析，又称心理品质要求分析。根据心理学家的研究，员工与工作岗位有关的心理品质分为11项：(1) 智力 (G)，指一般学习能力，理解工作指令和原理的能力，推理与判断的能力。(2) 语言能力 (V)，指理解词义的能力，运用语言的能力，理解语句、段落和文章中心思想的能力。(3) 数字能力 (N)，指迅速、准确地进行算术运算的能力。(4) 空间理解能力 (S)，又称图形视觉思考能力，指理解空间形状、平面和立体客体之间关系的能力，具有对二维、三维空间客体做出视觉判断的能力（如阅读蓝图、解决几何问题等）。(5) 形状视觉能力 (P)，指对客体、图纸、表格的细微部分的感知能力，对形状、长度差异做出视觉比较和辨认的能力。(6) 书面材料知觉能力 (Q)，指对语言、表格、材料细节的感知能力，对复印文件差异的观察能力，校对文字、数字材料，防止差错的能力。(7) 运动协调能力（K），指迅速、准确地协调眼、手、手指并做出准确动作的能力。(8) 手指灵巧（F），指迅速、准确地移动手指，操纵小件物体的能力。(9) 手的技巧（M），指轻巧、熟练地进行手工操作，安放和转动运动物体的能力。(10) 眼、手、足协调力（E），指根据视觉刺激，手足配合活动的能力。(11) 颜色分辨能力（C），指观察识别相似或不同色彩的能力，相同色彩在阴影中或其他明暗效果不同情况下的分辨能力。

心理品质分析最常用的方法，即 5 点量法，以简洁的文字说明 5 个级别。"5"为最重要的、最优的，是对某种品质、能力的需要为最高程度，它是较高级别之上的最高级别；"4"为较重要的、良好的，是对某种品质、能力的需要为中上等程度，它为一般之上的较高级别；"3"为中等重要的、一般的，是对某种品质、能力的需要为中等程度，它为一般级别；"2"为次等重要的、差的，是对某种品质、能力的需要程度很低，在一般级别之下；"1"为不重要的、最差的。

五、岗位工作说明书

工作岗位分析的最终结果是形成工作说明书和各种岗位规范，这些人事文件汇总后可建立活页型人力资源管理手册。

（一）工作说明书和岗位规范的区别与联系

1. 工作说明书

工作说明书是指对企业各类岗位的工作性质、任务、责任、权限、工作内容和方法、工作环境和工作条件，以及本岗位人员资格条件等所做的统一要求。

2. 岗位规范

岗位规范也称岗位标准，是对企业中各类岗位有关的工作事项和对人员资格条件的要求所做的统一规定。主要包括：岗位名称编号、岗位职责、知识要求、职业道德、能力要求、身体条件、本岗位考核项目和标准等。

工作说明书与岗位规范之间既存在着十分密切的联系，又有一定的区别。两者虽然都是岗位分析的结果，但仍然有以下三点不同：

第一，从编制的直接目的来看，工作说明书是以"事"为中心，对岗位进行全面系统深入的说明，为岗位评价、岗位分类，以及企业人力资源管理提供依据。而岗位规范是在岗位描述的基础上，解决"什么样的人员才能胜任本岗位工作"的问题，以便为企业员工的招聘、培训、考核、选拔、任用提供依据。

第二，从其内容涉及的范围来看，工作说明书的内容十分广泛，既包括对岗位各有关事项性质、特征、程序、方法和要求的说明，也包括对承担本岗位工作人员的资格条件的说明。而岗位规范的内容较为简单，主要涉及对岗位人员的任职资格条件的要求。因此，从这个意义上说，岗位规范是工作说明书的一个重要组成部分。美国的企业中常将工作说明书分为岗位说明书（岗位规格说明书）和雇员说明书（雇员规格说明书）两部分，由此可见两者之间的区别和联系。

第三，从具体的形式上看，工作说明书一般不受标准化原则的制约，内容繁简程度不一，形式多样化，企业一般根据实际需要编制。而岗位规范是由有关部门按标准化的原则统一制定和发布的。

（二）岗位工作说明书的内容和格式

工作说明书主要包括以下几项内容：

1. 基本资料

岗位基本资料主要包括岗位名称、岗位等级、岗位编码、定员标准、直接上级和分析日期 6 个方面的内容。

2. 工作职责

工作职责是工作职务和工作责任的统一。在工作说明书中工作职责这一项包含两部分内容：（1）职责概述，即用精练的语言，高度概括岗位所应承担的责任。（2）工作职责，即根据岗位任务具体进行描述。

3. 额外职责

在规定工作职责范围外，完成上级领导和主管部门交办的临时工作和其他工作。

4. 监督与岗位关系

本部分包含两个方面的内容，即岗位之间横向与纵向上的联系。岗位说明书中必须明确指出本岗位监督指导对象和被监督指导对象；与其他岗位关系指内部岗位之间的横向联系，外部岗位之间的关系，通过横向和纵向上的描述，可以明确各岗位在管理系统中的定位；晋升阶梯图从纵向上清楚地表示本岗位的发展方向；通过上列与其他岗位关系的叙述，也可以从一个侧面补充岗位之间的区别和联系，为岗位之间的平移、调动提供依据。

5. 工作内容及要求

工作内容为工作职责的具体化，即岗位所要从事的工作任务。本岗位应该做什么，不该做什么，该如何做，应逐条做出规定，内容力求具体，易操作。工作要求即对每项工作应达到的标准和规格做出的规定，这是绩效考核的依据之一。

6. 工作权限

为了确保工作的正常开展，必须赋予每个岗位不同的权限，但权限必须与工作相配套，权限过大，会导致权力被滥用，权限过小，就起不到应有的监督和制约作用。正确的权限制定，应该是责、权、利完全统一，权力之间相互制约、相互协调。

7. 工作环境和条件

工作环境和条件主要包含以下因素：工作环境有无噪声污染，温度、湿度如何，空气中的含尘量，工作环境的危险性等。本部分就是通过现场观察上述因素并进行系统的描述。

8. 工作时间

工作时间的内容包含班制设计和工作时间长度界定两个方面。常见的班制有常白班、三班制、两班倒、四班三运转、四六班制和四八班制等，工作时间长度有周标准工时、月标准工时和年标准工时等指标。

9. 资历

资历由工作经验和学历（或学力）条件两个方面构成，需要有工作经验的岗位，必须通过观察、调查和验证，然后做出科学判断，工作经验可定为见习期、实习期、1 年、3 年、5 年等。学历条件结合本岗位技术要求和工作特点做出判断，具体的指标有高中毕业、中专（中技）、大专和本科等。

10. 身体条件

结合工作的性质、任务对员工的身体条件做出规定，如搬运工必须要求身体健康，力气大，能适应过重体力劳动；而普通的办公室人员，对身体的健康状况要求不宜过高，某些岗位残疾人也可胜任，这样身体条件要求就应做出相应的变化。

11. 心理品质和能力要求

心理品质的指标在上面已经做了说明，在此不再赘述，同别的项目一样，能力要求也应结合工作岗位分析的结果做出界定。

12. 所需知识和技能

本部分包含担任本岗位职务应具备的专业知识和技能、招聘本岗位员工应考核的内容、上岗前应接受的培训内容和上岗后继续教育的内容四个方面。担任本岗位职务应具备的专业知识和技能，即胜任本岗位工作应具备的基本要求，如达不到基本要求即为不合格，也就是不能胜任本岗位工作。招聘本岗位员工应考核的内容，即胜任本岗位应具备的综合素质的最低要求，这一点与担任本岗位职务应具备的专业知识和技能的区别是，前者可以适当减少岗位具体环境的特殊要求，这部分差距由上岗前培训完成，上岗后继续教育的内容更近一层，即在担任本岗位职务应具备的专业知识和技能的基础上，出于对企业和员工双方发展的需要应补充的知识，以便更好地胜任工作。

13. 绩效管理

所谓绩效管理就是从德、能、勤、绩四个方面对员工进行的考核，考核方式可以采用领导评定、自我评定和同级评定三者相结合，三者评价结果的权重，根据单位的具体情况而定。"德"指员工的政治思想素质、道德素质，考核指标有道德修养水平、敬业爱岗程度、忠于职守的表现等；"能"指员工的能力，也就是认识世界、改造世界的本领，具体表现在管理水平和业务能力两个方面；"勤"指员工的勤奋精神，即对工作的积极性、主动性、创造性和出勤率（主要考核指标是出勤率）；"绩"指员工的工作成绩，包括完成工作的质量、数量、经济效益和社会效益等，具体指标结合岗位的工作内容和工作要求确定。工作说明书样本见本章后的附录一。

（三）岗位职务晋升阶梯与晋升图

职务晋升阶梯图是工作说明书的组成部分之一，它不仅能够标明企业各类岗位职务之间的相互关系，而且有利于员工明确自己今后的奋斗目标，认真学习专业技能，不断提高自己的技术水平，为担负更高一级职务创造条件。

为了系统详尽地说明企业各类岗位不同的发展途径（从垂直发展到横向发展），企业还应编制职务晋升图（或称工作发展图）。职务晋升图样本见本章后的附录二。它将一家纺织公司的工作岗位分解为后勤、生产和管理三大类。图中的水平线表明职务横向发展途径，垂直线表明自下而上的晋升途径。

第三节　工作岗位评价

一、工作岗位评价的内容

岗位评价是在岗位分析的基础上，按照一定的客观衡量标准，对岗位的工作任务、繁简难易程度、责任大小，以及所需的资格条件等方面进行的系统评比和估价。

岗位评价具有以下几个特点：

1. 岗位评价的中心是客观存在的“事”，不是现有的人员。以“人”为对象的评比、衡量、估价，属于人事考核或员工素质测评的范畴，而岗位评价虽然也会涉及员工，但它是以岗位为对象，即以岗位所担负的工作任务为对象而进行的客观评比和估价。

2. 岗位评价是对企业各类岗位的相对价值进行衡量的过程。在岗位评价过程中，根据预先规定的衡量标准，对岗位的主要影响因素逐一进行评比、估价，由此得出各个岗位的量值。这样，各个岗位之间也就有了对比的基础。

3. 岗位评价是对性质相同的岗位的评判，最后按评定结果划分出不同的等级。

（一）岗位评价应掌握的信息

岗位评价的大部分信息是由岗位分析提供的，这些信息包括下述内容：

1. 岗位名称、编码。

2. 岗位所在的部门、组织，以及这些组织所具有的职能、执行的任务。

3. 担任本岗位人员的职务，担任相同岗位的人数。

4. 本岗位过去若干年内的使用人数、出勤率、加班加点情况，以及退休、辞职、升迁、调动等的情况。

5. 本岗位承担的工作任务、主要项目和内容，使用的设备、工具，以及加工的产品。

6. 本岗位的上下级关系、与其他同级岗位的关系。

7. 执行本岗位工作的必备条件。包括：

（1）本岗位的责任。本岗位在企业经营方面，在科研、设计、检验、管理方面，在设备、材料、工具、技术安全方面，以及与他人的工作配合方面，承担什么责任？

（2）胜任本岗位工作的必备知识。在基础理论、专业技术工艺、企业管理、实际操作方面，应具备哪些知识，其程度如何？

（3）胜任本岗位工作的实际经验。需有什么样的工作实践经验？有多长时间的经验？

（4）胜任本岗位工作的决策能力。本岗位需要在哪些问题上做出决策？决策的困难程度如何？

（5）承担本岗位工作需要具备的操纵和使用设备、工具、仪器仪表的能力。设备、器具的复杂程度如何？精密准确度如何？这些设备、工具、仪器仪表的价值如何？在使用中，正常损坏、发生差错的可能性有多大？后果如何？

（6）其他必备的条件。如高层领导的组织能力、经营人员推销产品的能力等。

8. 本岗位对员工的生理条件有没有特殊的要求，如色盲是否可承担该岗位的工作。

9. 本岗位定员定额的执行情况，现行劳动定额水平如何？在正常条件下员工的工作完成情况如何？效率如何？

10. 本岗位的劳动环境和工作环境如何？

11. 执行本岗位工作的危险性。本岗位事故的发生率如何？产生的原因和后果是什么？对员工会造成什么样的危害？

12. 本岗位对它岗位的监督责任如何？监督中有何具体困难？程度如何？

13. 本岗位员工需要进行哪些专业培训？对培训的时间有无特殊要求？

（二）岗位评价的步骤

岗位评价的一般步骤是：

1. 按工作性质，将企业的全部岗位划分为若干大类、中类或小类。岗位类别层次的多少，应视企业的生产规模、产品繁杂程度等具体情况而确定。

2. 收集有关岗位的各种信息，既包括岗位过去的，也要有现在的；既包括现有的文字资料，也应当掌握现时活的资料。

3. 建立专门的组织，培训专门的人员，使专门人员系统掌握岗位评价的基本理论以及具体实施办法。

4. 制定具体工作计划，确定详细实施方案。

5. 在广泛收集资料的基础上，找出与岗位有直接联系、密切相关的各种主要因素。

6. 规定统一衡量标准，设计各种问卷和表格。

7. 先抓几个重要岗位进行试点，以便总结经验，发现问题，采取对策，及时纠正。

8. 全面实施。包括岗位测定、资料整理汇总、数据处理分析等项具体工作过程。

9. 最后撰写出企业各个岗位的评价报告书，提供给有关部门。

10. 对岗位评价工作进行全面总结。

（三）岗位评价的基本功能

在企业中，要使劳动报酬能够更好地体现按劳分配原则，就应当实现“以事定岗，以岗定人，以职定责，以职责定权限、定报酬”。岗位评价就是其中有效的途径之一，因此，岗位评价的具体作用是：

1. 对岗位工作的繁简难易程度，责任大小，所需的资格、条件等因素，在定性分析的基础上进行定量测评，从而以量值表现出岗位的特征。

2. 使性质相同、相近的岗位有统一的评判、估价标准，岗位与岗位之间在客观衡量的基础上，能够比较出其价值的高低。

3. 为企业岗位归级列等奠定基础。

岗位评价上述作用的发挥，就能使企业将岗位量值转换为货币值，为建立公平合理的工资和奖励制度提供科学依据。

二、岗位评价指标体系

岗位评价的科学性在于按照这几个主要影响因素的内涵，通过对岗位的具体分析，将主要影响因素分解成若干个指标，使岗位的具体劳动抽象化、定量化，从而具有可比性。岗位评价指标是根据岗位评价的要求，将影响岗位的诸要素指标化。指标是指标名称和指标数值的统一。指标名称概括了事物的性质，指标数值反映了事物的数量特征。劳动者在岗位生产过程中，运用智力和消耗体力，都受到劳动环境和其他因素的影响。可以将影响劳动者工作的因素归纳为：劳动责任、劳动技能、劳动强度、劳动环境和社会、心理因素等。这几个因素又可分为 22 个具体的指标，构成一个完整岗位评价指标体系。

（一）劳动责任

劳动责任是指岗位在生产过程中的责任大小，主要反映岗位劳动者智力的付出和心理状态。劳动责任分为：

1. 质量责任，指评价岗位生产活动对质量指标的责任大小；

2. 产量责任，指评价岗位生产活动对产量责任的大小；

3. 看管责任，指评价岗位所看管的设备、仪器对整个生产过程的影响程度；

4. 安全责任，指评价岗位对整个生产过程安全的影响程度；

5. 消耗责任，指评价岗位物资消耗对成本的影响程度；

6. 管理责任，指评价岗位在指导、协调、分配、考核等管理工作上的责任大小。

（二）劳动技能

劳动技能是指岗位在生产过程中对劳动者技术素质方面的要求，主要反映岗位对劳动者智能要求的程度。劳动技能分为：

1. 技术知识要求，指评价岗位知识文化水平和技术等级的要求；

2. 操作复杂程度，指评价岗位作业复杂程度和掌握操作所需的时间长短；

3. 看管设备复杂程度，指评价岗位操作使用设备的难易程度及看管设备所需的经验和水平；

4. 品种质量难易程度，指评价岗位生产的产品品种规格的多少和质量要求水平；

5. 处理预防事故复杂程度，指评价岗位迅速处理或预防事故所应具备的能力水平。

（三）劳动强度

劳动强度是指岗位在生产过程中对劳动者身体的影响，主要反映岗位劳动者的体力消耗和生理、心理紧张程度。劳动强度分为：

1. 体力劳动强度，指评价岗位劳动者体力消耗的程度；

2. 工时利用率，指评价岗位净劳动时间的长短，它等于净劳动时间与工作日总时间之比；

3. 劳动姿势，指评价岗位劳动者主要劳动姿势导致身体疲劳的程度；

4. 劳动紧张程度，指评价岗位劳动者生理器官的紧张程度；

5. 工作班制，指评价岗位劳动组织安排对劳动者身体的影响。

（四）劳动环境

劳动环境是指岗位的劳动卫生状况，主要反映岗位劳动环境中的有害因素对劳动者健康的影响程度。劳动环境分为：

1. 粉尘危害程度，指评价岗位劳动者健康受生产场所粉尘的影响程度；

2. 高温危害程度，指评价岗位劳动者接触生产场所高温对其健康的影响程度；

3. 辐射热危害程度，指评价岗位劳动者接触生产场所辐射热对其健康的影响程度；

4. 噪声危害程度，指评价岗位劳动者接触生产场所噪声对其健康的影响程度；

5. 其他有害因素危害程度，指评价岗位劳动者接触化学性、物理性等有害因素对其健康的影响程度。

（五）社会心理因素

社会心理因素是指劳动者在社会中所处的地位和人与人之间的关系对劳动者在心理上的影响程度。社会心理因素主要采用人员流向指标。人员流向属于心理因素，是由于岗位的工作性质和地位对员工在社会心理方面产生的影响而形成的人员流动趋势。

在22个分解指标中，按指标的性质和评价方法的不同，可分为两类。一类为评定指标，即劳动技能和劳动责任及社会心理因素的12个分解指标。这些指标主要通过采取评委打分的方法，评出等级。另一类为测定指标，即劳动强度和劳动环境的10个分解指标。这些指标使用仪器或其他方法测定，根据测得的数据，对照标准进行分级。

三、岗位评价的方法

岗位评价主要有四种方法：序列法、分类法、评分法和因素比较法。前两个称为“非解析法”，后两个称为“解析法”。两者的主要区别是，前两个不把工作岗位划分成要素来分析，而后两个则是岗位内各要素之间的比较。

（一）序列法

序列法也称排列法。排列法是一种最简单的岗位评定方法，它是由评定人员凭借自己的判断，根据岗位的相对价值按高低次序进行排列。岗位被作为一个整体来考虑，并通过比较简单的工作岗位写实来进行相互比较。具体步骤是：

1. 由有关人员组成评定小组，并做好各项准备工作。

2. 了解情况，收集有关岗位方面的资料和数据。

3. 评定人员事先确定评判标准，对本企业同类岗位的重要性逐一做出评判，最重要的排在第一位，次要的、再次要的顺次往下排列。

4. 将经过所有评定人员评定的每个岗位的结果加以汇总，得到序号之和。然后将序号之和除以评定人数，得到每一岗位的平均序数。最后，按平均序数的大小，由小到大评定出每个岗位的相对价值的次序。

采用这种方法对岗位进行评价时，应注意：

（1）由于这种方法完全是凭借评定人员的经验和认识，主观地进行评价，缺乏严格、详细的评判标准，使评价结果的伸缩性很大，特别是当某一岗位受特殊因素的影响（例如在高空、高温、高寒或在有害有毒的环境下工作时），常会将岗位的相对价值估计过高。

（2）在岗位较多的企业，岗位分布呈宝塔形，高级岗位较少，中级岗位较多，而下级岗位种类繁多，数量很大。在这种情况下，对于很接近的岗位如车工、铣工、磨工之间要排列出次序，并不是不可以，但可靠性值得怀疑。

（3）由于评价结果的正确与否，完全取决于评定人员的判断能力，而评定人员的组成和各自的判断能力并不是一致的，这就必然会影响评价结果的准确程度。

（4）由于方法较简单、粗糙，它只适用于生产单一、岗位较少的中小企业。

（二）分类法

分类法是排列法的改进。其主要特点为各种级别及其结构在岗位被排列之前就建立起来，对所有岗位的评价只需参照级别的定义套进合适的级别里面。它的工作步骤是：

1. 由企业内专门人员组成评定小组，收集各种有关资料。

2. 按照生产经营过程中各类岗位的作用和特征，将企业的全部岗位分成几个大的系统，每个系统按其内部的结构、特点再划分为若干子系统。

3. 再将各个系统中的各岗位分成若干层次，最少分为 5～6 档，最多的可分为 15～20 档。例如，生产管理系统的岗位分为 1～8 档，设计技术应用系统的岗位可分为 1～12 档。

4. 明确规定各档次岗位的工作内容、责任和权限。

5. 明确各系统、各档次（等级）岗位的资格要求。例如，技术设计应用系统第 6 级岗位要求：大学毕业 5～8 年以上，担任过 6 级以下的职位，经过考察工作成绩良好，掌握两门以上的外语，能够独立指导或完成重要部件的设计等。

6. 评定出不同系统、不同岗位之间的相对价值和关系。例如，技术设计应用系统的第 12 级相当于生产系统的第 4 级。

分类法可用于多种岗位的评价，但对不同系统（类型）的岗位评比存在相当的主观性，准确度较差。

（三）评分法

评分法也称点数法。首先是选定岗位的主要影响因素，并采用一定点数（分值）表示每一个因素，然后按预先规定的衡量标准，对现有岗位的各个因素逐一评比、估价，求得点数，经过加权求和，最后得到各个岗位的总点数。

其具体步骤是：

1. 首先确定岗位评价的主要影响因素。岗位评价所选定的因素是与执行岗位工作任务直接相关的重要因素。归纳起来大致有四个方面：

（1）岗位的复杂难易程度。包括执行本岗位任务所需的知识、技能、受教育程度，以及必要的训练和实际工作经验等。

（2）岗位的责任。包括执行岗位任务对所使用的设备、器具、原材料、产品等的责任：对下属监督的责任，对主管上级应负的责任；对保管的文件资料、档案的责任等，即对涉及岗位的人、财、物等方面的责任。

（3）劳动强度与环境条件。包括执行岗位任务时的体力消耗、劳动姿势，以及环境、温度、湿度、照明、空气污染、噪声等因素。

（4）岗位作业紧张、困难程度。包括执行岗位任务时精神紧张程度，视觉、听觉器官的集中注意程度和持续时间的长短，以及工作的单调性等。

2. 根据岗位的性质和特征，确定各类岗位评价的具体项目。比如：

（1）各生产性岗位的评价项目，一般包括：①体力劳动和脑力劳动的熟练程度；②体力劳动和脑力劳动的劳动强度、紧张程度；③劳动环境、劳动条件对劳动者的影响程度；④工作危险性；⑤对物、财、人以及上级、下级的责任等。

（2）管理岗位的评价项目，一般包括：①受教育程度；②工作经验、阅历；③工作复杂程度；④工作责任；⑤组织、协调、创造能力；⑥工作条件；⑦所受的监督与所施的监督等。

确定评价因素时，无论何种性质的岗位，比较普遍采用的评价项目一般包括：

（1）劳动负荷量，指执行任务时的能量代谢率，衡量标准可参照国家标准。

（2）工作危险性，指该项工作所伴随的危险性，以及其后果的伤害程度，引起职业病的可能性。衡量标准为该项工作的技术安全统计指标和有关的职业病的资料。

(3) 劳动环境，指本岗位的自然和物质环境因素。衡量标准为温度、湿度、照明、空气、噪声、振动、通风、色彩等环境监测指标。

(4) 脑力劳动紧张疲劳程度，指完成本岗位规定的工作时，脑力劳动及精神上的负荷量。衡量指标为工作单调程度，工作速度和要求的精密度，工作要求的决策反应机敏程度，工作注意力集中程度与持续时间。

(5) 工作复杂繁简程度，指完成本岗位任务的难易程度，衡量标准是岗位任务牵涉面的深度和广度。

(6) 知识水平，指执行本岗位任务必需的文化基础和理论知识，即所受的教育程度。衡量标准为参加各类正规学校学习的时间，所取得的学位等。

(7) 业务知识，指与本岗位有关的必要的专业知识。衡量标准为有关的必要知识的广度和深度。

(8) 熟练程度，指执行本岗位任务所需技能的熟练程度及掌握该技能的困难程度。衡量标准为一般掌握该项技能以及达到某种水平所需要的时间。

(9) 工作责任，指执行本岗位任务在管理上以及对物、财所负的责任。衡量标准为该岗位的职责范围、权限，以及发生责任事故后的损失程度。

(10) 监督责任，指执行本岗位任务时对下级的指导及监督考察的责任。衡量标准为该岗位要求的组织能力，以及所给予他人监督的责任大小。

3. 确定岗位评价的主要因素及具体项目之后，应制定评分标准。为了提高评价的准确程度，还应对各评价因素区分出不同级别，并赋予一定的点数（分值）。

例如，受教育程度可区分为：(1) 具有简单的阅读、书写能力；(2) 小学毕业；(3) 初中或初级职业学校毕业；(4) 普通高中、职业高中、中专毕业；(5) 大学专科、本科毕业；(6) 硕士研究生毕业；(7) 博士研究生毕业。

在各评定项目总点数确定之后，可采用等级差数规定出本项目各级别的评分标准，表 4—2 为岗位所需体力评分标准。

表 4—2 中所给定的点数，是按下式计算的：

$$y = x^2 - x + 8$$

式中　y——点数；

　　　x——等级序号。

表 4—2　　岗位所需体力评分标准

评价等级	1	2	3	4	5	6	7
评价项目内容	极轻体力	较轻体力	重复连续（坐下）	重复连续（站立）	重复连续（较重）	重体力	极重体力
点数（y）	8	10	14	20	28	38	50

4. 将全部评价项目合并成一个总体，根据各个项目在总体中的地位和重要性，分别给定权数（f_i）。一般来说，重要项目给予较大权数，次要项目给予较小权数。权数的大小应依据企业的实际情况，以及各类岗位的性质和特征来加以确定。表 4—3 为某企业对某岗位评价的权数分配表，可供参考。

表 4—3　　某企业对某岗位评价的权数分配表

序号	评价项目	f_i	$\sum f_i$	权数比	备注
1	劳动负荷量	7	66	2	（1～8）劳动生产要素
2	工作危险性	7			
3	劳动环境	7			
4	脑力劳动紧张程度	7			
5	工作复杂繁简程度	7			
6	知识水平	12			
7	业务知识	7			
8	熟练程度不同	12			
9	工作责任	17	34	1	（9～10）领导管理要素
10	监督责任	17			

设第 i 评价项目的权数为 f_i，某一岗位第 i 项目的评价结果为 x_i，则该岗位的总点数为 x，它等于各项目评价点数的加权数之和。即

$$X = \sum x_i f_i$$

例如，某企业评定小组对某岗位的 10 项因素的评价结果见表 4—4。按上式合计后，可知该岗位的总点数为：

$$X = \sum x_i f_i = 1\ 400$$

表 4—4　　评价项目的评价结果

评价项目序号	1	2	3	4	5	6	7	8	9	10	合计
评价点数 x_i	10	8	20	10	38	10	14	20	10	10	—
权数 f_i	7	7	7	7	7	12	7	12	17	17	100
$x_i f_i$	70	56	140	70	266	120	98	240	170	170	1 400

5. 为了将企业相同性质的岗位归入一定等级，可将岗位评价的总点数分为若干级别，例如：

A 级：800 以下
B 级：801～900
C 级：901～1 000
D 级：1 001～1 100
E 级：1 101～1 200
F 级：1 201～1 300
G 级：1 301～1 400
H 级：1 401～1 500
I 级：1 501～1 600
J 级：1 601～1 700
K 级：1 701～1 800
L 级：1 801～1 900
M 级：1 901～2 000
N 级：2 001～2 100
O 级：2 101～2 200
P 级：2 201～2 300

由于上例中的岗位总点数为 1 400，故属 G 级。

评分法的优点是容易被人理解和接受，由于它是若干个评定要素综合平均的结果，并且有较多的专业人员参与评定，从而大大提高了评定的准确性。缺点是工作量大，较为费时费力，在选定评价项目以及给定权数时还带有一定的主观性。

评分法适宜生产过程复杂，岗位类别、数目多的大中型企业采用。

（四）因素比较法

因素比较法是从评分法演化而来的，也是按要素对岗位进行分析和排序。它和评分法的主要区别在于，各要素的权重不是事先确定的，而是先选定岗位的主要影响因素，然后将工资额合理分解，使之与各影响因素相匹配，最后再根据工资数额的多少决定岗位的高低。具体步骤是：

1. 先从全部岗位中选出 15～20 个主要岗位，所得到的劳动报酬（工资总额）应是公平合理的（必须是大多数人公认的）。

2. 选定各岗位共有的影响因素作为评价的基础。一般包括以下 5 项：

（1）智力条件，包括记忆力、理解力、判断力、所受教育程度、专业知识、基础常识等。

（2）技能，包括工作技能和本岗位所需要的特殊技能。

（3）责任，包括对人的安全，对财物、现金、资料、档案、技术情报保管和保守机密的责任，对别人的监督或别人对自己的监督。

（4）身体条件，包括体质、体力、运动能力，如持久性、变动性、运动速度等。

(5) 工作环境和劳动条件，如工作地的温度、湿度、通风、光线、噪声等。

3. 将每一个主要岗位的每个影响因素分别加以比较，按程度的高低进行排序。排序方法与上述介绍的“排列法”完全一致。例如，某公司办事机构中的主要岗位是：A. 会计，B. 出纳，C. 文书，D. 司机，E. 勤杂工。这5个岗位可以分别按上述5种影响因素进行评定排序，见表4—5。

表4—5 智力条件的评定排序

智力条件系数	1	2	3	4	5
岗位	A	B	C	D	E

4. 评定小组应对每一岗位的工资额进行认真协调，按上述5种影响因素分解，找出对应的工资额，其结果见表4—6。

表4—6 岗位工资的确定 单位：元

(月)岗位工资	智力条件		技能		责任		身体条件		工作环境	
	序号	工资额	序号	工资额	序号	工资额	序号	工资额	序号	工资额
A (1 250)	1	320	1	260	2	360	4	160	3	150
B (1 100)	2	210	4	200	1	400	5	150	4	140
C (1 000)	3	180	3	220	4	260	3	170	2	170
D (1 050)	4	50 (90)	2	230	3	280	2	190	1	260
E (650)	5	90 (50)	5	50	5	90	1	200	1	260

由于表4—5中的结果是由评定小组商定的，会遇到序号与工资额高低次序不一致的情况。例如在表4—6中，智力条件栏内D岗位（司机）与E岗位（勤杂工）两者序列号分别为4、5，而括号内却为90元和50元。从序列号上看，D岗位的相对价值高于E岗位，那么工资额（即智力条件的相对价值）D也应当高于E。出现这种不一致的情形，评定小组应重新协商，使两者顺序一致（表中括号内的数是修整后的结果）。有时实在无法调整修正，也可以将有争议的岗位取消，重新选择一个主要的具有代表性的岗位。

5. 将企业中尚未进行评定的其他岗位，与现有的已评定完毕的重要岗位对比，某岗位的某要素与哪一主要岗位的某要素相近，就按相近条件的岗位计算工资，累计后就是本岗位的工资。C岗位经过比较后，得到以下结果，见表4—7：

表 4—7　　岗位 C 的工资确定

智力条件	C 与 B 相似	按 B 岗位智力条件，工资额应为 210 元
技能	C 与 D 相似	按 D 岗位技能条件，工资额应为 230 元
责任	C 与 A 相似	按 A 岗位责任条件，工资额应为 360 元
身体条件	C 与 B 相似	按 B 岗位身体条件，工资额应为 150 元
工作环境	C 与 B 相似	按 B 岗位工作环境，工资额应为 140 元

最后将各项结果相加，则：

$$210+230+360+150+140=1\ 090\text{（元）}$$

故岗位 C 的月工资定为 1 090 元。

当各个岗位的月工资额确定以后，按其价值归级列等，编制出岗位系列等级表。

采用此法时应注意：

（1）本法的优点是富有一定的弹性。进行评定时，所选定的影响因素较少，各因素均无上限，这就避免了重复，扩大了适用范围。

（2）由于本法是先确定主要岗位的系列等级，然后以此为基础，分别对其他各类岗位再进行评定，使得本法简便易行，大大减少了工作量。

（3）本法的主要缺点是，各影响因素的相对价值在总价值中所占的百分比，完全是靠评定人的直接判断，这就必然会影响评定的精确度。

（4）由于作为对比基础主要岗位的工资额，只是过去的或现行的标准，随着企业生产经营的发展和劳动生产率水平的提高，特别是消费品价格的波动，企业总要适当增加员工的工资。为了保证岗位评价的正确性，在增加工资时，应给所有的岗位增加相同百分比的工资。

四、岗位综合评价

岗位综合评价是在岗位调查的基础上，对岗位信息进行综合处理，从而确定岗位相对价值的过程。前面已经介绍了几种主要的岗位评价方法，实际上在进行岗位综合评价时，更多、更常用的方法是专家评估法和点数评分法。

（一）专家评估法的应用

专家评估法是指由掌握被评价岗位全面情况的专家或权威，通过分析岗位的性质、内容、任务、所需人员的素质，以及承担的责任和在生产经营过程中所起的作用，收集评价所需信息，根据评级标准评定等级的方法。实施步骤如下：

1. 组织专家评定小组

专家评定小组应由如下几方面人员组成：

（1）人力资源管理人员；

（2）生产领导管理人员；

（3）从事设备、工艺等技术工作的人员；

（4）安全、质量等管理人员。

2. 掌握评价标准

评价人员要认真阅读评价标准，理解标准的定义和内涵，掌握评分原则，弄清不同指标之间、同一指标不同级别之间的联系和区别。可由标准制定人员以宣讲和座谈讨论的形式帮助评价人员尽快熟悉评价标准。

3. 收集信息，掌握被评价岗位的基本情况

评价人员要广泛采集信息，不仅要掌握岗位在本专业范围内的情况，还要掌握相关专业的岗位情况；不仅要掌握近时期的岗位情况，还要掌握较长时间内的岗位情况。对岗位要有一个全面、深入、客观的认识。

4. 进行评定

评定方法以个人评定为好，即评委各自独立地评判被评岗位在各因素中所达到的程度，确定相应的等级，将结果填写在专门表格上。

5. 数据审查和处理

评定表填写好后，应有专门人员进行审查，对不合规范的或者与事实有明显出入的，应予以修正或报废重评。

（二）点数评分法的应用

点数评分法首先要找出影响岗位劳动的诸因素，并确定每一因素内各等级相应的点数（分值），然后对所有岗位按照这一固定尺度确定点数（评分），再求和，即得该岗位取得的总点数（计算评价总分），从而确定岗位的相对价值。

下面以某企业对管理岗位的评价为例说明点数评分法的全过程。

1. 制定评价标准

选择评价因素时，应选择重要的或对工作影响较大的作为评价因素。某企业在对管理岗位进行评价时，选取了文化与业务知识、工作复杂程度、经济责任、指导责任四个因素。

文化与业务知识，指岗位对文化、业务知识的要求。

工作复杂程度，指工作难度、脑力劳动程度、制定和执行政策的复杂程度。

经济责任，指岗位对产量、质量、资金使用、材料消耗等方面所承担的责任。

指导责任，指岗位对指导、管理、监督他人工作的程度和被指导、管理的程度。

评价标准是对岗位（职位）在各因素上实现程度进行评判的依据。上列各因素评价标准见表4—8、表4—9、表4—10、表4—11。

表4—8 文化与业务知识评价标准表

等级	内容	点数
1	高中毕业，不需要专门知识	26
2	高中毕业，需要较简单的专业知识	52
3	中专水平，需掌握本专业的基础理论、原理和方法，要处理一些较简单的技术问题	78
4	大专水平，需系统掌握本专业的基础理论、原理和方法，要解决本专业内比较复杂的问题	104
5	大学水平，需系统掌握本专业的基础理论、原理和方法，要解决本专业内重要的技术业务问题	130

表4—9 工作复杂程度评价标准表

等级	内容	点数
1	工作内容单一，有固定的工作程序，不具备任何选择性	28
2	工作内容比较简单，按已有的工作模式和方法工作，在执行政策的过程中需处理一些简单的问题	42
3	工作内容较复杂，有可借鉴的模式和工作方法，有工作目标，在执行政策的过程中需处理较复杂的问题	63
4	工作内容较复杂，有较清楚的政策和原则，需一定的创新能力，要制定、执行局部或专业性政策	94
5	需在错综复杂的工作内容中理出头绪，决策性强，只有总的方针和目标，要制定、执行有关全局的政策，需较强的开拓创新能力	140

表 4—10　　指导责任评价标准表

等级	内容	点数
1	上级对工作内容、程序、方法、期限等提出具体要求，只对自己负责，遇到问题可随时向上级请示	23
2	上级对工作任务提出要点和原则性要求，只对自己负责，遇到问题可向上级请示	50
3	上级只提出工作任务，对工作程序和方法自己负责，只对自己负责	70
4	不仅要完成自己的工作任务，在某一功能或多功能上对别人的工作负有指导责任	90
5	对他人负有综合管理责任，对别人的工作负有分配、指导职责	115

表 4—11　　经济责任评价标准表

等级	内容	点数
1	由于差错或对问题处理不当，影响小，经济损失可以忽略	23
2	由于差错或对问题处理不当，经济损失小，或可挽回，但影响大	46
3	由于差错或对问题处理不当，将造成一定的经济损失（5 000 元以内）	69
4	由于差错或对问题处理不当，造成损失较大（1 万元以内）	92
5	由于差错或对问题处理不当，造成损失较大（1 万元以上）	115

2. 确定各评价因素各等级的点数

（1）确定各因素权数。通过讨论，运用“十分分成法”确定各因素的权数(见表 4—12)。

表 4—12　　因素权衡表

因素	文化与业务知识	工作复杂程度	经济责任	指导责任
权数	0.26	0.28	0.23	0.23

（2）确定各因素等级的点数。这里有两类数据需要确定，一是点数的最大值和最小值，二是各等级的点数差（幅度）。

1）确定最低、最高点数。点数是以权数为基准确定的。通常以权数百分数表示法的分子作为最低点数，乘以一个常数作为最高点数，这样确定最高（低）点数，从根本上反映了因素的重要性差别。重要的因素相应的点数高，次要的因素相应的点数低。本例各因素的最高点数与最低点数见表 4—13，表中取常数 5。

表 4—13　　各因素等级点数表

等级 \ 因素 / 点数	文化业务知识	工作复杂程度	经济责任	指导责任
1（最低点数）	26	28	23	23
2	52	42	50	46
3	78	63	70	69
4	104	94	90	92
5（最高点数）	130	140	115	115

2）确定各等级级差。级差确定的方法有：等差数列法、等比数列法、不规则数列法。

若用等差数列，则：

$$p=\frac{p_{\max}-p_{\min}}{n-1}$$

式中　p——级差；

$p_{\max}$——最高点数；

$p_{\min}$——最低点数；

n——等级数。

若用等比数列，则：

$$q=\sqrt[n-1]{\frac{p_{\max}}{p_{\min}}}$$

$$p_i=p_{\min}q^{i-1}\quad(i=1,\ 2,\ \cdots,\ n)$$

式中　q——公比；

p_i——i 等级的点数。

等差数列法的特点是各等级点数差相等，它适用于与各等级对应的等级内容的差别比较均匀的因素。如文化与业务知识和指导责任两个因素，其点数就是应用等差数列法确定的，前者级差为 26，后者级差为 23（见表 4—13）。

3. 进行评价

（1）进行岗位调查。由于管理岗位的工作特点决定了不便进行测定，因而在岗位调查时宜采用问卷调查法和座谈法。

（2）评等记分。即由评价人员根据岗位调查所获得的信息和评价标准对各岗位进行评定，将结果填写到评价表上（见表 4—14）。评定的方法就是前面介绍的专家评估法。将各评价人员对某岗位同一因素的评价分求和取平均值，即得该岗位在该因素下的评价得分。把各因素的评价得分相加，得评价总分。

表 4—14　　岗位评价计点数

岗位编码：　　　　　单位：　　　　岗位：

因素	岗位事实	评定等级	点数
文化与业务知识	需要高中以上文化知识，专业性较强，但对问题的处理有固定的模式	3	78
工作复杂程度	工作内容比较简单，有较固定的工作方式，纯执行政策，工作政策性强，需处理一些简单问题	2	42
指导责任	有固定的工作内容和目标，工作中主要对自己负责，有时需检查他人工作	3	70
经济责任	工作中失误造成的损失不大，可以挽回，但造成的影响大	2	46
点数合计		—	236

评价者：　　　　　　审核者：　　　　日期：　年　月　日

本章小结

工作岗位研究是岗位调查、岗位分析、岗位设计、岗位评价和岗位分级等项活动的总称。作为企业有效的人力资源管理的重要技术手段，它是企业人力资源规划、定编定岗与定员定额、人员招聘与配置、员工培训与开发、绩效考评、薪酬制度的制定与贯彻等各个工作环节的基础和依据。本章从工作岗位调查的方法入手，系统地阐述了岗位研究的基本原理，以及工作岗位分析、设计与评价的具体程序和基本方法。通过本章的学习，应该明确工作岗位研究的基本概念和基本功能，能够利用本章介绍的各种岗位分析、设计与评价的相关知识和方法，对企业中的各类工作岗位进行分析、设计与评价，并能独立撰写工作岗位说明书。

本章习题

1. 简述工作岗位研究的概念、作用、原则和方法。
2. 简述工作岗位分析的基本概念和程序及其方法。
3. 简述工作岗位内涵分析与外延分析的主要内容。
4. 简述工作说明书和岗位规范的差别。
5. 简述岗位工作说明书的内容和格式。
6. 简述岗位评价应掌握哪些相关信息。
7. 简述岗位评价的内容，以及岗位评价的步骤。
8. 简述岗位评价的功能，岗位评价的指标体系。
9. 简述各类岗位评价方法的特点、步骤和程序。

案例分析

案例1　C公司是一家高速发展中的企业，在过去的3年中，通过公开招聘，从全国的10多所大专院校和同类企业中引进一大批专业人才，他们被安排在公司总部的15个职能部门中，分别承担着不同岗位的工作，如战略规划、党群工作、行政、人事、财务、物流、技术情报、工艺管理、计划统计等。据统计，这些职能部门总共配置了550名专职人员。由于公司人力资源部刚刚从行政人事部分离出来，各项基础工作都是空白的，亟待完善和加强，如企业各类人事档案的整顿、定岗定员标准的制定、各种规章制度的健全完善、劳动合同的签订与认证、绩效管理系统的设计与实施等，对新上任的人力资源部部长来说，会深感压力很大、问题太多，一时不知如何下手开展工作。在布置2012年下半年工作任务时，总经理明确提出，公司人力资源部必须改变目前盲目增人、效率低下的问题，在公司总体组织构架不变的情况下，于年底之前将富余的人员压下来，切实保障工作岗位任务满负荷，使现有人员减少15%～20%。

请结合本案例，回答下列问题：

1. 如果你是人力资源部部长，你将采取何种行动实现总经理提出的工作目标?

2. 请制定出一份详细的工作计划和实施方案。

案例2　在美国一家电子公司分公司里，各级管理人员的职责并不是完全由他们的工作说明书决定的，他们可能会因情况的不同而从事不同的工作，这主要取决于他们自身的工作能力和工作表现。那些表现出色的可能会被赋予额外的职责，而那些表现平平的则通常是交出一部分工作责任。因此，工作效率较差的管理人员多半会失去他们的一部分职责和权限，但不会失去工作岗位。因此，一名行政管理人员实际所承担的职责可能与他的头衔并不相称。显而易见，这种管理方式与大部分美国公司的管理方式不一样。但是，在与美国公司的竞争中，这种方法却相当成功。另外，员工们对这种安排也都十分满意。

请结合本案例，回答以下问题：

1. 该公司管理人员的职责划分不局限于工作说明书的做法存在什么样的潜在问题？

2. 假如你是该公司的人事主管，你会建议对这种做法做哪些改动？

附录一

某公司 VIP 接待室主任岗位工作说明书（样式）

第一部分　职务规格说明

一、基本资料

岗位名称：要客接待室主任	岗位等级：科级
岗位编码：160201	定员标准：1 人
直接上级：要客部经理	分析日期：2012 年 10 月

二、工作职责

1. 概述

在要客部经理的领导下，全权负责进出港重要客人及股份公司领导和要客部领导交办的要客在候机楼内的接待工作，贵宾休息室的预定、调配和结算，专包机业务联系。

2. 工作职责

（1）根据要客部战略目标和经营管理体制，制定本部门的各项规章制度并监督实施。

（2）全权负责进出港要客在候机楼内的接待工作。

（3）协调海关、边防、公安分局、各大航空公司等部门的关系，保证要客顺利进出港，树立要客部最佳服务形象。

(4) 负责要客信息的搜集整理和报道，贵宾休息室的预定、调配和结算，相关的复印、打字、传真和订票等商务工作。

(5) 拓展包机及商务飞机的服务领域，协调有关部门确保商务活动的顺利进行。

(6) 制订本部门的工作计划、业务学习计划及考核办法，抓好本部门的工作纪律，定期对下属员工的工作进行监督检查。

(7) 全面负责本部门员工的思想政治工作，对党、团、工会、女工等项党群工作进行指导监督。

(8) 定期向要客部领导汇报本部门工作业务开展情况及员工的思想政治状况，充当上下级之间的桥梁和纽带。

三、额外职责

完成领导交办的其他临时工作。

四、监督及岗位关系

（一）所受监督和所施监督

1. 所受监督：要客接待室主任直接受要客部经理的监督指导。

2. 所施监督：对下属的主任助理、商务中心工作人员、接待人员、专包机业务员等进行直接监督指导。

（二）与其他岗位关系

1. 内部联系：本岗位与贵宾休息室有业务上的协调和配合关系，与综合办公室有指导和协调关系。

2. 外部联系：本岗位与全国各大航空公司、海关、边防、卫生检疫、护卫中心、公安警卫等部门有业务合作关系。

（三）本岗位职务晋升阶梯图（见图 4—1）

图 4—1　职务晋升阶梯图

（四）本岗位横向平移情况

本岗位可向其他职能部门室主任岗位平移。

五、工作内容及工作要求（见表 4—15）

表 4—15　　工作内容及工作要求

工作内容	工作要求
(1) 要客接待室主任要根据要客部战略目标和经营管理体制，制定本部门的各项规章制度并监督实施 (2) 全权负责进出港要客在候机楼内的接待工作 (3) 协调海关、边防、公安分局、各大航空公司等部门的关系，保证要客顺利出港，树立要客部最佳服务形象 (4) 负责要客作息的搜集整理和报道，贵宾休息室的预定、调配和结算，相关的复印、打字、传真和订票等商务工作 (5) 拓展包机及商务飞机的服务领域，协调有关部门确保商务活动的顺利进行 (6) 制定本部门的工作计划、业务学习计划及考核办法，抓好本部门的工作纪律，定期对下属员工的工作进行监督检查 (7) 全面负责本部门员工的思想政治工作，对党、团、工会、女工等项党群工作进行指导监督 (8) 定期向要客部领导汇报本部门工作业务开展情况及员工的思想政治动态，充当上下级之间的桥梁和纽带	(1) 规章制度的制定应根据本部门工作的实际，切实可行，确保有效实施，监督有力 (2) 协助办理要客登接机免检手续和 VIP 证件、贵宾停车场的管理工作，确保要客满意率达到 100% (3) 确保与有关部门关系通畅 (4) 信息准确，服务到位，收费合理 (5) 积极拓展专包机业务，培育新的经济增长点 (6) 计划应包含年度计划和中长期规划；业务学习应每月不少于 2 次；对员工考核有据，纪律严明，奖勤罚懒，确保公平、公正 (7) 每周组织 1 次政治学习，确保员工思想稳定 (8) 每月应向要客部领导汇报本部门工作 2～3 次，做到上情下达，下情上达

六、工作权限

1. 对要客接待室的业务和行政管理工作有指导和监督权。

2. 有权对下属员工的奖惩提出建议。

3. 有对上级部门提出合理化建议和意见的权力。

4. 根据股份公司的规定，有权对员工假期的审批提出建议。

5. 有就本部门的规划向上级领导申报设备更新改造和申请拓展新的经营领域的权力。

七、工作环境和条件

本岗位属于手工工作，室内坐姿结合室外走动进行，具备较轻体力即可，工作环境温、湿度适中，无噪声、粉尘污染，照明条件良好。

八、工作时间

本岗位实行每周 40 小时的标准工时制。

第二部分　员工规格要求

九、资历

1. 工作经验：具有3年以上接待服务的相关工作经验。

2. 学历要求：具有大专以上文化程度。

十、身体条件

本岗位要求身体健康，精力充沛，具有一定的协调力、控制力、调整力和记忆力。

十一、心理品质和能力要求

1. 智力：具有较强的学习能力、理解指令和原理的能力及推理判断能力。

2. 语言能力：口头和书面语言表达流利。

3. 具有一定的组织领导能力、管理能力、计划能力及实施运作能力。

4. 严谨、细心，善于发现微小问题，并能及时做出判断。

5. 具有较强的安全意识和保密意识。

十二、所需知识和专业技能

1. 担任本岗位职务应具备的专业知识和技能

(1) 掌握服务接待规范或相关专业知识。

(2) 具有一定的外语水平，能够运用英语进行简单的听、说、读、写。

(3) 具有一定的计算机水平，能够使用计算机办公自动化软件。

(4) 具有公关意识，善于把握市场动态和接受先进的管理经验。

(5) 具有丰富的社会经验。

2. 招聘本岗位员工应考核的内容

(1) 政治思想素质和对民航服务行业的热爱程度。

(2) 服务规范、安全保密等专业知识。

(3) 计算机操作知识。

(4) 英语中级水平的考核。

3. 上岗前应接受的培训内容

(1) 了解要客部的主要职能和责任，熟悉股份公司和要客部现行各项规章制度。

(2) 掌握要客部人员分工情况，了解下属部门业务进展情况。

(3) 服务意识、安全意识、保密意识。

4. 上岗后应继续教育训练的内容

(1) 服务规范、安全保密知识。

(2) 公关学、社会学和心理学知识。

十三、绩效管理

从德、能、勤、绩四个方面对员工进行考核，以领导评定为主、自我评定和同级评定为辅，其中领导评定占 70%，同级评定占 20%，自我评定占 10%。

（一）本岗位工作需考核的内容

1. 德

良好的职业道德修养，敬业爱岗，忠于职守。

2. 能

（1）业务能力：服务行业专业知识和实际运用能力，日常行政管理能力和处理突发事件的能力，公关和协调能力。

（2）管理水平：具有一般的计划、组织、控制、协调和决策能力。

3. 勤

出勤率达到 98%。

4. 绩

（1）是否按工作计划和领导的指令圆满完成工作任务。

（2）是否能够实现计划规定的经济管理目标。

（3）各业务组的工作状况有无改善，工作绩效有无提高。

（4）对整个机场的服务工作影响程度。

（二）本岗位工作从时间角度考核要求

1. 定期听取本部门人员的工作汇报。

2. 每月向要客部经理提交书面工作报告 2～3 次。

3. 根据工作进展情况，随时向要客部经理提出合理化意见和建议。

4. 年初提出全年工作计划，年末根据工作完成的实际情况向上级领导述职。

（三）考核结果的分析和反馈

由上级领导对考核结果进行核实及可靠性分析，以保证考核结果的真实性，并将考核结果与同期指标和工作要求相比较，及时将分析结果反馈给本人。

附录二

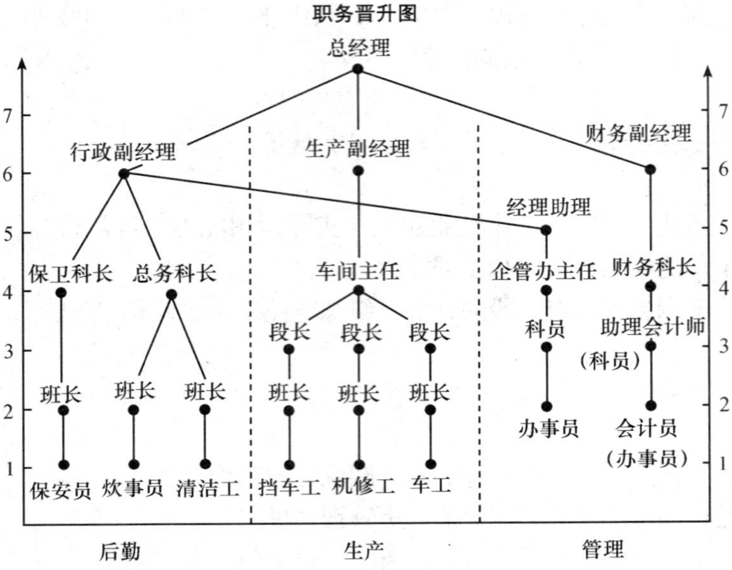

图 4—2　职务晋升图

第五章 人力资源规划

第一节 人力资源规划的概念与作用

一、人力资源规划的概念

人力资源规划又称人力资源计划，是企业计划的重要组成部分，它在整个人力资源管理活动中占有重要地位，是各项具体人力资源管理活动的起点和依据，直接影响着企业整体人力资源管理的效率。

国内关于人力资源规划的概念主要有以下几种观点：

1. 人力资源规划就是要分析企业在环境变化中的人力资源需求状况并制定必要的政策和措施来满足这些要求。

2. 人力资源规划就是要在企业和员工的目标达到最大一致的情况下，使人力资源的供给和需求达到最佳的平衡。

3. 人力资源规划就是要确保企业在特定的时间、特定的岗位上获得合适的人才（包括数量和质量两个指标），人力资源战略规划就是要使企业和个人都得到长期的利益。

4. 人力资源规划就是预测未来的企业任务和环境对企业的要求，以及为了完成这些任务和满足这些要求而设计的提供人力资源的过程。

综上所述，笔者认为，人力资源规划是指为实现发展战略，完成生产经营目标，企业根据内外部环境和条件的变化，运用科学的方法对企业人力资源的供给和需求进行预测，并制定出相应的政策和措施，使企业人力资源供给和需求达到平衡，以实现人力资源合理配置的过程。

二、人力资源规划的类型

（一）从范围上划分

人力资源规划有狭义与广义之分。狭义的人力资源规划是指企业从战略规划和发展目标出发，根据内、外部环境的变化，预测企业未来发展对人力资源的需求，以及为满足这种需求所进行的人力资源管理的活动过程。简单地说，狭义的人力资源规划是指进行人力资源供需预测并使之平衡的过程，实质上它是企业各类人员需求的补充规划。广义的人力资源规划是企业所有人力资源计划的总称。

（二）从内容上划分

从内容上划分，人力资源规划分可为五种类型：人力资源战略规划、组织规划、制度规划、人员规划和职业生涯规划。其关系如图 5—1 所示。

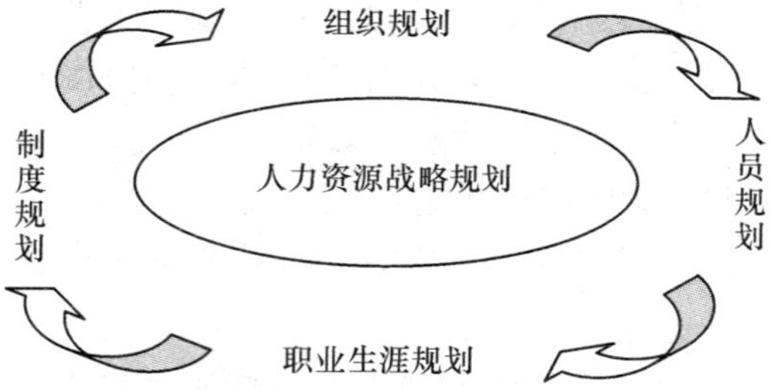

图 5—1　人力资源规划的五种类型

1. 人力资源战略规划是企业根据总体发展战略的目标，对企业人力资源开发和利用的方针、政策和策略的规定，是各种人力资源具体计划的核心，是事关全局的关键性计划。它是根据企业总体发展战略的目标和环境对组织的要求而制定人力资源管理行动方针的过程。

2. 组织规划是对组织整体框架的设计，主要包括组织信息收集与处理、组织调查与诊断、组织设计与调整，以及组织机构的设置等。

3. 制度规划，即人力资源管理制度规划，是企业运行的物质载体，是企业人力资源管理具体操作的规范体系，是人力资源总规划目标实现的重要保证，包括人力资源管理制度体系建设的程序、制度化管理等内容。

人力资源管理制度是企业人力资源管理系统有效运行的保障。企业要保证人力资源总体规划目标的实现，就必须不断建立健全和完善企业人力资源管理的制度体系，使人力资源管理的吸引、录用、维持、评价、调整、发展 6 项基本职能得到充分发挥。

4. 人员规划是指狭义的人力资源规划，是对企业人员总量、构成、流动的整体规划，包括人力资源现状分析、企业定员、人员需求与供给预测和人员供需平衡等内容。

5. 职业生涯规划既是员工个人的发展规划，又是企业人员规划的有机组成部分。职业生涯规划通过把个人的职业发展与组织需要结合起来，能够达到有效的留住人才，稳定企业员工队伍的目的。

（三）从规划的期限上划分

从规划的期限上划分，人力资源规划可分为：长期规划（5 年以上的计划）和短期计划（1 年及以内的计划），介于两者之间的为中期计划。

三、人力资源规划的作用

企业的生存和发展离不开企业规划。企业规划的目的是使企业的各种资源（人、财、物）彼此协调并实现内部供求平衡。人（或人力资源）作为企业内最革命、最活跃的因素，不言而喻是企业在规划中首要考虑的因素。

在人力资源管理活动中，人力资源规划不仅具有先导性和战略性，而且在实施企业总体发展战略规划和目标的过程中，还能不断调整人力资源管理的政策和措施，指导人力资源管理活动。因此，人力资源规划又被称为人力资源管理活动的纽带。企业工作岗位分析、劳动定员定额等人力资源管理活动的基础工作是人力资源规划的重要前提，而人力资源规划又对企业人员的招聘、选拔、考评、调动、薪酬、福利和保险等工作环节以及人力资源的教育和培训、企业内部人员余缺的调整等各种人力资源管理活动的目标、步骤与方法，做出了具体而详尽的安排。这些都充分显示了人力资源规划在企业人力资源管理活动中的重要地位和作用。

企业人力资源规划的具体作用包括：

（一）满足企业在发展中对人力资源的需求

在市场竞争激烈的环境中，企业只有不断地开发新产品，引进新技术，才能确保在竞争中立于不败之地。而不同的企业、不同的生产技术条件，对人力资源的数量、质量、结构等方面的要求是不一样的。新产品、新技术的开发和运用造成企业机器设备与人员配置比例的变化，这就需要企业对所有的人力资源进行不断的调整。

一般来说，企业所需的员工可分为两大类，一类是低技能员工，另一类是高技能的技术人员和管理人员。对于低技能的员工，市场上供过于求，企业可以比较容易地通过劳动力市场获得此类人员，而且员工通过短期的培训就可以上岗。但是，对于高技能的技术人员和管理人员，他们在企业生产经营中起着关键性的作用，而且对于此类人员的短缺，企业是无法在短时间内弥补的（即使是通过培训手段），这样就阻碍了企业的发展。人力资源规划可以减少企业发展过程中人事安排的困难，使企业在实施生产经营战略前，对未来人员应有的合理配置有大体的了解，有利于战略目标的实现；而不进行人力资源规划的企业，其用人策略缺乏前瞻性，对随时可能出现的风险缺乏承受能力，从而制约和影响着企业的发展。

（二）使人力资源管理有序化

在企业的人力资源管理活动中，如确定各种岗位的人员需求量、人员的配置等工作，不通过人力资源规划是很难达到的。人力资源规划是企业具体的人力资源管理工作的依据，它为企业组织的招聘、录用、晋升、培训、人员调整以及人工成本的控制等人力资源管理活动提供准确的信息和依据，使企业人力资源管理工作更加有序、科学、准确、客观。

（三）协调人力资源管理的各项计划

人力资源规划作为企业的战略性决策，是企业制定各种人事决策的依据和基础。企业通过人力资源规划可以将人员配备计划、人员补充计划、人员晋升计划、员工培训开发计划、薪酬激励计划（包括福利计划）、员工职业生涯规划等有机地联系在一起。

（四）提高人力资源的利用效率

人力资源规划还可以控制企业的人员结构，从而避免由于企业发展过程中的人力资源浪费而造成的人工成本过高，也可以保证企业利用结构合理的、稳定的员工队伍去实现企业的生产经营目标。

（五）使组织目标和个人发展目标相一致

现在，以人为本的管理思想在企业管理中的地位越来越重要。人本管理理论要求企业在管理中，既要注重生产经营效益，又要兼顾员工个人的利益、员工的发展。在人力资源规划的前提下，员工对自己在企业中的努力方向和发展方向是明确的，从而在工作中表现出较强的积极性和创造性。这样有利于组织目标的实现，也有利于企业对组织目标与个人目标的兼顾。

四、人力资源规划的构成

人力资源规划包括总体规划和业务计划。人力资源总体规划是指在计划期内人力资源管理的总目标、总政策、实施步骤和总预算的安排。而人力资源业务计划是人力资源具体业务的部署与实施，包括人员配备计划、人员补充计划、人员晋升计划、人员培训与技能开发计划、薪酬激励计划（包括福利计划）、员工职业生涯规划等。这些业务计划是人力资源规划的展开和具体化，每项业务计划都由目标、任务、政策、步骤及预算等部分构成，并且这些业务计划的结果能够保证人力资源规划目标的实现。下面阐述的人力资源规划的内容主要是指人力资源规划的各项业务计划。

（一）人员配备计划

人员配备计划是企业按照内、外部环境的变化，采取不同的人员管理措施（比如使员工在企业内部合理流动、对岗位进行再设计等），以实现企业内部人员的最佳配置。例如，当企业要求某岗位上的员工同时具备其他岗位的经验或知识时，就可以让此岗位上的员工定期地、有计划地流动，以提高其知识技能，使其成为复合型人才。再比如，当人员过剩时，企业可以通过岗位再设计对企业中不同岗位的工作量进行调整，解决工作负荷不均的问题。

（二）人员补充计划

人员补充计划是企业根据组织运行的实际情况，对企业在中长期内可能产生的空缺职位加以弥补的计划，旨在促进人力资源数量、质量和结构的完整与改善。一般来讲，人员补充计划是和人员晋升计划相联系的，因为晋升计划会造成组织内的职位空缺，并且这种职位空缺会逐级向下移动，最后导致企业对较低层次的人员需求加大。所以，在企业进行招聘录用活动时，必须预测未来的一段时间内（比如 1～2 年）员工的使用情况。只有这样，才能制订出合理的人员补充计划，保证企业在每一发展阶段都有适合的员工担任各种岗位工作。

（三）人员晋升计划

人员晋升计划是企业根据企业目标、人员需要和内部人员分布状况而制订的员工职务提升方案。对企业来说，要尽量使人与事达到最佳匹配，即尽量把有能力的员工配置到能够发挥其最大作用的岗位上去。这对于调动员工的积极性和提高人力资源利用率是非常重要的。职务的晋升，意味着责任与权限的增大，按照赫兹伯格的双因素理论，责任与权限都属于工作的激励因素，它们的增加对员工的激励作用巨大。因此，人员晋升计划的最直接作用就是激励员工。

晋升计划的内容一般由晋升条件、晋升比率、晋升时间等指标组成。企业的晋升计划是分类制定的，每一个晋升计划都可以用这些指标清楚地表示。企业在制订员工晋升计划时应该全面地衡量上述指标，慎重考虑，以免使员工感到不公平，进而对员工之间已有的平等竞争环境和企业的经营效率造成不良影响。

（四）人员培训与技能开发计划

人员培训与技能开发计划就是企业通过对员工有计划的培训，引导员工的技能发展与企业的发展目标相适应的策略方案。人力资源是一种再生性资源，企业可以通过有计划、有步骤的分门别类的培训来开发人力资源的潜力，培养出企业发展所需要的合格人才。企业人员培训的任务就是设计对现有员工的培训方案、生理与心理保健方案。人员培训计划的具体内容包括受训人员的数量、培训的目标、培训的方式方法、培训内容、培训费用的预算等。

（五）薪酬激励计划（包括福利计划）

薪酬激励计划一方面是为了保证企业人工成本与企业经营状况之间恰当的比例关系，另一方面是为了充分发挥薪酬的激励功能。企业通过薪酬激励计划，可以在预测企业发展的基础上，对未来的薪酬总额进行预测，并设计、制定、实施未来一段时期的激励措施，如激励方式的选择等，以充分调动员工的工作积极性。

（六）员工职业生涯规划

员工职业生涯规划既是员工个人的发展规划，又是企业人力资源规划的有机组成部分。企业通过员工职业生涯规划，能够把员工个人的职业发展与组织需要结合起来，从而有效地留住人才，稳定企业的员工队伍。特别是对那些具有相当发展潜力的员工，企业可以通过个人职业生涯规划的制定，激发他们的主观能动性，使其在企业中友挥出更大的作用。

第二节 人力资源规划的原则与制定

一、人力资源规划的制定原则

在制定人力资源规划时，为了保证规划的正确性、科学性和有效性，应该遵循以下原则：

（一）确保人力资源需求的原则

人力资源的供给保障问题是人力资源规划中应解决的核心问题，因此，企业人力资源规划要通过一系列科学的预测和分析（包括对人员的流入分析、流出预测，人力资源供给状况分析，人员流动的损益分析等），满足企业对人力资源的需要。只有满足这一条件，企业才可以进行更深层次的人力资源管理与开发。

（二）与内、外部环境相适应的原则

企业在发展过程中，总会受到某些不确定因素的干扰（比如企业所处环境不可预测的变化等），给企业的发展带来风险。因此，企业的人力资源规划要考虑到这一点。规划毕竟是面向未来的，必须要有前瞻性。企业要对可能出现的环境变化做出预测、分析，并有所准备。这也是对人力资源规划的基本要求之一。

（三）与战略目标相适应的原则

在制定人力资源规划时，必须与企业战略目标相适应。因为人力资源规划是企业整个发展规划中的重要组成部分，其首要前提就是服从企业整体发展战

略的需要，只有这样，才能保证企业目标与企业资源的协调发展。

（四）保持适度流动性的原则

员工队伍的合理流动对企业保持稳定、健康发展有着不言而喻的作用。员工流动性过高或过低，都会对企业的发展造成如下不利影响：流动性过低，不利于发挥员工的积极性和创造性；流动性过高，造成人力资本的损耗，造成企业生产经营成本增加。保持适度的人员流动，可以使企业的人力资源得到有效的应用。

二、人力资源规划的制定程序

（一）人力资源规划的制定程序

人力资源规划作为人力资源管理的一项基础性活动，其核心部分包括人力资源需求预测、人力资源供给预测及供需综合平衡三项工作，如图 5—2 所示。

人力资源规划的制定步骤是：

1. 调查、收集和整理涉及企业战略决策和经营环境的各种信息。影响企业战略决策的信息有：产品结构、消费者结构、产品市场占有率、生产和销售状况、技术装备先进程度等企业自身的因素；企业外部的经营环境，社会、政治、经济、法律环境等，这些外部因素是企业制定规划的“硬约束”，企业任何人力资源规划的政策和措施均不得与之相抵触。比如《劳动法》规定：禁止用人单位招用未满 16 周岁的未成年人。企业拟定未来人员招聘规划时，应遵守这一规则，否则将被追究责任，规划也无效。

2. 根据企业或部门实际情况确定人力资源规划期限，了解企业现有人力资源状况，为预测工作准备精确而翔实的资料。如根据企业目标，确定补充现有岗位空缺所需人员的数量、资格、条件以及时间等。

3. 在分析人力资源需求和供给的影响因素的基础上，采用定性和定量相结合、以定量为主的各种科学预测方法对企业未来人力资源供求进行预测。这是一项技术性较强的工作，其准确程度直接决定了规划的效果和成败，也是整个人力资源规划中最困难、最重要的环节。

4. 制定人力资源供求协调平衡的总计划和各项业务计划，并分别提出各种具体的调整供大于求或供不应求的政策措施。人力资源供求达到协调平衡是人力资源规划活动的落脚点和归宿，人力资源供需预测则是为这一活动服务的。

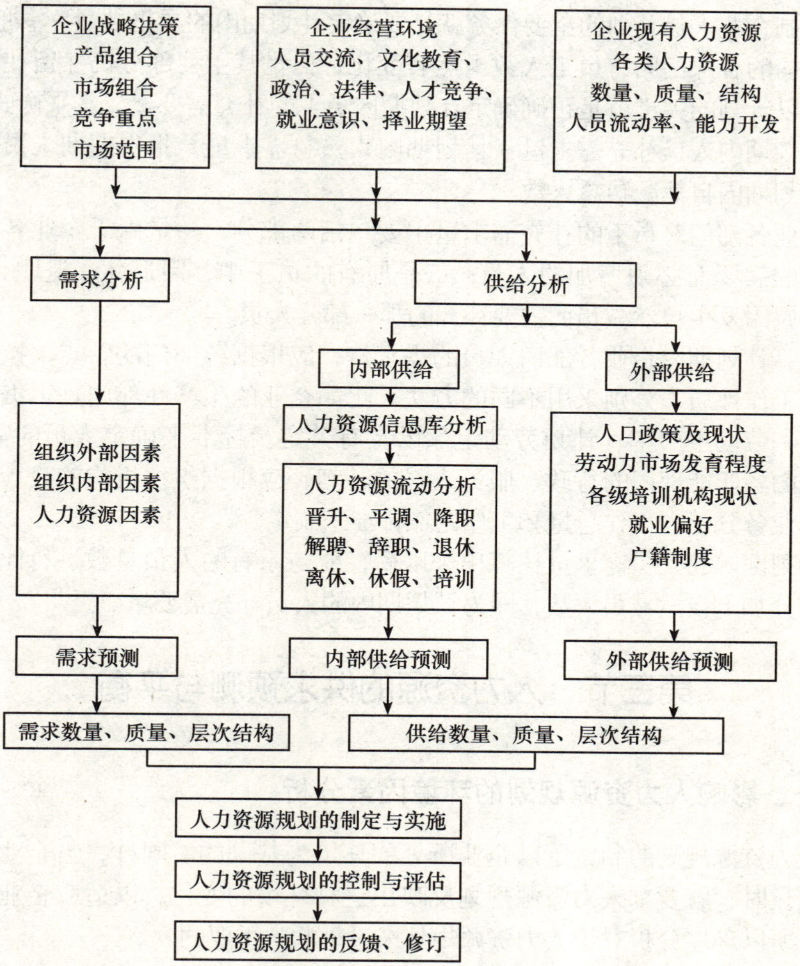

图 5—2　人力资源规划的制定程序和方法

5. 人力资源规划并非是一成不变的，它是一个动态的开放系统。对其过程及结果必须进行监督、评估，并重视信息的反馈，不断调整规划，使其更切合实际，更好地促进企业目标的实现。

（二）企业人员计划的制订

企业人员计划即狭义的人力资源规划，是指进行人力资源供需预测，并使人力资源需求达到平衡的过程。实质上它是企业各类人员需求的补充规划。

编制企业人员计划的主要任务就是要确定计划期内的员工数量。一般来说，计划期内的各部门原有员工人数虽然有变化，但是其主要部分仍然留在原岗位上，所以计划的关键就是正确确定计划期内员工的补充需要量。其平衡式如下：

计划期内人员补充需求量＝计划期内人员总需求量－报告期期末员工总人数＋计划期内自然减员总人数

企业各部门对员工的补充需求量主要包括两部分：一是由于企业各部门实际发展的需要而必须增加的人员；二是原有的员工中，因退休、退职、离休、辞职等原因发生自然减员而需要补充的那一部分人员。

核算计划期内企业各部门人员的需求量，应根据各部门的特点，按照各类人员的工作性质，分别采用不同的方法。比如企业的生产性部门是根据生产任务总量和劳动生产率、计划劳动定额以及有关定员标准来确定人员的需求量；而企业的各职能部门的行政、服务人员的计划，应根据组织机构的设置、职责范围、业务分工、工作总量和工作定额标准来制定。

计划期内的人员需求量核算出来以后，要与原有的人员总数进行比较，其不足部分加上自然减员人数，即为计划期内的人员补充需要量。

第三节　人力资源的供求预测与平衡

一、影响人力资源规划的环境因素分析

人力资源规划的制定是以企业所处的环境为基础的。同样，当企业所处的环境变化时，就要求人力资源规划反映出这种环境的变化，以适应企业发展的要求。所以环境分析对于人力资源规划来说是非常重要的。

（一）影响人力资源规划的外部环境因素

1. 经济环境

经济环境方面的各种变化，在宏观上改变着企业员工队伍的数量和质量以及结构。经济环境的影响主要体现在以下几个方面：

（1）经济形势。宏观经济形势对企业的影响巨大，当经济处于萧条期时，人力资源的获得成本和人工成本较低，但是企业受经济形势的影响，对人力资源的需求减少；当经济处于繁荣期时，劳动力成本较高，但是企业处于扩张时期，对人力资源的需求量会增加。企业在进行人力资源规划时，必须考虑所处

经济社会的宏观经济形势，在整体趋势上保证人力资源规划战略的正确性。

（2）劳动力市场的供求关系。劳动力市场上各种人才供求关系对于企业获得各种人才的成本、难易程度都有较大的影响。

2. 人口环境

归根到底，人力资源规划的对象还是人，所以，人口环境尤其是企业所在地区的人口环境对企业获取人力资源有着重要的影响。人口环境因素主要包括：社会或本地区的人口规模、劳动力队伍的质量和素质结构等特征。

在制定人力资源规划时，还要考虑劳动力年龄因素对人力资源规划的影响。因为不同年龄段的员工有着不同的追求，在收入、生理需要、价值观念、生活方式、社会活动等方面存在着一定的差异性。比如，年轻求职者的出发点是学习，他们希望找一家能有更多培训机会的公司工作：中年人在找工作时，重在考虑要找的工作是否有发挥自己知识技能的空间，而不会在乎所在企业的性质，甚至他们可以从大公司跳到小公司工作；年龄稍大的人在找工作时，更注重企业性质、企业形象、企业理念，注重自己合作的伙伴、自己工作的环境等因素，所以，有时即使有的企业出高价这些人也不动心，因为对他们来说，外界对他们事业的认同更重要。企业人力资源规划可以通过对年龄因素的分析确定获得人力资源的适当方式和方法。

3. 科技环境

科学技术对企业人力资源规划的影响是全方位的。例如，计算机网络技术的飞速发展，使得网络招聘等成为现实。同时，新技术的引进与新机器设备的应用，使得企业对低技能员工的需要量减少，对高技能员工的需求量增加。这将使企业对人力资源的需要和供给处于结构性的变化状态（或处于动态的不平衡状态），企业在人力资源规划上要高度重视这一点。

4. 政治与法律因素

影响人力资源活动的政治环境因素包括：政治体制、经济管理体制、政企关系等。对一般的中小企业来说，这些因素对人力资源规划，甚至对人力资源管理工作的影响很小，因为在短期内政治体制、管理体制等是很稳定的，可以认为是不变的；但是对于大企业尤其是跨国公司，在制定人力资源规划时，就必须考虑到这一点，对他们来说，考虑政治体制因素是企业所有规划工作的基础。

影响人力资源活动的法律因素有：政府有关的劳动就业制度、工时制度、最低工资标准、职业卫生、劳动保护、安全生产等规定，以及户籍制度、住房制度、社会保障制度等，因为这些制度、政策、规定会影响人力资源管理工作的全过程，当然也会影响企业的人力资源规划。

5. 社会文化因素

社会文化反映着社会民众的基本信念、价值观，对人力资源管理也有着一定的影响，不过，这种影响并不是直接的，而是间接的。比如，不同的文化对待劳动关系的观点就有所不同。我国东部沿海地区，受西方文化的影响较大一些，人们在选择工作、与企业确定劳动关系时，可能会很痛快地与企业签订契约关系；而在我国西部广大地区，人们可能比较喜欢传统的、较为稳定的终身雇佣制度。企业在制定人力资源规划时，要考虑当地的社会与文化环境因素。尤其是跨国公司，在国际化与本土化相结合的经营战略下，人力资源规划以及人力资源管理的其他各个环节更要充分地考虑各个国家和不同地区之间的社会与文化的差异性。

（二）影响人力资源规划的内部环境因素

1. 企业的行业特征

企业所处的行业特征在很大程度上决定着企业管理的模式，也会影响人力资源管理工作。企业的行业属性不同，其产品组合结构、生产的自动化程度、产品的销售方式等内容也不同，则企业对所需要的人力资源数量和质量的要求也不同。比如，对于传统的生产性企业而言，生产技术和手段都比较规范和程序化，人员招聘来源大都以掌握熟练技术的工人为主；而对于现代化的高科技企业来说，则需要技术创新型的高技术开发人员。

2. 企业的发展战略

企业在确定发展战略目标时，就要制定相应的措施来保证企业发展目标的实现。比如，企业生产规模扩大、产品结构调整或升级、采用新生产工艺等，会造成企业人力资源结构的调整。因此在制定企业人力资源规划时要着重考虑企业的发展战略，以保证人力资源符合企业战略目标的要求。

3. 企业文化

企业文化对企业的发展有着重要的影响，这已经成为不争的事实。好的、适合的企业文化，使得企业的凝聚力加强，员工的进取精神加强，企业员工队伍就会比较稳定，企业面临的人力资源方面的不确定性因素就会少一些，有利于人力资源规划的制定。

4. 企业自身的人力资源及人力资源管理系统

企业拥有的人力资源的数量、质量和结构等特征，人力资源战略、培训制度、薪酬激励制度、员工职业生涯规划等都对人力资源规划有着重要的影响。

（三）人力资源规划环境分析的方法

1. 宏观环境分析法[①]

（1）政治/法律环境：主要指国家法律、法规和政策的影响。

（2）经济环境：包括经济周期、消费、投资、失业、通货膨胀、利率、就业等。

（3）社会环境：包括人口数量和人口变化、收入分配、教育和培训、对工作和休闲的偏好、地理分布、社会文化和价值观等。

（4）技术环境：包括新发现和新发展、政府对科研的拨款和促进、技术转化的速度等。

2. SWOT 分析法

SWOT 即优势（Strength）、劣势（Weakness）、机会（Opportunity）、威胁（Threaten）的四因素分析法。SWOT 分析实际上是将对企业内、外部条件各方面内容进行综合概括，进而分析企业组织的优劣势、面临的机会和威胁的一种方法。其中，优劣势分析主要着眼于企业自身的实力及其与竞争对手的比较，而机会和威胁分析应将注意力放在外部环境的变化及对企业的可能影响上。但是，外部环境的同一变化给具有不同资源和能力的企业带来的机会与威胁却可能完全不同，因此，必须将两者紧密联系起来。

SWOT 分析的具体做法是：依据企业的目标分析对企业发展有重大影响的内外部环境因素，继而确定标准，对这些因素进行评分，判定是优势还是劣势，是机会还是威胁；也可逐次打分，然后按因素的重要程度加权求和，以进一步推断优势、劣势的大小及外部环境的情况。

3. 波特的竞争环境五因素分析法

竞争五因素分析法是美国人迈克尔·波特在 1980 年出版的《竞争战略：分析行业和竞争对手的方法》一书中提出的一种分析模型。在这个模型中，企业要分析的五个因素是：对新加入竞争者的分析、对竞争对手的分析、对自己产品替代品的分析、对购买者的分析、对供应商的分析。具体如下：

（1）潜在加入者的威胁。当某一行业发展旺盛或盈利较高时，其吸引力就

---

① 也称 PEST 分析法。

会很高，许多企业就会逐步涉足此行业。这种威胁取决于规模经济、资本需求壁垒、产品差异性壁垒和国家政策法规等。

（2）竞争对手与竞争程度。它取决于行业内竞争者的数量和实力、市场的发展速度和所处发展阶段、产品之间的异同程度、退出市场的壁垒等。

（3）替代品的威胁。替代品是指那些与本企业产品具有相同功能或类似功能的产品。替代品价格越低、质量越好、用户转换成本越低，其所能产生的竞争压力就越强。

（4）购买者的议价能力。购买者主要通过其压价与要求提供较高的产品或服务质量的能力，来影响行业中现有企业的赢利能力。

（5）供应商的讨价还价能力。供方主要通过其提高投入要素价格与降低单位价值质量的能力，来影响行业中现有企业的赢利能力与产品竞争力。供方力量的强弱主要取决于他们所提供给买主的是什么投入要素，当供方所提供的投入要素其价值构成了买主产品总成本的较大比例、对买主产品生产过程非常重要、或者严重影响买主产品的质量时，供方对于买主的潜在讨价还价力量就大大增强。

波特认为，只要企业对以上五个方面做出了科学、客观、准确的分析，企业所做出的策略与规划将会使企业在竞争中处于不败之地。

二、人力资源需求预测的影响因素和步骤

人力资源需求是指以企业的战略目标、发展规划和工作任务为出发点，企业为保持其组织活动和未来发展所应配备的人力资源的数量、质量和时间以及所需技能的总体组合。简单地说，人力资源需求就是企业为了维持日常的生产和服务活动及为了未来的发展所需要的人力资源的数量、质量和时间。人力资源需求预测是综合考虑各种因素的影响，对企业未来人力资源需求进行估计的过程。

（一）人力资源需求的影响因素

对人力资源需求的预测要受许多因素的影响，包括技术变化、消费者偏好变化和购买行为、经济形势、企业的市场占有率、政府的产业政策等。

人力资源需求预测的解释变量一般包括以下几个方面：（1）企业的业务量或产量，由此推算出人力资源需要量；（2）预期的流动率，指由于辞职或解聘等原因引起的职位空缺规模；（3）提高产品或劳动力的质量或进入新行业的决

策对人力资源需求的影响；（4）生产技术水平或管理方式的变化对人力资源需求的影响；（5）企业所能拥有的财务资源对人力资源需求的约束。

（二）人力资源需求预测的步骤

人力资源需求预测分为现实人力资源需求预测、未来人力资源需求预测、未来人力资源流失预测分析三部分。人力资源需求预测的步骤可分为：

1. 根据工作岗位分析的结果确定职务编制和人员配置；

2. 进行人力资源盘点，统计出人员的缺编、超编以及是否符合职务资格要求；

3. 将上述统计结果与部门管理者进行讨论，修正并得出的统计结果，即现实的人力资源需求量；

4. 对预测期内退休的人员、未来可能离职的人员（可以根据历史数据得到）进行统计，得出的统计结果，即为未来的人员流失状况；

5. 根据企业发展战略规划，以及工作量的增长情况，确定各部门还需要增加的工作岗位与人员数量，得出的统计结果，即为未来的人力资源需求量；

6. 将现实人力资源需求量、未来的人员流失状况和未来的人力资源需求量进行汇总计算，得出企业整体的人力资源需求预测。

在现实的操作中，企业应对短期、中期、长期的人力资源需求进行分别的预测与分析。

三、人力资源需求预测的方法

（一）人力资源需求预测的定性方法

1. 集体预测方法

集体预测方法也称德尔菲（Delphi）预测技术。德尔菲法是 1940 年在兰德公司的“思想库”中发展起来的，是一种总结不同的专家对影响组织发展某一问题的一致意见的程序化方法。这里的专家可以是基层的管理人员，也可以是高层经理；他们可以来自组织内部，也可以来自组织外部。总之，这里的专家指的不是学者意义上的，而是对所研究的问题有深入了解的、有发言权的人员。这种方法的目标是通过综合专家各自的意见来预测某一领域的发展状况，适合于对人力资源需求的长期趋势预测。

德尔菲预测技术的操作方法是：

(1) 在企业中广泛地选择各个方面的专家，每位专家都拥有关于人力资源预测的知识或专长。这些专家可以是管理人员，也可以是普通员工。

(2) 主持预测的人力资源部门要向专家说明预测对组织的重要性，以取得他们对这种预测方法的理解和支持，同时通过对企业战略定位的审视，确定关键的预测方向、解释变量和难题，并列举出预测小组必须回答的一系列有关人力资源预测的具体问题。

(3) 使用匿名填写问卷等方法来设计一个可使各位专家在预测过程中畅所欲言地表达自己观点的预测系统。使用匿名问卷的方法可以避免专家面对面集体讨论的缺点，因为在专家组的成员之间可能存在着身份或地位的差别，较低层次的人容易受到较高层次的专家的影响而丧失见解的独立性。同时也存在一些专家不愿意与他人冲突而放弃或隐藏自己正确观点的情况。

(4) 人力资源部门需要在第一轮预测后，将专家各自提出的意见进行归纳，并将这一综合结果反馈给他们。

(5) 再重复上述过程，让专家有机会修改自己的预测并说明原因，直到专家的意见趋于一致。

在预测过程中，人力资源部门应该为专家提供充分的信息，包括已经收集的历史资料和有关的统计分析结果，目的是使专家能够做出比较准确的预测。另外，所提出的问题应该尽可能简单，以保证所有专家能够从相同的角度理解员工分类和其他相关的概念。在必要时，人力资源部门应该不询问人力资源需求的总体绝对数量，而应该关注人员变动的百分比或某些专业人员的预计变动数量。对于专家的预测结果也不能要求太精确，但是要求专家说明对所做预测的肯定程度。

2. 零基预测法

零基预测法是以组织现有员工数量为基础来预测未来对员工的需求。如果因为员工退休、被解雇或出于某种原因离开了公司，这个位置则不会自动补充人。因此，公司必须进行人力资源需求分析，以确定是否有必要补充人。当需要设立新职位时，也要进行同样的分析。

零基预测需要了解当前的人员情况，并掌握任何新增的变化，如职位增加、变化或撤销。具有自身授权层次和人员配置结构的当前组织，是开始进行人员配置需求分析的合乎逻辑的起点。

3. 经验预测法

经验预测法是利用现有的资料，根据有关人员的经验，结合本公司的特点，对公司的人员需求加以预测。经验预测法可以采用“自下而上”和“自上而下”两种方法，其中“自下而上”法是基于这样的推理，即每个部门的管理者最了解该部门的人员需求。先由组织中的每个层次——从最低层开始——预测其需求，最终汇总得出人员需求的预测总数。当管理者将现有的人员和预测的人员水平进行了比较，给人力资源部门充分的时间进行内部和外部资源研究，定期对人力资源需求进行规划时，人力资源预测最为有效。

4. 描述法①

描述法是指人力资源计划人员可以通过对本企业组织在未来某一时期的有关因素的变化进行描述或假设。从描述、假设、分析和综合中对将来人力资源的需求进行预测规划。人力资源计划人员可以根据不同的描述和假设的情况预测和制定出相应的人力资源需求备择方案。但是，这种方法对于长期的预测有一定的困难，因为时间跨度越长，对环境变化的各种不确定因素就更难以进行描述和假设。

（二）人力资源需求预测的定量方法

人力资源需求预测的定量方法如图 5—3 所示。

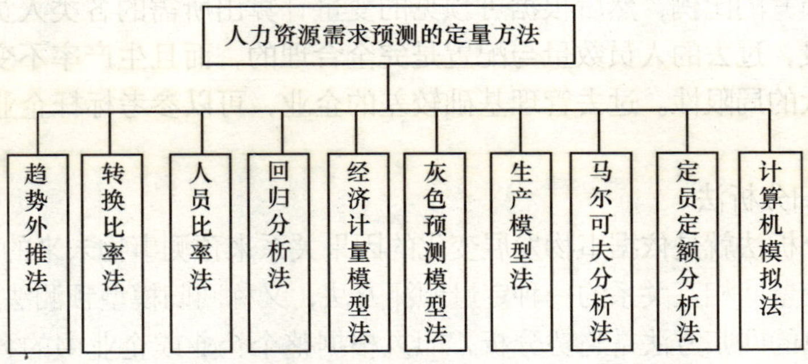

图 5—3 人力资源需求预测的定量方法

1. 趋势外推法

趋势外推法是企业人力资源需求量在时间上表现出明显的均等趋势的情况才使用的方法。具体的做法是：将企业人力资源需求量作为横轴，时间作为纵

① 参见：中国就业培训技术指导中心. 企业人力资源管理师（二级）. 北京：中国劳动社会保障出版社，2007. 40.

轴，在座标轴上直接绘出人力资源需求曲线。根据需求曲线可以预测企业未来某一时点的人力资源需求。

趋势外推法实用性比较强，只要将横坐标换成其他对人力资源需求影响显著的因素如组织的工作任务、销售量、生产率等，就可以用这种方法来预测完成一定的工作量所需要人力资源的数量。但是，这种方法过于简单，只能预测人力资源需求的大概走势，未能提供有关人力资源质量的数据。

2. 转换比率法

企业人力资源需求分析实际上是要揭示未来的经营活动所需要的各种员工的数量。人力资源预测中的转换比率法是首先估计组织所需要的具有关键技能的员工的数量，然后再根据这一数量来估计秘书、财务人员和人力资源管理人员等辅助人员的数量。企业经营活动规模的估计方法是：经营活动 = 人力资源的数量 × 人均生产率。例如，销售收入 = 销售员的数量 × 每位销售员的销售额；产出水平 = 生产的小时数 × 单位小时产量；运行成本 = 员工的数量 × 每位员工的人工成本。

3. 人员比率法①

采用人员比率法时，首先应计算出企业历史上关键业务指标（如技术人员与管理人员）的比例，然后根据可预见的变量计算出所需的各类人员数量。这种方法假设，过去的人员数量与配置是完全合理的，而且生产率不变，其应用范围有较大的局限性。过去管理基础较差的企业，可以参考标杆企业的一般情况。

4. 回归分析法

回归分析法就是依据事物发展变化的因果关系来预测事物未来的发展趋势，它是研究变量间相互关系的一种定量预测方法，又称回归模型预测法或因果法。

最简单的回归方法是趋势分析，即只根据整个企业或企业中的各个部门在过去员工数量的变动趋势来对未来的人力资源需求做出预测。这实际上是只以时间因素作为解释变量，比较简单，它没有考虑其他重要因素的影响。

比较复杂的回归方法是计量模型分析法，它的基本思想是确定与组织中劳动力的数量和构成关系最大的一种因素，一般是产量或服务的业务量；然后研究在过去组织中的员工人数随着这种因素变化而变化的规律，得到业务规模的

---

① 参见：中国就业培训技术指导中心. 企业人力资源管理师（二级）. 北京：中国劳动社会保障出版社，2007. 42.

变化趋势和劳动生产率的变化趋势；再根据这种趋势对未来的人力资源需求进行预测；最后，用预测的需求数量减去供给的预测数量的差额就是组织对人力资源净需求的预测量。如果这一差额是正值，就说明组织面临人力的短缺；如果这一差额是负值，就说明组织面临人力资源的过剩。

5. 经济计量模型法

经济计量模型法是先将公司的员工需求量与影响需求量的主要因素之间的关系用数学模型的形式表示出来，依此模型及主要因素变量，来预测公司的员工需求。这种方法比较复杂，一般只在管理基础比较好的大公司里采用。

6. 灰色预测模型法

灰色预测模型法的本质也是经济计量模型法，不同的是，经济计量模型法对数据的完整性有很高的要求，而灰色预测模型法能对既含有已知信息又含有未知或非确定信息的系统进行预测。灰色预测模型法的特点是：灰色过程中的数据随机性强，杂乱无章，但是有序有界，即过程中的数据集合隐含潜在规律。运用灰色系统进行预测的算法比较复杂，需运用专门的软件进行计算。

7. 生产模型法①

生产模型法是根据企业的产出水平和资本总额来进行预测，它主要根据道格拉斯生产函数计算人力资源需求量。计算公式如下：

Y（总产出）=劳动投入量（弹性系数调节）×资本投入量（弹性系数调节）×总生产率系数（一般为常数）×正态分布误差

8. 马尔可夫分析法

马尔可夫分析法是通过观察历年企业内部人数的变化，找出组织过去人事变化的规律，由此推断未来的人事变动趋势，既可以用于预测企业的人力资源的需求，也可以预测企业内部人力资源供给情况。

9. 定员定额分析法

定员定额分析法包括：工作定额分析法、岗位定员法、设备看管定额定员法、劳动效率定员法和比例定员法。

10. 计算机模拟法

计算机模拟法是人力资源需求预测诸方法中最为复杂的一种方法。运用这种方法是在计算机中运用各种复杂的数学模式对在各种情况下企业组织人员的

---

① 参见：中国就业培训技术指导中心. 企业人力资源管理师（二级）. 北京：中国劳动社会保障出版社，2007. 45.

数量和配置运转情况进行模拟测试，从模拟测试中预测出对各种人力资源需求的各种方案以供组织选择。

需要指出的是，不论使用什么预测方法，都是以函数关系不变作为前提。但是，这经常是不符合实际的，因此需要用管理人员的主观判断进行修正。还有一些情况的变化，比如：（1）提高产品或劳务质量的决策或进入新市场的决策会影响到对新进人员和企业现有人员的能力等特征的需要，这时，只有数量分析是不够的；（2）生产技术水平的提高和管理方式的改进会减少对人力资源的需求，这是数量分析中难以反映的；（3）企业在未来能够支配的财务资源不仅会制约新进员工的数量，也会制约新进员工的质量，因为财务资源制约着员工的薪资水平等，这些也需要管理人员在规划时进行主观的判断。

四、人力资源的总量需求与结构需求预测

人力资源的总量需求预测与结构需求预测的程序和方法，以 A 公司为例予以说明。

（一）人力资源总量需求预测

A 公司是国内一家航空服务公司，现有人员分为三种类型：管理知识型人才、技术知识型人才和技能操作型人才。A 公司三类人才总量数据见表 5—1。

表 5—1　　A 公司三类人才总量数据序列统计表　　单位：人

各类人才数量 \ 年份	2007	2008	2009	2010	2011	2012
管理知识型人才	155	168	178	181	191	186
技术知识型人才	41	45	77	70	71	67
技能操作型人才	794	1312	1147	1195	973	971
人才总量	990	1 525	1 402	1 446	1 235	1 224

基于 A 公司 2007—2012 年的人员总量的数据，采用定量与定性相结合的方法对 A 公司 2013—2017 年人才总量需求进行预测。公司人才总量需求和技术知识型人才总量需求采用趋势外推法进行预测；管理知识型人才总量需求采用趋势外推法和高低点法进行预测；技能操作型人才总量需求采用趋势外推法进行预测，并用劳动生产率增长率进行修正，再结合公司实际情况和发展目标对三

类人才预测结果进行修正，预测结果见表 5—2。

表 5—2　2013—2017 年公司三类人才预测值　单位：人

预测值 \ 年份	2013	2014	2015	2016	2017
管理知识型人才总量预测值	208	217	227	237	247
技术知识型人才总量预测值	104	126	151	185	224
技能操作型人才总量预测值	1 145	1 240	1 342	1 446	1 558
总量预测值	1 457	1 583	1 720	1 868	2 029

（二）人力资源结构需求预测

根据 A 公司各类人才发展的实际状况和能力素质水平，将管理知识型人才、技术知识型人才和技能操作型人才具体区分为高级、中级和一般三个层级。而这三个层级之间是有一定比例关系的。如管理知识型人才层级结构呈金字塔分布，即管理知识型人才一般、中级、高级三个层级比例为 5∶3∶2；技术知识型人才一般、中级、高级三个层级比例为 4∶4∶2；技能操作型人才一般、中级、高级三个层级比例为 5∶4∶1。

根据表 5—2 总量预测结果，结合公司实际情况以及各类人才层级比例关系，预测 2013—2017 年三类人才层级结构，预测结果见表 5—3。

表 5—3　2013—2017 年公司三类人才层级结构预测值　单位：人

年份	管理知识型人才				技术知识型人才				技能操作型人才				合计
	高级	中级	一般	小计	高级	中级	一般	小计	高级	中级	一般	小计	
2013	10	38	160	208	4	43	57	104	20	513	612	1 145	1 457
2014	11	39	167	217	5	53	68	126	20	558	662	1 240	1 583
2015	11	41	175	227	6	61	84	151	21	604	717	1 342	1 720
2016	11	43	183	237	8	76	101	185	22	651	773	1 446	1 868
2017	12	45	190	247	11	91	122	224	26	700	832	1 558	2 029

五、人力资源供给预测的基本步骤

人力资源的供给预测是指企业根据既定的目标对未来一段时间内企业内部和外部各类人力资源补充来源情况的分析预测。人力资源的供给预测与需求预测不同：资源的需求预测只是研究企业组织内部对人力资源的需求，而人力资源供给预测则需要研究组织内部的人力资源供给与组织外部的人力资源供给两个方面因素。

1. 对企业现有的人力资源进行盘点，了解企业员工队伍的现状。

2. 分析企业的职务调整政策和历年员工调整数据，统计出员工调整的比例。

3. 向各部门的主管人员了解将来可能出现的人事调整状况。

4. 将上述的所有数据进行汇总，得出对企业内部人力资源供给量的预测。

5. 分析影响外部人力资源供给的各种因素（主要是地域性因素和全国性因素），并依据分析结果得出企业外部人力资源供给预测。

6. 将企业内部人力资源供给预测和企业外部人力资源供给预测汇总，得出企业人力资源供给预测。

六、人力资源内部与外部供给预测

（一）人力资源内部供给预测

企业未来内部人力资源供给一般来说是企业人力资源供给的主要部分（除新建企业外）。企业人力资源需求的满足，应优先考虑内部人力资源供给。企业内部人力资源供给量必须考虑下述因素：企业内部人员的自然流失（伤残、退休、死亡等）、内部流动（晋升、降职、平调等）、跳槽（辞职、解聘）等。

1. 利用人力资源信息库预测

人力资源信息库是计算机运用于企业人力资源管理的产物，它是通过计算机建立的、记录企业每个员工技能和表现的功能模拟信息库。从人力资源信息库中可获取企业每个员工的晋升、调动、解聘等方面信息，它与传统的个人档案相比具有容量大、调用灵活方便、文字信息丰富充实等优点，能够确切反映员工流动信息。

人力资源信息库针对企业不同人员，又可大致分为两类：其一是技能清单，主要对象是非管理人员，即一般工人；其二是管理才能清单，它反映管理人员的内部流动的信息度。

（1）技能清单。技能清单的设计应针对一般员工（即非管理人员）的特点，根据企业管理的需要，集中收集每个员工的岗位适合度、技术等级和潜力等方面信息，为人事决策提供可靠信息。例如，某企业为某一部门提出的技能清单由四部分组成：

1）主要说明员工的工作岗位、经验、年龄等；

2）介绍员工技术能力、责任、学历等；

3）对员工工作表现、提升准备条件等的评价；

4）对员工最近一次的客观评价，尤其是对工作表现的评价。

技能清单的内容需根据员工情况的变化而不断更新，一旦出现职位空缺，人力资源部便可根据它提供的信息及时挑选合适人选。

（2）管理才能清单。管理才能清单集中反映管理者的管理才能及管理业绩，为管理人员的流动决策提供有关信息。其表格项目的主要内容包括：管理幅度范围，管理的总预算，下属的职责，管理对象的类型，受到的管理培训，当前的管理业绩等。

技能清单和管理才能清单是企业人力资源技能库的主要内容。正是因为人力资源技能库能够详细记录企业内部人员的知识和技能状况，能够使企业更加合理、更加有效地使用人力资源，所以，建立人力资源技能库成为大多数企业组织信息系统管理的工作重点。

2. 管理人员接替模型

对于管理人员供给的预测，最简单而又有效的方法就是设计管理人员的接替模型，如图 5—4 所示。

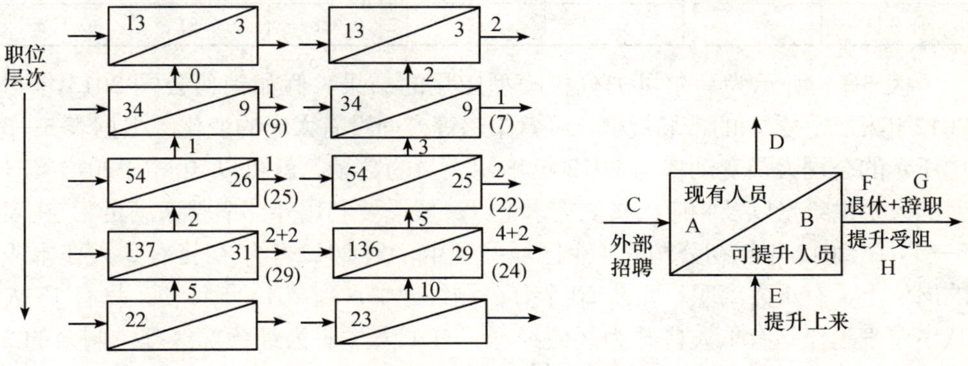

图 5—4 管理人员接替模型

3. 马尔可夫分析模型

马尔可夫分析模型是分析组织人员流动的典型矩阵模型。它的基本思想是：通过发现组织人事变动的规律，以推测组织在未来的人员供给情况。马尔可夫分析模型通常是分几个时期来收集数据，然后再得出平均值，利用这些数据代表每一种职位的人员变动的频率，就可以推测出人员的变动情况。具体的做法是将计划初期每一种工作的人数与每一种工作的人员变动的概率相乘，然后纵向相加，得到组织内部未来劳动力的净供给量。

表5—4是某销售公司2009—2012年间的人员变动情况。到2012年年初的时候，公司区域经理有75%还在本职岗位上，有25%离职；公司的分公司经理有75%留在本职岗位上，有5%晋升为区域经理，有5%下降为经营部经理，有15%离职；公司的经营部经理有90%留在本职岗位上，有4.2%晋升为分公司经理，有5.8%离职；公司的业务主管，有73%留在本职岗位上，有2.7%晋升为经营部经理，有24.3%离职；业务员有81%留在本职岗位上，有2.8%晋升为业务主管，有16.2%离职。

表5—4　　马尔可夫矩阵（A）

职位名称	2009年1月—2012年1月					
	区域经理	分公司经理	经营部经理	业务主管	服务人员	离职率
区域经理	0.75					0.25
分公司经理	0.05	0.75	0.05			0.15
经营部经理		0.042	0.9			0.058
业务主管			0.027	0.73		0.243
业务员				0.028	0.81	0.162

表5—5所示为马尔可夫分析模型应用的结果。假如销售公司2013年与2012年相比，公司的市场规模、经营策略等方面没有太大的变化，根据表5—3中所示的公司人员变动率与2012年年初人员的数量，就可以预测出2013年1月的人员供给量以及相应人员的需求量（一般需要利用外部招聘来满足）。在表5—5中，2012年年初公司的4个区域经理中，到2013年年初将有3人在本职的岗位上，有1人离职；而在20个分公司经理中，到2013年年初，将有15人从事原来工作，有1人晋升为区域经理，有1人降职为经营部经理，剩余的3人离职。同理，可以从表中看出公司的其他职位的人员变动情况。根据预测，各类人员的内部供给量就是表中倒数第二行中的数据，而最后一行中的数字表示公司必须从外部招聘的各类人员数量。

此外，马尔可夫矩阵（A）还有助于企业对计划期内人力资源管理的重要决策提供依据。例如，公司的业务主管每年平均的离职率在24.3%左右，那么业务主管这一职位在将来会出现短缺的现象，据此公司应提出以下具体的对策：

(1) 查明公司业务主管离职率高的原因，采取必要的措施尽快地降低离职率；

(2) 加大对公司业务员的培训力度，使他们尽快地晋升为业务主管；

(3) 采用多种方式，广开人员补充的渠道，吸引更多的专业人才填补业务主管的岗位空缺。

表 5—5　　马尔可夫矩阵（B）

职位名称	2012 年年初人数	2013 年 1 月（人）					
		区域经理	分公司经理	经营部经理	业务主管	服务人员	离职
区域经理	4	3	—	—	—	—	1
分公司经理	20	1	15	1	—	—	3
经营部经理	96	—	4	86	—	—	6
业务主管	264	—	—	7	193	—	64
业务员	1 258	—	—	—	35	1 019	204
预计人员内部供给		4	19	94	228	1 019	—
外部供给（外部招聘）		0	1	2	36	239	—

4. 供给预测矩阵法①

供给预测矩阵法是运用一种结构化表格进行人力资源供给预测并将预测结果标在表上的常用方法。这种表格分三部分：(1) 人员需求。包括人力资源现状、流失及未来需求等内容，以确定人力资源总需求。(2) 关键比率和指标。包括收入与员工之间的比率、管理人员与员工之间的比率等内容。(3) 预计的人员供给来源。包括内部供给与外部供给来源。表 5—6 是根据某公司数据，运用供给预测矩阵法设计的表格。

表 5—6　　人员需求与供给来源总表

A. 人员需求　　从 2012 年 到 2013 年 期间

人才类型	基期人数	计划人数	净需求	预计人员流动情况							总需求
				调职	晋升	辞职	退休	解聘	其他	合计	
管理人员	186	208	22	1	0	2	2	0	0	5	27

① 参见：赵曙明，戴万稳. 人力资源战略规划. 北京：北京师范大学出版集团，2009. 150-152.

续表

人才类型	基期人数	计划人数	净需求	预计人员流动情况							总需求
				调职	晋升	辞职	退休	解聘	其他	合计	
技术人员	67	104	37	0	1	1	1	0	0	3	40
技能人员	971	1 145	174	6	5	20	3	56	0	90	264
员工总数	1 224	1 457	233	7	6	23	6	56	0	98	331

B. 关键比率和指标

关键比率和指标	基期	计划期
营业收入/员工（元/人）	243 059	273 208
管理人员/技术人员/技能人员	28：10：145	2：1：11
平均薪资（元/月）	5 500	6 000

C. 预计的人员供给来源

	总需求	内部晋升	外部招聘
管理人员	27	9	18
技术人员	40	2	38
技能人员	264	56	208
员工总数	331	67	264

（二）人力资源外部供给预测

企业职位空缺不可能完全通过内部供给解决。企业人员因各种主观和自然原因退出工作岗位是不可抗拒的规律，这必然需要企业从外部不断补充人员。

1. 影响企业外部劳动力供给的因素

（1）地域性因素。主要包括：企业所在地的人力资源调整现状、所在地对人才的吸引程度、企业薪酬福利对所在地人才的吸引程度、企业本身对人才的吸引程度等。地域性因素还包括全国性因素，主要包括：全国相关专业的大学毕业生人数与分配情况、该行业全国范围的人才供需状况、全国范围从业人员的薪酬水平和差异等。

（2）人口政策及人口现状。人口现状直接决定了企业现有外部人力资源供给状况，其主要影响因素包括人口规模、人口年龄和素质结构、现有的劳动力参与率等。

(3) 劳动力市场发育程度。社会劳动力市场发育良好，将有利于劳动力自由进入市场，由市场工资率引导劳动力的合理流动，劳动力市场发育不健全，以及双轨制的就业政策，势必影响人力资源的优化配置，也会给企业预测外部人员供给带来困难。

(4) 社会就业意识和择业心理偏好。例如，一些城市失业人员宁愿失业也不愿从事一些苦、脏、累、险的工作；再如，应届大学毕业生普遍存在对职业期望值过高的现象，大多数人希望进国家机关、大公司或合资企业工作，希望从事工作条件舒适、劳动报酬较高的职业，而不愿意到厂矿企业从事一般岗位的工作。

严格的户籍制度也制约着企业外部人员的供给。按照招聘的规则，高层次人员应在全国范围内公开招聘，但由于户籍制度的严格限制，在很大程度上制约了企业人员特别是高层次经营管理、专业技术人员的补充。

2. 企业外部人力资源供给的主要渠道

(1) 大中专院校应届毕业生。大中专院校及技职校应届毕业生的供给较为确定，主要集中于春季，且其数量和专业层次、学历等均可通过各级教育部门获取，预测工作比较容易。

(2) 复员转业军人。复员转业军人由国家指令性计划安置就业，也较易预测。

(3) 失业人员、流动人员。城镇失业人员和流动人员的预测比较困难，在预测过程中必须综合考虑城镇失业人员的就业心理、国家就业政策，政府对农村劳动力进城的控制程度以及其他一些因素。

(4) 其他组织在职人员。对于其他组织在职人员的预测则需考虑诸如社会心理、个人择业心理、组织本身的经济实力及同类组织相当人员的工资、福利、保险等因素。企业应在可能提供的待遇前提下，科学预测外部人员可供给量。

3. 外部供给预测的方法①

(1) 市场调查预测法。市场调查预测是企业人力资源管理人员组织或亲自参与市场调查，并在掌握第一手劳动力市场信息资料的基础上，经过分析和推算，预测劳动力市场的发展规律和未来趋势的一类方法。市场调查预测法强调调查获得的客观实际数据，在一定程度上减少了主观性和片面性。

(2) 抽样调查法。抽样调查的抽样方法有两大类：一是随机抽样，二是非

---

① 参见：赵曙明，戴万稳. 人力资源战略规划. 北京：北京师范大学出版集团，2009. 140-145.

随机抽样。随机抽样的依据是被抽查的总体（抽查对象的全体）的每个个体被调查的可能性是相等的。其优点是避免了人的主观因素，如感情、倾向、知识论断等的影响，而且所得的数据具有统计推断的功能，能估算出样本的代表性程度，而非随机抽样则不具备这种功能，因而其代表性差，但是，当抽样的总体过于庞大而且复杂，不适于随机抽样时，就必须采用非随机抽样。

（3）相关因素分析法。相关因素分析法是通过调查和分析，找出影响劳动力市场供给的各种因素，探索各种因素对劳动力市场发展变化的作用方向和影响程度，预测未来劳动力市场的发展规律和趋势。

七、人力资源供给与需求平衡

人力资源供求达到平衡（包括数量和质量）是人力资源规划的目的。企业人力资源供求关系有三种情况：（1）人力资源供求平衡；（2）人力资源供大于求，结果是导致组织内部人浮于事，内耗严重，生产或工作效率低下；（3）人力资源供小于求，企业设备闲置，固定资产利用率低。人力资源规划就是要根据企业人力资源供求预测结果，制定相应的政策措施，使企业未来人力资源供求实现平衡。

（一）企业人力资源供求平衡

企业人力资源供求平衡只是一种相对情况，实际上，企业人力资源供求完全平衡这种情况极少见，即使人力资源供求总量达到平衡，但是，在结构、层次上也会不平衡，如高级职务者需由低级职务者培训晋升，对新上岗人员须进行岗前培训等。企业应依据具体情况制定供求平衡规划。

（二）企业人力资源供不应求

当预测企业的人力资源在未来可能发生短缺时，要根据具体情况选择不同的方案以避免短缺现象的发生。具体方法有：

1. 将符合条件而又处于相对富余状态的人员调往空缺职位；

2. 如果高技术人员出现短缺，应拟订培训和晋升计划，在企业内部无法满足要求时，应拟订外部招聘计划；

3. 如果短缺现象不严重，且本企业的员工又愿意延长工作时间时，则可以根据《劳动法》等有关法规制定延长工时、适当增加报酬的计划，但这只是一种短期应急措施；

4. 提高企业的资本技术有机构成，提高工人的劳动生产率，形成机器替代人力资源的格局；

5. 制定聘用非全日制临时工计划，如返聘已退休者，或聘用小时工等；

6. 制定聘用全日制临时工计划。

总之，以上这些措施虽是解决组织人力资源短缺的有效途径，但最为有效的方法是通过科学的激励机制、有计划的培训来提高员工的职业技能，通过改进工艺设计等方式来调动员工积极性，以提高劳动生产率，从而使企业减少对人力资源的需求。

（三）企业人力资源供大于求

企业人力资源过剩是我国企业现在面临的主要问题，也是我国现有企业人力资源规划的难点问题。解决企业人力资源过剩的常用方法有：

1. 及时辞退某些劳动态度差、技术水平低、劳动纪律观念差的员工；

2. 合并或撤销某些臃肿的机构；

3. 对一些接近退休年龄的员工，给予一些优惠的生活待遇，实行企业内部退养办法，待他们到达退休年龄时再办理退休手续，享受养老保险待遇；

4. 提高员工整体素质，如制定全员轮训计划，使员工始终有一部分在接受培训，为企业扩大再生产准备人力资本；

5. 加强培训工作，使企业员工掌握多种技能，增强他们的竞争力，并鼓励部分员工自谋职业，同时可拨出部分资金，开办第三产业；

6. 减少员工的工作时间，随之冻薪或降低工资水平，这是西方企业在经济萧条时经常采用的一种解决企业临时性人力资源过剩的有效方式；

7. 采用由多个员工分担以前只需一个或少数几个人就可完成的工作和任务，企业按工作任务完成量来计发工资的办法。这与上一种方法在实质上是一样的，都是减少员工工作时间，降低工资水平。

在制定平衡人力资源供求的政策措施过程中，不可能是单一的供大于求、供小于求，往往可能出现的是，某些部门人力资源供过于求，而另几个部门可能供不应求；也许是高层次人员供不应求，而低层次人员供给却远远超过需求量。所以，应具体情况具体分析，制定出相应的人力资源部门或业务规划，使各部门人力资源在数量、质量、结构、层次等方面达到协调平衡。

第四节　人力资源规划的实施与评价

一、人力资源业务计划的编制

人力资源规划的制定程序前文已经介绍，此处只阐述企业人力资源业务计划的编制过程。

（一）编制人员配置计划

企业的人员配置计划要根据企业的发展战略，结合企业的工作岗位分析所制作的工作岗位说明书和企业人力资源盘点的情况来编制。人员配置计划的主要内容应包括企业每个岗位的人员数量、人员的职务变动情况、职务空缺数量以及相应的填补办法等。

（二）编制人员需求计划

预测人员需求是整个人力资源规划中最困难、最重要的部分，因为它要求编制人员以理性的、高度参与的方式、方法来预测并设计方案，以解决未来经营、管理以及技术上的不确定性问题。人员需求预测计划的形成必须参考人员配置计划。人员需求计划中应阐明企业所需的岗位（职位）名称、所需人员数量，以及所需人员的素质等内容，最好形成一个含有工作类别、员工数量、招聘成本、技能要求以及为完成组织目标所需的管理人员数量和层次的计划清单。

（三）编制人员供给计划

人员供给计划是人员需求计划的对策性计划。它是在人力资源需求预测和供给预测的基础上，平衡企业人员的需求和供给、选择人员供给方式（如外部招聘、内部晋升等）的完整的人员计划。它主要包括人员招聘计划、人员晋升计划和人员内部调动计划等。

（四）编制人员培训计划

在选择人员供给方式的基础上，为了员工适应工作岗位的需要，制定相应的培训计划，对员工进行培训是相当必要的。培训包括两种类型：一是为了实现提升而进行的培训，比如管理人员的职前培训等；二是为了弥补现有生产技术的不足而进行的培训，如招聘进来的员工接受的岗位技能培训等。从这一角度来说，人员培训计划是作为人员供给计划的附属计划而存在的。培训计划中包括培训政策、培训需要、培训内容、培训形式、培训考核等内容。

（五）编制人力资源费用计划

人力资源活动需要相应的费用。人力资源规划的一个重要任务就是控制人力资源成本，提高投入产出比，为此，必须对人力资源费用进行预算管理。在实际工作中，应列入预算范围的人工费用很多，常见的有招聘费用、调配费用、奖励费用，以及其他非员工直接待遇但与人力资源开发利用有关的费用。

（六）编制人力资源政策调整计划

编制人力资源政策调整计划的目的是确保人力资源管理工作主动地适应企业发展的需要，其任务是明确计划期内人力资源政策的方向、范围、步骤以及方式等。人力资源调整计划应明确计划期内的人力资源政策的调整原因、调整步骤和调整范围等。其中包括招聘政策、绩效考评政策、薪酬福利政策、激励政策、职业生涯规划政策等。

（七）进行风险分析并制定对策

企业在人力资源管理中都可能遇到风险，比如招聘计划实施得不顺利、新策略引起员工的不满等，这些都可能影响企业生产经营活动的正常运行。风险分析与策略的制定就是通过风险识别、估计、监控等一系列的活动来防范风险的发生。

企业各项人力资源业务计划之间的关系如图 5—5 所示。

二、人力资源规划的实施与控制

在编制出人力资源规划以后，就进入人力资源规划的运用和实施阶段，需要对人力资源规划在实施过程中进行有效的控制，其中重要的一种控制手段就是建立完善的人力资源信息系统。

人力资源信息系统是组织建立并实施的与人力资源有关的信息管理系统，主要包括对这些信息的收集、汇总、分类、分析、归纳、运用等。在过去，企业人力资源信息系统的建立、实施、修正等工作都是由人工完成的，给人事管理者带来了极大不便。随着科学技术的飞速发展，计算机在各种信息系统管理

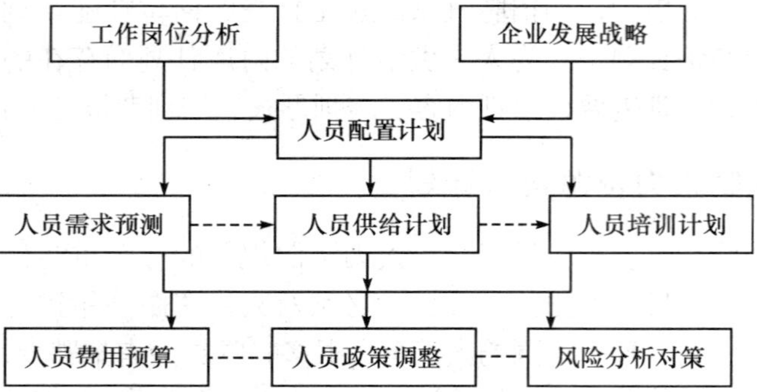

图 5—5 企业各种人力资源业务计划之间的关系

工作中的应用，使得各种组织的人力资源信息管理系统的现状发生了革命性变化。现在，即使是小的单位组织，传统的人工档案管理和索引卡片系统已经逐渐地被完善的计算机系统所代替。

计算机系统在信息的管理方面有着不言而喻的优越性。比如，就人力资源信息系统而言，计算机不仅能够扩大信息的收集范围，可以将大量的原来分散在各部门的人力资源信息归纳整理成一个有效的整体信息，而且还能使信息的收集、储存、归纳、分析和传递等工作变得更为简便、准确、安全；并且计算机将所有记录（包括员工的职务偏好、工作经验、绩效评价等）放在员工的档案中，有利于管理层对员工的情况有更为全面的把握。

（一）人力资源信息系统的建立

企业在建立人力资源信息系统时可以按照以下的步骤与程序进行：

1. 信息系统的规划与设计

具体的工作内容包括：设计和处理人事资料方案，确定最终的数据库内容和编码结构，决定人力资源信息系统技术档案的结构和内容，确定员工工资福利表格的格式和内容，建立各种规章制度等。

2. 信息系统的实施

具体的工作包括：考察现行信息系统的使用情况，找出问题或潜在问题所在；检查计算机的硬件结构配置、所用语言和影响系统运行的软件适合条件；设计系统的输入——输出条件、系统运行的有关必要参数；设计各种人事事务处理程序等。

3. 对信息系统运行的评价与修正

包括：估算人事管理的改进成本，确定关键部门的人员对信息数据的特殊要求，确定人们对补充特殊信息的要求，对与人力资源信息系统有关的组织问题提出建议等。

（二）人力资源信息系统的内容

企业人力资源信息管理系统可分为招聘、配置、培训、薪酬、维系等多个分系统。招聘系统一般记录组织人员的需求状况，包括组织的人员招聘信息、招聘岗位的职务说明书和职务规范等；配置系统主要记录现有员工队伍的配置状况；培训系统主要记录员工接受培训的各种资料、档案，并根据组织发展需要分析未来员工的培训方向；薪酬系统记录员工的工资、福利、奖金的各种计划等；维系系统记录员工的劳动安全卫生以及身心健康等问题。不同的企业可以根据自身的情况来选择、设计不同的人力资源信息系统。

（三）人力资源信息系统的作用

1. 建立人事档案。人事档案既可以用来估计现有员工的知识、技能、经验、职业抱负等，又可以帮助对未来的人力资源需要进行预测。

2. 通过人事档案对一些概念加以说明。如企业对晋升人选的确定，对特殊岗位的工作分配、工作调动、培训的条件与名额限制等，这些工作的完成都是以人力资源系统的完善为基础的。

3. 可以为管理层的决策提供依据。比如用于日常管理的工作性报告（如岗位空缺情况、新员工招聘情况、辞职情况、退休情况等）就可以作为决策的依据，使管理决策更加科学化和符合实际。

三、人力资源规划的评价

（一）人力资源规划评价的意义

人力资源规划的评价是通过对企业实施的人力资源规划内在基础的总结分析，将人力资源规划的预期结果与实际结果进行比较、判断和分析的管理活动。

对人力资源规划进行评价的目的是要了解人力资源规划对企业经营的影响，它既可以对人力资源规划做出恰当的反馈，也可以测算人力资源规划给企业带来的效益。在评估人力资源规划时，企业要注意，规划应当反映组织内部目标或外部目标的变化，必须明确由什么部门或人员承担了相应责任；为保证有效地完成计划，规划应有适当的弹性，给予执行人员一定的独立决策权；最后，应当考虑人力资源规划与其他经营计划的相关性①。

（二）人力资源规划评价的方法

常用的人力资源规划评价方法主要有如下几种：

1. 关键指标评价法

人力资源关键指标评价是指用一些测评企业绩效的关键量化指标来评价人力资源规划的实施情况。常用的关键指标包括：招聘与配置、平等就业机会、雇员能力评估和开发、职业生涯发展、薪酬管理、福利待遇、劳动关系等。每一项关键指标均需给出可量化的若干指标，如针对招聘与配置这一关键指标，可以设置的量化指标有各个岗位能够吸引应聘人数与最终录用人数比等。

2. 调查问卷评价法

问卷调查方式经常用于进行人力资源规划的评估，这种方式就是给员工一个机会来表达他们对人力资源规划工作的看法。员工意见调查可以有效地用于诊断在哪些方面存在着具体的问题，了解职工的需要和偏好，发现哪些方面的工作得到肯定，哪些方面被否定。

3. 成本控制评估法

人力资源规划的实施会带来巨大的开销，评估人力资源规划绩效的一种方法是测算人力资源成本并将其与标准成本相比较。人力资源成本可包括每一雇员的培训成本、福利成本占总薪资成本的比重以及薪酬成本等。

4. 目标管理评价法

根据企业目标要求，确立一系列的目标来评价人力资源规划工作。在这种方法中，关键是目标合理、可评估，有时效性，富有挑战性且又合乎实际，能被所有参与者理解。同时，目标又必须是达到高水平管理所要求的。

5. 人力资源规划研究评价法

通过运用人力资源规划研究，对企业内外的各种人力资源记录资料进行分析，从而确定已往和当前人力资源规划实践措施的可行性、有效性。

---

① 参见：中国就业培训技术指导中心．企业人力资源管理师（二级）．北京：中国劳动社会保障出版社，2007．27．

本章小结

本章共分为四节，论述了与企业人力资源规划有关的几个重要问题，主要包括人力资源规划的一般概念、主要内容、制定程序、规划方法、人员计划的编制以及人力资源信息系统的建立等。通过本章的学习，应该了解人力资源规划在整个人力资源管理工作中的重要作用与地位，对企业人力资源信息系统的重要性有概括性的认识。同时，能够灵活地运用人力资源需求与供给预测的各种方法，掌握人力资源规划的制定原则以及具体编制的程序和步骤。

本章习题

1. 简述企业人力资源规划的基本概念和作用。
2. 简述制定人力资源规划应遵守的原则以及制定程序。
3. 简述人力资源规划环境影响因素与具体分析的方法。
4. 简述人力资源总量与结构需求预测的方法。
5. 简述人力资源内部与外部供给预测的方法。
6. 简述人力资源供求平衡可能面临的问题及其对策。
7. 简述人力资源各项业务计划的内容及其相互关系。
8. 简述人力资源规划评价的意义以及基本评价方法。
9. 请您编制一份企业年度人力资源供求平衡计划书。

案例分析

案例1　达迅物资回收公司的主要业务是收集和处理家庭废弃物。经过多年的艰苦奋斗和明智的商业决策，达迅物资回收公司已经发展成为一个大型的、全套服务性的组织。目前，对化学废品和医疗废品的处理和再利用为公司的扩展提供了一个合理的途径。无论从整体的公众角度，还是从单个的组织角度，都希望多花一些资金来恰当处理这些废弃物。因此，达迅物资回收公司决定设立一个分公司专门收集和处理有害工业废物，以此拓展公司的业务范围。达迅物资回收公司的计划部认为，如果在近期内建立一个新的化学废品处理分公司并尽快运作，公司可以获得35%～40%的税后利润，而且市场的开拓应该不成问题，因为毕竟公司在废弃物处理行业中已经有多年的历史，对进入市场的种种经济的和实际的操作过程都了如指掌。此外，公司的规模以及公司的良好声誉足以抵制竞争对手对市场造成的障碍。

达迅物资回收公司认为，现在面临的主要问题就是确定必需的人员，以便使新的分公司尽快进行有效运作。由于本地区建筑业的萧条和办公场所的高闲置率，达迅物资回收公司以优惠的价格在临近总公司主楼的地方租到大量的办公场所，接着，公司又选拔了一些员工，将他们调到新的分公司，从而减少了潜在的重新安置费用。然而，公司意识到，这种对现存员工进行调动的做法可能会给当前的组织结构造成一些缺口，应该重新聘用一批新的员工骨干。公司认为，必须制定一些制度，组成新的团队来完成这项新的任务。

请结合本案例，回答以下问题：

1. 达迅物资回收公司的想法是否正确？公司是否必须聘用一批新的员工骨干？

2. 公司应该在什么时候制定出人力资源规划，以满足潜在的扩张需求？

3. 公司应该采取哪些步骤，以确保能够顺利地完成新的分公司的人员配置？

4. 应该由谁负责制定公司这一人力资源规划？

案例2　H公司是一家生产各种体育用品的中型公司，在国内体育用品市场上销售量占80%以上。公司产品的市场占有率以一种稳定的速度不断提高，见表A，根据以前的销售额和初步的经济预测，公司估计2013年的销售额为6 300万元，2014年的销售额为6 900万元。

表A　H公司的销售情况统计表

年份	销售额（万元）	员工人数（人）	员工单位销售额（元/人）
2010	4 320	810	53 333
2011	4 980	902	55 211
2012	5 640	985	57 259
2013	6 300	—	—
2014	6 900	—	—

随着公司的发展，人力资源部经理觉得有必要更合理地对公司各类人员的需要量进行分析。该公司各类人员的比例从2010年至今变化不大，而且根据预

测在未来10年中基本上保持这一比例不变。但该经理认为，随着业务的不断拓展，公司员工总人数将会有所增长，表B所示为公司各类员工的人数统计情况。

公司一贯坚持主管人员的职位空缺由内部人员补充的原则，不久之后公司将有多位主管人员退休，对主管人员的需求可能会迅速地增长。

表B 公司各类员工发布情况统计表 单位：人

人员分类＼年份	2010	2011	2012
高层管理人员	80	90	99
中层管理人员	162	180	196
主管人员	203	225	246
生产人员	365	407	444
总数	810	902	985

基于以上数据，请你提出一份有关主管人员及全体员工需要量的预测报告。

案例3 某公司是一家实力雄厚的集团公司，近几个月来，公司高管正在进行一项重大投资决策：在西部经济欠发达地区进行上亿元的巨额投资，建立大型纸模生产企业。

传统包装材料有许多是由木材和不可降解的塑料生产而成的，这些材料有的造成资源浪费，如木材等，有的造成污染，如发泡聚苯乙烯、聚乙烯、聚丙烯等。而使用由稻草、麦秸和芦苇等待处理的农业废弃物和野生资源生产的纸模材料，是一种新型的包装材料，它既可以缓解自然资源的过度开采和使用，利用这些废弃和野生的资源；还可以减少环境的污染，净化环境，因此，具有较好的发展前景。

该公司在西部某省经济欠发达地区考察以后，发现该地区稻草、麦秸和芦苇等纸模产品原料的资源十分丰富，交通运输非常便利，从原材料和生产的角度来说，是理想的纸模生产基地，于是，该公司组织有关人员对在该地区投资建立国内最大的纸模生产基地进行论证和决策，其中包括人力资源管理方面的分析和论证。

公司人力资源总监是一名经验十分丰富的资深管理人员。为了对当地的人力资源环境进行深入详尽的了解，他几次去当地进行实地调查。最后，将有关人力资源方面的主要问题总结如下：

1. 当地劳动力资源十分丰富，有大量没有技能的劳动力，而且劳动力成本很低；

2. 在当地劳动力资源结构中，具有工业生产技能的熟练工人很少，原有的一些熟练工人也大都去了经济发达地区打工，当地熟练工人的数量远远不能满足新建企业的需求；

3. 如果在当地建立大型纸模生产企业，需要相当数量的中高级专业技术人员和管理人员，管理企业的生产和经营，而这些人员在当地严重短缺，企业必须从其他地区招聘和引进这类人员；

4. 由于该地区经济较落后，生活条件较差，要招聘和引进中高级专业技术人员和管理人员有一定难度，而且需要提供优厚的薪酬福利待遇，其标准远远高于公司目前的水平；

5. 由于当地劳动力缺乏必要的劳动技能，如果在当地建立大型的纸模生产企业，必须对大量当地员工进行必要的入职培训和岗前培训。

人力资源总监将这些问题向公司作了详细的书面和口头汇报，希望在投资分析和论证时对这些问题进行进一步的讨论和研究。

请结合本案例，回答以下问题：

1. 请分析当地人力资源环境的优势和劣势，应当如何妥善解决？

2. 你认为应当采取怎样的措施，才能招聘和留住那些高级的专业技术人员和管理人员？

第六章 员工招聘与配置

第一节 员工招聘的概述

一、员工招聘的概念

所谓招聘，是指当组织出现职位空缺后，借助一定的渠道吸引或寻找具备任职资格和条件的求职者或适合者，并采取某种方法从中甄选和确定合适的候选者予以聘用的过程。这个概念包含了四层含义。

（一）招聘是一个有目的的活动

招聘的目的是满足企业自身生存和发展的需要，解决企业人力资源的供需矛盾，获得所需要的人才，树立企业良好形象的活动。

（二）招聘是一个有计划的活动

招聘不是一种盲目和应急的活动，而是有计划、有步骤的活动。首先，招聘应根据企业人力资源规划，从全局和发展的角度，来决定人力资源的需求数量和质量，在此基础上，制定招聘计划和具体的招聘方案。其次，招聘要遵循市场规律，按照人力资源市场的供需、价格、竞争三大机制的规律办事，无论是薪酬确定，还是招聘时间的选择都不能违背市场规律。最后，招聘要严格按工作说明书中的岗位任职资格要求选人聘用，并根据岗位要求的不同，选择合适的甄选方法。

（三）招聘是一个系统性工作

招聘工作是一项由多个连续的、相互联系的环节组成的系统性工作，具体包括招募、选拔、录用、评估四个阶段。

招募，是组织发布招聘信息，吸引符合条件和有兴趣的人员来申请职位的过程。主要包括招聘计划的制定、招聘渠道的选取、招聘信息的设计与发布。

选拔，是从职位申请者中筛选那些符合组织需要人员的过程，也就是组织对申请者做出分析考察的过程。包括资格审查、初选、测试、体检、背景调查等。

录用，是根据国家的有关法律法规和基本程序，劳资双方履行入职手续的过程。

评估，是招聘过程中必不可少的一个环节。评估包括三个方面的内容：一是对招聘结果的成效进行评估，如成本与效益评估；二是对录用员工的数量与质量进行评估；三是对招聘方法的成效进行评估，如对所采用的选拔方法的信度与效度加以评估。

（四）招聘是依据一定前提的活动

简单说，招聘的主要依据是人力资源规划和工作说明书两个文件。在人力资源规划之下制订的招聘计划，进一步具体说明在什么时间、地点，用什么方法和媒介，由哪些人去负责招聘，以及招聘所需物质条件的安排等。

工作说明书，是对空缺岗位任职人员的资格提出具体要求，如受教育程度、专业要求、经验、资历、年龄等，工作说明书不仅为招聘甄选提供了标准，也为求职者了解未来工作、事先进行自我筛选、决定是否应聘提供了参考依据。

二、员工招聘的意义

有效招聘对组织意义重大，如同生产高质量的产品必须有高质量的原材料一样，组织的生存与发展也必须有高质量的人力资源。

（一）提高组织竞争力，创造组织的竞争优势

组织的竞争归根结底是人才的竞争，人力资源正在成为组织最重要的核心竞争力。员工招聘一方面关系到组织人力资源的形成，另一方面直接影响组织管理其他环节工作的开展，如高素质的一线员工才能保证高质量的产品和服务，

高素质的研发人员才能保证组织的研发计划高效完成。

（二）扩大知名度，树立组织良好形象

招聘工作涉及面广，组织利用各种各样的形式发布招聘信息，如电视、报刊、网络等，可以扩大知名度，让外界更多地了解组织。如有的企业以震撼人心的高薪、颇具规模和档次的招聘过程，来表明企业对人才的渴求和企业的实力，企业在招聘同时，也通过招聘工作的运作和招聘人员的素质向外界展现了组织的良好形象。

（三）增强凝聚力，降低员工流失率

有效的招聘，一方面可以使组织更多地了解应聘者到本企业工作的动机与目的，可以从诸多候选者中选出个人发展目标与组织目标趋于一致并愿意与组织共同发展的员工；另一方面可以使应聘者更多地了解组织及应聘岗位，让他们根据自己的能力、兴趣和发展目标来决定是否加盟该组织。有效的双向选择使员工愉快地从事胜任的工作，减少人员流失，减少因员工流失带来的损失，增强组织的凝聚力。

（四）减少员工培训成本

有效的招聘可使组织避免引入素质较差或不能融入组织的员工，并避免由此而发生的培训成本和风险，因为错误的招聘决策不但会增加新员工的培训成本，而且这些人不一定都能成为合格的员工。素质好、技能强、专业对口的新员工接受培训的效果会相对较好，组织可能因此而减少甚至无需支付培训成本。

（五）补充新力量，增强组织的创新能力

新员工能为组织带来新的管理思想、新的工作模式、新的技术创新，为组织注入生机和活力，创造一个全新的局面。另外，新员工的到来，会给老员工带来无形的竞争压力，他们由于担心被超越或被淘汰而充分挖掘自身的潜力，增加干劲，激发更多的工作热情，从而实现组织整体效益的提高。

三、员工招聘的原则

员工招聘作为企业人力资源管理的起点，不仅要满足企业对各类人员的需求，同时还具有多重社会性功能，是一项政策性很强的工作。因此，企业的人

员招聘应遵循以下原则：

（一）双向选择原则

双向选择原则是目前劳动力市场上人员招聘的通行原则。即用人单位根据自身发展和岗位的要求自主地挑选员工，劳动者根据自身能力和意愿，结合劳动力市场供求状况自主选择职业，即企业自主选人，劳动者自主择业。

招聘中的双向选择原则，一方面，能使企业不断提高效益，改善自身形象，增强自身吸引力；另一方面，还能使劳动者为了获得理想的职业，努力提高自身的知识水平和专业素质，在招聘竞争中取胜。

（二）效率优先原则

效率优先是市场经济条件下一切经济活动的内在准则。效率高的一方能在激烈的市场竞争中赢得主动权，人员招聘工作也不例外。效率优先在招聘中的体现就是根据不同的招聘要求，灵活选用适当的招聘形式和方法，在保证招聘质量的基础上，尽可能降低招聘成本。

不管企业采用何种方法招聘员工都是要支付费用的，这就是雇佣成本，主要包括招聘广告的费用，对应聘者进行审查、评价和考核的费用等。一个好的招聘系统，能够保证企业用最少的雇佣成本获得适合职位要求的最佳人选；或者说，以尽可能低的招聘成本录用到同样素质的人员，即体现效率优先原则。

（三）公平公正原则

人员招聘必须遵循国家的法律、法规和政策，面向全社会公开招聘条件；必须对应聘者进行全面考核，公开考核结果；应该根据考核结果择优录用。这种公平公正的原则是保证企业招聘到高素质人员和实现招聘活动高效率的基础，是招聘的一项基本原则。

在招聘过程中，不公正的情况是很容易出现的。比如，不能对应聘者一视同仁，甚至对不合格人员给予照顾，而歧视某类人员等。这种违反公平公正原则的做法，有的是以公开的歧视表现出来的，如男性 35 岁以下人员可以应聘；有的则以隐蔽的形式加以表现，如不公开拒聘女性，但实际上使女性成为男性的“陪考”。

总之，在人员招聘过程中，要努力做到公正，不仅要清除偏见，掌握所需的完整、真实的信息，还必须知法守法，避免一切与国家有关法规相抵触的活动。比如我国《劳动法》明确规定，劳动者就业不因民族、种族、性别、宗教信仰不同而受到歧视。如果企业对此规定熟视无睹，不仅会影响招聘人员的素质和工作绩效，而且还会严重损害企业的形象，最终给企业带来不可避免的损失。

（四）确保质量原则

一般来说，选聘人员时应尽量选择素质高、质量好的人才，但也不能一味强调高水平，而应当是人尽其才、用其所长，并保证整个企业人力资源结构的合理化。企业招聘到最优的人才并不是最终的目的，而只是手段，最终的目的是每个岗位上的人员都是最合适的，达到企业整体效益的最优化。

在选聘人员时，要做到确保用人的质量，必须根据企业人力资源规划的用人需求以及工作分析得出的任职资格要求，运用科学的招聘方法和程序开展招聘工作，并坚持能位相配和群体相容的原则。简单地说，就是要根据企业中各个岗位职务的性质选聘相关的人员，而且要求员工队伍内部保持最高的相容度，使群体成员之间心理素质差异得以互补，形成群体优势。

四、员工招聘的前提

（一）员工招聘信息的收集

招聘需求信息是制定招聘计划的重要内容，也是确保招聘成功的必要准备工作。招聘工作一般是从招聘需求的提出和确定开始的。实际工作的需要和业务的变化会导致人员需求的一定变化。例如，企业人力资源自然减员、企业业务量的变化，使得现有人员无法满足需要以及现有人力资源配置状况不合理，对于这些需求变化情况，往往需要用人部门和人力资源部门根据对实际情况的分析做出决定，这就需要对招聘的需求信息进行收集。

1. 招聘信息的收集渠道及其内容

招聘信息的收集主要是指从用人部门收集有关空缺职务的所有信息，一般可以从过去的在职人员、在职人员的直接上级、与之相关的同事那里了解有关情况。人员招聘信息主要有：

（1）空缺职位的相关信息。即用人部门空缺的职位是什么，需要的人数为多少。企业可以通过岗位分析找出空缺岗位的相关因素，主要包括：空缺岗位的职责、需招聘的人数、它的述职关系（与此岗位的上级）和其他联系形式

（如与平级和下级的关系）等。

(2) 工作描述。通过工作描述可以了解工作信息的具体说明，包括工作职责、工作内容、工作要求、工作权限以及工作条件。

(3) 任职资格。通过工作规范可以明确具备什么条件的人员才能担任此项工作。任职资格包括：资历、工作经验（如担任该岗位工作的人员必须具有 2 年以上的相关工作经历等）、学历要求（如必须具有大学以上的学历等）、身体条件（如年龄、身高等）、心理品质和能力要求（如必须具有良好的控制能力以及沟通协调能力等）、所需知识和技能（如担任人力资源主管，必须具有人力资源的专业知识、心理学知识等）、必须接受的培训等。

人力资源部门根据以上信息，与用人部门共同协商拟订招聘条件。

2. 信息收集

传统的信息管理以静态的为主，如通过看人事档案。而现在的人力资源管理技术要求动态地掌握员工真实可靠的信息，如应聘信的可靠性、学历证书的真实性、员工工作的满意度、实际取得的工作绩效等。以前，信息工作以“管”为主，沟通性与流通性较差，如企业对员工的考评、认定等，员工根本不知道自己的档案袋里有什么内容，明明是对员工情况的记载，其内容却偏不让员工知道，而且还很神秘，这其实也不利于管理。又如对员工的考评是“背对背”式的，领导说了算，员工不能申辩，有时还不能了解。而现代人力资源管理技术信息要摆脱传统的管理模式，更新理念。人力资源管理工作不是管人的，而是服务于人的；企业的人力资源管理不全是人事部门的事，凡涉及接触人、引导人的工作都是企业的事。人事的信息是每时每刻都在发生的。由于人的不确定性、流动性、主动性等因素的影响，要求人力资源部必须更注重对人的现在和将来的考虑。如以前在面试时较注重其原来做什么，以此来判断员工现在能否胜任工作，而现在的企业已较注重于其目前的工作，乃至将来的可塑性、潜能等信息，作为判断录用与否的主要依据。

（二）信息的整理与归类

人力资源部对于收集的招聘信息必须加以整理，具体的工作就是要对招聘需求信息进行分类、记录、保存、报送、审批。

1. 对招聘信息的分类。可按不同的需求对招聘信息进行分类：按所要招聘人员的职位分类，例如把用人部门的招聘需求按经理、经理助理、一般员工等职位进行分类；按用人部门本身进行分类，例如销售部门需招聘 1 名销售经理以及 2 名销售助理可归为一类。

2. 对招聘信息进行记录、保存。企业可以建立一个人员招聘资料库，将收集来的人员信息包括人员需求申请表、人力资源部门对需要招聘职位的调查汇总表等资料进行归档保存。

3. 对招聘需求信息的审批。由人力资源部门审核用人部门的招聘信息后，将人员招聘信息归纳整理后以书面形式报送上级主管部门审批。

（三）招聘需求信息的发布

企业可以根据招聘计划决定招聘需求信息的时间、方式、渠道与范围。由于需要招聘的岗位性质、需要招聘的人数以及招聘对象的来源不同，招聘信息发布时间、方式、渠道与范围当然也不会相同。

1. 信息发布的范围。信息发布的范围是由招聘对象的来源范围决定的。如果企业某岗位需要在大的范围内招聘人员，那么招聘信息的发布范围需要广一些，这样可能招聘到合适人选的概率就越大，招聘的费用则会相应增加。

2. 信息发布的时间。在条件允许的情况下，招聘信息应尽早向外界发布，这样有利于缩短招聘进程，而且有利于使更多的人获取信息，使应聘人数增加。

3. 信息发布的对象。企业人员招聘的对象具有多样性、多层次性。因此，企业在招聘之前，应当根据需要招聘人员的工作岗位的特点和要求，及时向特定人员发布各种相关信息。

第二节　员工招聘的程序

一、招聘方案的设计

制定招聘方案是企业人力资源部门在招聘中的一项核心任务。企业通过制定招聘方案分析所需人才的数量和质量，可以避免工作的盲目性。招聘方案设计的主要步骤有：

1. 获取人员需求信息；
2. 选择招聘信息的发布时间和渠道；
3. 初步确定招聘组的人员组成；
4. 初步选择、确定甄选方案；
5. 明确招聘预算；

6. 编写招聘工作时间表；
7. 草拟招聘广告样稿。

（一）制定招聘方案的目的

对招聘人数较多或招聘任务较重的企业，通过制定明确的招聘方案，规范招聘流程是一项十分重要的工作。制定招聘方案的目的主要有：

1. 规范招聘行为

招聘并不是人力资源部门可以独立完成的工作，它涉及企业各个用人部门，所以在招聘工作中各部门、各级管理者的协调显得十分重要。制定招聘方案，规范招聘程序，使招聘工作规范化，有助于招聘工作的有序进行。

2. 提高招聘工作的质量

在众多的应聘人员当中准确地把优秀的人选识别出来，不是一件简单的事情。因为在招聘活动中既要考核应聘者的专业知识、岗位技能等专业因素，又要考核应聘者的职业道德、进取心、工作态度、性格等非智力因素。通过制定招聘方案，会让招聘工作更加科学、合理，从而有效地提高招聘质量，降低招聘成本。

3. 展示企业形象

招聘和应聘是双向选择，招聘活动本身就是应聘者对企业进一步了解的过程。对应聘者而言，企业的招聘活动代表着企业的形象。一个好的招聘方案会使企业的招聘活动严密、科学而富有效率，让应聘者对企业产生好感。

（二）制定招聘流程

制定招聘流程的步骤如下：

1. 分析企业现有的组织结构、岗位设置和职务权限；
2. 分析企业现行的工作流程、各项行政以及人力资源管理制度；
3. 总结现有招聘程序，明确初试、复试和录用的决策人员；
4. 分析各岗位不同的任职资格；
5. 将上述内容归纳、整理，起草招聘流程初稿；
6. 将初稿与相关人员进行讨论，征求大家的意见和建议；
7. 将这些意见和建议进行整理，确定招聘流程试行稿；
8. 公布招聘流程试行稿；
9. 在招聘活动中，使用招聘流程试行稿，并根据实际情况进行修改；

10. 试行期结束后，正式确定企业招聘流程。

（三）制定招聘计划

招聘计划一般包括以下内容：

1. 人员需求清单，包括招聘的职务名称、人数、任职资格等内容；
2. 招聘信息发布的时间与渠道；
3. 招聘小组人选，包括小组人员姓名、职务、各自的职责；
4. 应聘者的考核方案，包括考核的场所、时间、题目的设计等；
5. 招聘截止时间；
6. 新员工上岗时间；
7. 招聘费用预算，包括资料费、广告费等；
8. 招聘工作时间表，明确招聘进程，以便与他人配合；
9. 招聘广告样稿。

招聘计划编写完成后递交相关领导进行审批。

二、招聘方案的实施

（一）招聘实施的主要步骤

招聘实施是整个招聘活动的核心，也是关键一环，先后经历招募、选拔、录用三个阶段。

1. 招募阶段

招募阶段的最终目标是根据招聘计划确定的策略和用人部门（或岗位）的招聘条件和标准进行决策，通过适宜的招聘渠道和相应的招聘方法，吸引足够多的合格应聘者前来应聘，以达到适当的效果。

招募阶段的工作环节包括：（1）发布招聘需求信息：企业一旦确定了自己对人才的需要，就应该及时用合适的方式把这一信息发布出去，否则，没有人知道企业的岗位虚位以待，也就不会有人把求职信发给企业；（2）建立“求职者蓄水池”：在企业将其职位需求信息发布出去后，求职者的求职书和履历表会像雪片一样飞来，人力资源管理部门应及时整理这些文件，把求职者的数据输入到数据库中去。

2. 选拔阶段

选拔阶段的最终目标是比较各应聘者的综合能力和素质，从中挑选出最符合企业岗位需要的人。在通过比较选择的过程中，不能单做定性比较，应尽量以工作业务为依据，以科学、具体、定量的客观指标为准绳，把招聘者的主观因素降到最低点，排除仅凭经验、印象进行招聘的事情发生，更不能以领导者的意志和权力来确定。

3. 录用阶段

在录用阶段，招聘者和求职者都要做出自己的决策，以便达成个人和岗位的最终匹配。一旦求职者接受了企业的聘用条件，录用关系就算正式建立起来了。

（二）招聘实施中的注意事项

作为招聘负责人员，除了善于利用各种形式的招聘方法之外，还应该善于利用各种机会获得潜在的求职者，有效地运用公关策略来吸引人才，提高招聘效率和质量。

1. 与人才媒介机构保持紧密联系

企业人力资源部应该与政府人力资源社会保障部门、职业介绍中心、大中专院校、人才交流中心等机构保持密切联系，及时获得人才信息。

2. 向应聘者介绍企业的真实信息

如有可能可组织初选合格者到企业观摩，这种方法可以防止应聘者对企业产生不切实际的期望，导致最后招聘工作的失败。

3. 利用廉价的“广告”机会

企业人力资源部可以在一些公共场合向人们赠送带有企业介绍的纪念品，上面还可以印上简短的招聘广告语。这些活动可以在节假日，或者某些对于企业来说有特殊意义的日子（比如企业成立纪念日）进行，这样既宣传了企业形象，又免费做了招聘广告，一举两得。

4. 营造尊重人才的氛围

利用各种社会活动，宣传企业重视人才的理念，并制定出一系列吸引人才的政策，可以让社会及各类人才了解企业的用人之道。

5. 注意潜在求职人员的信息收集

人力资源部成员可以利用各种机会获得某些岗位的潜在适合人员的信息。例如，可以从一个电子商务研讨会与会者通信录中，得到行业内优秀的电子商务专家的名单；或者人力资源部某位成员的朋友在读 MBA，他可以提供所在班级的同学通信录，从而可以获得有经验的管理者。

三、招聘方案的评估与反馈

招聘录用工作结束后，还应该有一个评估阶段，它是招聘过程必不可少的环节。招聘评估通过成本与效益核算，能够使招聘人员清楚地知道各种费用的支出情况，区分哪些是应支出项目，哪些是不应支出项目，这有利于降低今后招聘的费用，为企业节省开支。招聘评估通过对录用员工的绩效、实际能力、工作潜力的评估（即通过录用员工质量的评估），检验招聘工作成果与方法的有效性。

（一）成本效益评估

招聘成本效益评估是鉴定招聘效率的一个重要指标，它是指对招聘中的费用进行调查核实，并对照预算进行评价的过程。招聘成本效益评估可以通过以下指标进行：

1. 招聘成本

招聘成本分为招聘总成本与招聘企业成本。招聘总成本是人力资源的获取成本，它由两个部分组成。一部分是直接成本，包括：招募费用、选拔费用、录用员工的家庭安置费用和工作安置费用、其他费用（如招聘人员差旅费、应聘人员招待费等）；另一部分是间接费用，包括：内部提升费用、工作流动费用等。如果招聘实际费用少，录用人数多，意味着企业招聘成本低；反之，则意味着企业招聘成本高。

2. 成本效用评估

成本效用评估是对招聘成本所产生的效果进行分析。它主要包括：招聘总成本效用分析、招聘成本效用分析、人员选拔成本效用分析、人员录用成本效用分析等。各自的核算公式是：

招聘总成本效用＝录用人数/招聘总成本

招聘成本效用＝应聘人数/招聘期间的费用

选拔成本效用＝被选中人数/选拔期间的费用

人员录用效用＝正式录用的人数/录用期间的费用

3. 招聘收益—成本比

招聘收益—成本比既是一项经济评价指标，同时也是对招聘工作的有效性进行考核的一项指标。招聘收益—成本越高，则说明招聘工作越有效。它的计算公式是：

招聘收益-成本比=所有新员工为企业创造的总价值/招聘总成本

（二）数量与质量评估

录用员工的数量评估是检验招聘工作有效性的一个重要方面。通过数量评估，分析在数量上满足或不满足招聘需求的原因，有利于找出招聘工作各环节的薄弱之处，改进招聘工作。同时，通过录用人员数量与招聘计划数量的比较，为人力资源规划的修订提供依据。

录用员工质量的评估是对员工的工作绩效行为、实际能力、工作潜力的评估，它是检验招聘工作成果与方法有效性的另一个重要方面。质量评估既有利于招聘方法的改进，又对员工培训、绩效评估提供了必要的信息。

1. 录用人员数量评估

录用人员数量评估主要从录用比、招聘完成比和应聘比三方面进行。计算公式为：

录用比=录用人数/应聘人数×100%

招聘完成比=录用人数/计划招聘人数×100%

应聘比=应聘人数/计划招聘人数×100%

如果录用比例越小，则说明录用者的素质可能越高：当招聘完成比大于或等于100%时，则说明在数量上完成或超额完成了招聘任务；应聘比则说明招聘的效果，该比例越大，招聘信息发布的效果越好。

2. 录用人员质量评估

录用人员质量评估实际上是对录用人员在人员选拔过程中对其能力、潜力、素质等进行的各种测试与考核的延续，它也可根据招聘的要求或工作分析得出结论。对录用人员进行等级排列来确定质量，其方法与绩效考核方法相似。当然，录用比和应聘比这两个数据也在一定程度上反映了录用人员的质量。

招聘的评估完成后应立即与相关部门进行沟通，把招聘过程中发生的各种数据以及结果反馈给各相关部门，并建立相应的档案，以此为基础对被录用人员的实际工作能力与招聘时表现出的能力进行比较，有利于提高企业的招聘质量。

第三节　员工招聘的方式

企业要进行有效的员工招聘，首先要明确企业有哪些人员补充的渠道。企业人员补充的来源，一是企业内部的人力资源储备，二是外部劳动力市场。企业招聘的方式相应地分为内部招聘与外部招聘。

一、内部招聘

内部招聘是指通过内部晋升、工作调换、工作轮换、人员重聘等方法，从企业内部人力资源储备中选拔出合适的人员补充到空缺或新增的岗位上去的招聘形式。

（一）内部招聘的优点与局限

1. 内部招聘的优点

（1）准确性高。从招聘的有效性和可信性来看，由于企业对内部员工有较充分的了解，如对该员工过去的业绩评价的了解，对员工的性格、工作动机以及发展潜能等方面的认识等，内部招聘更有利于招聘到适合的人员，而且有利于提高人事决策的成功率。

（2）适应较快。从运作模式看，现有的员工更了解本企业的运营模式，与从外部招聘的新员工相比，他们能更快地适应新的工作。

（3）激励性强。从激励方面来分析，内部招聘能够给员工提供发展的机会，强化员工为企业工作的动机，也增强了员工对企业的归属感。尤其是各级管理人员的招聘，这种晋升式的招聘往往会带动一系列晋升，从而能鼓舞员工士气；同时，也有利于在企业内部树立榜样。通过这种相互之间的良性互动影响，可以在企业中形成积极进取、追求成功的氛围。

（4）费用较低。内部招聘可以节约大量的费用，如广告费用、招聘人员与应聘人员的差旅费等，同时还可以省去一些不必要的培训项目，减少了企业因职位空缺而造成的间接损失。此外，从企业文化角度来分析，员工在企业中工作较长一段时间后，已基本融入了企业的文化，对企业的价值观有了一定的认同，因而对企业的忠诚度较高，离职率较低，避免了招聘不当造成的损失。

2. 内部招聘的局限

尽管内部招聘有许多优势，但本身也存在着明显的不足和局限，主要表现在以下一些方面：

（1）可能因操作不公或员工心理原因造成内部矛盾。内部招聘需要竞争，而竞争的结果必然有成功与失败，并且失败者占多数。竞争失败的员工势必心灰意冷，士气低下，不利于企业的内部团结。内部招聘还可能导致部门之间

“挖人才”现象，不利于部门之间的团结协作。此外，如果在内部招聘过程中按资历而非能力进行选择，将会诱发员工养成“不求有功，但求无过”的心理，也给有能力员工的职业生涯发展设置了障碍，导致优秀人才外流或被埋没，削弱了企业竞争力。

（2）容易造成“近亲繁殖”。同一企业内的员工有相同的文化背景，可能会产生“团体思维”现象，抑制了个体创新，尤其是在企业内部重要职位主要由基层员工逐级升任，就可能会因缺乏新人与新观念的输入，而逐渐产生一种趋于僵化的思维意识，不利于企业的长期发展。

此外，企业的高层管理者如果多数是从基层逐步晋升的，其大多数年事偏高，不利于创新精神的发扬。而创新则是处于新经济环境下对企业发展至关重要的因素。要弥补或消除内部招聘的不足，需要人力资源部门做大量细致的工作。

（二）内部招聘的具体来源

内部招聘作为组织招聘的一个重要方式，主要有内部晋升、工作调动、岗位轮换、重新聘用、公开招聘五个来源。其中，公开招聘是面向企业全体人员，内部晋升、工作调动、岗位轮换则局限在部分人员，重新聘用则是吸引那些因某些原因而暂时不在岗的人员。

1. 内部晋升

内部晋升给员工以升职的机会，会使员工感到有发展的机会，对于激励员工非常有利。而且，内部晋升的人员对本企业业务工作比较熟悉，能够较快适应新的工作。然而内部晋升也有不利之处，如内部晋升的不一定是最优秀的，甚至导致少部分员工心理上的嫉妒与不平。因此，许多企业在出现职务空缺后，往往同时采用两种方式，即从内部和外部同时寻找合适的人选。

2. 工作调动

工作调动也叫做“平调”，是在内部寻找合适人选的一种基本方法。这样做的目的是要填补空缺，但实际上它还起到许多其他作用，如可以使内部员工了解企业内其他部门的工作，与本企业更多的人员有深入的接触、了解等。这样一方面有利于员工素质的提高与今后的职位晋升，另一方面可以使上级对下级的能力有更进一步了解，也为今后工作安排做好准备。

3. 岗位轮换

岗位轮换和工作调动有些相似，但又有所不同。如工作调动从时间上来讲往往较长，而岗位轮换则通常是短期的，有时间界限的。另外，工作调动往往是单独的、临时的，而岗位轮换往往是两个以上的、有计划进行的。岗位轮换可以使员工有机会了解企业的不同岗位工作，给那些有潜力的人员提供可能晋升的条件，同时也可以减少部分人员由于长期从事某项工作而带来的烦躁和厌倦情绪。

4. 重新聘用

有些企业由于某些原因会有一批不在位的员工，如下岗人员、长期休假人员（如曾因病长期休假，现已康复但由于无位置还在休假）、已在其他地方工作但关系还在本企业的人员（如停薪留职）等。在这些人员中，有的恰好是内部空缺需要的人员。他们中有的素质较好，企业可以重新聘用。另外，企业使用这些人员可以使他们尽快上岗，同时减少了培训等方面的费用。

5. 公开招聘

公开招聘是面向企业全体人员，其做法通常是企业在内部公开空缺职位，吸引员工来应聘。这种方法使员工有一种公平合理、公开竞争的平等感觉，会使员工更加努力地工作。这也是人力资源管理与开发的目标之一。

（三）内部招聘实施的主要方法

1. 推荐法

推荐法可用于内部招聘，也可用于外部招聘。它是由本企业员工根据企业的需要推荐其熟悉的合适人员，供用人部门和人力资源部门进行选择和考核的一种招聘方法。由于推荐人对用人企业与被推荐者比较了解，使被推荐者更容易获得企业与职位的信息，便于决策，也使企业更完整地了解被推荐者。因而这种方法较为有效，招聘成功的概率较大。

在企业内部最常见的推荐法是主管推荐，因为主管一般比较了解潜在候选人的能力，由主管提名的人选具有一定的可靠性；它的缺点在于这种推荐比较主观，容易受个人因素的影响，甚至可能提拔的是自己的亲信而不是一个胜任的人选。因为有时候主管们并不希望自己手下得力的下属被调到其他部门，这样会影响本部门的工作实力。

2. 布告法

布告法是在确定了空缺职位的性质、职责及其所要求的条件后，将这些信息以布告的形式，公布在企业的墙报、布告栏、报刊上，让全体员工尽可能获得信息，而所有对此岗位感兴趣并具有此岗位任职能力的员工均可申请应聘。

布告法的一个潜在目的是，使企业全体员工了解哪些职务需要补充人员，使员工感觉到企业在招聘人员方面的透明度与公平性。目前，在很多成熟的企业中，招聘的形式由原来的张榜、海报的形式演变为在企业内部网上发布，各种申请手续也在网上完成，从而使整个过程更加快捷、方便。

一般来说，布告法经常用于非管理层人员的招聘，特别适合于普通职员的招聘。

布告法的优点在于，它让企业全体员工了解到招聘需求信息，为企业员工职业生涯发展提供了更多的机会，并且可以使员工脱离原来不满意的工作环境，也促使主管们更加有效地管理员工，以防本部门人员的流失。它的缺点在于这种方法花费的时间较长，可能导致岗位较长时期的空缺，影响企业正常运营；而员工也可能由于盲目地变换工作而丧失原有的工作机会。

3. 档案法

人力资源部门从员工档案中可以了解到员工在教育、培训、经验、技能、绩效等方面的信息，帮助用人部门与人力资源部门寻找合适的人员补充职位空缺。员工档案对员工晋升、培训、发展有着重要的作用，因此员工档案应力求准确、完备，对员工在职位、技能、教育、绩效等方面信息的变化应及时做好记录，为人员选择与配备做好准备。现在，人力资源信息系统在多数企业中相继建立，为企业内部招聘提供了一条有效途径，企业可以通过搜索人力资源信息系统，快捷地找到适合的招聘人选。

二、外部招聘

内部招聘由于人员选择的范围比较小，往往不能满足企业的需要，尤其是当企业处于创业初期或快速发展的时期，或是需要特殊人才时，仅有内部招聘是不够的，必须借助于企业外的劳动力市场，采用外部招聘的方式来获取所需的人员。

（一）外部招聘的优点与局限

1. 外部招聘的优点

（1）带来新思想、新方法。从外部招聘来的员工能够以崭新的、大胆的视角看待现有的企业文化，而较少有感情的依恋。典型的内部员工已经彻底被企业文化同化了，受惯性思维影响，既看不出企业有待改进之处，也没有进行变革、自我提高的意识和动力，使整个企业缺乏竞争的意识和氛围，呈现出一潭死水的局面。企业通过从外部招聘优秀的技术人才和管理专家，就可以在无形中给企业原有员工施加压力，激发斗志，从而产生“鲶鱼效应”。特别是高层管理人员的引进尤为突出，因为他们有能力从企业整体战略的角度与高度重新塑造企业文化。

(2) 有利于招到一流人才。外部招聘的人员来源广，选择余地很大，能招聘到许多优秀人才，尤其是一些稀缺的复合型人才，这样可以节省内部培训的费用。

(3) 树立形象的作用。外部招聘也是一种很有效的交流方式，企业可以借此机会在行业内树立良好的形象。

2. 外部招聘的局限

(1) 筛选难度大，时间长。企业希望能够比较准确地测量应聘者的能力、性格、态度、兴趣，从而预测他们在未来的工作岗位上能否达到企业所期望的要求。而这些测量结果只有中等程度的预测效果，仅仅依靠这些测量结果来作出科学的录用决策是比较困难的。为此，一些企业采用诸如推荐信、个人资料、自我评定、同事评定、工作模拟、评价中心等方法。这些方法各有其优势，但也都存在着不同程度的缺陷。这就使得外部招聘的录用决策耗费时间较长，耗费精力较多。

(2) 进入角色慢。从外部招聘来的员工需要企业花费较长的时间来进行培训，使之了解企业的工作流程和运作方式，这样就增加了培训成本。

(3) 招聘成本高。当外部招聘需要在媒体发布信息或者通过中介机构招聘时，一般需要支付一笔费用；而且由于外界应聘人员相对较多，后续的挑选过程也非常烦琐与复杂，这不仅耗费大量的人力、财力，还占用很多时间，所以外部招聘的成本较大。

(4) 决策风险大。外部招聘只能通过几次短时间的接触，就必须判断候选人是否符合本企业空缺岗位的要求，而不能像内部招聘那样经过长期的接触和考察。所以，企业很可能因为一些外部因素（例如应聘者为得到这份工作而夸大自己的实际能力等）而做出不准确的判断，增加了招聘决策的风险。

(5) 影响内部员工的积极性。如果企业从外部招聘了某些人员，而使得企业内部的有胜任岗位能力的人未被选用或提拔，即内部员工得不到相应的晋升和发展机会，内部员工的积极性可能会受到影响，容易导致“招来的女婿气走儿”的现象的发生。因此，外部招聘一定要慎重。

（二）外部招聘的具体来源

1. 学校招聘

学校是人力资源的重要来源，每年学校有上百万的毕业生走出校门，进入社会。学校毕业生已成为各企业技术人才和管理人才的最主要来源。与社会招聘相比，校园招聘有许多优势：学生的可塑性强；选择余地大；候选人专业多样化，可满足企业多方面需求；招聘成本较低；有助于宣传企业形象等。

通常又将学校分为中等职业技术学校、大专院校两类。中等职业技术学校是许多企业招聘办事员和其他初级操作性员工的主要渠道，而大专院校则是发现大批具有较高素质的专业人员、技术人员和管理人员的主要场所。

企业在进行校园招聘时，一定要注意了解大学生在就业方面的一些政策和规定，还要注意一部分大学生在就业中有脚踩两只船或几只船的现象，而且，企业要对学生感兴趣的问题做好准备。只有做好以上工作，企业的校园招聘才能够圆满完成。

2. 竞争对手与其他企业

对于需要有相关专业工作经验的职位来说，企业可以考虑从同一行业或同一地区的其他企业中招聘人才，有时甚至可以从竞争对手那里“挖”人。通过正常合法的途径将其他企业的合格应聘者吸引过来，也是外部招聘的一种方式。

3. 失业人员

目前，伴随我国经济体制改革产生了大量的失业人员，在这些失业人员队伍中，大部分具有丰富的工作经验和社会阅历，有些还具有出色的企业管理能力和领导能力。从失业者群体中也可以招聘到企业需要的人员。

4. 退伍军人

退伍军人具有坚强的意志、忠诚的品质、严明的纪律，是招聘某些特殊岗位人员（诸如行政保卫人员）的最佳选择。招聘退伍军人，把他们妥善地安置在合适的岗位上有利于提高企业的知名度，树立企业良好的外部形象，并且可以和当地政府建立融洽的关系。

5. 退休人员

目前我国已经进入老龄化社会，包括退休者在内的老年人也构成企业的员工来源之一。在一些职业领域，退休人员常常是最佳人选，因为他们有丰富的工作经验、高超的协调能力和稳健的处世作风。

（三）外部招聘实施的主要方法

1. 招聘广告

广告是企业从外部招聘人员最常用的方法之一。通常做法是在一些大众媒体上刊登企业职位空缺的消息，吸引那些对空缺职位感兴趣的潜在人选应聘。采用广告的形式进行招聘，由于岗位空缺的信息发布迅速，能够在一两天内就传达给外界，同时有广泛的宣传效果，可以展示企业实力。

（1）招聘广告媒体的选择

招聘广告媒体主要包括：报纸、杂志、广播电视、互联网、印刷品等。各种媒体广告都具有不同的优缺点和适用情况，最终选用什么媒体发布广告，关键取决于所要吸引的职位候选人是哪些人。

1）报纸。报纸发行量大，能够迅速将信息传递给读者，同时广告的大小可以灵活选择；但它的阅读对象较杂，很多读者并不是所要寻找的职位候选人，保留的时间也较短，同时报纸的纸质和印刷质量可能会对广告设计造成影响。因此，一般情况下，报纸招聘广告比较适合于在某个特定地区的招聘，适合于候选人数量较大的职位，适合于流失率较高的行业或职业。

2）杂志。杂志接触目标群体的覆盖面比较大，而且杂志便于保存，纸质和印刷质量相对于报纸要好；但广告的预约期较长，申请职位的期限也会比较长，同时发行的地域可能较为分散。因此，如果企业的招聘岗位所需人员的分布相对比较集中，而且企业并非迫切需要补充此类人员，在这种情况下，可以考虑使用杂志刊登招聘广告的形式。

3）广播电视。广播电视可以产生较强冲击力的视听效果，容易给人留下深刻的印象；但广告的时间较短，且不便保留，费用一般也比较昂贵。因此，一般情况下，广播电视招聘广告比较适用于当企业迅速扩大影响、需要招聘大量人员时，也比较适用于引起求职者广泛关注、将企业形象宣传与人员招聘同时进行的情况。

4）互联网。互联网招聘是近几年新兴的一种招聘方式，是随着计算机通信技术的发展和劳动力市场发展的需要而产生的。由于这种方法具有信息传播范围广、速度快、成本低、时间长、联系快捷方便、不受时间和地域的限制等优点，因而被广泛采用。无论是招聘企业、求职者，还是职业中介机构均可以通过信息网络来达到目的。许多大型企业、外商投资企业、高新技术企业和计算机、通信领域人才及中高级人才的招聘多采用此种方法。许多企业之所以利用网络来招聘人员，除以上优点外，还看中了网络招聘的以下长处：招聘范围广、信息量大、可挑选余地大、应聘人员素质高、招聘效果好、费用低。

5）印刷品。海报、公告、招贴、传单、宣传旗子、小册子等都是在特殊场合有特别效果的方法。这些方法可以在求职者可能采取某种立即行动的时候，引起他们对企业的兴趣，而且极富灵活性。但是这些方式自身的作用有限，必须与其他招聘方法结合方能产生良好的效果。

在一些特殊场合，如为劳动者提供就业服务的就业交流会、公开招聘会、定期举行的就业服务会上，可以布置海报、标语、旗帜等；当求职者访问企业的某一工作地时，可以向他们散发招聘宣传材料。

企业在选择发布招聘广告的方式时，要综合考虑空缺岗位、广告价格、潜在应聘者所在的地域、工作特性等因素。另外，企业还可以利用自己的网站进行招聘。由于此种方式传播速度快、范围广、查询方便等特性，受到越来越多企业的青睐。媒体选择的另一个趋势就是企业在自己的主页上做广告，许多企业都在主页上开辟了“职业机会”模块，这样企业就可以把大量信息放在主页上供应聘者查阅，这对那些知名度较高、主页访问量较大的企业，也是一种很好的选择。

（2）招聘广告的设计

在使用广告招聘时，招聘人员除了要考虑广告媒体的选择外，还要注意广告设计的技巧。招聘广告应力求吸引更多的人，并做到内容准确、详细，聘用条件表达清楚。

1）招聘广告的设计原则。招聘广告的设计必须遵循：“注意——兴趣——愿望——行动”的原则。

第一，引起读者的注意。这是从广告设计的总体效果而言的。招聘广告引人注目的方法包括醒目的字体、与众不同的色彩、显眼的位置等。最醒目的内容应是企业最具吸引力之处，例如企业的名称、企业的标志、招聘的职位、待遇条件、工作地点等。

第二，激发读者的兴趣。要引起求职者对工作的兴趣，招聘广告就必须撰写得生动，具有鼓动性，并能引起读者共鸣。如果再加上巧妙、新颖的表现方式，会更令人感兴趣。

第三，激发求职的愿望。这比激发兴趣更前进一步，不仅要使读者有兴趣，而且有引发求职者求职和工作的愿望。通常，求职的愿望是与求职者的需求紧密联系在一起的，因此，在一般情况下，企业可以通过强调吸引人的一些因素，如成就、培训与发展的机会、挑战性的项目、优越的薪酬福利等，激发求职者对工作的愿望。

第四，促使求职者的行动。即向应聘者提供联络方法，包括公司的联系电话、通信地址、网址等，同时用一些鼓动性的话，例如“今天就打电话吧”“请尽快递交简历”等促使应聘者迅速采取行动。

2）招聘广告的内容。一般来说，招聘广告的内容包括以下几部分：

第一，企业情况简介。招聘广告中，企业情况简介的语言要简洁，同时介绍的内容应该是企业最具有特色和富有吸引力的特点。在广告中最好能使用企业的标志，提供企业的网址，以便看到广告并感兴趣的人，可以浏览企业的网页以获取进一步的信息。

第二，职位情况介绍。招聘职位的介绍内容通常包括职位名称、所属部门、主要工作职责等，起草招聘广告时参考一下职位说明书会有所帮助，但应该从读者的角度出发，以读者能够理解和感兴趣为主，切不可照搬职位说明书。

第三，任职资格要求。招聘广告中，还必须对应聘者的基本任职条件提出要求，包括专业范围、工作经验、知识技能等。

第四，相应的人力资源政策。招聘广告中，可以提及与应聘岗位相关的人力资源政策，包括薪酬水平、劳动合同、培训机会等内容。

第五，应聘者的准备工作。招聘广告中，可以注明应聘者必须提供哪些应聘材料，例如简历、学历学位证书、资格证书、身份证的复印件和照片，以及提供薪金要求和户口所在地等信息。

第六，应聘的联系方式。应聘的联系方式大都采用将简历等其他应聘材料通过信件、电子邮件、传真等方式发送到企业，因此需要提供公司的通信地址、传真号码或者电子邮件地址，一般情况下不必提供电话号码。另外，还应提供应聘的时间范围或截止日期。

2. 职业介绍机构

随着人才流动的日益普遍，人才交流中心、职业介绍所、劳动力就业服务中心等职业中介机构应运而生。这些机构承担着双重角色：既为企业择人，也为求职者择业。借助这些机构，企业与求职者均可获得大量的信息，同时也可传播各自的信息。

一般来说，企业在以下情况下才会选用职业介绍机构：（1）企业难以吸引足够数量的申请者；（2）企业在目标劳动力市场上缺乏招聘经验；（3）企业需要的员工数量少；（4）企业急于填充岗位空缺；（5）企业试图招聘到现在正在工作的员工。

职业介绍机构的工作流程包括四个步骤：

(1) 接待登记。对用人单位和求职者进行接待并登记他们的具体信息。

(2) 提供信息。根据信息库中的信息，分别为用人单位和求职者提供所需要的信息。

(3) 安排面谈。职业介绍机构安排双方面谈，促成成功聘用。

(4) 职业指导、现在我国很多职业介绍机构也承担了为用人部门提供用人指导，为求职者提供就业指导的职能。

3. 人才招聘会

人才招聘会是由一定组织或国家相关部门组织的，为企业招聘和求职者找工作提供服务的人力资源活动，它是一种比较传统的招聘方式。在招聘会上，企业和应聘者可以直接交流，节省了企业和应聘者的时间。近些年，随着人力资源市场的日益完善，招聘会呈现出向专业化方向发展的趋势。

人才招聘会分为专场和非专场两种。专场的人才招聘会是由一家企业举行的招聘会；非专场招聘会是由某些人才服务机构组织的、有多家单位参加的招聘会。很多招聘会的参加单位和参加个人都很多。人才招聘会的优势是：应聘者集中，企业的选择余地较大。但是，招聘高级人才还是较为困难的。

由于招聘会的参展企业和应聘者众多，必须事先做好充分准备，否则，没有营销策略，甚至不懂营销的原则，很难将企业推销出去。企业可以按照以下程序参加人才招聘会：

(1) 准备展位。有效地参加招聘会的关键是在会场设立一个有吸引力的展位，这样有助于企业更好地吸引应聘者。如果有条件的话，可以争取选择一个尽量好的位置，并且有一个比较大的空间。在制作展台方面最好请专业机构帮助设计，在展台上可以利用多媒体设备放映公司的宣传片。在展位的一角可以设计一个相对安静的区域，企业的招聘人员可以和一些应聘者在此交谈。

(2) 准备资料和设备。在招聘会上，通常可以发放一些宣传品和招聘申请表，这些资料需要事先印制好，而且准备充足的数量，以免很快发完。有时在招聘会的现场需要用到计算机、投影仪、电视机、放像机、录像机、照相机等设备，这些都应该事先准备好。

(3) 招聘人员的准备。参加招聘会的工作人员要有人力资源部的人员，也要有需要招聘的用人部门人员，因为招聘工作本身就是人力资源部的职责，而用人部门则对需要招聘的人员各方面的要求有更深的认识。所有现场人员都应该做好充分的准备，这些准备首先包括要对应聘者可能会问到的问题了如指掌、对答如流，并且所有的人在回答问题时口径要一致。另外，招聘人员在招聘会上服装服饰要整洁大方。

(4) 与有关的协作方沟通联系。在招聘会开始之前，一定要与有关的协作方进行沟通。这些协作方包括招聘会的组织者、负责后勤事务的企业，还可能会有学校的负责部门等。沟通的内容一般涉及两个方面：一方面了解协作方对招聘会的要求；另一方面提出需要协作方提供帮助的事项，以便提前做好准备。

(5) 招聘会的宣传工作。如果是专场招聘会，会前要做好宣传工作，可以考虑利用报纸、广告等媒体，或者在自己的网站上发布招聘会信息。如果是在校园里举行招聘会，一定要在校园里张贴海报。这样才能保证有足够的求职者参加招聘会。

(6) 招聘会结束后的工作。招聘会结束后，一定要用最快的速度将收集到的简历整理一下，通过电话或电子邮件方式与应聘者取得联系。因为很多应聘者都会在招聘会上给多家公司递送简历，反应速度比较快的公司会给应聘者留下公司的管理效率较高的印象。

4. 猎头公司

猎头公司的“猎头”是英文 Head Hunter 的直译。在国外，猎头服务早已成为企业获取高级人才和高级人才流动的主要渠道之一。我国的猎头公司是近年来为适应企业对高层次人才的需求以及高级人才的求职需求而发展起来的，而且猎头服务近年来发展迅速，越来越多的企业逐渐接受了这一招聘方式。

对于高级尖端人才，用传统的渠道往往很难获取，但这类人才对企业的作用非常重要。因此，猎头服务的一大特点是推荐的人才素质都很高。猎头公司一般都会建立自己的人才库，用以储备素质优秀的人才。

当然，与高素质候选人才相伴的是昂贵的服务费用，猎头公司的收费通常能达到所推荐人才年薪的 25%～35%。但是，如果企业把自己招聘工作的时间成本、人才素质差异等隐性成本计算进去，猎头服务或许不失为一种经济高效的方式。

此外，猎头公司往往对企业及其人力资源需求有较详细的了解，对求职者的信息掌握较为全面，而且猎头公司在供需匹配上较为慎重，成功率比较高。

5. 校园招聘

校园招聘即由企业的招聘人员通过到学校、参加毕业生人才交流会等形式直接招聘人员。对学校毕业生最常用的招聘方法是一年一度或两次的人才供需见面会，供需双方直接见面，双向选择。除此之外，有的企业则在学校召开专场招聘会、在学校中散发招聘广告等。有的则通过定向培养、委托培养等方式直接从学校获得所需要的人才。

对于应届生和暑期临时工的招聘也可以在校园直接进行。主要方式有招聘广告张贴、招聘讲座和毕业分配办公室推荐3种。校园招聘通常用做承担工程、财务、会计、计算机、法律以及管理等领域的专业化初级水平人员的选拔。

6. 熟人推荐

熟人推荐通过企业的员工、客户、合作伙伴等熟人推荐人选，也是企业招聘人员的重要来源。这种方式的长处是对候选人的了解比较准确；候选人一旦被录用，顾及介绍人的关系，工作也会更加努力；招聘成本也很低。问题在于可能在企业内形成小团体式的非正式组织。

第四节　应聘人员的甄选

人员甄选即应聘人员的甄选，它是指从应聘者中选出企业需要人员的过程，包括资格审查、初选、面试、其他测试、体检、个人资料核实等内容。由于这一步将直接决定企业最后录用的决定，因此这是招聘过程中关键的一步，也是技术性最强的一步。

一、人员甄选的基本原则

人员甄选应严格遵循以下基本原则，才能实现用人之所长，学用一致，达到有效利用人力资源的目的。

（一）因事择人，知事识人

要求企业在招聘员工时，应根据工作岗位的实际需要和人力资源规划的供需计划吸纳员工，人员配备切莫出自于部门领导或人力资源部门领导的个人主观需要，也不能借工作需要来达到个人的某种目的。

（二）任人唯贤，知人善用

任人唯贤，强调用人要出于公心，以事业为重，做到大贤大用，小贤小用，不贤不用。知人善用，要求管理者对所任用的员工了如指掌，并能及时发现人才，使用得当，使每个人都能充分施展自己的才能。

（三）用人不疑，疑人不用

这个原则要求管理者对员工（这里主要是指试用人员）要给予充分的信任与尊重。事实上，试用人员与正式员工在使用上并无本质的差异，关键是管理者能不能给他们充分信任与权利，让他们在岗位上发挥自己的才能。

（四）严爱相济，指导帮助

员工在试用期间，管理者必须为其制定工作标准与绩效目标，进行必要的考核。考核可从几个方面进行：能力的提高、工作成绩、行为模式及行为模式的改进等。对试用的员工在生活上应当给予更多的关怀，尽可能帮助他们解决工作、生活中的问题；在工作上要指导，帮助他们取得进步，用感情吸引他们留在企业中。同时，企业要从法律上保证员工享受应有的权利。

二、人员甄选的程序与方法

人员甄选的主要工作步骤可以分为初步筛选、笔试、面试等几个阶段。初步筛选是对应聘者是否符合职位的基本要求的一种资格审查，目的是筛选出那些背景和潜质都与职务规范的所需条件相匹配的候选人，并从合格的应聘者中选出参加后续选拔的人员。最初的资格审查和初选通常是人力资源部门通过审阅应聘者的个人简历或应聘申请表进行的。

（一）初步筛选

1. 简历的筛选

简历是应聘者自带的个人介绍材料。对于如何筛选应聘简历，实际上并没有统一标准进行评估，因为简历的筛选涉及很多方面的问题。而目前的简历大都是打印而成，没有办法从字体上来判断出什么问题。简历的筛选可以按照以下步骤进行：

（1）分析简历结构。简历的结构在很大程度上反映了应聘者的组织能力和沟通能力。结构合理的简历都比较简练，一般不超过两页。书写简历并没有一定格式，只要通顺易懂即可。

（2）重点看客观内容。简历的内容大体上可以分为两部分，主观内容和客观内容。在筛选简历时注意力应放在客观内容上。客观内容主要包括个人信息、受教育经历、工作经历和个人成绩四个方面。个人信息指姓名、性别、民族、年龄、学历等。受教育经历指上学经历和培训经历等；工作经历指过去的工作单位、起止时间、工作内容、参与项目名称等；个人成绩包括学校、工作单位的各种奖励等。主观内容主要包括应聘者对自己的描述，例如个人爱好、兴趣、特长以及对自己的评价等。

（3）判断应聘者是否符合职位技术和经验要求。在客观内容中，首先要注意个人信息和受教育经历，判断应聘者的专业资格和经历是否与空缺岗位相关并符合要求。如果不符合要求，就没有必要再浏览其他内容，可以直接筛选掉。如在阅读受教育经历中，要特别注意应聘者是否用了一些含糊的文字，比如没有注明大学教育的起止时间和类别，这样做很有可能是在混淆专科和本科的区别，或者是统分、委培、成教等形式的差别。

（4）审查简历中的逻辑性。在工作经历和个人成绩方面，要注意简历描述是否有条理，是否符合逻辑。比如求职者描述自己的工作经历时，列举了一些著名企业和一些高级职位，而他所应聘的却是一个普通职位，这就需要引起注意。再比如，有的求职者称自己在许多领域取得了不俗成绩，获得了很多证书，但是从他的工作经历中分析，很难有这样的条件和机会，这样的简历也要引起注意。如果能够断定在简历中有虚假成分存在，就可以直接将这些简历筛选掉。

（5）对简历的整体印象。通过阅读简历，是否留下好的印象。另外，标出简历中感觉不可信的地方以及感兴趣的地方，面试时可询问应聘者。

2. 申请表的筛选

申请表的筛选方法与简历的筛选有很多相同之处，其特殊的地方如下：

（1）判断应聘者的态度。在筛选申请表时，首先要筛选出那些填写不完整和字迹难以辨认的材料。对态度不认真的应聘者安排面试，纯粹是在浪费时间，可以将其筛选掉。

（2）关注与职业相关的问题。在审查申请表时，要估计背景材料的可信程度，要注意应聘者以前经历中所任职务、技能、知识与应聘岗位之间的联系。比如，应聘者是否标明过去企业的名称、过去的工作经历与现在申请的工作是否相符、工作经历和教育背景是否符合申请条件、是否经常变换工作以及这种变换是否有合理解释等。在筛选申请表时还要注意分析其离职的原因、求职的动机，并对那些频繁离职人员加以关注。

（3）注明可疑之处。不论是简历还是应聘申请表，很多材料都会或多或少存在内容上的虚假。在筛选材料时，应该用铅笔标明这些疑点，在面试时作为重点提问的内容加以询问。

值得注意的是，由于个人资料和招聘申请表所反映的信息不够全面，决策人员往往凭个人经验与主观判断来决定参加复试的人选，这样带有一定的盲目性，会产生漏选的现象。因此，初选工作在费用和时间允许的情况下应坚持面广的原则，尽量让更多的人员参加复试。

（二）笔试的组织与安排

笔试主要用来测试应聘者的知识和能力，现在有些企业也通过笔试来测试应聘者的性格和兴趣等。对知识和能力的测验包括两个层次：一般知识和能力与专业知识和能力。一般知识和能力包括个人的社会文化知识、智商、语言理解能力、数字才能、推理能力、理解速度和记忆能力等；专业知识和能力是与应聘岗位相关的知识和能力，如财务会计知识、管理知识、人际关系能力、观察能力等。性格与兴趣通常要运用心理测试的专门技术来测试，仅靠笔试中的一部分题目很难得出准确的结论。在安排笔试时一般有以下几个步骤：

1. 命题。命题是笔试的首要问题，命题恰当与否，决定考核的效度。无论是以招聘管理人员和科技人员为目标的论文式笔试，还是以招录普通员工和职员为目的的测验式笔试，命题必须既能考核应试者的文化程度，又能体现出空缺职位的工作特点和特殊要求，而且命题过难、过易都不利于录用的决策。

2. 拟定“标准答案”，确定评阅计分规则。各个考题的分值应与考核内容的重要性及考题难度成比例。若分值分配不合理，则总分数不能有效表示应试者的真正水平。

3. 阅卷及成绩复核。关键要客观、公平、不徇私情。为此，应防止阅卷人看到答卷人的姓名，明确阅卷人共同讨论打分的宽严尺度，建立严格的成绩复核制度，制定处罚徇私舞弊者的纪律等。

（三）面试的组织与安排

面试是组织最常用的、必不可少的测试手段。调查表明，99%的企业在招聘中都采用这种方法。在现代社会，企业用人越来越注重员工的实际能力与工作潜力，而不只是单纯注重知识掌握。因此，面试在人员选择环节中有非常重要的地位。

面试通过正式交谈，使企业能够客观了解应聘者的业务知识水平、外貌风度、工作经验、求职动机等信息，应聘者也能够通过面试了解到更全面的企业信息。

1. 面试的类型

面试可以有不同的分类方法，可以根据面试的内容、目的和方式对面试进行分类。在实际筛选过程中运用的主要面试方法有：

（1）结构化面试。在典型的结构化面试中，面试考官要问的问题事先已经安排好，而且可以根据应聘者回答的情况进行评分。面试中的问题应该与应聘者的职位、工作经历、现有工作情况、教育、业余爱好、对自己的评价等内容有关。

在这种面试中，每一个应聘者都被询问相同的问题，一般不会发生漏掉重要问题的情况。其好处是可以对不同应聘者的回答进行比较，因为向应聘者询问的问题都是一样的，面试的有效性和可靠性较高。但是这种面试不可能进行话题外的提问，限制了谈话的深入性、灵活性和针对性。

（2）非结构化面试。在非结构化面试中，面试没有应遵循的特别形式，面试考官可以随机询问问题。面试通常这样开始：面试考官在一定的工作规范指导下，向每位应聘者提出不同的问题，但面试的非结构化性质允许面试考官根据应聘者的最后陈述提问，并走得很远。

这种面试的好处是面试考官和应聘者在问答过程中都比较自然，由于问题不是事先设计好的，所以有很强的灵活性。应聘者可能感觉更随便、自在，回答问题时也可能更容易敞开心扉。但是由于对每个应聘者所问的问题是不一样的，面试的效度和信度都受到了影响。但是，非结构化面试最大的问题在于，可能会把最关键的问题遗漏掉。

（3）压力面试。压力面试的目标是确定应聘者将如何对工作上的压力做出反应、做出什么样的反应。要使用压力面试，面试考官必须确信存在压力的确是工作的一个重要特征。

在典型的压力面试中，面试考官提出一系列直率（通常是不礼貌）的问题，置面试对象于防御境地，使之感到不舒服。面试考官通常寻找面试对象在回答问题时的破绽，找到破绽后，面试考官就集中对破绽提问，希望借此使应聘者失去镇定。

压力面试有它的优缺点：一方面，它是界定高度敏感和可能对温和的批评做出过度反应（愤怒和辱骂）的应聘者的良好方法；另一方面，它需要面试考官有控制面试的能力与技巧。

（4）情景化面试。情景化面试就是通过询问面试对象一系列问题预测他在一个给定的情景下的行为能力的面试形式。情景化面试大都是结构化的面谈，根据对每一个问题的回答情况对应聘者进行评分，根据不同的评分结果，招聘者可以判断出该职位的人选就是那个做出最佳处理的人。

（5）行为化面试。行为化面试是通过要求面试对象描述其过去某个工作或者生活经历的具体情况来了解面试对象各方面素质特征的方法。这种面试遵循的基本理论基础是“行为一致性原则”，也就是过去的行为是对未来行为的最好预测。在这种面试中，面试考官常常问这样一些问题：“告诉我，你在上次那份工作中最有成就的一件事，你是怎样开始创意的？你是怎样实施并最终完成计划的？你是怎样处理你碰到的障碍的？”“给我讲述一下，昨天从你进办公室开始到你回家发生的细枝末节，我都感兴趣。”

这种面试的一个特点是，面试考官问及的问题都是应聘者过去行为中特定的事件，而这些恰恰又与应聘者工作的内容、绩效有着直接联系，而且，这些问题都是从工作行为分析中得来的。这种分析可以确定在特定的与工作有关的情形下，应聘者所做的事情哪些是有效的，哪些是无效的。

（6）单独面试。单独面试又可以分为两种：一对一面试和考评小组面试。前者面试时只有一位面试考官，多用于小规模招聘以及较低职位员工的招聘。后者则由多位面试考官组成，以便从不同角度对应聘者进行观察，对应聘者做出全面正确的评价。

（7）集体面试。当应聘者较多时，可将其分为若干小组，就一些问题展开讨论。面试考官可在一旁就应聘者的领导能力、逻辑思维能力、口才、处理人际关系的能力等进行观察、评价，以此为依据对应聘者加以甄选。

（8）系列式面试。许多企业要求在做出录用决定前，必须有几个人对应聘者进行面试，即要进行系列式面试。每一位面试考官从自己的角度观察应聘者，提出不同的问题，并形成对应聘者的独立评价意见，然后对每位面试考官的评定结果进行综合比较分析，最后做出录用决策。假定这种方式是针对取得令人满意的工作业绩所必需的技能和个人特征，与非结构化面试相比，结构化面试能产生更可靠、更有效的结果。

2. 面试的程序和步骤

面试是一种操作难度较高的测评形式，随意性较大，一般人难以掌握，或者说由于没有掌握面试的程序和缺少面试的技巧，而达不到面试应有的效果。为了改进这一点，使面试能够被一般水平的人操作，提高面试质量，在面试实施中应掌握面试的程序和步骤技巧。面试作为企业招聘活动中挑选人员的主要手段，一般包括如下步骤：

（1）面试准备阶段

面试前，面试考官要事先确定需要面试的事项和范围，写下提纲，并且在面试前要详细了解应聘者的资料，发现应聘者的个性、社会背景及对工作的态度、有无发展潜力等。面试前的准备工作包括：

1）确定面试的目的；

2）选择合适的面试类型；

3）科学设计面试问题；

4）确定面试的时间和地点等；

5）面试中的环境布置。

面试的环境应该舒适、适宜，有利于创造宽松气氛。握手、微笑、简单寒暄、轻松幽默的开场白、舒适的座位、适宜的照射光线和温度，以及没有令人心烦意乱的噪声，这些都有益于面试环境的营造。

面试的环境必须是安静的。许多面试考官喜欢选择自己的办公室作为面试的场所，但难免遇到意外的电话、工作方面的干扰等。因此，一些小型的会议室是不错的面试场所。

在面试的环境方面，值得注意的是，面试中面试考官与应聘者的位置如何安排。面试中有如下 4 种常见的位置排列，如图 6—1 所示。

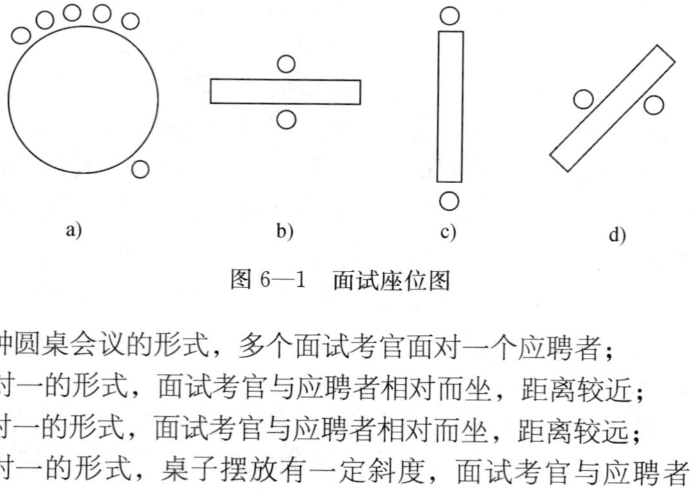

图 6—1　面试座位图

a 为一种圆桌会议的形式，多个面试考官面对一个应聘者；

b 为一对一的形式，面试考官与应聘者相对而坐，距离较近；

c 为一对一的形式，面试考官与应聘者相对而坐，距离较远；

d 为一对一的形式，桌子摆放有一定斜度，面试考官与应聘者相对斜坐，距离较近。

在面试中如果采用 b 的形式，面试考官与应聘者面对面地相视而坐，眼睛直视对方，会给对方造成一种心理压力，使应聘者紧张而不能自如地发挥应有的水平。但是，面试考官若想特意考察应聘者的压力承受能力，可采用此种方法。而 c 的形式，面谈双方相距甚远，不利于面试考官从对方的表情、言语中获得信息，而且由于空间的距离而造成心理上的远距离，从而不利于双方更好地交流。而 d 的形式，面试考官与应聘者略侧身斜坐，视线形成一定角度，这样可以缓和紧张气氛，避免心理上的冲突，因而招聘中宜采用这种形式。a 的形式为圆桌型，同样能达到这种效果。因而，应采用 a、d 两种位置排列，这样有利于面试。

颜色也会影响人的情绪、意识及行为，比如颜色通常对于人的血压及性情产生重要影响。某些颜色对于某些人有舒适的感觉，其他的颜色却有相反的效果。有些颜色使人心情放松，有些颜色则令人感觉烦闷。

目前，招聘环境中的颜色布置还没有引起招聘者的注意，桌子、地板、墙的颜色都趋向单色化，有的甚至就是一张简单的桌子旁边散落几把椅子，让人有一种随便感及不适感。因此，在面试过程中一定要注意桌子、椅子、墙壁，甚至地毯及附属品的颜色都要协调和谐。

（2）面试实施阶段

1）面试开始阶段

面试时应从应聘者可以预料到的问题开始发问，如工作经历、文化程度等，然后再过渡到其他的问题，以消除应聘者的紧张情绪。只有这样，才能创造和谐的交谈气氛，有利于观察应聘者的内外表现，以求全面客观地了解应聘者。

2）面试核心阶段

面试考官要采用灵活和多样化的提问形式，与应聘者交流信息，进一步观察和了解他们。此外，还应该察言观色，密切注意应聘者的行为与反应，对所问的问题、问题间的变换、问话时机以及对方的答复都要多加注意。面试考官可以根据简历或应聘申请表中发现的疑点来提出问题，先易后难逐一提出，尽量创造和谐自然的环境。

在面试进行当中，面试考官还应做一定的记录，但不要一直不停地记，有些内容可以在结束面试后进行补充。如果应聘者对做记录的做法感到十分敏感或不安时，应尽量少做记录。

3）面试确认阶段

这一阶段主要是面试考官对核心阶段所获得的信息进行进一步确认，以便更全面、客观地把握相应的素质水平。在这个阶段，通常采用一些开放式提问，如“你刚才提到工作中经常做一些协调性工作，你能举例说明你做过哪些协调工作吗?”“刚才我们讨论了具体的案例，你能概括一下安排新员工培训工作的程序吗?”

4）面试结束阶段

在面试结束之前，在面试考官确定问完了所有预计的问题之后，应该给应聘者一个机会，询问应聘者是否有问题要问，是否有加以补充或修正之处。不管录用还是不录用，均应在友好的气氛中结束面试。如果对某一对象是否录用有分歧意见时，不必急于下结论，还可安排第二次面试。同时，整理好面试记录。

（3）面试评价阶段

面试结束后，应根据面试记录表对应聘人员进行评估。评估可采用评语式评估，也可采用评分式评估。评语式评估的特点是可对应聘者的不同侧面进行深入的评价，能反映出每个应聘者的特征，但缺点是应聘者之间不能进行横向比较。评分式评估则是对每个应聘者相同的方面进行比较，其特点正好与评语式评估相反。

3. 面试的提问方式

面试考官既是面试的召集者，也是面试的主持者，提问的方式以及问题决定了从应聘者那里可以得到什么资料或多少资料。一般来说，面试考官应运用一些提问的技巧来影响面试的方向以及进行的节奏。主要提问方式有：

（1）开放式提问

开放式提问，即让应聘者自由发表意见或看法，以获取信息，避免被动。一般在面试开始时运用此种方式，用以缓解面试的紧张气氛，消除应聘者的心理压力，使应聘者充分发挥自己的水平和潜力。开放式提问又分为无限开放式和有限开放式。无限开放式提问没有特定的答复范围，目的是让应聘者说话，有利于应聘者与面试考官的沟通，如“谈谈你的工作经验”等问题。有限开放式提问，要求应聘者的回答在一定范围内进行，或者对回答问题的方向有所限制。

（2）封闭式提问

封闭式提问，即让应聘者对某一问题做出明确的答复，一般用“是”“否”回答，它比开放式的提问更加深入、直接。封闭式提问可以表示两种不同的意思：一是表示面试考官对应聘者答复的关注，一般在应聘者答复后立即提出一些与答复有关的封闭式问话；二是表示面试考官不想让应聘者就某一问题继续谈论下去，不想让对方多发表意见，如“你曾做过秘书工作”。

(3) 清单式提问

清单式提问，即鼓励应聘者陈述优先选择，以获取应聘者选择可能性或决策方面的能力，如“你认为产品质量下降的主要原因是什么”。

(4) 假设式提问

假设式提问，即鼓励应聘者从不同角度思考问题，发挥应聘者的想象能力，以探求应聘者的态度或观点，如“如果你处于这种状况，你会怎样处理”。

(5) 重复式提问

重复式提问，即让应聘者知道面试考官接收到了应聘者的信息，检验获得信息的准确性，如“你是说……如果我理解正确的话，你说的意思是……”

(6) 确认式提问

确认式提问，即鼓励应聘者继续与面试考官交流，表达出对信息的关心和理解，如“我明白你的意思！这种想法很好”。

(7) 举例式提问

举例式提问是面试的一项核心技巧，又称为行为描述面试。有时应聘者会提供一些虚假的信息，为了克服这一点，我们在考察应聘者的工作能力、工作经验时，可针对应聘者过去工作行为中特定的例子加以询问。基于行为连贯性原理，所提的问题并不集中于某一点上，而是一个连贯的工作行为。例如，“过去半年中你所建立最困难的客户关系是什么？当时你面临的主要问题是什么？你是怎样分析的？采取什么措施？效果怎样？”等，从而能较全面地考察一个人。当应聘者回答问题时，面试考官可通过应聘者解决某个问题或完成某项任务所采取的方法和措施，鉴别应聘者所谈问题的真假，了解应聘者解决问题的实际能力。

(四) 评价中心技术

评价中心技术是一种综合性的人员测评方法，一般来说，它由几种选择测试方法组合而成，利用现场测试或演练，由评估人员观察候选人的具体行为，并给予评分。由于评价中心把多种不同的选择工具合为一体，因而独具特色，适用于复杂的属性和能力测试。评价中心的实质是一种运作概念，而不是地理概念，代表多种选拔手段以增加做出正确决策的可能性。这是目前测试准确性最高的一种方法。

评价中心技术综合应用了各种人员测评技术，其中也包括前面介绍过的面试和心理测验的方法，但这些方法并不是评价中心的主要组成部分。评价中心的一个重要的特征就是在情景性的测验中对应聘者的行为进行观察和评价。

评价中心常用的测试方法有无领导小组讨论、文件筐测验、角色扮演、案例分析、模拟面谈等。

1. 无领导小组讨论

所谓“无领导”，是指不指定谁充任主持讨论组的组长，也不布置议题与议程，更不提要求，但要发给一个简短案例，即介绍一种管理情境，其中隐含着一个或数个待决策和处理的问题，以引导小组展开讨论。所谓“小组”，是指对一组人同时进行测试的方法，一般由4～6人组成。这种讨论方式通过给一定数目的应聘者一个与拟任岗位相关、性质相近或者一般性的问题，让应聘者在一定时间内（1小时）讨论，进而检测应聘者的组织协调能力、口头表达能力、辩论说服能力、处理人际关系的技巧、非言语沟通能力等方面的能力和素质是否达到拟任岗位的要求。由此来评价应聘者之间的优劣，决定应聘者是否可被录用。

无领导小组讨论一般使用一张圆桌子，而不用长方形的桌子，以使每个坐席的位置具有同等的重要性。通常没有人告诉任何一个小组成员他应该坐在哪个位置上。这样，即使讨论过程出现冷场、僵局，甚至发生争吵，测评者也不出面、不干预，令其自发进行。最后的测评过程，是由几位观察者给每一个应聘者评分。根据每个人在讨论中的表现及所起的作用，测评者按照既定的维度予以评分。这些维度通常是主动性、宣传鼓励与说服力、口头沟通能力、企业管理能力、人际协调能力、自信、创新能力、心理压力耐受力等。应注意的是，这些素质和能力是通过应聘者在讨论中所扮演的角色（如主动发起者、指挥者、鼓动者、协调者等）的行为来表现的。

2. 文件筐测验

文件筐测验又叫公文处理测验，是评价中心技术中最常用和最核心的技术之一。在这项测验中，应试者通常扮演某一管理者或领导者的角色，处理一系列信函或文稿，包括通知、报告、电话记录、办公室的备忘录，等等。这些材料通常都放在办公桌的文件筐内，文件筐测验因此而得名。文件筐测验是已被多年实践充实完善并被证明是很有效的管理干部测评方法。具体方法为：

首先，向每一位应聘者发一套文件（文件一般不少于10份，不多于30份），包括下级的报告、请示、计划、预算，同级部门的备忘录，上级的指示、批复、规定、政策，外界用户、供应商、银行、政府有关部门乃至所在社区的函电、传真及电话记录，甚至还有群众检举或投诉信等，这些文件经常会出现在管理人员的办公桌上。

其次，向应聘者介绍有关的背景材料，然后告诉应聘者，他现在就是这个职位上的任职者，负责全权处理文件筐里的所有公文材料。由此，每个应聘者都留下一沓笔记、备忘录、信件等，这是每个应聘者工作成效的最好记录。

最后，处理结果将交给测评组，按既定的考评维度与标准进行考评。通常不是定性式地给予评语，而是就那些维度逐一定量式的评分（常用 5 分制）。最常见的考评维度有 7 个，即个人自信心、企业领导能力、计划安排能力、书面表达能力、分析决策能力、敢于承担风险的倾向与信息敏感性；也可按具体情况增删，如加上创造思维能力、工作方法的合理性等。

3. 角色扮演

在角色扮演的情景模拟中，测评者设置了一系列尖锐的人际矛盾与人际冲突，要求几个应聘者分别扮演不同的角色，去处理各种问题和矛盾。测评者通过对应聘者在扮演不同角色时表现出来的行为进行观察和记录，测试应聘者的素质或潜能。一般来说，对角色扮演的评价主要在角色把握能力、人际关系技能和对突发事件的应变处理等几个方面。

4. 案例分析

在案例分析的情景模拟中，先让应聘者看一些材料，了解并研究某个组织在管理中所面临的问题，然后要求他向高层领导交一份分析报告。案例分析中的问题一般是财务问题、制度问题或管理过程分析。这种方法的优点是操作方便，适用于测评某种具体的管理能力，如企业诊断能力。分析结果既可以采取口头报告形式，也可以采取书面报告形式。根据事先拟订的标准答案要点，测评者对报告的要点覆盖、问题分析的深刻性等方面进行评价。

5. 模拟面谈

模拟面谈是一种特殊的情景模拟，一般持续时间不长，通常只有 15～30 分钟，准备时间为 8～10 分钟。在这种模拟面谈中，一个应聘者与面谈对象（下属、同事或顾客等）进行面对面的谈话，这个面谈对象往往由测评者扮演，由于他们接受过专门的训练，会按照标准化的方式向应聘者提问、建议，并且回答问题，甚至做出一些令应聘者心烦意乱的行为。在模拟面谈中，面谈对象往往是比较主动的。模拟面谈对于测试应聘者口头交流技巧、谈话技巧、人际关系技巧以及解决问题的能力等非常有效。

采用评价中心技术选拔人员的好处之一，是它能及早发现管理人才，防止或减少错误的晋升。据统计，由评价中心选拔的主管日后管理优异者占

62.5%，而传统方法仅占 35%。评价中心技术的好处之二，是它可以全面考核评价应聘者的能力与态度，包括说服力、表达力、领导力、敏感度、计划与组织、时间运用、创造力、容忍力、参与、冒险、诚实、自信等内容。另外，评价中心技术还可以在选拔的同时完成特殊的管理训练。一般来说，评价中心技术大都由大型机构用于招聘关键岗位员工，也包括学校的应届毕业生。如果评价中心能有效地向组织输送所需的人才，那整个选拔过程的费用就比较划算。

使用评价中心技术应注意的问题主要有：(1) 准确界定测评的维度和标准。首先要根据工作分析，确定适合于拟招聘岗位的关键特征，指定相应的评价维度和标准。然后，根据评价维度选择合适的评价形式。(2) 应选择责任感强、能力水平高、有一定管理经验的人担任评委。(3) 必须考虑成本问题。在员工招聘中先用其他方法筛选掉大部分不合格的应聘者，在最后阶段才用评价中心方法测评，这样既可以节省时间，又可以降低费用。

总之，人员甄选不能只依靠单一的方式和方法来进行，多数需要正确地进行科学组合才能挑选出合格的应聘者。

第五节　员工录用与配置

一、员工档案管理

（一）录用合格的员工

1. 背景调查

背景调查通常是用人企业通过第三者对应聘者的情况进行了解和验证的过程。这里的第三者主要是指应聘者原来的雇主、同事以及其他了解应聘者的人员，或是能够验证应聘者提供资料准确性的机构和个人。背景调查的内容通常是对应聘者的教育状况、工作经历、个人品质、工作能力、个人兴趣情况进行调查。

背景调查的方法包括电话、访谈、要求提供推荐信等。背景调查核实也可以委托调查代理机构进行，这些代理机构通过对应聘者过去的雇主、邻居、亲戚和证明人的书面或口头上的沟通来收集资料。

2. 体检

这里所说的体检不同于一般的身体健康检查，它包括健康检查、身体运动能力测试。企业的员工不仅要有健康的体魄，而且必须具备一定的运动能力。体检的主要目的是确定应聘者的身体状况是否能够适应工作的要求，特别是能否满足工作对应聘者身体素质的特殊要求。体检还可以降低缺勤率和事故，发现员工可能不知道的传染病。

3. 确定录用名单

此阶段的任务是把多种考核和测验结果组合起来，进行综合评价，从中择优确定录用名单。组合方法很多，从效果上看，以多重淘汰法为好。此法是将多种考核与测验项目依次实施，每次淘汰若干低分者。对考核项目全部通过者，再按最后面试或测验的实得分数，排出名次，择优确定录用名单。

4. 公布录取名单

录取名单确定后，张榜公布，公开录用，提高透明度。这样做一方面可以接受社会监督，切实落实招聘政策；另一方面可防止招聘中的不正之风，也可纠正招聘过程中的弄虚作假。

5. 通知录用人员

通知应聘者是录用工作的一个重要部分。录用通知的写作最重要的原则是及时。因此录用决策一旦做出，就应该马上通知被录用者。录用通知晚发一天有可能损失企业重要的人力资源。在录用通知书中，应该讲清楚什么时候开始报到，在什么地点报到，应该附上如何抵达报到地点的详细说明和其他应该说明的信息。当然还不要忘记欢迎新雇员加入企业。在通知中，让被录用的人知道他们的到来对于企业的重要意义。这对于被录用者是一个很好的吸引手段。

（二）拒绝不合格的员工

1. 拒绝方式

在选择过程中的任一阶段，应聘者都可能被拒绝。但是，告诉应聘者未被录用常常是件很难的事。有一点应该明确，就是应该采用同样的方式通知所有未被录用的应聘者，如果用电话通知一个应聘者他没有被录用，那么所有的应聘者都应该用电话通知。每一个参加面试的应聘者都应该接到及时答复，最好是以书信形式通知。一般来说，由企业人力资源部经理签名的辞谢信，比单纯加盖一个公章的辞谢信要合适一些。

2. 拒聘

无论企业如何努力吸引人才，都仍然会发生接到录用通知的应聘者不能来企业报到的情况，这是企业不期望发生的事情。这时，企业人力资源部甚至最高层主管应该主动打电话询问，并表示积极的争取态度。如果应聘者提出需要更多的报酬，人力资源部门应该而且必须与他进一步谈判。因此在打电话之前，对于企业在这方面还能够做出什么妥协，最好有所准备。如果在招聘活动中，企业被许多应聘者拒聘，就应该考虑自己的条件是否太低。问清楚应聘者为什么拒聘，从中也许可以获得一些有用的信息。

（三）建立员工档案

员工档案是指以个人为单元，企业按照一定的原则与方法加工整理过的个人材料。员工档案管理，又叫人事档案管理，是记录和保存员工在社会活动中的经历和德才表现等情况的档案管理。员工档案材料是企业在了解员工、使用员工的过程中形成的，并经过有关部门或企业认可。它是个人经历、思想品德、业务能力等情况的真实记录，客观反映了一个人的真实情况。员工档案由企业人力资源部门设专人统一保管。

1. 人事档案的内容

人事档案的内容可分为正本和副本两种。

（1）正本。正本由一套全面反映该员工的历史和现实情况的人事档案组成，一般都是原件材料。主要内容包括：履历、自传、鉴定、考核材料、复查材料、参加党团组织的材料、奖励和模范先进事迹材料，处分、取消处分和甄别复查材料，任免晋升、职务、职称、学位、工作变动、工资变动、离退休等审查表。

（2）副本。副本由人事档案正本中能概括地反映一个人的历史与现实情况的部分材料组成，一般是原件的复制件。主要内容包括：近期的履历材料、各个时期的主要鉴定材料、考核材料、主要奖励材料、处分、取消处分及甄别复查材料，晋升职务、职称、工资、出国等有关材料。

企业可根据工作的需要或企业人员管理的情况，建立正本和副本档案。一般来说，可以只建立正本档案材料，但不能只有副本材料而没有正本材料。

2. 人事档案的管理

人事档案的种类繁多，但应做到规定的档案内容都应收集归档，凡不属于规定内容的不能随意归档，并且要统一档案的规格，做到档案管理规范化、科学化。人事档案的日常管理包括：

（1）人事档案材料的收集。由人力资源部门通过各种渠道，将有关人员历史上形成的和近期形成的人事材料收集、整理而成。

（2）人事档案的整理。按照一定的规则、方法和程序，对收集到的企业员工的资料进行鉴别、归类、分本、分册、复制、排列、登记目录、技术处理、装订，使之系统化、规范化、条理化。

二、新员工培训

新员工培训就是对新员工的工作和企业环境的介绍，让新员工了解企业的历史、现状、未来发展计划、他们所在部门的情况、企业的规章制度、工作的岗位职责、工作的流程、企业文化、企业绩效评估制度和奖惩制度，以及让新员工熟悉他们的同事。新员工的培训关键是要让新员工明确企业对他们的期望。此外，还应让新员工了解在遇到困难和问题时应通过什么渠道来解决。

新员工培训分两部分进行，一是上岗前的集中培训，二是上岗后的分散训练。

（一）上岗前的集中培训

上岗前集中培训的目的是要解决一些共同的问题，让新员工尽快了解企业的基本情况。这种培训可以采用内部刊物以及观看企业录像或实地参观的形式。培训内容有：

1. 帮助员工了解企业，培养新员工的认同感。可考虑采用观看企业录像的形式讲述企业发展历史、主要负责人、有关产品的生产经营状况、经营方针与发展目标等。

2. 在上述活动的基础上，要求新员工明确工作态度和人生目标，同时提供有关交际、员工常识的宣传册，使新员工尽快完成角色转换。

3. 请新员工讲述对企业的感想，了解新员工的思想状况和对于企业的期望。

（二）上岗后的分散训练

上岗以后的分散训练是让新员工对所在部门的基本状况以及对具体工作实际操作方法的培训，可考虑采用现场演练法或录像观摩法等方式进行。

1. 基础知识教育

基础知识教育的目标是：吸引新员工，增强亲切感，增进新老员工之间的了解，加强企业的团结合作、相互协调的精神。主要内容包括：企业的经营理念、经营方针、发展计划、战略目标等；说明本部门的具体要求，例如着装、谈吐等方面的要求。还可以通过举办联谊等活动增强集体意识。

2. 重点教育

重点教育的目的是帮助新员工树立社会人、企业人的观念，其主要内容包括：表达能力的训练，例如即兴演讲、指定题目的小组讨论等；了解企业对新员工的期望以及员工对企业的期望，找出相同与不同的地方进行分析与协调以及如何使新员工成为一个企业人。

三、企业人员配置分析

（一）人员配置的基本原理

1. 善待善用原理

在人力资源配置过程中，首先应遵循的一个基本原则，即善待并善用每一个员工，对企业来说，任何人员都是有用之才；换言之，世上不是没有有用之才，只是没有用好人才。企业实现人员的合理配置，其根本任务是要为企业员工找到合适的工作岗位，并为其创造良好的环境和条件，使他们的聪明才智得到充分发挥。

2. 动态适应原理

动态适应原理指的是人与事的不适应是绝对的，适应是相对的，从不适应到适应是在运动中实现的；随着事业的发展，适应又会变为不适应，只有不断调整人与事的关系，才能达到重新适应，这正是动态适应原理的体现。

3. 弹性冗余原理

弹性冗余原理要求在人与事的配置过程中，既要达到工作的满负荷，又要符合人力资源的生理、心理要求，不能超越身心的极限，保证对人、对事的安排要留有一定的余地，这样既要给人力资源一定的压力和不安感，又要保证所有员工的身心健康。

此外，在本书导论部分还特别强调了人力资源管理应当遵循的“能位匹配”“互补增值协调优化”等一系列基本原理，在组织企业员工招聘以及人事调配的活动中，也应当深入理解并认真加以贯彻。

（二）人员配置的基本内容

在企业中，人员配置指的是人与人、人与组织、人与事、人与物的配置关系，目的是通过人与事、人与物的配合以及人与人、人与组织的协调，充分开发利用人力资源，实现企业发展的目标。

从总体上看，人力资源配置涉及企业中人员的主观与客观的多种关系，以及劳动环境、劳动条件等多种要素，最终形成了以下特定的配置关系：

1. 人与物、人与事的配置分析

在企业中，劳动过程是劳动者使用一定的设备工具，在一定的空间时间环境和条件下，影响和改变劳动对象物，使其成为某种产品的过程。因此，人与物，即劳动者与设备、工具、器具等劳动资料的关系。人与事，即劳动者在一定的工作岗位上所从事劳动活动的全过程，成为人力资源配置的实体内容。它主要表现为以下三种人员配置关系：

（1）人员在时间和空间上的配置，即对劳动者与工作岗位各相关因素配置关系的分析，它构成了本书第三章在第二节、第三节劳动组织科学化中所重点分析研究的内容。

（2）人员在总量和结构上的配置

人员总量配置。人员总量配置涉及人与事、人与物之间的总量关系是否匹配，即有多少事要用多少人去做，有多少设备要有多少人去操纵。但这种数量关系不是绝对的，而是随着社会的发展而变化的。无论是人浮于事，还是有事没人做，都不是企业管理者所希望看到的结果，而企业更关注的是如何实现人力资源供给与需求的总平衡。通常在人员短缺时，首先应当考虑在企业内部调剂；其次，可考虑外部补充，如采用招聘、借调、实行任务转包等措施。在人员多余时，要注意利用多种渠道妥善安置富余人员，如缩短工作时间、调整工作轮班，组织转岗培训、遣散临时用工、对外承包劳务，实行内部流动等措施。

人员结构配置。人员结构配置涉及人与事、人与物之间的组合方式是否合理，构成的比例关系是否协调，企业应该根据不同性质和特点的事与物，选拔有相应专长的人去承担和完成，比如，目前企业有多少一线作业操作岗位，需要指派多少符合岗位素质要求的操作人员去承担；未来企业将有多少中高层管理岗位出现了空缺，需要多少具有什么样专业素质的管理人员去填补。

企业人员配置的一项重要任务，就是将具有不同专业技能、技术和经营管理才能的人员，按照一定的结构比例分配到最能发挥他们专长的岗位上去，实现人尽其才，才尽其用。因此，按照人员特点将企业现有人员进行分类，考察现有人员的使用情况，并列出矩阵表，从中可以分析企业现有人力资源的实际使用情况和使用效果，见表6—1。

表 6—1　　企业岗位与人员配置表

人员＼岗位分布		技能人员			技术人员		管理人员		待分配
		初级技工	高级技工	技师	技术员	工程师	助理	经理	
人员类别	人数	78	580	200	94	58	75	35	5
初级技工	50	50	—	—	—	—	—	—	—
高级技工	600	28	572	—	—	—	—	—	—
技师	200	—	8	192	—	—	—	—	—
技术员	100	—	—	8	92	—	—	—	—
工程师	60	—	—	—	2	58	—	—	—
助理	80	—	—	—	—	—	75	—	5
经理	35	—	—	—	—	—	—	35	—

从表中可看出，该企业人力资源浪费现象严重。在技能人员队伍中，有 28 名高级技工在做初级技工的工作，有 8 名技师在做高级技工的工作，有 8 名技术员在做技师的工作；在技术人员队伍中，有 2 名工程师在做技术员的工作；在管理人员队伍中，有 5 名业务部门助理处于待岗状态。该企业需要立即对目前的人力资源使用情况进行调节，避免再出现浪费人力资源的情况。

（3）人员的质量与数量配置

人员质量配置。人员质量配置是指人与事、人与物在质量方面的一致性和统一性，即涉及企业的事与物的难易程度与人的能力素质水平的对应关系。事有难易、繁简之分，人有能力高低之别，应根据每件事的难易、繁简程度，及其对人员资格条件的要求，选拔具有相应能力的人去承担。

人与事、人与物的质量配置不当，主要有两种情况。一种是现有人员素质低于现任岗位的要求；二是现有人员素质高于现任岗位的要求。对于前者，可考虑采用职业培训或降职等方法来调节现有人员的使用情况；对于后者，可考虑将其提升到更高的岗位担任工作，以发挥他们更大的潜力。

人员数量配置。人员数量配置是指人与事、人与物在数量方面的对应性和等同性，即涉及企业中的事与物的数量，是否与人的体能体质以及承受能力相适应，有效的人与事、人与物在数量上的合理配置，应当是在保障员工身心健康的基础上，使其脑力和体力的消耗总量控制在正常的生理心理范围之内。

企业各项生产工作活动是一个相互联系、相互依赖、前后衔接的有机整体，每个部门的人力资源配置都应与其所承担的工作任务量相适应、相匹配，使得每个岗位的工作负荷量与人力资源身心承受能力相适应。如工作负荷过重，则应减轻工作负担或新设一个岗位来分担原岗位的工作；如工作负荷量过轻，则应考虑合并相应岗位或增加该岗位工作内容。无论是工作负荷过重，还是工作负荷过轻，都不利于人力资源的合理配置。

2. 人员配置最终效果的分析

人与人、人与组织、人与事、人与物的配置分析，最终还要看企业各个层级岗位上各类人员被使用情况，以及实际取得的成效，这是衡量人员配置水平的重要内容。一般来说，人员配置的效果好坏，可以采用企业绩效管理系统的检测结果作为主要的评估依据。

总之，招聘工作的核心是实现各类人员与空缺岗位的有效配置。这种匹配要求将个人特征与工作岗位的要求有机地结合起来，从而获得理想的人力资源优化配置的结果。

本章小结

本章分为五节，第一节员工招聘的概述，主要介绍了员工招聘的概念、意义、原则和员工招聘的前提条件等相关内容；第二节员工招聘的程序，主要论述了员工招聘方案的设计和方案的实施以及如何评估招聘工作等内容；第三节员工招聘的方式，主要介绍了内部招聘和外部招聘；第四节应聘人员的甄选，主要介绍了人员甄选的方法；第五节员工录用与配置，主要介绍了员工的档案管理、新员工的培训以及人力资源配置分析等内容。

本章习题

1. 简述企业人员招聘的概念、意义、原则和招聘的前提条件。
2. 简述企业人员招聘方案的设计方法、招聘方案实施的步骤。
3. 简述招聘实施的注意事项，招聘方案的评估与反馈的内容。
4. 简述人员内部招聘的优缺点、主要来源和实施的主要方法。
5. 简述人员外部招聘的优缺点、主要来源和实施的主要方法。
6. 简述人员甄选的原则和程序，以及各类人员甄选方法的内容。
7. 简述员工档案管理的内容，以及新员工的培训形式与内容。

8. 简述企业人员配置的基本原理，以及人员配置的各种关系。

案例分析

案例 1　张某是 Y 百货公司的人力资源主管。该百货公司将在 12 个月内开设 10 个新的分店，大约需要招聘 150 人。该公司原有 35 家分店共雇用了 480 名员工，另外，还有总部的 31 名员工。张某觉得自己的职位级别不足以完成这项任务，他开始考虑如何为自己配备人员的需要提出要求与建议。由于该计划并没有正式通知张某，他只是通过办公室的传闻知道了这个消息，所以张某认为他应该直接与老板进行讨论。而公司老板李某一向以专制的工作作风著称。尽管如此，张某还是走进了老板办公室。以下是张某和老板的对话：

张某说："李总，听说，我们明年将开设 10 个新的分店。"

李总说："是的，我们已经安排好信贷额度并且挑选好了地点。"

张某问："员工的配备如何？人力资源部也需要增加人手，至少需要 3～4 人，而且办公室也需要扩大，我们那儿已经拥挤不堪了。"

李总说："不行，对人力资源的新需求将是暂时的，不需要花费过多费用来雇用和培训那些明年就要裁减的额外增加的人员。我希望你能在我们目前提出的对人力资源部门的预算之内，做好员工扩充计划。我相信你能够做好。"

请结合本案例，回答下列问题：

1. 张某应当选择什么样的招聘渠道和方法来招聘新的分店的员工以及本部门的员工？

2. 请阐述你选择此种渠道的原因和理由。

案例 2　安东餐厅是一家非常成功的私营餐厅，曾荣获旅游业金星奖，员工们意识到安东餐厅已享有很高的声誉，但近来，大家都越来越紧张了。主要是因为餐厅最近规模扩大了 1 倍，餐厅内部也进行了大规模的装修。到目前为止，它还没有请到足够的新员工。因此，大部分员工每周工作 48 小时以上，尽管目前的员工受过良好训练，报酬较高，工作也比较有保障，但这种紧张的工作开始影响到员工的士气，许多员工认为餐厅的管理人员似乎并没有打算减轻他们的工作压力。

安东餐厅基本上完全通过内部招聘的方式雇用新员工。在现有的新员工中 50%以上的人都是以前那些员工的朋友，管理层喜欢让雇员们引荐他们以前的同事来餐厅工作，同样，不论是在什么情况下，餐厅都欢迎曾在这里工作过的员工再回来工作。但是，目前餐厅的这种内部征召制度无法提供足够的求职者。

现在的员工觉得目前的招工面试都是非正式的（面试是在工作时间，由餐厅的经理助理进行），餐厅似乎更注重求职者的性格，而不是做好工作必需的资格。由于总经理不愿尽快雇到新的帮手，或利用外部帮助来招聘新雇员以尽快解决问题，员工们也感到十分忧虑。

请结合本案例，回答下列问题：

1. 人力资源计划将对餐厅减少上述问题有哪些好处？

2. 分析说明餐厅人员补充目前只采用内部招聘方式的利弊得失。

第七章
员工素质测评

企业的竞争说到底是人才的竞争。如何在众多的应聘者中甄选、获取优秀的人才，如何造就一支高素质的员工队伍，已成为企业生存、发展的头等大事。俗话说，千里马易得，伯乐难寻，先有伯乐，后有千里马。员工素质测评技术是企业科学识才和选才的“伯乐”。只有有效地掌握并运用这一专门技术，才能为企业选拔出符合企业发展战略和各种岗位要求的员工，从而实现人事相宜，为企业的人事决策提供正确的依据。

第一节　员工素质测评的概念和原则

一、员工素质测评的概念

人才测评是一门古老而又年轻的科学。我国古书《太公六韬·文韬》中记载了姜尚制定的用人标准：“仁、义、忠、信、勇、谋”，然而人才测评技术被广泛应用于企业人力资源管理还是在20世纪初。最初员工素质测评仅仅是简单定性的上级考评下级的单向评定，测评结果缺乏客观性、准确性和科学性，仅仅作为奖金分配的依据。随着企业人力资源管理地位的上升和加强，员工素质测评技术越来越受到企业领导者的重视。它已经在企业人才招聘和选拔，乃至人力资源开发和管理的各个环节中得到广泛推广和应用，在现代企业人力资源管理中发挥了重要的基础作用。

员工素质测评是指对企业中各类员工的德、能、勤、绩等素质，采用定性和定量相结合的方法所进行的系统测量、评定的理论体系和科学方法。它是在总结我国和国外人事考核丰富实践经验的基础上，汲取并综合各个相关学科的最新研究成果而创造和发展起来的一门新兴的综合性学科。作为一门人才测量技术，它具有一定的独立性和特殊性，所涉及的基本概念有：

（一）员工

员工是指各行各业的在职者，即具有劳动能力而且正在工作的人。企业员工系指企业全体在职者。就一个企业来说，包括工人、学徒、工程技术人员、市场营销人员、经营管理人员和服务人员等。

（二）素质

素质是指那些完成特定工作和活动所需要或与之相关的感知、技能、能力、气质、性格、兴趣、动机等个人特征，它是以一定的质量和速度完成工作或活动的必要条件，是行动的基础和基本的要素。

1. 素质的特征

素质是比较抽象的概念，但它具有以下明显的特征：

素质是根本，是基础。员工能够出色完成工作任务，获得丰厚报酬和晋升都离不开优秀的素质。员工的价值在于他所具备的素质，企业的成功取决于它所拥有的人才队伍的素质。如果没有优秀的素质，员工不可能得到发展，企业不可能获得成功。

素质是有差异的，不同的人有不同的素质结构和水平。每个人都有与别人不同的素质。如有的人语言表达能力强，能侃侃而谈；而有些人思维缜密，却不善表达。在全球化市场分工的条件下，岗位划分越来越细，对人才素质的要求也就越来越趋向全面化、精细化。比如优秀的经理一般要有较强的事业心和进取心，善于建立人际关系；而一般员工只要求有较强的协调性、服从性和缜密性。

素质是抽象的。素质是看不见的，但它却客观存在着，并通过个人的行为来显示其程度上的差别。员工素质的高低可以通过工作行为和工作绩效来反映。通过对员工的工作行为和工作绩效进行观察、测量以及评定，可以推断出员工相应的素质水平的高低。例如，通过看一名工人迟到、早退的次数，可以推断出他的劳动态度。

2. 素质结构的划分

对素质结构如何划分，古今中外都有不同的看法，但从总体上可以分为德、才两大类。在这里一般把员工素质分为德、智、能、绩四个方面。

（1）“德”。即品德素质，指员工的思想品德，通常包括政治立场、政策水平、原则性、工作作风、纪律性、责任感和事业心等。

(2)“智”。即智体素质，指员工的智力和体力，是由先天素质、社会历史和受教育因素、个人努力三方面相互作用的结果，通常包括知识水平、思维能力、判断能力、观察能力、意识、工作持久性和身体健康程度等。

(3)“能”。即能力素质，指完成本职工作的本领，包括工作能力、处事能力、组织能力、创造能力、设计能力、评价能力等。

(4)“绩”。即绩效素质，指工作的数量和质量，包括工作效率、工作成绩、工作质量。

上述素质结构体系如图 7—1 所示。

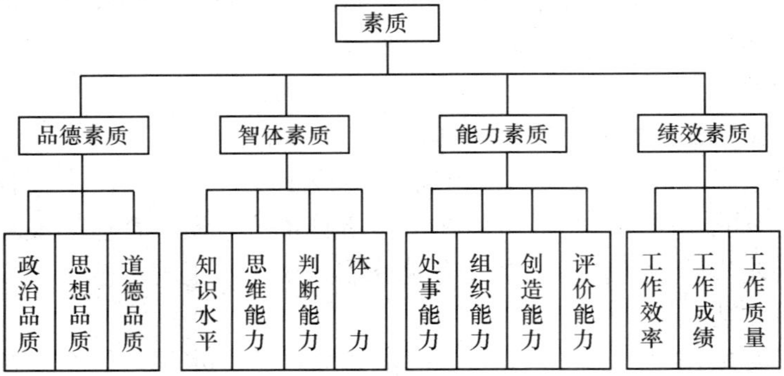

图 7—1 素质结构体系

（三）测评

测评即测量和评定。素质可以通过员工的行为、表现和工作绩效来反映。

员工素质测量是用多种科学的测量技术和统计方法，对员工工作行为和工作绩效进行观察和考核，是对员工素质本质属性所进行的定量化描述。

员工素质评定则是按照这些定量化的描述来确定素质的内在价值，对素质进行客观比较和权衡，最终给出量化的定性结果。例如，某人的工作效率测量得分为 20 分，20 分就是对他工作效率的客观描述。根据评定标准，20 分属于“良好”级，那么良好就是对其素质等级的评定。

二、员工素质测评的作用

员工素质测评是人力资源管理的基础，它为人事决策提供了可靠而又客观的信息，使人事决策更为科学。如果没有客观的、标准化的员工素质测评，人事决策也就失去科学性。员工素质测评涉及企业员工的招聘与录用、绩效管理、培训与开发等人力资源管理的各个阶段。对于企业来说，它主要有以下几点作用：

（一）员工素质测评有助于人力资源的开发

首先，员工素质测评在观念上提倡唯才是举、任人唯贤、公开竞争、机会平等、人事公开，在实际操作中打破了传统的上级评下级、考核材料保密的单向封闭式的评定方式，使人力资源管理有了新的突破。

其次，员工素质测评吸收全员参加测评标准的制定。由于测评标准是由上下级共同协商制定的，调动了全员的积极性，协调了组织需要、目标与个人需要、期望的过程。同时，测评标准是具体的、可比较的，它代表了组织对员工的期望，无形中对员工起到导向和示范的作用，激励员工向组织期望的方向努力。员工可以在测评标准中找到自已相应的等级标准，知道自己与组织期望的差距，找到自已努力的方向和目标，从而有利于企业人力资源的充分开发和利用。

最后，通过客观、科学的员工素质测评，可以选拔符合企业经营目标的各类人才，提高企业人力资源的整体质量。员工素质测评可以对员工素质结构、水平做出全面系统的评价，可以甄选出符合本企业要求的各类人才，从而大大提高人事决策的效率和节省人事成本，而且比以前单靠个人经验做出的人事决策更为科学、准确。例如，某公司要招聘数名营销人员，以往招聘营销人员只看其有无工作经验及其社会背景，这样往往将真正有营销能力的人排除在外。实际上，具备更强的成就动机及人际沟通能力的人，更适合承担市场营销的重任，而不仅仅只看其实践经验和社会背景。如果对应聘者进行全面的素质测量和评定，一定能够从诸多的候选人中选拔出更能适合岗位要求的人员，从而保证了人员招聘决策的正确性。

（二）员工素质测评有助于达到人事相宜

正确的员工素质测评可以做到人事相宜，实现企业人力资源的合理开发和利用。随着社会的发展，社会分工越来越细，每个不同职位对任职者素质都有不同的要求。只有任职者具备所有这些要求的素质并达到所规定的水平，才能更好地胜任这项工作，取得最好的绩效。这种人和岗位的对应关系就是人事相宜的关系，或者说体现了能位匹配的原理。企业人力资源管理的许多活动诸如员工的晋升与调配，其实质就是实现人事相宜，即根据工作岗位的要求，保持员工与岗位在质量和数量上的动态平衡。因此，员工素质测评成为企业人力资源管理的重要手段和工具。只有根据岗位的工作说明书，设计出符合各类岗位工作任务所要求的素质测评目标体系，并实施全面素质测评，才能从候选人中选拔合格的任职者，从而保障人事相宜，使能位匹配的原理得以实现。

（三）员工素质测评有助于企业人事诊断与反馈

员工素质测评可以全面了解企业各类员工的素质结构及水平，从而根据企业经营目标、经营战略的要求，及时对现有人力资源进行必要的人事调整或者采取更具有针对性的措施，如加大培训力度等，缩短现有人力资源与企业战略目标之间的差距，使人力资源不断满足企业发展的需求。比如说，通过员工素质测评可以解决以下问题：企业是否拥有符合经营目标的人才，他们是否具有与企业相一致的价值观和企业所需要的品质？他们是否具有独创性和创新能力？能否不断学习和接受新鲜事物，跟上企业发展的要求？

（四）员工素质测评有助于人事考核信息化、现代化

在信息化时代，随着计算机的普及，计算机技术以及信息动态等理论引入人力资源管理的工作之中，人力资源管理已不再是传统的手工式工作方式。企业可以把员工素质测评的大量测评结果输入计算机，并根据不同时期的要求，不断把新的数据补充进去，利用计算机的存储、控制、检索等功能，根据指定条件进行分析、判断和区别，自动选出最合适的人来，从而建立企业的人才信息库，大大提高人事部门的工作效率。

三、员工素质测评的原则

（一）测量与评定相结合

测量和评定是员工素质测评活动中相对应的，既相互联系又相互区别的两个方面。测量就是根据被测评者的特点和测评目的，采用科学的方法，收集被测评者的有关信息。而评定则是将测量结果与某种标准进行比较，从而做出估价，以确定其素质的结构和水平，为人事决策提供依据。总之，测量是采集被测评者的各种相关数据资料的过程，而评定则是根据测量的结果做出科学估价，

测量是测评的基础，评定是测量的继续和深化。没有准确的测量，就不会有科学合理的评定；如果没有正确的评定，即使有准确客观的测量，也难以发挥有效的作用。两者是一个统一的不可分割的有机整体。

（二）定性测评与定量测评相结合

定性和定量是从质和量两方面揭示员工素质的本质，使人们对素质有更深入的认识。定性测评是对人与事物的本质属性进行鉴别与评定，侧重从行为的性质方面对素质进行测评。定量是通过具体数据来揭示员工素质的特征，而定量测评是采取量化的方法侧重从行为的数量特点对素质进行测评。定性更注重“质”的方面，而定量更注重“量”的方面。定性与定量测评的实质是将人力资源管理的丰富经验与数学方法相结合，使测评标准和计量方法有机地统一起来，提高员工素质与数量之间的一致性，使员工素质测评技术更具科学性和系统性。

（三）静态测评与动态测评相结合

素质具有相对的稳定性，是个体在稳定的情况下经常性和一贯性的表现，同时素质是遗传、环境与个人能动性三个因素共同作用的结果，通过不断地学习和实践可以获得提升。对各类员工素质进行测评时，既要考察人们在稳定情况下的行为，又要考察其在动态条件下的行为；既要保持测评手段和方法的相对稳定性，又要注意测评手段和方法的动态发展性，即把稳定性与动态性有机地结合起来。

（四）素质测评与绩效测评相结合

素质测评是对一个人德、能、智、体等要素的测评，而绩效测评是对工作结果、工作行为和工作态度的评定。素质与绩效互为表里，素质是取得绩效的条件保证，而绩效是素质高低的事实证明。因此，应从素质测评中预测绩效，从绩效测评中验证素质。

（五）分项测评与综合测评相结合

分项测评是把素质分解成为一个个独立的项目分别进行测评，然后对测评结果进行分析。综合测评则是将综合素质的各个方面进行整体系统的测评、分析。员工素质测评是分项测评与综合测评的统一，在对员工素质进行测评时，既要保持个别测评项目的精确性，同时又要综合、全面地分析员工素质的稳定性、差异性。

（六）模糊测评与精确测评相结合

模糊是指出于概念外延的不明确性而引起的判断上的不确定性，精确是指对事物判断的确定性。员工素质测评是模糊测评与精确测评即不确定性与确定性的统一。在员工素质定量化的描述中，既要保持定量化的精确性，同时又要恰当地运用模糊数学的原理和方法，使员工素质差异度客观的、定量化的表现出来。

第二节　员工素质测评的原理与方法

员工素质测评的基本原理是在综合哲学、系统科学、行为科学、领导科学、心理学、应用科学、模糊数学等科学研究成果的基础上，通过员工素质测评的实践，不断总结和发展起来的。它是对员工素质测评工程中带有普遍意义的客观规律的认识，是指导员工素质测评的理论依据。

一、员工素质测评的理论基础

员工素质测评主要是针对人的心理特征进行测量与评价。人与人的心理特征是否有差异、心理特征是否具有稳定性、心理特征能否通过一些办法进行测量，这些问题直接关系到员工素质测评存在的必要性和可能性。另外，员工素质测评的目的是帮助组织寻找合适的岗位任职者，帮助员工寻找合适的工作职位，因此，人职匹配理论又是员工素质测评的另一基石。

（一）个体差异理论

个体差异是指能力和个性上的差异。个性差异也称为人格差异，主要指人的气质、动机、兴趣、追求、态度、性格、价值观等方面的差异。个体的素质受遗传、环境和个体能动性三个因素共同作用。人们所处的环境不同，所受的教育不同，其个性也不同。人格的差异表现在个体的态度、行为方式以及实践活动之中。例如，青年人对新生事物反应敏感、有锐气，而中年人比较稳重，老年人比较保守。能力差异是由于性别、年龄、地区、种族、职业、文化的不同而造成的。例如在操作能力方面，无论是速度还是准确性，一般情况下，男性要强于女性；从体力来看，年长者不如年轻者。

正由于人与人之间客观存在着个体差异，因此，在员工素质测评中，只有掌握员工的能力差异和人格差异，才能系统全面地对员工的素质进行测评，保证员工素质测评的客观性、准确性和合理性。没有人与人之间的这种差异性，素质测评就无从谈起。

（二）人—职匹配理论

人—职匹配理论即关于人的个性特征与职业性质一致的理论。其基本思想是，个体差异是普遍存在的，每一个个体都有自己的个性特征，而每一种职业由于其工作性质、环境、条件、方式的不同，对工作者的能力、知识、技能、性格、气质、心理素质等有不同的要求。进行职业决策（如招聘、配置、职业指导）时，就要根据一个人的个性特征来选择与之相对应的职业种类，即进行人—职匹配。如果匹配得好，则个人的特性与职业环境协调一致，工作效率和职业成功的可能性就大为提高；反之则工作效率和职业成功的可能性就很低。所以，人—职匹配理论是现代员工素质测评的理论基础，其中最有影响的是“特质—因素论”和“人格类型论”。

1. 特质—因素论

特质—因素理论是用于职业选择、职业介绍的经典性理论，也称特性与素质理论，其最早由美国波士顿大学教授帕森斯提出，之后由美国职业指导专家威廉逊发展而成。

该理论认为，每个人都有自己独特的能力和人格特点，职业选择时要充分考虑两大要素：一是特质，包括个性的态度、能力、兴趣、特长、局限和其他特征；二是因素，即职业的要求，主要指职业成功所需的知识以及岗位所具有的优势、不利和补偿、机会和前途等。在了解了自己和职业后，求职者需要做的就是根据自身的条件和职业的要求进行适当的“人—职匹配”。整个特质—因素论的指导思想可以分为三个步骤：

（1）了解自己。选择职业之前，首先要了解自己的身心特点。除了常规的身体和体质检查外，还要通过心理测量及其他手段获得有关身体状况、能力倾向、兴趣爱好、气质与性格以及家庭背景、学业成绩、工作经历等方面的个人资料，并对这些资料进行分析与评价。

（2）了解职业。即收集并分析有关的职业信息，研究职业的用人要求以及高效完成工作的职业标准。

（3）人—职匹配。在了解个人特质和职业因素的基础上，第三步就是通过职业咨询或个人决策来选择适合自己的特性而又有可能获得的职业。

由此可见，特质—因素论的理论焦点是人—职匹配，通过对求职者和职业两方面的全面深入分析，寻找人与职之间的最佳匹配。该理论的基础特点是注意个别差别与职业资料的收集与利用，从而使职业选择建立在心理学的基础上，并且促进了求职者对职业的广泛了解。这也是目前比较常见的职业指导所遵循的指导思想之一，具有较强的可操作性。

2. 人格类型论

人格类型论是由美国职业指导专家霍兰德提出的。他假设大多数人的人格都可以分为现实型、研究型、艺术型、社会型、企业型与传统型6种，都会对相应职业类型中的工作或学习感兴趣，因此，人的职业选择就是其人格的反应。由于不同类型的人格决定了不同类型的职业兴趣，并且霍兰德对职业兴趣类型的划分与其对人格的划分是相同的。见表7—1，图7—2。

表7—1 霍兰德职业人格类型

人格类型	主要特点	职业类型
现实型（Realistic，R）	喜欢有规则的具体劳动和需要基本操作技能的工作，但缺乏社交能力，不适应社会性质的职业	技能性职业（一般劳动、技工、维修工、农民等）和技术性职业（如摄影师、制图员、机械装配工等）
研究型（Investigative，I）	具有聪明、理性、好奇、精确、批评等特征，喜欢探索和从事创造性的活动，不喜欢遵循固定程序，对具体操作不感兴趣	科技研究人员、工程师、实验研究等
艺术型（Artistic，A）	具有想象、冲动、无秩序、情绪化、理想化、有创意、不重实际等特征，喜欢艺术性质的职业和环境	艺术方面的职业（如演员、导演、艺术设计师、雕刻家等）、音乐方面的职业（如歌唱家、作曲家、乐队指挥等）和文学方面的职业（诗人、小说家、剧作家等）
社会型（Social，S）	具有合作、友善、助人、负责、圆滑、善社交、善言谈、洞察力强等特征，喜欢社会交往，关心社会问题，有教导别人的能力	教育工作者（教师、教育行政人员）与社会工作者（咨询人员、公关人员）等
企业型（Enterprising，E）	具有冒险、野心、独断、乐观、自信、精力充沛、善社交等特征，喜欢从事领导及企业性质的职业	政府官员、企业领导、销售人员等
传统型（Conventional，C）	具有顺从、谨慎、保守、实际、稳重、有效率等特征	秘书、办公室人员、行政助理、图书馆管理员、出纳员、打字员等

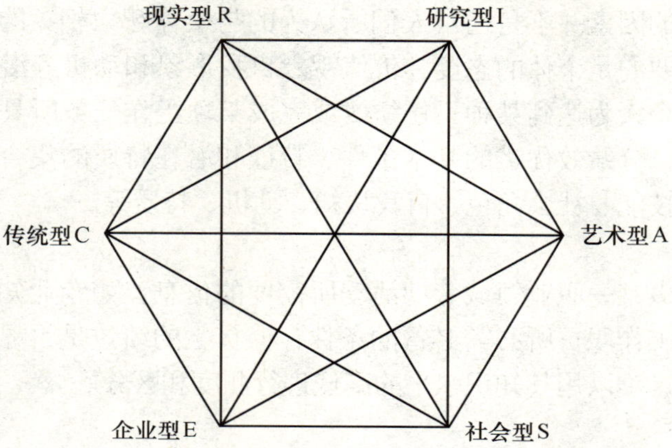

图 7—2　人格类型关系图

通常来说，人们倾向选择与自我人格类型匹配的职业环境，比如，现实型的人在现实型的职业环境中工作和学习，容易感到乐趣和内在满足，也最可能充分发挥自己的潜能。但是，在现实中由于种种原因你可能很难选择到完全匹配的职业类型。因此，你可能会不断妥协，退而寻求与之相近的职业环境，比如，现实型的人最后选择了在研究型的职业环境中工作和学习。在这种环境中，你通过努力是可以逐渐适应并获得成功的。但如果你选择了对立面的职业环境，比如，传统型的人在艺术型的职业环境中工作，就意味着你进入了与自己的类型完全不匹配的职业环境，那么你可能感到自己很难适应这份工作，或者难以体会到工作带来的快乐，甚至每天工作得很痛苦。

图中的六个角代表六种职业类型和劳动者类型。每种类型的劳动者与职业之间的关联程度以连线表示：连线距离越短，说明两种类型的人关联程度越大，适应程度就越高，当劳动者类型与职业类型在一个点上时，表明这种类型的劳动者从事了最适宜的工作，这是最好的职业选择；连线距离越长，表明劳动者与职业的适应性越低。

（三）人才素质模型

1973 年，美国哈佛大学的戴维·麦克利兰在《测量胜任特征而不是智力》一书中定义了“素质”（麦克利兰称为胜任特征或胜任力），他认为，组织在人员的选拔中采用传统的智力测验、学校的学术测验并不能预测其从事复杂工作和高层次职位工作的绩效，或在生活中是否能取得成功。他认为，决定员工能够把工作干好的因素并不是通常人们所认为的与个体智力相关的知识、技能或经验，而更重要的是个体的态度、价值观、自我形象和动机等潜在的深层次特征。因此，一个人为达到某种工作绩效或完成某项工作任务所具备的可以测量的，并能显著区分绩效优劣的基本条件、特征和潜在特质的集合就是素质，具体包括知识、技能、社会角色、自我认知、动机、特质等。

1. 知识

知识是从事某一职业领域劳动活动所需要的信息，如专业知识。知识是员工胜任本岗位工作职责所必需必备的条件，但员工的绩效是否显著突出，事业能否取得成功，难以用其知识水平的高低进行测度和区分。

2. 技能

技能即掌握和运用专门技术的能力，如英语读写能力、计算机操作能力。技能通过训练而获得，如员工通过各种方式学习到的有关岗位工作的知识，必须转化为相应的技能，才能有效地运用到实践中去，发挥知识的应有作用。

3. 社会角色

员工个体对于社会规范的认知与理解，对自己在社会和经济活动中所扮演的角色的理解、认识和定位。

4. 自我认知

是员工对自己身份的知觉和评价，如认为自己是某一领域的权威。员工个人对自己知觉和认识，包括个人的价值观、对人和事物的态度和看法等。

5. 动机

决定外显行为的内在的、稳定的想法。人的某一行为总是由一定的动机引起的，动机总是和人的某种需要相联系的。

6. 特质

特质是个人所具有的特征或其典型的行为方式，如喜欢冒险、做事谨慎小心等。

基于人才素质模型的甄选才能获得企业所需要的员工，因此，把候选人的素质特征作为一个重要方面来考察，尤其是与工作相关的深层次胜任特征，应成为人员甄选的重要依据。

二、员工素质测评的技术指标

（一）信度

信度主要指测评结果的一致性、稳定性，即测评结果的前后一致性程度，是否反映了被测评者稳定一贯的真实特征。信度越高，说明此方法越有效；反之，则可靠性越差。

一项好的测评系统必须有较高的信度，较高的信度应有较高的稳定性，表现在测评结果的跨时间的一致性。员工的技能、能力、气质、性格、兴趣在一定的时间里是稳定的，在短时间内员工素质变化不大。如果被测评者在较短的时间内多次接受同样或相近的测验，所得的测评结果相差较大，测评分数忽高忽低，则这个测评信度较低。

较高的信度还必须保证测评内容的一致性，即应保证各个测评题目是对被测评者的同一行为和同一行为特征测评，反映被测评者的统一、一贯的真实特征。

测评应保证不同评分者之间的一致性。信度高的测验的测评结果不应受到不同的评分者的影响，保证不同的评分者对被测评者都应有相同或相近的测评结果。

（二）效度

效度是指测量结果的有效性，即测量结果与所要测量的内容吻合的程度，测量结果能否真实地反映测评对象。效度比信度更为重要，一个效度低的测评，即使有再高的信度，也只能给被测评者一个错误的评价。影响测评效度的因素有很多，测评地点选择不当、测评时间不适宜以及测评方法不正确等都会直接影响测评的效度。

效度指标主要有：

1. 内容效度。即实际测量到的内容与所要测量内容的一致性程度。测评结果的内容效度越高，说明所测评到的内容与要测的内容越一致，测评结果越有效。

2. 结构效度。即实际测评的结果与所要测评的素质的同构程度。如果实际的测评结果能够被看成是所要测评的素质结构的替代物，则说明测评结果的结构效度高。

3. 关联效度。即测评结果与某种标准结果的一致性程度。

（三）信度和效度的关系

测评信度是指测评结果的前后一致性程度，即测评得分的可信赖程度。测评效度是指测评所得到的结果反映客观实际的程度和有效性，即测评本身所能达到的程度有多大。

一般来说，测评的效度高，其信度也高；而信度高的测评，效度未必高。例如，对某人工作能力的评定，由于测评人员的偏见，使每次测评结果都是甲等（5分），但是实际只能评为乙等。测评效度的检验，大都是通过效度系数来估计的。效度系数就是测评得分同效度标准的相关系数。

素质测评的信度和效度究竟多高才合适，当然是越高越好。对于信度应该高一点，因为人力资源管理工作涉及面广、情况复杂，因此，人事工作力求稳妥、可靠。而对于效度，则要根据我们进行素质测评的目的而定。如果测评的目的是为了分析个体的性格与能力，则测量的效度越高，其可靠性越大。如果测验目的是选拔人员，只要区分出优劣即可，因此，效度系数不一定要求很高。

三、员工素质测评的方法

员工素质测评的方法有多种，比如访谈法、调查法、测验法、面谈法和情景模拟法。每种方法都有其优点和不足，应结合多种方法对员工进行测评。如一个经过精心设计的面谈，可以让测评者在较短时间内，观察到被测评者的语言行为和非语言行为，从而得知被测评者的语言表达能力、应变能力、分析综合能力，及其个人工作经历等有价值的信息。但面谈法主观性太强，很大程度上取决于测评者的经验和技巧。表7—2列出了一些主要测评方法的优缺点。

表7—2　　　　主要素质测评方法比较表

	访谈	量表评定	知识考试	生理素质测试	心理素质测试
主要方法	个别谈话 开座谈会	等级评定 类型评定 行为评定	基础知识考试 专业知识考试 专题	智力测试 体力测试 动作测试	智力测验 人格测验 情景模拟测验

续表

	访谈	量表评定	知识考试	生理素质测试	心理素质测试
主要目的	通过听取人们对被测评人过去行为表现的描述和定性评价，对德才素质和工作绩效做出鉴定	通过征集人们对被测评人过去行为规范的等级评价，得到定量的评价分布状况和倾向性认识	通过笔试或口试，对被测评人具有的或某方面的知识水平做出鉴定	通过对被测评人特定环境下的行为表现，对某些生理技能水平做出鉴定	通过被测评人特定环境下的行为表现，对某些心理素质尤其是社会活动能力做出鉴定
结论形成	谈话了解	本单位一定数量的参与人员	实施考试的有关部门	主持测试的专家	主持测试的专家
特点和局限性	能反映较大范围内人们的评价状况，效率高。但主观性强，很大程度上取决于测试者的自身素质	能定量反映较大范围内人们的评价状况，简便易行，效率高，可比性强。但不能反映评价依据的事实，主观随意性强	标准客观，机会均等，能较准确地对知识水平做出鉴定，可比性强。但取决于试题的质量，很难反映知识在实际中的运用状况	标准客观，能较准确地对某些生理技能水平做出鉴定，可比性强。但不能反映心理素质和社会活动能力	标准客观，能较准确地对某些心理素质，特别是从事社会工作的某些能力做出鉴定，可比性强。但不能反映政治态度和复杂环境的影响
适用范围	上级组织人事部门或其他部门对人员德才素质和工作绩效进行考察	上级组织人事部门或其他部门，在对人员考核中广泛征求民意	考核选拔具有某种专业知识要求的人员，或对人员进行专业培训	考核选拔具有特殊生理素质要求的人员，如飞行员、打字员等	考核选拔社会活动能力较强的人员，例如领导干部、管理人员等

以下主要介绍心理测验和情景模拟法两种方法。

（一）心理测验

心理测验是能够对人的智力、潜能、气质、性格、态度、兴趣等心理素质进行有效测度的标准化测量工具，它是企业进行员工素质测评的一个重要手段。科学的心理测验始于20世纪初，世界上第一个心理测验是1905年法国心理学家比奈和西蒙编制的用于鉴别弱智儿童的智力测验。后来心理测验从智力测验扩展到一般能力测验、个性测验和成就测验，也成为人才招聘、选拔、测评的主要技术和工具。第一次世界大战期间，美国政府出于甄选新兵的需要，委托心理学家编制了陆军甲种和乙种测验，这是一些非语言形式的能力测验。这一心理测验应用于人员选拔的开端。第二次世界大战期间，美国要选拔飞行员，开始只采用传统的生理指标作为选拔的依据，这样选拔的人员在地面训练时成绩很好，而进行到飞行训练时，合格率仅为35%，后来军方请来了心理学家，在选拔程序中加入了心理测验，合格率提高到了72%。由于心理测验在军事上的成功运用，第二次世界大战后，这种方法被广泛地应用于各行各业的人员测评、选拔、配置等实际工作中。

1. 心理测验的类型

心理测验种类有很多，从不同的角度划分，可以分为不同的类型。

（1）按测验的内容来分，有测量个人能力素质的能力测验，如智力测验、语言能力测验、反应能力测验；有测量个人性格特征及相关心理品质的性格测验，如EPQ、16PF、MBTI、大五人格测验；还有兴趣测验、人际关系测验等。

（2）按测验的对象特点分，可以分为个人测验和团体测验。个人测验的优点是主试者对应聘者的行为反应有较多的观察与控制机会。缺点是费时，不易大量施测，而且对主试要求高，一般人不易在短期内掌握。团体测验的优点是省时省钱，便于大量施测，但主试对应聘者的行为不易控制，易产生测量误差。

（3）按测验的表现形式分，可以分为文字测验和非文字测验。文字测验的优点是实施方便，但易受被试者文化水平的影响。非文字测验的题目多是对图形、实物、工具、模型的辨认和操作，因而受文化水平影响不高，但费时费钱，不利于大量的团体施测。

（4）按测验的目的分，可以分为描述性测验、诊断性测验和预测性测验。描述性测验的目的在于描述个人或团体的心理特征，诊断性测验的目的是诊断个人或团体的某一心理问题，预测性测验的目的是从测验得分来预测个人将来的表现及能达到的水平。

（5）按测验的时间分，可以分为速度测验和难度测验。速度测验限定时间，看在特定时间内完成任务的速度，因而题目并没有超过被评试者的能力水平，测的是反应速度。难度测验是不限时间，即每一题目都有时间去做，但有些题目不见得能做出来，测的是解题的最高能力。

2. 心理测验的特点

（1）标准化。标准化就是指测验的编制、实施以及测验的评分都严格按照科学的程序进行。为了确保测验的准确性，从测验题目的编制、实施以及测评结果分析都应按既定的规则进行。测评受很多因素的影响，有时测验时间不当，会严重影响测验的效度。同时也要保证不同的被测评者应在相同的条件下进行测评，比如：如果在阴暗、潮湿、闷热的房子里进行情景模拟测试，被测评者很难发挥出正常水平。

(2) 客观性。在心理测验中，应尽量采用客观的测评工具对被测评者的客观行为进行客观描述，即使在主观性较强的测评方法中也应加强客观性手段，按客观标准，进行客观评价。即使在主观性较强的心理测验中也应加强客观性手段。

(二) 情景模拟法

情景模拟法就是把被测评对象置于一个模拟的工作环境之中，采用多种测评技术，观察和考核被测评者的心理和行为，以测量他的各种能力。在这些情景模拟中，可以给被测评者一假定身份，让他扮演公司中某一角色，让其处理一些信件和公文（如信函、电话记录），也可以让几个被测评者就某一问题（如市场业务的拓展、顾客的质量投诉等）展开讨论，观察被测评者的语言表达能力、分析问题能力、控制能力等。

情景模拟法最大的特点就是测评内容以工作分析表来确定，以工作所需要的素质来决定。因为情景模拟法与工作的高相关性，所以它具有较高的效度。情景模拟法具有针对性，它所测评的素质往往就是分析和处理具体工作的实际知识、技能和品德素质，同时它可以综合考察被测评者多方面的素质。在情景模拟法中，考察被测评者的行为是多种素质的综合体现，可以测量到被测评者的多种管理素质。

情景模拟法主要有公文处理法、案例分析法、无领导小组讨论法等，表7—3是对几种情景模拟法的概要。

表 7—3　情景模拟法比较表

项目	公文处理法	案例分析法	无领导小组讨论法
优点	与工作相关性强，具有较强的针对性，从而全面反映被测者的素质	操作较为方便，既可以测评一般的能力，也可以测评特殊能力	可以测评到被测评者的某一特定素质和发现被测评者的潜能，从而全面评价员工素质
不足	成本较大、费时，每次只能测评一个人员	评分标准较为主观	评价主观性太强，对测评的题目也要求较高
适用范围	适用于中、高层管理人员	适用于管理人员	适用于挖掘员工的潜能，适合于测评管理人员

第三节　员工素质测评的指标与标准

一、员工素质测评的指标体系概述

员工素质测评指标指的是对被测评对象特征状态的一种描述，单个测评指标是测评指标体系中的最小单位，反映了被测评对象的某一方面的特征；而测评指标体系正是由这些彼此相互联系而又相互独立的测评指标组成，它可以多角度、全方位系统评价员工素质特征。

员工素质测评指标体系设计包括指标要素的确定、测评标准的制定以及量化工作。

（一）指标体系的形式

测评指标体系是由测评指标要素和测评标准构成的。用公式可表示为：

测评指标体系 = 测评指标要素 + 测评标准

表 7—4 为一个科技人员的素质测评指标体系。

表 7—4　　素质测评指标体系

素质指标		品德素质			智力素质			
测评要求		科学道德	科学事业心	科学责任心	专业知识	外语水平	计算机水平	条理性
优秀	测评标准	有很强的道德意识，不允许企业和个人有违反公德行为	有很强的事业心，在任何情况下都有明确目标并积极进取	非常关心公司的情况，与公司共命运	受过正规教育并获得硕士或以上学位	熟练掌握两门以上外语，能在工作中灵活运用	能熟练运用计算机，对计算机的硬件和软件知识非常了解	做事严谨，一切井井有条
良好		有较强的道德意识，其行为也能证明，但不明确表态	有进取心，工作热情主动，积极性高	较关心公司情况	受过正规教育，并获得学士学位	掌握一门到两门外语，能适应工作的要求	能较熟练运用计算机	一般情况下有条理，偶尔需控制
一般		道德意识尚可，基本能遵守社会公德	认真工作，但热情不高	涉及个人利益时，会关心公司状况	受过正规教育，但未获得学位	略懂一门外语，能勉强达到工作中的要求	一般，只能勉强运用计算机	有条理，但有时有随机性

续表

素质指标		品德素质			智力素质			
测评要求		科学道德	科学事业心	科学责任心	专业知识	外语水平	计算机水平	条理性
较差	测评标准	道德意识很差，很少以公德来约束自己	工作不热情，缺乏进取心	对公司状况漠不关心	比较缺乏此类专业技术	没有系统学习过外语，难以适应工作的要求	不能熟练运用计算机	办事条理性差，工作忙乱

（二）测评指标体系的设计步骤

1. 明确测评的客体与目的

明确测评的客体与目的是建立测评指标体系的第一步。测评目的不同，测评指标体系也不同；针对不同的测评客体，应有不同的指标体系来反映测评客体的素质特征。只有明确目的，才能有的放矢，建立一个好的测评指标体系。

2. 确定测评的项目与测评指标

根据工作的要求，按职位说明书，采用素质图示法、经验总结法等方法设计测评项目和测评指标。测评内容标准化，必须给每一个指标一个明确的内涵和外延。

3. 明确测评标准体系结构

明确测评指标后，应确定测评体系，保证测评体系的简单明了，符合测评要求。

4. 筛选与表述测评指标

一个好的测评标准体系，测评指标应少而精，对每一测评指标都应认真分析，保证每一个指标都有存在的价值，都能反映测评客体的行为表现和绩效，每个指标都具有可操作性并且切实可行。

5. 完善测评标准

测评标准必须具体而又合理，保证每一个标准都具有可比性。标准既不能太高，也不能太低，测评标准既要先进合理，体现时代的要求，又要反映企业的经营目标。

6. 确定测评指标权重

权衡每个层次及其中的每个指标在整个测评标准体系中所处的地位和作用，

配以适当的权重。

7. 不断反馈和完善测评指标体系

由于许多不可知因素的干扰，使测评指标体系有许多不尽如人意的地方，需要在实践中不断分析、检验和完善，使之成为一个客观、准确、可行的测评指标体系。

二、员工素质测评的指标要素

（一）测评指标、测评要素和测评项目

测评内容、测评指标、测评目标、测评项目都能反映测评客体的素质特征，只不过具体反映与说明的程度不同。

1. 测评内容

确定测评内容是素质测评的第一步。测评目的、测评客体一旦确定，测评内容就应确定。如诊断性、评价性素质测评，可以根据所要诊断、评价的内容确定测评内容。

2. 测评目标

测评目标是测评内容的抽象性概括，一般根据测评内容确定测评目标。

3. 测评项目

测评项目是对素质测评目标更具体、更进一步的分解，是测评目标的具体反映。

4. 测评指标

测评指标是测评指标体系中最小的单位，它一般反映被测评者的某一单一的特征，是对测评项目的更细致更具体的分解，更具有可操作性。它从更深层次揭示了员工素质的数量特征和质量特征。

（二）指标要素的结构

测评指标体系结构有个体素质指标结构和群体素质指标结构。

1. 个体素质指标体系的构成

根据素质的划分，个体素质指标体系由品德素质结构、智体素质结构、能力素质结构和绩效素质结构组成。个体素质分值为：

$$E = E_1 + E_2 + E_3 + E_4$$

式中　E_1——品德素质分值；

E_2——智体素质分值；

E_3——能力素质分值；

E_4——绩效素质分值。

每一素质结构又由相应的测评指标组成。品德素质可由许多测评指标构成，如责任心、事业心和进取心等。在这四大素质结构中，同时针对具体员工又有相应的结构项目和素质要素。由于职务不同，所要求的素质结构也不同。比如，一般员工更侧重于服从精神和协调精神，在工作态度方面要求遵守企业的各种规章制度。而管理人员侧重于灵活的处事能力和较强的责任心、事业心。

2. 群体素质指标体系的构成

群体素质指标体系由领导素质结构、人群素质结构和创造素质结构组成。群体素质分值为：

$$F = F_1 + F_2 + F_3$$

式中　F_1——领导素质分值；

F_2——人群素质分值；

F_3——创造素质分值。

领导素质由权利性和非权利性两项构成；人群素质由群体合理组成、交往程度、交往效果三项构成；创造素质由创造意识、创造能力两项构成。在这三大素质结构中，针对具体对象可设计相应的素质要素。

（三）测评指标要素的设计原则

1. 针对性原则

选择测评指标要素时应根据实际情况确定，因测评目的不同、对象不同，选择的测评要素也不同。根据不同的测评目的、测评对象，设计不同的指标要素，要有较强的针对性，充分体现出所测对象的特点。如测评对象是科技人员，其测评要素除了应具备的基本要素外，还应有一些指标能充分体现科技人员的特殊特征，如“设计能力”“实际操作能力”；测评对象是管理人员，其特殊要素有“决策能力”“组织能力”等，而不是他的动手能力。

2. 精练明确原则

每个测评指标都要有明确的定义、内容或解释，使测评指标内涵和外延明确。每个测评指标都有明确的测评内容，不可含糊不清、模棱两可。同时，测评指标的确定与表达应力求精练、通俗、直观。指标不要多，要少而精。测评指标的表达规范化、标准化，才能保证测评工作的科学性、准确性。

3. 科学性原则

测评指标体系以心理学、管理学、领导科学、人才学等科学原理为依据，以科学的设计方法（如问卷调查、个案研究等）为手段，结合我国人事考核经验确定。

4. 体现方针的原则

测评指标应体现方针性。测评要素体系应体现人事法律法规及政策，体现企业的方针和目标；素质测评为企业决策提供客观科学的依据，所以测评要素体系也应体现企业战略和企业规划。

（四）测评指标的设计方法

1. 素质图示法

素质图示法就是将某类人员的素质特征，用图表描绘出来，然后加以分析研究，确定测评指标。这种方法一般将某类人员的测评指标按需要程度分档，然后根据少而精的原则进行选取。可以分为 3 档，如“非具备不可，非常需要，需要”；也可以分为 5 档，如“非具备不可，非常需要，需要，需要程度低，几乎不需具备”。

如某企业需要招聘营销人员数名，为了做到能力与岗位匹配，需要设计营销人员的能力结构及要素。在职务分析的基础上，我们用素质图示法将各项素质分为 5 档，如图 7—3 所示。

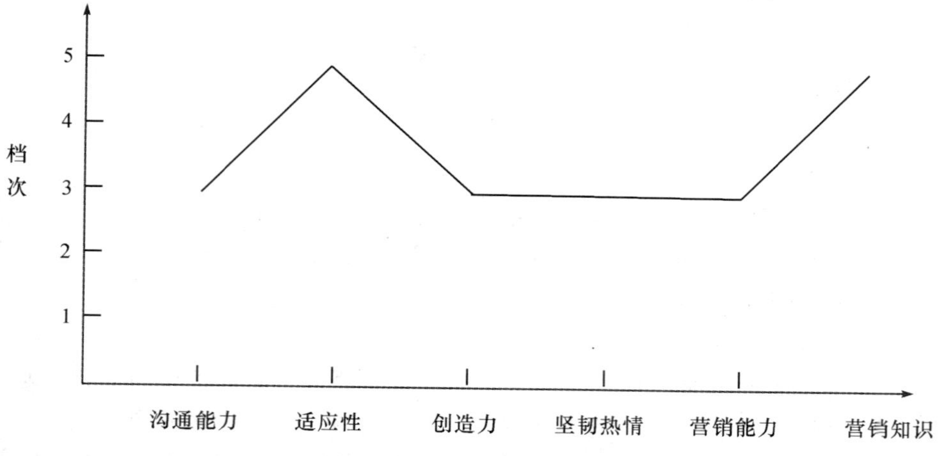

图 7—3 营销人员素质分析

2. 问卷调查法

问卷调查法是设计者以一种书面形式将项目和问题表示出来，分发给有关人员填写，征求不同人员意见的一种方法。

问卷调查法的程序是：

（1）根据测评的目的、对象等具体情况，调查测评指标，调查要素的数目在20～40为宜；

（2）给每个调查指标一个定义，以明确它的内涵和外延；

（3）根据研究的目的和单位的具体情况，确定问卷采用的形式、调查对象、范围及方法；

（4）编制调查问卷，将需要调查的内容，以一定的格式编制成问卷；

（5）分发问卷，通过一定的渠道分发问卷给调查者，选择的渠道应是可靠的；

（6）统计分析，问卷回收后，可按一定的方式进行统计分析。

问卷调查表的形式有很多种，问卷形式按答案的标准化形式可分为主观性问卷和客观性问卷。主观性问卷的形式主要是问答题，可以充分了解被测评者组织材料的能力、文字表达能力，甚至可以了解被测评者的思想观念和价值观，有一定的发挥余地。例如，某公司挑选销售人员的调查问卷中所包含的题目有：（1）你认为管理人员最应具备的能力是什么？（2）你能否为以下几项能力按重要性排序，并说出理由。

客观性问卷的形式主要有是非题、选择题、排序题等。

是非题

例如：一般员工是否要具有较高的文化程度？

选择题

例如：你认为管理人员最应具有的素质是（　　）。

A. 事业心　　B. 责任心　　C. 原则性　　D. 灵活性

排序题

例如：企业家应该具有旺盛的精力、较高的学历、较强的原则性、灵活的处事能力和协调能力。试按重要性依次排列以上5个素质。

3. 个案研究法

个案研究法就是通过选取若干具有代表性的典型人物或事件的素质特征进行分析研究，确定测评指标体系。

个案研究可分为典型人物研究和典型资料研究两种形式。典型人物研究就是典型人物的工作情况，具体表现为研究的直接对象，通过对他的观察分析，确定出其代表的测评要素体系。典型资料研究就是以表现典型人物或事物的文字资料为直接研究对象，通过对这些材料的总结分析，归纳出测评要素体系。在实际应用时，应根据研究情况和条件而定，如能同时具备更好。

选择典型人物和资料时，可以选择成功的典型人物和资料，也可以选择失败的典型人物和资料，还可以将两者结合起来。

4. 面谈法

面谈法是指通过各类人员如被测评对象的上级主管、人事经理、被测评对象以及与被测评对象有较多联系的有关人员，收集有关资料，以此作为确定要素的依据。面谈法有两种形式：

（1）个别面谈法。是指通过走访有关人员，采用面对面的谈话了解被测评人员的各种情况，然后将收集的材料归纳总结，找出其中共性的特征，以此作为测评要素。

（2）座谈讨论法。就是召集有关部门具有一定知识和经验的人员，讨论被测评对象的工作性质，所需的知识、能力等，通过讨论集思广益，为确定要素提供依据。参加座谈的人以 5～8 人为宜。

5. 经验总结法

根据特定时期的用人政策及企业的具体情况，以及测评部门所积累的经验确定测评要素，或者参照一些较为权威的测评要素，以及行业内其他企业的测评要素，再结合本企业的具体情况及研究目的确定。

6. 多元分析法

多元分析法是通过因子分析和聚类分析等方法，从较多数量的初选要素中找出关键性的要素及某类人员素质的基本结构。这是一种结论性的定量分析方法，它是统计学中的一个重要方法，主要用于对测评信息、数据的处理，研究设计多个自变量和因变量之间的数量依存关系，是一种分析较多复杂数据的统计技术。

三、员工素质测评标准体系

（一）员工素质测评标准的概念

所谓标准就是衡量事物的准则。在员工素质测评工程中，测评标准就是对员工素质的数量和质量进行测评的准则和尺度，人们也称其为测评工程的软件。

素质测评标准体系起着标尺的作用。通过测评标准体系，把被测评者的素质特征投影到素质测评标准体系中，可以得到被测评者相对于整体的相对水平和内在价值。人力资源管理的实践表明，一个时期的考核标准或一种特点的测评标准，往往影响甚至决定着这个时期人才的流向和努力目标。测评标准正确与否不仅对测评工作，而且对人事工作有很大的影响。总之，测评体系是测评标准与测评标度的统一，即测评体系 = 测评标准 + 测评标度。

（二）测评标准的编制原则

合理的测评标准是衡量测评工作是否科学合理的重要标志。在编制中，必须遵守如下原则：

1. 定量要准确，标准需具体

标准能用数量表示时应尽可能使用数量表示，同时标准的定量必须准确。定量准确包括三个方面。一是各要素标准的起止水平应是一致的；二是各标准的含义，相互间应是等距的；三是等级划分标准的制定要严格按照等级规定模式，选择的等级档次数量要合理。测评标准是衡量员工素质的尺度，员工就是在测评标准中找到自己的"映像"。因此标准必须具体而明确，不能模棱两可，应尽量用数字表示。

2. 内容要先进合理，标准适度

素质测评标准的内容，既要体现当今先进的管理思想，又要符合各类人员的特点，既不能偏高，也不能偏低，等级划分要合理，相邻两等级中的标准应有一定的区分度。内容偏高，难以达到标准要求，失去测评的目的；内容偏低，则失去测评的意义。所以素质测评标准要具有包容性，即每位被测评对象都能在测评标准中找到相应的"映像"。

3. 文字应简洁、通俗

在标准中，应尽量使用人们常用的大众化语言和词汇，表达力求简洁扼要，专业术语及模棱两可的词句尽量不用，以减少由于考核者对词汇概念理解的不同而产生的评定差异。

（三）测评标准的种类及编制程序

目前使用的测评标准有两种，一种是综合等级标准，另一种是分解提问标准。

1. 综合等级标准

把反映测评要素内涵及外延等诸方面的特征进行综合，并根据综合结果，按照反映测评要素综合结果的顺序，进行等级划分，并指派一定的值。在测评时，评定人可根据测评要素，参照等级划分标准，来确定评定人在某一个要素上所处的等级位置，进行评判。

编制综合等级位置时，首先明确各要素所具有的特征，然后把这些特征放入每一等级档次中，看这个特征在各个等级中的具体体现是什么，将每个具体体现用文字表现出来，就成为这个登记档次的标准。

综合等级标准规定模式可参见表7—5。

表7—5　　综合等级标准

结构	测评指标	测评标准等级				
		H（上中下）	A（上中下）	B（上中下）	C（上中下）	D（上中下）
能力结构	理解判断能力	理解力差，缺乏判断力	遇事犹豫不决，主见甚少，对事物判断能力差	有一定的理解能力，碰到问题能够做出判断	理解能力较强，正确领会上级指示，善于观察剖析问题，有魄力。对较复杂的问题能做出正确判断	接受新知识理解能力强，有计划地对周围事物观察并有数据记录，魄力大。对复杂问题能正确判断
	综合分析能力	逻辑混乱，抓不住事物的本质和重点	对事物发展缺乏分析，有片面性，反应迟钝，分析能力较差	能较全面看事物，一般能抓住重点，但对定性和定量相结合的分析不够	善于思考，反应较快，对新事物的吸收有较强的灵敏度，分析问题较全面透彻，推测也较正确	综合分析能力强，对事物发展有较正确的推测，作出切合实际的定向与定量相结合的分析，为大多数人所信赖
	口头表达能力	讲话抓不住重点，词不达意	语言表达能力弱，尚能表达自己的想法	有一定的表达能力，基本能说清问题，语言清晰，辞能达意	语言逻辑性强，重点较突出，有一定的口头技巧，条理分明，有吸引力	口头表达能力强，重点突出，层次分明，语言生动有力，条理性强，有较强的鼓动号召力

续表

结构	测评指标	测评标准等级				
		H（上中下）	A（上中下）	B（上中下）	C（上中下）	D（上中下）
能力结构	独立工作能力	对本职工作不主动，不思考，依赖性强	不善思考，工作目标不明，缺乏条理，常有失误现象	本职工作基本做到井井有条，也有一定的灵活应变能力	对任务能总体筹划，制订可行方案，有较强的应变能力，能较果断地处理问题	工作有完善的目标方案，并能灵活创新，开拓途径，应变能力强，有主见，处理问题果断、准确
	组织协调能力	组织协调能力差	组织协调能力较差，安排调度不合理，使协作配合受到影响	有一定的协调能力，较合理安排人力、物力，使协作配合较好	合理安排人力、物力，能发挥各级组织和人员的作用，协作配合默契	组织协调能力强，知人善任，有说服号召力，能将各方面力量拧成一股绳，有节奏地协调工作
绩效结构	效率	办事拖拉，经常影响任务的完成，效率很低	办事不勤快，经常要催促，效率不高	工作效率一般，能按时完成任务	工作效率高，主动抓紧时间，迅速完成任务	工作效率高，时间观念强，完成任务速度快，效益好
	质量	工作马虎，差错多	工作质量差，常出差错	工作质量一般，差错很少	工作质量较高	工作一丝不苟，精益求精，质量信得过
	工作量	工作量很少	工作量较少	工作量一般	工作量较多	工作量饱和
	业绩	难以完成任务，处于落后状态	工作成绩平常，经常处于被动状态	工作有一定成绩，能完成本职任务	工作成绩很大并能配合领导完成各项工作	工作成绩突出，积极配合领导完成各项任务

2. 分解提问标准

把反映测评要素内涵和外延等诸方面的特征独立并列，对独立并列的特征以一定的方式进行提问，根据提问的内容，提供对每一问题不同程度的回答。

编制分解提问时，在明确各要素的行为特征之后，以行为特征为指标，选择确切的描述进行提问。问题的内容应尽可能具体，接近于客观实际和日常工作，尽可能地隐含所要测评的要素。问题明确后，再根据问题编制评定标准。分解提问标准量表的模式可参见表 7—6。

表 7—6　　问题式量表

受评者姓名：　　　　评定者姓名：

请您在这份考核表中，根据考核对象平时工作的表现，对照每个考核指标，在相应的□里打√					
	好	较好	一般	不够	不清楚
1. 注意更新知识，努力扩大知识面	□	□	□	□	□
2. 了解本单位干部群众思想动态，善于做思想工作	□	□	□	□	□
3. 在其领导的范围内具有权威性，能做到令行禁止	□	□	□	□	□
4. 处理日常工作有条不紊	□	□	□	□	□
5. 重视专家的作用，有一批智囊人物为其出谋划策	□	□	□	□	□
6. 明确自己的职责	□	□	□	□	□
7. 因协调不当而使工作失败的例子很少	□	□	□	□	□
8. 有才能的人在其领导下能获得充分发挥	□	□	□	□	□
9. 鼓励下级创造性地工作并敢于承担责任	□	□	□	□	□
10. 不满足于听汇报，重要问题亲自去了解	□	□	□	□	□
11. 善于理论思考，总结带有规律性的经验	□	□	□	□	□
12. 工作尽心尽责，任劳任怨	□	□	□	□	□
13. 在班子中与大家配合默契	□	□	□	□	□
14. 重视建立情报信息网络，信息渠道畅通	□	□	□	□	□
15. 工作中能发动和依靠多数	□	□	□	□	□
16. 对个人物质利益不伸手	□	□	□	□	□
17. 对本系统、本部门有一个中长期发展规划	□	□	□	□	□
18. 对下级不因办错一件事而看死	□	□	□	□	□
19. 为人正直公道，办事公平合理	□	□	□	□	□
20. 乐于参加社交活动，对各种新的信息有强烈兴趣	□	□	□	□	□
21. 对工作要求很严，赏罚分明	□	□	□	□	□
22. 与下级相处融洽，善于使下级了解他的思想	□	□	□	□	□
23. 实事求是，敢于报忧	□	□	□	□	□
24. 办事不拖拉，今天该办的事不拖到明天	□	□	□	□	□

第四节　素质测评的实施与数据处理

一、测评前的准备工作

（一）测评人员的选择

1. 测评角度的选择

为了能够全面、立体地观察了解测评对象，以获得合理的测评结果，应选择多角度的测评者对被测评对象进行测评。测评角度通常包括自我测评、同级测评、下级测评、上级测评和组织测评。

（1）自我测评，指被测评对象对自己进行测评。它能够调动被测评者的积极性，并能从数据分析中得出其他角度测评所不能获得的信息。

（2）同级测评，指与被测评对象共事或联系密切的同级人员对其进行测评。这种测评能够比较真实地反映实际情况。

（3）下级测评，指由被测评对象的下级对其进行测评。这种测评局限性大，应视具体情况侧重某些方面进行。

（4）上级测评，指由被测评对象所在单位的上级领导及直接领导对其进行测评。采用这种方法测评时，应尽可能采用多人测评形式。

（5）组织测评，指由被测评对象所在的人事、组织部门对其进行测评。这种测评通常可以通过日常有关原始记录和参照标准进行评定。

2. 测评人员的条件

测评人员应尽可能具备的条件：有事业心、责任心、创新精神，坚持原则、公正、办事公道，熟悉被测评对象的工作情况和个人情况，有一定的实际工作经验和专业知识背景。

3. 测评人员数量的确定

由统计原理可知，测评人员数量越多，个人的偏见效应就越小，测评得出的数据越接近客观值。然而符合测评人员条件，并熟悉被测评者的人数总是有限的，而且不符合条件的人占的比例越大，测评结果的信度就越低，所以，应尽可能选择符合条件的人员进行测评，人数以 20～30 人为宜，最低不能低于 10 人。

4. 测评人员的培训

测评人员的培训，是测评可靠性和有效性的根本保证，也是测评普及、推广的必要条件，因此要十分重视对测评人员的培训。培训内容应包括：明确本次测评的目的和要求，明确测评人员的职责和任务，掌握测评实施方法、数据处理、结果分析应用等测评理论，剖析测评过程中各类人员的心理活动等。以上都是测评必备的知识，应根据不同人员的培训情况酌情选择。

（二）测评前动员

在测评过程中，测评者及被测评者都存在一定的心理偏差，这些心理偏差直接影响着测评效果。因此，在测评前应有针对性地进行宣传动员，宣传素质测评的科学性，素质测评的目的和意义，素质测评方法的合理性以及素质测评的有关纪律和要求，统一测评人员思想，使他们能够以主人翁的精神参加测评工作，为测评工作献计献策，保证测评工作的顺利进行。

（三）测评时间的选择

测评时间的选择应包括测评时刻的选择和测评期限的选择。

测评时刻应根据测评素质的内容及被测评者的特点来决定。例如，测评工作成效时，由于工作成效的变化较快，因此两次测评之间的时间间隔应短一些；在测评智力和能力时，智力和能力的变化较慢，因此测评时间应长一些。只有这样，才能收到好的效果。测评应选择与本企业的生产经营活动没有重大冲突的时间进行，最好选取测评者精力充沛、注意力集中的时间。不要选在一周的开始和结束，应选在一周的中间；不要选在上下班的时间，应选在每班的中间，以减少误差。

测评期限，就是指规定的对哪一时间段内人员素质状况进行测评的时间界限。明确测评期限是取得同一可比信息的重要保证之一。

（四）测评方式及地点的选择

测评方式有集中测评和分散测评。集中测评就是将测评者集中在某一场所进行测评。分散测评可根据实际情况选择具体的测评方式，有时也可以将两者结合起来使用。

在进行集中测评时，测评地点应选择安静适宜的场所，如空气是否对流，光线是否充足，温度是否适中。应使被测评者不受外界的干扰，使人心情舒畅，注意力集中，只有这样，才能提高测评速度和测评准确性。

二、确定测评指标的权重

员工素质测评不仅要反映被测评对象的质，而且还要反映被测评对象的量。权重就是用量来表示质，即为强调某一测评指标在整个测评指标体系中的重要程度而赋予这个测评指标某一特征值的过程，体现测评指标在测评体系中的重要性。特征值一般用数量表示，这个特征值称为这一测评指标的加权系数。权数的目的就是使各种测评成绩重点突出，并将它们合理地综合起来。

必须全面衡量每个层次及其中每个指标在整个测评指标体系中的重要性。即从不同角度，反映不同时期、不同目的、不同客体的要求。

（一）权重的特点

1. 归一性

每个层次下的各个测评指标的权数和应为 1 或 100。

2. 精确性和模糊性

在实际权数分配中，应科学、精确。每个测评指标的权数都应反映测评指标在整个测评体系中的重要程度，即给关键指标一个大的权数，以突出重要的指标。同时权数的分配不必十分精确，特别是在实际操作中也无法做到精确化。

3. 合理性和变通性

权重的分配要根据实际情况，反映被测评对象的内部结构和规律，不能脱离实际。

（二）权重的类型

1. 纵向加权

纵向加权就是为了综合不同层次测评者对被测评者某一测评指标的测评成绩。每一被测评者在工作中扮演着各种各样的角色，他可能是上级，同时也是下级；既是同事，也是上级；由于不同的角色差异产生行为的差异，导致不同的人对他的素质测评提供的信息的重要程度也会不同。例如，测评某个人的协作精神，同级与下级提供的信息的准确程度比上级高。纵向加权表可见表 7—7。

表 7—7　纵向加权表

	上级	下级	同级	本人
综合分析力	0.35	0.2	0.35	0.1
交往能力	0.2	0.4	0.2	0.2
指挥协调	0.4	0.3	0.15	0.15

2. 横向加权

横向加权是为了综合各种测评指标的等级分数，突出关键指标，为个体素质的总体评价与相互比较服务。横向加权往往是根据被测对象的职务差别，有意识地突出与其工作关系比较密切的某些关键要素，或减轻某些无关要素。比如，动手操作能力对于工人来说比管理人员更为重要，所以在测评工人时，可适当加大操作能力的权数；而对于管理人员来说，管理能力、协调能力比操作能力更为重要，应适当加大其权重。

（三）确定权重的方法

1. 特尔斐法

特尔斐法又称专家咨询法，是美国兰德公司于 1964 年首先用于技术咨询的。它集思广益，有效集中了各方面专家的意见。特尔斐法的程序是：首先，选出数名专家，人数最好为 10～30 名为宜，将几种已设计好的加权方案邮寄给他们，背靠背地征询专家的意见，互相不受干扰。然后，专家根据自己的经验与知识进行选择，也可以自己设计方案。根据专家的意见，对原方案进行选择、修改，淘汰选择率低的方案。对新的方案进行二次征询意见。如此反复，选择方案逐渐缩小，最后专家的意见趋于一致。

优点：这种方法避免了权威、职称、职务、口才，以及人数优势对确定权重的干扰，集中大多数人的意见，能够反映大多数人的要求。

缺点：由于在实施中忽视了一些人的观点，失去了一部分有效的信息。

2. 层次分析法[①]

层次分析法是一种多目标决策方法。应用此法，首先必须把素质测评目标分解为一个多级指标，在同一层次上根据相对重要性等级表（见表 7—8），列出两两比较矩阵，计算出每个指标的相对优先权重。

① 参见：萧鸣政主编．人员测评理论与方法．北京：中国劳动出版社，1997 年版．

表 7—8　　相对重要性等级表

相对重要程度	定义	说明
1	同等重要	两者对所属测评目标贡献相同
3	略微重要	经验证明一个比另一个测评的结果稍微重要
5	基本重要或高度重要	经验证明一个比另一个测评的结果更为重要
7	确实重要	一个比另一个测评的结果更为重要，其优势已被实践证明
9	绝对重要	明显重要程度可以断言为最高
2，4，6，8	以上两相邻程度中间值	需要折中时采用

层次分析法把专家的经验和理性的分析综合起来，并且采用两两比较分析的直接比较法，使比较过程中的不确定因素得到很大程度的降低。它的具体方法是：根据相对重要性等级表，将测评指标两两比较，按前面表 7—8 规定的标度定量化，并写出矩阵式，见表 7—9。

表 7—9　　指标权重矩阵表

相对重要程度	A	B	C	D	E	W_i
A	1	1/2	1/3	1/3	1/2	0.08
B	2	1	1/4	1/4	2	0.12
C	3	4	1	1	7	0.36
D	3	4	1	1	7	0.36
E	2	1/2	1/7	1/7	1	0.08
	11	10	2.7	2.7	17.5	

权重的具体分析方法是，A 与 B 相比，若认为 B 比 A 稍微重要时，则在 B 行 A 列交叉处给 B 记 2 分，在 A 行 B 列交叉处给 A 记 1/2 分；A 与 C 相比较，若认为 C 比 A 略微重要，则在 C 行 A 列交叉处给 C 记 3 分，在 A 行 C 列交叉处给 A 记 1/3 分，依次类推，直到全部比较完为止，得到表 5 行 5 列交叉处的全部数据。第 6 行 6 列交叉处的数据计算方法是：

首先按列求和，得到 $\sum_{j=1}^{n} a_{ij}$ 表中从第 1 列开始 $\sum_{j=1}^{n} a_{ij}$ 分别为：11，10，2.7，2.7，17.5。

然后按公式 $W_1=\frac{1}{n}\sum_{j=1}^{n}\left[a_{ij}\Big/\sum_{j=1}^{n}a_{ij}\right]$ 求出各公式的权重：

$$W_1=\frac{1}{5}\left(\frac{1}{11}+\frac{0.5}{10}+\frac{0.33}{2.7}+\frac{0.33}{2.7}+\frac{0.5}{17.5}\right)=0.08$$

$$W_2=\frac{1}{5}\left(\frac{2}{11}+\frac{1}{10}+\frac{0.25}{2.7}+\frac{0.25}{2.7}+\frac{2}{17.5}\right)=0.12$$

同样可得到 $W_3=0.36$，$W_4=0.36$，$W_5=0.08$。

而且：

$$\sum_{i=1}^{n} W_i=1$$

这样，分别得到 A，B，C，D，E 五个指标的权重分别为 0.08，0.12，0.36，0.36，0.08。

同样，当标准体系由各级指标组成时，可以自上而下地沿阶梯层次计算各层次指标对上一层次指标的组合权重，直至计算出每个指标的权重为止。

三、素质测评的数据处理

数据处理的方法很多，有算术平均法、体操打分法、加权平均法等。下面主要对这三种方法做详细介绍。

（一）算术平均法

算术平均法就是将所有测评人员对同一被测评对象所得的测评结果进行相加，求平均数。

其计算公式为：

$$X=\sum_{i=1}^{n} X_i/N\ (i=1,\ 2,\ 3,\ \cdots,\ n)$$

式中　X——某测评要素的测试结果；

X_i——第 i 个测评人员对某测评要素的测评成绩；

N——测评人员的数量。

例如，有 6 个测评人员对某一管理人员的责任心打分，分别为：71 分，70 分，80 分，79 分，76 分，74 分，则该管理人员的“责任心”要素的平均得分为：

$$X=\sum_{i=1}^{n} X_i/N=(71+70+80+79+76+74)/6=75$$

（二）体操打分法

体操打分法即仿照体操比赛打分的方法，把测评结果中最高和最低分去掉，然后按算术平均法进行计算。如上例中，在 6 个测评结果中去掉最高分 80 分，去掉最低分 70 分，

$$X=(71+79+76+74)/4=75$$

以上两种方法都比较简单，易于掌握和应用。其中体操打分法比算术平均法受极端影响程度小，测评结果准确性高。

同层次的人对被测评者的了解程度大致相同，权重相同，可以采用算术平均法和体操打分法对测评数据进行处理。例如，某公司 6 名下级评定经理的责任心成绩分别为：75 分，80 分，81 分，79 分，77 分，75 分，该层次的测评人评定“责任心”的平均成绩为：

$$X=(75+80+81+79+77+75)/6=77.83$$

综合同一层次，若干人对某一个体素质进行测评时，一般采用算术平均法和体操打分法。

（三）加权平均法

加权平均法是在算术平均法的基础上，综合被测评者各指标要素的相对重要程度进行计算，更能符合测评目的、测评客体的要求。它能根据不同的测评目的、测评要求，相应合理地调整权数满足要求。

加权平均法的公式为：

$$S=\sum_{i=1}^{n}X_iF_i$$

式中 S——总分；

X_i——第 i 个测评要素的得分；

F_i——第 i 个测评要素的权重。

例如，某公司评定李某协调能力的素质，测评人员对其评定的成绩和这一要素的纵向层次加权系数表见表 7—10。

由于不同层次的人员对被测评者的了解程度不同、权重不同，所以综合不同人员的测评结果，主要是用加权平均法，按以下步骤操作：

1. 利用体操打分法或算术平均法，分别计算出不同层次测评人员对该测评要素的平均成绩。

表 7—10　不同人员对李某“协调能力”测评平均成绩汇总及加权系数表

层次	加权系数	平均成绩
上级	0.3	80
下级	0.3	85
同级	0.3	80
本人	0.1	85
$S=80\times0.3+85\times0.3+80\times0.3+85\times0.1=82$		

2. 按加权平均法，计算出该测评要素的测评成绩。

加权平均法还用于其他场合，如测评目的不同，各测评指标对测评目的的重要程度不同，权重不同，也可以用加权平均法。

例如，某公司对策划人员的能力进行测评，可分为创新能力、组织能力、表达能力、沟通能力、说服能力、动手能力等几项测评要素指标。由于策划人员首先要有较强的创新能力及表达能力，其次才是沟通能力和说服能力，所以创新能力、表达能力有较大的权重，定为 0.25，沟通能力、说服能力为 0.15，而动手能力、组织能力重要性较低，可定为 0.1。见表 7—11。

则该策划人员的得分为：$S=78.45$。

表 7—11　　不同人员对策划人员测评平均成绩汇总及加权系数表

测评指标	加权系数	平均成绩
创新能力	0.25	80
表达能力	0.25	85
沟通能力	0.15	80
说服能力	0.15	70
组织能力	0.1	72
动手能力	0.1	75
$S=80\times0.25+85\times0.25+80\times0.15+70\times0.15+72\times0.1+75\times0.1=78.45$		

第五节　测评结果的分析与报告

测评结果的分析阶段是对被测评结果综合评价的过程，也是整个测评成果的综合体现。

一、测评结果的表示方式

（一）数字表示法

数字表示法是测评结果表示的最基本形式。它是直接利用测评的分值对被测评对象的素质情况进行描述的方法。这种方式的优点是，充分利用数字的可比性特征，规格统一、数字准确、数据量大，并为实现计算机化创造了条件。但数字描述不够直接，需和文字描述相结合。

（二）文字表示法

文字表示法是用文字描述的形式反映测评结果的方法。它是建立在数字描述的基础上的，有较强的直观性，重点突出，内容集中，加以适当分析，能充分体现定性和定量相结合的特点。

（三）图线表示法

图线表示法是通过建立直角坐标系，利用已知数据，描绘出图线来表示测评结果的方式。这种方式具有简便、直观、形象、对比性强的特点，适用于人与人之间、个人与群体之间、群体之间、个人或群体与平等标准之间的对比分析。一般情况下，图线表示法有两种形式，一种是曲线图表示法，另一种是直方图表示法。

二、测评结果的分析与应用

测评结果的分析是利用科学的分析方法，根据测评结果，对被测评对象的素质进行综合测评，为人事决策提供依据。

测评结果的分析方法有：

（一）顺序法

顺序法就是将被测评分数按照其大小顺序进行排列，根据某人分值所处位置，来说明他的素质状况。顺序法可依据测评总分进行排序，也可依据结果得分或要素得分进行。其中依据测评总分排序分析的结果最粗，依据要素得分排序分析的结果最细。这种方法适宜在人事调配、人才选拔和人才流动中应用。例如，对 7 名工人进行素质（工作数量）测评，即将 A，B，C，D，E，F，J

等人按照测评分值大小分别列入表 7—12 中。

表 7—12　　员工素质排列表

排序	1	2	3	4	5	6	7
姓名	B	D	E	F	J	A	C

（二）能级分析法

能级分析法是指用一定的临界点将测评得分划分为若干等级，并对此进行评价的方法。能级的划分可以是总分，也可以是结果分或要素分，它与顺序法的主要区别是，顺序法只将分数排队（如 100 分、91 分、84 分、60 分、39 分、19 分），能级法是将分数划区分等（如 0～40 分段为差，41～59 分段为中，60～79 分段为良，80 分以上为优，共分为四能级）。这种方法主要适用于人员调查、培训和后备干部的选拔。

（三）对比分析法

对比分析法就是把两两测评结果进行对比分析，比较它们的素质状况。对比可用数据进行，也可用图进行，可以用要素得分或结构得分比较。这种方法适用于人员选拔、职务晋升、工资调配和奖金分配等。

（四）综合分析法

综合分析法就是运用测评结果，对被测评人员进行全面、细致、综合的评价。这种评价往往是绝对的，只是根据测评标准进行分析，不与别的测评结果发生对比。这种方法综合性强，主要用于对个人测评结果需要进行全面分析的场合，如人才选拔、人员考察、领导班子调整等。

（五）常模分析法

常模分析法就是将某个人和群体的测评结果与某个固定的岗位职务模式进行比较分析，看其与这个模式相符合的程度，从而对其素质状况进行评价。这种方法适用于人员选拔、领导班子调配、技术职务的聘任等。

三、测评结果报告的编写

测评结果报告的编写就是将有效信息进行整合后，以有效形式反映被测评者的真实行为特征。测评结果报告的编写也是素质测评中较为关键的一步。一份好的测评报告应较为详尽而又真实地反映被测评者的素质情况，只有这样，才能给素质测评打上一个完整句号。报告的方式多种多样，有口头报告、分数报告、等级报告、评语报告以及分项报告、综合报告。报告的形式也很多，可以是文字式，也可以是文字图表式。无论采取何种形式，应视具体情况和测评的目的而定，满足测评的要求。

报告必须内容详尽，信息全面。报告应有测评项目、测评结果、结果分析和总评，还应包括被测评者比较完整的个人信息，如姓名、性别、年龄、教育程度、岗位、职务以及报告撰写日期和撰写人，具体内容应视具体情况而定。总评是测评报告撰写中最重要的一环，通过一系列测评后，对测评者得出一个综合评价，是素质测评结果的表现。总评应视测评的目的和测验实际情况，全面、综合地评价被测评者。例如，某公司招聘一名中层管理人员，对其进行文件筐测验、无领导小组讨论及人格测验后，给出一总评——他能否胜任其岗位？他有哪些特质特征？有何优点、缺点？有哪些地方需要改进？

测评报告应有较好的结构性，逻辑性强，一目了然，能较好地反映被测评者的真实行为特征。

本章小结

本章共分五节，第一节系统阐述了员工素质测评的基本概念、作用及原则；第二节介绍了员工素质测评的原理及方法；第三节介绍了员工素质测评的指标、标准的设计原则、方法；第四节介绍了员工素质测评的实施过程和步骤、数据处理；第五节介绍了企业员工素质测评结果的分析与报告。

本章习题

1. 简述员工素质测评的概念，以及所依据的基本原则。
2. 简述员工素质测评在企业人力资源管理中的作用。
3. 简述员工素质测评的基础理论和主要的测评方法。
4. 简述员工素质测评指标体系的形式和设计的步骤。
5. 简述测评标准的概念和种类，编制的原则和程序。

6. 简述测评前准备工作的内容和测评数据处理方法。

7. 简述测评结果的表示方式和测评结果的分析方法。

案例分析

案例：角色扮演（半小时左右）

主考官先介绍情景模拟测试法练习的内容和做法，然后被测试者用扣签方式挑选角色。

1. 测评者：主试 1 名、测试员若干名、计分员 1 名、监督员 1 名；
2. 被测试者：5 名；
3. 人员选拔的责任人：公司总经理；
4. 场外指导：由教师担任；
5. 测试项目和内容：人事选拔案例分析；
6. 角色分工后，宣布测试内容和各个角色的职责；
7. 计分员甲参照表 A“角色扮演评分标准表”进行计分。

你认为应该选拔谁？

某公司需要聘任一位生产经营部的经理，人事部推荐了 5 名候选人，请公司总经理发表意见，即应该从中选择谁作为经理？

5 名候选人的简况如下：

1. 李素立，女，27 岁，未婚，中专毕业，现任公司下属经营部经理，能干，聪明，热情，精力充沛，善于公关，工作干得不错，舞也跳得很好。目前，她本人正打算攻读大学，进一步提高自身素质。有的群众对她的能力很赏识，但有的人说她是总经理的“舞伴”。

2. 郑明志，男，40 岁，现任公司办公室副主任，大专毕业，学过企业管理，成绩优秀，工作认真踏实，熟悉本公司生产，在车间里做过管理工作，已婚，有一个孩子，他本人与厂级干部关系好，有人说他是公司总经理的“大红人”。

3. 王小冰，男，37 岁，高中毕业后回乡务农，现任计划部经理助理，有较强的组织能力和管理工作经验，工作勤勤恳恳，作风正派，多次被评为先进工作者，但群众反映他管得太严，有板有眼，十分正统，只是学历太低。

4. 赵玉响，男，50 岁，大学学历，现任生产经营部经理助理，曾在该公司承担过多种相关岗位的工作，经验丰富，具有一定的领导能力，过去曾受到大家称赞，但近两年来，他工作的兴趣与热情有所下降。已婚，家中有两个孩子，并且已参加工作，无所忧虑，他本人也没有太大的期望。

5. 周晓川，男，45 岁，大学毕业，现任技术部经理助理，性格内向，工作兢兢业业，平时讲话不多，也不会得罪领导和同事，同事都说他是一个大好人。在选举员工代表时，他的选票往往最多，但他最不愿管别人的闲事。

各方的职责：（1）主试者掌握整个测试按规定的内容和程序进行；（2）测评小组成员首先讨论并统一每次测试的评分标准；（3）被测试者认真完成各项练习，尽量发挥自己的才能；（4）计分员及时向测评小组和被测评者报告测试评分结果，要求分数统计准确无误；（5）监督员担任整个测试公证人，对整个测评过程进行监督，测试完毕，宣布测试有效与否；（6）场外指导在测试过程中做一些必要指示，测试完毕进行小结讲述，对优秀者给予必要鼓励。

表 A　　　　角色扮演评分标准表

1～2 分	3～4 分	5～6 分	7～8 分	9～10 分
回答违反政策与程序，措辞不当，解决问题能力差	回答欠妥当，措辞有严重缺陷，解决问题能力差	回答基本符合政策与程序，措辞有点缺陷，解决问题能力一般	多数回答符合要求，措辞尚可，有较好的解决问题能力	所有回答都符合要求，措辞非常恰当，有很强的解决问题能力

请结合本案例，回答下列问题：

1. 如果你是公司总经理，你认为应该选拔谁，为什么？
2. 使用角色扮演法进行素质测评应注意什么问题？

第八章 员工绩效管理

第一节 绩效管理的基本概念和功能

一、绩效管理的基本概念

员工绩效管理的概念不仅是一个历史的范畴，也是现实人力资源管理的一个极为重要的范畴。自 20 世纪 90 年代以来，随着我国企事业单位人力资源管理思想的变革和管理理论的更新，绩效管理作为国外人力资源管理理论的一个科学概念，已经被人们广泛使用和普遍引述，并逐步替代了我国过去劳动人事管理中长期使用的人事考评这一传统专业术语。

（一）绩效的概念

对于“绩效”（Performance）有多种理解。有些人认为，“绩效”应当着眼于工作结果，是个体或群体劳动的最终成果和业绩，或者说是所做出的贡献；也有一些人认为，“绩效”既应当考虑员工的工作业绩，又应当考虑员工的工作过程和行为方式，认为绩效是员工与客观环境之间有效互动的结果。1993 年，Campbell 等人提出了一个绩效理论①，他们认为，绩效不是活动的结果，而是活动本身，是人们实际做的并且可以观察到的行为；如果要界定的话，绩效只包括那些与组织目标有关的并且可以根据每个人的熟练性（即贡献水平）进行测量的行动或行为。根据这一界定，绩效不再是一个单一的概念，因为任何一

① Campbell，J. P A theory of performance，Personnel selection in organization，Jossey-Bass publishers，San Francisco，1993，35-65.

项工作任务都是一个复杂的活动过程，都包含着多个影响因素和多种绩效的成分。具体来说，它具有以下几个基本特征：

1. 绩效的多因性①

绩效的优劣不是由单一因素决定的，它受到主客观多种因素的制约和影响，一个员工的绩效是其自身素质和工作环境交互作用的结果。因此，绩效的第一个特点是它的多因性，如图 8—1 所示。不同的学者提出了形式不同的绩效函数，但只是在自变量的数目和分类方法上有所区别，其内涵是相同的，即绩效是员工能力水平、行为激励、机会和环境条件等因素相互作用的结果。可以用以下函数式表示：

$$P=f(A, M, O, E)$$

式中　*P*（performance）——绩效；

A（ability）——能力；

M（motivate）——激励；

O（occasion）——机会；

E（environment）——环境。

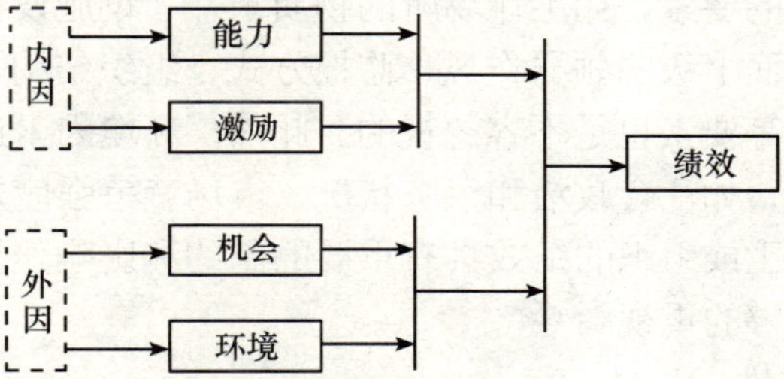

图 8—1　绩效的多因性

能力是指员工的基本素质和专业技能的水平。尽管一个人能力的高低与个人智力、天赋、受教育程度和经历有关，但是他的能力并不是固化的、凝滞的，完全可以通过及时、有针对性的培训不断提高其能力水平，从而提高其工作绩效。

员工行为激励是指员工的工作态度、积极性、主动性和创造性的状态和水平。行为激励的状态是实现绩效目标、提高工作业绩的心理条件和心理基础。

① 参见：余凯成主编．人力资源开发与管理．北京：企业管理出版社，1997；秦志华编著．人力资源管理．北京：中国人民大学出版社，2000.

激励本身又取决于员工的需要层次、个性、感知、学习过程与价值观等个人特点，其中需要层次的影响最大。员工在谋生、安全与稳定、友谊与温暖、尊重与荣誉、自为与自主以及实现自身潜能诸层次的需要方面，各有其独特的强度组合，组织中的管理者要善于运用多种激励措施和手段，激发员工的工作积极性、主动性和创造性。

机会是指员工个人或组织所面临的机会以及发展的可能性。这是由外部客观环境和条件的变化所引起的。机会是变化的条件，内因是变化的根据，有时机会再好，如果自身缺乏主动性、积极性和创造性，也很难取得良好的业绩。机会具有偶然性，例如某项重要任务主管分配给甲员工，乙员工或因不在或因纯随机性原因而未被指派承担此任务，其结果是甲乙二人的绩效存在明显的差异，其实乙的能力与绩效均优于甲，却没有表现的机会。实际上，在现实的绩效考评中不可能做到真正彻底而完全的平等，机会对绩效来说是一个不可控制的变量。

环境是指员工进行工作的客观条件，如物质条件（如生产、技术、组织、资本等条件）、企业文化、制度环境、人际关系等要素。企业内部的客观条件是环境因素中最基本的要素，如工作场所的物质条件、设施设备、原材料的供应以及工作程序等，而上级的领导作风、监控方式、组织结构、规章制度、工资福利以及企业文化等要素也是不容忽视的。此外，环境因素还包括某些发挥间接影响作用的因素，如社会政治和经济状况、市场竞争强度及劳动力市场状况等。这些要素对员工或组织的绩效具有重要的制约和影响作用，在绩效管理的活动中应当引起足够的重视。

2. 绩效的多维性

绩效是员工工作成果的总称，涉及事前、事中和事后等多个方面，因此，绩效的另一个特点是多维性，即需要从多种维度去分析与考评。例如一名工人的绩效，除了有产品产量的实际完成指标外，还包括产品质量、材料能源消耗、出勤率、工时利用率等考评指标，甚至劳动纪律、团结互助、服从命令、服从指挥等软性指标也成为绩效考评的重要参数。即使是一名部门经理，其绩效水平也需要从多方面来衡量，如其所主管部门的经营指标和贡献率，对其下属的监控、指导情况，本职位工作的创新度，各个下属业绩提高的水平和幅度等。因此，工作绩效的多维性，要求绩效管理者从多种维度、多个方面去综合考虑并逐一评估。尽管各维度可能权重不同，考评侧重点有所不同，但只要进行深入全面的分析和研究，就能获得真实可靠的考评结果。

3. 绩效的动态性

绩效的第三个特点是动态性，即员工的绩效随着时间推移会发生变化。在绩效管理中对员工的绩效考评只是过去一段时间内工作情况的反映。由于能力水平、激励状态以及机会、环境因素的变化，绩效差的员工可能随时间推移而改进、转好，绩效好的员工也可能会退步、变差。因此，管理者切不可从印象出发，以静止的观点、短视的目光来看待下级的绩效。

正确、全面认识和理解绩效的特性，有利于管理者在组织绩效管理的过程中，以客观、全面、发展、多角度和权变的眼光，考察、评价下级的工作绩效，有意识地克服和防止绩效评估的僵化和主观片面性。

总之，绩效管理中所说的"绩效"，不仅仅是指个体或群体劳动活动的直接成果和工作业绩，乃至最终效益，还应当包括劳动活动中个体或群体的工作行为和行动表现。"绩效"是一定组织中个体或群体的工作行为和表现，及其直接的劳动成果、工作业绩和最终效益的统一体。

（二）绩效管理的概念

绩效管理与绩效考评（或称绩效考核、绩效评价、绩效评估）既有明显的区别，又存在十分密切的联系。

绩效考评是指一套正式的、结构化的制度，用来衡量、评价并影响与员工工作有关的特质、行为和结果，考察员工的实际绩效，了解员工可能发展的潜力，以期获得员工与组织的共同发展。

绩效管理是以绩效考评制度为基础的人力资源管理的子系统，表现为一个有序的、复杂的管理活动过程。首先要明确组织与员工个人的工作目标，并在达成共识的基础上，采用行之有效的管理方法，不但要保障按期、按质、按量地达到和实现目标，还要考虑提升目标的可能性。绩效管理的活动过程不仅着眼于员工个体绩效的提高，更要注重员工绩效与组织绩效的有机结合，最终实现企业总体效率和效能的提升。

绩效考评作为绩效管理重要的支撑点，从制度上明确规定了员工和组织绩效考评评价的具体内容和方法，从而为绩效管理的运行与实施提供前提和依据。

由此可以看出，绩效管理是一个外延比较宽泛的概念，它是指从绩效计划（绩效目标的确定）到考评标准的制定，从具体考核与评价的具体实施，乃至绩效的信息反馈、绩效管理的总结，以及绩效开发与应用等全部活动的过程。

由此，可以对绩效管理的概念做出如下表述：

绩效管理是指为实现组织发展战略和目标，采用科学的方法，通过对员工个人或群体的行为表现、劳动态度和工作业绩，以及综合素质的全面监测、考核、分析和评价，充分调动员工的积极性、主动性和创造性，不断改善员工和组织的行为，提高员工和组织的素质，挖掘其潜力的活动过程。

绩效管理的目标是不断改善组织氛围，优化作业环境，持续激励员工，提高组织效率。绩效管理的范围覆盖组织中所有的人员和所有的活动过程，它是企事业单位全员、全面和全过程的立体化的动态管理。

绩效管理既可按公司、部门或小组的目标定位，也可以按员工的个人目标定位。

绩效管理是企事业单位人力资源管理制度的重要组成部分，也是企业生产经营活动正常运行的重要支持系统，它由一系列具体的工作环节所组成。

绩效管理是一个将公司与部门、员工个人目标紧密地联系在一起，运用科学的考评方法，从目标、程序导向到意愿、行为、效果导向，从事前策划到过程监测，从事后考评到绩效改进的动态过程。

二、绩效管理的功能

（一）在企业管理方面的功能

1. 诊断功能

绩效管理的第一个重要功能就是它的组织诊断功能，如同医生使用的听诊器。绩效管理可以对组织进行诊断分析，为组织变革和组织发展提供重要依据。绩效管理作为企业各个职能和业务部门主管的基本职责，在绩效目标明确的前提下，不但需要对组织中每个成员的活动进行追踪，及时沟通、分析和反馈绩效管理信息，而且要及时发现组织中存在的共性问题，采用科学方法进行组织诊断，掌握组织机构的现状及存在的问题，并对照工作岗位说明书、组织机构功能图、管理业务流程图等文件，进行组织职能分析、组织关系分析和决策分析，找出组织中现存问题的症结所在，指出哪些部位、流程、程序、授权（决策权）和协作关系需要改进和调整，从而为组织变革和组织发展提供依据。

2. 监测功能

绩效管理的第二个重要功能就是它的组织监测功能。有效的绩效管理体系的运行，可以显示出组织中从高层领导到中层管理人员以致一线员工，从硬件如劳动环境、生产条件、技术装备、工作场地、工作条件等，到软件如企业文化、经营理念、领导方式、工作方法、工时制度等方方面面的实际运行情况。

在组织绩效管理的过程中，各级主管只有对人力、物力和财力等资源的配置及实际运行情况进行及时监督、测定和考量，才能达到有效组织、协调和控制，从而实现预定的绩效目标。

3. 导向功能

绩效管理的第三个重要功能就是它的组织导向功能。绩效管理的基本目标非常明确，即不断改善组织氛围，促进员工与企业共同发展，以提高整体效率和经济效益。要实现这一基本目标，各级主管在组织绩效管理活动中，应当充分发挥绩效管理的导向功能，通过积极、主动的绩效沟通和面谈，采用科学方法从不同需求出发，激励、诱导下属朝着一个共同目标努力学习，积极工作。

4. 竞争功能

绩效管理的第四个重要功能就是它的组织竞争功能。绩效管理总是与企业薪酬奖励、晋升调配等制度密切相关，绩效优秀的员工不但会受到奖励，还可能得到一定的晋级和提升，从而为全体员工树立工作模范和榜样。同时，工作绩效不佳的员工也可能会受到一定的批评或处罚。无论是受奖还是受罚，对员工都会产生某种触动和鞭策，其结果是优秀的人希望更优秀，落后的人不甘于落后，在组织中形成你追我赶的局面。这种员工之间的相互比赛和竞争，有助于组织的发展和目标的实现，从而使企业和员工同时获利。

（二）在员工管理方面的功能

1. 激励功能

绩效管理可以充分肯定员工的工作业绩，使员工体验到成功的满足感与成就的自豪感，有利于鼓励先进、鞭策落后、带动中间，从而对每个员工的劳动行为进行有效激励。

2. 规范功能

绩效管理为人力资源各项管理提供了一个客观而有效的标准和行为规范，并依据这个考核结果进行晋升、奖惩、调配等，通过不断考核，按照标准进行奖惩与晋升，会使企业形成事事按标准办事的风气，使企业人力资源管理标准化。

3. 发展功能

绩效管理的发展功能主要表现在两方面：一方面使组织根据考核结果，制订正确的培训计划，达到提高全体员工素质的目标；另一方面发现员工的特点，根据特点决定其培养方向和使用方法，充分发挥个人长处，将个人与组织的发展目标有效结合起来。

4. 控制功能

绩效管理不仅可以把员工工作的数量和质量控制在合理范围内，还可以控制工作进度和协作关系，从而使员工明确自己的工作职责，按照既有制度和规定做事，提高工作的自觉性和纪律性。

5. 沟通功能

考核结果出来以后，管理者将与员工谈话，说明考核结果，听取员工的申诉和看法，这样就为上下级提供了一个良好的沟通机会，使上下级之间相互了解，并增进理解。

（三）绩效管理的其他功能

绩效管理除具有上述功能之外，其所获得的数据资料还具有其他一些功能。

首先，在编制人力资源规划，评价一个企业的人力资源总体素质时，必须掌握全部员工以及高层管理者的智力素质、心理素质、知识素质、品德素质、技能素质、经验素质方面的数据，特别是重要人员提升的可能和潜力的数据。一个完善的绩效管理系统可以得到完备的绩效考核评价的数据和资料，从而为剖析现有人力资源在数量和质量上的优势和劣势，建立各类人力资源的接替模型提供准确的依据。其次，绩效管理数据在评价一个员工的优缺点和确定其潜能方面具有重要意义。主管可以依据这些信息来评价下属，并且帮助他们制定行之有效的职业生涯发展规划，按照预定的方向和目标努力工作。此外，通过绩效管理取得的数据资料，还可以为调整劳动关系提供技术支持。例如在发生劳动争议时，员工的绩效记录往往成为争议双方的重要旁证，它比一纸诉状更有说服力和雄辩力。绩效管理所提供的数据资料还可以揭示组织中存在的问题，为企业生产经营管理诊断活动提供重要依据。

第二节　绩效管理的基本流程

绩效管理的基本流程通常被看做是一个循环，共分为五步：绩效计划与指标体系构建、绩效管理的过程控制、绩效考核与评价、绩效反馈与面谈以及绩效考核结果的应用，如图 8—2 所示。

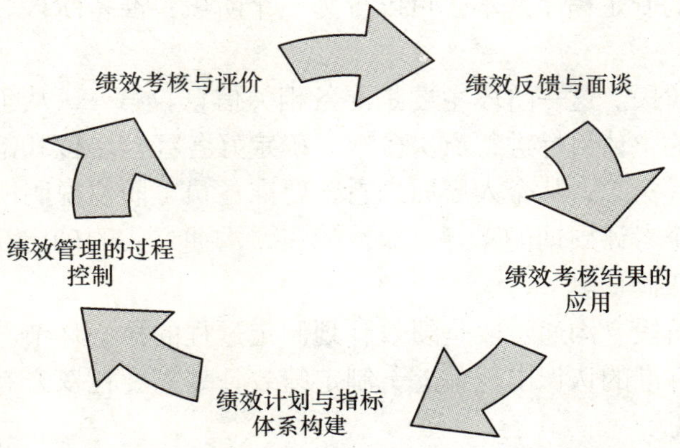

图 8—2　绩效管理的基本流程

一、绩效计划与指标体系构建

（一）绩效计划

绩效计划作为绩效管理流程的第一个环节，是绩效管理实施的关键与基础所在。绩效计划制订的科学合理与否，直接影响着绩效管理整体的实施效果。

1. 绩效计划的概念

绩效计划是指在进行绩效管理的组织中，管理者与员工在既有组织战略和目标的指导下，设定统一的阶段性目标和一致的绩效标准，并据此建立包含承诺的计划或契约的过程。绩效计划必须清楚说明期望员工达到的结果以及为达到该结果所期望员工表现出来的行为和技能。一般在绩效考评期初时，由公司董事会与公司经营层签署绩效计划契约，公司总经理与各部门协商确定各部门的绩效计划，各部门负责人与本部门员工协商确定各岗位的绩效计划和工作标准。

绩效计划是一个双向沟通和全员参与的过程。在绩效计划制定过程中，管理者与员工双方都负有责任，应该主动、积极地将各自的真实想法与对方交流，尤其是让员工充分发表自己的意见，参与整个绩效计划的制订，这能够使绩效计划更符合实际，并得到员工的认可和承诺，从而激发员工的工作积极性，保证组织目标的实现。

2. 绩效计划的制订

绩效计划的制定程序基本上可以分为三个阶段：准备阶段、沟通阶段和确认阶段。

（1）准备阶段。这一阶段主要是准备相关信息。第一，从组织管理层面来看，要将组织的整体目标进行层次分解，确定好各经营单位和部门各自承担的组织绩效目标。第二，从个人层面来看，要准备员工职位说明所确定的工作绩效目标以及上个考评周期的考评结果。第三，沟通方式的确定和准备，以利于绩效计划的正式确认。

（2）沟通阶段。沟通阶段是绩效计划制定过程的核心环节。为避免员工与管理者对绩效标准的认识出现偏差，制定绩效计划需要在双方有效沟通的基础上达成一致意见。

（3）确认阶段。在认真准备和充分沟通的基础上，可以形成初步的绩效计划，之后还需要对绩效计划进行审定和确认，以保证绩效计划完成以下结果和目的：一是绩效目标和计划与被考评者的工作职责一致；二是被考评者的工作目标与组织总体目标紧密联系，并且被考评者清楚知道自己的工作目标与组织整体目标之间的关系；三是考评者与被考评者对被考评者的主要工作任务、各项工作任务的重要程度、完成任务的标准、在完成任务过程中享有的权限都达成了共识；四是考评者与被考评者双方都十分清楚在完成工作目标的过程中可能遇到的困难和障碍，并且明确考评者所能提供的支持和帮助；五是形成一个经过双方确认的文档，该文档中包含员工的工作目标、衡量工作目标完成情况的标准或方法、各个工作目标的权重，考评者与被考评者都要在这份文档上签字确认。

（二）绩效指标体系构建

绩效指标体系包括绩效指标和与之相对应的标准。绩效指标是指企业从哪些方面对工作产出进行衡量或评估，而绩效标准是指在各个指标上应该分别达到什么样的水平，与岗位有关而与个人无关。

1. 绩效指标的分类

（1）根据绩效考评内容，可以把绩效指标划分为工作业绩考评指标、工作态度考评指标和工作能力考评指标。首先，工作业绩是指工作行为所产生的结果，表现为完成工作的质量指标、数量指标、工作效率指标、成本费用指标。其次，工作态度在一定程度上决定了员工的实际工作业绩，引入工作态度考评指标，可以对员工的行为进行引导以达到绩效管理的目的。最后，不同的职务对人的工作能力的要求不同，设计相应的能力指标，可以引导、鼓励员工提高与工作相关的能力。

（2）根据能否量化，可以把绩效指标划分为硬指标和软指标。硬指标是指以统计数据为基础，把统计数据作为主要评价信息，以数量表示考评结果的考评指标。工作业绩的质量指标、数量指标、成本费用指标一般属于此类指标。软指标是指主要通过人的主观评价而得出考评结果的指标，如工作能力中的潜力以及工作态度基本都属于软指标。

（3）在很多理论和实证研究中，采用特质、行为、结果指标进行绩效指标体系设计也是一种常见方式。特质类指标关注员工的素质和发展潜力，适用于对未来的工作潜力做出预测，对于难以对被考评者行为进行观察的工作，如科研、开发等工作，较为有效。行为类指标关注绩效实现的过程，适用于考评可以通过单一方式或程序化方式实现的岗位，有利于引导行为、改进绩效。结果类指标更多地关注绩效结果或绩效目标的实现程度，适用于考评那些可以通过多种方法达到绩效标准或绩效目标的岗位，其操作性较强，但由于其具有短期性和表面性，比较适合生产线的员工。

2. 绩效指标的选择依据

（1）绩效考评的目的。绩效考评的目的是选择绩效指标的一个非常重要的原则。能够适用于某一职位的绩效考评指标往往是很多的，但选择不可能面面俱到，否则就失去了操作性，进而使考评丧失意义。

（2）被考评人员所承担的工作内容和绩效标准。每位被考评人员的工作内容和绩效标准都是通过将企业总目标分解成分目标落实到各个部门，再进行进一步的分工而确定的。每位员工都应有明确的工作内容和绩效标准，以确保工作的顺利进行和工作目标的实现。绩效指标就应体现这些工作内容和标准，从时间、数量、质量上赋予考评指标一定的内涵，使绩效考评的名称和定义与工作内容相符，指标的标度与绩效标准相符，方能引导员工的行为，使员工的行为与组织的目标一致。

（3）取得考评信息的便利程度。为了使绩效考评工作顺利进行，应能够方便地获取与考评指标相关的统计资料或其他信息。因此，所需信息的来源必须稳定可靠，获得的信息方式应简单可行，只有这样，绩效考评指标体系才切实可行。

3. 绩效指标体系的构建

（1）关键绩效指标法（Key Performance Indicators，KPI）。关键绩效指标

法是通过对工作绩效特征的分析，提炼出最能代表绩效的若干关键指标体系，并以此为基础进行绩效管理与考评的模式。它强调抓住对企业业绩起关键作用的指标，而不是与企业经营管理有关的所有指标。建立 KPI 的思路是：首先要明确企业的战略目标，找出关键绩效领域；其次以此为基础设定企业 KPI；最后依据目标分解原则逐渐分解 KPI，最终得出部门 KPI 和个人 KPI。

（2）平衡计分卡法（Balanced Score Card，BSC）。平衡计分卡是以信息为基础，系统考虑组织绩效驱动因素，多维度平衡考评的一种新型的组织绩效考评系统，同时也是一种将组织战略目标与组织绩效驱动因素相结合，动态实施组织战略的战略管理系统。其基本原理是根据组织战略从财务、客户、内部流程、学习与成长四个角度定义组织绩效目标，每个角度包括战略目标、绩效指标、测量指标以及实现目标所需要的行动方案，因此大大改进了以往绩效管理中只关注财务指标造成的局限性。表 8—1 列举了平衡计分卡中常见的考评指标的示例。

表 8—1　　平衡计分卡常见考评指标

<table>
<tr><th>指标类别</th><th colspan="3">具体指标</th></tr>
<tr><td rowspan="5">财务指标</td><td rowspan="3">赢利指标</td><td>利润基础</td><td>税后利润、经济增加值、投资回报率、剩余收益、税后净营业利润、息税前利润</td></tr>
<tr><td>现金基础</td><td>经营现金流、现金收益率、自由现金流、现金流投资回报率</td></tr>
<tr><td>市价基础</td><td>股票市价、市价、托宾 Q</td></tr>
<tr><td>运营指标</td><td colspan="2">资产周转率、流动资产周转率、存货周转率、应收账款周转率</td></tr>
<tr><td>偿债指标</td><td colspan="2">资产负债率、流动比率、速动比率、现金流动负债率</td></tr>
<tr><td rowspan="6">非财务指标</td><td rowspan="2">客户角度</td><td colspan="2">市场占有率、客户维持率、新客户开发率、顾客满意度、顾客赢利分析</td></tr>
<tr><td>产品开发</td><td>开发所用时间、开发成本、销售额</td></tr>
<tr><td rowspan="2">内部流程角度</td><td>生产制造</td><td>成品率、次品率、返工率</td></tr>
<tr><td>售后服务</td><td>对产品故障的反应速度、服务成本、一次成功比例</td></tr>
<tr><td rowspan="2">学习和发展角度</td><td>员工</td><td>员工满意度、员工忠诚度</td></tr>
<tr><td>相关制度</td><td>员工培训、晋升、轮岗</td></tr>
</table>

（3）经济附加值法（Economic Value Added，EVA）。经济附加值是一项财务类绩效考评指标，它是税后营业净利润扣除包括权益和债务的所有资本成本后的经济利润，可以用来衡量企业创造的股东财富。经济附加值法的特点是：

首先将经济学家强调的股东剩余索取权的思想具体化为一种业绩考评方法，其业绩以企业市场价值的增加值为衡量标准；其次将股东投入资本的机会成本考虑在内，是一种基于决策的业绩考评方法；最后该方法大胆地挑战了公认的财务会计准则，因为一旦运用该方法，就需要对财务会计体系进行系统调整。因此，它作为一种新的绩效考评体系，有利于指导、激励和控制企业的价值创造行为。

4. 绩效考评时间的确定

绩效考评时间的确定主要包括考评时间和考评期限的设计两个方面。考评时间除取决于绩效考评的目的外，还应服从于企业人力资源与其他相关的管理制度。在一般情况下，考评时间要与考评目的、企业管理制度相协调，以定期提薪和奖金分配为目的的绩效考评总是定期进行的，而且与企业的薪酬奖励制度的要求相配套。每年提薪的企业其考评期为 1 年，一般应在上一年度的年终进行，以便根据员工的绩效考评结果，确定其未来的薪金水平。每年两次分配奖金的企业，其考评期控制在 6 个月，分别在年中和年末进行。用于培训的考评，可以在员工提出申请时或企业发现员工的绩效降低或是有新的技术和管理要求时组织进行，以便正确地进行员工培训与技能开发的需求分析，制定有针对性的培训计划和培训实施方案。用于员工晋升晋级的绩效考评，其考评时间一般是在出现职位空缺或准备提升某类人员的时候进行，它属于不定期的绩效考评。

二、绩效管理的过程控制

绩效管理不仅需要前期绩效计划、绩效指标的确立，以及后期的绩效反馈，其间的绩效控制起着承上启下的作用。管理者对员工绩效形成过程的控制主要取决于绩效辅导的水平、管理者与员工之间绩效沟通的有效性以及绩效考评信息的收集。

（一）绩效辅导

绩效辅导是管理者根据绩效计划，采取恰当方法，对下属进行持续指导，确保员工的工作不偏离组织战略目标，并提高其绩效周期内的绩效水平以及长期胜任素质的过程。它贯穿于整个绩效管理过程，通过绩效辅导，管理者可以及时发现下属工作过程中存在的问题，帮助下属不断改变工作方法与技能，随时纠正下属可能偏离工作目标的行为，从而保证绩效目标的完成。绩效辅导的内容重点放在对完成关键绩效指标或已经制定的工作目标所需能力的指导上，一般可分为日常工作辅导和阶段性回顾。

（二）绩效沟通

绩效沟通是指在绩效管理过程中，管理者与员工之间就工作绩效相关问题进行沟通的过程，以促进管理者与员工双方在绩效结果和改进方面达成共识，帮助员工分析自身的强项与弱点，以便日后更加出色有效地完成工作，同时为员工确定下阶段的目标。

绩效沟通的内容取决于管理者和员工的关注点。管理者应该思考的是“作为管理者，要完成职责，必须从员工那里得到什么信息？而员工要更好地完成工作，需要向他们提供什么信息？”因此，从这一角度出发，管理者和员工可以在计划实施过程中，试图就以下问题进行持续而有效的沟通：工作开展的情况如何？哪些地方做得很好？哪些地方需要纠正或改善？员工是在努力实现工作目标吗？如果偏离目标，管理者应该采取什么纠正措施？管理者能为员工提供何种帮助？是否有外界发生的变化影响着工作目标？如果目标需要改变，如何进行调整？

（三）绩效信息的收集

收集绩效信息是一种有组织地、系统地收集员工及组织相关绩效信息的过程，其目标是为绩效管理的下一个环节——绩效考评做准备。管理者在日常工作中注意收集员工工作绩效的有关信息，不仅可以在绩效考评时找到充分的事实根据，避免各种主观偏差造成的消极影响，而且能够在绩效反馈与面谈时言之有据，有效避免上下级之间因在对绩效考评等级上的分歧而产生的矛盾与冲突。

绩效信息既有来源于组织内部成员的，也有来自组织外部利益相关者的，但主要的绩效信息来源还是组织内部的相关成员。这些来源中，有员工自身的汇报和总结，有同事的共事和观察，有上级的坚持和记录，也有下级的反映与评价。如果组织中所有成员都具备了绩效信息反馈的意识，那么获取绩效信息的渠道就会畅通无阻，从而给绩效管理带来极大的帮助和支持。

三、绩效考核与评价

绩效考核与评价是指在绩效周期结束后管理者和员工根据既定的、合理的考评方法和衡量技术，对员工的工作绩效进行评定和测量的过程。它是绩效管理系统中的关键子系统，其核心目标是改善员工的组织行为，充分发挥员工的潜能和积极性，以求更好地达到组织目标。

（一）明确绩效考评内容

绩效考评的内容决定了绩效考评中的具体考评要素和考评指标，一般包括工作业绩考评、工作能力考评、工作潜力考评和工作态度考评。

工作业绩考评是指对考评期内员工通过工作行为取得的阶段性产出和直接结果的测量和评价，通常从数量、质量、时间和成本等方面进行。工作业绩考评不仅要说明各级员工的工作完成情况，更重要地是通过考评指标指导员工有计划地改进工作，达到组织发展的要求。

工作能力考评是指对员工工作业绩产生的基础和潜在条件进行的测量和评价，主要从体能、知识、智能、技能等方面进行。其中，体能取决于员工的年龄、性别和健康状况等因素；知识主要包括专业知识水平、工作经验等；智能主要包括记忆、分析、综合、判断、创新等能力；技能主要包括实际操作能力、表达能力、组织能力等。

工作潜力考评是指对员工所具有的但在工作中尚未发挥的能力进行的衡量和评价。其目的是通过各种手段了解员工潜力，找出阻碍员工潜力发挥的原因，更好地激发员工的工作潜力，将潜力转化为现实工作的能力。

工作态度考评是指对影响员工工作能力发挥的个性因素进行的衡量和评价，主要从纪律性、协作性、积极性、主动性、服从性、执行性、责任心、归属性、敬业精神、团队精神等方面进行。引入工作态度考评，可以鼓励员工充分发挥现有的工作能力，最大限度地创造优异的工作成绩，并引导员工提高工作热情。

（二）选择绩效考评主体

绩效考评主体是指对被考评者做出考评的人。在设计绩效考评体系时，考评主体与考评内容相匹配是一个非常重要的原则。不同考评主体具有不同特点，在绩效考评中承担了不同的考评责任乃至管理责任。

1. 不同绩效考评主体的选择

一般情况下，绩效考评主体包括：直接上级、同事、本人、下属及组织外部人员等。

（1）上级考评。管理人员（上级）是被考评者的上级主管，他对被考评者承担着直接领导、管理与监督责任，对下属人员是否完成工作任务，是否达到预定的绩效目标等实际情况比较熟悉、了解，而且在思想上也没有更多的顾忌，能较客观地进行考评，所以在绩效管理中，一般以上级主管的考评为主，其考评分数对被考评者的考评结果影响很大。

（2）同级考评。同事通常与被考评者共同处事，密切联系，相互协作，相互配合，被考评者的同事比上级能更清楚地了解被考评者，对其潜质、工作能力、工作态度和工作业绩了如指掌。但他们在参与考评评价时，常受人际关系状况的影响。

（3）下级考评。被考评者的下级作为被考评者的下属，对其工作作风、行为方式、实际成果有比较深入的了解，对其一言一行有亲身感受，而且有独特的观察视角。但他们对被考评者容易心存顾虑，致使考评结果缺乏客观公正性。

（4）本人考评。被考评者对自己的绩效进行自我考评，能充分调动被考评者的积极性，特别是对那些以“实现自我”为目标的人更显重要。但在绩效管理中，自我考评容易受到个人的多种因素影响，具有一定的局限性。

（5）外部人员考评。外部人员即被考评者所在部门或小组以外的人员，如直接服务的客户，他们虽能较客观、公正地参与绩效考评，但很可能不太了解被考评者及其能力、行为和实际工作的情况，致使考评结果的准确性和可靠性大打折扣。因此，在实际考评中，采用外部人员考评形式时，应当慎重考虑。

2. 360°绩效考评

来自不同角度的信息在考评员工绩效的不同侧面具有不同的效力，因此许多组织将这些信息综合使用，并产生了360°绩效考评和反馈体系。360°绩效考评是指从各个相关方面获得有关员工绩效的信息，包括上级、同级、下级、本人、外部人员等方面的信息，如图8—3所示。这种绩效考评更重要的目的是了

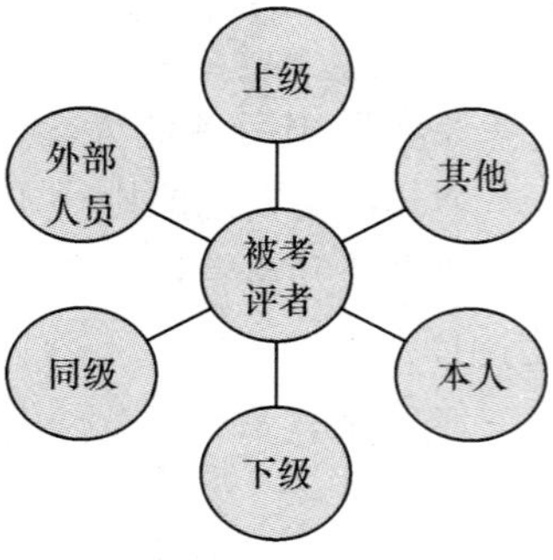

图8—3　360°绩效考评

解员工在哪些方面做得好，哪些方面做得不好，从而在今后的工作中改进。它主要用于发展的目的，而不是根据这些信息进行奖惩。

采用360°绩效考评来提取员工绩效信息，既有优势也存在一定的局限性（见表8—2）。在实际操作中，可以根据情况对360°绩效考评进行适当变通，有时可以选择180°绩效考评，如对主管人员可以综合运用上级、下级和本人考评方式。同时，还需要采取相应措施来保证考评信息的质量。

表8—2　　360°绩效考评的优缺点

优点	缺点
比较公平公正 加强了部门之间的沟通 人事部门据此开展工作较容易 提高了员工对绩效反馈信息的认同度	收集信息的成本较高，也更为复杂 来自不同方面的意见可能会发生冲突 员工可能会串通起来集体作弊

（三）设计绩效考评方法

据不完全统计，自20世纪30年代以来，国外各个管理学派已经提出了20余种方法，适用于企业不同类别岗位人员。尽管这些考评方法在形式上各有千秋，但从考评的效标上看，基本上有三类：特质性效标、行为性效标和结果性效标。

一般来说，在生产企业中，一线人员宜采用以实际产出结果为对象的考评方法，而从事管理性或服务性工作的人员宜采用以行为或特质为导向的考评方法；在一些大的公司中，总经理、管理人员或专业人员宜采用以结果为导向的考评方法，而低层次的一般员工通常采用以行为或特质为导向的考评方法。

总之，在设计考评方法时可依据以下几个基本原则：

（1）其成果产出可以有效进行测量的工作，采用结果导向的考评方法；

（2）考评者有机会和时间观察下属需要考评的行为时，采用行为导向的考评方法；

（3）两种情况都存在，应采用两类或其中某类考评方法；

（4）上述两类情况都不存在，可以考虑采用特质导向的考评方法，如图解式考评法，或者采用综合性的合成方法以及考评中心等方法。

四、绩效反馈与面谈

（一）绩效反馈

绩效反馈是将绩效考评结果反馈给被考评对象，并对被考评对象的行为产生影响，进而实现改进和提高绩效的目的。一般来说，绩效反馈应满足以下基本要求：

1. 绩效反馈应具有针对性

考评者反馈的信息不应当针对某个被考评者，而应当针对某类行为，并且这种行为应当是员工通过自身努力能够改进和克服的。例如，指出某人其种工作行为是无效的，而不是批评他本人如何窝囊、没有出息。因为前种行为有改变的可能性，而后者的评价则暗指个人固有的个性特征。如果一个人意识到自己的缺点无法改变，以及存在某些性格、兴趣上的不足或缺陷时，往往容易自暴自弃，对自己的未来缺乏足够的信心，放弃在工作学习方面的努力。

2. 绩效反馈应具有真实性

绩效反馈的信息应该“去伪存真”，经过核实和证明。一个最简单的验证方法，就是让参与者复述一下所传递信息的内容，看看与考评者最初的看法有什么不同。不管上级主管出于何种认识、想法和目的，信息反馈总会给下属带来一定压力，极易使信息接受者产生曲解和误会。此外，有效的绩效反馈不仅要具有真实可靠性，还应尽量明确具体而详细，防止过于简单化的表述。

3. 绩效反馈应具有及时性

绩效反馈有效性的一个重要表现就是它的及时迅速性，如果能针对被考评者的近期行为提出一些及时的、有意义的信息反馈，将会对工作绩效的改进具有较大的裨益。

4. 绩效反馈应具有主动性

无论是考评者还是被考评者，都应当增强收集和接受绩效信息的主动性和积极性。特别是对被考评者来说，主动寻求信息反馈比被动接受更为有效。为了不断提高自身素质和工作绩效，被考评者应主动寻求上级主管的信息反馈，请求考评者给予必要的解释和说明，以便及时纠正不正确的工作行为。

5. 绩效反馈应具有能动性

这里所说的能动性具有多种含义。首先，反馈信息时要因人而异。不同的人有不同的特点和需要，只有采用不同的反馈方式，才能体现信息反馈的初衷。

其次，提高员工参与的自觉性。有效的信息反馈是为了交流和沟通某种绩效的信息，而不是给下属提出某种指令和要求。通过必要的信息交流，使下属可以根据自己的实际情况和工作能力，自主选择适应性强的途径和方法，自觉做出改进工作的决策。再次，信息反馈应集中于重要的关键事项。尽管考评者可能掌握大量信息，但只需提供关键的特定信息就足以发挥引导员工的功能。如果信息量过大，只能降低反馈信息的适应性，起不到指导帮助下属的作用，满足不了改进工作绩效的要求。最后，信息反馈应考虑下属的心理承受能力。上级主管反馈的信息应强调下属所说、所做和如何做的，而不是要解析员工的心理动机和意图，否则会引起下属的“自我保护意识”的心理反应，对上级主管产生怨恨、怀疑和不信任感，造成上下级之间的隔离和疏远，从而不利于员工潜能的开发和利用。

（二）绩效面谈

绩效面谈是绩效反馈中的一种正式沟通方法，是绩效反馈的主要形式。绩效面谈为主管与下属讨论工作业绩，挖掘其潜能，拓展新的发展空间，提供了良好的机会。同时，上下级之间进行面谈，能够全面了解员工的态度和感受，从而加深双方的沟通和了解。

1. 面谈的种类

从绩效面谈的内容和形式上看，绩效面谈可以有多种区分，如按照具体内容区分，可以有：

（1）绩效计划面谈。即在绩效管理初期，上级主管与下属就本期内绩效计划的目标和内容，以及实现目标的措施、步骤和方法所进行的面谈。

（2）绩效辅导面谈。即在绩效管理活动的过程中根据下属的实际表现，主管与下属围绕思想认识、工作程序、操作方法、新技术应用、新技能培训等方面问题所进行的面谈。

（3）绩效考评面谈。即在绩效管理末期，主管与下属就本期绩效计划的贯彻执行情况，以及其工作表现和工作业绩等方面进行全面回顾、总结和评估的面谈。

（4）绩效总结面谈。即在本期绩效管理活动完成之后，将考评结果以及有关信息反馈给员工本人，以及为下一期绩效管理活动创造条件的面谈。

2. 绩效面谈的准备工作

（1）面谈前的准备工作（拟订面谈计划）

在绩效面谈之前，考评者必须明确本次绩效面谈的目的、内容和要求，即需要明确本次面谈交流和沟通的主题是什么？通过面谈要达到什么目的？解决什么问题？为保证绩效面谈的质量，不但考评者要有充分的思想准备，被考评者也应当有充分的准备。考评者应在面谈的一至两周之前，以文字通知的形式预先告知被考评者，具体说明绩效面谈的内容、会见的时间和地点，以及应准备好的各种原始记录和资料。同时，考评者还必须以口头形式，将上述要求亲自通知到每位被考评者，再一次做出确认，以使绩效面谈的准备工作真正落到实处。

此外，在面谈通知中一定要给被考评者提供明确的信息，比如，面谈是单向的还是双向的？下属可否对上级主管的工作表现或本单位的绩效进行评述？尽管借助于文字和口头的通知方式会增加一定的工作量，但却是十分必要的。如果参与绩效面谈的双方都能预先做好思想、技术、物质上的准备工作的话，将会使绩效面谈具有更积极的意义。

(2) 收集各种与绩效相关的信息资料

绩效面谈的质量和效果不但取决于考评者与被考评者事先的准备程度，更重要的是取决于双方所提供的数据资料的翔实和准确程度。在绩效面谈中，如果主管与下属之间不是以反映客观绩效的真实数据资料为依据，那将使主管列举不出确凿的数据说服下属，下属也列举不出足够的事实来证明自己，从而使绩效面谈失去存在的意义。

事先确定绩效面谈的内容和时间，对双方来说都十分有利。考评者确认了面谈以后，可有目的地整理汇总被考评者的各种相关资料；而被考评者事先接到通知后，也有充足的时间整理汇总以前工作表现的记录并进行自我评估，写出自评报告，并将总结报告和主要资料及时呈送给上级主管审阅。在面谈之前，如果考评者能够将自己所掌握的有关资料与下属的自评报告及所提供的资料进行对比，将会大大提高绩效面谈的质量，提高绩效考评的针对性和有效性。

3. 提高绩效面谈的有效性

在绩效管理过程中，由于目的不同，所采用的绩效面谈方式也不同，各级主管应该有能力根据考评的目的和要求，以及不同下属人员工作岗位的性质和特点，决定采用一种或多种面谈形式。在绩效面谈中，考评双方应该对组织的状况和下属员工的绩效，有深入全面、具体清晰的正确认识，时时保持清醒的头脑，不因取得成绩而骄傲自满，也不因遇到眼前的一点失败，就灰心丧气。

此外，绩效面谈必须反馈有效的信息，考评双方只有掌握完全的信息，真正把握问题的要害，才能明确应当从何处入手、以何种方式更好地解决问题，提高员工的工作绩效，使企业目标得以实现。

大量事实证明，企业要保证绩效面谈的质量，进一步提高有效性和科学性，除了应做好绩效面谈前的各种准备工作之外，更重要的是采取有效的信息反馈方式，例如采用“一对一”的面谈方式，更有利于考评者与被考评者之间的相互沟通和了解，能使双方开诚布公地交换意见，求同存异，最终在主要问题上达成共识。

五、绩效考评结果的应用

（一）绩效改进

绩效改进是指确认组织或员工工作绩效的不足和差距，查明产生的原因，制定并实施有针对性的改进计划和策略，不断提高企业员工竞争优势的过程。它是绩效考评的后续应用阶段，是连接绩效考评和下一循环绩效计划与目标制定的关键环节。

绩效改进计划是管理者与员工充分讨论后，由员工自己制定的，包括改进项目、原因、目前水平和期望水平、改进方式和期限。绩效改进计划的制定通常包括以下几个步骤：

1. 分析工作绩效差距

在对员工绩效进行考评时，不但要对员工绩效计划的实施情况进行评价，分析其工作行为、工作结果，以及计划目标实现的程度，还要找出其工作绩效的差距和不足。具体方法有：

（1）目标比较法。即将考评期内员工的实际工作表现与绩效计划的目标进行对比，寻求工作绩效的差距和不足。例如，某下属绩效计划的目标是在本期内市场销售额达到 100 万元，实际只完成了 80 万元，实际与计划相比，有 20 万元的差距。

（2）水平比较法。即将考评期内员工的实际业绩与上一期（或上年同期）的工作业绩进行比较，衡量和比较其进步或落后程度。例如，某个员工上个季度考评时一次产品抽查的不合格率为 3%，而本季度该员工的一次产品抽查的不合格率为 5%，虽然没有超过企业 5%的考评标准，但却比上个季度超出 2 个百分点，说明该员工尚有潜力可挖。

（3）横向比较法。为了查找工作绩效上的差距和不足，还可以在各个部门或单位之间、各个下属成员之间进行横向对比，以发现组织与下属员工工作绩效实际存在的差距和不足。

2. 查明产生差距的原因

在发现员工工作绩效的差距之后，各级主管应当会同被考评者一起查找和分析产生这些绩效差距和不足的真正原因，因为绩效管理的目标是要不断改进工作，提高组织与员工的业绩水平。

如前所述，影响和制约工作绩效的因素是多方面的，既有员工主观因素，也有企业客观因素；既有物质影响因素，也有精神影响因素，特别是员工的工作行为和工作表现受到多种因素的影响。

3. 确定绩效改进项目及解决方法

在找到绩效差距的原因后，各级主管应与员工一起，综合考虑改进所需的时间、经历和成本等因素，确定绩效改进项目，并利用“头脑风暴”和“鱼骨图”等方法，找出所有可能的改进措施。改进措施可以从员工、主管和外部环境三个方面采取行动。

4. 制定具体的绩效改进计划

制定一个行之有效的绩效改进计划，一般要符合以下几个要求：第一，计划要切合实际，可以将容易改进的优先列入计划，不易改进的列入长期计划，不急于改进的暂不列入计划；第二，计划要有时间性，最好注明每一阶段要改进的绩效项目，这不仅可以使员工行为有了时间对照标准，也可以避免计划流于形式；第三，计划内容要具体，切忌提一些空泛的目标；第四，计划要获得认同，得到管理者与员工双方的共同认可。

（二）薪酬奖金分配

将考评结果运用于员工薪酬奖金的分配及调整，也是绩效考评结果最主要的一种用途。研究表明，尽管影响员工绩效的因素很多，但报酬仍然是最重要的因素之一，因此将绩效考评结果与报酬相联系，建立一种付出与回报之间的条件关系，使不同的绩效对应不同的待遇，不仅能够增强员工对工作的投入程度，而且能够大幅提高员工的绩效。

一般而言，绩效考评结果中目标可量化的部分可以更多地与奖金挂钩，以实现组织对员工的承诺，而有关行为或技能部分的考评结果则可以更多地与固定薪酬相联系。绩效考评结果与薪酬挂钩可以体现出组织对员工的长期激励，而绩效考评结果用于奖金的分配，可以体现出组织对员工的短期激励。根据具体行业、企业和职位的不同，绩效考评结果与薪酬奖金联系的紧密程度及其在总薪酬中所占的比例也会有所不同。

（三）员工招募与甄选

绩效考评结果是组织制定招聘计划的重要依据。绩效考评结果可以暴露出组织内的员工是否满足组织所需的职位技能，当员工不能满足职位需要而又无法在短期内通过培训解决或是员工数量不足以完成工作任务时，组织就应当考虑通过招聘来替换原有职位的人员或填补职位空缺。

此外，通过绩效考评结果和其他反馈，人力资源管理人员就可以对企业内各个岗位优秀人员所应具有的优秀品质与绩效特征有了一定理解，这些理解能给招聘工作的筛选提供有益参考。

（四）员工职业发展

绩效考评结果与员工职业发展相结合，可以实现员工发展与部门发展的有机结合，达到本部门人力资源需求与员工职业生涯需求之间的平衡，创造高效率的工作环境。

一方面，绩效考评结果可以为员工的工作配置提供科学依据。工作配置分为晋升、工作轮换和淘汰三种主要形式。人力资源部门在对员工进行绩效考评时，不能只评价其目前工作业绩的好坏，还要通过对员工能力的考察，进一步确定该员工未来的潜力。对于绩效优秀而且大有潜力的员工，可以通过晋升方式为其提供更大舞台和施展才能的机会，对于绩效不佳的员工，则通过分析其绩效不佳的原因，考虑对其进行工作调动和重新安排，或者进行淘汰。

另一方面，绩效考评结果还可以为企业对员工进行全面教育培训提供科学依据。当员工绩效较差时，使员工清楚理解其当前绩效与期望绩效之间存在的差距，帮助其分析造成绩效差距的原因，以及制定改善绩效的行动计划，可以对其能力进行有针对性的开发和培训。

第三节 绩效考评方法与应用

一、特征导向型考评方法

（一）图解式考评法

特征导向考评方法主要是图解式考评法，也称图尺度考评法。图解式考评法不仅可以对员工的工作内容、责任及行为特征进行考评，而且可以向考评者展示一系列被认为是成功工作绩效所必须的个人特征（如合作性、适应性、成熟性、动机等），并对此进行考评。

图解式考评法列举出一些组织所期望的绩效考评要素（如质量、数量或个人特征等），对不同考评要素赋予不同权重，并且列出跨越范围很宽的工作绩效等级（从“不令人满意”到“杰出”）。在进行工作绩效考评时，首先针对每一位考评对象从每一考评要素中找出最符合其绩效状况的分数，然后将每位员工所得的所有分值进行加权汇总，即得到最终的工作绩效考评结果，具体示例见表 8—3。图解式考评法的优点是实用而且开发成本小，而缺点是考评量表不能有效指导行为，提供有关具体行为的有效反馈机制，以及因考评分数未做明确规定而得不到准确评定。

表 8—3　　图解式考评法示例

员工姓名：________	职　　位：________	
部　　门：________	员工薪资：________	
绩效考评的目的：☐年度例行考评 ☐工资调整	☐晋升 ☐试用期结束	☐绩效不佳 ☐其他
员工到现职时间：________ 最后一次考评时间：________	正式考评时间：________	
说明：请根据员工所从事工作的现状要求仔细地对员工的工作绩效加以考评。请核查各代表员工绩效等级的小方框。如果绩效等级不合适，请以 N 字样说明。请按照尺度表中所标明的等级来核定员工的工作绩效分数，并将其填写在相应的用于填写分数的方框内。最终的工作绩效结果通过将所有的分数进行加总和平均得出		

续表

<table>
<tr><td colspan="2">评价等级说明：</td></tr>
<tr><td>O：杰出（outstanding）——在所有各方面的绩效十分突出，并且明显地比其他人的绩效优异得多
V：很好（very good）——工作绩效的大多数方面明显超出职位的要求。工作绩效是高质量的并且在考评期间一贯如此
G：好（good）——是一种称职的和可信赖的工作绩效水平，达到了工作绩效标准的要求</td><td>I：需要改进（improvement needed）——在绩效某一方面存在缺陷，需要进行改进
U：不令人满意（unsatisfactory）——工作绩效水平总的来说无法让人接受，必须立即加以改进。绩效考评等级在这一水平上的员工不能增加工资
N：不做考评（not rated）——在绩效等级表中没有可利用的标准或因时间太短而无法得出结论</td></tr>
</table>

员工绩效考评要素	考评尺度		考评的事实依据或评语
1. 质量：所完成工作的精确度、彻底性和可接受性	O□ V□ G□ I□ U□	100～91 90～81 80～71 70～61 60 及以下	分数 ________ ________ ________
2. 生产率：在某一特定的时间段中所生产的产品数量和效率	O□ V□ G□ I□ U□	100～91 90～81 80～71 70～61 60 及以下	分数 ________ ________ ________
3. 工作知识：时间经验和技术能力以及在工作中所运用的信息	O□ V□ G□ I□ U□	100～91 90～81 80～71 70～61 60 及以下	分数 ________ ________ ________
4. 可信度：某一员工在完成任务和听从指挥方面的可信任程度	O□ V□ G□ I□ U□	100～91 90～81 80～71 70～61 60 及以下	分数 ________ ________ ________
5. 勤勉性：员工上下班的准时程度、遵守规定的工间休息、用餐时间的情况以及总体的出勤率	O□ V□ G□ I□ U□	100～91 90～81 80～71 70～61 60 及以下	分数 ________ ________ ________

续表

员工绩效考评要素	考评尺度		考评的事实依据或评语
6. 独立性：完成工作时不需要监督和只需要很少监督的程度	O□ V□ G□ I□ U□	100～91 90～81 80～71 70～61 60 及以下	分数 ________ ________ ________

（二）等级择一法

等级择一法是指在事先规定各等级标准的基础上，由考评人员根据考评对象的实际状况决定其属于某一等级，它是一种简单而又实用的考评方法。其原理与图解式考评表完全相同，只是在规定考评尺度时没有使用图示，而是采用了一些有等级含义的短语来表示。具体示例见表 8—4。

表 8—4　　等级择一法示例

考评指标	考评尺度				
	优秀	良好	满意	尚可	不满意
专业知识	5	4	3	2	1
沟通能力	5	4	3	2	1
判断能力	5	4	3	2	1
管理技能	5	4	3	2	1
工作质量	5	4	3	2	1
团队合作能力	5	4	3	2	1
人际关系能力	5	4	3	2	1
主动性	5	4	3	2	1
创造性	5	4	3	2	1
解决问题能力	5	4	3	2	1

二、行为导向型考评方法

（一）行为导向型主观考评方法

1. 排列法

排列法也称排序法、简单排列法，是绩效考评中比较简单易行的一种综合比较的方法。通常由上级主管根据员工工作的整体表现，按照优劣顺序依次进行排列。有时为了提高其精度，也可以将工作内容做出适当分解，分项按照优良顺序排列，再求总平均的次序数，作为绩效考评的最后结果。

这种方法的优点是简单易行，花费时间少，能使考评者在预定范围内组织考评并对下属进行排序，从而减少考评结果过宽和趋中的误差。在确定范围内可以将排列法的考评结果，作为薪资奖金或一般性人事变动的依据。但是，由于排序法是相对对比性的方法，考评是在员工间进行主观比较，不是用员工的工作表现和结果与客观标准相比较，因此具有一定的局限性，不能用于比较不同部门的员工，在个人取得的业绩相近时很难进行排列，也不能使员工得到关于自己优点或缺点的反馈。

2. 选择排列法

选择排列法也称交替排列法，是简单排列法的进一步推广。该方法利用人们容易发现极端、不容易发现中间的心理，在所有员工中，首先挑出最好的员工，然后挑出最差的员工，将他们作为第一名和最后一名，接着在剩下的员工中再选择出最好的和最差的，分别将其排列在第二名和倒数第二名，依此类推，最终将所有员工按照优劣的先后顺序全部排列完毕。

选择排列法是较为有效的一种排列方法，采用该方法时，不仅上级可以直接完成排序工作，还可将其扩展到自我考评、同级考评和下级考评等其他考评的方式之中。

3. 成对比较法

成对比较法也称配对比较法、两两比较法等。其基本程序是：首先，根据某种考评要素，如工作质量将所有参加考评的人员逐一比较，按照从最好到最差的顺序对被考评者进行排序；然后再根据下一个考评要素进行两两比较，被考评者得出在本要素的排列次序；依此类推，经过汇总整理，最后求出被考评者所有考评要素的平均排序数值，得到最终考评的排序结果。具体示例见表8—5。

应用成对比较法时，能够发现每个员工在哪些方面比较出色，哪些方面存在明显的不足和差距，在涉及人员范围不大、数目不多的情况下宜采用该方法。如果员工的数目过多，不但费时费力，其考评质量也将受到制约和影响。

4. 强制分布法

表 8—5　　成对比较法：工作质量要素考评表

	A	B	C	D	E	F	排序
A	—	+	+	+	+	+	6
B	—	—	+	+	—	+	4
C	—	—	—	—	—	+	2
D	—	—	+	—	—	+	3
E	—	+	+	+	—	+	5
F	—	—	—	—	—	—	1
汇总	−5	−1	+3	+1	−3	+5	

注：纵列员工与横行员工对比，优者画“+”，差者画“—”。

强制分布法也称强迫分配法、硬性分布法。假设员工的工作行为和工作绩效整体呈正态分布，那么按照正态分布的规律，员工的工作行为和工作绩效好、中、差的分布存在一定的比例关系，在中间的员工应该最多，好的、差的是少数。强制分布法就是按照一定的百分比，将被考评的员工强制分配到各个类别中。类别一般是五类，从最优到最差的具体百分比可根据需要确定，既可以是10，20，40，20，10，也可以是5，20，50，20，5。

采用这种方法，可以避免考评者过分严厉或过分宽容的情况发生，克服平均主义。当然，如果员工的能力呈偏态分布，该方法就不适合了。强制分布法只能把员工分为有限的几种类别，难以具体比较员工差别，也不能在诊断工作问题时提供准确可靠的信息。

5. 结构式叙述法

结构式叙述法是指采用一种预先设计的结构性的表格，由考评者按照各个项目的要求，以文字对员工的行为做出描述的考评方法。具体示例见表 8—6。

表 8—6　　结构式叙述法示例

被考评者姓名		岗位名称		岗位编码	
举例说明下属员工的有效行为：					
举例说明下属员工的无效行为：					
为了改变下属的无效行为，采取了哪些具体的措施？					

续表

被考评者姓名		岗位名称		岗位编码	
工作说明书中有无需要修改的地方，如需修改说明原因。					
上级主管评语：					
签字：　　日期：					
被考评者自述（可对考评结果提出申诉也可对异议之处做出解释）：					
签字：　　日期：					
双方面谈纪要（上下级达成的共识与对尚未统一问题做出说明）：					
签字：　　日期：					

该方法的优点是：考评者能描述出下属员工的特点、长处和不足，并根据自己的观察分析和判断，对其提出建设性的意见；简单易行，尤其需要被考评者的参与，使其正确性有所提高。其缺点是：可靠性和准确性受到考评者的文字水平、实际参与考评时间和精力的限制；从考评的性质和特点来说，整体绩效作为一个全面的绩效考量指标，考评结果受考评者主观因素的制约和影响。

（二）行为导向型客观考评方法

在管理实践中，人们设计出一些偏重考评员工行为的方法，对员工为有效完成工作所必须具有的行为进行界定。其主要内容是：首先利用各种技术，对员工的工作行为加以界定，然后根据员工在多大程度上显示出这些行为做出评价。具体的考评方法有：

1. 关键事件法

关键事件法也称重要事件法。在某些工作领域内，员工在完成工作任务过程中，有效的工作行为导致了成功，无效的工作行为导致了失败，这些有效或无效的工作行为就被称为“关键事件”，考评者要记录和观察这些关键事件，因为它们通常描述了员工的行为以及工作行为发生的具体背景条件。因此，在评定一个员工的工作行为时，就可以利用关键事件作为考评的指标和衡量的尺度。

关键事件法主要以事实为依据，考评者不仅要注重对行为本身的评价，还要考虑行为的情境，它可以用来向员工提供明确的信息，使他们知道自己在哪些方面做得比较好，而在哪些方面做得不好。例如一名保险公司的推销员，有利的重要事件的记载是“以最快的速度和热诚的方式消除客户的不满”，而不利的重要事件的记载是“当获得保险订单之后，对客户的反映置之不理，甚至有欺骗行为”。

该方法强调选择具有代表最好或最差行为表现的典型和关键性活动事例，作为考评的内容和标准。其主要优点是：为考评者提供了客观的事实依据；考评的内容不是员工的短期表现，而是一年内的整体表现，具有较大的时间跨度，可以贯穿考评期的始终；以事实为根据，保存动态的关键事件记录，可以全面了解下属是如何消除不良绩效、如何改进和提高绩效的。其缺点是：关键事件的记录和观察费时费力；能做定性分析，不能做定量分析；不能具体区分工作行为的重要性程度，很难使用该方法在员工之间进行比较。

2. 行为锚定等级评价法

行为锚定等级评价法也称行为定位法、行为决定性等级量表法或行为定位等级法。这一方法是关键事件法的进一步拓展和应用。它将关键事件和等级评价有效地结合在一起，通过一张行为等级评价表（见表 8—7）可以发现，在同

表 8—7　　行为锚定等级评价法示例：员工在工作中的行为表现考评表

	等级	
	7	该员工以极高的热情对待组织的工作，自觉地投入组织中的各项工作活动
当组织发生危机时可以依赖该员工		
	6	
		该员工在领导不在的情况下可以自觉地完成本职工作和额外的工作任务
	5	
在日常工作中员工能达到工作的基本标准和要求		
	4	
		当工作负担过重时，员工就会借口生病而缺勤
	3	
员工对组织利益漠不关心，当工作中出现问题时他不会向上级汇报		
	2	
		员工有意地放慢工作或消极怠工
	1	

一个绩效维度中存在一系列的行为，每种行为分别表示这一维度中的一种特定绩效水平，将绩效按等级量化，可以使考评结果更有效、更公平。

具体的工作步骤是：

(1) 进行岗位分析，获取本岗位的关键事件，由其主管人员进行明确简洁的描述；

(2) 建立绩效评价的等级，一般为5～9级，将关键事件归并为若干绩效指标，并给出确切定义；

(3) 由另一组管理人员对关键事件做出重新分配，将它们归入最合适的绩效要素及指标中，确定关键事件的最终位置，并确定出绩效考评指标体系；

(4) 审核绩效考评指标等级划分的正确性，由第二组人员将绩效指标中包含的重要事件，由优到差，从高到低进行排列；

(5) 建立行为锚定法的考评体系。

行为锚定等级评价法设计和实施的费用高，比许多考评方法费时费力，但是其优点还是比较鲜明的，主要是对员工绩效的考评更加精确。第一，由于参与本方法设计的人员众多，对本岗位熟悉，专业技术性强，所以精确度更高。第二，绩效考评标准更加明确。评定量表上的等级尺度是与行为表现的具体文字描述一一对应的，或者说通过行为表述锚定考评等级，使考评标准更加明确。第三，具有良好的反馈功能，评定量表上的行为描述可以为反馈提供更多必要的信息。第四，具有良好的连贯性和较高的信度。使用该方法是对被考评者使用同样的量表，对同一个对象进行不同时间段的考评，能够明显提高考评的连贯性和可靠性。第五，考评的维度清晰，各绩效要素的相对独立性强，有利于综合评价判断。

3. 行为观察法

行为观察法也称行为观察评价法、行为观察量表法、行为观察量表评价法。行为观察法是在关键事件法的基础上发展起来的，与行为锚定等级评价法大体接近，只是在量表的结构上有所不同。该方法不是确定工作行为处于何种水平，而是确认员工出现某种行为的概率，它要求评定者根据某一工作行为发生频率或次数的多少来对被评定者打分。如：从不（1分）、偶尔（2分）、有时（3分）、经常（4分）、总是（5分）。考评者既可以对不同工作行为的评定分数相加得到一个总分数，也可以按照对工作绩效的重要性程度赋予工作行为不同的权重，加权相加后得到总分。总分可以作为不同员工之间进行比较的依据。发生频率过高或过低的工作行为不能选取作为评定项目。

行为观察量表法克服了关键事件法不能量化、不可比，以及不能区分工作行为重要性的缺点，但是编制一份行为观察量表较为费时费力，同时，完全从行为发生的频率考评员工，可能会使考评者和员工双方忽略行为过程的结果，见表 8—8。

表 8—8 行为观察量表示例

说明：通过判断被考评者在考评期间出现下列各个行为的频率状况，用下列评定量表在指定区间给出你的评分。

5——95%～100%都能观察到这一行为

4——85%～94%都能观察到这一行为

3——75%～84%都能观察到这一行为

2——65%～74%都能观察到这一行为

1——低于 64%都能观察到这一行为

NA——从来没有这一行为

中层管理人员的管理技能考评表

考评项目：管理技能	
行为	打分
为员工提供培训与辅导，以提高绩效	
向员工清晰说明工作要求	
适度检查员工的表现	
认可员工重要的表现	
告知员工重要的信息	
征求员工意见，让自己工作得更好	

总分：__________

6～10 分：不合格　11～15 分：合格　16～20 分：中等　21～25 分：良好　26～30 分：优秀

4. 加权选择量表法

加权选择量表法是行为量表法的另一表现形式。具体形式是用一系列形容性或描述性的语句，说明员工各种具体的工作行为和表现，并将这些语句分别列于量表中，作为考评者评定的依据。在打分时，如果考评者认为被考评者的行为表现符合量表中所列出的项目，就填上记号，如打“√”或者打“×”，见表 8—9。

表 8—9　　加权选择量表法示例 1

如果该员工有下列行为描述的情况则打"√"，否则打"×"	考评结果
1. 布置工作任务时，经常与下属进行详细讨论	□
2. 识人能力差，不能用人所长	□
3. 在进行重要决策时，尽可能征求下属的意见	□
4. 不但对工作承担责任，也能放手让下属独立进行工作	□
5. 经常深入员工，观察他们，并适时予以表扬	□
6. 对下属给予空头许诺	□
7. 能耐心倾听别人提出的批评，或下属的意见和建议	□
8. 在做出重大决策之前，不愿意听取其他人的意见	□
9. 为保住自己的面子，不考虑下属会有何感受	□
10. 明明是自己的失误，错怪了下属，也不向下属道歉	□

加权选择量表法的具体设计方法是：(1) 通过工作岗位调查和分析，采集涉及本岗位人员有效或无效行为表现的资料，并用简洁的语言做出描述；(2) 对每一个行为项目进行多等级（9～13）评判，合并同类项目，删去缺乏一致性和代表性的事项；(3) 求出各个保留项目评判分的加权平均数，将其作为该项目等级分值，见表 8—10。

表 8—10　　加权选择量表法示例 2：某公司对面包店经理考评时使用的加权量表

考评项目	等级分值	考评结果
他偶尔买一些竞争对手的产品	6.8	□
在开列烘烤订单的时候，他从来不与销售领班商量	1.4	□
他加入一个地方的行业协会	5.9	□
他常常无故指责员工	0.9	□
商店橱窗的陈列总是显得比较合理	3.1	□
他偶尔组织店里的销售人员进行销售技能考试	6.7	□
在他的店里，烘烤工作要持续到凌晨两点或者更晚	8.7	□
他总是抱怨员工，但是并不采取补救措施	4.5	□
他已经组织实施了一次以上的有效的面包配方	5.6	□
他的店里有时某种产品会出现异乎寻常的积压	3.5	□
他喜欢与顾客建立私人关系	4.4	□

续表

考评项目	等级分值	考评结果
他不知道如何计算生产成本	0.5	□
他在经营中目光短浅	3.5	□
他的产品总是高质量的	8.5	□
他对员工的期望值过高	3.3	□
他的周和月的工作报告有时不准确	4.3	□
他对产品订货问题经常考虑不周	1.5	□
员工喜欢与他一起工作	7.5	□
他不能对其他人行使充分的职责	2.8	□
他对大部分产品有准确的成本核算	7.5	□
他但愿仅仅是一个面包师	0.8	□
他的店堂清洁程度属于中等	4.4	□
当店中设备出现一些小故障时，他不积极主动修理	1.8	□
为保证产品质量，他定期要对所有的产品进行抽样检验	8.5	□

加权选择量表法具有打分容易、核算简单、便于反馈等优点；主要缺陷是适用范围较小。采用该方法时，需要根据具体岗位的工作内容，设计不同内容的加权选择考评量表。

5. 强迫选择法

强迫选择法，也称强制选择业绩法，也是一种行为导向型的客观考评方法。强迫选择表一般由10～20个组构成，每组又由四个行为描述项目组成。在每组四个行为描述中，要求考评者分别选择一个最能描述和一个最不能描述考评者行为表现的项目（见表8—11）。与一般的评级量表的方式不同，强迫选择法用来描述员工的语句中并不直接包含明显的积极或消极内容，因此考评者并不知道一个员工的考核结果是低、高或是平均。

强迫选择表是为减少评价者的主观偏见和为员工之间的比较建立客观标准而设计的。其操作比较简单，而且因考评者只是选出表中最能描述和最不能描述员工真实情况的选择，而不知道各选择项对应的分值，因此保证了考评者的客观性。但是其缺点也比较明显，一是考评者难以把握考评结果，二是被考评者也无法根据考评选项引导正确行为，因此难以在人力资源开发方面发挥作用。

表 8—11　　强迫选择法示例

序号	A	B	C	D	汇总
1.1	a. 及时回复客户的呼叫	b. 在工作时间学习新产品	c. 不容易发怒，情绪平和	d. 讨厌循规蹈矩	
1.2	a. 精确地运用数字	b. 与管理者合作	c. 不在打电话上浪费时间	d. 保障汽车干净	
1.3	a. 喜欢按自己的线路走	b. 友好地对待地方官员	c. 经常超过销售目标	d. 不抱怨不牢骚	
1.4	a. 无争辩地遵守上级指令	b. 忠于公司	c. 聪明伶俐	d. 需要最低限度的监督	
1.5	a. 很少批评公司制度	b. 不超过规定花钱	c. 与别的员工关系好	d. 保持良好的仪表	
1.6	a. 及时汇报	b. 遵守交通法规	c. 不需要激励	d. 得到顾客的好评	

三、结果导向型评价方法

结果导向型的考评方法，是以实际产出为基础，考评重点是员工工作成效和劳动结果。一般来说，主要有 4 种不同的表现形式：目标管理法、绩效标准法、直接指标法和成绩记录法。

（一）目标管理法

目标管理体现了现代管理的哲学思想，是领导者与下属之间双向互动的过程。目标管理法由员工与主管共同协商制定个人目标，个人目标依据企业的战略目标及相应的部门目标而确定，并与它们尽可能一致；该方法用可观察、可测量的工作结果作为衡量员工工作绩效的标准，以制定的目标作为对员工考评的依据，从而使员工个人努力目标与组织目标保持一致，减少管理者将精力放到与组织目标无关的工作上的可能性。

目标管理法的基本步骤是：

1. 战略目标设定。考评期内的目标设定首先由组织的最高层领导开始，由他们制定总体的战略规划，明确总体的发展方向，提出企业发展的中长期战略目标以及短期工作计划。

2. 组织规划目标。在总方向和总目标确定的情况下，分解目标，逐级传递，建立被考评者应该达到的目标，这些目标通常成为对被考评者进行评价的根据和标准。制定目标时，应注意目标的具体性和客观性，目标的数量不宜过多；目标应做到可量化、可测量，且长期与短期并存；目标由管理层和员工共同参与制定；设立目标的同时，还应制定达到目标的详细步骤和时间框架。

3. 实施控制。目标实施过程中，管理者提供客观反馈，监控员工达到目标的进展程度，比较员工完成目标的程度与计划目标，根据完成程度指导员工，必要时修正目标。在一个考评周期结束后，留出专门的时间对目标进行回顾和分析。

目标管理法的评价标准直接反映员工的工作内容，结果易于观测，因此很少出现评价失误，也适合于对员工提供建议，进行反馈和辅导。由于目标管理的过程是共同参与的过程，因此员工工作积极性大为提高，增强了责任心和事业心。但是，目标管理法不能在不同部门、不同员工之间设立同一目标，因此难以对员工和不同部门间的工作绩效做横向比较，不能为以后的晋升决策提供依据。

（二）绩效标准法

绩效标准法与目标管理法基本接近，它采用更直接的工作绩效衡量的指标，通常适用于非管理岗位的员工，衡量所采用的指标要具体、合理、明确，要有时间、空间、数量、质量的约束限制，规定完成目标的先后顺序，保证目标与组织目标的一致性。

绩效管理法比目标管理法具有更多的考评标准，而且标准更加详细具体。依照标准逐一评估，然后按照各标准的重要性所确定的权数，进行考评分数汇总。

由于被考评者的多样性，个人品质存在明显差异，有时某一方面的突出业绩和另一方面的较差表现有共生性，而采用这种方法可以克服此类问题，能对员工进行全面的评估。绩效标准法为下属提供了清晰准确的努力方向，对员工具有更加明确的导向和激励作用。该方法的局限性是需要占用较多的人力、物力和财力，需要较高的管理成本。

（三）直接指标法

直接指标法在员工的衡量方式上，采用可监测、可核算的指标构成若干考评要素，作为对下属的工作表现进行评估的主要依据。如对于非管理人员，可以衡量其生产率、工作数量、工作质量等。工作数量的衡量指标有：工时利用率、月度营业额、销售量等。工作质量的衡量指标有：顾客不满意率、废品率、产品包装缺损率、顾客投诉率、不合格品返修率等。对管理人员的考评，可以通过对其所管理的下属如员工的缺勤率、流动率的统计得以实现。

直接指标法简单易行，能节省人力、物力和管理成本，运用本方法时，需要加强企业基础管理，建立健全各种原始记录，特别是一线人员的统计工作。

（四）成绩记录法

成绩记录法是新开发出来的一种方法，比较适合于从事科研教学工作的人员，如大学教师、律师等，因为他们每天的工作内容是不同的，无法用完全固化的衡量指标进行考评。这种方法的步骤是：先由被考评者把与工作职责有关的成绩写在一张成绩记录表上，然后由其上级主管来验证成绩的真实准确性，最后由外部专家评估这些资料，决定个人绩效的大小。

因为该方法需要从外部请来专家参与评估，所以，人力、物力耗费很高，时间也很长。

四、绩效考评中可能出现的各种偏颇

由于绩效考评对象与考评方法的多样性，绩效考评过程中出现各种各样的问题在所难免。绩效考评的正确性、可靠性和有效性，主要受到以下各种问题的制约和影响：

（一）分布误差

从理论上分析，员工现职的工作表现和绩效应服从于正态分布，即最好和最差占少数，中等一般的或正常工作水平的员工占大多数。然而，在实际活动中，被考评单位的员工往往出现不服从正态分布的情形。常见的有三种：

1. 宽厚误差，或称宽松误差，即评定结果是负偏态分布，即大多数员工被评为优良。

2. 苛严误差，或称严格、偏紧误差，即评定结果是正偏态分布，即大多数员工被评为不合格或勉强合格。

3. 集中趋势和中间倾向，也称居中趋势，即评定结果相近，都集中在某一分数段或所有的员工被评为“一般”，使被考评者全部集中于中间水平，或者说是平均水平，没有真正体现员工之间的实际绩效存在的差异，这往往是评定标准不明确或主管在评定工作中的平均心理造成的。这种考评结果造成绩效管理的扭曲，出现“好人不好，强人不强，弱者不弱”，某些人考评结果偏高，而某些人偏低。

克服分布误差的最佳方法就是强制分布法，即将全体员工从优到劣依次排列，然后按各分数段的理论次数分布分别给予相应的评分。

（二）晕轮误差

晕轮误差也称晕轮效应、晕圈错误、光环效应。是指在考评中，因某一人格上的特征掩蔽了其他人格上的特征。例如，某考评者特别注重“交往能力”这一评价要素，因而他对“交往能力”很强的人，在其他评定要素的判断上，也容易给出很高的评分。再如，某一公司行政部经理认为，“仪表工装整洁”是考评体系中的一个重要因素，当他考评一个极不注重仪表整洁的下属时，他不仅在这一项给该下属打了一个最低分，还有意或无意地殃及其他项目，使所有评价项目的评分处于低水平，与该下属的实际绩效极不对称。当然，如果该下属是一个非常整洁、注重仪表的人，则可能会得到完全相反的考评结果，可谓“一叶障目，不识泰山”。

这种效应在评定工作中的主要表现是：考评者往往带有某种成见来评定，或者凭着最初、最近印象来评定员工绩效。这种误差主要是缺乏明确、详尽的评价标准，或考评者没能按照评价标准进行评定造成的。

（三）个人偏见

个人偏见即基于被考评者的个人特性，如年龄、性别、宗教、种族、出身、地域等方面的差异，因考评者个人的偏见或者偏好的不同所带来的评价偏差。这种偏差有时有利于被考评者，有时则不利于被考评者。比如，有些人不喜欢锋芒外露或过于沉默寡言的人，有些则不喜欢外地人或女性，那么在评分时，不论他们的表现多好，分数都往往偏低。

（四）优先和近期效应

优先效应是指考评者根据下属最初的绩效信息，对其考评期内的全部表现做出的总评价，以前期的部分信息替代全期的全部信息，从而出现了“以偏概全”的考评偏差。

近期效应是指考评者根据下属最近的绩效信息，对其考评期内的全部表现做出的总评价，以近期的部分信息替代全期的全部信息，从而出现了“以近代远”的考评偏差。

（五）自我中心效应

自我中心效应表现为考评者按照自己对标准的理解进行评价，或按照自己认为恰当的标准进行评价，因而偏离了评价标准。具体表现有两类：

一是对比偏差，即考评者按照自己的标准寻找被考评者与其不同的方面进行评定。当考评者对下属进行考评时，如果根据自己心目中的假设，更倾向于进行不同表现的人员比较时，就会产生对比偏差。如对乙员工进行考评时，如果前一个被考评者——甲员工被认为是表现“差”的人，那么，如果乙员工虽然表现一般，但考评者却给出很高的评分；而与被考评者认为是“表现突出”的人进行比较时，一般水平的员工有可能被考评者评定为“较差”表现的人。

二是相似偏差，即考评者按照自己的标准寻找被考评者与其相同的方面进行评价。当考评者在评价过程中，如果根据自己心目中的假设，更倾向于与相同表现的人员比较时，就会产生相似偏差，如考评者认为某人是员工中的模范，这个人就成为考评者的依据，凡是与“榜样”相似的下属都可能得到很高的评分；反之，在考评者心目中某人是“极差”的，则与其相似的下属就可能有“极差”的表现评定。

自我中心效应误差的原因与晕轮效应误差相同，因此纠正的方法也相同。

（六）后继效应

后继效应也称记录效应，即被考评者在上一个考评期内考评结果的记录，对考评者在本考评期内的评价所产生的作用和影响。其原因是，考评者不能认真按照评价标准，不受上期考评记录的影响，对每个员工独立进行每一次的评价。克服的方法是，训练考评者一次只评价全体员工绩效的某一方面，然后再评价另一个方面，最后将每个员工的所有评价结果进行汇总。

（七）考评标准对考评结果的影响

工作绩效考评标准的科学性、系统性和精确程度对考评方法即工具运用和考评的结果，具有重要的影响和制约作用。绩效考评标准不明确、不清楚、不规范是考评工具失常的主要客观原因，有时在考评量表中所列举的考评标准，表面上看是比较详细和具体的，但实际上由于各个考评因素和优良差劣的分级是完全开放式的，何种为最优，何种为最差，完全取决于考评者。因此，很可能生成不合理、不公正的考评结果。

五、绩效考评方法的应用

为了有效避免、防止和解决在绩效考评中可能出现的各种各样的偏颇，以及其他方面不利的情况和问题，应注意采取以下各种必要措施和方法：

1. 以工作岗位分析和岗位实际调查为基础，以客观准确的数据资料和各种原始记录为前提，明确绩效管理的重要意义和作用，制定科学合理、具体明确、切实可行的评价要素指标和标准体系。

2. 从企业单位的客观环境和生产经营条件出发，根据企业的生产类型和特点，充分考虑本企业员工的人员素质状况与结构特征，选择恰当的考评工具和方法，更加强调绩效管理的灵活性和综合性，一切从实际出发，有的放矢，不断总结成功的经验，认真汲取失败的教训，从而有效避免各种考评误差和偏颇的出现。

3. 绩效考评的侧重点应当放在绩效行为和产出结果上，尽可能建立以行为和成果为导向的考评体系。一般来说，具有良好心理、品质素质的员工，能带来较高业绩，但大量事实证明，能力潜力只是一种可能性，并非现实性，一个优秀员工不仅在于他有多强的能力，更重要的是看他是否能投身于实际工作当中去，勤奋学习，积极向上，努力工作。因此，绩效管理必须不图虚名，扎扎实实，落到实处，一步一步地去推动。

4. 为了避免个人偏见等错误，可以采用360°绩效考评法，由多个考评者一起参与。由较多的考评者参与，虽然可能会增加一些费用，但可以使绩效考评做出更准确可靠的判断。

此外，考评者与被考评者的联系越紧密，层次距离越近，对考评的结果越有利。只有在考评者对考评标准和内容以及考评对象比较熟悉，而且容易观察到被考评者的行为和绩效的情况下，才能有效避免和防止一些不必要的误差和偏颇出现。

5. 根据上述分析不难看出，在可能出现的各种各样的问题中，绝大多数是因考评者引起的，考评者自身的素质和绩效管理的水平，对绩效考评工作的影响很大。因此，企事业单位必须重视对考评人员的培训，定期总结考评的经验并进行专门的系统性培训，使他们不断增长绩效考评及其各种相关的管理理论知识，掌握绩效考评的各种方法，具有实际运作的操作技能，能独立调整、处理绩效考评中出现的偏颇和问题。

6. 为了提高绩效管理的质量和水平，还应当重视绩效考评过程中各个环节的管理，如加强组织沟通和反馈，消除被考评者的紧张、抵触等不良心理；重视绩效考评的各种会见面谈活动的开展；注意不断调整劳动关系，完善薪酬奖励制度等。

实际上，如果在思想理论上提高考评者与被考评者的认同度，在绩效管理方式方法上提高考评者的认知、理解度，在绩效考评的评定要素指标和标准上提高其精确度，在绩效考评的全过程中提高企业全员对事前、事中和事后的关注度，绩效管理一定会达到预定的目标，取得令人满意的成果。

第四节　绩效管理系统的运行

绩效管理系统在运行中会遇到很多困难和问题，这些问题的产生，究其原因有两方面：一方面是系统故障，由于方式方法、工作程序等设计和选择的不合理、不得当；另一方面是考评者以及被考评者对系统的认知和理解上的故障，使其运行不畅。因此，各级主管应当运用多种技巧和方法，采取灵活的绩效管理策略，以保证绩效管理系统运行的有效性。

一、高层领导的支持和参与

大量实践表明，高层领导的支持和参与是绩效管理系统实施成败的关键因素。绩效管理是系统工程，既涉及组织的战略管理，又涉及其日常业务运营与发展，同时还关系到组织人力资源的开发与使用，是一项覆盖组织全体成员的工程，上至高层领导，下到普通员工都应参与其中。而高层领导又是组织的“大脑”和“指挥部”，只有高层领导亲自参与和积极推动，才有可能把组织的战略目标逐级分解下去，同时将绩效管理的理念和方法渗透到组织的各个角落。

如果缺乏高层的支持和参与，仅凭人力资源部门和业务部门一己之力，很难完成战略目标。

为了保证绩效管理系统的顺利推行和成功实施，高层领导主要应该承担自始至终的精神支柱和身体力行的行动表率角色。所谓“自始至终的精神支柱”，是指组织高层领导应在各种重大会议和公开场合表明对实施组织绩效管理系统的支持，以展示管理层对推进和实施绩效管理的决心和信心，使管理人员和员工从观念和意识上真正重视绩效管理工作。而“身体力行的行动表率”是指高层领导不仅在观念上重视绩效管理工作，而且在行动上要亲自参与其中，充当各级管理层的顾问和咨询师，经常过问绩效管理系统实施的进展情况，及时解决实施过程中出现的需要组织高层出面解决的各种问题，积极推动组织的各项基础管理工作，为更好地实施绩效管理创造条件。

二、明确的责任主体和一致的责权利结构

很多组织的人力资源管理部门承担了绩效管理的大部分责任，他们确定绩效评价的内容，设计并发放绩效评价的表格，进行汇总统计，想方设法让薪酬与绩效评价的结果更好地挂钩。他们虽然非常辛苦，却收效不佳，甚至招来很多抱怨。如人力资源部门设计的表格不能满足业务部门的需要，评价内容不能有效激励员工提升业绩，增加部门主管的工作量等。出现这种情况的根本原因在于：责任主体选择不当，权责利结构不一致。人力资源管理部门并不是绩效管理的主体，他们对各部门的业务理解程度远远不及各自的直线主管，他们对员工工作行为和结果的了解也远不如直线主管，所以要人力资源管理部门承担评价的主要责任，这是不现实的。有些组织的财务部门也常常承担着绩效管理的主要责任，尽管财务部门掌握了一些部门或岗位的财务指标，但绩效管理系统不仅仅是对部门或岗位的财务指标进行评价，它还包括部门和员工的非财务指标，甚至在一些部门和岗位，非财务指标才是关键指标，因此，让财务部门承担绩效评价的主要责任，也是不现实的。

事实上，绩效管理的真正评价主体应该是各个部门的直线主管，从最高层主管到最基层的主管，他们在绩效管理系统中逐级扮演着下属的指导者、评价者、反馈者、辅导者、激励者的角色。绩效目标是沿着直线分解下去的，绩效辅导也是沿着这种直线逐级往下进行的。组织中各个部门的管理者在绩效管理系统中所承担的角色和任务是不同的，具体的分工情况见表 8—12。

表 8—12　　各类管理者在绩效管理系统中的角色和任务

责任主体	承担的角色和任务
人力资源部门的管理者	绩效管理系统的设计者和组织实施者 绩效管理的宣传和培训者
业务部门管理者	考评制度的细化（根据部门特色、职能特色）
HR 以及业务部门管理者共同的责任	考评指标的建立（细化至每个职位）
各级管理者	绩效管理的实施（计划、沟通、观察、评价）

总之，我们应该清楚地认识到，各个部门的直线经理和主管们才是绩效管理的真正责任主体，人力资源部门、财务部门以及专门的绩效管理部门只是参谋部门、协助推进部门，离开直线经理和主管的理解和支持，绩效管理系统的目的、任务很难真正实现。

三、考评参与者的培训与动员

（一）考评者的培训

考评者是保证绩效管理有效运行和工作质量的主体，在一般情况下，所有参加考评者都应具备以下条件：作风正派，办事公道；有事业心和责任感；有主见，善于独立思考；坚持原则，大公无私；具有实际工作经验，熟悉被考评对象情况等。此外，参与管理的考评者的数量也会影响绩效考评的质量，根据统计测量和数据分析的原理可知，考评人员数量越多，个人的偏见效应就越小，考评所得到的数据就越接近于客观值。然而，对企业来说，符合考评人员的条件和要求，并熟悉被考评者的人数是有限的。因此，在绩效管理的准备阶段，除了需要明确被考评者和考评者之外，一项重要的任务就是培训考评者和被考评者。

按不同的培训对象和要求，绩效考评人员的技能培训与开发可分为：专职工作人员的培训、一般考评人员的培训、中层干部的培训、考评者与被考评者的培训等。

在组织培训时，一般以短期的业余培训班为主，由绩效管理的专家或企业专职的绩效管理人员，按照预先设计的教学计划、教学大纲，编写专门教案及实用教材，运用丰富多彩的授课方式，组织教学与培训活动。

对考评者进行培训的内容，一般应包括：

1. 企业绩效管理制度的内容和要求，绩效管理的目的和意义，考评人员的职责和任务，考评者与被考评者的角色扮演等；

2. 绩效管理的基本理论和基本方法，成功企业绩效管理的案例剖析；

3. 绩效考评指标和标准的设计原理，以及具体应用中应注意的问题和要点；

4. 绩效管理的程序、步骤以及贯彻实施的要点；

5. 绩效管理的各种误差与偏颇的杜绝和防止；

6. 如何建立有效的绩效管理运行体系，如何解决绩效管理中出现的矛盾和冲突，如何组织有效的绩效面谈等。

（二）思想和组织上的动员

在绩效管理的准备阶段，除应完成技术性和组织性的工作设计外，还必须在思想上、组织上有充分准备，做好宣传解释工作，使企业所有人员从高中层管理人员，到专业技术人员，乃至一般的员工，对企业绩效管理制度实施的重要性和必要性有比较全面深入的认识。事实上，一项管理制度或者一个管理系统，如果没有全体员工的支持和协助，将不可能贯彻到日常的生产经营活动中去，其预定目标也决不可能实现。

四、绩效管理信息系统的构建

绩效管理系统能够真正发挥组织运营的预警作用，能否为人力资源决策提供有效的依据，绩效管理系统自身能否在组织中长久存在下去，还依赖于解决组织中信息不对称问题，建立透明有序的绩效管理信息系统。有效的绩效管理信息系统不仅能起到目标分解和预警作用，而且为组织决策提供大量及时、准确的决策信息，把发展战略落实成具体可衡量的目标，在动态中通过管理诊断、检讨来改进管理系统，提升管理效率。

要使组织和部门主管在需要的时候能够获得真正有效的信息，而不是虚假、杂乱无章的信息，就必须使信息内容格式化或标准化，当然，这里提到的信息内容必须是真实的和组织所需要的。绩效管理信息系统的信息来源及信息处理不是孤立的，它要与人力资源管理的其他职能连接，并与组织的发展战略、财务管理系统、营运系统连接。

一个好的绩效管理系统应当是一套高效率、多功能、易学易用的绩效管理解决方案，它应该具有完整性、集成性、易用性、同享性、开放性、智能化、网络化以及强大的图表输出功能等特点。根据组织内部信息化基础的不同，目前绩效管理信息系统开发与应用状况主要有自建信息系统、行业牵头设计的信息系统和商业化的信息系统。其中，商业化的信息系统主要有两种形式：一种是作为 ERP 系统中的子系统而存在的绩效管理信息系统，另一种是专业化开发的人力资源管理信息系统。

本章小结

绩效管理对于企业来说是一项极具挑战性的工作，同时它也是企业赢得竞争优势的关键所在。本章共分为四节，第一节主要介绍绩效管理的概念、基本特征、作用、功能等内容；第二节主要从绩效计划与指标体系构建、绩效管理的过程控制、绩效考核与评价、绩效反馈与面谈、绩效考评结果的应用五个方面讲述企业绩效管理的基本流程；第三节着重介绍绩效管理的最重要环节：绩效考评方法及其应用，主要介绍各种考评方法的类型、实施条件、具体实施步骤以及各自的优缺点等；第四节主要论述了为保证企业绩效管理系统的有效运行以及绩效改进，企业应采取的各种有效措施。

本章习题

1. 简述绩效与绩效管理概念，绩效管理在企业和员工管理方面的功能。
2. 简述编制绩效计划、构建指标体系以及绩效管理过程控制的方法。
3. 简述绩效考评、绩效反馈与面谈、绩效考评结果应用的程序和方法。
4. 简述特征导向型、行为导向型和结果导向型考评方法的类别和特点。
5. 简述在绩效考评中可能出现哪些偏颇，应当采用哪些方法加以解决。
6. 简述企业应当采取哪些具体的措施，保证绩效管理系统有效的运行。

案例分析

案例 1　周某到 AD 公司做人力资源总监已经有 1 个月了，他惊讶地发现，公司竟然没有对员工的绩效正式评价过。

AD 公司是一家小型商业公司，这几年发展非常迅速，已经由最初的十几个人发展到现在的150多人。公司老总王某认为，有些事情如降低成本、提高销售额更为重要，加之业务繁忙，没有时间制定正式的绩效考评制度。以前王某兼任人力资源部的工作，也采取了一些措施弥补不足，他会不定期地对工作业绩好的员工提出表扬，并予以物质奖励；也会对态度不积极的员工提出批评。一旦员工的销售业绩连续下滑，他就会找员工谈心，找缺陷，补不足，鼓励员工积极进取。

现在公司规模大了许多，除了销售员的数量增加外，管理人员的数量也开始增多，但员工的流失率一直居高不下，王某不得不考虑建立绩效考评的正式制度，以及对管理人员进行考评等问题。聘请了周某后，他希望周某能制定好的政策。

请结合本案例，回答以下几个问题：

1. 为什么说建立正式的工作绩效考评制度是必须的？

2. 假如您是周某，请分别为销售员和管理人员设计一套绩效考评方案，并说明如此设计的原因。

案例2　假如你是某制造公司员工关系部的主任，该公司年销售额高达2亿元，共有员工600多人。

一年多以前，你曾帮助公司制定了一套根据工作目标完成情况评定工作表现的方案，你觉得自己的部门应成为成功施行该方案的典范。

这个计划是由你与你的下属在一年前共同制定的，你尤为关心的是生产安全主管张先生，其主要的职责是组织并指导安全生产及员工保健工作，具体包括制定公司安全生产的规章制度、安全预防措施、公共卫生、安全教育培训、事故调查分析、制度的贯彻执行以及紧急救护服务等。为了履行职责，他必须与生产部门的各位管理人员密切合作。

张先生一年半以前出任安全主管，当时，公司的事故发生率和严重程度都比同行业平均水平高出60%，主管部门的安全检查人员曾多次指出公司有违反安全标准的行为。一年前，当你与张先生就安全工作目标的问题第一次进行会谈时，他在改善公司的安全生产和员工保健工作方面已经取得了相当大的进展，但还存在一些问题亟待完善。表A所示为一年前你们双方共同确立的工作目标，以及截至上个月其实际工作成果的统计资料。

你觉得张先生具备了从事他的工作所必需的知识，他在制订计划、分析问题等方面干得不错，但你认为他还应该积极地向生产部门的管理人员宣传解释公司安全生产计划，让他们一起来改进生产部门的安全状况。

表 A

序号	预定目标	工作成果
1	将导致伤残的事故发生率 20 件/百万人减至 15 件/百万人	减至 18 件/百万人
2	将工伤事故从 900 件/百万人减至 650 件/百万人	减至 800 件/百万人
3	与工厂的主管人员每月举行一次安全会议	已完成任务
4	确保工厂主管人员与工人每两周举行一次简短的安全会议	只完成 50%
5	将有关安全健康问题的投诉率由平均 2 件/月减至平均 0.3 件/月	平均投诉率为 1 件/月
6	及时更正或更新公司的规章制度以及员工安全生产手册	已完成
7	与技术部门合作，解决加工车间的有毒废气排放的问题	已开始着手该工程，并已完成了计划的 1/4

张先生将在半小时以后到你的办公室，与你面谈讨论其绩效考评的问题。

请结合本案例，回答以下几个问题：

1. 用角色扮演法演示这次会谈。会谈开始时，张先生的观点是，他在过去的一年中努力工作并取得了很大进展，但由于缺乏生产部门管理人员的合作，他的工作受到一定的影响，与如何提高产量和降低成本这些问题相比，安全健康问题往往被排在次要地位。

2. 你认为张先生应该受到嘉奖吗？为什么？

案例 3　某酒店集团后勤部新上任的李经理，针对集团后勤工作管理不善、员工热情不高、大家对整个后勤部意见大等问题，进行了充分的调查研究，制定了“严格管理，促进后勤工作转变”的工作方针，并将主管人员绩效考评作为整个方针落实的第一步。李经理的意见在部办公会议上一表露，便引来各种意见。

负责业务的副经理老王认为，后勤工作千头万绪，关键要稳住顶在第一线的主管们。考评工作是很重要，但在全集团尚未全面实行管理人员考评之前自搞一套，主管们的压力一定很大，一旦影响了情绪，工作会更糟糕。

负责行政人事的副总经理老肖认为，后勤工作繁重琐碎，能维持现状已属不易，再折腾，搞乱了管理人员的思想，局面更难。

李经理再次强调管理人员考评的意义，他认为只有做到奖惩分明，打破大锅饭，并把管理人员的奖金、提拔和晋升、工资与工作好坏挂起钩来，后勤工作才可能出现根本改观。在李经理的坚持下，部办公会议同意了对主管进行考评的意见，并让肖副经理拿出具体考评细则交由全体主管会议讨论。

经过几次部办公会议的争论，李经理也听取了老王、老肖的意见，意识到主管能否理解考评的意义将成为整个考评工作成败的关键。因此，在几天后的主管会议上，李经理把解决主管的认识问题列为会议的重点。主管会议开得不错，在李经理阐明考评工作意义之后，不少主管纷纷发言表态，支持领导决定，气氛相当热烈。李经理看到原先的担忧基本消除了，便给每位主管一份《考评细则》，并当众宣布下一季度试行，第一个月的奖金将按考评后的实际得分发放。

第一个月的考评工作顺利进行着，主管们比过去忙多了，后勤工作多少有些起色了。每当全体主管召开会议时，到场的人多了，平时不记录的主管也带上了小本本，各部门挂起了行踪留言黑板。各科应上报的一个月工作计划和工作汇报都早早收到了。后勤部办公室也整整忙了一个月，记录着各种反馈信息。

第二个月的 5 日，李经理收到了主管们送上的自评表，出乎意料，主管们几乎都给自己打了满分，员工评议表和其他科的打分则带有很浓厚的个人成见。如物资科主管工作负责、原则性也很强，得罪了一些人，被其他科打了个最低分；只有部领导的评分才恰如其分，可以公布。

在第二天的主管会议上，李经理公布了部领导对主管的考评结果，宣布奖金获得数。6 位得分少的主管当场要求部领导说明原因和理由，会议难以进行下去。当天下午他们还联合起来到集团办公室和人力资源部告状。由于 6 位主管接连几天没有主持工作，闹得不可开交，直接影响了整个后勤部的正常工作秩序。

一周之后，经集团领导协调，后勤部 10 位主管的奖金仍按最高等级发放。面对这一切，李经理陷入了苦闷的深思。

附：《考评细则》

1. 有强烈的事业心，不计个人得失，不以权谋私，工作任劳任怨。（以上 4 点满分为 20 分）

2. 参加部召集的会议活动，迟到或早退一次扣 1 分，缺席一次扣 2 分。（满分 10 分）外出情况：一月中无交代外出，查到一次扣 2 分。（满分 10 分）

3. 精通岗位业务知识；不断改进业务工作。（满分 10 分）

4. 善于发动群众，善于识人用人。（满分 10 分）

5. 每月按时上交工作计划，全科人员职责明确；工作有条不紊，有考评标准和要求。（满分 20 分）

6. 按期按质完成部交办的任务，工作成效明显或群众反映良好。（满分 20

分）

本考评细则由个人自评，本科员工、其他科及部领导分别测评，相加数平均或得出总分。

请结合本案例，回答以下几个问题：

1. 导致这次绩效考评失败的主要原因是什么？

2. 应如何解决此次的绩效考评出现的问题？

第九章
员工培训与开发

第一节　员工培训的概念和原则

组织的管理，只要涉及人员的聘用、选拔、晋升、培养、工作安排等项工作，都离不开员工培训。员工培训可以增加人力资本存量、强化人力资本积累，是实现组织目标的主要推动力之一。

一、员工培训的含义与特点

员工培训是指组织为开展业务及培育人才的需要，采用各种方式对员工进行有目的、有计划的培养和训练的管理活动，其目标是使员工不断更新知识，开拓技能，改进员工的动机、态度和行为，使其适应新的要求，更好地胜任本职工作或担负更高级别的职务，从而促进组织效率的提高和组织目标的实现。

员工培训的目标可以从以下两个层面来考察：从组织方面看，员工培训就是要把由于员工的知识、能力不足及员工态度不积极而产生的机会成本的浪费控制在最小限度；从员工个人方面看，培训可以提高员工自身的知识水平和工作能力，使员工达到自我实现的目标。员工培训具有以下特点：

1. 培训的主要目的是提高员工的绩效和有利于实现组织的目标。当一个组织提出一项培训计划时，必须准确地分析培训成本和收益，考察它对组织目标实现的价值。

2. 员工培训的直接任务是提高员工的知识、技能，改进员工的工作态度和行为，即体现在道德、观念、知识和能力四个主要方面。其中前两者是软性的、间接的；后两者是硬性的、直接的，是员工培训的重点。

3. 员工培训是员工职业发展和实现自我价值的需要。现代人力资源管理理论认为，一个组织成员在为组织做出贡献的同时，也要尽力体现自身价值，不断自我完善和发展。有效的员工培训活动不仅能够促进组织目标的实现，而且能够提高员工的职业能力，拓展他们的发展空间。

4. 员工培训是组织开展的有目的、有计划、有针对性、有步骤的系统管理行为。必须确立特定的培训目标，提供特殊的资源条件，遵循科学的培训方法和步骤，进行专门的组织和管理。

二、员工培训的类型

员工培训的类型从不同角度有着不同形式的划分。同时，在这种不同形式的类型划分中，也可以认识员工培训的内容、对象、途径和层次等基本内容。

（一）按培训的内容划分

从培训的内容来看，可以归纳为三类：

1. 知识的培训

通过培训使员工具备完成本职工作所需要的基本知识，了解组织的基本情况，如组织的发展战略、目标、经营状况、规章制度等。

2. 技能的培训

目标是使员工掌握从事本职工作的必备技能，如操作技能、处理人际关系技能、谈判技能等，并以此培养、开发员工的潜能。

3. 态度的培训

通过这方面的培训建立组织与员工之间的相互信任关系，培养员工对组织的忠诚度及积极的工作态度，增强组织观念和团队意识。

（二）按培训的形式划分

1. 导向培训（又称新员工培训）

导向培训是指对刚被招聘进企业、对内外情况生疏的新员工所进行的使其对新的工作环境、条件、人际关系、应尽职责、规章制度、组织期望有所了解，尽快融合到组织之中的一系列培训活动。新员工导向培训首先应让新员工感受到组织重视他们的到来；其次，要让他们对组织和他们即将从事的工作有较为详细的了解；最后，要让新员工对组织的发展前途与自己的成功机会产生深刻的认识。新员工导向培训的深层意义在于培养员工对组织的归属感，包括对组织从思想上、感情上及心理上产生认同、依附感并投入其中，这是培训员工对组织责任感的基础。

2. 在职在岗培训

在职在岗培训是指在工作中直接对员工进行培训，通过聘请有经验的工人、管理人员或专职教师指导员工边学习边工作的培训方式。在职在岗培训是一种历史悠久、采用最普遍的培训方式，也是一种比较经济的方式。在职在岗培训不仅使员工获得完成工作所需要的技能，还可以传授给员工其他的技能，比如如何解决问题、如何与其他员工沟通、学会倾听、学习处理人际关系等。

3. 在职脱产培训

在职脱产培训是指有选择地让部分员工在一段时间内离开原工作岗位，进行专门的业务学习与提高的培训方式。形式有：举办技术训练班、开办员工业余学校、选送员工到正规院校或国外进修等。脱产培训花费较高。随着企业人力资本投资比例的增加，组织对员工工作效率的日益重视，在职脱产培训在一些实力雄厚的大型企业和组织严密的机关、事业单位中将会得到普遍采用。

（三）按培训的层次和职能划分

1. 各层次培训

各层次培训也称纵向培训，是指对经营及管理的各层次（上、中、下层）和各项职能部门员工所进行的培训。

组织中的高层管理人员应具有丰富的工作经验和杰出的才能。因此，对他们的培训主要应达到以下目的：

（1）使高层管理者能有效运用自己的经验，发挥才能；

（2）帮助管理者及时发现和理解组织外部环境和内部条件的变化；

（3）帮助高层管理者提高和完善工作中的专门技能；

（4）帮助新上任的高层管理人员迅速了解组织的战略方针，以尽快适应工作。

组织中的中下层管理人员在组织整体利益与下属员工利益之间，很容易发生角色冲突和矛盾。在他们担任管理职务后，必须通过培训尽快掌握必要的管理技能和工作方法。

专业技术人员和一般员工的培训。专业技术人员培训指对财务人员、工程技术人员等的培训，这类培训对象有自己的业务范围，掌握着本专业的知识技能。在现代组织中，团队工作方式日益普遍，如果各类专业人员局限于自己的专业领域，彼此之间缺乏沟通与协调，必将妨碍团队的工作。培训的目的首先是让他们了解别人的工作，使他们能从组织整体出发开展工作。其次，不断更新专业知识，及时了解各自领域内的最新动态和最新知识。一般员工的培训主要依据工作说明书和工作规范的要求，明确权责界限，掌握必要的工作技能，培养与组织相适应的工作态度与行为习惯，使之有效地完成本职工作。

2. 各职能培训

各职能培训也称横向培训，指对经营及管理的各职能部门（业务、生产、人事、财务、研究开发等）人员所进行的培训，目的是使员工明确各职能部门的职业分工、操作规程、权责范围。它有以下三个特点：

（1）强调培训的专业性，即针对不同的职能部门人员进行不同类型的知识、技能培训；

（2）强调专业知识和技能的层次，对同一职能部门相同专业的不同员工分别提出不同的专业技能要求，以适应不同职务、不同岗位的需要；

（3）强调培训的适应性和前瞻性，即根据变化了的外部环境和人员结构，以及预期未来组织生存状况，适时地开展某些专业的培训，以调整组织内部员工素质结构，适应外部形势，或为未来储备必要的人才。

三、员工培训的流程

员工培训的工作流程就是企业实施的培训活动的有序排列。培训项目的全过程，按时间顺序应包含：培训需求分析、制定培训计划、实施培训计划、评估培训效果、培训总结资料归档五个部分。如图 9—1 所示。

四、员工培训的地位与作用

员工培训是人力资源开发和管理的基本核心。组织中的人力资源管理包括五个部分：员工招聘、工作安排、选拔与录用、绩效评价、薪酬实施。培训工作贯穿于人力资源管理的各个环节。

1. 培训与员工招聘。一方面，培训的需求分析可以作为员工招聘的基本标准；另一方面，所有被招聘的各类员工都必须接受不同层次、不同类别的岗前培训，以建立相应的职业观念、职业规范和职业技能。招聘的员工是培训的第一对象。

2. 工作安排考虑的是在不同的工作岗位上安排与其相适宜的员工，它要求员工素质、工作能力、行为特点等与工作性质相匹配。寻求工作与员工匹配的主要手段就是培训。

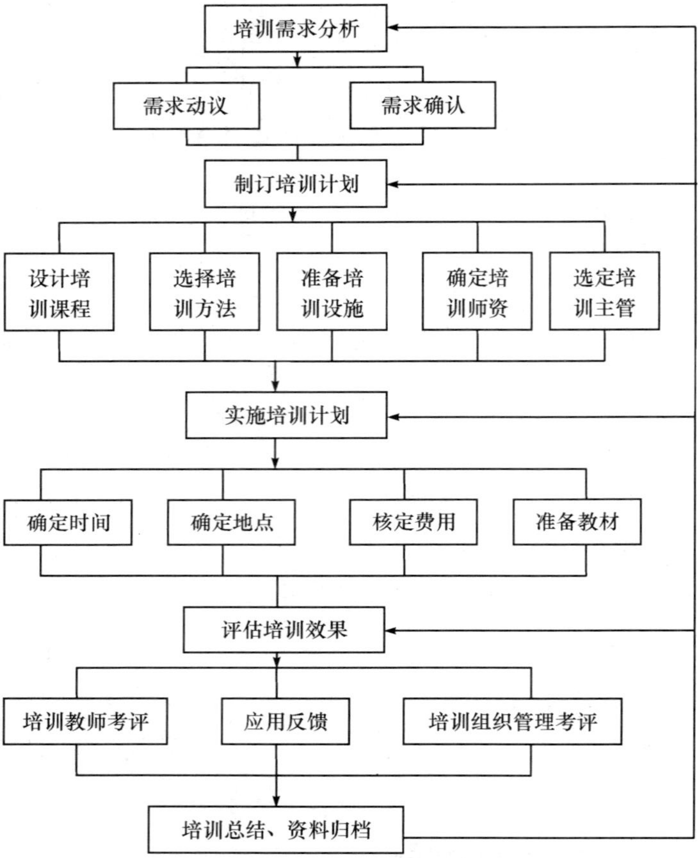

图 9—1　员工培训工作流程

3. 员工选拔与任用是使优秀的员工进入更高一层的工作岗位，通过培训使这些员工更好地适应新岗位的要求。

4. 工作绩效评价与员工培训的关系是相辅相成的，任何培训都是从评价开始，以评价结束。当绩效评价结果不能满足工作需求时，就需要对员工进行培训，然后再以工作绩效来考核培训的效果。

5. 薪酬实施既包括劳动的正常所得，也包括激励的奖金部分。培训与薪酬实施的关系是间接的，通过培训可以提高员工的工作绩效，在为组织创造更多效益的同时，员工获得的薪酬也会得到相应增加。

五、员工培训的基本原则

为了使培训与开发的方向不偏离组织预定的目标，企业必须制定基本原则，并以此为指导。具体包括以下几个方面：

（一）战略原则

企业必须将员工的培训与开发放在战略的高度来认识。员工培训有的能立竿见影，很快会反映到员工工作绩效上；有的可能在若干年后才能收到明显的效果，尤其是对管理人员的培训。因此，许多企业将培训看成是只见投入不见产出的“赔本”买卖，往往只重视当前利益，安排“闲人”去参加培训，而真正需要培训的人员却因为工作任务繁重而抽不出身，结果就出现了所学知识不会用或根本不用的“培训专业户”，使培训真正变成了只见投入不见产出的“赔本”买卖。因此，企业必须树立战略观念，根据企业发展目标及战略制定培训规划，使培训与开发与企业的长远发展紧密结合。

（二）理论联系实际，学以致用原则

员工培训与开发应当有明确的针对性，从实际工作的需要出发，与职位特点紧密结合，与培训对象的年龄、知识结构、能力结构、思想状况紧密结合，目的在于通过培训让员工掌握必要的技能以完成规定的工作，最终为提高企业的经济效益服务。只有这样培训才能收到实效，才能提高工作效率。

（三）知识技能培训与企业文化培训兼顾的原则

培训与开发的内容，除了文化知识、专业知识、专业技能的培训内容外，还应包括理想、信念、价值观、道德观等方面的培训内容。而后者又要与企业目标、企业文化、企业制度、企业优良传统等结合起来，使员工在各方面都能够符合企业的要求。

（四）全员培训与重点提高相结合的原则

全员培训就是有计划、有步骤地对在职的所有员工进行培训，这是提高全体员工素质的必经之路。为了提高培训投入的回报率，培训必须有重点，即对企业兴衰有着重大影响的管理和技术骨干，特别是中高层管理人员，再者就是有培养前途的梯队人员，更应该有计划地进行培训与开发。

（五）培训效果的反馈与强化原则

培训效果的反馈与强化是不可缺少的重要环节。培训效果的反馈指的是在培训后对员工进行检验，其作用在于巩固员工学习的技能、及时纠正错误和偏差，反馈的信息越及时、准确，培训的效果就越好。强化则是指由于反馈而对接受培训人员进行的奖励或惩罚。其目的一方面是为了奖励接受培训并取得绩效的人员，另一方面是为了加强其他员工的培训意识，使培训效果得到进一步强化。

第二节　员工培训需求分析技术

一、培训需求分析的含义和作用

培训需求分析，就是判断是否需要培训及确定培训内容的一种活动或过程。

确定培训需求是指了解对员工进行培训的必要性及其程度，确定哪些员工需要培训以及需要参加何种培训的过程。这里的需要是组织的需要与员工本人需要的结合。员工培训必须有助于组织目标的实现，如提高生产和服务效率、降低运营成本、改进产品和服务质量、建立和谐的劳资关系等。培训决策过程有赖于培训专家的参与，需要对组织的培训需求进行系统、准确的分析。需求分析对企业的培训工作至关重要，它是真正有效地实施培训的前提条件，是使培训工作实现准确、及时和有效的重要保证。

需求分析具有很强的指导性，它既是确定培训目标、设计培训计划的前提，也是进行培训评估的基础。培训需求分析作为现代培训活动的首要环节具有重大作用。具体表现为：

（一）确认差距

培训需求分析的基本目标就是确认差距，即确认任职者的应有状况同现实状况之间的差距。差距确认一般包括三个环节：一是必须对所需要的知识、技能、能力进行分析，即理想的知识、技能、能力的标准或模型是什么；二是必须对实践中所缺少的知识、技能、能力进行分析；三是必须对理想的或所需要的知识、技能、能力与现有的知识、技能、能力之间的差距进行比较分析。这三个环节应独立有序地进行，以保证分析的有效性。

（二）前瞻性分析

需求分析一个重要的必不可少的内容就是前瞻性分析。由于市场环境的需要，企业的发展过程是一个动态的、不断变化的过程，所以培训计划具有前瞻性尤为重要，当组织发生变革时（不管这种变革涉及技术、程序、人员，还是涉及产品或服务的提供问题），培训计划均要满足这种变化。因此，那些负责培训和开发的人员应该在制定合适的培训计划以前迅速地把握这种变革。

（三）保证人力资源开发系统的有效性

人力资源开发的过程就是人力资源培训的过程，没有培训，人力资源开发就无从谈起。所以在设计培训计划时，要考虑到人力资源开发的需要，为人才储备做好基础性工作。

（四）提供多种解决问题的方法，是进行培训需求分析的重要内容之一

解决需求差距的方法很多，有些可能是与培训无关的选择，如人员变动、工资增长、新员工吸收，或者是几个方法的综合等。例如，某公司人力资源部门预测，在高速公路建设方面急需一批交通工程专家。于是有以下几种选择：一种选择便是对已经工作在组织中的工程人员进行再培训；另一种选择可能是雇用需支付高薪的工程专家，或者是组织雇用一些低薪的、缺乏资格的个体，然后对他们进行大规模的培训等。针对不同的情况可选择不同的培训方法，最好的方法是把几种可供选择的方法综合起来，制定包含多样性的培训策略。

（五）分析培训的价值及成本

当进行培训需求分析并找到了解决问题的方法后，培训管理人员就能把成本因素引入到培训需求分析中去。需要回答的问题是“不进行培训的损失与进行培训的成本之差是多少”。如果不进行培训的损失小于培训的成本，则说明当前还不需要或不具备进行培训的条件。由于很多项目不能用数字量化，因而做这项工作是较困难的，但不可只看眼前，要有长远考虑。

（六）获取内部与外部的多方支持

无论是组织内部还是外部，通过需求分析收集制定培训计划、选择培训方

式的大量信息，这无疑给将要制定的培训计划的实施提供了支持条件。如中层管理部门和受影响的工作人员通常支持建立在坚实需求分析基础之上的培训规划，因为他们参与了培训需求的分析过程。

二、培训需求分析层次和模型

为了获得充分的资料和支持信息，需求分析一般从三个层次上进行，即组织层次、工作层次和员工个体层次，如图 9—2 所示。

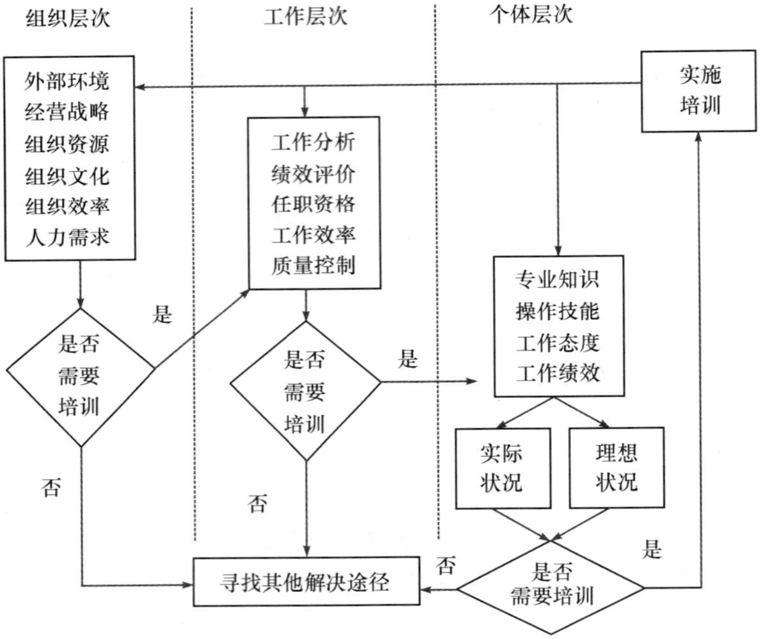

图 9—2　培训需求分析层次与内容

（一）培训需求的层次分析

1. 组织层次分析

组织层次分析主要是确定组织范围内的培训需求，以保证培训计划符合组织的整体目标与战略要求。通过对组织的外部环境和内部气氛进行分析，发现组织目标与培训需求之间的联系。因此，组织层面的培训需求反映的是某一个组织的员工在整体上是否需要培训。

组织层面的分析涉及以下问题：

（1）组织的发展目标分析。确立组织发展目标，并据此确立相应的人力资源战略。

（2）组织的人力资源需求分析。人力资源需求分析，包括企业为实现发展目标，在今后几年中所需要的人力资源数量和质量。

（3）组织效率分析。企业效率分析的指标有劳动成本、产量、产品质量、报废率、设备使用率、维修费用等，即组织希望通过培训来提高效率。

（4）组织文化分析。企业文化分析，包括需要贯穿在培训工作之中的组织哲学、组织理念、组织精神、组织道德、组织风气等不同方面。

2. 工作岗位层次分析

工作岗位层次分析主要是确定各个工作岗位的员工达到理想的工作业绩所必须掌握的技能和能力。对工作体系运行状况的分析，目的是从职位工作角度确定培训需求，工作分析、绩效评价、质量控制报告和顾客反映等都为这种培训需求提供了重要的信息。这个层次的培训需求决定了培训的内容。

工作状况层面分析的内容有：（1）职位工作职责，包括各项工作任务及其难易程度等。（2）职位任职资格，即履行工作职责应具备什么样的素质条件，需要掌握哪些相关知识和技能。

3. 员工个人层次分析

员工个人层次分析主要是从任职者的角度来考察培训需求，分析员工个体状况与应有状况之间的差距，在此基础上确定谁需要接受培训以及培训什么。即将员工目前的实际工作绩效与组织的员工绩效标准进行比较，或者将员工现有的知识和技能水平与组织对员工知识和技能的要求进行比较，在此基础上还应进一步找出绩效差距产生的原因，比如，是知识缺乏、技能有待提高，还是工作态度问题。员工个人层次分析的信息来源，包括员工业绩考核记录、员工技能测试成绩以及员工个人填写的培训需求问卷等资料。

培训需求分析要求多方面人员的共同参与。一是要求员工参与分析。让员工评估自己的培训需要，主要目的是充分引导他们的参与培训的积极性，因为如果员工对培训不理解，则会对培训产生不满甚至抵触情绪，从而影响培训的实施效果；但一定要注意自我分析的缺陷性，即员工可能会过度考虑自己的利益而忽略了组织的利益。二是要求部门主管人员参与分析，确定谁需要培训以及谁应该得到培训机会。主管人员要制定本部门的培训计划表，以保证本部门工作绩效的提高。三是要求培训部门、主管人员和工作人员相互配合、多方协调，以取得一致性意见。做需求分析时，培训部门最好有针对每一位员工的详细的培训目录，记录每一位员工的培训经历，并提出未来培训的可能性；特别是当委托培训项目广泛、员工的发展同工资和晋升联系在一起、组织强调员工的增长和发展的重要性这几种情况出现时，培训目录就显示出巨大的价值。

（二）收集培训需求信息

培训需求分析必须依据充分的组织现状信息，包括以下几个方面：

1. 组织当前开展的生产经营活动，采用的生产技术和手段，以及维持当前生产经营活动所需要的员工数量和类别、素质。

2. 组织内部当前的人力资源状况，如详细的年龄结构、知识结构、技术水平，在各岗位上工作的年限、劳动报酬构成及水平，员工出勤率、离职率和保有率，员工对当前工作的满意程度等。

3. 组织结构和组织行为信息，如组织内部机构设置、管理和监督层次、决策机制、劳动组织方式、劳资关系、企业文化等。

4. 组织外部环境的有关信息，如产品市场状况、劳动力市场状况、生产和管理技术的研究与开发潮流、劳动关系和工会组织、法律法规等。

（三）培训需求分析模型

在获得并分析了各种信息之后，培训决策者就可以对组织所处的环境、组织所从事的活动、组织的运行机制，以及组织所拥有的人力资源等方面有一个大概认识。在此基础上，可以进一步从以上四个方面收集未来状况的信息并展开分析，探求组织工作绩效和员工知识、技能及态度上的理想状况。通过处理、对比当前现状和理想状况，找出两者之间的差距，分析哪些差距是可以借助内部劳动力市场操作，尤其是培训和开发现有员工的潜力来缩小的。该过程如图9—3所示。

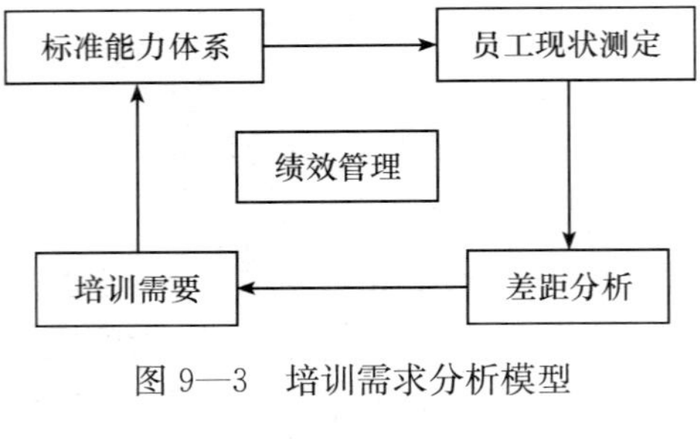

图 9—3　培训需求分析模型

三、培训需求分析的技术和方法

（一）绩效分析模型与方法

1. 绩效分析模型

培训需求的绩效分析模型可以更详细地说明培训需求分析过程。绩效评价作为需求分析与缺失检查的一种类型，主要是考察员工目前的实际绩效与理想的目标绩效之间是否存在偏差，然后决定是否可以通过培训来矫正偏差。如果员工缺乏完成工作任务所应具备的知识和技能，或者是因为态度出问题，在达到一定严重程度并影响员工绩效的情况下，就应该安排相应的培训。在此基础上确定谁需要和应该接受培训及培训的内容。绩效分析为培训决策的制定提供了机会和依据。

在员工绩效分析过程中要注意不能片面地将培训当成解决员工绩效问题的唯一手段，应将员工绩效与组织的评价系统、报酬系统、惩罚系统及其他问题进行联动分析。培训的目的主要是通过提高员工的知识和技能来改进工作绩效。通过培训来提高员工的知识和技能是有效的，但要改变员工的工作态度，除安排脱产学习、业余学习之外，尚需通过薪酬管理、工作设计及其他激励办法来实现。图 9—4 列举了工作能力与工作绩效的几种表现，通过分析可知，并不是所有的情况都适合于培训。

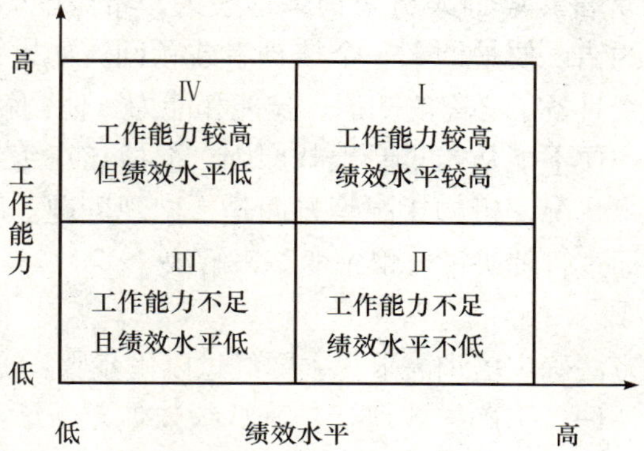

图 9—4　绩效与能力分析模型

图 9—4 中的四个区域把各种可能的情况混合起来：工作的有效与无效及是否知道怎样工作。不同的组合形成不同的区域，也就产生解决问题的不同方法。

区域Ⅰ：知道怎样有效工作且实际工作有效。假设事实表明，人们知道如何有效工作并付诸行动，这属于比较有利的情况，因此应任其员工发展，不要随便干预他们，或对他们进行各种不必要的培训。但是，现实中有很多已经知道如何有效工作并且工作出色的人被送出接受培训的情况。在组织中，主管人员、经理人员有时禁不住把下属送去接受良好的培训，而不管他们是否需要。这不仅浪费时间和金钱，而且也会挫伤下属的积极性，增加其对组织、经理人员、主管人员的对抗情绪。

区域Ⅱ：不知怎样有效工作但实际工作有效。这种情况是非常少见的，但是在员工凭直觉工作时就会有这种情况发生。一位经理可能在创造有利的工作氛围、调动员工积极性、给员工委派任务和指导员工有效地工作等方面很有能力，但这位经理可能意识不到他采用了何种原理和步骤程序。当这位经理被问及如何做时，他可能说不出所以然，让他把经验传授给别人时，也很难做到。在此种情况下，通常是先不干预为好，以避免引起不利于工作开展的局面。在条件具备时，可以给他们一定时间的培训，使他们的经验上升到理论高度。

区域Ⅲ：不知怎样有效工作且实际工作也无效率。假设调查资料表明，人们不能有效地工作，而且根据整体水平的标准，他们不具备有效工作所必需的知识、技能和能力。那么这些工作人员就需要培训，以达到完成工作的各项标准。

区域Ⅳ：知道怎样有效工作但实际工作无效率。在这种情况下，经理人员在灰心丧气之中常常召集培训人员来训练这些人，希望能做得好些。事实上，在这种情况下最大的错误便是调来一个培训者或顾问。如果人们已经知道怎么做，那么他们就已经具备了必需的知识、技能和能力，他们就不需要接受培训。此时组织工作无效率便不能从员工身上找原因，而应该在组织方面找原因，即应该观察组织的技术状况、机构状况等方面是否出现问题。解决此类问题不需要通过培训，而应通过管理决策、组织变革来解决。

2. 绩效分析步骤

运用绩效分析方法确定培训需求，主要经过以下步骤：

（1）开展绩效评估，明确绩效现状，确认绩效偏差。绩效考评能够提供员工现有绩效水平的有关证据。绩效考评的结果是对目标员工工作效率的种种表现（如技能、知识、能力）所做的描述。

有关员工现有绩效水平的数据资料，能够表明全体员工中有多少人未达到、达到或超过了理想的绩效水平。在每一工作领域里，未达到理想绩效水平的员工的百分比表明，工作的哪些方面存在差距、差距有多大、哪些人员应对这些差距负责。

绩效考评可以运用从纯粹的主观判断到客观的定量分析之间的各种方法。如果某项工作绩效要求已被界定，那么就可以向专家请教所需培训的类型；如果某项工作的要求是已知的，那么可以请组织的领导者对实际绩效进行分等。两种方法中，优先顺序的确定都依赖于对于整个工作中哪些工作领域是最重要的和哪种培训效果是最好的判断。然而，最可靠的需求分析基于实证性的数据。培训部门要尽可能客观地收集和分析数据，并在此基础上决定是否真正需要培训。

（2）根据工作说明书或任务说明书分析绩效标准或理想绩效。工作说明书明确工作对任职者的绩效要求。员工从事工作所需要的知识、技能和能力可以通过任务目录或技能目录来描述。在职工作人员的知识、技能和能力是什么，通过资料收集来确定工作需要与个体能力之间的差距，以及对工作绩效的影响状况。

主要项目指标包括：①岗位的工作标准；②岗位的绩效目标；③岗位绩效目标与部门目标、组织目标的关系；④领导如何要求下级工作，获取何种绩效目标；⑤领导在多大程度上希望维持这种理想状态（个人达到的绩效目标、部门达到的绩效目标）等。

（3）进行成本价值分析，即确定投入时间和努力来弥补这一绩效偏差是否值得。

（4）分析绩效差距的成因及绩效差距的重要性。找出绩效差距的成因，并明确这些差距到底是因为员工的知识问题、技能问题，还是员工的态度问题造成的。把绩效差距分解为知识、技能、态度、环境等具体方面，分析造成绩效差距的具体原因是什么；了解在过去一段时间内，这种差距的变化趋势如何(增大、持平、减小)。

分析绩效差距的重要性，主要是分析理想绩效与实际绩效间的差距对个人的后果是什么，对部门的后果是什么，对组织的后果是什么。

（5）根据绩效差距原因分析确认培训需求和培训对象。根据绩效差距原因分析确认，是否需要培训、需要进行哪些方面培训、需要多少培训、哪些人员需要培训，以及哪些人员可以优先获得培训。

如果考评的结果表明工作效率低的程度并不明显，选派人员参加培训项目的必要性就不大。如果不是因培训不足产生的绩效问题，应寻找其他可行的有效解决方案。

(6) 针对培训需求和培训对象拟订培训计划。如果采取培训方式的话，必须考虑几个基本问题：

首先，谁将设置培训优先权？工作人员、主管人员、高层经理人员及人力资源部门在决定培训类型提供、资源分配、参加规划条件方面起什么作用？在大多数情况下，培训优先权的设置是多数人共同参与的结果，尤其是当咨询团体积极活跃于培训规划设计过程中时更是这样。

其次，选择何种类型及内容的培训规划？培训规划的期限有多长？由谁设计和执行规划？谁为培训规划的设计与执行承担费用？培训在哪儿进行？对这些问题的回答也许是尝试性的，但是它们对形成培训计划非常重要。

（二）任务与能力分析方法

运用任务与能力分析方法确定培训需求和培训对象，主要步骤如下：

1. 根据任务分析获取相关信息

对于每个特定工作的具体培训需求来说，任务水平分析可以提供三方面的信息：

(1) 每个工作所包含的任务（即工作描述中的基本信息）；

(2) 完成这些任务需要的技能（来自工作说明书与工作资格表）；

(3) 衡量完成该工作的最低绩效标准。

这三方面的信息可分别从目前的员工、人事档案、管理人员处收集后综合得到。

2. 对工作任务进行分解和分析

以工作说明书、工作规范或工作任务分析记录表作为确定员工达到要求所必须掌握的知识、技能和态度的依据，通过岗位资料分析，将其与员工平时工作中的表现进行对比，以判定员工要完成工作任务的差距所在。

工作任务分析记录表可以分解为以下指标：主要任务和子任务、各项工作的执行频率、绩效标准、执行工作任务的环境条件、所需的技能和知识，以及学习技能的途径和场所等。

对各种任务进行分析在选择培训对象和制定培训计划时非常有用。一般来说，可以利用一些标准独立地对每项工作进行有关上述问题的分析，然后设计出一套培训权衡表。无疑，培训的重点应放在那些发生频繁的、重要的或相对而言较难掌握的任务上。培训者在选择培训工具、培训时间或其他事项时，也会考虑其他综合性因素。

3. 根据工作任务分析结果确定培训需求和培训对象

工作任务分析的重点在于如何提供改善和提高的机会。培训者根据员工的素质差距，为他们提供必要的指导、培训，使他们获得必需的技术和能力。

用这种方法分析培训需求可以大致分为三类：

（1）重复性需求。例如对每个新员工的就职培训。一般来说，新员工都对企业文化、规章制度、从事某项工作的特殊方法等缺乏了解。因此，应通过岗前引导计划来满足所有新员工的这种重复性需求。

（2）短期性需求。如培训员工学会如何使用企业新购置的设备。

（3）长期性需求。为每一个工作岗位设计一个培训计划，以帮助员工通过更系统化的方法来提高基本技能，为职业培训与开发打下基础。

（三）组织分析方法

运用组织分析方法确认培训需求，主要步骤如下：

1. 确认培训标准

培训对企业来说是一件重要而又必须付出代价的大事。因此，要判断一个组织应如何选择培训对象、如何实施培训计划，必须以“真正的需要”作为标准，而不能出于其他考虑。根据组织需要分析培训需求，准确找出组织存在的问题，即现有状况与应有状况之间的差距，并确定培训是否是解决这类问题的最有效方法。

2. 确认培训可以解决的问题

组织发展需要分析不是集中在个体、工作、部门现在有效运作所需要的知识、技能和能力上，而是集中在它们未来有效运作所需要的知识、技能和能力上。比如，未来需要多少或什么类型的员工，是否需要从整体上检查一下组织的氛围和结构等。对这些问题的不同回答，往往影响到现在正进行的各种培训活动。切忌夸大培训的作用，以免浪费资源和有损培训的声誉。

3. 确认培训资源

分析培训需要哪些资源（包括人、财、物），企业能否满足这些要求，以此决定培训实施的可行性及培训方式。对这些问题的不同回答，往往影响到现在正进行的各种培训活动。

4. 根据组织需要确定培训需求和培训对象

根据组织需要确定培训需求和培训对象，必须从以下几个方面考虑：

（1）反映组织未来要求的人力资源计划；

（2）营造有利于培训成果转换的组织培训氛围；

（3）改善组织氛围与个体满意度。

（四）培训需求分析方法比较

培训需求分析依靠一定的技术方法，表9—1列出了13种方法。

表9—1 培训需求分析方法比较

培训需求分析技术	被培训者参与程度	管理层参与程度	分析过程耗时程度	培训需求分析成本	分析过程量化程度
顾问委员会	低	中	中	低	低
评价中心	高	低	低	高	高
态度调查	中	低	中	中	低
集体讨论	高	中	中	中	中
面谈候选培训对象	高	低	高	高	中
调查管理层	低	高	低	低	低
员工行为观察	中	低	高	高	中
业绩考核	中	高	中	低	高
关键事件法	高	低	中	低	高
问卷调查与清单	高	高	中	中	高
技能测试	高	低	高	高	高
评估过去项目	中	低	中	低	高
绩效档案	低	中	低	低	中

采用被培训者参与程度、管理层参与程度、分析过程耗时程度、培训需求分析成本、分析过程量化程度等几项指标对上述方法进行分析，会发现在具体应用过程中这些方法有着不同的效果。它至少启发我们对不同的情境应寻找最佳方法，必要情况下也可将它们组合起来使用。

四、培训需求分析流程及应用

（一）做好培训前期的准备工作

培训活动开展之前，培训者要有意识地收集有关员工的各种资料。这样不仅能在培训需求调查时很方便地调用，而且能够随时监控企业员工培训需求的变动情况，以在恰当的时候向领导人请示开展培训。

1. 建立员工背景档案

培训部门应建立员工的背景档案，培训档案应注重员工素质、工作变动情况以及培训历史等方面内容的记载。员工培训档案可参照员工人事档案、员工工作绩效记录表等方面的资料建立。另外，培训者应密切关注员工的变化，随时增添新的内容，以保证档案的监控作用。

2. 与各部门人员保持密切联系

培训工作的性质决定培训部门通过与其他部门之间保持密切的合作联系，随时了解企业生产经营活动、人员配置、企业发展方向等方面的变动，使培训活动开展起来更能满足企业发展需要，更有效果。

培训部门的工作人员要尽可能与其他部门的人员建立良好的个人关系，以为培训收集到更多、更真实的信息。

3. 向主管领导反映情况

培训部门应建立一种途径，员工可随时反映个人培训的需求。可以借鉴投稿信箱的方式，或者安排专门人员负责这一工作。培训部门了解到员工需要培训的要求后要立刻向上级汇报，并汇报下一步工作。如果这项要求是书面的，在与上级联系之后，最好也以书面形式作答。如果得到的是一项口头要求，培训者可以口头作答，但应把主要内容以书面形式向上级汇报。

4. 准备培训需求调查

培训者通过某种途径意识到有培训必要时，在得到领导认可的情况下，就要开始调查的准备工作。

（二）制定培训需求调查计划

培训需求调查计划应包括以下几项内容：

1. 培训需求调查工作的行动计划

安排活动中各项工作的时间进度以及各项工作中应注意的一些问题，这对调查工作的实施很有必要，特别是对于重要的、大规模的需求评估，有必要制定一个行动计划。

2. 确定培训需求调查工作的目标

培训需求调查工作应达到一个什么目标，一般来说，是完全出于某种培训的需要，但由于在培训需求调查中会有各种客观或主观的原因，培训需求调查的结果并不是百分之百可信。所以，要尽量排除其他因素的影响，提高培训需求调查结果的可信度。

3. 选择合适的培训需求调查方法

根据企业实际情况以及培训中可利用的资源选择一种合适的培训方法，如工作任务安排非常紧凑的企业员工不宜采用面谈法，专业技术性较强的员工一般不用观察法。对于大型培训活动可以数种方法并施，如将问卷调查和个别面谈结合使用，扬长避短，但会增加成本费用。

4. 确定培训需求调查的内容

首先要分析这次培训调查应得到哪些资料，然后除去手中已有的资料，就是需要调查的内容。培训需求调查的内容不要过于宽泛，这样会浪费时间和费用；对于某一项内容可以从多角度调查，这样易于取证。

（三）实施培训需求调查工作

在制定培训需求调查计划以后，要按计划依次开展工作。实施培训需求调查主要包括以下步骤：

1. 提出培训需求

由培训部门发出制定计划的通知，请各责任人针对相应岗位工作需要提出培训需求。它应是由理想需求与现实需求，或者预测需求与现实需求存在差距的部门和岗位提出的。

2. 调查、申报、汇总培训需求

相关人员根据企业或部门的理想需求与现实需求、预测需求与现实需求的差距，调查、收集来自不同部门和个人的各类需求信息，整理、汇总培训需求并报告企业培训组织管理部门或负责人。

3. 分析培训需求

申报的培训需求并不能直接作为培训的依据，因为培训需求常常是一个岗位或一个部门提出的，存在着一定的片面性，所以对申报的培训需求进行分析，就是要消除培训需求的片面性，也就是要全方位考虑，从整体考虑，从近口期的工作计划考虑，这就需要由企业的组织计划部门、相关岗位、相关部门以及培训组织管理部门共同协商确定。

分析培训需求需要关注以下问题：

（1）受训员工的现状。在调查开始之前就要明确受训员工的工作情况，了解他们在组织中的位置，以及以前是否受过培训、受过什么样的培训、培训的形式有哪些等问题。

(2) 受训员工存在的问题。员工在工作中存在的问题并不是每个员工自己都能发现的，这时培训者要帮助培训对象分析工作中存在问题的原因，这样有利于员工采取更为合作的态度配合调查。

(3) 受训员工的期望和真实想法。在调查中应确定受训员工期望能够达到的培训效果。要让员工知道说出自己的培训期望和真实想法，可能会对培训内容有所影响。如果不能满足其期望，应向员工解释原因。

4. 汇总培训需求意见，确认培训需求

培训部门对汇总上来并加以确认的培训需求列出清单，参考有关部门的意见，根据重要程度和迫切程度排列培训需求，并依据所能收集到的培训资源制定初步的培训计划和预算方案。

(四) 分析与输出培训需求结果

1. 对培训需求调查信息进行归类、整理

培训需求调查信息来源于不同渠道，信息形式有所不同，因此，有必要对收集的信息进行分类，并根据不同培训调查内容的需要进行信息归档。同时要对信息进行统计，并利用直方图、分布曲线图等工具将信息所表现的趋势和分布状况予以形象处理。

2. 对培训需求进行分析总结

对收集的调查资料进行仔细分析，从中找出培训需求。此时应注意个别需求和普遍需求、当前需求和未来需求之间的关系。要结合业务发展的需要，根据培训任务的重要程度和紧迫程度对各类需求进行排序。

3. 撰写培训需求分析报告

对所有的信息进行分类处理、分析总结以后，就要根据处理结果撰写培训需求调查报告。报告结论要以调查的信息为依据，不可以个人主观看法做出结论。撰写评估报告的目的在于，对各部门申报、汇总上来的培训需求进行分析，做出解释并提供评估结论，以最终确定是否需要培训及培训什么。需求分析结果是确定培训目标、设计培训课程计划的依据和前提。需求评估报告可为培训部门提供关于培训的有关情况、评估结论及建议。

培训需求分析报告包括以下主要内容：

(1) 需求分析实施的背景，即产生培训需求的原因。

(2) 开展需求分析的目的和性质。撰写者需说明此活动实施以前是否有过类似的分析。如果有的话，评估者能从以前的分析中发现哪些缺陷与失误。

(3) 概述需求分析实施的方法和过程。说明分析方法和实施过程可使培训管理者对整个评估活动有大概了解，从而为培训管理者对分析结论的判断提供依据。

(4) 阐明分析结果。结果部分与方法论部分是密切相关的，撰写者必须保证两者之间的因果关系，不能出现牵强附会现象。

(5) 解释、评论分析结果和提供参考意见。这部分涉及的范围可以较宽泛。例如，在需求评估中，进行培训的理由有多充足？赞成或反对继续培训的理由是什么？应该采取哪些措施改善培训？能否用其他培训方案更经济地达到同样结果等。此外，撰写者还可以讨论培训的充分性，如培训是否充分满足受训者的多方面需求。

(6) 附录。包括收集和分析资料用的图表、问卷、部分原始资料等。附录的目的是让别人可以鉴定调查者收集和分析资料的方法是否科学，结论是否合理。

(7) 报告提要。提要是对报告要点的概括，是为帮助读者迅速掌握报告要点而写的，要求简明扼要。有的评估报告根据需要也可以把提要置于评估报告的开头。

撰写评估报告时，在内容上要注意主次有别，详略得当，构成有机联系的整体。为此，在撰写前应当认真拟就写作提纲，按照一定的主题及顺序安排内容。

第三节 培训规划的制定与实施

培训规划是在培训需求分析的基础，从企业总体发展战略的全局出发，根据企业各种培训资源的配置情况，对计划期内的培训目标、对象和内容、培训的规模和时间、培训评估的标准、负责培训的机构和人员、培训师的指派、培训费用的预算等一系列工作所作出的统一安排。

一、培训规划的主要内容

（一）培训项目的确定

1. 在培训需求分析的基础上，列出各种培训需求的优先顺序，并根据企业的资源状况优先满足那些排在前面的需求。

2. 明确培训的目标群体及其规模，考虑他们在企业中的作用、目前的工作状况和知识技能态度水平，进行后续的目标设定和课程安排等。

3. 确定培训目标群体的培训目标，要考虑到个体的差异性和培训的互动性，并对培训预期达到的结果、完成任务的条件、达到目的的标准（即完成任务的速度或工作规范）给予明确、清晰的描述。

（二）培训内容的开发

培训内容的开发要坚持“满足需求，突出重点，立足当前，讲求实用，考虑长远，提升素质”的基本原则。

（三）实施过程的设计

1. 充分考虑实施过程的各个环节和阶段，合理安排培训进度，把培训内容以问题或能力为中心分解成多个学习单元，按照各个单元之间的相互关系和难易程度确定讲授顺序、详细程度和各自需要的时间，形成一个完备的培训进度表。

2. 合理选择教学方式，根据教师期望对培训的控制程度和受训者的参与程度并结合培训内容，确定以什么方式更能达到效果。

3. 全面分析培训环境，培训时的环境应尽量与实际工作的环境相一致，以保证培训结果在具体工作中能够得到很好的应用。

（四）评估手段的选择

1. 如何考核培训的成败。

2. 如何进行中间效果的评估。

3. 如何评估培训结束时受训者的学习效果。

4. 如何考察在工作中的运用情况。

（五）培训资源的筹备

培训需要的资源，包括人、财、物、时间、空间和信息等的筹备与使用。资源分析实际上也是可行性分析，以此确定培训能否开展，是采取企业内部培训还是外部委托的方式培训，又或是与外部机构进行合作培训。

（六）培训成本的预算

培训规划总是需要得到高层管理者的批准，而高层管理者除了关心规划是否完善可行外，更关注培训的成本效益分析，因此，进行成本预算是得到高层批准的必须环节，同时，成本预算也是对培训实施过程中各项支出的一个参考。

二、制定培训规划的步骤和方法

制定培训规划是个复杂的过程，为了叙述的方便，这里将它分为九大步骤，其中每个步骤都有自己的目标和实现目标的方法。在实践中，这几个步骤是不能截然分开的，培训者可根据自己的需要来确定各个步骤的先后顺序，也可决定是否跨过或重复其中一个或几个步骤。

（一）培训需求分析

培训需求分析的目的在于提高工作者的绩效，这就需要一种机制来决定员工现有绩效是否需要提高，以及在哪些方面和何种程度上来提高，在培训规划设计过程中，这种机制就是需求分析。

1. 目的

收集、寻找现有绩效存在缺陷的有关证据及数据，以判断是否在现有绩效水平和理想的水平之间存在着差距、工作的哪些方面存在差距、哪些工作人员应对这些差距负责，显示现在和理想绩效之间差距的有关证据能决定是否需要培训、需要在哪些方面培训、需要多少培训，以及哪些工作人员需要培训。

2. 结果

有关员工现有绩效水平的数据资料，能够表明全体员工中有多少人未达到、达到或超过了理想的绩效水平，在每一工作领域里，未达到理想绩效水平的员工的百分比，这种数据能表明差距主要存在于哪一工作领域和差距有多大。

3. 方法

需求分析可以运用从纯粹的主观判断到客观的定量分析之间的各种方法，方法的确定依赖于对于整个工作中“哪些工作领域是最重要的”和“哪种培训效果最好”的判断，然而，最可靠的需求分析基于实证性的数据，我们要尽可能客观地收集和分析数据，并在此基础上决定是否真正地需要培训。

（二）工作说明

要想判断某一培训规划应包括什么，不包括什么，就需要有一种机制来说明培训与什么有关或与什么无关，在培训规划设计中，这种机制就是工作说明。

1. 目的

工作说明有时也被称为“任务说明”，是界定工作要求的基础，设计者收集关于工作活动的数据，他们提出的问题，选择的答案，使用的工具，做出的分析，收集的所有信息可用来形成一份客观、全面、可靠的关于工作活动的说明。

2. 结果

工作说明的结果就是一份工作活动一览表，这个一览表可以是一个树形图，也可以是一份工作流程图。

工作说明应包括以下主要内容：工作人员所面临的资源状况，他们必须做出的决策，他们必须采取的行动，每项行动的结果，每项行动或每个结果的标准。

3. 方法

工作说明的方法包括直接观察熟练工的实际工作，收集熟练工自己的介绍等间接资料，等等。有些方法注意熟练工的外显行为，有些方法则注意熟练工进行工作时的精神活动，当工作说明根据实证数据来决定培训目的与什么相关、与什么不相关时，它才是最可靠的，因此要尽可能搜集客观的、全面的数据。

（三）任务分析

由于各类工作岗位的任务内容不同，因而对培训的要求也就不同，有些工作任务可能要求培训提供专业知识方面的支持，有些工作任务可能要求培训提供解决某种问题的方法，因此，要想为某项工作任务选择切实可行的培训方法，就需要采用特定的方式，对岗位工作任务的培训需求进行分析。

1. 目的

任务分析旨在明确工作对培训提出的要求，它由一系列相互联系的问题组成。如此项工作需要哪些技能？这些技能在何种条件下运用？它们是否有某些特征利于或不利于学习？受训者的特征是有利于还是不利于学习？对这些问题的回答就构成了培训的特殊问题环境，而后者又规定了将要采用特殊措施。

2. 结果

任务分析的结果是提出一份任务分类表，或是一份关于每项任务所需技能的统计表，两种表中都应包括受训者可能存在的困难以及应对措施，受训者的特征，尤其是那些可能有利或不利于学习的特征，一般也在表中详细列出。

3. 方法

一种方法是列出工作人员在工作中的实际表现，进而对它们进行分类，并分析它们的技术构成；另一种方法是列出工作人员在工作中的心理活动，然后进行分类和分析其技术构成。两种方法中，设计者既可靠主观定性分析，又可靠客观定量分析，究竟采用哪种方式，要由费用、时间等因素来决定。

（四）排序

学习顺序非常重要，在某项学习活动进行之前，进行另一项学习可能非常费劲，有时甚至根本不可能；而如果将某项学习活动安排在前，那么其后的学习活动可能会非常顺利。每项工作中都有很多技能需要学习，该如何确定科学的学习次序，在培训规划设计中，完成此项任务的机制就是排序。

1. 目的

有些任务必须按一定顺序来安排时间，还有些任务可以任意安排，培训规划设计中的排序就是力图发现实际中的任务适于上述哪种方式，努力发现多项任务间的内在联系，这种内在联系是决定学习优先次序的首要因素。

2. 结果

排序的结果是一份学习流程图，图中所有的学习活动、步骤都依次排列。

3. 方法

通常，排序依赖于对任务说明结果的检查与分析，任务说明的结果能显示出任务之间在层次、程序上的联系，这些是排序的基本依据，基于这些联系，再考虑到其他一些因素（如费用、后勤等）排序就能完成。

（五）陈述目标

目标是对培训结局或由培训带来的岗位工作结果的规定，为了使培训达到预定的目标，就需要对培训目标作清楚明白的说明，在培训规划设计中，这种机制就是陈述目标。

1. 目的

陈述目标就是翻译和提炼早期收集的信息，它为顺利实现剩余任务提供了一个有力工具。早先的任务分析提供了大量的关于工作要求的信息，这些信息过于详细，设计者应将这些信息浓缩提炼，将其转化成在培训中易于操作的指导方针。

2. 结果

陈述目标的结果包括下列几项或全部内容：

(1) 工作人员面临的情境。

(2) 使用的辅助工具或工作助手。

(3) 对每种情境所必须做出的反应行为。

(4) 每项行为的辅助工具。

(5) 行为及其结果的标准。

3. 方法

设计者依靠工作说明的结果进行转换，就成了目标，目标越精确、细致，设计者就越易于进行下面的活动。

(六) 设计测验

培训规划设计最终要对培训的结果进行评估，因此，它必须提供可靠的和有效的测评工具，这些工具必须能精确地显示受训者在经过培训后有多少进步，因而，在陈述目标之后，设计者要设计测验。

1. 目的

测验用于培训开始和结束时，它检验培训规划是否符合要求，它是培训规划设计和使用时的评估活动的关键因素，测验结果在不同时期有着不同的用途，在培训设计时，它证明设计的培训规划是否符合要求，在培训规划使用时，它为设计者提供反馈，帮助设计者修改、调整规划以及做好下一次规划。

2. 结果

测验与工作对绩效的要求越接近，其结果就越能代表实际工作绩效，也就越具有可预测性，直接测验和模拟测验必须紧紧抓住工作所要求的技能，它们可以使用与培训中相同的媒介工具，也可使用不同的媒介工具，如纸、笔、计算机、电视等，它们可以要求受训者进行多项选择、配对和回答问题，它们可以采取自己评分和他人评分的形式，它们必须符合“培训方面”的唯一标准，就是向受训者提出的要求必须和在“陈述目标”中已经规定的相一致。

3. 方法

“测试学”是心理学中一门比较成熟的分支学科，有关编制测验的技术也相当先进并广为人知，这些都可在设计测验时进行应用。

（七）制定培训策略

制定培训策略就是根据培训面临的问题环境，来选择、制定相应的措施。

1. 目的

培训策略根据工作对培训提出的要求，规定培训的类型，策略越成功，培训就越能满足工作的需要。例如，某项培训目标要求应用知识，而不是简单地回忆它们，此时，一种合适的策略就是为受训者提供一个示范性的情景，在这种情景中知识得以应用，培训策略还必须适应构成培训问题环境的其他因素，如学习某一特殊工作技能的阻碍因素、受训者的学习能力、培训设备等。

2. 结果

培训策略规定了受训者将要参加的培训的性质、类型和特征，它明确了受训者将要参加哪些活动，培训内容是什么，培训以哪种方式进行，以及培训中应使用哪些媒介工具等。

3. 方法

设计者回顾前面几个步骤的结果，分析必须适应的问题环境，任务说明、目标陈述和设计测验的结果规定了工作要求的类型，任务分析的结果规定了基于工作要求的学习目标，受训者分析的结果明确那些可能影响受训者达到培训目标的因素，排序的结果明确了实现所有目标的最优次序排列，培训策略就要适应这些条件，最好的策略能在这些条件和对应措施间进行最适宜的搭配。

（八）设计培训内容

培训策略必须转化成具体的培训内容和培训程序，才能被执行和运用，在培训规划设计中，这种转化就是设计培训内容。

1. 目的

培训规划必须将培训策略中所列的各项规定加以应用，培训策略只规定了所需培训的大致框架，培训内容的设计则是将这个框架充实、填满，培训课堂包括哪些因素（知识、技能、能力），它们以什么方式表现（文字、图画、情境），它们的出现顺序如何，内容设计必须对这些问题予以详细地回答。

2. 结果

培训内容设计的结果就是一份培训教案，教案设计了一个个活动情景，这些情景告诉受训者应该做什么、如何做、做的结果是什么，培训过程中可能会出现什么困难，以及应怎样处理，应遵守什么规则等，总之，教案提供给受训者的，就是搞好工作所必需的知识、能力、技能和其他心理品质。

3. 方法

通常的方法是根据工作要求确定培训内容的性质和类型，然后对这些内容进行分析，将其分解成一个个细节，并根据受训者的心理发展规律、内容之间的联系来确定各个细节的先后顺序，再选择适宜的工具和方式来展现这些细节。

（九）实验

按照上述步骤设计的培训规划，从理论上讲可能尽善尽美，但是，它是否考虑了不该考虑的因素而没有考虑该考虑的因素，它是否能在实践中起到预期的作用，为了回答这些问题，需要将培训规划进行实验，然后根据实验结果对其进行改善，这个培训规划最后的一个机制，就是实验。

1. 目的

设计者找来一个小组学员（实验组）根据设计好的培训规划对他们进行培训，然后，利用设计好的测验来检验受训者是否学到了他们该学的东西，以及学得有多好，最后，再根据测验结果来诊断培训规划的缺点并改进它。如果时间和经费允许，可以进行多轮实验和改进，这样做能保证培训规划最有效。

2. 结果

实验的结果是根据实验加以改进的培训规划。改进的内容可能有：增加新内容，重新安排议题和各项议题的顺序，增添新型教具，改进测验系统等。这些改进必须针对实验中诊断出的明显存在的问题。

3. 方法

实验的对象要从将要参加培训的党员集体中选取，实验的环境条件、方法步骤、内容形式、设备工具要尽可能和真正的培训一样，实验数据的收集要全面、真实、准确，也可以在多轮实验中变换实验方法和工具，然后将各自的结果加以比较分析，在实验数据的统计分析中要充分照顾到来自学员方面的信息，学员关于培训内容的难易程度、各部分内容的特点和问题、培训方法、培训环境、教师，以及改进方式等方面的看法，一定要充分反映到培训规划的改进中去。

三、年度培训计划的构成

年度培训计划是企业培训组织管理的实施规程，如要使培训计划顺利实施，培训计划就必须具备以下内容：

1. 目的。即从企业整体的宏观管理讲，培训计划要解决的问题或者要达到的目的。

2. 原则。即制定和实施计划时的原则和规划。

3. 培训需求。即在企业运营和管理过程中，什么地方与现实需要存在差距，需要弥补。

4. 培训的目的或目标。即培训计划中的培训项目需要达到一个什么样的培训目的、目标或结果。

5. 培训对象。即回答培训计划中的培训项目是对什么人或者什么岗位的任职人员进行的，他们的学历、经验、技能状况如何。

6. 培训内容。即回答培训计划中每个培训项目的内容是什么。

7. 培训时间。培训时间包括三方面内容：首先，培训计划的执行或者有效期；其次，培训计划中每一个培训项目的实施时间或者培训时间；最后，培训计划中每一个培训项目的培训周期或者课时。

8. 培训地点。培训地点包括两方面内容：一是每个培训项目的实施地点；二是实施每个培训项目时的集合地点或者召集地点。

9. 培训形式和方式。即培训计划中的每个培训项目所采用的培训形式和培训方式。如是外派培训还是内部组织培训，是外聘教师培训还是内部人员担任，是半脱产培训还是业余培训等。

10. 培训教师。培训计划中每个培训项目的培训教师由谁来担任，是内聘还是外聘。

11. 培训组织者。培训组织者包括两个方面的人员：培训计划的执行人或者实施人，培训计划中每一个培训项目的执行人或者责任人。

12. 考评方式。每个培训项目实施后，对受训人员的考评方式分为笔试、面试、操作三种。笔试又分为开卷和闭卷，笔试和面试的试题类型又分为开放式或者封闭式试题。

13. 计划变更或者调整方式。计划变更或者调整的程序及权限范围。

14. 培训费预算。它分两个部分：一部分是整体计划的执行费用；一部分是每一个培训项目的执行或者实施费用。

15. 签发人。本培训计划的审批人或签发人。

培训计划可以制定得较为详细，也可只制定一个原则和培训方向，在每个培训项目实施前再制定详细的实施计划。

四、培训课程的实施与管理

一个完善的培训计划在拟订阶段，必然会涉及许多在实施中将发生的事情。包括学员、培训师的选择，培训时间、场地的安排，教材、讲义的准备，培训经费的落实，培训评估方法的选择等，所以，培训计划能否成功实施，除了有一个完善的培训计划外，培训师的素质、培训人员的学习成效及环境、时间等相关因素的配合也不可忽视。

培训课程的实施是指把课程计划付诸实践的过程，它是达到预期课程目标的基本途径，课程设计得再好，如在实践中得不到实施，也没有什么意义，课程实施是整个课程设计过程中的一个实质性阶段。

（一）前期准备工作

在新的培训项目即将实施之前做好各方面的准备工作，是培训成功实施的关键。准备工作包括以下几个方面：

1. 确认并通知参加培训的学员

如果先前的培训计划已有培训对象，在培训实施前必须先进行一次审核，看是否有变化。须考虑的相关因素如下：学员的工作内容，工作经验与资历，工作意愿，工作绩效，公司政策，所属主管的态度等。

2. 培训后勤准备

确认培训场地和设备。须考虑的相关因素如下：培训性质，交通情况，培训设施与设备，行政服务，座位安排，费用（场地、餐费）等。

3. 确认培训时间

须考虑的相关因素如下：能配合员工的工作状况，合适的培训时间长度（原则上白天 8 个小时，晚上 3 个小时为宜）符合培训内容，教学方法的运用，时间控制。

4. 相关资料的准备

主要包括：课程资料编制，设备检查，活动资料准备，座位或签到表印制，结业证书等。

5. 确认理想的培训师

尽可能与培训师事先见面，授课前说明培训目的、内容。须考虑的相关因素如下：符合培训目标，培训师的专业性，培训师的配合性，培训师的讲课报酬在培训经费预算内。

（二）培训实施阶段

1. 课前工作

（1）准备茶水、播放音乐；

（2）学员报到，要求在签到表上签名；

（3）引导学员入座；

（4）课程及讲师介绍；

（5）学员心态引导、宣布课堂纪律。

2. 培训开始的介绍工作

做完准备工作以后，课程就要进入具体的实施阶段，无论什么培训课程，开始实施以后要做的第一件事都是介绍。具体内容包括：

（1）培训主题；

（2）培训者的自我介绍；

（3）后勤安排和管理规划介绍；

（4）培训课程的简要介绍；

（5）培训目标和日程安排的介绍；

（6）“破冰”活动；

（7）学员自我介绍。

3. 培训器材的维护、保管

对培训的设施、设备要懂得爱护，小心使用，不能粗暴，如收录机或录像机的磁带要轻柔地插入或取出，许多人使用麦克风时，要注意保持麦克风清洁，以免传播疾病等，对设备要定期除尘，不要把食物、饮料放在设备附近。

（三）知识或技能的传授

传授新知识或技能的方法有很多，通常包括由培训者讲授、通过教学媒体传授、有组织的讨论、非正式的讨论，以及提问和解答等。培训过程应注意：

1. 注意观察讲师的表现、学员的课堂反应，及时与讲师沟通、协调；

2. 协助上课、休息时间的控制；

3. 做好上课记录（录音）、摄影、录像。

（四）对学习进行回顾和评估

一般在培训的最后阶段，当学员听到“现在我们来总结一下所学的内容”

时，他们就会松弛下来，认为培训已经结束，该下课了。实际上，这一短暂的总结非常重要，具有承上启下的作用，它既高度概括培训的中心内容，又提示学员注意“今天所培训的内容，有哪些可以应用到今后的工作中去”。

虽然，通过总结可以帮助大家复习学过的内容，但由于通常这时学员只被动地听，所以效果并不好。因此，即使是在培训的最后阶段也不能忘记学员的参与是培训成功的关键，这时学员的参与更为重要，因为这关系到能否把学到的知识运用到工作中去，即培训的目标能否最终实现。

做任何一件事情都要有始有终，培训也是一样，但培训者通常都很重视开始和整个培训过程，而忽略了结束部分。当然，好的开始可以给学员和培训者带来信心，而整个培训过程更是传授新知识和技能的主要环节，所以能留给总结部分的时间就不多了，但只要能给结束部分留出相当于全部培训时间的 5% 左右的时间，就能取得意想不到的效果。

（五）培训后的工作

（1）向培训师致谢；

（2）作问卷调查；

（3）颁发结业证书；

（4）清理、检查设备；

（5）培训效果评估。

五、培训方法的选择

随着科技与各种学习理论的发展，人力资源开发的新方法也不断出现。面对众多的培训方法，如何自其中选用适合的方法以达到令人满意的培训效果，这就需要对影响培训方法选择的一些主要因素以及各种培训方法的优缺点等进行适当的分析与考虑。

（一）影响培训方法选择的主要因素

在人力资源开发中，究竟选用何种培训方式与方法，需要考虑的因素主要有：

1. 学习的目标

学习目标对培训方法的选择有着直接的影响。一般说来，学习目标若是认识或了解一般的知识，那么，程序化的教学、多媒体教学、演讲、讨论、个案研读等多种方法均能采用；若学习目标是掌握某种应用技能或特殊技能，则示范、实习、模拟等方法应列为首选。

2. 所需的时间

由于各种培训方法所需时间的长短不一样，所以，培训方式的选择还受时间因素的影响。有的训练方式需要较长的准备时间，如多媒体教学、影录带教学；有的培训实施起来则时间较长，如自我学习，这就需要根据企业组织、学习者以及培训教员个人所能投入的时间来选择适当的培训方式。

3. 所需的经费

有的培训方式需要的经费较少，而有的则花费较大。如演讲、头脑风暴、小组讨论等方法，所需的经费一般不会太高，差旅费和食宿费是主要的花费；而影音互动学习和多媒体教学则花费惊人，如各种配套设备购买等需要投入相当的资金。因此需考虑到企业组织与学员的消费能力和承受能力。

4. 学员的数量

学员人数的多少还影响着培训方式的选择。当学员人数不多时，小组讨论或角色扮演将是不错的培训方法；但当学员人数众多时，演讲、多媒体教学、举行大型的研讨会可能比较适当。因为学员人数的多少不仅仅影响着培训方式，而且影响着培训的效果。

5. 学员的特质

学习者所具备的基本知识和技能的多少，也影响着培训方式的选择。例如，当学员毫无计算机知识时，电脑化训练或多媒体教学就不太适用；当学员的教育水准较低时，自我学习的效果就不会很好；当学员大多数分析能力欠佳并不善于表达时，辩论或小组讨论的方式将难以取得预期的效果。因此，培训方式的选择还应考虑到学员本身的知识状况和应对能力。

6. 相关科技的支持

有的培训方式是需要相关的科技知识或技术工具予以支持。如电脑化训练自然需要计算机的配合，影音互动学习至少需要会用计算机和影碟机，多媒体教学则需要更多的声光器材的支持。所以，培训单位或组织能否提供相关的技术和器材，将直接影响着高科技训练方式的采用。

（二）人力资源培训与开发的途径与方法

在人力资源开发和人员培训的过程中，常用的训练方法主要有以下几种：

1. 讲演法

讲演法是指对某一议题有深入研究的专家，经过充分准备后，以口头叙述的方式，将该议题系统地讲述给学员。

讲演法的优点为：(1) 易于安排整个讲述程序；(2) 比单纯的阅读成效高；(3) 适合任何数量的听众。

讲演法的局限性在于：(1) 学员处于被动的位置，不容易调动其积极性；(2) 不容易找到所谓的“名嘴”或“讲手”；(3) 专家并不见得就具备良好的表达能力；(4) 不适当的环境容易影响倾听的效果；(5) 由于是单向沟通，学员的回馈有限，学习的成效并非很高。

因此，要组织好演讲，就应注意以下的问题：(1) 妥善安排好演讲的环境，如场地、音响、辅助媒体等，使所有的学员都能清晰地听到其声音；(2) 事先发给学员讲演的大纲与摘要，以便于学员了解演讲者的意图、方向和重点；(3) 避免在太短的时间内灌输给学员太多的资讯，以造成接收不良；(4) 演讲结束后，适当安排问答或讨论，以便于双方沟通，提高学习成效。

2. 示范法

示范法是指在学员面前展示某种动作、解释某种程序或技巧，以使学员能重复相同的动作或程序。

示范的方法主要适用于教授某种特殊技能或介绍某一新的程序或技巧。

示范法的优点是：(1) 示范的程序比较具体，可重复进行，能“从做中学”，掌握快，见效快；(2) 所谓的“百闻不如一见”，其效果比单纯的听或读要好得多。

示范法的局限在于：(1) 学员人数不宜太多；(2) 常常需要特殊的环境加以配合，如场地、设备、材料、温度、灯光等；(3) 需要耗费较多的时间和金钱。

良好的示范法应尽可能做好以下工作：(1) 准备好相关的材料与设备，场地的布置应使所有的学员都能看清楚细微的动作；(2) 事先说明示范的目的及希望达成的目标；(3) 间断性地进行示范，使学员能够获得较完整的概念；(4) 示范时可配合适当的讲解或其他媒体，使观看的学员均能体会示范的内容与目标；(5) 示范后可根据学员的需要说明重点或回答学员的问题。

3. 练习法

练习法是指给学员提供一定的机会尝试或熟悉所学的或业已生疏的知识或技能。

练习法主要适用于学员在学习完某种知识或技能之后，用此法来测试和增强学员的学习成效，并能给学员提供提高和熟悉有关知识和技能的机会。

练习法的优点是：（1）可提高学员的自我学习能力；（2）有助于激发学员的学习兴趣和学习动力；（3）能够很好地将理论与实际相结合。

练习法的局限性有：（1）事先需要良好的策划与试验；（2）如果练习过程需要辅导或协助时，学员人数就不宜太多。

有效的练习法需要一定的条件予以配合：（1）提供必要的场地、资料、设备、材料等；（2）练习前给予学员详细的说明、指示和要求；（3）练习的项目应具有挑战性并能兼顾学员的兴趣；（4）尽可能提供回馈，以便于学员做及时适当的调整。

4. 演练法

演练法就是指两个以上的人经过简短的排练之后，通过固定的对话，进行具有幽默感或讽刺意味的表演，以此来唤起学员对某种特殊议题的重视和兴趣。

演练法主要适用于管理中凸显的某种特殊情况。通过演练，从不同的角度对某一特殊问题进行描述，以此来塑造学员的语言或行为模式。

演练法的优点是：（1）能吸引学员积极参与；（2）能制造学习高潮，激发学员的学习兴趣；（3）能使学员具有置身其中的感觉，容易吸引学员投入。

演练法的局限性有：（1）需要找到好的演员；（2）需要耗费相当的时间和精力进行筹划与排练；（3）所转达的信息层面较窄。

要搞好演练法还需做好以下准备：（1）准备好场地、舞台、服装、基本道具等，使所有的学员都能清楚地看到表演；（2）定好主题，撰写好台词，挑选好演员；（3）要安排预演；（4）演出前要向观众说明主题；（5）演出后要进行讨论与总结，检讨演出的得失。

5. 参观法

参观法就是指针对某一特殊环境或事件组织学员作实地的考察和了解。

参观主要适用于某些无法或不易于在课堂上讲述的议题。通过参观帮助学员了解现实世界的一些真实情况，了解理论与实际之间的差距。

参观法的优点是：（1）能够激发学员对实际问题的关注；（2）可加强学员与外界间的联系；（3）学习气氛较为轻松。

参观法的局限性有：（1）交通与食宿费用可能较高；（2）计划与安排行程可能相当费时；（3）实际行程的安排不见得合乎学习目标；（4）学员的实际参与程度可能较低；（5）学习成效可能不高，易流于玩乐而忽略了学习。

如何组织好参观至关重要。（1）应事先详细计划与联系参观的地点及有关人员；（2）准备详细的行程表、地图、参观地点简介等书面材料；（3）出发前，应使学员了解参观的目的及学习目标，以提高学习的兴趣及成效；（4）每一参观行程结束后，进行简短的讨论以加强学习效果。

6. 程式化教学法

程式化教学法是指根据学员的学习步调，以小单元、由浅至深、由简至繁等程序化的步骤，使学员逐渐学到所需的知识技能。学习的内容可能为书面资料、录音影带、计算机软件等。

程式化教学法主要适用于长距离学习或学习地点太过分散时，以及自我学习或进修。

程式化教学法的优点是：（1）学员可自行决定深入学习的方向；（2）比某些传统的教学法更有成效；（3）学员自行决定学习的进度，可减少其焦虑感；（4）学员对学习成效进行自我评量，有助于自我调整。

程式化教学法的局限性有：（1）教材所涵盖的议题有限；（2）欠缺学员间或与教师间的沟通与交流；（3）预设的教学程序可能太过僵化，反而失去弹性；（4）学员数量过多时可能会因争取设备而引起纷争。

程式化教学法若要取得成效必须做到：（1）准备安静的学习场所与必要的设备；（2）让学员预先阅读有关的学习手册，并了解其中各学习单元的划分；（3）配合学员程度，适度调整学习单元的长短，使学员能够依据教材指示循序渐进；（4）教材中的内容应具挑战性、激励性和趣味性，以丰富学习内容，提高学习兴趣；（5）进行讨论或练习以强化学习效果。

7. 头脑风暴法

头脑风暴法就是指鼓励学员针对某一特殊问题，在不受任何限制的情况下，提出所有能想象到的意见。

头脑风暴法主要用于帮助学员尝试解决问题的新措施或新办法，用以启发学员的思考能力和开阔其想象力。

头脑风暴法的优点是：（1）适合任何人的参与和贡献；（2）可以对旧有问题产生新的解决方法；（3）能最大限度地鼓励学员发表意见。

头脑风暴法的局限性有：（1）所得的部分意见可能一文不值；（2）多数学员可能因拘泥于旧有的观念，不愿踊跃发言。

有效的头脑风暴法则需要以下的条件加以保证：（1）准备一个舒适而无干扰的场地；（2）寻找一个热诚而又有激励与统合技巧的主持人；（3）参与者人数不要多于 8 人；（4）讨论过程要有记录；（5）给予时间限制，让参与者感受压力；（6）激励学员间的资讯交流与辩论，鼓励良性竞争；（7）讨论之前禁止参与者批评任何意见；(8) 讨论之后，鼓励学员选出最佳意见并进行比较。

8. 个案研究法

个案研究法就是指藉由口头、书面或影片等辅助资料，再经讨论程序，以求得对特殊议题的确认与了解。

个案研究法适用的时机为：学习解决问题的技巧或教授解决问题的程序。

个案研究法的优点是：(1) 可以帮助学员学习分析问题和解决问题的技巧；(2) 能够帮助学员确认和了解不同解决问题的可行方法。

个案研究法的局限性有：(1) 需要较长的时间；(2) 可能同时激励与激怒不同的人；(3) 与问题相关的资料有时可能不甚明了，影响分析的结果。

成功的个案研究要求：(1) 研讨前要提供充裕的时间让学员阅读相关的资料；(2) 主持人应详细介绍议题，并解释研讨之个案与学员应有的表现或成果；(3) 主持人要适时引导研讨以便于达到研讨的目标；(4) 所选案例最好来自真实的问题，但切忌透露相关人员的真实姓名。

9. 学习契约法

学习契约法就是一份由学习者拟订的书面资料，清楚载明学习的内容、学习的程序和方法、学习的时间以及评估的方式等，以详细规范教师与学习者的职责。

制定学习契约法的目的主要是为了培养成人学习者规划学习的能力和加强成人学习者自我学习的责任心。

学习契约法的优点是：(1) 可加强教与学之间的良性互动；(2) 可使教学更具弹性，更能顾及学员间的差别；(3) 能够有效地控制学习程序；(4) 能够同时培养教与学双方的教学设计能力；(5) 学员具有一定的主动权，能激发其学习的积极性。

学习契约法的局限性有：(1) 学员可能对未知产生恐惧、退缩或反感；(2) 当学员规划能力不足时，可能会影响学习的质量；(3) 可能会对课程时间造成重大压力。

学习契约法的实施则要求：(1) 先向学员说明拟订学习契约的目的；(2) 给学员学习契约的范例，并说明要点；(3) 要求学员根据学习目标、学习方法、学习时间、学习成果、评估方式等项目，列出切实可行的个人学习契约；(4) 单独与学员沟通，修正并确认契约内容；(5) 按照契约进行学习，教、学双方共同对学习过程及学习效果进行检查。

10. 角色扮演法

角色扮演法即学员在观众面前，未经预先演练且无预定的对话剧本而表演实际遭遇的情况，并讨论在类似情况下的各种反应与行为，其演出具有即兴表演的意味。

角色扮演法的目的是给学员提供不同的待人处事的观点和练习处理各种人际关系的技巧，寻求在情绪激动下解决问题的可能方法。

角色扮演法的好处是：（1）能激发学员解决问题的热情；（2）可增加学习的多样性和趣味性；（3）能够激发热烈的讨论，使学员各抒己见；（4）能够提供在他人立场上设身处地思考问题的机会；（5）能避免可能的危险与尝试错误的痛苦。

角色扮演法的局限性有：（1）观众的数量不宜太多；（2）演出效果可能受限于学员过度羞怯或过深的自我意识。

角色扮演法若要取得好的效果则需做到：（1）要准备好场地与设施，使演出学员与观众之间保持一段距离；（2）演出前要明确议题所遭遇的情况；（3）谨慎挑选演出学员与角色分配；（4）鼓励学员以轻松的心情演出；（5）可由不同组的学员重复演出相同的内容；（6）可安排不同文化背景的学员演出，以了解不同文化的影响。

11. 多媒体教学法

多媒体教学法是指针对某一特殊议题所设计的自学教材，其中可能包括影片、幻灯片、自学手册、讨论问题、参考资料等。现在的多媒体教学多强调应用高科技，配合光碟设备，以满足学员个别差异、自学步调与双向沟通的需求。

多媒体教学法适合学员自我学习的情况。它几乎可以涵盖任何专业主题，可满足标准化、长距离或学习地点分散的需求。

多媒体教学法的优点有：（1）适合重复与大量使用；（2）大都不需要专人在旁指导；（3）学习的程序与成效标准化，较易评估学习成果；（4）计算机可储存所有学员的学习记录，易于分析比较；（5）学员能马上知道学习成效，能够满足其立即回馈的需求；（6）学习资讯经严格的选择、设计与测试，符合大多数学员的需要。

多媒体教学法的缺在于：（1）制作成本较昂贵；（2）有时缺乏弹性；（3）制作耗费相当的时间（以 CD—ROM 而言，每小时的教学至少需要 400 小时设计与发展）。

多媒体教学法的运用需要一定的技术设备与条件的支持。（1）准备适当的教学软件、计算机与其他辅助设施。如 CD—ROM 或触摸式监视器等。（2）要求学员先阅读相关资料或手册后再依各单元顺序学习，直至结束。(3) 学习结束后召集学员进行讨论或问题解答。(4) 避免将多媒体教学流于追求时尚的形式。(5) 强化学员的计算机知识，消除其对高科技的恐惧感。

12. 电脑化训练法

电脑化训练法就是应用电脑快速计算、整合、探求相互间的关系，或寻找资料，以提升相关知识和技能。

电脑化训练法适用于学员数量极多、工作场地分散、难以匀出空余时间或需要将学习内容与学员回馈标准化的训练等情形。

电脑化训练法的优点有：(1) 可降低训练时间；(2) 可以提高训练的成效；(3) 可以配合学员的空余时间；(4) 可以降低学员的差旅时间与费用；(5) 可减少相关昂贵设备的损坏；(6) 当学员数量极多时，可降低训练的成本。

电脑化训练法的局限性有：(1) 学员需要具备基本的计算机知识；(2) 初期发展阶段需投资相当的成本去购买设备；(3) 自行开发训练软件需花费一定的时间，且成本较高。

电脑化训练法的条件与技术支持为：(1) 准备良好的学习场所与配备齐全的计算机设备；(2) 对毫无计算机基础知识的学员要先教授基本的计算机知识；(3) 上机前要先研读有关的资料，严格按照指定的程序进行操作；(4) 电脑化训练可配合其他学习方法，将更有成效。

13. 模拟法

模拟法有些类似经角色扮演化并加入许多决策点的程式化个案研读，通常由多个学员组成团队，以对应真实状况，共同谋求解决问题的方法。

模拟法主要是为了给学员提供处理动态人际关系的机会，训练其团队合作和决策判定的知识与技能，鼓励学员相互学习。

模拟法的优点是：(1) 使学习活动多元化并能增进学员的学习兴趣；(2) 以团队的方式处理问题，更接近真实情况；(3) 可为学员提供冒险犯难的机会。

模拟法的局限性有：(1) 模拟与真实之间仍有一定的差距；(2) 一些学员可能过度强调竞争而破坏学习经验；(3) 需投入相当的时间、金钱和精力去发展。

成功的模拟法要做到以下几点：(1) 需准备简单、明了，但详尽的书面资料；(2) 准备各小组讨论的场地与其他设备；(3) 依学员的数量、特质与实力，平均分组；(4) 召集各小组解释模拟训练的意义与目标；(5) 安排充分的时间，避免匆忙进行；(6) 给予各小组自我讨论和分析的机会，使学员能感受到模拟学习的乐趣；(7) 模拟结束后，要召集各小组进行分析和评估。

14. 敏感性训练法

敏感性训练法就是通过团队活动、观察、讨论、自我坦白等程序，使学员面对自己的心理障碍，并重新构建健全的心理状态。

敏感性训练法主要用于为学员提供自我表白与解析的机会和了解团队形成与运作的情况等。

敏感性训练法的优点是：（1）使学员能够重新认识自己；（2）能够使学员重新构建自己。

敏感性训练法的局限性有：（1）所需的时间较长；（2）有造成学员心理伤害的可能与危险；（3）需要一名受过专业训练的支持人与数名有一定基础知识的助手；（4）学员可能不愿泄漏内心深处的秘密而影响整个程序与效果。

要组织好敏感性训练，就必须按照以下的程序进行：（1）需准备一个舒适的场地，以免给学员形成任何心理压力；（2）主持人需事先说明训练的程序、规则与目的；（3）主持人先交付所有学员共同参与并完成一项任务；（4）任务结束后，以一学员为中心，其他学员则依序将任务中所见、所听、所闻、所想与该目标学员有关的资讯报告出来（包括个人言行与如何影响他人等作为），并由目标学员详细说明、坦白为何产生如此言行；（5）轮流指定目标学员，重复上一步骤，直至所有学员均参与为止；（6）由主持人作最后的评价、总结，并鼓励、赞许学员面对自我的勇气。

15. 辩论法

辩论法就是不同立场的参与者面对争议性的议题提出自身看法并反驳对方论点的公开竞赛。

辩论法的目的主要是训练参与者的逻辑思考能力和表达与思辨能力。

辩论法的优点是：（1）能够激发学员参与的热情；（2）能为学员提供动态学习的机会与经验；（3）能够为学员提供生动、活泼、热烈的学习气氛；（4）能够提高学员在具有一定压力的情形下独立思考问题和随机应变的能力。

辩论法的局限性有：（1）议题的研究与准备需耗费相当的时间；（2）学员的个性差异可能会影响辩论的程序与效果。

辩论法的组织与实施需要周密的准备工作：（1）需挑选正反双方至少各有3人参与辩论；（2）需要挑选一位有经验的主持人和裁判团；（3）准备一个为双方都能接受且具有争议性的论题；（4）明确辩论的规则；（5）准备一个能足够容纳参与者和听众的场地；（6）正反双方依序进行论述，最后再进行总结；（7）裁判团作胜负决定，并作简短的讲评。

第四节 培训效果评估与反馈

一、培训成果转化的要素与模型

要想成功地完成培训项目，受训者必须要有效且持续地将所学技能运用于工作当中，这被称做培训成果转化。培训成果转化受到若干因素的影响，如受训者特点、培训项目设计和工作环境，等等。图 9—5 展示了一个转化过程的模型。如图 9—5 所示，培训成果转化包括将培训内容推广到工作当中，并能维持所学的内容。

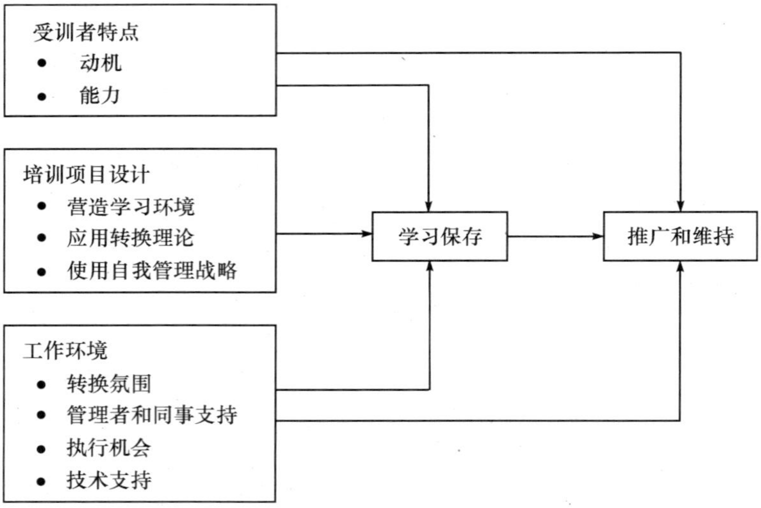

图 9—5 培训成果转化过程模型

推广能力指受训者在遇到与学习环境类似但又不完全一致的问题和情况时，将所学技能（语言知识、动作技能等）应用于工作上的能力。维持能力是指长时间持续应用新获得的能力的过程。为保证推广和维持所获得的培训成果，人们必须要学习并保持各种能力。培训项目设计、受训者特点和工作环境将会影响学习、保存、维持和推广。

培训项目设计指学习环境的重要特征。学习环境的重要特点包括有意义的材料、实践机会、反馈、学习目的、项目组织协调以及培训场地的自然环境特点。

另外一个影响学习和保存的因素是受训者特点。受训者特点包括影响学习的各种能力和动机。如果受训者不具备掌握所学能力的基本技能（如认知能力、阅读技能），缺乏学习动机，不相信自己能掌握所学能力（自我效能程度低），那么，学习行为与培训转换能否发生令人怀疑。

第三个影响学习、保存和转化的因素是工作环境。工作环境是指能够影响培训成果转化的所有工作上的因素，包括管理者支持、同事支持、技术支持、转化氛围和在工作中应用新技能的机会。为让受训者获得执行机会及管理者和同事的鼎力支持，激发受训者的学习动机，并使工作环境有利于培训，许多企业正努力转变为学习型组织。

二、培训效果评估的含义和作用

（一）培训效果与培训评估的含义

培训效果是指企业和受训者从培训当中获得的收益。对受训者而言，他们的培训效果是通过培训学习到各种新技能和行为方式；对于企业而言，培训效果则是因为进行培训而获得的销售额的上升或者顾客满意度的增加等。

培训评估是指收集培训成果以衡量培训是否有效的过程。企业培训评估的价值与作用在于，培训评估是培训工作的最后阶段，培训评估技术通过建立培训效果评估指标及评估体系，对培训是否达到预期目标、培训计划是否具有成效等进行检查与评价，然后把评估结果反馈给相关部门作为下一步培训计划与培训需求分析的依据之一。

（二）培训评估使用的成果或标准

培训的成果或标准即培训者和企业用来评价培训项目的尺度。无论是培训实践人员还是理论研究人员都认为需要更全面的培训标准模型，也就是说，还存在许多其他的对评估培训项目有用的培训成果。这些成果包括态度、动机及投资回报率。这样，就将培训成果分成了五大类：认知成果、技能成果、情感成果、绩效成果及投资回报率。

（三）培训评估的作用和内容

培训评估实质上是对有关培训信息进行处理和应用的过程。要真正提高对培训评估的重视，首先要了解培训评估的重要作用；同时，由于培训管理者和培训实施者提供的培训产品的好坏并非只决定于培训活动的最终环节，而决定于培训过程每一步做得好坏，因此，培训评估意义的体现来自于对培训过程的全程评估。全程评估可以分为三个阶段，即培训前的评估、培训中的评估和培训后的评估。此外，还有一种起承前启后作用的评估——年度绩效考核评估。

1. 培训前评估的作用和评估内容

培训前评估的作用主要有：（1）保证培训需求确认的科学性；（2）确保培训计划与实际需求的合理衔接；（3）帮助实现培训资源的合理配置；（4）保证培训效果测定的科学性。

培训前评估的内容主要有：（1）培训需求整体评估；（2）培训对象知识、技能和工作态度评估；（3）培训对象工作成效及行为评估；（4）培训计划评估。

2. 培训中评估的作用和主要内容

培训中评估的作用主要有：（1）保证培训活动按照计划进行；（2）培训执行情况的反馈和培训计划的调整；（3）过程监测和评估有助于科学解释培训的实际效果。

培训中评估的内容主要有：

（1）培训活动参与状况监测：目标群体的确认，培训项目的覆盖效率，培训对象参与热情和持久性。

（2）培训内容监测：培训的构成或成分，培训强度，提供的培训量，培训的频率，培训的时间安排。

（3）培训进度与中间效果监测评估：培训组织准备工作评估，培训学员参与培训情况评估，培训内容和形式的评估，培训讲师和培训工作者评估，现代培训设施应用评估。

（4）培训环境监测评估。

（5）培训机构和培训人员监测评估：培训机构的规模和结构特征，培训机构的内部分工状况，培训机构服务网点分布状况，培训机构的领导体制，培训机构的沟通和协调机制，培训者的素质和能力，培训者的工作安排，培训者的工作态度。

3. 培训效果评估的作用和主要内容

培训效果评估的作用主要有：（1）有助于树立结果为本的意识；（2）有助于扭转目标错位的现象；（3）提高培训质量的有效途径。

培训效果评估的内容：（1）培训目标达成情况评估；（2）培训效果效益综

合评估；(3) 培训工作者的工作绩效评估。

三、培训效果评估的步骤与流程

评估是一个由几个核心成分组成的系统。大多数成功的评估方案是在进行需求分析、提出影响该培训项目问题的过程中就有所计划的。在实施培训项目之前、之中和之后都要考虑评估问题。

在实施培训项目的过程中，练习和活动都是为了达到既定结果而设计的。在培训项目完成之后，还要对更多的数据进行收集、分析和汇总。评估活动贯穿于培训项目全过程的每一步。作为一种以结果为基础的评估方法，培训评估实施需要完成如下步骤：

（一）进行需求分析，暂定评估目标

在培训项目开发之前，必须将评估目标确定下来。多数情况下，评估的实施有助于对项目的前景做出决定。实际上，进行评估还有别的原因，这些原因将影响数据类型、数据收集方法的选择。需求分析应提供有助于设立评估目标的信息，确切地讲，就是提供培训项目必须要达到的目标。这些目标是暂定的，一旦确定这些数据是现成的或可以收集的，那么，这些目标就可以最终得到完善。

（二）如果可能，要建立基本的数据库

在进行评估之前，必须将项目执行前后的数据收集齐备。数据的形式多种多样，并且基本上反映产生培训需求的条件。收集的数据最好是一个时段内的数据，以便进行实际分析比较。数据收集的方法回答了为什么要实施评估这样一个基本的问题。基本数据反映的信息非常重要，它能反映出工作业绩的缺陷所在。经过需求分析之后，建立基本数据库能使培训人员的注意力集中在培训项目应该带来的变化上。有了基本数据，操作程序及为解决问题、消除缺陷而设计的改进方案也会相对容易一些。

（三）选择评估方法

确定培训项目的目标之前就选择评估方法也许看上去不合逻辑，但是评估方法的选择会影响培训项目目标的制定。如果没有收集到衡量目标实现的进展信息，确立培训项目目标就毫无意义。因此，如果首先选定收集数据的方法，

目标就可量身定做。在最后确定培训项目的目标之前，选择评估方法能使设想的工作流程有所不同。选择评估方法的过程回答了如何对学习环境、学员和培训内容实施评估这一问题，因为方法的选择必须适合数据的类型。评估方法的类型包括课程前后的测试、学员的反馈意见、对学员进行的培训后跟踪、采取的行动计划以及绩效的完成情况等。

（四）决定评估策略

在整个过程中，这一步回答了与评估有关的谁来评估、在什么地方评估和在什么时候评估的问题。这些关键问题的答案在计划评估时是很重要的。因为培训部门和培训项目的学员在评估中都扮演着很重要的角色。有关双方的责任划分一定要明确：（1）由谁来实施评估；（2）信息将从参加培训的学员的直接上级还是直接下属处收集；（3）谁来分析数据和解释数据；（4）谁将继续实施后续的评估；（5）谁来决定停止或改变评估程序。

在采取进一步措施之前应当先回答这些问题。多数情况下，应由个人或一个小组负责收集数据比较合理。他们负责分析结果，并将结果告知适当的目标听众。

一个完整的评估和衡量系统会在培训过程不同的时间段来收集数据。如果和前面几步相结合，这一步包括了形成评估策略的所有问题。

（五）确定评估项目所要达到的目标

培训项目的目标是在评估计划的有关问题都有答案后进行的，这是因为评估计划会影响目标的最终选择。最理想的是每一个目标应该与收集的基本数据有关。培训项目的目标为课程设计者和学员指明了方向；同时，管理层也据此决定是否应该实施该培训项目。培训项目的目标应当考虑不同层次的特点，应当符合合理化目标所应具备的普通标准。每个目标必须具有挑战性、明确性、时限性、可实现性和简单易懂的特点。为了达到这些标准，所有各方都应参与目标的制定工作。这有助于使培训目标完全满足管理者的要求，并贴近部门的工作实际。这个过程的关键还在于它有助于高质量的培训系统的运作。

（六）估算开发和实施培训项目的成本与收益

成本的估算要在培训项目工作启动之前进行，通过成本估算决定该项目是做还是不做。从这一点上看，需求分析能够揭示工作表现中明显的缺陷。基本数据库一旦形成，评估策略和培训项目目标一经确定，就要估算开发和启动该培训项目所需要的成本，并与预计的收益进行比较，进而对投资回报率进行预测。成本可以按需求分析、课程开发、培训实施和培训项目评估等分类统计在表格当中加以分析，据此，还可估计各种潜在的现金收益。

然而，这一步在有些情况下是没有必要的。如果项目必须进行，就毋须做预算。不考虑成本而去完成一个培训项目，并不意味着成本不重要，相反，这是由于需求受到了经济因素以外其他因素的影响。这样一来，应将主要精力集中在高效开发项目、尽快使之投入使用这个方面上来。尽管如此，培训者还是应该计算成本的，让工作人员知道他们所付出的努力以及他们在该项目上所产生的费用，同时作为历史数据记录下来。

（七）设计评估手段和工具

在评估过程中，评估手段是一种收集数据的工具，用收集到的数据来描述学员在态度、学习和行为方面的变化，或者其他从培训项目实施中能得到的结果。这些工具可能包括数据记录系统、问卷、考试、态度调查、面谈、核心小组、观察或工作模拟等。这些手段和工具应具有统计的可靠性和易于使用的特点。培训项目开发之前设计评估手段和工具非常重要，因为这样会发现一些意外的信息，这些信息会改变课程开发和课程内容。

（八）收集评估数据

在评估过程中，一个重要的步骤就是收集数据。在适当的时候要收集数据，预先确定的数据收集进度计划也要到位。确定周密的评估计划并不困难，但是，如果不能在适当时候收集到所需要的数据，评估计划就达不到预期的效果。有各种各样的数据收集方法可以用于收集数据的过程。

（九）对数据进行分析和解释

数据分析有时会遇到巨大的挑战。当数据收齐并达到预先确定的目标之后，接下来的步骤就是对数据进行分析，以及对分析结果进行解释。对问卷调查的反馈结果要列表分类以便介绍，对不同情况要进行不同的分析。在分析评估数据时，有三类统计分析方法尤其适用，即趋中趋势分析、离中趋势分析和相关趋势分析。如果方法适当，可以在这一步骤计算培训结果的货币价值。在得出这些价值的时候，要考虑评价因素问题，对培训结果的分析和解释也可以在其他阶段进行。例如，在培训项目不同阶段所收集到的数据往往会在当时的阶段进行分析，以便为培训项目的调整提供信息。此后，可以收集在岗业绩表现数据或后续跟踪数据，将它们与最初的数据合在一起分析，以便评估整个项目。

（十）根据评估分析结果调整培训项目

如果评估结果表明，培训项目没有什么效果或存在较大问题，就要对项目进行调整或考虑取消该项目。如果培训项目的某些部分不够有效，就可以考虑对这些部分进行重新设计或调整。另外，对于那些不能接受的结果要进行分析，以便确定失败的原因。失败的原因包括：内容不适当、授课方式不适当、对工作没有产生足够影响或学员本身缺乏积极性等，要对培训项目的每一部分进行分析。

（十一）计算投资回报率

如果要考虑培训的经济效益，就要计算投资回报率。最基本的投资回报率的计算公式如下：

$$投资回报率=\frac{项目净利润}{项目成本}\times 100\%$$

计算投资回报率之后，要将它们与培训项目的目标进行比较。有时对这些目标的确定是以公司资金支出标准为基础的，其他则基于经理们对培训项目的期望结果，或者基于他们对实施项目的要求程度。对投资回报率的计算应该得到足够重视，因为它是决定评估的最终手段。除此之外，它正在成为人力资源培训与开发职能商业化的一个重要组成部分，并且企业越来越重视其基本的效果。这也成为衡量用于人力资源开发活动的资金的应用是否有效的坚实基础。

（十二）对培训项目的结果进行沟通

有许多人要得到评估信息，其中，有四种人是必须得到评估结果的。这四种人是：

1. 培训开发人员

他们需要这些信息来改进培训项目，只有在反馈意见的基础上精益求精，才能提高培训项目的质量。

2. 管理层

因为他们当中有一些是决策人物，决定着培训项目的未来。

评估的基本目的之一就是为决策提供基础。该项目是否值得做，是否有必要为继续这种努力投入更多的资金，应该向管理层沟通这些问题及其答案。

3. 学员

他们应该知道自己的培训效果怎么样，并且将自己的业绩表现与其他人的业绩表现进行比较。这种意见反馈有助于他们继续努力，也有助于将来参加该培训项目学习的人员不断努力。

4. 学员的直接经理

当学员参加培训学习时，经理要做一些调整工作，并且要对学员的成功表示很感兴趣。

在培训过程中，对培训结果的沟通往往被人们所忽视。尽管经过分析和解释的评估数据将转给某个人，但是当应该得到这些信息的人没有得到这些信息时，就会出现问题。在沟通有关信息时，一定要做到不存在偏见且有效率。

四、培训成果评估的层次与内容

若评估某一培训项目，应明确根据什么来判断项目是否有效。对培训效果的评估可在四个层面上进行。

（一）反应评估

反应评估是第一级评估，即在课程刚结束时，了解学员对培训项目的主观感觉或满意程度。第一级评估目标往往包括对培训项目的肯定式意见反馈和既定计划的完成情况。

反应层面需要评估以下几个方面：内容、讲师、方法、材料、设施、场地、报名的程序等。对这个层次的评价，首先要有总体的评价，比如询问学员：你感觉这门课怎么样？你会向其他人推荐这门课吗？但是这样容易产生一些问题，比如以偏概全、主观性强、不够理智等。因此，还必须有涉及以上内容的更细致的评估方法。适合的方式有问卷、面谈、座谈、电话调查等。

这个层面的评估易于进行，是最基本、最普遍的评估方式。但它的缺点显而易见，比如，因为对老师有好感而给课程全部高分，或者因为对某个因素不满而全盘否定课程。

（二）学习评估

学习评估是第二级评估，着眼于对学习的度量，即评估学员在知识、技能、态度或行为方式方面的收获。评估的方法很具体，无论是对测试、模拟、技能练习，还是对教师的评价，都是为了评估学习的情况，往往在培训之中或之后进行，由教师或培训辅导员来负责实施。

学习层面主要的评估方法有：考试、演示、讲演、讨论、角色扮演等。这个层面评估的优点有：对培训学员有压力，使他们更认真地学习；对培训讲师也是一种压力，使他们更负责、更精心地准备课程讲课。学习是行为改善的第一步。但问题在于压力是好事也可能是坏事，有可能使报名不太踊跃。再者，这些测试方法的可靠度和可信度有多大？测试方法的难度是否合适？对工作行为转变来说并非是最好的参考指标。

（三）行为评估

行为评估是第三级评估，即评估学员在工作中的行为方式有多大程度的改变。行为层面的评估，主要有观察、主管的评价、客户的评价、同事的评价等方式。这个层面评估的好处是：培训的目的就是改变学员的行为，因此这个层面的评估可以直接反映课程的效果；可以使高层领导和直接主管看到培训的效果，使他们更支持培训。

对于第三级评估来讲，其目标涉及更广泛的领域，即培训的应用领域，包括重要的在岗活动。评估的实施时间往往是在培训结束后的几周或几个月之后。由于这种评估将涉及几个方面的参与，包括培训和开发人员、区域培训师或地方经理的参与，所以在运作的初期就明确这个问题是很重要的。

但是，这个层面的评估要花很多时间和精力，人力资源部门可能忙不过来；问卷的设计非常重要却比较难做，因为要占用相关人员较多时间，大家可能不太配合；员工的表现多因多果，如何剔除其他因素的影响也是一个问题。

（四）结果评估

结果评估是第四级评估，其目标着眼于由培训项目引起业务结果的变化情况，目标可以包括对每个项目的度量方法。通过诸如质量、数量、安全、销售额、成本、利润、投资回报率等企业或学员的上司最关注的并且可量度的指标来考查、判断培训成果的转化，与培训前进行对照，看最终产生什么结果。评估的时间取决于学员多长时间才能取得持续不变的业务效果，往往是培训后的几个月。收集评估的数据涉及的责任人包括学员自己、主管、区域培训协调员或者外部的评估人员。

这种评估方式的优点显而易见，因为企业及企业高层主管在培训上投资的根本目的，就是提高这些指标。如果能在这个层面上拿出翔实的、令人信服的调查数据，不但可以打消高层主管投资培训的疑虑心理，而且可以指导培训课程计划，把有限的培训费用用到最能够为企业创造经济效益的课程上来。

但是，这个层面的评估首先需要时间，在短期内很难有结果；其次，对这个层面的评估，人们刚刚开始尝试，缺乏必要的技术和经验；再次，必须取得管理层的合作，否则无法拿到相关的数据；最后，简单的对比数据意义不大，必须分辨哪些与要评估的课程有关系，在多大程度上相关。

五、培训评估信息的收集与分析

（一）需求信息收集工具和方法

一种需求信息收集工具或技术不能解决所有的问题，必须选择合适的技术或在特殊情况下综合使用几种技术。建议使用一种以上的技术，因为用至少两种不同的方法研究目标员工和他们的工作时，会使分析的准确程度提高 1 倍以上。

主要根据以下几点选择需求信息方法：

1. 评估的目的是在组织、工作还是任务的层次上确定培训需求。

2. 目标人群的规模以及在组织运营中的重要程度。大规模和重要的人群组织需要多花些时间和财力进行较为详细的需求评估。

3. 对培训的抵触程度。通过小组讨论或面谈等形式使目标人群和他们的管理者参与到培训中来，有助于克服对培训的抵触情绪。

4. 所需资料的类型。“硬资料”是指从生产、销售等部门得到的报告中反映的事实和信息。这些资料可以计量，进行统计分析。硬资料还可以通过对工作的调查和对任务的分析取得，这些有助于确定一项工作执行的频繁程度，以及它的重要性和这项任务的关键步骤。“软资料”是指通过小组讨论、会谈或问卷等方式得到的资料。软资料带有主观性，但可以通过对硬资料的分析确定其可靠程度。

（二）收集培训评估信息的渠道

通过档案资料收集培训评估信息可以获知较为广泛的信息，可以说这是影响培训需求信息是否全面的主要因素。同时，通过档案资料收集到的有关培训需求信息也存在着内容过多的不足，应用起来比较耗时，故需要对资料涉及的主要内容进行提炼，将影响培训需求的主要信息进行归纳是简化工作的有效方法。实际工作时可采用资料信息归纳表的形式实现这一目的。

1. 信息的主要来源渠道

（1）来自领导层的主要信息；

（2）来自各部门的主要信息；

（3）来自外部的主要信息；

（4）来自组织内部个人的主要信息。

2. 收集的主要信息内容

（1）组织决策者的指导性文件；

（2）培训信息库的外部培训信息；

（3）专业培训顾问的培训信息；

（4）市场营销部门的顾客反馈信息；

（5）人力资源部门的人员招聘、调动等信息；

（6）财务部门的经营损耗信息；

（7）生产制造部门的生产情况信息；

（8）新事业开发部门的信息；

（9）组织决策者的组织目标和战略规划资料；

（10）人力资源部门关于各部门工作职能和每个岗位工作职能的描述；

（11）人力资源部门关于员工绩效考核报告；

（12）各部门的具体工作计划；

（13）培训部门备存的关于以往培训情况的记录性资料；

（14）关于员工行为评估的备存资料。

（三）评估信息的调查与访谈

访问调查的对象包括各级主管及与培训工作有关的人员，从面谈收集的资料中可以找出他们对培训的态度和看法，从他们的反应中可以预估他们对培训的支持程度。这种访谈一方面让他们积极参与培训推动工作，另一方面也可与他们建立良好的关系，对往后的执行有所帮助。访谈资料整理出来后，一方面与企业和部门目标做一分析比较，另一方面评估其可行性及成本费用。

六、培训评估报告的撰写

撰写评估报告的目的在于向那些没有参与评估的人提供评估结论并对此做出解释。通常，组织的主管人员会对培训的产出感兴趣，那些要求对其员工进行培训的部门领导则关注培训的效果。制作评估报告正是向这些不同的需要者提供关于培训的有关情况、评估结论及建议。

（一）评估报告的撰写要求

1. 调查培训结果时必须注意接受调查的受训者的代表性，必须保证他们能代表整个受训者群体回答评估者提出的问题，避免因调查样本缺少代表性而做出不充分归纳。

2. 组织对培训投入大量时间和精力，必然力图通过评估来证明培训的价值。在这种情况下，评估者（尤其是内部评估者）在撰写评估报告时要尽量实事求是，切忌过分美化和粉饰评估结果。

3. 评估者必须综观培训的整体效果，以免以偏概全。

4. 评估者必须以一种圆熟的方式论述培训结果中的消极方面，避免打击有关培训人员的积极性。

5. 当评估方案持续 1 年以上时间时，评估者需要做中期评估报告。

6. 要注意报告的文字表述与包装。

（二）评估报告的结构和内容

评估报告的主要内容和基本结构大致如下：

1. 导言

首先，说明评估实施的背景，即被评估的培训项目的概况。如被评估培训项目的性质是什么？哪些人掌管培训机构？培训已进行多长时间？哪些因素阻碍着培训的顺利进行？受训者对培训的参与状况如何？撰写者应通过对这些问题的问答，使读者对被评估的培训项目有大致了解。其次，撰写者要介绍评估目的和评估性质。评估实施的目的是评定培训参与者的绩效，还是提高培训参与者的参与程度，抑或是为了改善组织关系，评估者着重进行的是需求分析，还是过程分析，或是产出分析、成本—效益分析。最后，撰写者必须说明此评估方案实施以前是否有过类似的评估，如果有的话，评估者能从以前的评估中发现哪些缺陷与失误。

2. 概述评估实施过程

概述评估实施过程是评估报告的方法论部分。撰写者要交代清楚评估方案的设计方法、抽样及统计方法、资料收集方法和评估所依据的量度指标。说明评估实施过程是为了使读者对整个评估活动有一个大概了解，从而为读者对评估结论的判断提供依据。

3. 阐明评估结果

结果部分与方法论部分是密切相关的，撰写者必须保证两者之间的因果关系，不能出现牵强附会的现象。

4. 解释、评论评估结果和提供参考意见

这部分涉及的范围可以较宽泛。例如，在需求评估中，进行培训的理由是否充足；在总结性评估中，赞成或反对继续培训的理由是什么；在建设性评估中，应采取哪些措施改善培训；在成本—效益评估中，应指明能否用其他培训方案更经济地达成同样的结果。撰写者还可以讨论培训的充分性，如培训是否充分满足了受训者的多方面需求，满足到什么程度。

5. 附录

附录的内容包括收集和分析资料用的图表、问卷、部分原始资料等。附录的目的是让别人可以鉴定撰写者收集和分析资料的方法是否科学，结论是否合理。

6. 报告提要

提要是对报告要点的概括，是为了帮助读者迅速掌握报告要点而写的，要求简明扼要。在内容上要注意主次有别，详略得当，构成有机联系的整体。为此，在撰写前应当认真拟就写作提纲，按照一定的主题及顺序安排内容。

第五节　培训制度的建立与推行

一、企业培训制度的定义和构成

（一）企业培训制度的内涵

培训制度，即能够直接影响与作用于培训系统及其活动的各种法律、规章、制度及政策的总和。它主要包括培训的法律和规章、培训的具体制度和政策两个方面。

企业培训的具体制度和政策是企业员工培训健康发展的根本保证，是企业在开展培训工作时要求人们共同遵守并按一定程序实施的规定、规则和规范。企业培训制度的根本作用在于为培训活动提供一种制度性框架和依据，促使培训沿着法制化、规范化轨道运行。

企业培训涉及两个培训主体——企业和员工，这两个培训主体参与培训的目的存在一定的差别。在一定的制度条件下，这种差别将导致培训无法达到目的或效果很差。因此，要想提高培训的效率，就必须建立一套完整的培训制度，通过制度来明确双方的权利和义务、利益和责任，理顺双方的利益关系，使双方的目标和利益尽量相容。由于培训制度是由企业制定的，所以制度的主要目的是调动员工参与培训的积极性，同时也使企业的培训活动系统化、规范化、制度化。

（二）企业培训制度的构成

在企业员工培训与开发的管理活动中，各类企业根据自已实践经验和具体情况，制定了一系列的员工培训管理制度，一般来说，包括培训服务制度、入职培训制度、培训激励制度、培训考核评估制度、培训奖惩制度和培训风险管理制度六种基本制度。

除上述各项制度之外，还有培训实施管理制度、培训档案管理制度、培训资金管理制度等，从而给予培训活动自上而下、全方位的制度支持。

二、企业岗位培训制度的含义

岗位培训制度是企业培训制度最基本和最重要的组成部分。

岗位培训是企业员工培训的一种基本办学形式和工作重点，强调紧密结合职业，实行按需施教的原则。按职务岗位需要进行培训，以确保劳动者上岗任职的资格和能力为出发点，使其达到本岗位要求，培训的实质是提高从业人员总体素质。

岗位培训的制度化包括培训立法及相应的政策，也包括岗位培训各个环节的规范化，其核心是培训、考核、使用、待遇一体化的配套措施的实行。它将人才规格、人才培训、人才使用有机地结合起来，为实现培训与用人在制度上衔接配套创造了有利条件。岗位培训制度由管理制度，教学制度，考核制度，评估制度，劳动、人事、工资制度，岗位资格证书制度等一系列配套制度组成。

企业的培训制度制定以后，并非是一成不变的。培训制度在贯彻、落实过程中会遇到一些问题。产生这些问题的原因可能是制度的某些条款不适合企业的实际情况，也可能是企业的外部环境和内部条件已发生了变化，此时需要对制度做出修改。只有这样，培训制度才能逐步完善，为企业的培训工作发挥必要的作用。

企业生存的内外环境是不断变化的，这些变化对企业的人力资源管理活动发生着重要的影响作用。影响企业培训活动的因素包括：国家相关劳动人事法律法规，培训领域理论与培训实践的发展，企业人力资源供给与需求的变化，企业人事计划的变更，企业生产经营方针的变革及技术、设备的更新改造，企业文化的发展，企业内新的培训需求等。因此，应根据企业内外环境的变化，推动企业培训制度的变革与创新，及时、有效地进行培训制度的起草与修订工作，保证培训制度和政策适应企业经营、市场竞争和国家法律法规的要求，促进企业培训活动的健康发展。

企业培训的成功有赖于培训制度的指导与规范，而培训制度的内容必须服从或服务于企业的整体发展战略，最终目的是实现企业的发展目标。

三、起草修订培训制度的要求

根据企业外部环境和内部条件发生的变化，应当及时提出制度的修订方案。起草或修订企业员工的培训制度时，应体现以下几方面的要求：

（一）培训制度的战略性

培训本身要从战略的角度考虑，要以战略的眼光去组织企业培训，不能只局限于某一个培训项目或某一项培训需求。因此，制定和修订培训制度时也要从战略角度出发，使培训与开发活动走向制度化和规范化。

（二）培训制度的长期性

培训是一项人力资本投资活动，要正确认识人力资本投资与人才开发的长期性和持久性。要用“以人为本”的指导思想和管理理念制定培训制度，保证制度的稳定性和连贯性。

（三）培训制度的适用性

培训制度是开展日常培训工作的指导方针，因此，培训制度应有明确、具体的内容或条款，充分体现管理与实施的需要。这些内容或条款针对培训过程中的某一方面做出了明确的规定，保证在具体实施过程中出现问题时可以照章办理。

起草培训制度草案或对某项具体培训制度进行修订时，不但要坚持以上三条原则，还应当深入实际进行调查研究，掌握各种培训制度在未制定前与制定之后，以及在实施过程中的变化，它解决了哪些问题，取得了什么样的效果，还存在着哪些困难和问题亟待克服和解决。只有掌握真实全面的信息，才能"对症下药"，切实保证企业培训制度的科学性和可行性。

四、企业培训制度的基本内容

企业人力资源管理部门在起草某一项具体的培训制度时，应当注意其结构和内容的完整性和一致性。一项具有良好的适应性、实用性和可行性的培训制度至少应包括以下几方面的基本内容：

1. 制定企业员工培训制度的依据；
2. 实施企业员工培训的目的或宗旨；
3. 企业员工培训制度实施办法；
4. 企业培训制度的核准与施行；
5. 企业培训制度的解释与修订权限的规定。

五、各项培训管理制度的起草

（一）培训服务制度

1. 制度内容

起草培训服务制度应包括培训服务制度和培训服务协议条款两个部分。

（1）培训服务制度条款。制度条款需明确以下内容：

①员工正式参加培训前，根据个人和组织需要向培训管理部门的部门经理提出的申请；

②在培训申请被批准后需要履行的培训服务协议签订手续；

③培训服务协议签订后方可参加培训。

（2）培训服务协议条款。"协议条款"一般要明确以下内容：

①参加培训的申请人；

②参加培训的项目和目的；

③参加培训的时间、地点、费用和形式等；

④参加培训后要达到的技术或能力水平；

⑤参加培训后要在企业服务的时间和岗位；

⑥参加培训后如果出现违约的补偿；

⑦部门经理人员的意见；

⑧参加人与培训批准人的有效法律签署。

2. 制度解释

对于一些投入较大的培训项目，特别是需要一段时间的离职培训来说，企业不仅投入费用让员工参加培训，还要给学员提供工资待遇，同时企业要承担因为员工离职不能正常工作的机会成本。倘若参加培训的员工学成后就跳槽，企业投入价值尚未收回，这种培训得不偿失。为防范这种问题的出现，就必须建立制度进行约束，培训服务制度由此而产生并被广泛运用。

培训服务制度是培训管理的首要制度，虽然不同组织有关这方面的规定不尽相同，但目的都是相同的，只要是符合企业和员工的利益并符合国家法律法规的有关规定就应该遵守。

（二）入职培训制度

1. 制度内容

起草入职培训制度时，应当主要包括如下几个方面的基本内容：

(1) 培训的意义和目的；

(2) 需要参加的人员界定；

(3) 特殊情况不能参加入职培训的解决措施；

(4) 入职培训的主要责任区（部门经理还是培训组织者）；

(5) 入职培训的基本要求标准（内容、时间、考核等）；

(6) 入职培训的方法。

2. 制度解释

入职培训制度就是规定员工上岗之前和任职之前必须经过全面的培训，没有经过全面培训的员工不得上岗和任职。它体现了“先培训，后上岗”“先培训，后任职”的原则，适应企业培训的实际需要，有利于提高员工队伍的素质，提高工作效率。

制度的制定要与人力资源部有关人员配合进行，并争取与其他各部门经理人员共同商讨，这对于此制度的贯彻执行是非常有利的。

（三）培训激励制度

1. 制度内容

起草与培训配套的激励制度时，应当主要包括以下几方面的基本内容：

（1）完善的岗位任职资格要求；

（2）公平、公正、客观的业绩考核标准；

（3）公平竞争的晋升规定；

（4）以能力和业绩为导向的分配原则。

2. 制度解释

企业培训制度的主要目的是激励各个利益主体参加培训的积极性。对员工的激励包括三个方面：

（1）对员工的激励。培训必须营造前有引力、后有推力、自身有动力的氛围机制，建立培训——使用——考核——奖惩的配套制度，形成以目标激励为先导、竞争激励为核心、利益激励为后盾的人才培养激励机制。

（2）对部门及其主管的激励。建立岗位培训责任制，把培训任务完成的情况与各级领导的责、权、利挂钩，使培训通过责任制的形式，渗透在领导的目标管理中，使培训不再只是培训部门的事，而是每一个部门、每一级领导、每一位管理人员的事。

（3）对企业本身的激励。培训制度实际上也是对企业有效开展培训活动的一种约束。企业培训的目的就是要提高员工的工作素质，改变员工的工作行为，提高企业的经营业绩。因此，应制定合理的制度并严格实施，激发企业的培训积极性，使培训真正满足企业生产发展的需要。

（四）培训考核评估制度

1. 制度内容

起草培训考核评估制度时，需要明确以下几个方面的内容：

（1）被考核评估的对象；

（2）考核评估的执行组织（培训组织者或部门经理）；

（3）考核的标准区分；

（4）考核的主要方式；

（5）考核的评分标准；

（6）考核结果的签署确认；

（7）考核结果的备案；

（8）考核结果的证明（发放证书等）；

（9）考核结果的使用。

2. 制度解释

评估作为培训发展循环的中心环节已经是业内的共识，但从培训模式中各环节体现的培训评估目的多是为提高培训管理水平，同时也有对培训效果的评估，而对参加培训人员的学习态度、培训参加情况则关注的少一些。设立培训考核评估制度的目的，既是检验培训的最终效果，也为培训奖惩制度的确立提供依据，同时也是规范培训相关人员行为的重要途径。

需要强调的一点是：员工培训的考核评估必须100%进行，并且要与标准保持一致，考核评估的过程要开放透明、公平公正，方可达到员工培训考核评估的目的。

（五）培训奖惩制度

1. 制度内容

起草员工的培训奖惩制度时，应当主要包括以下几项基本内容：

（1）制度制定的目的；

（2）制度的执行组织和程序；

（3）奖惩对象说明；

（4）奖惩标准；

（5）奖惩的执行方式和方法。

2. 制度解释

奖惩制度是保障前面几项培训管理制度能够得以顺利执行的关键，如果参加与不参加一个样，培训考核评估好与不好一个样，相信谁也不会重视这些制度，同时培训本身也无法引起足够的重视。因此非常有必要设立、执行培训奖惩制度。值得注意的是，在制定培训奖惩制度时一定要明确培训可能出现的各种优劣结果的奖惩标准，如果奖惩标准不一或不明确，就无法保证此制度的有效性。

（六）培训风险管理制度

1. 制度内容

通过制定管理制度规避企业培训的风险，需要考虑以下几个方面的问题：

（1）企业根据《劳动法》与员工建立相对稳定的劳动关系；

（2）根据具体的培训活动情况考虑与受训者签订培训合同，从而明确双方的权利义务和违约责任；

（3）在培训前，企业要与受训者签订培训合同，明确企业和受训者各自负担的成本、受训者的服务期限、保密协议和违约补偿等相关事项；

（4）根据“利益获得原则”，即谁投资谁受益，投资与受益成正比关系，考虑培训成本的分摊与补偿。比如对于投资大、时间长、能够迅速提高受训者能力和其个人收入的开发性培训项目，对基础学历教育及以提高自身基本素质为主的培训，以个人投资为主，企业部分分担，根据员工学习成绩的好坏，以奖惩的性质调整各自的比例。

2. 制度解释

培训是一项生产性投资行为，做投资就必然存在风险。培训风险如人才流失及其带来的经济损失、培养竞争对手、培训没有取得预期的效果、送培人员选拔失当、专业技术保密难度增大等。若企业培训风险较大且找不到合适的防范手段时，就会对培训投资持有不积极的态度。只有通过做好培训实施工作来尽量降低培训风险，如积极性维持和培训质量保证等。

六、人力资源培训制度的推行与完善

培训制度的贯彻推行要贯穿于培训体系的各个环节之中，使员工培训在实施过程中都有章可循，有法可依。在执行各种规章制度的同时，要加大监督检查的力度，监督检查人员不能仅限于企业高层领导，还应该吸收员工代表参加，从多个角度监督检查培训制度的落实情况。此外，企业还应采取开放式的管理，每一个员工都有权利和义务监督培训制度的执行情况，如有意见或建议可直接提出，也可采用匿名的方式。

任何制度的制定都不可能是一步到位的，要通过实际的运行才能得到检验。培训制度在贯彻实施过程中会遇到一系列新的问题，这些问题的出现，有可能是员工自身原因，也有可能是制度本身的原因。如果企业员工的培训制度确实存在一些问题和不足，与企业的现实情况相抵触，也需要组织力量，深入实际，进行调查，全面掌握真实的信息，对制度的某些条款做出适当的调整，只有这样做才能保障培训制度的科学性、完整性和可行性。

本章小结

本章从员工培训的基本概念和功能、培训的类型、培训在人力资源管理中的地位和作用入手，系统全面地介绍了企业员工培训需求分析的技术与应用，培训计划的制订与组织实施，培训成果的转化，培训效果的评估与反馈，以及培训方法的选择，培训制度的建立与推行等内容。通过学习应当掌握本章所讲述的基本原理和基本方法，并能够有效地运用这些方法组织企业的员工培训与开发工作。

本章习题

1. 简述员工培训的含义、特点、作用和原则，以及工作流程。
2. 简述培训需求分析的含义、作用，培训需求分析层次和模型。
3. 简述培训需求分析的技术方法，培训需求分析流程及应用。
4. 简述培训规划的主要内容，以及制定培训规划的步骤和方法。
5. 简述年度培训计划内容、课程实施管理与培训方法的选择。
6. 简述培训成果转化的要素、模型的内容及效果评估的含义。
7. 简述培训效果评估的步骤、流程、培训评估的层次与内容。
8. 简述培训评估信息收集与分析，撰写培训评估报告的方法。
9. 简述企业培训制度的定义、构成以及起草培训制度的要求。

案例分析

案例1　PY公司是一家股份制公司，按计划该公司人力资源部3月份要派人去深圳某培训中心参加培训。当时人力资源部的人员都想参加，不仅是因为培训地点在特区，可以借培训的机会到特区看一看，而且据说此次培训内容很精彩，培训师大都来自国际知名企业，具有丰富的管理实践经验。但很不凑巧，当时人力资源部工作特别忙，所以主管权衡再三，最后决定由手头工作比较少的小刘和小钱去参加。人力资源部主管把培训时间、费用等事项跟小刘和小钱做了简单交代。培训期间，小刘和小钱听课很认真，对老师所讲内容做了认真记录和整理。但在课间和课后小刘和小钱俩人总在一起，很少跟其他学员交流，也没有跟讲师交流。培训回来后，主管只是简单询问了一些有关培训的情况，小刘、小钱也没有就此与同事进行详细讨论。过了一段时间，同事都觉得小刘和小钱培训后并没有什么明显变化，小刘和小钱本人也觉得听课时很精彩，但是对实际工作并没有什么帮助。

请分析说明 PY 公司的该项培训存在哪些问题？并就这些问题提出具体的改进措施。

案例 2　某电器产品公司在北美及海外都设有分公司，根据内外部环境和劳动力市场形势的变化，该公司认为应该实行一种新的人力资源管理方法。

公司认为，管理人员应该深刻认识到政府的劳动法规会影响员工与公司的关系，此外，管理人员还必须改进和提高领导方式及组织动员员工的能力，更好地处理那些年轻的下级们在思想态度和行为上的问题。

公司决定为管理人员开设一门课程，从公司外邀请专业培训师执教，培训历时 8 天，在一家假日酒店举行，每次 15～20 人参加，由公司的各个部门分别指派有关人员参加培训。公司相信这门课程对管理人员将大有裨益，在每堂课开始的时候，参加者会按要求对一些问题进行讨论，他们可以选择这门课程应该以什么样的方式进行。

一段时间的实践证明，参加者通常需要三四天时间才能进入“角色”。此时，他们对这种无固定结构的课程有两种截然不同的反应，大约有一半的人对课程抱有极大的兴趣，而其他人则厌恶它，有一部分人甚至中途离开，回去上班了。看来，在开课之前要确认哪些管理人员会不喜欢这种无结构的课程是不可能的，非要等到若干节课后，才能确定这一点。尽管如此，管理层与人事部门的职员仍然认为这种课程很有价值，完全应该继续下去。

请结合本案例，回答以下问题：

1. 简述为什么参加者会对课程有截然不同的反应？

2. 员工培训课程不设固定的结构模式有什么好处？

3. 你同意公司继续采用这种无固定结构课程的培训形式吗？

案例 3　某投资公司一些新来的出纳员在结算每天的账目时遇到了一些技术问题，于是公司聘请了一个培训顾问进行咨询。培训顾问为公司制定了一项提高出纳员结算技能培训计划，该培训计划设计良好，而且完全适合公司的近 1/3 需要在这方面提高技能的出纳员。公司总经理对此很满意，于是他决定，“既然我们有如此绝妙的培训计划，那就让所有的出纳员都参加，这对他们没有坏处”。这样，有经验的出纳员和那些新来的出纳员全部参加了培训。那些有经验的出纳员觉得他们出色的工作没有得到注意和欣赏，觉得自己被降到了新手的地位。这样，那些有经验的出纳员和决策人员的关系变得紧张起来，工作效率也下降了。

请结合本案例，回答以下问题：

1. 在进行培训计划的决策时，公司存在哪些问题？
2. 针对本案例的情况，如何才能制定出有效的培训计划？

第十章
企业员工薪酬管理

第一节　员工薪酬管理概述

一、薪酬的基本概念

（一）薪酬

在企业中，薪酬是指员工因为被雇用而获得的各种形式的收入，包括基本工资、奖金、津贴、加班加点工资、各种福利项目、长期与短期激励等。

关于薪酬的内涵，可以从以下几个方面加以理解：（1）薪酬是企业总成本的重要组成部分；（2）薪酬是企业支付给员工的劳动所得；（3）薪酬是员工生活费用来源的保障；（4）薪酬是指劳动力市场上劳动力供求均衡时的劳动力价格。

在实际生活中，在谈论薪酬问题时，人们经常使用工资一词来代替，因为人们对工资这一概念更为熟悉。应该说，薪酬和工资有许多相似之处，而且在很多地方二者还可以通用。但从习惯用法上看，二者在使用场合和对象上又有一定的区别。工资有广义与狭义之分，广义的工资即前面所提到的薪酬；狭义的工资是指员工的基本工资，是广义工资概念的一部分。本章下文所提到的工资如无特殊说明即是指广义的工资。

（二）薪酬的内容和结构

其实，员工因为工作而获得的薪酬也有广义和狭义之分。狭义的薪酬也被称为外在薪酬（也称直接薪酬），它是员工付出劳动而得到的各种货币与实物薪酬的总和，是可以用货币来衡量的；而广义的薪酬不仅包括外在薪酬，也包括内在薪酬（也称间接薪酬），即员工从企业工作中取得的进步，个人所获得的职业发展机会、岗位的职务晋升、接受的教育与培训，以及参与企业决策，自身的成就感、荣誉感等，这些都是无形的难以用货币准确加以衡量的。本章所说的薪酬，如没有明确的说明，指的是狭义的薪酬，即外在薪酬。

薪酬的内容按照给予形式的不同，可分为货币薪酬和非货币薪酬。货币薪酬是企业直接以货币形式支付给员工的报酬，具体包括基本工资、津贴、奖金、加班加点工资，各种股权、期权等。非货币薪酬包括各种福利保险项目，比如带薪休假，各种保险、服务等。

1. 外在薪酬

（1）基本工资（基本薪酬）。一般来说，员工的基本工资是员工的主要收入来源。基本工资的确定方式多种多样，但其水平一经确定，在一定时间内是非常固定的，不因绩效不同而改变，当员工的绩效评价水平不高时，他的基本工资不会因此而降低；同样，当他的绩效表现出众时，其基本工资也不会相应得到提高。

（2）津贴。津贴是对员工在特殊工作环境下劳动，以及在特定条件下工作的生活费用额外支出给予合理补偿的一种薪酬形式。

津贴的设立目的是补偿和鼓励员工在恶劣工作环境下劳动而支付的工资，它有利于鼓励员工到工作环境脏、苦、险、累的岗位上工作。津贴的种类很多，一般包括：

1）补偿员工特殊或额外劳动消耗的津贴及岗位性津贴。具体包括：高空作业津贴、高温作业临时补贴、夜班津贴等。

2）保健性津贴。包括：卫生防疫津贴、医疗卫生津贴、科技保健津贴以及其他行业员工的特殊保健津贴等。

3）技术性津贴。包括：特级教师津贴、科研课题津贴、研究生导师津贴、工人技师津贴、中药老药工技术津贴、特殊教育津贴、高级知识分子特殊津贴（政府特殊津贴）等。

4）年功性津贴。包括：工龄工资、工龄津贴、教龄津贴和护士护龄津贴等。

5）地区津贴。包括艰苦边远地区附加津贴等。

（3）奖金。奖金是企业对员工超出正常努力的劳动或劳务的报酬，包括红利、利润分享以及通常所说的奖金等内容。实际生活中的奖金概念一般比较宽泛，员工工作的努力程度一般，甚至是低于一般的水平也可以得到奖金，这种奖金实际上是员工基本薪酬中的一部分。

奖金通常是由企业经营效益、员工在其岗位上的绩效而定。在一个部门层面上，奖金一般取决于企业、部门、员工的综合业绩表现。奖金的决定和发放方式很多，通常情况下是使用含有多个变量的公式来计算奖金的水平或数量，这些变量包括个人工资级别、对员工的绩效考核、员工的服务年限、年龄等。

（4）员工福利。福利是为了吸引员工到企业工作或维持企业骨干人员的稳定而支付的一种补偿性薪酬，包括法定的社会保险、带薪休假、优惠住房、免费或折价工作餐、生活用品的发放等。它往往不是采用目前可花费的现金形式支付，多数是实物支付和延期支付，延期支付最典型的例子就是养老金。

在西方国家，福利在薪酬中所占的比重越来越大，特别是社会保险、带薪休假、优先优惠购买本企业的股票等，受到广泛的欢迎。福利作为员工薪酬的一部分有其自己的特点：它的给付与员工的个人能力、业绩好坏等因素的相关性极小，它是每个员工都能够享有的一种薪酬形式。

（5）股票期权。股票期权是一种激励工具，实施对象主要是企业的经营者（管理者）。它是在经营者实行契约化管理和落实资产责任制的基础上，采用多种形式使经营者持股经营，在经营者取得了一定的业绩后让其享有各种权益的一种激励体制。实行股票期权可以使企业与经营者的利益尤其是长期利益紧紧地联系在一起，既有利于经营者自身价值的实现，也有利于增强经营者企业经营的动力，从根本上解决经营者行为的短期化问题。

股票期权作为对管理人员的一种激励手段，在国外已经被长期采用，但在我国发展历史并不长，这是由我国的市场经济体制的完善程度、有价证券市场（主要是股票市场）的完善程度以及企业的所有制结构、企业的经营思想等多种因素决定的。而且，目前股票期权在我国的某些地区也只是试点推行。

2. 内在薪酬

现在的企业越来越重视内在薪酬的给予。因为在激励员工方面，相比于外在薪酬而言，内在薪酬有其独特的优越性：它比外在薪酬更为灵活、更为经济，而且对员工绩效有更高的认同程度。企业可以根据自身所在行业的经营特点、人员结构和支付能力等因素，选择适合的内在薪酬的方式来激励员工。比如，鼓励员工参与管理，给员工更多的发展机会，使员工接受更多的教育培养和训练，通过积极的沟通交流，加深企业和员工之间的感情等。员工广义薪酬的内容结构如图 10—1 所示。

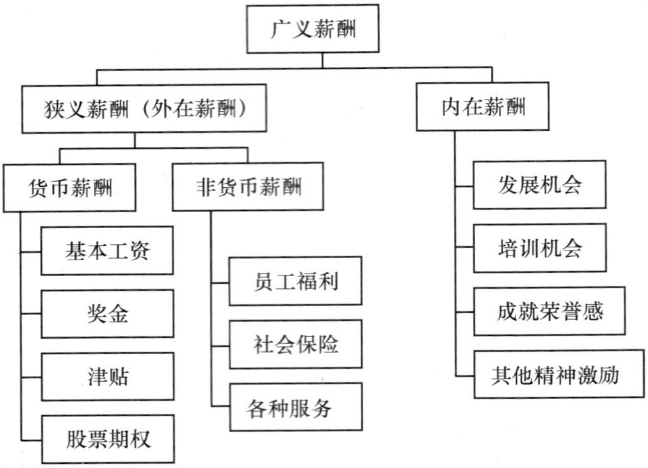

图 10—1 员工广义薪酬的内容结构

（三）影响薪酬水平的因素

1. 薪酬水平的概念

薪酬水平是指企业在一定时期内所有员工的平均工资。它是由企业工资总额与员工总人数决定的，计算公式是：薪酬水平 = 工资总额/企业平均人数。

薪酬水平是一个相对的概念，薪酬管理者可以计算出不同企业之间的薪酬水平，也可以计算出同一企业不同部门之间的薪酬水平，甚至是企业内某一工作岗位的薪酬水平，从而可以在不同的企业间、不同的层次上比较薪酬水平。

2. 影响薪酬水平的因素

薪酬具有二重性的特点：一方面是企业的成本支出，另一方面又是员二的生活收入。所以，在研究影响薪酬水平的因素时，要从员工的角度和企业的角度两方面考虑。影响员工所获得薪酬的因素主要有：员工的年龄、工作岗位性质、技术能力、服务年限等；影响企业薪酬水平的因素可以分为两大类：企业外部因素和企业内部因素。企业外部因素主要包括：

（1）市场因素。任何一个企业在确定它的薪酬水平时，都必须考虑两个市场因素的影响：商品市场和劳动力市场。

1）商品市场。企业要想生存、发展，就必须在产品市场上进行有效的竞争。市场竞争有很多方面，比如产品质量、产品售后服务等，产品或服务的价格，是其中最重要的竞争领域之一。对价格产生影响的一个重要因素就是生产成本，而生产成本的一个重要组成部分就是劳动力成本。劳动力成本由两部分组成，一是员工的平均人工成本，它包括企业的直接支付（基本工资、奖金等）和间接支付（劳动保障、各种福利等）两部分；二是企业人员的使用水平，主要表现在工作时间的长短上。因此，如果企业要想在市场上进行价格方面的竞争，就会采取压低劳动力成本的方式进行生产经营。具体做法是降低员工的薪酬水平或者是裁员。所以，企业在商品市场上采取的竞争策略会影响企业的薪酬水平。另外，企业处于经济困难时期，也会采取类似的措施。

2）人力资源市场。企业在确定薪酬水平时，必须考虑人力资源市场的因素。这主要有两个方面：人力资源市场的平均薪酬水平和竞争对手的薪酬水平。前者主要帮助企业确定其薪酬水平的下限，企业设计薪酬制度时，一般要让其薪酬水平高于或略高于市场平均薪酬水平以吸引潜在的求职者；后者主要是帮助企业在与竞争对手竞争的过程中，取得人才的优势，即以高于竞争对手的薪酬吸引高素质的人才。这里要注意的是，一个企业在人力资源市场上的竞争对手，不仅包含那些提供类似产品或服务的企业，还包括那些虽然在商品市场上不是本行业竞争对手但却雇用同类员工（比如财会人员、计算机专业人员等）的企业。

(2) 生活费用和物价水平。保证员工及其家庭获得维持生活的费用是确定薪酬水平时应考虑的问题。生活费用一般是指衣食住行等家庭基本经济活动所需的费用。生活费用受影响最大的是物价水平，物价上涨时，如不增加工资，原来的生活水平便不能维持。所以，企业在确定薪酬水平时，必须考虑到当时的生活水平，并且在以后年份要根据政府公布的物价指数资料及时调整，以维持员工生活的安定。

(3) 地域的影响。企业所在的地区对企业薪酬水平有相当大的影响，只有顺应这种大环境的要求才不会引起员工的异议。因此，一般企业在确定其薪酬水平时，都应该对本地区的薪酬水平进行调查，以便对相关的薪酬环境有一个大的了解。比如，我国东部地区的平均薪酬水平要高于西部地区，如一家公司在东部地区与西部地区各有一家分公司，在确定两家分公司的薪酬水平时就必须参考各分公司所在地区的平均工资水平。

(4) 政府的法律、法规。企业在制定薪酬政策、设计薪酬制度时，必须在政府法律、法规的框架内进行，比如国家、地方政府对最低工资水平的规定，对加班加点付薪的规定等。目前，我国企业和员工的法律意识总体来说还比较淡薄，社会约定或道德约束有时比法律的作用还要大，随着我国经济体制改革力度的加深，企业在制定、执行薪酬政策时必须加强法律观念。

影响企业薪酬水平的企业内部因素主要有：

（1）企业自身特征对薪酬水平的影响。企业的特征主要包括企业所属的行业、企业的规模，企业所处的发展阶段等。行业是指经营方式以及产品和服务性质相同或类似的企业群体，不同行业之间不仅薪酬水平不同，薪酬内部的各组成部分（基薪、奖金）的水平也不同。比如，在制造业工作的员工，其基本工资可能占很大的比重，奖金的比重较小；但是在销售部门从业的人员，他的基本工资是很低的，奖金却非常高。企业的规模可以通过企业的员工总人数、客户数、销售额以及资产规模等指标来衡量。薪酬水平之所以受企业规模的影响，是因为企业的规模反映了企业内部结构的复杂程度。企业的发展阶段主要分为：起步期、成长期、成熟期、衰退期。研究表明，处于成长期和成熟期的企业更愿意也更有能力以较高的薪酬来吸引高素质的人才，其薪酬水平在同行业中一般要高于处于其他发展阶段的企业。

（2）企业决策层的薪酬态度。企业薪酬水平的选择在很大程度上是由董事会或是经营领导班子决定的。因此，他们对整个市场形势、企业整体情况的判断和理解以及对薪酬问题的重视程度，都会影响企业的薪酬水平。

二、薪酬管理

薪酬管理作为企业人力资源部门的重要职能和工作过程，不但要服务于企业人力资源管理的总体发展战略，根据企业不同时段的生产经营目标，设计制定一套适用的薪酬制度，还要采用有效的措施，协调薪酬不同要素之间的关系，通过薪酬制度的贯彻和落实，积极地调整企业内部劳动关系，维系和稳定员工队伍，不断地提高员工的专业素质，激发员工的工作主动性、积极性和创造性。

（一）薪酬管理的原则

1. 公平性原则

按照亚当斯的公平理论，当员工取得一定的成绩并获得报酬以后，他不仅关心报酬的绝对量，而且还关心报酬的相对量。因此，他要进行种种比较来确定自己所获报酬是否公平合理，而比较的结果将直接影响今后工作的积极性。

一种比较称为横向比较，即员工将自己所获得的报酬（包括金钱、工作安排以及获得的赏识等）与自己的投入（包括教育、努力以及耗用在工作上的时间等）的比值同组织内其他人做比较，即将 O_p/I_p 与 O_c/I_c 做比较。

其中　O_p——自己所获报酬的感觉；

O_c——自己对他人所获报酬的感觉；

I_p——自己对个人所做投入的感觉；

I_c——自己对他人所做投入的感觉。

若是 $O_p/I_p < O_c/I_c$，那么报酬不足的不公平感就产生了；如果 $O_p/I_p \geqslant O_c/I_c$，报酬高的不公平感就不会产生。

而纵向的比较就是员工将目前所获得的报酬与目前投入的努力的比值，同自己过去所获得的报酬与过去投入的努力的比值进行比较，只有前者大于或等于后者时，他才感觉到得到了公平的对待。

如果员工认为自己得到了公平的对待，那么员工的态度或者行为不会有什么变化；但是如果员工认为自己受到不公平的对待，他就可能会想办法去恢复公平，而这些办法通常来说对企业是不利的，比如员工减少自己的工作投入、磨洋工式的工作态度，或者离开企业。企业若想避免上述情况的发生，就必须突出薪酬制度的公平性，虽然员工对自己是否得到公平待遇的评判标准是自己的主观感受。

企业薪酬的公平性可以分为两种：内部公平性和外部公平性。

（1）内部公平性

内部公平性是指企业内部的每一位员工都认为，自己的薪酬与企业内其他员工的薪酬相比是公平的。有些管理者为了保证组织的内部公平，经常了解员工对薪酬体系的意见，采用一种透明、竞争、公平的薪酬体系，这对于激发员工的积极性和创造性具有重要的作用。其实，薪酬比较的内部公平性所关注的是企业内部不同工作之间的工资对比问题，因为员工通常将自己的工资与比自己的工作级别低的、级别相同的以及比自己的工作级别高的员工所获得的工资进行比较。企业在工资结构方面所做出的选择会影响员工的内部公平性，从而会影响这种内部比较结果所产生的后果。薪酬管理者可以通过岗位评价来达到薪酬的内部公平性。

（2）外部公平性

企业薪酬的外部公平性一般是指企业与行业内其他企业的薪酬水平相比较，它提供的薪酬必须是有吸引力的（至少不低于行业的平均薪酬水平），这样才会吸引优秀的求职者，同时留住优秀的员工。为了达到外部公平，管理者通常进行正式或非正式的薪酬市场调查。大部分企业（尤其是国内企业）主要是通过与行业内的其他企业进行交流或通过公共就业机构来获取各种职位的薪酬资料。这是一种非正式的调查，这种方式的优点在于费用低廉，缺点是不准确，影响企业的薪酬决策。薪酬比较的外部公平性主要集中在对其他企业中从事同样工作的员工所获得的薪酬水平的考察。这种比较结果不仅影响到求职者所需要做出的是否接受企业所提供的工作这样一种决策，而且还会影响到企业现有员工所做出的另一种决策——是留在企业还是到其他企业另谋高就。企业进行的薪酬市场调查就是保证薪酬外部公平性的一个重要的工具。

2. 激励性原则

激励性就是差别性，即根据工作的差别确定报酬的差别，体现薪酬分配的导向作用及多劳多得的原则。这要求在企业内部各类各级职位上的薪酬水平要适当拉开差距，真正体现按贡献大小分配的原则。

3. 竞争性原则

一家企业的薪酬水平在市场中应该处于什么样的水平，要根据该企业的支付能力、所需要人才的可获得性等具体条件而定。据一些企业薪酬设计的经验，一般情况下，企业员工的薪酬水平应该比行业的平均水平高 15%，这样既不会使企业的负担过重，又可以达到吸引、激励和留住员工的目的。

4. 经济性原则

提高企业的薪酬标准，固然可以提高激励性，但同时也不可避免地导致人工成本的上升，所以薪酬制度还要受经济条件的制约。人工成本还与企业所在行业的性质有关，在劳动密集型的行业中，有的企业人工成本在总成本中占到 60%；但在技术密集型的行业中，人工成本却只占到总成本的 8%～10%，而且企业科技人员的工作热情和创造性对企业在市场中的生存与发展起着关键作用。所以，企业在控制薪酬成本时要考虑行业属性。

5. 合法性原则

企业的薪酬制度必须符合党和国家的法律与政策，如国家对最低工资标准、工作时间、经济补偿金、加班加点付薪的有关规定等。

（二）薪酬管理的内容

薪酬管理包括下面几个方面的内容：

1. 薪酬制度体系的确立

薪酬制度管理主要包括薪酬支付方式管理、薪酬制度体系管理、薪酬制度结构管理以及对薪酬相关制度的管理四个方面。薪酬的支付方式有计时与计件两种，薪酬制度体系可分为岗位薪酬制、技能薪酬制、能力薪酬制等，薪酬结构指员工薪酬的各构成项目及各自所占的比例，与薪酬相关制度包括奖金制度、福利制度、津贴制度等。这些内容是企业的薪酬体系中不可缺少的部分，只有将这些部分进行有机的协调，薪酬管理才能发挥重要的激励作用。

2. 薪酬水平的分析与控制

明确界定各类员工的薪酬水平是薪酬管理的重要内容。正确的做法是，员工对企业的贡献越大，他从薪酬中得到的回报就应当越多；员工对企业的贡献越小，他从薪酬中得到的回报就应当越少，以此显示薪酬的公平性原则。

由于薪酬本身的二重性，企业在确定薪酬水平时要受这两个因素的制约。从员工的方面说，薪酬以基本生活费用的支出作为判断标准，它为薪酬水平确定了下限；从企业方面来说，薪酬取决于企业的支付能力，它为薪酬水平确定了上限。只有在生活费用的下限和企业支付能力的上限之间找到平衡点，才能确定企业的薪酬水平。从影响薪酬水平的各个因素可以得出，对薪酬水平进行管理，必须结合市场行情。所以，企业薪酬水平是企业将内外部环境相结合而确定的。

3. 工资总额的统计与计量

对于国家来说，工资总额的准确统计是国家从宏观上了解员工的收入，衡量员工的生活水平的重要依据，同时也是计算养老金、其他社会保险金和经济补偿金的重要依据；对于企业来说，工资总额是人工成本的一部分，是企业掌握人工成本的主要信息来源，是企业进行人工成本控制的重要方面。因此，必须充分认识工资总额管理的重要性。

（1）工资总额的含义。国家统计局对于工资总额的组成有明确的界定。工资总额的组成是：

工资总额 = 计时工资 + 计件工资 + 奖金 + 津贴和补贴 + 加班加点工资 + 特殊情况下支付的工资

（2）确定工资总额的方法。工资总额的管理，首先要确定合理的工资总额。在确定工资总额时，需要考虑的因素有企业支付能力、员工生活费用、市场工资水平以及员工现有工资状况等。

确定工资总额的方法主要有两种：一是直接根据往年的工资总额与销售总额的比率推算工资总额；二是根据企业盈亏平衡点推算。在这里，简单地介绍第一种方法。

根据往年的工资比率确定工资总额，是最基本的分析方法之一。如果企业的经营业绩比较稳定，就可以用本企业过去（比如上一年度）的经营业绩推导出工资比率，并以此预算未来（比如下一年度）合理的工资总额；如果本企业的经营水平不稳定，则应参考本行业一般工资水平确定合理工资比率，然后再推算出合理的工资总额。

工资比率的计算公式可以表示如下：

$$工资比率=\frac{工资总额}{销售总额}=\frac{工资总额\div 员工总人数}{销售总额\div 员工总人数}$$

由以上公式的第一个等号可以看出，如果要维持一个合理的工资比率，并使工资总额有所上升的话，就必须增加销售额（即提高本企业的经营业绩）。由公式的第二个等号可以看出，工资水平的提高幅度不能超过员工的平均销售额的上升幅度。

4. 薪酬费用的预算与结算

薪酬费月的预算与结算既是企业财务管理的主要内容，又是人力资源管理的重要任务之一。薪酬费用管理与薪酬水平管理有着密切的联系。薪酬水平管理主要是对薪酬管理在宏观上的把握，而薪酬费用管理则是对薪酬管理在微观上的具体控制。薪酬费用管理的具体内容主要是指薪酬费用预算与结算。

工资项目预算，首先应当进行以下三个方面的分析检查：

(1) 分析当地政府有关部门本年度发布的最低工资标准对工资预算的影响，如有新的变化将影响到企业工资标准水平，需要进行必要的调整，以此为依据，测算出上一年度与本年度的最低工资标准的增长幅度。

(2) 分析当年同比的消费者物价指数，是否大于或等于最低工资标准增长幅度。一般情况下，消费者物价指数只会大于或等于最低工资标准的调整幅度，因为最低工资标准调整的幅度是根据消费者物价指数进行调整的，如发生特殊情况，消费者物价指数小于最低工资标准增长幅度，那么，应在确认最低工资标准增长幅度后，以此增长幅度作为调整工资的标准。总之，二者取其增长幅度最高的指数，作为调整工资的标准，以此保证公司合法经营，又不降低员工生活水平。

(3) 分析当地政府有关部门发布的工资指导线，作为编制费用预算参考指标之一。更重要的是，要掌握并理解企业高层领导对下一年度工资调整的意向，这种调整的意向只要大于或等于最低工资标准调整幅度与消费者物价指数两者增长幅度中最高的比例即可，这是因为政府虽然对计划期内的工资指导线提出了建议，但采取何种工资调整策略，完全取决于企业高层领导者的决策。作为职能部门的人力资源管理部门虽然不是决策者，但可以根据自己的分析判断，针对上述三类指标，通过对比分析，写出研究报告，提出工资调整的正确建议。

工资预算是企业总体财务计划的一个重要组成部分。工资预算至少应该覆盖两个会计年度：本会计年度和下一会计年度。企业最好是每一会计年度分两次进行工资预算。假设企业的会计年度从 1 月份开始，最好在 5 月、6 月进行下一年度的初步工资预算，10 月、11 月进行下一年度的最终工资预算。其中，下一年度的初步工资预算报告应包括本年度的实际工资预算。如果在 5 月、6 月进行了下一年度的初步工资预算后，本年度下半年的工资预算的所有变化，都应该反映在该初步工资预算中。

关于确定工资预算的方式，许多企业采取了这样一系列步骤：每一级负责人制订本单位的预算计划，然后向上级汇报，最后交给最高管理层。通过比较这些计划，并结合企业的生产经营目标和财政支付能力，最高管理层可以总结出最后的预算报告。最终工资预算反映了管理者对下一年度企业生产经营条件的最终预测。

在进行下一年度的工资预算的过程中，由财务部门负责企业的每一财政年度的总成本预算，但是需要人力资源部门的配合。人力资源管理者需要对相应的人力资源工作进行检查，这些工作是进行工资预算决策的基础。企业工资预算的一般程序是：

（1）财务部门将工资预算的计算工作交给人力资源部门；

（2）人力资源部门设计出一套表格，包括各部门现有员工的姓名、职位、工资水平、工资级别以及工资计划增长额，然后将表格分发到各部门；

（3）各部门经理根据本部门员工的工资级别和预计工资增长额度，推算出本部门工资预算总额，填写表格并将其交还给人力资源部门；

（4）人力资源部门对表格进行核查，并与企业工资增长规定相比较，找出不合理的地方并对表格进行适当修改，然后将表格交还给财务部门；

（5）财务部门将这些表格与企业的工资增长规定和其他成本预算相比较，指出不合理的地方并将表格交还给人力资源部门，表明需要改进的地方；

（6）人力资源部门将表格交给企业各部门进行必要的修改调整。

薪酬费用预算是薪酬管理工作的起点，而薪酬决算是一个时期薪酬管理的结束。提出薪酬费用决算之后，应当认真总结经验，找出问题和不足，在今后的工作中加以改进。

5. 日常薪酬管理工作

日常薪酬管理工作具体包括：开展薪酬调查，统计分析调查结果，制定薪酬计划，适时计算、统计员工的薪酬，薪酬调整等。

（三）计算机技术在薪酬管理中的应用

计算机在企业薪酬管理方面的应用是随着计算机技术的进步而逐步发展的。在计算机技术发展的初期，由于其性能、价格等方面的原因，企业工资管理部门只能通过计算机做一些员工工资档案记录、工资计算等简单的操作。到了20世纪90年代，随着个人计算机的普及、计算机价格的降低以及性能的提高，计算机技术在企业薪酬管理中得到广泛的应用，许多原来需要人工处理的薪酬管理工作（比如市场薪酬调查的数据分析等）都能够应用计算机来进行。

现在，许多企业已经形成一套完整的计算机管理系统。它们将岗位分析、岗位评定、绩效管理、能力评估和薪酬联系起来，利用计算机进行分析。首先，企业进行工作分析，对各种工作所需要的能力进行确定并给出一个标准，各部门按这一标准对员工在工作中表现出来的能力和潜力进行评估。现在市场上已经有许多软件可以处理这些评估的结果，并能够得出相应的等级。其次，企业还对其岗位进行评定和分类，并通过相应的软件处理市场调查结果，得出各个等级的薪酬额度。然后将员工的现行工资与其工资等级和能力等级进行比较，得出最终的薪酬增长额。

互联网的飞速发展也影响着薪酬管理方式的转变。有的企业将自己的薪酬计划、福利计划搬上了互联网，这大大方便了薪酬计划的制定、修改、完善、管理等工作，而且，员工可以通过企业信息系统查询薪酬计划等内容。

第二节　基本薪酬制度设计

在企业的薪酬构成中，基本薪酬是最基础的部分，对于大多数员工来说，这也是他们所获得的薪酬中最主要的部分。基本薪酬的确定依据主要是员工所在岗位的价值以及员工自身的技能和能力，相对应的薪酬制度分别是岗位薪酬制度和技能薪酬制度。

一、岗位薪酬制度

岗位薪酬制（也称岗位工资制、职位薪酬制）是以员工所处的岗位为基础进行薪酬给予的薪酬制度。它代表了薪酬制度发展的主流，为越来越多的企业所应用。岗位薪酬最大的特点就是薪酬的给予“对岗不对人”，薪酬水平的差异来源于员工岗位的不同，在相同的岗位上工作的员工，获得相同的薪酬，而很少考虑员工的年龄、资历、技能等个人因素。

（一）特点

1. 根据岗位支付工资

岗位工资制是根据员工所在岗位的工作内容进行工资支付的制度，员工做什么样的工作就获得什么样的工资。因此，岗位工资制能够比较准确地反映员工工作的质量和数量，有利于贯彻同工同酬的原则。

2. 以岗位分析为基础

岗位工资的制定必须有严密、科学的岗位分析，并以此为基础进行严格的岗位评价，按照岗位评价的结果将企业的岗位进行等级排列。一般来说，等级有“等”也有“级”，“等”下分“级”。企业的岗位众多，岗位级数往往可能达到15～20级，因此，与岗位等级相对应的工资等级数也很多。

3. 客观性较强

在岗位工资制下，工资是根据岗位确定的，工资的确定必然要对与岗位有关的各种要素进行客观的分析与评价。由于不掺杂容易导致个人偏好的因素，因此岗位薪酬的客观性较强。

（二）岗位薪酬制的主要类型

1. 岗位等级薪酬制

岗位等级薪酬制是指将岗位按照重要程度进行排序，然后确定工资等级的工资制度。岗位等级薪酬制有两种主要形式：一岗一薪制和一岗多薪制。

（1）一岗一薪制是指一个岗位只有一个工资标准，在同一岗位上工作的员工，按照统一的工资标准获得工资。岗位工资制适用于专业化、自动化程度高，流水作业，工种技术比较单一的工作岗位。一岗一薪制的工资按照由低到高的顺序排列，组成了统一的标准岗位工资体系。在这一工资体系内，岗内没有工资等级，员工上岗时采取试用期或熟练期的办法，期满经考核合格，就可以按岗位工资标准获得工资收入。所以，岗位工资反映的只是不同岗位之间的工资差别，不反映岗位内部的工作和相应报酬的差别。

一岗一薪制不存在升级问题，所以员工只有在变动工作岗位时，即到较高等级的岗位工作时，才能提高自己的工资水平。但这不等于说，如果员工的岗位不变动，就不能提高工资等级。在企业经济效益或者整个社会经济水平提高或者物价上涨过快而岗位等级的工资额数目不变的情况下，对于不能晋升到较高等级岗位上工作的员工，要想增加工资，可以通过提高岗位工资标准来实现。

在实行一岗一薪制时，一定要对岗位进行全面分析，并对有关因素进行测评。测评的具体内容有：岗位责任范围和责任程度，岗位对员工的技能水平要求，岗位劳动强度、劳动条件等，通过测评得出岗位的综合分数，据此确定岗位系数以及岗位的工资额度。

（2）一岗多薪制是指在一个岗位内设置几个工资标准以反映岗位内部员工之间劳动差别的岗位薪酬制度。由于企业的岗位比较多，有的企业有上千个岗位，从管理成本上分析，不可能为每一个岗位都设立工资标准，企业只能是将相近的岗位进行合并以采取同一工资标准，这就造成了同等级岗位内存在工作差别的问题。为了解决这一问题，有些企业在同一等级内划分档次，员工在一个岗位等级内可以通过小步考核而升级，直至达到本岗位最高标准。

一岗多薪制适用于那些岗位划分较粗、岗位之间存在工作差别、岗位内部员工之间存在技术熟练程度差异的企业或部门。企业在实行一岗多薪制时，基本的操作规范要求与一岗一薪制相同。

一岗多薪制也需要岗位分析、岗位评价。在岗位评价时，企业可以以岗位对上岗员工最低的技能要求、工作责任、工作强度等因素进行评分，以此为基础确定的岗位系数为基本系数；再根据岗位对上岗者较高的技能要求确定技能附加系数。岗位基本系数与技能附加系数之和即为岗位技能综合系数。员工以岗位技能综合系数为依据得到的工资，才是该岗位的最后工资。一岗多薪制与一岗一薪制的不同之处就在于：同岗位的工资，因技能水平不同，岗位技能综合系数不同；同技术水平的员工因所在的岗位不同，岗位综合技能系数也不同。

2. 岗位薪点工资制

岗位薪点工资制是在岗位评价的基础上，用点数和点值来确定员工工资的薪酬制度。岗位薪点工资制的主要特点是工资标准不是以金额表示，而是用薪点表示，而且点值的大小由企业或部门的经济效益确定。岗位薪点工资制的内涵和外延以及基本操作过程与岗位等级工资制相似，但是它在实际操作中更为灵活。

（1）薪点数的确定。员工的薪点数是员工所在岗位的薪点、员工个人的表现薪点以及企业或部门预先规定的加分薪点的三项点数之和。

1）岗位薪点的确定。企业在确定岗位薪点时，通过岗位分析与评价（以劳动四要素为标准），得出每一岗位的等级与点数。

2）个人薪点的确定。在确定员工的个人薪点时，一般是将员工分为几类，比如普通员工、主管人员、技术人员等，不同种类的员工有各自的评分标准。当然，还可以考虑员工在考核期内的业绩表现情况，将考核期末的考核成绩转化为个人薪点的一部分。

3）加分薪点数。对于岗位点数和个人点数不能表现的，而且现阶段又必须鼓励、强调的合理因素，可以使用加分点数来体现，如员工的本企业工龄、学历、职称、突出贡献等情况。

（2）薪点值的确定。薪点值的高低按照企业效益的好坏进行确定，使工资水平与企业的效益相联系。企业在确定薪点值时，可以将薪点值分为基值和浮动值两部分。基值由企业的整体经济效益确定，而浮动值由部门的生产经营状况决定。

通过以上分析可以看出，岗位薪点工资制有以下优点：

（1）岗位薪点制使工资分配直接与企业效益和员工的工作业绩相联系，体现了效率优先的原则，符合市场取向的要求；

（2）工资用薪点表示，比岗位等级工资制更容易做到将工资向关键岗位、技术岗位倾斜，通过规定员工个人薪点点数的标准，可以促进员工学习技术，提高其素质和业绩水平，充分发挥工资的激励作用；

（3）在薪点值的确定过程中，浮动值是按照部门的效益或业绩确定的，这就要求员工必须加强单位或部门的团队合作，有利于提高团队的协作精神。

二、技能薪酬制度

技能薪酬制度是一种以技术、能力为基础的薪酬制度。技能薪酬制度与传统的岗位薪酬制度不同，它强调根据员工的个人能力提供薪酬，而且只有确定员工达到了某种能力标准以后，才能对员工提供与这种能力相对应的薪酬。而岗位薪酬制度则恰恰相反，只要员工在岗位上工作，就能获得与本岗位相对应的工资，而不管员工是否很好地履行了本岗位所要求的职能。

（一）实行技能薪酬制度企业应考虑的因素

并不是所有的企业都适合实行技能薪酬制度。企业在决定制定或实行技能薪酬制时，必须考虑自身的生产经营状况与内外部环境。一般来说，企业还应该考虑企业的文化、企业的岗位与人员结构、企业的经营目标等几个因素，尤其是企业文化这一因素。技能薪酬制度要求企业要有一种比较开放、有利于员工参与的企业文化，这样才能保证企业充分利用员工获得的新技术和新知识。除此之外，企业还应做到：

1. 明确对员工的技能要求

实行技能薪酬制度，企业必须清楚地表明企业对员工发展的要求，并且给员工更多的发展机会与空间。企业应该让员工了解获得各种技术和能力所需的时间，也就是获得相应的薪酬所需的时间。企业通常是将复杂的技术和能力进行集合、分解，形成各种比较简单的技能来降低要求，增加员工获得薪酬的可能性，从而提高员工学习新技能的积极性。但是，如果企业的技术和能力标准非常简单，比如员工通过几个星期的学习或培训就可以达到，那么管理者最好将若干种类的技能进行捆绑以提高获得的难度，否则员工可能每获得一点新技能就能获得一定的报酬，使得这种薪酬制度的要求过于松散、难于管理，并且使企业的工资成本迅速增加。

2. 构建配套的技能评估体系

任何薪酬计划都要对员工是否有资格获得相应的薪酬进行考察，技能薪酬制度也不例外。由于技能薪酬制度的支付标准比较抽象，所以更有必要对员工的技能水平进行认真评估以检验员工是否具有获得某种薪酬的资格。这一过程相当复杂，需要用各种测试方法。各企业要根据自身的实际情况选择适合自己的测试方法。比如，工作抽样调查就是一种常见的测试方法，它能够比较真实地反映员工的能力。如果企业需要了解员工在特殊情况下的反应与做法，那么这种方法还需要与其他方法相结合，如口试、笔试、现场展示等。

在技能薪酬制度中，对员工的技能水平进行再评估也是十分重要的，定期再评估能够保证员工不会忘记已经获得的知识与能力，并进一步加深印象。再评估的期限不宜过长或过短，一般一年一次或两次。

3. 将薪酬计划与培训计划相结合

在实行技能薪酬制度时，企业必须给员工学习新技术、新知识的机会，只有这样，才能调动员工的积极性，企业的培训计划就是最适合的方式。实践证明，只要将员工的薪酬与其技能相联系，员工参加企业培训的积极性就会大大提高，这是薪酬激励功能的一种表现。所以，企业在实施薪酬计划之前，就要制定一个与之相对应、较为固定的培训计划。

企业的培训计划首先要确定员工获得某种技术与能力所需的培训程度、培训的具体内容；然后，再根据培训内容列出相应的培训时间和计划表，同时确定每一项培训所需的费用。当然，培训的方法和方式很多，各企业应根据自己的情况选择适合的培训方式。岗位轮换就是一种比较好的培训方式，因为任何理论上的学习都代替不了实践经验，因此对员工进行岗位轮换是一种很有效的培训方式。

实行岗位轮换的培训方法也会有一些问题，比如，由谁来决定岗位轮换的时间，对谁的岗位进行轮换，怎样说服那些不愿意进行岗位轮换的员工。企业在制定这种培训计划时，必须针对以上问题制定一系列相应标准，以避免在实施培训计划的过程中官僚作风的出现，因为官僚作风对技能薪酬制度以及对企业的发展是极为不利的。

（二）技能薪酬的种类

1. 技术薪酬

技术薪酬又称以应用知识为基础的薪酬，主要应用于蓝领员工，它的基本思想是根据员工通过证书或培训所证明的技术水平支付其薪酬，而不管这种技术是否在实际工作中被应用。

技术薪酬一般应用于生产制造性质的企业或部门，另外，许多企业对等级较低的工作岗位也采用了这种薪酬制度。在这项制度的实施过程中，企业要保持内部的稳定，才能保证最初的投资方式能够换回更大的收益。

技术薪酬制度具有明显的优势。据调查，技术薪酬制度能够鼓励员工发展各项技能，提高业绩表现，增强参与意识，尤其适用于那些提倡员工参与管理的企业，因为这种企业比传统的采用官僚式管理的企业更能充分利用员工的新技术与新知识。如果一个企业只是单纯地增加员工技能而不能有效地利用这些技能，那么只会增加企业的成本，不会得到任何收益。而且，企业的员工比较欢迎这种薪酬方式，因为它清楚地表达了员工的努力和所得到的报酬之间的联系，为员工的技术增长提供了动力。

但是，随着这种薪酬方式的实施，企业的决策者会发现，这种薪酬方式给企业带来技术进步、生产率提高等好的变化的同时，也使得薪酬费用日益增加。这是因为越来越多的员工不断提高技术，并且获得了所在等级的最高工资。这样，与那些仍然采取岗位薪酬制的企业相比，采用技术薪酬制度的企业就面临着较高的经营成本，处于竞争的相对劣势。如果企业所属的行业是劳动密集型的，这种劣势会更加明显。所以，许多企业都采取各种各样的措施以限制薪酬费用的增加，比如安排员工依照比例和时间进行培训、对已过时的技术种类减少相应的薪酬支付等。

2. 能力薪酬

与技术薪酬相对应，能力薪酬主要适用于企业的专家人员和主管人员，属于白领薪酬。这里的能力特指胜任能力，即实现某种特定绩效或者表现出某种有利于绩效实现的行为的能力，而不是一般意义上的能力。这种薪酬给予的标准比较抽象，而且与具体的职位联系不大。

（1）以基础能力为基础的薪酬。基础能力是指履行某个职位的职能或者胜任某一岗位的工作所应该具有的能力，但是这种能力并不是企业的竞争优势所在。基础能力薪酬制度是这样制定的：首先对企业或部门中公认的表现最好的员工进行考察，找出最佳表现者与一般表现者，甚至是最差表现者之间的差别。这些差别可以通过一系列的测试、面谈、业务评定等方式获得。然后将这些差别归类，就可以得到衡量能力的大体标准。

（2）以策略能力为基础的薪酬。策略能力是指非常难以得到的、能够影响企业竞争优势的、在本质上有一定策略性的能力。策略能力薪酬是一种新生的薪酬制度，它的发展得益于近年来逐渐兴起的有关核心竞争力问题的讨论。所谓核心竞争力不是指企业在某些产品或某一市场上的竞争能力，而是指企业在某种科技或管理方面的竞争能力，这种能力使得企业具有某种竞争优势。这种竞争优势不会随着企业产品的落后或市场领先地位的丧失而消失，而会帮助企业适应产品的变化，重新获得市场。比如，索尼的核心竞争力在于精细的制作工艺，本田的核心竞争力在于节约型生产。这些企业不是总处于市场的领先地位，但是它们的核心竞争力却总能帮助它们紧跟市场的步伐。因此，这种薪酬制度要求管理者根据企业经营策略来确定所谓的策略型能力薪酬。显然，完成这项工作必须进行大量的分析和调查。

以策略能力为基础的薪酬有以下两个特殊之处：

1）这种制度的设计、制定过程是自上而下的，也就是说，它的制定取决于企业最高管理者对企业的核心竞争力的定义，而不是基于企业职员的表现。

2）薪酬的给予对象主要是管理者和专家人员。所以，管理者必须努力向员工说明这种薪酬方式的运作方法、目的和作用，使他们接受这种薪酬制度，至少不能产生抵触情绪。

三、薪酬市场调查

薪酬市场调查旨在考察某一行业或地区中某一岗位在其他企业中的薪酬水

平，即考察该岗位的市场环境。实际上，在有些情况下，薪酬市场调查可能比企业内部的岗位评价更为有效。比如，在各企业对信息技术人才需求很大时，该岗位的薪酬水平就更多地取决于市场，而与平常的岗位评价水平关系不是很大。

在进行市场调查时，首先要明确的是企业所面临的人力资源市场，市场组成的复杂性使得回答这一问题有一定的难度，因为大多数企业所面临的人力资源市场不是单一的市场，而是多个市场的结合体。但是无论情况多么复杂，在制定薪酬制度时，调查者必须界定目标市场，同时根据市场的变化随时更新数据。

（一）市场调查的内容

一旦目标市场确定，就出现一个问题：应该对哪些岗位的薪酬信息、数据进行搜集与比较。在进行市场调查时，有必要在一般岗位和特殊岗位之间进行区分。一般岗位是那些大多数企业都存在的工作岗位，它们有着相对稳定的工作内容，在薪酬市场调查中很容易得到与它有关的薪酬信息；而特殊岗位是企业特有的、区别于其他企业的工作岗位，因此，关于特殊岗位的薪酬数据不容易通过市场调查获得。市场调查的内容一般都是那些一般岗位。但是，企业的一般岗位繁多，对其进行逐一的数据搜集会给市场调查人员增加过多的工作负担，所以，薪酬调查通常只是针对一组被抽样的岗位进行。这就要求在选择被调查岗位时一定要使这些岗位在层次、职能领域以及在人力资源市场上所处的位置等方面都具有很强的代表性。同时，要求被调查企业的岗位要与本企业的岗位在工作内容上有着很大的相似性。

在调查内容确定以后，还需要解决的问题是，搜集数据的内容是什么？是仅仅搜集基本工资还是全部货币薪酬的总额？是搜集企业岗位的中等薪酬水平还是最高或最低薪酬水平？企业最好的做法是对以上所提到的所有数据都进行搜集，以确定企业薪酬水平在人力资源市场中所处的位置。

（二）市场调查的对象

市场调查的主要对象通常包括企业在人力资源市场上和商品市场上的竞争对手。薪酬调查者可以向这些企业的市场调查人员（当然也可以是普通员工）搜集有关信息，因为他们提供的数据一般比较准确，而且这样也可以促进企业间在薪酬工作上的合作。企业的薪酬调查者也可以从有关咨询公司那里获得薪酬信息。咨询公司有时能够满足企业的特殊要求，比如能够提供特殊岗位的薪酬信息等。另外，政府的统计调查部门、地方性的经济协会，甚至报刊等也可以提供一些有用的信息资料。

（三）市场调查的方法与方式

在选定调查的内容以及对象后，薪酬调查者还要确定调查的具体方法。现阶段常用的市场调查方法有：岗位比较法、岗位评价法、职业分类法，而最为常用的是岗位比较法。

岗位比较法要求被调查者根据调查表对某岗位的描述，在其所属公司中找出与之相匹配的岗位，并列出其工资水平和薪酬额度，最后调查者要写明被调查的员工数目。这种调查通常涉及的是各企业都有的一般岗位，这些岗位的名称固定、通用，权责明确，职能单一，从事工作的员工人数较多。一般来说，调查表中应包含 10～30 个岗位。为保证调查成功，调查者应该在调查表上提供充足的信息，阐明目标岗位的主要职能，以便被调查者做出正确判断。

在利用岗位比较法进行市场调查时，了解其他企业的岗位评价标准有助于本企业的薪酬市场调查。因为，如果两个企业在岗位评价中使用相同的薪酬要素，被调查人员在理解目标岗位的岗位要求、职责、权限等因素时不存在障碍，有利于调查岗位的顺利进行，也有助于减少调查的系统误差。

关于市场调查的方式主要有两种：电话调查和问卷调查。电话调查应用最广泛，这种方法适用于紧急的雇佣决策，虽然可能由于询问者表达不清或者回答者不确定而使得搜集的数据或信息包含一些不确定因素，但可以用于应付紧急情况。还由于在进行电话调查时，通常是在对方没有准备的情况下打入电话的，答案往往是一个估计值，而不十分准确。与电话调查不同，问卷调查能够提供更为连贯和准确的数据，但是它不如电话调查反馈及时。

（四）薪酬调查的程序

企业在做薪酬调查时，可以按照下面的程序进行：（1）确定企业中需要进行薪酬调查的岗位；（2）确定被调查的企业；（3）确定被调查企业中需调查的岗位，这些岗位的工作任务、职责、权限、任职要求要与本企业的岗位基本相同（在选择岗位时，不仅要看岗位名称，还要看岗位的实际工作内容）；（4）确定调查内容；（5）确定调查方式、方法；（6）薪酬调查数据处理分析。

（五）调查数据的处理

假设在一次薪酬调查中，被调查的企业一共有 8 家，下面的数据列表（见表 10—1）记录的便是对这些企业岗位 A 的薪酬信息数据。

表 10—1　岗位 A 的薪酬调查数据

被调查的企业	甲	乙	丙	丁	戊	己	庚	辛	总和	平均工资
员工人数（人）	8	3	6	8	12	20	13	10	80	
平均工资（元）	855	867	790	820	810	780	832	778		

关于最后一列的"平均工资"，薪酬管理者可以用不同的方法计算得出。比如：

1. 简单平均。即将各企业关于岗位 A 的平均工资进行简单平均。具体做法是：将调查所得的各平均数据进行简单相加，然后除以总的企业数目，得出的最后结果就是岗位 A 的最后平均工资。即

平均工资＝（855＋867＋…＋778）/8＝816. 5（元）

这一方法可以比较各企业的薪酬政策。被调查员工少的企业和被调查员工多的企业在此计算方法中所起的作用是一样的。

2. 加权平均。即将工资总额按照被调查员工的总数进行平均。其中，工资总额等于所有企业平均工资乘以被调查员工数所得到的数值的全部总和。在本例中：

工资总额＝855×8＋867×3＋…＋778×10＝64 657（元）

所以，平均工资＝64 657/80＝808. 2 125（元）。

在加权平均的计算过程中，被调查员工数目较多的企业所占的权数较大，这种方法对于考察给定岗位的市场情况非常有利。当企业选择加权平均法进行平均工资计算时，要根据被调查企业的不同性质进行权数上的调整，调整方法就是对被调查企业的被调查员工的数目进行限制。因为很明显，当一家企业被调查员工的数目较大时，它的数据对最后平均工资结果的影响程度比较大。

以上分析只是对一种岗位来说，假设企业在一次调查中共对 A，B，…，I，J 等 10 种岗位进行了市场调查，利用加权平均法得出的最后平均工资见表 10—2。

表 10—2 薪酬调查数据

岗位	A	B	C	D	E	F	G	H	I	J
平均工资（元）	803	809	664	750	713	732	740	723	733	784

四、薪酬制度结构设计

薪酬制度结构的建立主要有三个方面的内容，即薪酬水平的确定、薪酬结构的确定和薪酬等级的确定。

（一）薪酬水平的确定

在结束企业内部的岗位评价和对外部市场的薪酬调查之后，下一步工作就是要根据这两个步骤的结果确定薪酬水平。关于薪酬水平的确定，不同的企业有不同的方法，各企业要根据已经完成的两部分内容，并结合影响薪酬水平的各因素，采取不同的确定方法。下面根据本节前面所得出的岗位评价以及薪酬市场调查的数据来讲述薪酬水平的确定方法。

一般而言，薪酬水平的确定方法有以下两种：

1. 将薪酬水平完全建立在市场薪酬调查数据的基础上

具体做法是，将企业的岗位评价数据与薪酬调查数据进行结合，以岗位评价数据为横轴，以市场调查数据为纵轴，建立平面直角坐标系，在坐标系中标出各种岗位的岗位评价与市场调查数据，用最简洁的直线将这些散点连起来，得到一条工资曲线（如图 10—2 所示，企业的薪酬水平根据表 10—2 中的数据得出）。

前面已经提到，企业的工作岗位可以分为一般岗位和特殊岗位。企业全部的一般性岗位的薪酬水平（工资率）由薪酬调查数据得到；而特殊岗位的工资率可以通过工资曲线得到，即将特殊岗位的岗位评价数据带入工资曲线的方程即可得出。

例如在表 10—3 的数据中，可以运用统计软件 SPSS，根据第 2 列与第 3 列的数据得出工资曲线的方程式：

$$\text{薪酬水平} = 562.595 + 0.669 \times \text{岗位评价结果}$$

从而可得到第 4 列的关于薪酬水平 I 的数据。在这一列的薪酬数据中，从岗位 A 到 J，都是企业的一般岗位，它们的薪酬水平是按照市场调查数据直接得出的，而岗位 K，L 是企业的特殊岗位，它们的薪酬数据只能根据工资曲线

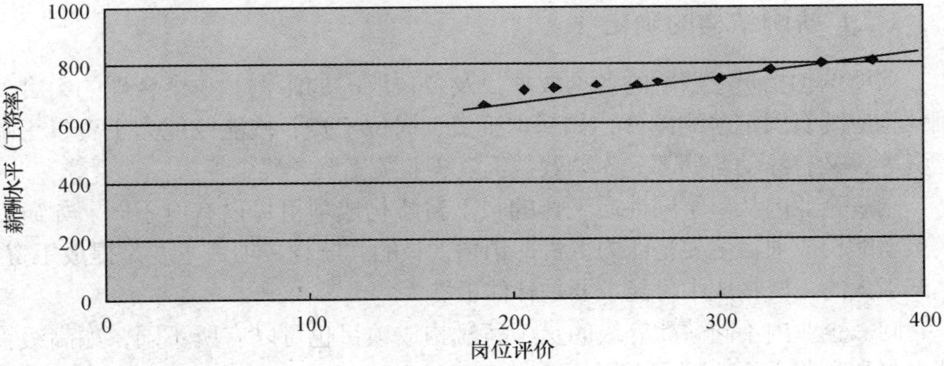

图 10—2　工资曲线

得出，即将它们的岗位评价得分代入工资曲线的方程，通过简单计算即可（见表 10—3 中的薪酬水平Ⅰ）。

2. 根据工资曲线确定薪酬水平

此种方法的一个重要特点就是，所有岗位的薪酬水平完全按照工资曲线确定，这样就将市场调查的外部信息与岗位评价的内部信息结合起来，充分考虑了薪酬制度的内部公平性。具体做法是，在得出工资曲线后，将所有岗位（包括一般岗位和特殊岗位）的岗位评价得分代入工资曲线，得出各个岗位的薪酬水平（见表 10—3 中的薪酬水平Ⅱ）。

表 10—3　　　　　　　　　薪酬水平的确定

岗位	岗位评价结果	市场调查（元）	薪酬水平Ⅰ（元）	薪酬水平Ⅱ（元）
A	350	803	803	796.745
B	375	809	809	813.47
C	185	664	664	686.36
D	300	750	750	763.295
E	205	713	713	699.74
F	260	732	732	736.535
H	220	723	723	743.225
I	240	733	733	709.775
G	270	740	740	723.155
J	325	784	784	780.02
K（特殊）	373	—	812.123	812.132
L（特殊）	295	—	759.95	759.95

（二）薪酬结构的确定

薪酬结构指员工薪酬的各构成项目及各自所占的比例。一个合理的组合薪酬结构应既有固定薪酬部分，如基本工资、岗位工资、技能或能力工资、工龄工资等，又有浮动薪酬部分，如效益工资、业绩工资、奖金等。

同一企业内从事不同性质工作的员工薪酬构成项目可以有所不同。如研发人员薪酬构成项目主要是能力工资，销售人员的薪酬构成项目主要是提成工资，生产工人的工资构成中可能主要是计件工资。

同一企业内不同薪酬等级的员工薪酬构成项目也可以有所不同，如高级管理人员和企业骨干人员可能除了基本工资、岗位工资、奖金等工资项目以外，还有职务津贴、股票期权等项目，普通员工可能就没有这些薪酬项目。

企业薪酬结构的确定，即确定不同员工的薪酬构成项目。薪酬结构类型主要有以绩效为导向的薪酬结构（绩效薪酬制）、以工作为导向的薪酬结构（岗位薪酬制）、以技能为导向的薪酬结构（技能薪酬制）、组合薪酬结构（组合薪酬制）等。

1. 以绩效为导向的薪酬结构（绩效薪酬）

以绩效为导向的薪酬结构（见表10—4），其特点是员工薪酬主要根据其近期劳动绩效来决定。员工薪酬随劳动绩效量的不同而变化，并不是处于同一岗位或者技能等级的员工都能拿到相同数额的薪酬。计件工资、销售提成工资、效益工资等都属于这种薪酬结构。

以绩效为导向的薪酬结构，其显著优点是激励效果好，但也存在一定的缺陷，如使员工只重视眼前效益，不重视长期发展，没有学习新知识、新技能的动力；只重视个人绩效，不重视与人合作、交流。以绩效为导向的薪酬结构比较适用于以下类型的企业或部门：工作任务饱满，有超负荷工作的必要；绩效能够自我控制，员工可以通过主观努力改变绩效等。

2. 以工作为导向的薪酬结构（岗位薪酬）

以工作为导向的薪酬结构（见表10—4），其特点是员工薪酬主要根据其所在岗位的重要程度、任职要求的高低以及劳动环境对员工的影响等来决定。薪酬随着岗位的变化而变化，岗位工资制、职务工资制等都属于这种薪酬结构。

以工作为导向的薪酬结构有利于激发员工的工作热情和责任心；缺点是无法反映在同一岗位上工作的员工因技术、能力和责任心不同而引起的贡献差别。以工作为导向的薪酬结构比较适用于各项工作之间责、权、利明确的企业。

3. 以技能为导向的薪酬结构（技能薪酬）

以技能为导向的薪酬结构（见表10—4），其特点是员工薪酬主要根据员工所具备的工作能力与潜力来确定。职能工资、能力资格工资及我国过去工人实行的技术等级工资制度都属于这种薪酬结构。

表10—4　　各种薪酬制度的结构比较表

绩效薪酬	年龄与工龄	基本工资（20%）
	技术与培训水平	
	岗位价值	
	绩效（生产量、销售量）	绩效工资（80%）
岗位薪酬	年龄与工龄	工龄工资及其他（12%）
	技术与培训水平	岗位工资（86%）
	岗位价值	
	绩效（生产量、销售量）	绩效工资（2%）
技能薪酬	年龄与工龄	技术等级工资（90%）
	技术与培训水平	
	岗位价值	职务津贴（5%）
	绩效（生产量、销售量）	生产津贴（5%）
组合薪酬	年龄与工龄	工龄工资（14%）
	技术与培训水平	基础工资（33%）
	岗位价值	岗位工资（24%）
	绩效（生产量、销售量）	奖金（29%）

以技能为导向的薪酬结构的优点是有利于激励员工提高技术、能力，但也有不足，即忽略了工作绩效及能力的实际发挥程度等因素，企业薪酬成本也比较高。而且适用范围窄，只适用于技术复杂程度高、劳动熟练程度差别大的企业，或者是处于艰难期，急需提高企业核心能力的企业。

4. 组合薪酬结构（组合薪酬）

组合薪酬结构（见表10—4），其特点是将薪酬分解成几个组成部分，分别依据绩效、技术和培训水平、岗位、年龄和工龄等因素确定薪酬额。组合薪酬结构使员工在各个方面的劳动付出都有与之对应的薪酬，员工只要在某一个因素上比别人出色，都能在薪酬上反映出来。岗位技能工资、薪点工资制、岗位效益工资等都属于这种薪酬结构。

组合薪酬结构的优点是全面考虑员工对企业的投入。在企业实际薪酬管理中，单纯采用以绩效为导向的薪酬结构或以工作为导向的薪酬结构或以技能为导向的薪酬结构的情况并不多，总是把几种体系结合起来，扬长避短。因此，组合薪酬结构适用于各种类型的企业。

尽管薪酬结构的类型有很多种，但从性质上可以分为三类：

1. 高弹性类

此类薪酬结构的特点是：员工的薪酬在不同时期个人收入起伏较大，绩效工资与奖金所占的比重较大。以绩效为导向的薪酬结构属于这种类型。

2. 高稳定类

此类薪酬结构的特点是：员工的薪酬与实际绩效关系不太大，而是主要取决于年功及企业整体经营状况，员工的薪酬相对稳定，给人一种安全感，采用这类薪酬结构的企业，员工薪酬中基本工资所占的比重相当大，而奖金则根据企业整体经营状况，按照个人基本工资的一定比例发放，如日本的年功工资。

3. 折中类

既有高弹性成分，以激励员工提高绩效；又有高稳定成分，以促使员工注意长远目标。如以能力为导向的薪酬结构、以工作为导向的薪酬结构及组合薪酬结构，采用此类型的企业较多。企业可以根据薪酬策略选择适合的薪酬结构，在不同的薪酬策略下应采用不同的薪酬水平和薪酬结构，见表 10—5。

表 10—5　企业薪酬策略与企业发展战略的关系

发展战略	企业发展阶段	薪酬策略	薪酬水平	薪酬结构类型	
				性质	薪酬结构
以投资促进发展	合并或迅速发展阶段	以业绩为主	高于平均水平的薪酬与高、中等个人绩效奖相结合	高弹性	以绩效为导向
保持利润与保护市场	正常发展至成熟阶段	薪酬管理技巧	平均水平的薪酬与中等个人、班组或企业绩效奖相结合	高弹性	以绩效为导向
				高稳定	年功工资
				折中	以技能为导向 以工作为导向 组合薪酬
收获利润并向别处投资	无发展或衰退阶段	着重成本控制	低于平均水平的薪酬与刺激成本控制的适当奖励相结合	高弹性	以绩效为导向
				折中	以能力为导向 以工作为导向 组合薪酬

现在有越来越多的企业为了更好地激励高级管理人员和企业骨干人员，建立短期激励与长期激励相结合的薪酬结构，即在薪酬结构中，除了有固定薪酬部分和效益工资、业绩工资、奖金等短期激励薪酬部分外，还有股票期权、员工持股计划等长期激励薪酬部分。一般来说，高级管理人员的薪酬结构中长期激励部分比重较大，而中级管理人员的薪酬结构中长期激励部分比重较小。

（三）薪酬等级的确定

无论什么薪酬结构，都要反映不同岗位之间在薪酬结构中的差别，为此要确定若干岗位等级作为薪酬等级的依据。岗位等级要以岗位评价的结果为依据，根据岗位评价得到每个岗位的最终点数，划分等级。为了在薪酬管理中操作简便，往往将岗位评价结果接近的岗位（在同一点数区间的岗位）定为一个等级，从而划分出若干岗位等级。薪酬等级往往与岗位等级相对应。不同的企业有不同的岗位，因此薪酬等级也不同。但一般有两种类型：

1. 传统薪酬等级类型

特点是企业包括的薪酬等级比较多，呈金字塔形排列，员工薪酬水平的提高随着个人岗位级别向上发展而提高。这种等级类型在成熟的、等级型企业中常见。

为了反映在同一岗位级别上的员工在绩效上的差别，企业实际薪酬管理中往往在同一薪酬等级中划分若干个档次。也就是说，在确定员工所在岗位对应的薪酬等级后，可以根据员工个人绩效水平高低不同进入薪酬等级的不同档次，并可以根据绩效考核结果逐年调整。但员工薪酬的变动范围一般不超过薪酬等级的上、下限，除非员工的岗位发生变动。

由于企业的岗位等级一般都是金字塔形，岗位级别越高，可提供的岗位越少，员工的升迁机会越少。为了弥补由于岗位数量少而给员工薪酬带来的损失，薪酬等级之间的薪酬标准可以重叠，如图 10—3 所示。

2. 宽带薪酬

宽带薪酬是指对多个薪酬等级以及薪酬变动范围进行重新组合，从而变成只有相对较少的薪酬等级以及相应的较宽薪酬变动范围。宽带薪酬作为一种与企业组织扁平化、流程再造、团队导向、能力导向等新的管理战略相配合的新型薪酬结构设计方式应运而生。宽带薪酬最大的特点是压缩级别，将原来十几甚至二十个、三十个级别压缩成几个级别，并将每个级别对应的薪酬范围拉大（如图 10—4 所示），从而形成一个新的薪酬管理系统及操作流程，以便适应当

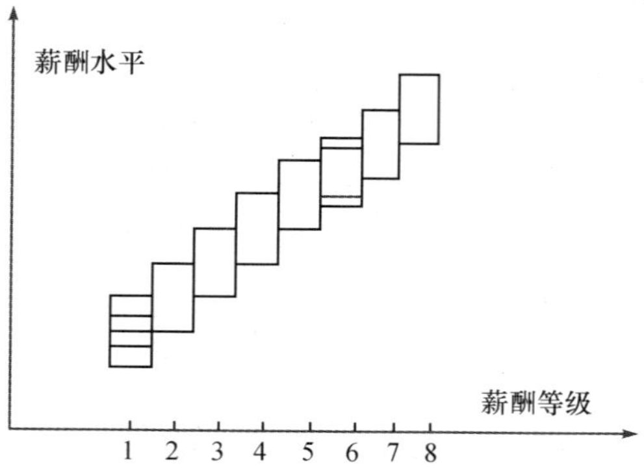

图 10—3 薪酬等级

时新的竞争环境和业务发展需要。一般来说，每个薪酬等级的最高值与最低值之间的区间变动比率要达到 100%或 100%以上。一种典型的宽带型薪酬结构可能只有不超过 4 个等级的薪酬级别，每个薪酬等级的最高值与最低值之间的区间变动比率则可能达到 200%～300%。而在传统薪酬结构中，这种薪酬区间的变动比率通常只有 40%～50%。

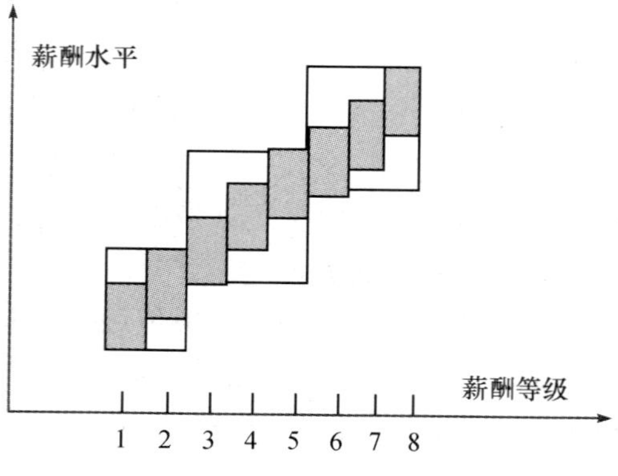

图 10—4 宽带新酬

与传统的等级薪酬模式相比，宽带薪酬模式具有以下特征：

（1）打破了传统薪酬结构所维护和强化的等级观念，减少了工作之间的等级差别，有利于企业提高效率以及创造学习型的企业文化，同时有助于企业保持自身组织结构的灵活性和有效地适应外部环境的能力。

（2）引导员工重视个人技能的增长和能力的提高。在传统等级薪酬结构下，员工的薪酬增长往往取决于个人职务的提升而不是能力提高，因为即使能力达到了较高的水平，但是在企业中没有出现职位的空缺，员工仍然无法获得较高的薪酬。而在宽带薪酬体系设计下，即使是在同一个薪酬宽带内，企业为员工所提供的薪酬变动范围也可能会比员工在原来的五个甚至更多的薪酬等级中获得的薪酬范围还要大，这样，员工就不需要为了薪酬的增长而去斤斤计较职位晋升等方面的问题，而只要注意发展企业所需要的那些技术和能力就可以获得相应的报酬。

(3) 有利于职位轮换，培育那些新组织的跨职能成长和开发。在传统的等级薪酬结构中，员工的薪酬水平是与其所担任的职位严格挂钩的。由于同一职位级别的变动并不能带来薪酬水平上的变化，但是这种变化使得员工不得不学习新的东西，从而工作的难度增加，辛苦程度更高，这样，员工不愿意接受职位的同级轮换。而在宽带薪酬制度下，由于薪酬的高低是由能力来决定而不是由职位来决定，员工乐意通过相关职能领域的职务轮换来提升自己的能力，以此来获得更大的回报。

(4) 有利于提升企业的核心竞争优势和企业的整体绩效。在宽带薪酬体系中，上级对下级员工的薪酬有更大的决策权，从而增强组织的灵活性和创新性思想的出现，有利于提高企业适应外部环境的能力。

在宽带薪酬模式下，经理在决定员工工资时有更大的自由，因而使人力成本有可能大幅度上升。美国联邦政府的经验表明，在宽带结构下，薪酬成本上升的速度比传统工资结构下要快得多。因此，企业在决定引进宽带薪酬时，一定要事先做好各方面的准备工作，以避免带来负面影响。

第三节 激励薪酬制度设计

激励薪酬是指以员工、团队或者企业的绩效为依据而支付给员工个人的薪酬。与基本薪酬相比，激励薪酬具有一定的变动性，但是由于它与绩效联系在一起，因此对员工的激励性也更强。可以从两个维度对激励薪酬进行分类，从激励对象维度来看，分为个人激励薪酬和群体激励薪酬；从时间维度看，分为短期激励薪酬和长期激励薪酬。

一、个人激励薪酬

个人激励薪酬指主要以员工个人的绩效表现为基础而支付的薪酬。这种支付方式有助于员工不断提高自己的绩效水平，但由于支付的基础是个人，因此不利于团队合作。个人激励薪酬主要有以下几种形式：

（一）计件工资

计件工资制是根据员工生产的合格产品的数量或完成的作业量，按照预先规定的计件单价支付的劳动报酬。因为计件工资的计算标准是在劳动之后确定的，较为客观、准确地反映了员工实际付出的劳动量和不同员工之间的劳动差别，所以，现代生产性的企业或部门大都采用计件工资。

1. 计件工资的计算

计件工资的计算是用员工已完成的合格或视同合格的工作量（产品数量），乘以事先确定的计件单价。企业要正确计算计件工资，就必须考虑以下两项工作：一是正确计量员工已经完成的合格或视同合格的工作量（产品数量），这需要企业人力资源部门与质量检查、保管、验收等部门相互协作，对产品生产流程的各个环节的工作进行全程监控，以保证对员工完成工作量（产品数量）记录的真实性、准确性。二是正确测定计件单价，企业要首先确定某种产品的生产需要什么技术和等级的员工，然后再确定单位时间合理的产量定额。

从以上分析可以看出，实行计件工资需要具备三个主要条件：工作物等级、劳动定额和计件单价。工作物等级是根据目前技术水平以及企业设备状况等因素，确定从事该项工作的员工应该达到的技术水平或技术等级；劳动定额是指在一定的生产技术条件下，员工应该完成的合格产品的数量或完成某一产品的必要劳动时间的消耗标准；计件单价是以工作物等级和劳动定额为基础计算出来的单位产品的工资。

2. 对计件工资的评述

计件工资是工资形式演变过程的初级形式，随着科学技术水平和管理水平的提高，它将被其他形式所替代。但是，作为一种绩效薪酬制度，计件工资在激励员工方面有着自己特有的优越性。

计件工资的优点主要有：（1）有效地激励员工。计件工资鼓励员工提高工作潜能，并激励员工充分发挥工作积极性，还可以使员工注意到劳动的有效性，从而使计件工资可以从全方位激励员工。（2）有助于生产技术的进步。员工为了生产更多的产品，有更大的经济利益驱动他们进行生产技术的改良。（3）有利于进行目标管理，减少管理成本。

计件工资的缺陷主要有：（1）难以保证产品的质量。员工为了获得较多的报酬，只关心自己生产的产品数量，而对质量可能漠不关心，有时甚至粗制滥造。(2) 员工对企业的向心力可能较差。计件工资的计算只与员工在特定时期生产的产品的数量有关，而与员工的资历、在企业的服务年限等因素无关，这样容易使员工认为企业的整体利益甚至企业的兴衰都与自己的关系不大，这不利于提高员工对企业的集体荣誉感与向心力。

(二) 标准工时制

标准工时制，首先确定正常技术水平的员工完成某种工作任务所需要的时间，然后再确定完成这种工作任务的标准工资率。它是根据员工完成某种工作任务理论上应当耗费的时间来支付报酬的一种计划，而不考虑员工实际耗费的工作时间。即使一个人因技术熟练以少于标准时间的时间完成了工作，他依然可以获得标准工资率。

(三) 提案建议奖

提案建议奖是一种最古老的管理工具之一，在这种制度下，如果员工的某项建议在组织中得到了成功的应用，则员工会得到某种形式的报酬。实践证明，作为一种征集员工对于改善组织有效性的建议的正式方法，员工提案建议奖通常具有很高的成本有效性。它可以改善员工关系，提高产品质量，降低成本，增加收益。通常情况下，这种计划都是由人力资源部门负责实施的。在日本企业中，提案建议奖是员工参与管理的一种非常重要的实践形式。在美国，也有专门的国家提案建议体系协会。20 世纪 90 年代，在一些企业中还出现了从员工个人建议体系向以团队为基础的建议体系转变的趋势。

二、群体激励薪酬

与个人激励薪酬相对应，群体激励薪酬指以团队或企业的绩效为依据来支付薪酬。群体激励薪酬的好处在于它可以使员工更加关注团队和企业的整体绩效，增进团队的合作，从而更有利于整体绩效的实现。但是它也存在一个明显的缺点，那就是容易产生“搭便车”的行为。群体激励薪酬主要有以下几种形式：

(一) 利润分享计划

利润分享计划是指员工根据其工作绩效而获得一部分公司利润的组织整体

激励计划，是由企业建立并提供资金支持，让其员工或受益者参与利润分配的计划。在这种计划下，报酬的支付是建立在对利润这一组织绩效指标评价的基础上的，利润分享计划是一次性支付的奖励，它不会进入到雇员的基本工资中去，因而不会增加组织的固定工资成本。在实际运用中，利润分享计划在成熟型企业中显得更为有效。

利润分享计划的基本思想是按照一定比例将公司利润分配给雇员。具体做法有多种：第一，有些企业按照雇员绩效评价的结果来分配年度总利润。第二，有些企业则每隔一定时期向雇员发放固定数额的反映企业利润的奖金。第三，还有些企业在监督委托代理的情况下按预先规定的比例把一部分利润存入雇员账户，雇员退休后可以领取这部分收入，并可享受较低的税率。

利润分享计划的形式主要有两种：一种是现金计划，现金计划是最流行的利润分享计划形式，即每隔一定时间，把一定比例（通常为15%～20%）的利润作为利润分享额；另一种是延期利润分享计划，在监督委托管理的情形下，企业按预定比例把一部分利润存入员工账户，在一定时期后支付。这类计划使员工可以享受税收优惠，因为个人收入所得税的支付要延期到员工退休后，这样，他或她只需以较低的税率纳税。

利润分享计划的优点是将员工的利益在同一计划中体现，使全体员工都关注公司的利润，公司利润的大小直接影响员工的收益。利润分享计划的缺点是该计划通常与员工的基本薪资挂钩，即利润分享计划没有考虑员工个人的业绩，它仅关注企业的经营目标。

（二）收益分享计划

收益分享计划又叫生产率奖励、小组奖励和业绩奖励，是一种把一个部门或一个群体的生产率提高作为收益评价指标并在雇员与企业之间分享生产率提高带来的收益的计划。收益分享计划的目的在于用薪酬作为纽带把雇员个人的目标和企业目标连接起来，促进雇员共同努力以达到生产率目标。

收益分享计划是一种组织和员工共同分享生产率收益的手段，它不同于利润分享计划将标志组织绩效水平的利润作为分享对象，而是鼓励员工努力达到组织的生产率目标，包括提高既定时间的产量或是减少单位产品的生产时间，或节约完成全部工作的总体时间等。收益分享计划的设计和实施的成功与否很大程度上取决于员工的参与程度。

收益分享计划鼓励大多数或者全体员工通过共同努力来达到公司的生产率

目标，并且是员工和公司能够共同分享由于这种努力所产生的成本节约收益，最终起到了增强员工主人翁意识和忠诚度的作用。收益分享计划的主旨就是通过让员工参与从而提高公司的绩效，它可以被看成是一种管理系统或者是一种管理哲学。因为通过参与，员工可以更了解公司的实际情况，正所谓“离实际越近的人，越清楚问题所在”，这样就可以找出解决方案，使员工自身和公司都获得利益。

企业的管理层必须恪守自己对于收益分享计划的承诺，这是因为他们要制定和坚持团队目标。只有他们树立了正确的范例，员工才会积极响应，纷纷参与到其中来。这样，就确保了员工与组织目标保持一致。员工在追求个人目标的同时，其实也是在追求组织的目标，最终实现双赢。此外，管理层和员工还得注意双向沟通，而不仅仅是由上级来制定目标以及自上而下地发布指示。

（三）成功分享计划

成功分享计划，又称目标分享计划，它的主要内容是运用平衡计分卡方法来为某个经营单位制定目标，然后对超越目标的情况进行衡量，并根据衡量结果对经营单位提供绩效奖励。这里的经营单位既可以是整个组织，也可以是组织内部的一个事业部、一个部门，还可以是某个员工群体。无论如何，成功分享计划的报酬支付基础是经营单位的实际工作绩效与预定绩效目标之间的比较，也就是既定绩效目标的实现情况或者绩效改善的程度。此外，成功分享计划所涉及的目标可能包括在财务绩效、质量和客户满意度、学习与成长以及流程等各种绩效方面的改善中。在成功分享计划中，每一项绩效目标都是相互独立的，经营单位每超越一项绩效目标，就会单独获得一份奖励，经营单位所获得的总奖励金额等于其在每一项绩效目标上所获得的奖励的总和。

（四）小群体奖励计划或团队奖励计划

小群体奖励计划或团队奖励计划是适用于规模更小的工作群体或团队的一种群体奖励计划。许多组织在尚未准备好在整个组织中推行激励薪酬时，会首先在一些特定的职业群体、项目小组或者团队中试行小群体奖励计划或团队奖励计划。小群体奖励计划或团队奖励计划与前面提到的几种群体奖励计划有类似之处，只不过在这种情况下，员工所获得的奖金是以小群体的业绩而非整个部门、事业部或者工厂的绩效为依据的。最常见的情况是围绕财务目标——比如在预算之内完成计划——制定，但是它对于支持非财务目标——比如生产率、质量、时效性以及客户满意度等，也同样是有效的。这些计划常常是与项目或一些风险任务联系在一起的，根据项目或任务的完成情况来确定奖励金额。

三、短期激励薪酬

（一）绩效矩阵

绩效矩阵见表 10—6。

表 10—6　　绩效矩阵

工资增长幅度（%）		员工工资与市场工资的比较比率				
		0.85～0.95	0.95～1.0	1.0～1.05	1.05～1.15	1.15～1.25
绩效评价等级	A（好）	12～15	11～13	10～12	9～11	增长上限
	B（较好）	10～12	9～11	8～10	7～9	—
	C（一般）	8～10	6～9	—	—	—
	D（差）	5～8	—	—	—	—
	E（极差）	—	—	—	—	—

现在，许多企业的绩效薪酬制度都形成了绩效矩阵的形式，以此作为员工工资增长的依据。在绩效矩阵中，员工工资增长的规模和频率取决于两个方面的因素：一是个人的绩效评价等级；二是个人在工资浮动范围中的位置，即员工个人的实际工资与市场工资之间（或企业内部的平均薪酬水平）的比较比率。下面就通过一个绩效矩阵说明这两个因素的变化情况对员工增加工资的影响。

在上面的绩效矩阵中，员工的绩效评价等级与员工的工资及市场工资的比率共同决定员工的工资增长幅度。根据员工的绩效评价等级增加工资比较好理解，下面看一看工资的市场比率对工资增长幅度的影响。

如果一位员工的绩效评价等级是 A 级，比较比率是 0.9，那么他能获得的工资增长幅度将会是 12%～15%；而如果他的比较比率是 1.1，那么只能得到大约 9%～11%的工资增长。根据比较比率进行等级分解的一个原因是控制薪酬费用以及维持工资结构的完整性。如果一个比较比率为 1.2 的员工获得了12%～15%的加薪，那么他的工资很快会超过企业工资范围的最高界限。因此，在员工的绩效等级一定的情况下，企业要首先考虑员工工资的比较比率的范围，然后再决定其工资增长的幅度。

绩效矩阵除了可以帮助企业在员工的加薪方面提供依据外，还可以帮助企业确定并维持员工的市场工资水平（市场工资比率），见表10—7。在表中，对于一位绩效评价等级连续达到A级的员工，应该按照市场工资水平115%～125%来支付工资，即他的工资的市场比较比率应达到1.15%～1.25%的水平。如果这位员工的薪酬水平还未达到这一水平，那么就有必要以较大的增长幅度把这位员工的工资提升到相应的水平。如果这位员工的工资已经达到这一水平，那么只需要对其提供较小幅度的加薪即可。在后一种情况下，工资增长的主要目的就是将员工的工资水平维持在目标比较比率上。

表10—7 绩效评价等级的工资市场比率

绩效评价等级	工资的市场比率（%）
A	1.15～1.25
B	1.05～1.15
C	0.95～1.05
D	0.8～0.95
E	<0.8

为了有效控制薪酬成本，还需要对另外一项要素予以特别关注，那就是绩效评价等级的分布。在许多企业中，60%～70%的员工都处于级别较高的几个绩效等级之中。这就意味着，报酬成本增长大都是因为多数员工的工资最终超过工资浮动范围的中点，从而导致比较比率超过1.0。为避免这种情况，许多企业对于多大比重的员工能够落入某一绩效评价等级提供一条指导线，通常对能够进入前两个绩效评价等级的员工人数的百分比进行严格的限制。比如，有些企业规定在绩效评价结果中处于A等级的员工百分比不能超过10%，B等级的员工百分比不能超过25%，而处于E等级的员工百分比不能少于5%等，这样有利于企业薪酬成本的控制。

（二）一次性奖金

一次性奖金是一种非常普遍的激励薪酬，在很多情况下，员工可能会因为完成了销售额或产量，实现了成本节约，甚至是提出了对企业有价值的合理化建议等而得到这种一次性的绩效奖励。在一些兼并重组事件发生时，很多企业为了鼓励被收购企业中的一些有价值的员工能够留下来，还会在实施并购时向被并购企业中的高层管理人员、高级工程师、优秀销售员以及信息技术专家等支付一笔留任奖金。还有一些企业为了鼓励优秀人才下定决心与自己签约，也会向决定加盟本公司的新员工提供一笔签约奖金，甚至连美国联邦政府都有类似的做法。

（三）月度/季度浮动薪酬

月度/季度浮动薪酬就是根据月度或季度绩效评价结果，以月度绩效奖金或季度绩效奖金的形式对员工的业绩加以认可。这种月度或季度绩效奖金一方面与员工的基本薪酬有较为紧密的联系，往往采用基本薪酬乘以一个系数或者百分比的方式来确定；另一方面，又具有类似一次性奖金的灵活性，不会对企业形成较大的成本压力。这是因为，企业在月度或季度绩效奖金方面投入的数量可以根据企业的总体绩效状况灵活调整。在实际执行过程中，员工个人所应当得到的绩效奖金往往还要与其所在部门的绩效以及个人的绩效挂钩。

（四）特殊绩效认可计划

特殊绩效认可计划是为了向那些绩效超出预期水平很多因而值得给予额外奖励的个人以及团队提供必要的报酬。这种激励薪酬具有非常大的灵活性，它可以对那些出人意料的各种各样的单项高水平绩效表现——比如开发出新产品、开拓新的市场、销售额达到相当高的水平等——予以奖励。特殊绩效认可计划为组织提供了更多的让员工感觉到自己的重要性和价值的机会，事实上，该计划已经成为一种激励员工的很好的方法，不仅适用于做出了特殊贡献的个人，而且适用于有特殊贡献的团队。比如，当一个工作团队的所有成员共同努力创造了显著的成果，或者完成了一项关键任务时，组织都可以针对这个团队实施特殊绩效认可计划。

四、长期激励薪酬

长期激励薪酬是指绩效衡量周期在一年以上的对既定绩效目标的实现提供奖励（主要以股票的形式）的薪酬。之所以将长期界定为一年以上，是因为组织的许多重要战略目标都不是在一年之内能够完成的。实际上，长期激励薪酬的支付通常是以3～5年为一个周期，强调长期规划和对组织的未来可能产生影响的那些决策。股票所有权计划是长期激励薪酬的一种主要形式。目前，常见的股票所有权计划主要有三类：现股计划、期股计划和期权计划。

（一）现股计划

现股计划就是通过公司奖励或参照股权当前市场价值向企业经理人员出售股票的股权计划。经理人能够及时获得股权，同时规定经理人员在一定时期内必须持有股票，不得出售。

（二）期股计划

期股计划就是公司和经理人员约定在将来某一时期内以一定价格购买一定数量的股权，购股价格一般参照股权的当前价格确定，同时对经理人员在购股后出售股票的期限作出规定。

（三）期权计划

期权计划就是公司给予经理人员在将来某一时期内以一定价格购买一定数量股票的权利，经理人员到期可以行使也可以放弃这个权利，购股价格通常参照股权的当前价格确定。同时对经理人员在购股后出售股票的期限作出规定。

第四节　企业员工福利管理

一、企业福利的基本含义

（一）福利的含义

福利是间接薪酬的简称，是组织或企业为满足员工的生活需要，在基本薪酬和可变薪酬之外，向员工本人及其家属提供的可以由货币、实物及服务形式表示的收入部分。在现代组织或企业中，福利在薪酬中所占的比例越来越大，并且产生了更大的作用。

（二）福利的特点

与基本薪酬和可变薪酬相比，福利具有以下特点：

1. 均享性

均享性指凡是按照岗位要求完成工作并做出相应贡献的所有员工，均有享受福利的平等权利。由于职位、技能和绩效等方面的不同，造成了员工之间在薪酬方面的差距。福利的均享性特征在一定程度上起到了弥补或中和员工收入差距的作用。

2. 补充性

福利是对员工为组织或企业工作的物质补偿，是为满足员工工作、生活需要而特别设计的报酬部分。组织或企业常常因为各自的行业特点和具体条件为其员工提供特别的服务或产品，以激发员工对企业的认同和情感支持。

3. 服务性

现代福利的最大特点是实现对员工的"全面照顾"，内容不仅包括工作安全与保障，还包括个人教育培训、住房待遇、生活补贴等相关的产品及服务。组织或企业越是能对员工工作和生活的所有方面施加实质性的影响，提高员工的工作和生活质量，就越能获得员工对组织或企业的归属感。在福利项目设置上，在兼顾总体目标的情况下，往往充分考虑员工工作及生活等方面的具体需求，以提高员工的工作满意度。

4. 差异化

作为员工，能够均等享受福利是薪酬的重要补充部分，现代组织或企业为了更好地发挥福利的作用，采取了差异化的福利设计手段及项目设计，目的在于尽可能地采用积极有效的手段，满足具有不同需求的员工能够充分按照个人需求享受提供的福利项目，实现个人具体困难的解决和工作生活质量的提升。

二、企业福利的主要作用

现代企业越来越重视福利的重要作用，针对不同的企业采用的福利形式也是多种多样的。福利对企业的发展具有许多重要意义。主要有以下几点：

（一）吸引优秀员工

优秀员工是企业发展必不可少的资源，随着人们生活水平的不断提高，仅仅依靠高工资吸引优秀人才很难达到目的。现在很多企业家认识到，良好的福利有时比高工资更能吸引优秀员工。

（二）提高员工满意度和忠诚度

员工在一家企业里上班，往往不仅有经济上的需求，更重要的可能是员工对其他方面的需求，例如对归属感的需求、对稳定性的追求、对情感的追求等。良好的福利制度，比如说为员工提供充足的养老和医疗保障一定可以使员工有很强的安全感。员工的这种对生活环境的满意很容易进一步提升他们的忠诚度，进而增加他们对工作的满意度。

（三）降低员工流动率

员工流动率过高必然会使企业的工作受到一定的损失，而良好的福利会使许多可能流动的员工打消流动念头。

（四）增强企业凝聚力

企业的凝聚力由许多因素组成，但良好的福利无疑是一个重要的因素，因为良好的福利体现了企业高层管理者“以人为本”的经营思想。

三、企业福利制度的内容

企业中的福利五花八门，不胜枚举，企业之间也存在着很大差异。但是一般来说，可以将福利的内容划分为两大类：一是国家法定的福利，二是企业自主的福利。

（一）国家法定的福利

国家法定的福利是由国家相关的法律和法规规定的福利内容，具有强制性，任何企业都必须执行。从我国目前的情况来看，主要包括以下几项内容：

1. 法定的社会保险

法定的社会保险包括养老保险、医疗保险、失业保险、工伤保险和生育保险，企业必须按照员工工资的一定比例为员工缴纳保险费。

养老保险是国家为劳动者或全体社会成员依法建立的老年收入保障制度。当劳动者或社会成员达到法定退休年龄时，由国家或社会提供养老金，保障退休者的基本生活。目前各国的养老保险制度可分为三种模式：普遍保障模式、收入关联模式和强制储蓄模式。根据1951年颁布的《中华人民共和国劳动保险条例》，我国建立了养老保险制度。1997年国务院通过的《关于建立统一的企业职工基本养老保险制度的决定》，标志着社会统筹与个人账户相结合的新型的社会养老保险制度的建立。

医疗保险是为了分担疾病危险带来的经济损失而设立的一项社会保险制度，它对于疾病危险造成的经济报失，如医疗费用等进行补偿。具体地说，医疗保险是国家通过立法强制实施，由国家、企业和个人出资建立医疗保险基金，当个人因病接受了医疗服务时，由医疗社会保险机构提供医疗保险费用补偿的一种社会保险制度。

失业保险是劳动者由于非本人原因失去工作，中断收入时，由国家和社会依法保证其基本生活需要的一种社会保障制度。我国现行的失业社会保险制度是按照 1999 年 1 月 22 日国务院发布的《失业保险条例》执行的。

工伤保险是国家对因工负伤、致残、死亡而暂时或永久性丧失劳动能力的劳动者及其供养亲属提供经济帮助的一种社会保险制度。工伤保险包括两大类：一类是因突发性事故而导致的伤残和职业病；另一类是因工作本身的性质而导致的职业病。职工工伤实行“无责任补偿”的原则，按照保障生活、补偿损失和康复身体的原则确定保险待遇。

生育保险是为怀孕和分娩的女职工提供物质帮助和产假，以保证母亲和孩子的基本生活及孕产期的医疗保健需要的一种社会保险制度。

2. 公休假日和法定假日

目前我国实行每周休息两天的公休制度，同时规定了元旦、春节、清明节、国际劳动节、端午节、中秋节、国庆节等为法定休息日。在公休日和法定节假日加班的员工应享受相当于基本工资双倍或三倍的津贴补助。

3. 带薪休假

带薪休假指员工工作满规定的时期后，可以带薪休假一定的时间。我国《劳动法》第 45 条规定：“国家实行带薪休假制度。劳动者连续工作一年以上的，享受带薪休假。”

4. 地方政府规定的其他福利项目

在中央政府的法定福利项目之外，各地地方政府根据本地区特殊情况相应规定的福利项目，如住房公积金等。

（二）企业自主的福利

企业自主的福利是企业在国家法定福利之外向员工提供的其他福利项目，由于不具有强制性，因此没有统一的标准，各企业往往根据自己的具体情况灵活决定。具体包括以下几项内容：

一是交通津贴。为员工的交通费提供补助，弥补员工在交通方面的支出。

二是节日津贴。目前，大多数企业借助节假日为员工提供一些实物货币的补助，提高员工的整体福利水平。

三是住房津贴。企业一般为员工提供住房津贴，改变过去将员工住房全包下来的状况，协助其在尽可能短的时间内，拥有自己的住房。在一些外资企业中，还为员工提供购买住房贷款担保的福利政策。

四是其他津贴。企业根据自身的特点，还为员工提供一些其他的津贴项目，如服装津贴、洗理津贴、水电津贴、取暖津贴、子女入托津贴等。

四、企业福利管理的程序

企业员工的福利管理，主要包括福利调查、福利设计、福利实施和福利反馈等四个阶段。

（一）福利调查阶段

为了确保组织或企业的福利能够真正满足员工的现实需要，必须首先进行福利调查。从调查的内容看，福利调查主要分为三种：（1）福利项目制定前的调查。主要了解员工对福利项目的需求，也可以是员工对某一福利项目的态度、看法，例如现行福利是否合理。调查项目将便于进行福利项目的决策。（2）员工年度福利调查。主要了解员工在特定计划年度内享受的福利项目的内容、数额及满意度，企业的福利水平同其他组织或企业相比是否具有竞争力、是否合理等，以便对福利体系进行调整与完善。（3）福利反馈调查。在福利项目实施后或年度考核时进行。主要调查员工对某一福利项目实施的反应及态度，收集相关的意见和建议，以确保福利作用的发挥。

（二）福利设计阶段

福利项目的设计首先需要确定福利目标。福利目标必须符合企业的发展战略和长远目标，尽可能地满足员工的需求，以充分发挥员工激励的作用；福利的设计需要符合总体薪酬预算的结构和形式的需要，还要考虑企业的支付能力，做好科学的薪酬预算并与人工成本控制相结合。福利设计要符合国家和地方相关的法律法规，履行组织或企业应当承担的社会责任。其次，福利成本核算也是福利设计的重要方面。福利成本核算是影响福利效果和效益的重要方面，主要内容包括计算组织或企业可能支出的最高福利总费用，与竞争对手福利相比，在保证自身福利竞争优势的前提下，努力减少福利支出，制定福利项目预算，确定员工福利项目的成本，以制定相应的福利项目成本计划。最后，制定福利项目实施计划，明确福利产品或服务购买或支付的制度和保管制度等。

（三）福利实施阶段

按照福利实施计划，向组织或企业的员工提供福利。福利实施需要严格按照计划进行，在严格控制福利开支的同时，确保福利预算的落实，以避免福利计划落空或向员工的福利承诺不兑现。保持实施进程的灵活性，定期检查、定期监控，以保证福利提供的有效性。

福利实施的好坏，不仅仅取决于福利设计得是否科学合理，同时还取决于企业能否对福利进行有效的沟通。实践证明，并不是福利投入越多，员工就越满意，员工对福利的满意度与对工作的满意度呈正相关关系，要了解掌握员工对工作和福利的满意度，沟通很重要。

（四）福利反馈阶段

福利项目经过实施，需要获得员工对现行项目的态度和意见反映。由于员工有可能对现行的福利项目有着不同的看法，所以需要调查员工对现行福利项目的满意度，特别是对项目的选择和实施的看法，发现福利管理过程中可能存在的问题和不足，吸纳员工的意见和建议，同时积极学习参考其他组织和企业的做法，不断完善和调整福利项目，以更好地满足员工的实际需要。

五、福利管理的发展趋势

传统上，企业提供的福利都是固定的，向所有的员工提供一样的福利内容，但是员工的实际需求其实并不完全一样，因此固定的福利模式往往无法满足员工多样化的需求，从而削弱了福利实施的效果。从 20 世纪 90 年代开始，弹性福利模式逐渐兴起，成为福利管理发展的一个趋势。

弹性福利，也叫自助式福利，就是由员工自行选择福利项目的福利管理模式。需要强调的是，弹性并不意味着员工可以完全自由地进行选择，有一些项目还是非选项，例如法定的社会福利。

从目前的时间来看，发达国家企业实行的弹性福利主要有以下五种类型：

（一）附加型弹性福利

附加型弹性福利是指在现有的福利计划之外，再提供一些福利项目或提高原有的福利水准，由员工选择。例如，原来的福利计划包括房屋津贴、交通补助、免费午餐等，实行弹性福利后，可以在执行上述福利的基础上，根据员工的需求，额外提供附加福利，如补充的养老保险、国外休假补助等，但通常都会标上一个“金额”作为“售价”。每一个员工则根据他的薪资水平、服务年限、职务高低或者家属数量等因素，发给数目不等的福利限额，员工再以分配到的限额去认购所需要的额外福利。有些公司甚至还规定，员工如未用完自己的限额，余额可以折发现金，不过现金的部分于年终必须合并其他所得纳税。此外，如果员工购买的额外福利超过了限额，也可以从自己的税前薪资中抵扣。

（二）核心加选择型弹性福利

核心加选择型弹性福利就是由核心福利项目和选择福利项目组成的福利计划，核心福利是所有员工都享有的基本福利，不能随意选择；选择福利项目包括所有可以自由选择的项目，并附有购买价格，每个员工都有一个福利限额，如果总值超过了所拥有的限额，差额就要折为现金由员工支付。福利限额一般是未实施弹性福利时所享有的福利水平。

（三）弹性支用账户

弹性支用账户就是指员工每年可以从其税前收入中拨出一定数额的款项作为自己的“支用账户”，并以此账户去选购各种福利项目的福利计划。由于拨入该账户的总额不必缴纳所得税，因此对员工具有吸引力。为了保证“专款专用”，一般都规定账户中的金额如果本年度没有用完，不能在来年使用，也不能以现金形式发放，而且已经确定的认购福利款项也不得挪用。此制度的优点是福利账户的钱免缴税，相对增加净收入，所以对员工极有吸引力，不过行政手续较为繁琐。

（四）福利“套餐”

福利“套餐”就是由企业同时推出不同的“福利组合”，每一个组合所包含的福利项目或优惠水准都不一样，员工只能选择其中一个。就好像西餐厅所推出来的A餐、B餐一样，食客只能选择其中一个套餐，而不能要求更换套餐的内容。在规划此种弹性福利制度时，企业可依据员工群体的背景（如婚姻状况、年龄、有无眷属、住房需求等）来设计。

（五）选择型弹性福利

选择型弹性福利就是在原有的固定福利的基础上，提供几种项目不同、程度不同的福利组合供员工选择。这些福利组合的价值，有些比原有固定福利高，有的则比原有固定福利低。如果员工选择比原有固定福利价值低的组合就会得到其中的差额，但是员工必须对所得的差额纳税。如果员工选择了价值较高的福利组合，就要扣除一部分直接薪酬作为补偿。

弹性福利模式的发展可以说解决了传统的固定福利模式所存在的问题，可以更好地满足员工的不同需要，从而增强激励的效果。此外，这种模式也减轻了人力资源管理人员的工作量。但是这种模式也存在一定的问题：员工可能只顾眼前利益或者考虑不周，从而选择了不实用的福利项目；由于福利项目不统一，减少了购买的规模效应，而且还增加了管理的成本。

此外，从发达国家的实践来看，还出现了福利管理的社会化和货币化趋势。福利管理的社会化是指企业将自己的福利委托给社会上的专门机构进行管理，这样企业的人力资源管理部门就可以摆脱这些琐碎的事务，集中精力从事那些附加值高的工作。此外，这些机构专门从事福利管理工作，因此提供的福利管理也更加专业化。但是，这种方式也存在一个问题，即由于外部机构对企业的情况不太了解，因此企业需要与其进行大量的沟通，否则提供的福利就会失去针对性。

福利管理的货币化是指企业将本应提供给员工的福利折合成货币，以货币的形式发放给员工。这种方式可以大大降低福利管理的复杂程度，减轻企业的管理负担。但是，这种以货币形式发放福利就改变了福利原有的性质，从而削弱了福利应有的作用。此外，由于不再集中购买，就会失去规模效益，这样在企业付出相同成本的条件下，员工实际的福利水平是下降的，这会影响员工的满意度。

本章小结

本章共分为四节，主要论述企业薪酬制度的主要概念、基本薪酬、激励薪酬和福利等内容。第一节介绍薪酬的概念、内容、企业薪酬管理的内容等。第二节介绍基本薪酬的设计，从内部公平的角度介绍岗位薪酬制度和技能薪酬制度，从外部公平的角度介绍薪酬市场调查，从薪酬水平的确定、薪酬结构的确定和薪酬等级的确定三个方面介绍薪酬制度结构。第三节主要介绍激励薪酬的类型，比如个人激励薪酬，团队激励薪酬，短期激励薪酬和长期激励薪酬。第四节主要介绍员工福利，包括福利的特点、作用、内容及福利管理等。

本章习题

1. 简述薪酬的基本概念、内容和结构以及影响薪酬水平的因素。
2. 简述企业员工薪酬管理的内容，以及薪酬管理应遵守的原则。
3. 简述薪酬制度的基本特点和主要类型，以及技能薪酬的种类。
4. 简述企业实行岗位薪酬制与技能薪酬制度时应考虑的因素。
5. 简述薪酬市场调查的内容和对象，以及组织薪酬调查的程序。
6. 简述薪酬市场调查的方法、方式，薪酬调查数据处理的方法。
7. 简述设计薪酬制度结构时，如何确定薪酬水平、结构和等级。
8. 简述个体激励和群体激励，短期激励和长期激励的内容。
9. 简述企业福利的含义、特点和作用，以及企业福利制度的内容。
10. 简述企业福利管理的主要程序，以及福利制度未来发展趋势。

案例分析

案例1 甲公司是国有企业A集团下属的一个分公司，主要从事高科技电子产品的研发与生产。甲公司是由A集团原来的B子公司与C子公司组建而成，组建时员工主要来自B公司和C公司，同时为了发展需要，公司还从人力资源市场招聘了一部分员工。

公司运营后，来自B公司的员工张某的工资依然按照B公司原来的薪酬标准发放，来自C公司的员工王某的工资仍然按照C公司原来的薪酬标准发放，而从外部人力资源市场招聘来的员工李某则按市场标准发放工资。甲公司的薪酬均以月固定工资的形式发放，实行薪酬保密制度。员工担任的工作任务都是电路设计与研发，然而员工李某的工资却远多于张某，而张某又略多于王某。

由于甲公司生产的产品处于国内领先水平，A集团对其非常重视。在甲公司成立之初，甲公司总经理（兼任A集团副总裁）就曾向员工许诺，公司赢利后将逐步提高员工的薪酬待遇。甲公司员工的积极性因此非常高涨，在较短的时间内，完成了多个研发项目，并顺利通过评审。产品投放到市场后，甲公司逐渐开始赢利，而薪酬制度却仍然没有变动，甲公司的总经理只是在年末以非公开的形式发放了年终奖。

此后，公司里关于薪酬收入的小道消息满天飞，员工张某、王某和李某通过一些非正式的渠道，也都彼此知道了各自工资和年终奖的数额。在甲公司开始赢利后的第一年（公司成立后第三年），公司员工针对薪酬待遇的抱怨之声四起，积极性开始下降，不时有人跳槽，迟到早退现象也不断增加，生产率随之大幅下跌。与此同时，竞争对手向市场推出了同类型的竞争性产品，已极大地威胁到甲公司的市场地位。

请结合本案例，回答以下问题：

1. 甲公司在薪酬管理方面主要存在着哪些问题亟待解决？

2. 你认为应当采取哪些针对性措施，使该公司摆脱困境？

案例 2　某外资公司对薪酬福利制度彻底改革，提出了“我的薪酬我做主”的口号。项目组高级专员 C 把年内积攒的福利点值兑换了电商购物卡，并在电商“11. 11”的重磅促销中，用购物卡购买了心仪已久的平板电脑。她表示网络购物成熟又便宜，朋友们都热衷于网购，公司的福利点值可换购物卡，既省钱又方便。然而，当她听到同一项目组的×××也用福利点值兑换了该款平板电脑时，内心有点愤愤不平：“我来公司 6 年多了，可兑换的福利价值怎么跟应届毕业生一样？公司显然没有肯定我多年的工作价值。”

请结合本案例，回答以下问题：

1. 企业员工的福利制度应当发挥哪些作用？

2. 该公司福利制度主要存在哪些问题？

第十一章 企业劳动关系管理

第一节 劳动关系概述

劳动是人类社会存在与发展的基础。劳动首先是人和自然之间的物质变换过程，人作用于自然界，通过劳动改变自然物的形态与性质，使之成为人类生活需要的财富，借以满足人类自身的需要。在劳动过程中，人们不仅与自然界发生关系，而且人们彼此之间也必然发生一定的关系或联系，只有通过人们之间的相互联系，才有人和自然的关系。劳动过程中人们所发生的关系，即哲学或经济学所定义的劳动关系。但在人力资源管理中所研究的劳动关系并不是前述含义，而有其特殊含义。本章概述劳动关系的含义和特征、劳动关系调整的方式和方法。

一、劳动关系的含义和特征

（一）劳动关系的含义

在市场经济体制下，劳动合同制度是根本性的劳动制度。经济体制改革，计划经济向市场经济转轨，使企业成为市场的主体。企业是将劳动与资本各按其市场价格组织起来，并使他们与一定的技术相结合，生产出产品或服务，将产品（服务）按市场价格出售，收回成本并取得赢利的经济组织。企业的生产经营活动表现在劳动方面，企业是用工主体，与此相应，劳动者成为劳动主体。所谓劳动关系，是指企业（雇主）与劳动者（雇员）之间在运用劳动者的劳动能力，实现劳动过程中所发生的关系。由此可以看出，人力资源管理中的劳动关系，其主体是特定的，即从整体上看，企业可以是不同的，但表现在劳动关系上，它们都是用人单位，是劳动力的使用者；同理，劳动者也是不同的，但他们在劳动关系中都是劳动力使用权的让渡者，是劳动者。劳动关系只能是这两者之间的关系，而不可能是劳动者因集体劳动而产生的相互之间的分工协作关系。

（二）劳动关系的特征

人力资源管理中的劳动关系与经济学中的劳动关系相比，具有如下特征：

1. 劳动关系是劳动的社会形式，劳动是这种关系的基础，也是它的实质和内容

在现代市场经济条件下，劳动关系是劳动的社会形式，劳动是这种关系的基础，也是它的实质和内容。劳动关系以劳动力的所有权与使用权相分离为核心；劳动者在劳动关系中始终是劳动力的所有者，在劳动过程中是劳动力的支出者；用人单位以拥有生产资料（资本）的产权（经营权）为条件，使其成为劳动力的使用者。

2. 劳动关系具有人身关系属性和财产关系属性相结合的特点

由于劳动力是人体中的一种机能，只能寄寓在活的人体之中。劳动力的存在和消费与劳动者人身须臾不可分离，劳动者向企业提供劳动力，实际上就是将其人身在一定限度内交给用人单位，因而劳动关系从其本来意义上说是一种人身关系。人身关系的属性使得劳动关系的运行具有极其复杂的特征，从而对人力资源管理提出有别于其他管理的特殊要求。由于劳动者是以让渡劳动力的使用权来换取生活资料，企业等用人单位向市场提供商品或服务，收回成本和取得赢利，并要向劳动者支付工资，因此劳动关系又是一种财产关系。

3. 劳动关系具有平等性和隶属性的特点

劳动关系的当事人即企业与劳动者之间是平等主体的劳动合同关系，两者具有平等的法律人格。然而，劳动合同一经订立，劳动者就成为企业的员工，企业就成为劳动力的支配者和劳动力的管理者，劳动者必须听从企业的领导、命令和指挥，并要遵守企业内部的劳动规则，这使得劳动关系具有隶属性，即成为一种隶属主体间的以指挥和服从为特征的管理关系。

二、劳动法律关系的含义和特征

（一）劳动法律关系的含义

前述的劳动关系仅指在劳动过程中劳动者与企业之间的关系。实际上，劳

动关系还有另一层含义——劳动法律关系。所谓劳动法律关系是指劳动法律规范在调整劳动关系过程中所形成的，劳动者（雇员）与企业（雇主）之间的权利义务关系，即人们在实现现实的劳动过程中所发生的权利义务关系。如果没有国家意志的干预，劳动关系就完全根据当事人双方的意志形成，是纯粹的双方的行为。但是，在现代市场经济制度中，国家意志介入到劳动关系之中，劳动关系的性质就发生了变化。当劳动关系受到法律确认、调整和保护时，劳动关系也就不完全取决于企业（雇主）与劳动者（雇员）双方的意志。当法（即国家）所涉及的地方，当事人必须服从国家意志，在确定劳动关系各方面的内容，如工时、工资、劳动条件等，以及变更、解除和终止劳动关系时，必须服从国家意志的制约，使确立的劳动关系既符合当事人双方的意志，又符合国家法律意志的要求，与此同时，任何一方违反法律规范，都将承担法律责任。劳动关系经劳动法律规范、调整后，即改变为劳动法律关系，企业（雇主）、劳动者（雇员）双方有明确的权利义务。这种受到国家法律规范、调整和保护的企业与劳动者之间以权利义务为内容的劳动关系即为劳动法律关系，它与劳动关系的区别在于劳动法律关系体现了国家意志。

（二）劳动法律关系的特征

1. 劳动法律关系是以劳动关系和劳动法律规范为前提而形成的社会关系，它是法律对人们的劳动行为及其相互关系进行调整而出现的一种状态。

2. 劳动法律关系是以法律上的权利义务为纽带而形成的社会关系，企业与劳动者按照法律规范分别享有一定的权利，承担一定的义务，从而使雇主与雇员之间的行为与要求具有法律意义。

3. 劳动法律关系是一种双务关系，雇主、雇员在劳动法律关系中既是权利主体，又是义务主体，互为等价关系，任何一方在自己未履行义务的前提下，无权要求对方履行义务，不能只要求对方履行义务而自己只享有权利。

4. 劳动法律关系是以国家强制力作为保障手段的社会关系，是由观念抽象状态转化为现实秩序的一种状态。国家强制力是否立即发挥作用，取决于劳动法律关系主体行为的性质；强行性规范形成的劳动法律关系内容受国家法律强制力的直接保障，如不得雇用童工，不得低于最低工资标准雇用员工，企业提供的劳动安全卫生条件不得低于国家标准等；任意性规范形成的劳动法律关系的内容，当其受到危害时，则需权利主体请求后，国家强制力才会显现。

由于法律的国家性、普遍性，由于劳动关系在现实生活中通常表现为劳动法律关系，它是劳动关系的现实状态，故人们在运用劳动关系的概念时，一般对劳动关系与劳动法律关系并不加以严格区分，如“建立或解除劳动关系、劳动关系的运行、劳动关系的调整”等，其中的劳动关系既是指劳动关系，又是指劳动法律关系。

（三）劳动法律关系的构成要素

劳动法律关系由下列三个要素构成：

1. 劳动法律关系的主体

劳动法律关系的主体就是依法参与劳动法律关系，享有权利和承担义务的当事人，一方为企业，另一方为劳动者。任一市场主体成为劳动法律关系的主体都必须具有劳动权利能力和劳动行为能力。所谓劳动权利能力是指主体依法享有劳动权利和履行劳动义务的资格；所谓劳动行为能力是指主体能以自己的行为依法行使劳动权利和履行劳动义务的资格。企业要成为劳动法律关系的主体，必须能够提供不低于国家标准规定的劳动条件、依法为其员工缴纳社会保险费、为员工支付工资等。企业的权利能力表现为企业的用工权利、制定内部劳动管理规则的权利等。

2. 劳动法律关系的主体

劳动法律关系主体即劳动者与企业各自享有的权利和义务。

3. 劳动法律关系的客体

劳动法律关系的客体是指劳动法律关系主体的权利义务所共同指向的对象，即劳动法律关系所要达到的目的和结果，如劳动给付、劳动报酬、保险福利、劳动纪律、安全卫生、职业培训等体现劳动权利义务的事物。

在市场经济条件下，企业与员工之间的关系既然是劳动法律关系，法律规定的劳动合同制度、集体合同制度以及其他相关制度就为规范企业劳动关系双方的行为，保障双方正当权益，维护稳定和谐的劳动关系和生产工作秩序奠定了基础。企业组织内部人力资源管理工作中的员工招收、录用、企业内部人力资源的配置调整、薪酬分配等项事务，在劳动关系管理中表现为劳动合同的订立、变更、解除、终止和短期货币工资的决定，这些都属于劳动法律行为。劳动关系管理的各项事务都必须依照严格的程序，按照有关法律、法规和企业内部劳动管理规则的规定实施。

三、构建利益协调型的劳动关系

（一）利益协调型劳动关系的含义

利益协调型劳动关系类型是基于多元化观点对劳动关系运行和利益调整的理论概括。多元化的观点认为，在企业组织内部，存在着相对离散的权利和权威，存在着所有权与经营权的分离，从而在企业内部存在着种种矛盾。企业由不同的群体组成，每个群体都有自己的利益、目标和有影响的人物。因而，企业组织并不是单一结构而是多元结构，其中占主导地位的是经营者和劳动者的矛盾，两者之间的矛盾源于双方在企业组织中的不同价值追求：经营者群体的目标是利润、效率、企业与外部环境的关系，劳动者的目标则是工资、工时、劳动条件以及职业的稳定性。

因此，企业与劳动者在同一问题上存在着相互对立的认识。多元化的观点认为，上述矛盾是合理的，同时也是可以协调的，协调的途径是集体协商或集体交涉，从而形成双方共同遵守的规则。集体协商的前提有二：其一，不同群体在力量上维持均衡；其二，各群体都应将各自的利益追求限定在双方继续合作的程度之内。与此相联系，多元化观点认为，劳动者有理由结成正式的团体——工会——以表达自己的意愿，寻求对所有者、经营者的影响。工会的存在根本不会造成企业内部的矛盾，工会只是有组织地、持续地并且是负责地反映劳动者的利益和要求，即使没有工会组织，这些利益矛盾也会存在于企业之中。

利益协调型劳动关系的运行同时也是现代劳动立法原则的具体体现，是基于在法律面前人人平等、契约自由、财产权神圣不可侵犯的原则构建的。劳动关系双方在人格上、法律地位上完全平等，作为劳动法律关系主体，劳动关系双方互为权利义务主体，在双方利益关系的调整上，以双方的对等协商交涉为确定劳动条件的基本原则，以权利义务的法律设定调节双方的利益关系。在近现代产业发展的进程中，劳动关系双方构成了生产过程的两大独立主体，在相互关系上互为独立、互为存在的前提。劳动者作为具有劳动力产权的独立的主体，并不是资本的附属物。因而，在生产过程中特别是在劳动问题的处理上，劳动者是主动参与决定的力量。不仅在劳动条件的一般方面，而且涉及企业经营管理的全过程。利益协调型的劳动关系强调劳动关系双方在利益差别基础上的合作，主张通过规范双方的权利义务和双方的平等协商谈判机制来保障各自的合法权益，并实现共同的利益。企业和工会组织均能独立而健全地存在并发挥作用，通过集体谈判和集体合同协调劳动关系双方的利益、劳动条件的决定，贯彻“三方性原则”已经成为基本的形式，产业民主制度、工人参与的权利得到法律的保证，劳动关系和谐稳定，社会经济也能稳定发展。

（二）我国劳动关系类型的转变

我国的劳动关系正处于历史转换时期，从与计划经济体制相适应的劳动关系转换为与市场经济体制相匹配的劳动关系，即从利益一体型的劳动关系转换为利益协调型的劳动关系。利益一体是计划经济的基本特征，国家以代表各方面利益为基本出发点处理劳动关系的矛盾和劳动问题。经济体制改革，建立现代企业制度，劳动关系呈现多元化的新特征。伴随着政治和经济体制改革，我国劳动关系发生了深刻的变化，主要表现在以下几个方面：

第一，劳动关系主体明确化。一方为用人单位，另一方为劳动者；法人财产权及劳动力产权的逐渐形成和明确必然使劳动关系主体明确化。

第二，劳动关系多元化。多种经济形式的发展，打破了公有制劳动关系一统天下的局面，与多种经济形式相对应，劳动关系呈现出多元化的特点。

第三，劳动关系利益复杂化。改革本身就是一场深刻的革命，是利益格局全面的调整。社会政治、经济的变革，体制改革所倡导的政企分开，以及此种变革相应带来的行为方式、思维方式的转变，均使劳动关系双方的利益追求趋向复杂化。

第四，劳动关系动态多变化。劳动权、择业权的确认与实施，企业经营权的确定与实施，市场经济本身的动态多变性导致劳动关系的动态多变性。

第五，劳动关系的利益协调机制趋向法制化。社会主义市场经济的发展推动法律制约下的契约自由原则的实施，政府仍应用行政手段干预、单方面决定企业劳动关系双方的事务已不适宜，市场经济、民主政治、群众的法治需要导致依法调节劳动关系双方矛盾和利益，法制化是一个必然的趋势。劳动关系的上述变化虽然各具特色，但总的方向是在承认劳动关系双方利益差别的基础上，通过规范双方的权利义务协调双方的利益差别和矛盾。在劳动关系的类型上，我国已经由利益一体型的劳动关系向利益协调型的劳动关系转变。

第二节 劳动关系的调整形式

我国企业劳动关系的调整形式依据调节手段的不同，主要分为六种形式，即通过劳动法律、法规实现对劳动关系的调整，劳动合同规范的调整，集体合同规范的调整，员工代表大会（员工大会）的调整，企业内部劳动关系管理规则的调整，劳动争议处理制度的调整等。

一、企业劳动关系管理制度对劳动关系的调整

劳动关系管理制度是企业劳动关系调整的重要形式。企业劳动关系管理制度是企业依据国家劳动法律、法规的规定，并结合企业实际，为协调企业劳动关系，并使之稳定运行，合理组织劳动，进行劳动管理而制定的办法、规定的总称。

（一）企业劳动关系管理制度的特点

劳动关系管理制度是企业规章制度的组成部分。劳动关系管理制度的制定，是企业管理劳动过程权利的表现，企业的经营权和用人权中必然含有劳动关系管理制度的制定权。通过劳动关系管理制度的制定与实施，科学地组织劳动和管理劳动，从而实现企业生产经营目的。同时，企业必须以制定与实施内部劳动关系管理制度作为其行使经营权和用人权的一种主要方式。企业劳动关系管理制度具有以下特点：

1. 制定主体的特定性

劳动关系管理制度以企业为制定的主体，以企业公开、正式的行政文件为表现形式，只在本企业范围内适用。

2. 企业和劳动者共同的行为规范

劳动关系管理制度是规范在劳动过程中的企业和劳动者之间以及劳动者相互之间的关系。劳动关系管理制度所调整的行为是作为劳动过程组成部分的用工行为和劳动行为，既约束全体劳动者，又约束企业行政各职能部门和企业的其他组成部分。

3. 企业经营权与员工民主管理权相结合的产物

劳动关系管理制度的制定和实施是企业以规范化、制度化的方法协调劳动关系，对劳动过程进行组织和管理的行为，是企业以经营权为基础决定的、行

使用工权的形式和手段。制定劳动关系管理制度必须保证企业员工的参与。企业员工既有权参与相关制度的制定，又有权对制度的实施进行监督。

（二）劳动关系管理制度的基本内容

1. 劳动合同管理制度

主要内容有：（1）劳动合同履行的原则；（2）员工招收录用条件、招工简章、劳动合同草案、有关专项协议草案审批权限的确定；（3）员工招收录用计划的审批、执行权限的划分；（4）劳动合同续订、变更、解除事项的审批办法；（5）试用期考查办法；（6）员工档案的管理办法；（7）应聘人员相关材料的保存办法；（8）集体合同草案的拟订、协商程序；（9）解除、终止劳动合同人员的档案移交办法、程序；（10）劳动合同管理制度修改、废止的程序等。

2. 劳动纪律

劳动纪律是企业依法制定、全体员工在劳动过程中必须遵守的行为规则。全体员工都必须按照规定的时间、地点、质量、方法、程序和有关规程的统一规则要求履行自己的劳动义务，保持全体员工在劳动过程中的行为方式和联系方式的规范化，以维护正常的生产、工作秩序。主要内容有：（1）时间规则。作息时间、考勤办法、请假程序和办法等。（2）组织规则。企业各直线部门、职能部门或各组成部分及各类层级权责结构之间的指挥、服从、监督、保守商业秘密等规定。（3）岗位规则。劳动任务、岗位职责、操作规程、职业道德等。（4）协作规则。工种、工序、岗位之间的关系，上下层次之间的连接、配合等规则。（5）品行规则。言语、着装、用餐、行走、礼节等规则。（6）其他规则。

3. 劳动定员定额规则

（1）编制定员规则。企业依据自身的实际情况制定的企业机构设置和配备各类人员的数量界限。除法律、行政法规规定的以外，企业按照生产经营的实际需要，自主决定内部机构的设立、调整、撤并和人员配备。（2）劳动定额规则。它是在一定的生产技术水平和组织条件下，由企业制定的劳动者完成单位合格产品或工作活劳动消耗量的限额，分为工时定额和产量定额两类。

4. 劳动岗位规范制定规则

劳动岗位规范是企业根据劳动岗位的职责、任务和生产手段的特点对员工提出的客观要求的综合规定。在劳动关系协调、组织劳动过程中，劳动岗位规范是安排员工上岗、签订上岗协议和对员工进行岗位考核的依据和尺度。包括：（1）岗位名称；（2）岗位职责；（3）生产技术规定；（4）上岗标准等。

5. 劳动安全卫生制度

劳动法对企业必须贯彻落实的各项劳动安全卫生规程和各项管理制度做了全面规定。包括企业必须执行的劳动安全技术规程、劳动卫生规程；结合企业实际、管理特点和劳动特点的各类管理制度，如安全生产责任制度、安全技术措施计划管理制度、安全生产教育制度、安全生产检查制度、重大事故隐患管理制度、安全卫生认证制度、伤亡事故报告和处理制度、个人劳动安全卫生防护用品管理制度、劳动者健康检查制度、女职工与未成年工的特殊保护制度。

6. 其他制度

工资制度、福利制度、考核制度、奖惩制度、培训制度等。这些制度都与协调劳动关系有着直接的联系，并且反映劳动关系的实质内容。

（三）劳动关系管理制度制定的程序

1. 员工参与

劳动关系管理制度的制定虽然是企业生产经营管理权的表现，是单方的法律行为，但只有在吸收和体现劳动者一方的意志，或者得到劳动者认同的情况下，才能确保实施。而且，劳动关系管理制度是调整劳动行为和用工行为的标准，直接涉及劳动者的利益。法律规定，劳动者通过员工大会、员工代表大会或其他形式参与民主管理。因此，制定劳动关系管理制度，必须要有员工参与，听取员工意见。

2. 正式公布

劳动关系管理制度以全体员工和企业行政各个部门或组成部分为约束对象，应当为全体员工和企业各个部门所了解，因此，应当以合法有效的形式公布。公布形式通常以由企业法定代表人签署和加盖公章的正式文件的形式公布。

二、员工代表大会（员工大会）对劳动关系的调节

（一）员工代表大会制度的性质

员工代表大会（中小型企业为员工大会）是由企业员工经过民主选举产生的员工代表组成，代表全体员工实行民主管理权利的机构。员工代表大会（员工大会）制度与民主协商是员工参与民主管理的两种主要的、并行不悖的而不是相互排斥的制度。

员工代表大会制度是企业员工行使民主管理权利的基本形式，也是员工民

主管理的组织参与的具体表现。员工代表大会依法享有审议企业重大决策、监督行政领导和维护员工合法权益的权利。通过员工代表大会这一制度实现对企业的民主管理，是员工对企业管理的参与，而不是对企业管理的替代。在劳动关系的运行中，员工作为被管理者，通过民主参与，使员工的意志渗透到企业管理的行为与过程之中，实现劳动者意志与管理者意志的协调，进而保证劳动关系的稳定与协调。

（二）员工代表大会制度的特点

员工参与企业民主管理有多种形式，分别为：（1）组织参与，员工通过组织一定的代表性机构参与企业管理，如员工代表大会制度；岗位参与，即员工通过在本岗位的工作和自治实现对管理的参与，如质量管理小组、班组自我管理、各类岗位责任制。（2）个人参与，即员工通过其个人的行为参与企业管理，如各类合理化建议、技术创新等。岗位参与和个人参与是员工民主管理的直接形式，而组织参与则是间接形式，其参与管理的广度与深度是其他参与形式所不能比拟的。

企业的民主管理制度与合同规范协调劳动关系运行的制度相比，具有以下特点：（1）员工民主管理是由劳动关系当事人双方各自的单方行为所构成，表现为员工意志对企业意志的影响、制约与渗透，企业意志对员工意志的吸收和体现；合同则是劳动关系双方当事人的双方行为，他们的意志协调表现为经平等协商一致所达成的、各自均应遵守的合同规范。（2）员工民主管理是一种管理关系中的纵向协调，而合同规范对劳动关系的调整则属于当事人之间的横向协调。

企业的民主管理制度与劳动争议处理制度在协调劳动关系运行中的功能相比，具有以下特点：（1）员工民主管理是一种自我协调或内部协调方式，而劳动争议仲裁则是一种外部协调方式，企业劳动争议调解委员会对劳动争议的调解是一种群众自治的活动。（2）员工民主管理是在劳动关系运行中的自行协调和事前协调，预防劳动争议；而劳动争议处理则是事后协调，其目的是解决劳动争议。

（三）员工代表大会（员工大会）的职权

员工代表大会的职权是依法享有的，对企业行政生产经营管理事务进行咨询、建议或决定的权利。具体表现为以下几方面。

1. 审议建议权

对企业生产经营重大决策事项进行审查、咨询和建议，如生产计划、资金使用、重大技术引进与改造、财务预决算方案等提出意见或建议，并做出相关决议。通过职代会的审议使企业重大生产决策建立在科学民主的基础之上。

2. 审议通过权

对企业事关员工切身权益的重大事项，如工资、劳动安全卫生、相关管理规则等进行审查、讨论，并做出同意或否决的决议，从而维护和保障员工的合法权益。

3. 审议决定权

对企业非直接生产经营而是属于员工利益的事项进行审议，并做出决定，交由企业执行。如员工福利事项等。

4. 评议监督权

评议监督企业各级管理人员，并提出奖惩和任免的建议。

5. 推荐选举权

根据企业所有者的决定，民主推荐企业经营者或民主选举企业经营者。

员工代表大会行使上述职权必须注意权利行使的“度”，包括职权的广度与深度两个方面。在劳动关系的运行中，资本与劳动存在两个矛盾：其一，企业目标与劳动者目标的差异。企业的目标是利润最大化，劳动者的目标是福利最大化。在企业经营状况给定的条件下，员工福利与利润此消彼长。两者的矛盾与员工参与密切相关：员工参与度越高，则越能保证员工福利的提高；参与度越低，则越有利于企业利润最大化目标的实现。其二，存在管理权威与员工参与的矛盾。管理权威的维护与实现在本质上排斥员工对管理的参与，为维护管理的权威，决策者与管理者必然要求员工对管理的绝对服从；而员工参与则是对管理权威的某种限制、修正或者否定。过于坚持管理的权威，可能抑制员工的积极性；过于强化员工的参与，则可能弱化管理的功能。无论何种情形，均会增大管理成本、降低管理效率。

因此，处理这种两难的矛盾，必须注意员工民主管理应当适度。在企业重大生产经营决策方面，保证员工的知情权与咨询权；在关于人力资源管理事项方面，保证员工的审议通过权或决定权，或者将此种事项交由劳动关系双方对等协商决定。员工民主参与适度与否，可以考虑两个标准：其一，劳动关系双方的利益是否协调；其二，管理过程是否实现高效率、低成本。

第三节　集体协商与集体合同

一、集体协商的含义

集体协商又名为“集体谈判”，是指劳动者通过自己的组织或代表与相应的雇主、雇主组织或者其代表为签订集体合同进行商谈的行为。集体协商制度是市场经济环境中劳动力市场主体双方依据国家有关法律规定自主调整劳动关系的一项基本制度，是市场经济国家的通行做法。

国际劳工组织 1949 年 7 月通过的《组织权利和集体谈判权利公约》（第 98 号）中要求，“必要时应采取符合国情的措施，鼓励和推动在雇主或雇主组织同工人组织之间最广泛地发展和使用集体协议的自愿谈判程序，以便通过这种方式确定就业条款和条件。”1981 年 6 月通过的《促进集体谈判公约》（第 154 号）将集体谈判定义为：“集体谈判包括所有在一个雇主、一组雇主或一个或数个雇主组织为一方与一个或数个工人组织为另一方，为以下目的进行的谈判：(a) 确定劳动条件和雇佣条款，和（或）(b) 调整雇主和工人间的关系，和（或）(c) 调整雇主或其组织同一个或数个工人组织之间的关系。”在集体谈判制度较为发达的国家，工会往往充当谈判的一方主体，而且力量强大。集体谈判有多种类型，包括行业性的集体谈判、地区性的集体谈判、单个企业性的集体谈判。

我国的集体协商实践可以追溯到计划经济向市场经济转轨初期。如 20 世纪 90 年代初，江苏省各级工会就开始普遍推进“双保合同”或“共保合同”——即由企业党组织牵头协调并进行鉴证，企业工会与企业行政进行集体协商，双方就职工保企业生产经营目标的实现和企业保职工利益的落实签订“共保合同”或“双保合同”。到 1994 年年底，全省签订这两类合同的企业数已达 1 万多家。[①] 1993 年，我国颁布《工会法》，规定了工会组织在集体协商方面的权利。1995 年，我国颁布实施了《劳动法》，并配套出台了《集体合同规定》，其中第 7 条明确规定：“集体协商是指企业工会或职工代表与相应的企业代表，为签订集体合同进行商谈的行为。”2004 年重新修订实施的《集体合同规定》第 3 条

① 参见：我国集体协商制度及立法问题研究．载于 2011 年 3 月 31 日中国劳动保障科研网，http：//www. calss. net. cn/n1196/n1316/n2027/6477663. html，2013 年 8 月 2 日最后访问。

规定："本规定所称集体合同，是指用人单位与本单位职工根据法律、法规、规章的规定，就劳动报酬、工作时间、休息休假、劳动安全卫生、职业培训、保险福利等事项，通过集体协商签订的书面协议；所称专项集体合同，是指用人单位与本单位职工根据法律、法规、规章的规定，就集体协商的某项内容签订的专项书面协议。"第 4 条规定："用人单位与本单位职工签订集体合同或专项集体合同，以及确定相关事宜，应当采取集体协商的方式。集体协商主要采取协商会议的形式。"

二、集体合同概述

（一）集体合同的含义

集体合同是集体协商双方代表根据劳动法律法规的规定，就劳动报酬、工作时间、休息休假、劳动安全卫生、保险福利等事项，在平等协商一致的基础上签订的书面协议。根据《劳动法》的规定，集体合同由工会代表员工与企业签订，没有成立工会组织的，由员工代表与企业签订。

集体合同根据协商、签约代表所代表的范围不同，分为基层集体合同、行业集体合同、地区集体合同等。我国集体合同体制以基层集体合同为主导体制，即集体合同由基层工会组织与企业签订，只对签订单位具有法律效力。

（二）集体合同的特征

集体合同除具有一般协议的主体平等性、意思表示一致性、合法性和法律约束性以外，还具有自身的特点，主要是：

1. 集体合同是规定劳动关系的协议

集体合同反映的是以劳动条件为实质内容的关系，整体性地规定劳动者与企业之间的劳动权利与义务，现实劳动关系的存在是集体合同存在的基础。

2. 工会或劳动者代表员工一方与企业签订

集体合同的当事人一方是企业，另一方当事人不能是劳动者个人或劳动者中的其他团体或组织，而只能是工会组织代表劳动者，没有建立工会组织的，则由劳动者按照一定程序推举的代表为其代表。

3. 集体合同是定期的书面合同，其生效需经特定程序

根据《劳动法》的有关规定，集体合同文本须提交政府劳动行政部门审核，经审核通过的集体合同才具有法律效力。

（三）平等协商与集体合同制度

平等协商是劳动关系双方就企业生产经营与员工利益的事务平等商讨、沟通，以实现双方的相互理解和合作，并在可能条件下达成一定协议的活动。平等协商作为企业员工参与管理的形式，与作为订立集体合同程序的集体协商是两种不同的制度。主要区别有以下几方面：

1. 主体不同

平等协商的员工代表经员工选举产生，集体协商的工会代表由工会选派。只有在没有成立工会组织的企业才由员工推举产生。

2. 目的不同

平等协商的目的在于实现双方的沟通，并不以达成一定的协议为目的，而集体协商则在于订立集体合同，规定企业的一般劳动条件。

3. 程序不同

平等协商的程序、时间、形式比较自由，可以议而不决，而集体协商有严格的法律程序。

4. 内容不同

平等协商的内容广泛，可以是企业生产经营的所有事项或当事人愿意协商的事项；而集体协商的内容一般为法律规定的事项。

5. 法律效力不同

平等协商表现为知情、质询与咨询，协商结果由当事人自觉履行；集体协商表现为劳动关系双方对劳动条件的决定或决策过程，达成的集体合同受国家法律保护。

6. 法律依据不同

平等协商属于员工民主管理制度中员工民主参与管理的形式，而集体协商的法律依据是《劳动法》中的集体合同制度。但是，平等协商与集体合同仍有密切的联系，主要表现为平等协商往往成为订立集体合同而进行集体协商的准备阶段。

（四）集体合同的作用

集体合同在维护劳动者利益和协调劳动关系的运行中具有极其重要的作用，主要表现在下述方面：

1. 订立集体合同有利于协调劳动关系

通过集体合同的协商、签订，可以将经营者与劳动者在劳动关系中的不同利益追求以集体合同的形式统一起来，在劳动主体与用工主体之间建立相互依存、相互合作的关系，为建立利益协调型的劳动关系提供法律保障。

2. 加强企业的民主管理

集体合同约定的各项条款是经过民主协商制定的，签订和履行集体合同，体现了劳动者参加民主管理的原则，因此集体合同是企业管理民主化的重要形式。

3. 维护员工合法权益

由工会代表劳动者与企业订立集体合同，可以改善单个劳动者在劳动关系中的地位，有效防止企业侵犯劳动者的合法权益。此外，劳动关系各方面内容都由劳动合同具体规定，必然增加协商、确定劳动合同的成本。集体合同对劳动关系的主要方面和一般条件做出规定后，劳动合同只需就单个劳动者的特殊情况做出约定即可，从而可以提高建立劳动关系的效率。

4. 弥补劳动法律法规的不足

劳动法律规范对劳动关系调整的规定与实际运行的劳动关系总是存在一定差距，无论劳动立法规定的劳动标准多么具体，它都难以覆盖现实生活中劳动关系的各个方面，集体合同可以具体规范劳动关系，对劳动立法的某些不完备起补充作用，并且可以强化劳动法的操作性。同时，劳动立法关于劳动条件标准的规定属于最低标准，对劳动者权益的保障只是法律所要求的最低水平，而这并不是劳动立法所要达到的根本目的。通过集体合同约定，密切结合企业经营的实际状况，从而可以提高劳动者权益的保障水平。

三、集体合同的内容

我国《劳动法》在劳动合同一章对集体合同的内容做了不完全的列举性规定，2004 年重新修订实施的《集体合同规定》，则将集体合同应具备的条款列举规定了 15 项。由于企业的情况包括内部条件、外部环境、企业生产经营运行的状况、管理水平千差万别，我国《劳动法》对集体合同的内容没有具体要求，劳动行政管理部门也没有推荐集体合同的标准文本。通常情况下，集体合同一般包括以下内容：

（一）劳动条件标准部分

劳动条件标准包括劳动报酬、工作时间和休息休假、保险福利、劳动安全卫生等项条款。上述条款应当作为劳动合同内容的基础，指导劳动合同的协商与订立，也可以直接作为劳动合同的内容。劳动条件标准条款在集体合同内容的构成中处于核心地位，在集体合同的有效期间具有法律效力。上述标准不得低于法律法规规定的最低标准。

（二）一般性规定

规定劳动合同和集体合同履行的有关规则。包括员工录用规则，劳动合同的变更、续订规则，辞职辞退规则，集体合同的有效期限，集体合同条款的解释、变更、解除和终止等。

（三）过渡性规定

集体合同的监督、检查、争议处理、违约责任等。

（四）其他规定

此项条款通常作为劳动条件标准的补充条款，规定在集体合同的有效期间应当达到的具体目标和实现目标的主要措施。此类规定一般作为签约方的义务而存在。在集体合同的有效期内，随着设定目标的实现而终止。例如，规定建成某项劳动安全卫生保护工程或设施，建设、改善或完成某些福利设施等。至于集体合同可否规定企业生产经营目标，如成本、赢利、产量等目标，目前在我国集体合同的实践中存在不同意见。一种意见坚持认为在集体合同的内容中，企业生产经营目标应作为组成部分。规定生产经营目标，有利于促进工会和劳动者与企业共保生产经营目标的实现，有利于强化劳动者的责任心，服从管理、遵守劳动纪律，有利于劳动关系当事人协调利益关系，建立利益共同体。另一种意见则持反对态度，理由是：第一，规定生产经营目标，超越了劳动者的义务范围。劳动者的义务是履行劳动合同，遵守劳动纪律，完成岗位职责，提高技能等；工会的义务是教育劳动者忠实履行劳动合同等。生产经营目标虽然与劳动直接相关，但主要取决于生产经营决策、管理指挥、市场条件等因素。生产经营决策及管理权由所有者和经营者行使，利益和风险也由其享有和承担。实现生产经营目标的责任应由所有者和经营者承担，而不应是劳动者和工会的义务，否则与权利义务对等的原则相悖。第二，生产经营目标的实现程度具有不确定性，而集体合同规定的劳动条件标准则是确定的。如生产经营目标作为劳动者和工会的义务存在，生产经营目标未实现或未能完全实现，也就意味着劳动者的利益目标可以不实现或不完全实现，这显然不利于劳动者权益的保障。

四、集体合同的形式与期限

根据《集体合同规定》的规定，集体合同为法定要式合同，应当以书面形式订立，口头形式的集体合同不具有法律效力。

集体合同的形式可以分为主件和附件。主件是综合性集体合同，内容涵盖劳动关系的各个方面。附件是专项集体合同，是就劳动关系某一特定方面的事项签订的专项协议。现阶段，我国法定集体合同的附件主要是工资协议——专门就工资事项签订的集体合同。我国《工资集体协商试行办法》规定，企业依法开展工资集体协商，签订工资协议。已订立集体合同的，工资协议作为集体合同的附件，并与集体合同具有同等效力。

集体合同均为定期集体合同，我国劳动立法规定集体合同的期限为1～3年。企业订立集体合同可以在1～3年中确定适应本企业的集体合同期限。期限过短，不利于劳动关系的稳定，而且加大集体协商的成本；期限过长，不利于适应变化了的实际情况，不利于劳动权益的保障。在集体合同的期限内，双方可以根据集体合同的履行情况对集体合同进行修订。

五、签订集体合同的程序和原则

（一）签订集体合同的程序

1. 集体合同的主体

劳动者一方的签约人，法律赋予基层工会委员会以集体合同签约人的资格，没有建立工会组织的企业，由企业员工民主推荐，并须得到半数员工同意的代表为集体合同签约人。用人单位一方的签约人，法定为用人单位行政机关，即法定代表人。具备法人资格，跨省市的大型企业或集团公司的法定代表人可以委托下一级企业或子公司的负责人与工会签订集体合同。

2. 集体合同的协商

集体合同的协商是签约代表为签订集体合同进行商谈的法律行为。其主要步骤为：

（1）协商准备。双方签约人为集体协商进行各项准备工作，包括确定协商代表，拟订协商方案，预约协商内容、日期、地点。我国法律规定：集体合同协商代表双方人数对等，各方为3～10名，并确定1名首席代表；企业代表由法定代表人担任或指派；工会首席代表由工会主席担任或书面委托其他工会代表担任。代表一经确认，必须履行义务，因故不能履行职责的，应另行指派或推举；集体协商的地点、时间由双方共同商定；记录员在协商代表之外指派。双方代表组成集体合同草案起草小组，共同拟订集体合同草案。

（2）讨论。工会组织全体员工讨论集体合同草案并进行修订。

（3）审议。经修订的集体合同草案提交员工代表大会或员工会议审议通过。

（4）签字。双方首席代表在经过审议通过的集体合同文本上签字。

3. 政府劳动行政部门审核

由企业一方将签字的集体合同文本一式三份及说明材料，在集体合同签订后的7日内报送县级以上政府劳动行政部门审查。说明材料应包括企业的营业执照、工会的社团法人证明材料、双方代表的身份证（均为复印件）、委托授权书、员工代表的劳动合同书、相关审议会议通过的集体合同的决议、集体合同条款的必要说明等。

4. 审核期限和生效

劳动行政部门在收到集体合同后的15日内将审核意见书送达，集体合同的生效日期以《审核意见书》确认的日期为生效日期。如劳动行政部门在收到集体合同的15日内未提出异议的，自第16日起集体合同自行生效。如集体合同经劳动行政部门审核认定存在无效条款或部分无效条款的，签约双方应在15日内对其进行修改，并在15日内重新报送审核。

（二）集体合同的公布

经审核确认生效的集体合同或自行生效的集体合同，签约双方及时以适当的方式向各自代表的成员公布。

上述集体合同订立程序是我国企业订立集体合同的主要模式，但也存在谈判型集体合同订立程序。此种程序与前述程序的区别是：（1）谈判型程序不需要成立集体合同草案起草小组，双方代表经过谈判，达成一致意见后形成集体合同草案，非谈判型程序则是先拟订集体合同草案再协商修改；（2）谈判型程序在集体合同达成一致后，不需通过员工代表大会或员工大会讨论通过，而是直接由双方代表签字。而非谈判型则需员工代表大会或员工大会讨论通过。

（三）订立集体合同应遵循的原则

1. 内容合法原则

集体合同的内容不得违反国家法律法规的规定，集体合同确定的劳动条件标准不得低于国家规定的标准。

2. 平等合作、协商一致的原则

集体合同签约人法律地位一律平等，具有平等的意思表示和主张各自权益的权利。因订立集体合同是劳动者团体和企业的两个平等主体的自主行为，只能坚持合作、协商一致的原则。国家不能采用强制命令、仲裁或司法强制的手段。

3. 兼顾所有者、经营者和劳动者利益原则

确定集体合同的各项条款应兼顾各方利益，不能为追求一方利益而损害他方利益，即要均衡所有者、经营者和劳动者各自的利益。

4. 维护正常的生产工作秩序原则

为订立集体合同产生争议，任何一方都不应采取激化事态的行为。双方都应顾全大局，维持正常的生产工作秩序。

第四节　劳动合同管理

一、劳动合同概述

（一）劳动合同的含义

劳动合同是劳动者与用人单位确立劳动关系、明确双方权利义务的协议。订立劳动合同的目的是在劳动者和企业之间建立劳动法律关系，规定劳动合同双方当事人的权利和义务。劳动者和企业签订劳动合同的法律地位平等，但是在劳动合同履行过程中，劳动者必须参加到企业的劳动组织中，担任一定职务或工种、岗位的工作，服从企业的领导和指挥，遵守企业的劳动纪律、内部劳动规则和各项规章制度，同时享有企业的工资、劳动保险和福利待遇。

（二）劳动合同的特点

1. 劳动合同的主体具有特定性

一方是自然人即劳动者，另一方是法人或非法人经济组织即用人单位。作为劳动合同主体的劳动者必须年满 16 周岁，有就业要求，具有劳动行为能力；用人单位包括企业、个体经济组织以及和劳动者建立劳动合同关系的国家机关、

事业组织、社会团体等。用人单位必须依法成立，为劳动者提供符合国家规定的劳动或工作条件、支付劳动报酬、缴纳社会保险费，并能够以自己的名义承担相应的民事责任。

2. 劳动合同属于双务合同

由于劳动法律关系是双务关系，故劳动合同属于双务合同：劳动合同主体既是权利主体，又是义务主体，任何一方在自己未履行义务的条件下，无权要求对方履行义务。

3. 劳动合同属于法定要式合同

所谓要式合同是指必须具备特定的形式或履行一定的手续方能具有法律效力的合同，要式合同由法律直接规定的则是法定要式合同。根据《劳动法》《劳动合同法》的规定，劳动合同应当以书面形式订立，劳动合同应当具备法定条款等。上述法律规定使劳动合同成为法定要式合同。

二、订立、变更劳动合同的原则与程序

（一）订立、变更劳动合同的原则

根据《劳动法》《劳动合同法》的规定，订立和变更劳动合同应遵循以下原则：

1. 公平、诚实信用、平等自愿、协商一致的原则。

2. 合法即不得违反法律、行政法规的原则。此项原则包括两方面的内容：其一，订立劳动合同的主体要合法，就劳动者一方而言，除体育、文艺、特种工艺单位等因性质特殊，经审查批准可以招用未满16周岁的未成年人以外，其他行业不得招用童工；就用人单位而言，必须能够提供符合国家规定的劳动条件。其二，内容要合法，劳动合同的各项条款必须要符合法律和行政法规的规定。

（二）订立劳动合同的程序

1. 要约和承诺

劳动者或用人单位向对方提出订立劳动合同的建议称为要约，即一方向另一方提出订立劳动合同的要求。提出要求的一方为要约方，与之相对的一方为被要约方。被要约方接受要约方的建议并表示完全同意称为承诺。承诺一旦做出，劳动合同即告成立。这是劳动合同订立的一般程序。通常情况下，要约方

往往为用人单位。用人单位通过招工简章、职业介绍机构的招聘登记等形式，提出要约。要约包括工作岗位、工作任务、劳动报酬、劳动条件、保险福利等事项，以及应招人员应具备的条件等。要约方也可以是劳动者。劳动者通过求职信、求职登记等形式提出要约。

2. 相互协商

被要约方与要约方就订立劳动合同的建议和要求进行平等协商。各自向对方如实介绍自身真实情况和各自的要求，在双方意思表示一致后，协商即告结束。根据我国劳动力市场和企业的实际情况，当事人双方协商的基础往往是由用人单位提出劳动合同草案。在协商时应保障劳动者对劳动合同草案充分表达意见和要求的权利。

3. 双方签约

劳动合同当事人双方在签约前应认真审阅劳动合同文本约定的内容是否真实，是否与约定的条件一致。经确认后，劳动者本人和用人单位法定代表人签字、盖章，并填写年、月、日。法定代表人可以书面委托有关人员代理签字。如果当事人双方要求的劳动合同生效时间与最后一方签字盖章的时间不一致时，必须注明该劳动合同的生效时间。

（三）法人授权书

与劳动者建立劳动关系的用人单位之所以能够招聘录用员工，成为劳动法律关系的主体，是因其为依法成立、独立享有民事权利和承担民事义务的组织。无论用人单位是法人还是非法人经济组织，都具有劳动权利能力和劳动行为能力。作为法人的用人单位，其权利能力和行为能力由法人的机关或代表实现，法人机关或代表的行为就是法人组织的行为，法人组织承担法律后果。法人机关有权代表法人进行活动，法人机关是法人的权利能力和行为能力的行使者。法人机关通常分为意思机关、执行机关、代表机关和监察机关。意思机关即法人的权力机关或决策机关；执行机关执行意思机关的决策，具体实施法人对内进行管理，对外进行民事活动和招聘录用员工活动的功能；代表机关是法人的意思表示机关，通常称为法人的法定代表人；监察机关是对法人执行机关的活动实施监督的机关。在我国企业，法人的执行机关和代表机关往往是重叠的，如董事长、经理既是执行机关，又是代表机关。

用人单位法定代表人与劳动者协商签订劳动合同的行为，并不是法定代表人个人的行为，而是法人组织的行为。用人单位人力资源管理机构及其负责人具体实施的劳动合同，各类专项协议的协商、签订、解除、变更活动，是代理法人代表机关的活动，因此，必须获得法人代表机关的授权方能进行。实施代理制度，是企业经营管理活动的复杂性和社会分工的要求。它可以充分利用企业的资源，弥补被代理人精力、知识的不足，拓展被代理人的活动空间，提高办事效率；同时可以极大地降低交易成本。

企业人力资源部门的代理行为，是基于法定代表人的委托授权而发生的代理，在我国劳动法律适用中，委托代理授权为要式行为授权，即应当以书面形式授权。代理证书是委托授权的书面形式，是由法人代表机关制作的证明代理人的代理权及其权限范围的证明。在劳动合同管理的实践中通常称为法人授权书。代理证书应包括代理人的姓名或名称、代理事项、权限范围、有效期限、被代理人签名盖章等。代理证书应详尽具体，不应产生歧义。

三、劳动合同的内容

劳动合同的内容是当事人双方经过平等协商所达成的关于权利义务的条款，包括法定条款和约定条款。企业为招聘员工、协商相互之间的权利义务而提供的劳动合同草案依法必须具备法定条款。

（一）法定条款

法定条款是依据法律规定劳动合同双方当事人必须遵守的条款，不具备法定条款，劳动合同不能成立。《劳动合同法》规定，劳动合同应当具备以下条款：

1. 用人单位的名称、住所和法定代表人或者主要负责人；

2. 劳动者的姓名、住址和居民身份证或者其他有效身份证件号码；

3. 劳动合同期限。劳动合同期限是劳动合同规定的双方当事人权利义务的有效时间。劳动合同按照不同期限分为三种：

（1）有固定期限的劳动合同。此种劳动合同是当事人订立劳动合同时明确约定合同生效和终止时间，也称定期劳动合同。

（2）无固定期限的劳动合同。此种合同是没有明确约定合同终止日期的劳动合同。在正常履行劳动合同的情况下，劳动者可以一直工作到退休。

（3）以完成一定工作为期限的劳动合同。此种合同是一种特殊的定期劳动合同，双方当事人把完成某项工作或工程作为劳动合同的存续期间，约定工作或工程完成后合同就可以终止。

4. 工作内容和工作地点。工作内容是劳动者应当为用人单位提供的劳动，即承担何种工作或职务，包括工种和岗位。关于工作的数量、质量标准，如不宜具体规定，做出原则性规定即可。工作地点包括工作地点和场所。

5. 工作时间和休息休假。工作时间是指劳动者为履行劳动义务，在法律规定的标准下，根据劳动合同和集体合同的规定提供劳动的时间。目前，我国实行三种类型的工时制度，分别是标准工时制、不定时工作制和综合计算工时工作制。企业实行不定时工作制和综合计算工时工作制的，应按相关规定办理审批手续。另外关于劳动者休息休假的办法也应约定清楚。

6. 劳动报酬。劳动报酬是用人单位根据劳动者劳动的数量和质量，以货币形式支付给劳动者的工资。此项条款应明确员工适用的工资制度、工资支付标准、支付时间、支付周期、工资计算办法、奖金津贴获得条件和标准；如有必要，还可以明确加班加点工资的计算办法、支付时间以及下岗待工期间的工资待遇等。工资标准不得低于当地最低工资标准，同时也不得低于本单位集体合同规定的最低工资标准。

7. 社会保险。社会保险是国家通过立法建立的，对符合法定条件的劳动者在其生育、退休、疾病、死亡、伤残、失业以及发生其他生活困难时，给予物质帮助的制度。本项条款应明确双方当事人各自的社会保险缴费项目、缴费标准和缴费办法等。

8. 劳动保护、劳动条件和职业危害防护。劳动保护是用人单位为保障劳动者在劳动过程中的安全和健康，防止工伤事故和预防职业病的发生，所应采取的技术措施和组织措施；劳动条件是为完成工作任务应由用人单位提供、不得低于国家规定标准的必要条件。具体的主产工作条件应当包括：加班加点、工作班制、劳动工作条件、劳动工具、生产工艺流程、安全操作规程、安全卫生制度、健康检查、女职工及未成年工特殊保护和伤亡事故处理制度等。

9. 法律、法规规定应当纳入劳动合同的其他事项。法律、法规规定应当纳入劳动合同的其他事项是指按照《劳动合同法》以外的其他法律和行政法规的规定，应当在劳动合同中载明的内容。

关于违反上述规定的法律责任，《劳动合同法》第 81 条规定："用人单位提供的劳动合同文本未载明本法规定的劳动合同必备条款或者用人单位未将劳动合同文本交付劳动者的，由劳动行政部门责令改正；给劳动者造成损害的，应当承担赔偿责任。"

（二）约定条款

约定条款是指除以上法定条款以外，劳动合同双方当事人可以根据实际需要在协商一致的基础上规定的其他补充条款。约定条款的内容只要合法，就同法定条款一样，对当事人具有法律约束力。一般常见的约定条款有以下内容：

1. 试用期限

试用期限是劳动者和用人单位为相互了解、选择而约定的考察期，当事人分别用于考察劳动者是否符合录用条件、用人单位所介绍的劳动条件是否符合实际情况。依据《劳动合同法》的规定，劳动合同期限3个月以上不满1年的，试用期不得超过1个月；劳动合同期限一年以上不满3年的，试用期不得超过2个月；3年以上固定期限和无固定期限的劳动合同，试用期不得超过6个月。同一用人单位与同一劳动者只能约定一次试用期。以完成一定工作任务为期限的劳动合同或者劳动合同期限不满3个月的，不得约定试用期。试用期包含在劳动合同期限内。劳动合同仅约定试用期的，试用期不成立，该期限为劳动合同期限。

2. 培训

双方当事人可以约定培训的条件、培训期间的工资待遇、培训费用的支付方法、服务期限等。

3. 保密事项

劳动过程涉及用人单位商业秘密的，当事人应当对有关保密事项加以明确规定，使之成为劳动者履行劳动合同的一项基本义务。《劳动合同法》第23条规定："用人单位与劳动者可以在劳动合同中约定保守用人单位的商业秘密和与知识产权相关的保密事项。对负有保密义务的劳动者，用人单位可以在劳动合同或者保密协议中与劳动者约定竞业限制条款，并约定在解除或者终止劳动合同后，在竞业限制期限内按月给予劳动者经济补偿。劳动者违反竞业限制约定的，应当按照约定向用人单位支付违约金。"第24条规定："竞业限制的人员限于用人单位的高级管理人员、高级技术人员和其他负有保密义务的人员。竞业限制的范围、地域、期限由用人单位与劳动者约定，竞业限制的约定不得违反法律、法规的规定。在解除或者终止劳动合同后，前款规定的人员到与本单位生产或者经营同类产品、从事同类业务的有竞争关系的其他用人单位，或者自己开业生产或者经营同类产品、从事同类业务的竞业限制期限，不得超过二年。"

4. 补充保险和福利待遇

根据法律、法规的有关规定和企业的经营发展战略以及企业效益，选择协商确定补充养老、医疗等保险和适应企业特点的福利待遇。

5. 当事人协商约定的其他事项

劳动合同当事人的具体要求千差万别，如住房、班车、子女就学等问题都可成为劳动合同的内容，这些内容只要不违反国家法律和行政法规的规定，一经双方商定，均为合法有效且对当事人具有法律约束力。

另外，劳动合同中还可以约定服务期条款。《劳动合同法》第22条规定："用人单位为劳动者提供专项培训费用，对其进行专业技术培训的，可以与该劳动者订立协议，约定服务期。劳动者违反服务期约定的，应当按照约定向用人单位支付违约金。违约金的数额不得超过用人单位提供的培训费用。用人单位要求劳动者支付的违约金不得超过服务期尚未履行部分所应分摊的培训费用。用人单位与劳动者约定服务期的，不影响按照正常的工资调整机制提高劳动者在服务期期间的劳动报酬。"

（三）企业草拟劳动合同应注意的事项

1. 为推行劳动合同制度，各地政府劳动行政部门一般推荐使用劳动合同的示范文本。因其依法根据当地经济文化发展的一般水平和企业管理的一般状况制定，部分条款可能与企业的实际情况有差距，故企业在使用示范文本作为订立劳动合同协商的基础时，必须根据企业的实际情况进行部分修订和补充，使其符合实际情况。

2. 劳动合同的法定条款不可或缺，为使劳动合同当事人双方的权利义务清晰界定，并具有操作性，逐款详细规定必使劳动合同过于冗长。在此种情况下，可以将企业依法制定的相关内部管理制度作为劳动合同的附件，通过附件形式使劳动合同的相关内容具体化。

3. 劳动合同的各项条款，包括专项协议所协商确定的内容必须统一，不应存在内在矛盾。否则该项条款极有可能成为无效条款而丧失其法律效力。例如，劳动合同的期限为3年，专项协议中的服务期限协议却为5年，即属于合同条款存在内在矛盾。

四、劳动合同的续订与终止管理

（一）劳动合同的续订

劳动合同的续订是指有固定期限的劳动合同到期，双方当事人就劳动合同的有效期限进行商谈，经平等协商一致而续延劳动合同期限的法律行为。劳动合同续订的原则与订立劳动合同的原则相同。提出劳动合同续订要求的一方应在合同到期前 30 日书面通知对方。续订劳动合同不得约定试用期。依据《劳动法》的规定，劳动者在同一用人单位工作满 10 年，双方同意续延劳动合同的，如果劳动者提出订立无固定期限的劳动合同的，用人单位应当与之订立无固定期限的劳动合同。有固定期限的劳动合同期限届满既未终止又未续订，劳动者与用人单位仍存在劳动关系的，视为续延劳动合同，用人单位应当与劳动者续订劳动合同。当事人就续延劳动合同的期限达不成一致意见的，其期限从签字之日起不得少于 1 年，或者按原条件履行［前者的依据是《北京市劳动合同规定》；后者的依据是《最高人民法院关于审理劳动争议案件适用法律的若干问题的解释》（法释［2001］14 号）］。

（二）劳动合同的终止

劳动合同的终止是指劳动合同关系的消灭，即劳动关系双方权利义务的失效。《劳动合同法》第 44 条规定，有下列情形之一的，劳动合同终止：（1）劳动合同期满的；（2）劳动者开始依法享受基本养老保险待遇的；（3）劳动者死亡，或者被人民法院宣告死亡或者宣告失踪的；（4）用人单位被依法宣告破产的；（5）用人单位被吊销营业执照、责令关闭、撤销或者用人单位决定提前解散的；（6）法律、行政法规规定的其他情形。

劳动合同依法解除或终止时，用人单位应同时一次付清劳动者工资，依法办理相关保险手续；用人单位依法破产时，应将劳动者工资列入破产清偿顺序，首先支付劳动者工资。

五、劳动合同的解除

劳动合同的解除是指劳动合同签订以后，尚未全部履行之前，由于一定事由的出现，提前终止劳动合同的法律行为。

（一）劳动合同的解除

依据《劳动合同法》的规定，经当事人协商一致，劳动合同可以解除。双方协议解除劳动合同时，应书面提前通知对方。由用人单位提出解除劳动合同的用人单位应根据劳动者在本单位的工作年限，每满 1 年发给相当于 1 个月的工资作为经济补偿金，工作时间 6 个月以上不满 1 年的按 1 年的标准发放。

（二）用人单位单方解除劳动合同

1. 随时提出解除劳动合同、不承担经济补偿的条件

（1）劳动者在试用期间被证明不符合录用条件的。此种情况在试用期满后不再适用。

（2）劳动者严重违反劳动纪律或用人单位规章制度的。

（3）劳动者严重失职、营私舞弊，对用人单位利益造成重大损失的。

（4）劳动者被追究刑事责任的。

（5）劳动者同时与其他用人单位建立劳动关系，对完成本单位的工作任务造成严重影响，或者经用人单位提出，拒不改正的。

（6）因《劳动合同法》第 26 条第 1 款第一项规定的情形致使劳动合同无效的。

前述（2）～（4）款规定的条件出现时，用人单位可以以开除、除名的形式解除劳动合同。在解除劳动合同时应注意以下规定：①从劳动者违纪行为到做出处理决定的时间间隔，如超过处理时效，不能以此解除劳动合同。②以开除形式解除劳动合同的，应征求工会的意见。③根据罪由法定的原则，劳动者涉嫌违法犯罪被限制人身自由、且未被法院做出终审判决期间，不能解除劳动合同；此期间用人单位也无须承担劳动合同规定的义务。④劳动者违纪或给用人单位利益造成重大损失的依据可以是法律法规规定的，也可以是用人单位规定且公示的企业内部管理规则等。

2. 提前 30 天书面形式通知、承担经济补偿责任的条件

（1）劳动者患病或者非因工负伤、医疗期满后，不能从事原工作也不能从事用人单位另行安排的工作的。其中的医疗期是指劳动者患病或非因工负伤停止工作治疗休息不得解除劳动合同的时限。医疗期长度根据劳动者的实际工作年限和在本单位工作年限确定，医疗期应从病休第一天开始，累计计算。病休期间的公休假日和法定节日包括在内。医疗期期限的具体规定是：①实际工作

年限 10 年以下的，在本单位工作年限 5 年以下的为 3 个月；5 年以上的为 6 个月，累计计算则按照前述期限延长 1 倍。②实际工作年限 10 年以上的，在本单位工作年限 5 年以下的为 6 个月；累计计算则期限延长 1 倍；5～10 年的为 9 个月；10～15 年的为 12 个月；15～20 年的为 18 个月；20 年以上的为 24 个月。在本单位工作年限 5 年以上的，医疗期累计计算则分别延长 6 个月。此项规定的医疗期与社会保险中工伤保险规定的医疗期不是一个概念。工伤医疗期确定的法律依据、时限长度确定的原则、工伤医疗期的待遇等与前述医疗期不同。

（2）劳动者不能胜任工作、经过培训或者调整工作岗位，仍不能胜任工作的。

（3）劳动合同订立时所依据的客观情况发生重大变化，致使原劳动合同无法履行，经当事人协商不能达成一致协议的。

上述条件出现，用人单位解除劳动合同应提前通知并支付经济补偿金，标准为根据劳动者在本单位工作年限，每满 1 年发给 1 个月工资作为经济补偿金；第一种情形还要视病情和劳动能力状况，发给一定的医疗补助费。劳动者非因工致残和经医生或医疗机构认定患有难以治疗的疾病，医疗期满，应当由劳动能力鉴定委员会参照国家最新的相关劳动法律法规进行劳动能力鉴定。被鉴定为 1～4 级的，应当退出劳动岗位，解除劳动关系，并办理退休、退职手续，享受退休、退职待遇。

3. 经济性裁员的条件

（1）依照企业破产法规定进行重整的；

（2）生产经营发生严重困难的；

（3）企业转产、重大技术革新或者经营方式调整，经变更劳动合同后，仍需裁减人员的；

（4）其他因劳动合同订立时所依据的客观经济情况发生重大变化，致使劳动合同无法履行的。

有上述情形之一，需要裁减人员 20 人以上或者裁减不足 20 人但占企业职工总数 10%以上的，用人单位提前 30 日向工会或者全体职工说明情况，听取工会或者职工的意见后，裁减人员方案经向劳动行政部门报告，可以裁减人员。裁减人员时，应当优先留用下列人员：（1）与本单位订立较长期限的固定期限劳动合同的；（2）与本单位订立无固定期限劳动合同的；（3）家庭无其他就业人员，有需要抚养的老人或者未成年人的。用人单位裁减人员后，在 6 个月内重新招用人员的，应当通知被裁减的人员，并在同等条件下优先招用被裁减的人员。

（三）劳动者单方解除劳动合同

1. 随时向用人单位提出解除劳动合同

（1）在试用期内，劳动者可以提出解除劳动合同并且无须说明理由或者承担赔偿责任；

（2）未按照劳动合同约定提供劳动保护或者劳动条件的；

（3）未及时足额支付劳动报酬的；

（4）未依法为劳动者缴纳社会保险费的；

（5）用人单位的规章制度违反法律、法规的规定，损害劳动者权益的；

（6）因《劳动合同法》第 26 条第 1 款规定的情形致使劳动合同无效的；

（7）法律、行政法规规定劳动者可以解除劳动合同的其他情形。

用人单位以暴力、威胁或者非法限制人身自由的手段强迫劳动者劳动的，或者用人单位违章指挥、强令冒险作业危及劳动者人身安全的，劳动者可以立即解除劳动合同，不需事先告知用人单位。

2. 提前 30 天通知用人单位解除劳动合同

劳动者以辞职的形式解除劳动合同必须提前 30 天通知。劳动者如果违反劳动合同的约定解除劳动合同，对用人单位造成损失的，应赔偿用人单位的下列损失：

（1）用人单位招收录用所支付的费用；

（2）用人单位支付的培训费用；

（3）对生产经营和工作造成的直接经济损失；

（4）劳动合同约定的其他赔偿费用。

此外，第三方招用未与原用人单位解除劳动合同的劳动者对原用人单位造成损失的，除该劳动者承担直接赔偿责任外，第三方承担连带赔偿责任。

（四）不得解除劳动合同的条件

（1）从事接触职业病危害作业的劳动者未进行离岗前职业健康检查，或者疑似职业病病人在诊断或者医学观察期间的；

（2）在本单位患职业病或者因工负伤并被确认丧失或者部分丧失劳动能力的；

（3）患病或者非因工负伤，在规定的医疗期内的；

(4) 女职工在孕期、产期、哺乳期的；

(5) 在本单位连续工作满 15 年，且距法定退休年龄不足 5 年的；

(6) 法律、行政法规规定的其他情形。

劳动者有上述情形之一的，用人单位不得依照《劳动合同法》第 40 条、第 41 条的规定解除劳动合同。

六、经济补偿金核算的前提和核算标准

根据现行法律规定，有下列情形之一的，用人单位应当向劳动者支付经济补偿①：

1. 用人单位存在违法的情形导致劳动者依照《劳动合同法》第 38 条规定解除劳动合同的。

2. 用人单位向劳动者提出解除劳动合同并与劳动者协商一致解除劳动合同的。

3. 用人单位基于劳动者患病或非因工负伤或者不能胜任工作或者发生情势变更提出解除合同的情形（参见《劳动合同法》第 40 条）。

4. 用人单位经济性裁员的（参见《劳动合同法》第 41 条第 1 款）。

5. 除用人单位维持或者提高劳动合同约定条件续订劳动合同，劳动者不同意续订的情形外，固定期限劳动合同期满终止不能续订的（参见《劳动含同法》第 44 条第 1 项）。

6. 用人单位依法宣告破产或者被吊销营业执照、责令关闭、撤销或者用人单位决定提前解散导致劳动合同终止的（参见《劳动合同法》第 44 条第 4 项、第 5 项规定）。

7. 法律、行政法规规定的其他情形。例如“以完成一定工作任务为期限的劳动合同因任务完成而终止的”以及“劳务派遣单位或者被派遣劳动者依法解除、终止劳动合同的”② 经济补偿等。

至于具体支付经济补偿金的核算标准，按劳动者在本单位工作的年限，每满 1 年支付 1 个月工资的标准向劳动者支付。6 个月以上不满 1 年的，按 1 年计算；不满 6 个月的，向劳动者支付半个月工资的经济补偿。劳动者月工资高于用人单位所在直辖市、设区的市级人民政府公布的本地区上年度职工月平均工

---

① 参见《劳动合同法》第 46 条。

② 参见《劳动合同法实施条例》第 22 条、第 31 条。

资 3 倍的，向其支付经济补偿的标准按职工月平均工资 3 倍的数额支付，向其支付经济补偿的年限最高不超过 12 年。所称月工资是指劳动者在劳动合同解除或者终止前 12 个月的平均工资。[①] 月工资按照劳动者应得工资计算，包括计时工资或者计件工资以及奖金、津贴和补贴等货币性收入。劳动者在劳动合同解除或者终止前 12 个月的平均工资低于当地最低工资标准的，按照当地最低工资标准计算。劳动者工作不满 12 个月的，按照实际工作的月数计算平均工资。[②]

第五节　劳动争议处理

一、劳动争议处理概述

（一）劳动争议的概念

劳动争议也称劳动纠纷，是指劳动关系双方当事人之间因劳动权利和劳动义务的认定与实现所发生的纠纷。劳动争议实质上是劳动关系当事人之间利益矛盾、利益冲突的表现。劳动争议与其他社会关系纠纷相比，具有下述特征：

1. 劳动争议当事人是特定的

劳动争议当事人就是劳动关系的当事人，即一方为企业，另一方为劳动者或其团体，并且只有存在劳动关系的企业和劳动者或其团体才有可能成为劳动争议当事人，而其他纠纷的当事人不具有这个特点。

2. 劳动争议的内容是特定的

劳动争议的标的是劳动权利和劳动义务。劳动权利和劳动义务依据劳动法律法规、劳动合同、集体合同等确定，因此，劳动争议从一定意义上说是因实施劳动法而产生的争议，如就业、工资、工时、劳动条件、保险福利、培训、奖惩等各个方面，内容相当广泛。凡是以劳动权利义务之外的权利义务为标的的争议都不属于劳动争议。

3. 劳动争议有特定的表现形式

一般的社会关系纠纷表现为争议主体之间的利益冲突，其影响范围通常局限在争议主体之间，而重大的集体劳动争议、团体劳动争议除可表现为一般劳

---

① 参见《劳动合同法》第 47 条。

② 参见《劳动合同法实施条例》第 27 条。

动关系纠纷的形式，有时还会以消极怠工、罢工、示威、请愿等形式出现，涉及面广，影响范围大，甚至超越事发地区，有的甚至造成国际性影响。

（二）劳动争议的分类

按照不同的标准，可将劳动争议做如下分类：

1. 按照劳动争议主体划分

（1）个别争议。员工一方当事人人数为2人以下，有共同争议理由的。

（2）集体争议。员工一方当事人人数为3人以上，有共同争议理由的。

（3）团体争议。工会与用人单位因签订或履行集体合同发生的争议。

2. 按照劳动争议的性质划分

（1）权利争议，又称既定权利争议。劳动关系当事人基于劳动法律、法规的规定，或集体合同、劳动合同约定的权利与义务所发生的争议。在当事人权利义务既定的情况下，只要当事人双方都按照法律或合同的规定或约定行使权利、履行义务，一般不会发生争议；如当事人不按照规定行为，侵犯另一方既定权利，或者当事人对如何行使权利义务的理解上存在分歧，争议就会发生。

（2）利益争议。当事人因主张有待确定的权利义务所发生的争议。在劳动关系当事人的权利义务尚未确定的情况下，双方对权利义务有不同的主张，即当事人的利益未来如何分配而发生的争议。显然，只有在存在劳动关系的情况下，才会发生此类争议。它通常表现为签订、变更集体合同所发生的争议。

3. 按照劳动争议的标的划分

（1）劳动合同争议。解除、终止劳动合同发生的争议。因对开除、除名、辞退、辞职等适用条件的不同理解与实施而发生的争议。

（2）关于劳动安全卫生、工作时间、休息休假、保险福利而发生的争议。

（3）关于劳动报酬、培训、奖惩等因适用条件的不同理解与实施而发生的争议等。

（三）劳动争议产生的原因

1. 劳动争议的内容只能以劳动权利义务为标的。权利义务的基础在于劳动法律、集体合同、劳动合同、企业内部劳动管理规则的规定或约定，是否遵循法律规范和合同规范是劳动争议产生的直接原因。劳动权利义务的内容涉及就业、工资、工时、劳动保护、保险福利、培训、民主管理、奖励惩罚等各个方面，内容十分复杂，任何一种不规范的行为都有可能产生争议。

2. 市场经济物质利益原则的作用，使得劳动关系当事人之间既有共同的利益和合作的基础，又有利益的差别和冲突。劳动争议的实质是劳动关系主体的利益差别而导致的利益冲突。只要是市场经济体制，只要劳动关系当事人有相对独立的物质利益，劳动争议的产生就具有必然性。

（四）劳动争议处理的原则

劳动争议处理的原则是劳动争议处理机构在处理劳动争议时必须遵循的基本准则，贯穿于劳动争议处理的全过程，即劳动争议的调解程序、仲裁程序都要遵循。但是在不同的劳动争议处理程序中，每道程序都有反映该程序特点的具体原则。具体原则的落实，保障了总体原则在劳动争议处理全过程中的实现。劳动争议处理原则的内容包括下述各项：

1. 着重调解及时处理的原则

劳动争议的调解贯穿于劳动争议处理的各道程序，企业劳动争议处理工作程序的全过程都属于调解，其他处理程序也都必须坚持先行调解，调解不成时才能进行裁决或判决。及时处理强调各道处理程序的时间限制：受理、调解、仲裁、判决、结案都应在法律法规规定的时限内完成，及时保护当事人的合法权益，防止矛盾激化。

2. 在查清事实的基础上依法处理的原则

此项原则就是合法原则，劳动争议处理机构处理劳动争议的所有活动和决定都要以事实为根据，以法律为准绳。

3. 当事人在适用法律上一律平等的原则

此项原则就是公正原则，劳动争议处理机构在处理劳动争议时必须保证争议双方当事人处于平等的法律地位，具有平等的权利义务不得偏袒任何一方。

（五）劳动争议处理的途径

根据2008年5月1日施行的《中华人民共和国劳动争议调解仲裁法》的有关规定[①]，发生劳动争议时，争议双方应协商解决；不愿协商或协商不成或者达成和解协议后不履行，当事人可以向调解组织申请调解；调解不成或不愿调解或达成调解协议后不履行的，当事人可以申请劳动争议仲裁机构仲裁；当事人一方或双方不服仲裁裁决的，除法律另有规定外，可以向人民法院提起诉讼，

---

① 参见《劳动争议调解仲裁法》第5条。

由人民法院依法审理并做出最终判决。

二、企业调解委员会对劳动争议的调解

调解委员会调解劳动争议是在调解委员会的主持下，查明事实、分清责任，通过说服教育、劝导协商的方法，促使劳动争议当事人在互谅互让的基础上达成协议，从而化解争议的处理方法。

（一）调解的特点

1. 群众性

企业劳动争议调解委员会是企业内依法成立的处理劳动争议的群众性组织，体现在人员组成和工作原则上。调解活动强调群众的直接参与。

2. 自治性

调解是企业内的劳动者对本单位运行的劳动关系进行自我管理、自我调节、自我化解矛盾的有效形式。

3. 非强制性

调解程序完全体现自愿的特点：申请调解自愿，不能强制。调解协议的履行依赖于当事人的自愿及舆论的约束。

（二）调解委员会调解与劳动争议仲裁委员会、人民法院处理劳动争议时的调解的区别

1. 在劳动争议处理中的地位不同。调解委员会的调解是独立程序，后者的调解不具有程序性。

2. 主持调解的主体不同。

3. 调解案件的范围不同。

4. 调解的效力不同。

（三）调解委员会的构成和职责

1. 调解委员会的组成

（1）员工代表，由员工代表大会或员工大会推举产生；

（2）用人单位代表，由用人单位法定代表人指定；

（3）工会代表，由用人单位工会委员会指定。

调解委员无论是哪一方代表，都应当由具有一定的劳动法律知识、政策水

平和实际工作能力，为人正派、办事公道、联系群众的人员担任。委员人数由员工代表大会提出并要与企业法定代表人协商确定。但用人单位代表的人数不得超过委员总数的 1/3。没有成立工会组织的企业，委员会的设立和组成由员工代表和用人单位代表协商确定。委员会主任由工会代表担任。

2. 调解委员会的职责

（1）按照法律规定的原则和程序处理本单位的劳动争议，回访、检查当事人执行调解协议的执行情况，督促当事人履行调解协议。

（2）开展劳动法律法规、企业内部劳动管理规则的宣传教育工作，预防劳动争议的发生。

（3）建立必要的工作制度，进行调解登记、档案管理和分析统计工作。

（四）调解委员会调解劳动争议的原则

1. 自愿原则

（1）申请调解自愿。只有劳动争议双方当事人都同意调解，调解委员会才能受理，有一方不同意则不得受理。

（2）调解过程自愿。调解人员在调解过程中不能采取任何强制或命令的手段，强迫当事人接受调解意见，而应在通过协商、说服教育，分清是非的基础上达成一致。调解协议的所有内容必须是当事人真实一致的意思表示，不得勉强。

（3）履行协议自愿。调解协议达成后，当事人自愿履行，一方或双方不履行或反悔的，则为调解不成。调解委员会不得强迫当事人履行。

2. 尊重当事人申请仲裁和诉讼权利的原则

企业劳动争议调解委员会对劳动争议的调解并不是劳动争议仲裁或诉讼的必要条件，在调解委员会调解劳动争议的任何阶段，劳动争议双方当事人都有依法提请仲裁的权利。此项原则具体包括的含义是：

（1）劳动争议发生后，解决劳动争议的方式由当事人自由选择调解或仲裁，调解委员会不得阻止；

（2）调解过程中，当事人都可提出申请仲裁的请求，调解委员会不得干涉；

（3）劳动争议经调解委员会调解达成协议，当事人反悔，不愿履行该协议的，仍享有提请仲裁的权利，对此，调解委员会不得阻拦和干预。

（五）调解委员会调解劳动争议的程序

通过调解形式处理劳动争议应按以下程序进行：

1. 申请和受理

劳动争议发生后，当事人双方都可以自知道或应当知道其权利被侵害之日起 30 日内，以口头或书面的形式向调解委员会提出申请，并填写《劳动争议调解申请书》。调解委员会在征询对方当事人的意见后，进行审查并做出受理或不予受理的决定。

2. 调查和调解

调解委员会主任或调解员主持调解会议，在查明事实、分清是非的基础上，依照法律、法规及依法制定的企业规章制度和劳动合同，公正调解。在调查和调解时应做相应的笔录。

3. 制作调解协议书或调解意见书

调解达成协议，制作调解协议书，写明争议双方当事人的姓名（单位、法定代表人）、职务、争议事项、调解结果及其他应说明的事项，由当事人、调解委员会主任签名或盖章，并加盖调解委员会印章。调解委员会对调解不成的，即双方达不成协议、调解期限届满而不能结案的或调解协议送达后当事人反悔的三种情况，则制作调解意见书。调解协议书与调解意见书不同，调解意见书是调解委员会单方的意思表示，仅是一种建议性的文书，对争议双方没有约束力；而调解协议书是劳动争议当事人双方的意思表示，一经当事人签字，就应自觉履行，具有一定的约束力。

调解委员会调解劳动争议的期限为 30 日，即调解委员会应当自当事人申请调解之日起 30 日内结束，到期未结束的，视为调解不成。

三、劳动争议仲裁

（一）劳动争议仲裁的含义

劳动争议仲裁是劳动争议仲裁机构根据劳动争议当事人一方或双方的申请，依法就劳动争议的事实和当事人应承担的责任做出判断和裁决的活动。其特征为：

1. 仲裁主体具有特定性。
2. 仲裁对象具有特定性。

3. 仲裁施行强制原则。只要劳动争议当事人一方提出仲裁申请即能引起劳动争议仲裁程序的开始，并且施行仲裁前置、裁审衔接制。

（二）劳动争议仲裁组织机构

劳动争议仲裁委员会是国家授权、依法独立处理劳动争议案件的专门机构，是劳动行政范畴内的一种特殊的执法机构。

1. 劳动争议仲裁委员会的构成

（1）劳动行政部门代表；

（2）同级工会代表；

（3）用人单位方面的代表。

2. 仲裁委员会的办事机构

劳动行政主管部门的劳动争议处理机构是劳动争议仲裁委员会的办事机构。

（三）劳动争议仲裁的原则

1. 一次裁决原则

劳动争议仲裁实行一个裁级一次裁决制度，一次裁决即为终局裁决，当事人不服仲裁裁决，只能向法院提起诉讼，不能向上一级仲裁委员会申请复议或要求重新处理。

2. 合议原则

仲裁庭裁决劳动争议，实行少数服从多数原则，以保证仲裁裁决的公正性。

3. 强制原则

此项原则的含义是：劳动争议当事人申请仲裁不需要双方当事人达成一致，只要一方当事人申请，仲裁委员会即可受理；仲裁庭对劳动争议调解不成时，可直接行使裁决权，无须当事人同意；对发生法律效力的仲裁裁定，一方当事人不履行，另一方当事人可申请人民法院强制执行。

4. 回避原则

仲裁委员会委员、仲裁人员及其相关工作人员与劳动争议有利害关系、与当事人有亲属关系以及其他关系，可能影响公正裁决的人员应当回避。

5. 区分举证责任原则

由劳动关系的特点所决定，反映平等主体关系间的争议事项，遵循“谁主张谁举证”的原则；反映隶属关系的争议事项，实行“谁决定谁举证”的原则。

（四）劳动争议仲裁程序

1. 申请和受理

劳动争议发生后，当事人申请仲裁，应依法向仲裁委员会提交仲裁申诉书，申诉书应当载明：员工当事人的姓名、职业、住址和工作单位；用人单位的名称、地址，法定代表人的姓名、职务；仲裁请求及事实和理由；证据，证人姓名、住址。经审查符合受理条件的案件，填写《立案审批表》报仲裁委员会负责人审批，审批应在填表 7 日内做出决定。决定立案的，应在决定立案的 7 日内向申诉人发出书面通知，将申诉副本送达被诉人，并要求在 15 日内提交答辩书和证据。决定不予立案的，应在 7 日内制作不予受理通知书，说明不予立案的理由，送达申诉人。

2. 案件仲裁准备

组成仲裁庭或指定仲裁员，审阅案件材料，进行必要的调查取证，庭审前进行调解。

3. 开庭审理和裁决

按照下列步骤进行：送达开庭通知，开庭审理，申诉人和被诉人答辩，当庭再行调解，休庭合议并做出裁决，复庭并宣布仲裁裁决。

4. 仲裁文书的送达

仲裁文书的送达方式为：直接送达、留置送达、委托送达、邮寄送达、公告送达。下列劳动争议，除法律另有规定的外，仲裁裁决为终局裁决，裁决书自作出之日起发生法律效力：

（1）追索劳动报酬、工伤医疗费、经济补偿或者赔偿金，不超过当地月最低工资标准 12 个月金额的争议；（2）因执行国家的劳动标准在工作时间、休息休假、社会保险等方面发生的争议。[①] 劳动者对上述仲裁裁决不服的，可以自收到仲裁裁决书之日起 15 日内向人民法院提起诉讼。

用人单位有证据证明上述仲裁裁决有下列情形之一，可以自收到仲裁裁决书之日起 30 日内向劳动争议仲裁委员会所在地的中级人民法院申请撤销裁决：“（1）适用法律、法规确有错误的；（2）劳动争议仲裁委员会无管辖权的；（3）违反法定程序的；（4）裁决所根据的证据是伪造的；（5）对方当事人隐瞒了足以影响公正裁决的证据的；（6）仲裁员在仲裁该案时有索贿受贿、徇私舞弊、

---

① 参见《劳动争议调解仲裁法》第 47 条规定。

枉法裁决行为的。”人民法院经组成合议庭审查核实裁决有前款规定情形之一的，应当裁定撤销。仲裁裁决被人民法院裁定撤销的，当事人可以自收到裁定书之日起 15 日内就该劳动争议事项向人民法院提起诉讼。

当事人对《劳动争议调解仲裁法》第 47 条规定以外的其他劳动争议案件的仲裁裁决不服的，可以自收到仲裁裁决书之日起 15 日内向人民法院提起诉讼；期满不起诉的，裁决书发生法律效力。当事人对发生法律效力的调解书、裁决书，应当依照规定的期限履行。一方当事人逾期不履行的，另一方当事人可以依照民事诉讼法的有关规定向人民法院申请执行。受理申请的人民法院应当依法执行。

另外根据我国《劳动争议调解仲裁法》的规定，劳动争议的申诉时效为一年，即提出仲裁要求的一方应在劳动争议发生之日起一年内向劳动争议仲裁机构提出申请，超过一年，仲裁委员会可以不予受理。此“一年”的时效，因当事人一方向对方当事人主张权利，或者向有关部门请求权利救济，或者对方当事人同意履行义务而中断。从中断时起，仲裁时效期间重新计算。因不可抗力或者有其他正当理由，当事人不能在“一年”的仲裁时效期间申请仲裁的，仲裁时效中止。从中止时效的原因消除之日起，仲裁时效期间继续计算。劳动关系存续期间因拖欠劳动报酬发生争议的，劳动者申请仲裁不受规定的“一年”仲裁时效期间的限制；但是，劳动关系终止的，应当自劳动关系终止之日起一年内提出。

劳动争议的仲裁时效为 45 日，即仲裁庭裁决劳动争议案件，应当自劳动争议仲裁委员会受理仲裁申请之日起 45 日内结束。案情复杂需要延期的，经劳动争议仲裁委员会主任批准，可以延期并书面通知当事人，但是延长期限不得超过 15 日。逾期未作出仲裁裁决的，当事人可以就该劳动争议事项向人民法院提起诉讼。仲裁庭裁决劳动争议案件时，其中一部分事实已经清楚，可以就该部分先行裁决。

四、劳动争议诉讼

（一）劳动争议案件的诉讼管辖

劳动争议的诉讼解决，是劳动争议解决的最终程序。根据法律规定，劳动争议当事人一方或双方不服仲裁裁决的，除法律另有规定外，可以向人民法院提起诉讼，由人民法院依法审理并做出最终判决。在通常情况下，劳动争议的仲裁是处理劳动争议的必经程序，是劳动争议诉讼的前置程序，未经仲裁的劳动争议案件，法院一般不予受理。但是，在某些特定情况下，法院也会受理某些没有经过劳动争议仲裁的案件。

劳动争议案件由用人单位所在地或者劳动合同履行地的基层人民法院管辖。劳动合同履行地不明确的，由用人单位所在地的基层人民法院管辖。当事人双方就同一仲裁裁决分别向有管辖权的人民法院起诉的，后受理的人民法院应当将案件移送给先受理的人民法院。

（二）劳动争议案件的诉讼参加人

劳动者和用人单位均不服劳动争议仲裁委员会的同一裁决，向同一人民法院起诉的，人民法院应当并案审理，双方当事人互为原告和被告。在诉讼过程中，一方当事人撤诉的，人民法院应当根据另一方当事人的诉讼请求继续审理。

用人单位与其他单位合并的，合并前发生的劳动争议，由合并后的单位为当事人；用人单位分立为若干单位的，其分立前发生的劳动争议，由分立后的实际用人单位为当事人。用人单位分立为若干单位后，对承受劳动权利义务的单位不明确的，分立后的单位均为当事人。

用人单位招用尚未解除劳动合同的劳动者，原用人单位与劳动者发生的劳动争议，可以列新的用人单位为第三人。原用人单位以新的用人单位侵权为由向人民法院起诉的，可以列劳动者为第三人。原用人单位以新的用人单位和劳动者共同侵权为由向人民法院起诉的，新的用人单位和劳动者列为共同被告。

劳动者在用人单位与其他平等主体之间的承包经营期间，与发包方和承包方双方或者一方发生劳动争议，依法向人民法院起诉的，应当将承包方和发包方作为当事人。

劳动者与起有字号的个体工商户产生的劳动争议诉讼，人民法院应当以营业执照上登记的字号为当事人，但应同时注明该字号业主的自然情况。

劳动者因履行劳动力派遣合同产生劳动争议而起诉，以派遣单位为被告；争议内容涉及接受单位的，以派遣单位和接受单位为共同被告。

劳动者与未办理营业执照、营业执照被吊销或者营业期限届满仍继续经营的用人单位发生争议的，应当将用人单位或者其出资人列为当事人。

未办理营业执照、营业执照被吊销或者营业期限届满仍继续经营的用人单位，以挂靠等方式借用他人营业执照经营的，应当将用人单位和营业执照出借方列为当事人。

当事人不服劳动人事争议仲裁委员会作出的仲裁裁决，依法向人民法院提起诉讼，人民法院审查认为仲裁裁决遗漏了必须共同参加仲裁的当事人的，应当依法追加遗漏的人为诉讼当事人。被追加的当事人应当承担责任的，人民法院应当一并处理。

（三）劳动争议案件的审判程序

法院在受理劳动争议案件之后，依照《民事诉讼法》规定的诉讼程序进行审判，实行两审终审制。

1. 一审程序

一审程序包括普通程序和简易程序。

第一，普通程序。包括起诉和受理、审理前的准备、开庭审理、判决等几个阶段。

人民法院收到起诉后，经审查，认为符合起诉条件的，应在7日内立案，并通知当事人；认为不符合条件的，应在7日内裁定不予受理，并说明理由，原告对裁定不服的，可以提起上诉。

人民法院应在立案之日起5日内将其诉状副本发送被告，被告在收到之日起15日内提出答辩状，人民法院在收到之日起5日内将答辩状副本发送原告；被告不提供答辩状的，不影响案件的审理。人民法院应组成合议庭，合议庭成员确定后3日内应告知当事人，当事人可以提出回避申请。

原、被告及其他诉讼参加人应该准时出庭，审理前，书记员应查明当事人及其他诉讼参加人是否到庭、宣布法庭纪律。开庭审理时，由审判长核对当事人，宣布案由、审判员、书记员名单，告知当事人有关的诉讼权利和义务，并询问当事人是否申请回避。审理进程为法庭调查、法庭辩论、最后陈述几个阶段。审理结束后，法庭应当进行调解，调解不成的，当庭或者择日宣判。

开庭审理结束后，调解不成的，法院应及时判决。当事人对一审判决不服的，可以在规定的时限内提起上诉。

人民法院适用普通程序审理第一审案件，应在立案之日起6个月内审结；有特殊情况需要延长的，由本院院长批准，最长不得超过6个月；还需延长的，报请上级人民法院批准。

第二，简易程序。基层法院及其派出法庭审理事实清楚、权利义务关系明确、争议不大的简单民事案件，适用简易程序。由一名审判员独任审理，开庭审理程序简化。人民法院适用简易程序审理案件，应在立案之日起3个月内审结。

2. 二审程序

二审程序是指上一级人民法院根据当事人的上诉，就下级人民法院的一审判决或者裁定，在其发生法律效力之前，对案件进行的审理活动。当事人不服第一审法院的判决或者裁定，应当在判决书或者裁定书送达之日起 15 日或者 10 日内提起上诉。二审人民法院对上诉案件，应当由审判员组成合议庭进行审理，根据情况分别采用直接审理或者书面审理，审理结束后，根据不同情况作出维持原判、依法改判、发回重审等判决或者裁定。二审人民法院作出的判决或者裁定是终审判决或者裁定。人民法院审理对判决的上诉案件，应在第二审立案之日起 3 个月内审结，有特殊情况需要延长的，由本院院长批准；对裁定的上诉案件，应在第二审立案之日起 30 日内作出终审裁定。

3. 审判监督程序

审判监督程序也称再审程序，是指人民法院对已经发生法律效力的判决、裁定发现确有错误，依法对案件进行再次审理的程序。当事人申请再审，应当在判决、裁定发生法律效力后 2 年内提出；2 年后据以作出原判决、裁定的法律文书被撤销或者变更，以及发现审判人员在审理该案件时有贪污受贿、徇私舞弊、枉法裁判行为的，自知道或者应当知道之日起 3 个月内提出。

4. 判决、裁定的法律效力

一审法院作出的判决、裁定，除了立即生效的以外，判决送达之日起 15 日、裁定送达之日起 10 日内，当事人不提起上诉的，判决、裁定发生法律效力。当事人在法定期间提起上诉的，一审判决、裁定不发生法律效力，二审法院作出的判决、裁定是终审判决、裁定，一经宣告或者送达，即发生法律效力。当事人对生效一审判决、裁定和二审判决、裁定不服的，可以依照审判监督程序提出再审申请，但申请期间不停止生效的判决、裁定的执行。当事人应当履行生效的判决、裁定，否则，对方当事人可以申请强制执行。

五、劳动争议案例分析的要点

（一）按照劳动争议自身的规定性进行分析

其分析要点分别是：

1. 确定劳动争议的标的

任何劳动争议案例分析，首先分析确定争议的标的，即当事人之间矛盾所指向的对象。当事人之间之所以产生争议，就是当事人相互之间对同一标的分别做出意志内容相互冲突的意思表示，即劳动争议必然由不同的主体、相同的标的、意志内容相互冲突的意思表示构成。

2. 分析确定意思表示的意志内容

任何行为须有一定的要件方能成立，行为人做出意思表示是行为成立的一般要件。包括以下要素：（1）行为人的意思表示必须包含一定意图，即追求一定法律效果的意图；（2）意思表示必须完整地表达追求该项意图的内容；（3）行为人以一定的方式将内心的意图表示于外部，可以由他人客观地加以识别。

3. 分析意志内容是否符合规定

分析确定意思表示所反映的意志内容是否符合劳动法律法规、集体合同、劳动合同、企业内部劳动管理规则的规定。

（二）按照承担法律责任要件的分析方法进行分析

此种分析方法的思维结构是：

1. 分析确定劳动争议当事人所实施的行为

为什么发生劳动争议，其原因在于当事人实施了一定的行为，包括积极行为和消极行为，即作为或不作为。同时还要确定该行为是否受到法律法规、企业内部劳动管理规则、集体合同、劳动合同等规范的约束。因为规定或约定决定行为模式标准，如果行为人实施的行为不属于规定或约定所规范的行为，一般不会产生劳动争议。

2. 分析确定当事人的行为是否造成或足以造成一定的危害

当事人行为的危害对象既可能是劳动争议的一方当事人，包括劳动者或用人单位，也可能是国家、社会或劳动关系当事人以外的特定单位或个人。危害形式表现为给受害人造成一定损失，或使受害人有遭受一定损失的危险。

3. 分析确定当事人行为与危害结果之间是否存在直接的因果关系

即这种危害的发生直接起源于行为人的行为。

4. 分析确定行为人的行为是否有主观上的过错

当事人的过错可以是故意的，也可以是过失。

前述分析方法虽然属于判断劳动关系当事人承担违反劳动法的责任的条件，但也可以应用于劳动争议案例的分析当中。其思维结构可以归纳为：第一，确定引起劳动争议的事实和结果；第二，确定行为模式标准与当事人所实施行为的差异；第三，根据差异当事人做出判断和选择。劳动争议在形式上表现为一方当事人对另一方当事人所做出的判断和选择的不同意思表示，但争议的实质在于行为的认定，以及行为与行为模式标准差异的认定。

本章小结

本章概括讨论了劳动关系的特征及劳动关系调整的几种主要形式。通过本章的学习，应全面掌握我国企业劳动关系调整的形式、特点及其适用条件，并能够运用到企业劳动关系管理的实践当中，不仅使劳动关系管理符合科学管理的一般规律，而且使其建立在符合国家法律的基础之上。

本章习题

1. 简述劳动关系与劳动法律关系的含义和特征，以及劳动法律关系的构成要素。
2. 简述利益协调型劳动关系的含义，我国劳动关系的深刻变化的主要表现。
3. 简述企业劳动关系管理制度的特点和内容，以及制定劳动关系管理制度的程序。
4. 简述集体协商的含义以及集体合同的含义、特征、作用、内容，形式与期限。
5. 简述企业订立集体合同应遵循的基本原则，以及签订与审核集体合同的程序。
6. 简述劳动合同的含义和基本特征，劳动合同法定与约定条款的内容。
7. 简述我国劳动法律法规有关劳动合同的续订，劳动合同终止的规定。
8. 简述我国劳动法律有关用人单位单方或劳动者单方解除合同的规定。
9. 简述用人单位解除劳动合同向劳动者支付经济补偿金的条件和核算标准。
10. 简述劳动争议的概念、分类，争议产生的原因，处理途径与处理的原则。
11. 简述企业调解委员会调解劳动争议的基本原则以及调解劳动争议的程序。
12. 简述劳动争议仲裁的含义、仲裁程序、仲裁原则与仲裁组织机构的组成。

13. 简述劳动争议案件的诉讼管辖范围，以及劳动争议案件具体的审判程序。

14. 简述按照劳动争议自身的规定性，对劳动争议案件进行分析的要点。

15. 简述按照承担法律责任要件的分析方法，对劳动争议案件分析的要点。

案例分析

案例 1　2011 年 7 月张某于旅游职业高中毕业，同年 8 月 1 日被和平宾馆录用为客房服务员，双方签订了 5 年期的劳动合同，约定试用期为 4 个月。张某在工作期间迟到数次，因客房清扫问题多次与顾客争吵，并且不服从领班和值班经理的批评教育。11 月 1 日，和平宾馆人力资源部书面通知调动张某到洗衣房工作，如对方不同意，限其 3 个月内另谋出路，在此期间，只按当地最低工资标准发放工资。张某接到通知后不同意工作调动，也表示找不到其他工作。同时，张某仍存在迟到和与顾客吵架的现象。3 个月后即 2012 年 2 月 1 日，和平宾馆以“试用期严重违反劳动纪律，不服从工作安排”为由，解除与张某的劳动合同。张某随即申诉到劳动争议仲裁机构，要求维持原劳动关系。

请根据劳动法律、法规，对上述案例提出你的分析意见，并对和平宾馆的劳动关系管理提出适当建议。

案例 2　李某与 TDZ 企业于 2010 年 3 月 10 日签订了为期 5 年的劳动合同。工作岗位为车间操作工，合同中规定试用期为 1 年。同年 10 月李某自感身体不适，经医院检查，诊断为过敏症。经 4 天病休后，症状消失，重新上班。但数日后又复发，最后经企业指定的医院确诊为：李某所在岗位生产中经常使用的一种原料为过敏源，建议调整工作岗位。鉴于此，企业提议调动李某到三车间任统计员，被拒绝。李某提出自己掌握中英文打字技术，要求到企业总部的职能科室工作。因企业有严格的科室人员定员标准，李某未能如愿。之后，李某持医院病假证明请病假 10 天，于 11 月 15 日上班。企业当日书面通知李某，如不同意工作岗位调整，将解除劳动合同。李某再次拒绝。企业于 12 月 15 日以“试用期内不符合录用条件”为由，解除与李某的劳动合同。李某于次年 1 月 10 日申诉到劳动争议仲裁机构，请求维持劳动关系并要求到企业职能科室工作。

请根据劳动法律、法规，提出你对上述案例的分析意见。

第十二章 人力资源管理系统与信息化

第一节 人力资源管理系统的构成

企业作为一个具有独立法人地位的自主经营、自负盈亏、自我发展的经济实体，在激烈的市场竞争中，应当不断充实完善自我，建立起一个对外能随机适应外部环境，具有很强应变能力，对内能有效地运用人力、物力、财力的管理系统。

一、企业人力资源管理系统的构成

人力资源管理体系作为现代企业制度的重要组成部分，是由一系列子系统组成的动态系统。它包括：工作岗位分析与评价系统、组织结构与劳动定员定额系统、人事招聘与任用调配系统、员工薪酬保险与福利系统、员工评价与绩效考核系统、员工技能鉴定与培训开发系统、员工关系维系与激励系统、人力资源成本控制与经济分析系统、人力资源信息采集与处理分析系统，等等。这些子系统既相对独立又相互制约、相互影响，构成一个充满活力的整体。因此，企业在构建每个子系统时，不但要注重本系统的完整性、科学性和可行性，而且要保证子系统与总体系统的一致性和协调性。

在上述各个子系统中“工作岗位分析与评价系统”“组织结构与劳动定员定额系统”是各个子系统运行的基础。

工作岗位分析与评价系统运行的主要特征是：通过工作说明书的编制、贯彻、实施，使各级员工明确自己的工作任务、职责和权限，具备什么资格条件才能胜任本岗位的工作；使各级员工明确工作岗位的相对价值（相对工资水平），通过努力可沿着什么路线调动或晋升。本系统的建立将产生企业全部岗位的工作说明书，并建立一个岗位动态评价系统，从而为确定员工薪酬保险与福利系统、人事招聘与任用调配系统，以及员工评价与绩效考核系统、员工技能鉴定与培训开发系统提供依据。

组织结构与劳动定员定额系统运行的主要特征是：通过企业组织结构的科学设计和再设计、再改进，使企业的决策机构、参谋机构和执行机构更加精简和高效率化，各级机构人员配备更加合理化。本系统的建立将产生企业编制定员标准，为企业全面实现人员的总控制，提高工效，降低成本提供了前提条件。

上述的各个子系统中，有些系统具有相对独立性，如员工关系维系与激励系统，该系统的建立应当与企业文化建设、政治思想建设紧密地联系在一起；再如人力资源成本控制与经济分析系统，要在人力资源基础系统确立之后，与企业现代财务制度紧密地联系在一起；而人力资源信息采集与处理分析系统，既包括一个内部人力资源信息系统，又有一个外部人才资信系统，使企业不仅能有效地管好、用好，留住现有优秀人才，还能不断引进外部优秀人才。各个子系统的相互关系如图 12—1 所示。这里应当指出，一个成功企业的人力资源管理系统，必须体现出企业总功能对人力资源管理系统的总要求，而人力资源管理的各个子系统的功能又是其总系统功能的细化和分解，并满足其有效运行的要求。

二、企业人力资源管理系统的全员性

随着市场经济发达程度的不断提升，企业间的竞争从产品经营的竞争、技术开发和资本经营的竞争，已逐步扩展到智力资本经营的竞争。智力资本经营是指将聚集的人力资源的智力及其载体作为企业最重要的资本，进行开发利用。在激烈的市场竞争中，企业越来越认识到企业间在市场上的竞争，不仅仅是产品、质量和技术的竞争，归根到底还是人才的竞争，智力资本经营的竞争。但是，在企业中，一提到“人力资源管理”，人们往往同“人事部”或“人力资源管理部”及其所属的管理人员联系在一起。认为，“对人的管理理所当然是人力资源管理部门的事，我是业务部门、职能部门，与我有何关系？”这种错误观念的普遍存在，正是人力资源管理系统功能难以在企业中发挥重要的核心作用的根源。

现代企业人力资源管理与传统的劳动人事管理的一个根本性的区别在于：(1) 现代企业人力资源管理冲破了传统管理的约束，不再把人即劳动者看成一种“技术性”的消极因素，而是把人作为一种具有内在的“主动性、建设性和

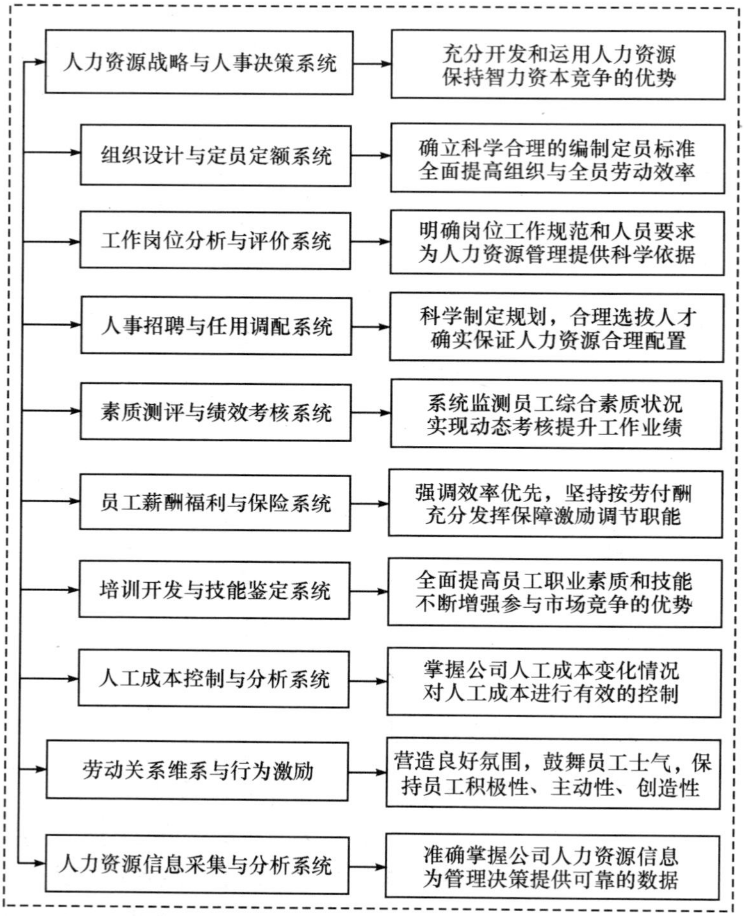

图 12—1　人力资源管理各子系统的功能

创造性”的积极因素，将人作为一种使组织在激烈的竞争中生存、发展，始终充满生机和活力的特殊资源刻意地加以发掘；（2）不再将劳动者置于一个封闭的系统中，加以“严格监督与控制”，而是建立一个完全开放的系统，为劳动者提供并创造各种条件，使其自身的潜力得以充分地发挥；（3）不再放纵、容忍人力资源和人才的浪费，有效地防止滥用权力破坏员工的士气。要像保护自然资源一样，珍爱和保护人才和人力资源，这是因为人力资源是人类一切资源中最宝贵、最具创造力的资源。从这个意义上说，企业员工既是人力资源的开发者，又是被开发者。因此，在企业中，所有的管理者都应当采取积极的态度、科学的方法，善待它、管理它、开发它、经营它。

在企业中，我们可以依靠一套科学的生产管理系统、财务管理系统，将物力、财力资源管理好，而且可能卓有成效。但如果只靠人力资源管理部门建立一套管理系统并单独去推动，就很难使企业人力资源得到充分开发和有效运用。这不仅仅是因为人力资源具有深不可测的潜力，而且还涉及社会、道德、心理、伦理等很多特性，并且难以测量和评估。因此，人力资源管理子系统作为企业的中心、重心系统，它除了应当具有一般管理系统的特性之外，还必须具有开放性和全员性，即它不但需要建立并运用行之有效的管理规范（标准）、管理制度和管理方法，还必须上至公司的总经理，下至各级主管和基层管理者，以至于每一个员工都能积极地参与。

管理是一门艺术，人力资源管理是一门更加博大精深的艺术。一个成功的企业，采取智力资本经营竞争策略在保持和提高市场竞争优势的过程中，不仅应当将着眼点放在人力资源管理系统的系统性、科学性和全面性上，还必须注重营造企业人人关注、积极参与人力资源管理的良好氛围，全面提高管理者的参与率，使企业人力资源管理系统具有开放性、全员性。

三、企业人力资源管理系统的战略性

成功企业的人力资源管理系统不仅仅是简单的企业管理总功能以及人力资源管理分功能的细化和分解，实际上它是多个管理层面的整合，即由把握企业发展全局的人力资源发展战略与策略层面、满足系统要求的专业化的管理职能层面和人事行政服务的支撑层面组成的动态系统，如图 12—2 所示。

人力资源管理系统作为一个多层次的动态系统，从宏观（全局）的战略把握，到各个子系统的运行，乃至具体操作的实施，充分体现了企业人力资源管理系统的全部功能。因此，人力资源管理战略的制定，应当以企业总体发展战略为指导，以企业远景规划所规定的目标为方向。也就是说，在确定企业人力资源发展战略时，首先必须弄清企业远景规划的目标是什么，中、短期的目标是什么，然后再根据企业这些战略目标，决定企业人力资源管理战略。它包括以下具体内容：根据企业总体发展战略，决定人力资源战略和策略。如某企业所确定的中、远期发展目标是：以某类独特的创新性很强的产品作为主导，不断拓展市场，使该产品的市场占有率达到 15%。据此，企业应考虑采取投资型的人力资源管理策略，即重视人力资本投资和人才储备，企业与员工建立长期合作的工作关系，特别注重发挥管理人员和技术人员的作用，如 IBM 公司所采

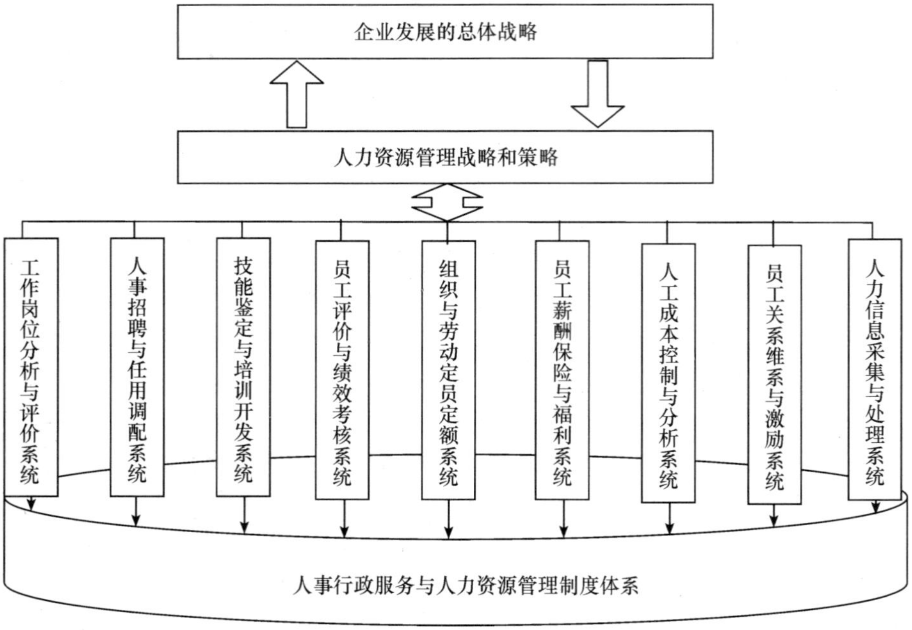

图 12—2　企业人力资源战略管理系统图

取的人力资源管理战略；确定企业文化建设的目标和内容，明确营造与人力资源发展战略相适应的企业文化氛围的途径和方法；明确企业人力资源规划的指导思想，确定人才需求的种类和数量，以及人员补充的渠道和来源；采取什么样的薪酬策略和激励方式，以吸引并留住包括科研人员、技术人员、中高级管理人员在内的各种优秀人才；采取什么样的培训策略，以提升员工素质，切实保证企业发展战略目标的实现。

人力资源管理战略是根据企业发展总战略制定的，同时它又是企业经营发展战略的重要组成部分，对实现企业发展的总体战略有着巨大的支持、推动作用。

在确定了企业人力资源发展战略的基础上，应当根据其指导思想，按照一定顺序，逐步将总功能分解并细化到各个子系统中，明确其主要职能，各个子系统要进一步根据内外部的环境条件，确定出子目标和实现目标的指导策略，有效保证系统职能的运行。

人力资源管理各个子系统体现了本系统的战略构思和指导策略，而人力资源管理系统的总功能和总目标，又是实现企业发展战略和经营策略在人力资源方面的具体化。因此，人力资源管理系统的战略特性是十分重要的，应当引起人们的足够重视。一个有效的人力资源管理系统，是实现企业总体发展战略的基本前提和极其重要的保障。

从这种意义上说，企业的人力资源管理系统实质上是一种具有很强战略性的系统，即人力资源的战略管理系统。如图 12—2 所示，作为一个完整而又全面的人力资源管理系统，它还有一个担负着人力资源管理基本职能的人事行政服务支持层。企业最基础的人事管理职能是由人力资源管理部或劳动人事部承担和完成的，而战略和策略的制定必然有高层决策者、管理者直接参与，中间层各项专业职能需要由各个业务部门、职能部门乃至基层单位的主管们一起分享、共同承担、协同完成。例如，专门人才的招聘虽然由人事部门负责组织，但必须是在业务部门主管直接参与下，并由其最终决定的。这是因为所要招聘的人，将是他的下属，他有权了解未来的下属资历并决定取舍。再如，在员工的绩效管理中，虽然人力资源管理部门设计出一套完整的绩效管理方案，但面对面的考核、评估以及事后的总结、评比和工作改进，均是由业务主管具体承担和完成的。总之，人力资源管理系统的全员性和战略性，是绝不容忽视的。它们是成功企业的人力资源管理系统普遍具有的非常鲜明的特性。

第二节 人力资源管理信息化概述

随着信息技术的发展及互联网带来的全球化，企业的经营模式、市场拓展、管理运营、技术创新等各方面都随之发生了变化，逐步向信息化靠拢。在资本市场竞争激烈的时代，运用信息化可以降低人力成本，对企业人力资源进行有效的管理，提高企业管理的工作效率，从而增强企业的竞争力。管理信息化可以使人力资源从单一的人事、工资管理发展到人力资源规划、素质测评、培训开发、绩效管理、职业生涯设计等多重功能的全方位的科学化管理。

一、人力资源管理信息化的基本概念

人力资源管理信息化（e-HR）是以先进的信息技术为手段，以软件系统为平台，实现低成本、高效率、全员共同参与管理过程，实现人力资源管理战略

地位的全面提升、开放的人力资源管理模式①。e-HR 系统包含两方面的意思：第一，它是一套管理信息系统；第二，它也是运用系统进行人力资源管理的过程，即是一种人力资源管理解决方案。

完整的 e-HR 方案是先进的信息技术与 HR 管理的统一，它是运用各种信息技术，同时与现代化的管理理念和管理手段相结合，辅助管理者进行人力资源决策和管理。它不仅是一个技术系统更是一个管理系统，它是人力资源信息化、规范化、体系化的最终结果。

e-HR 是一种全新的人力资源管理模式，与传统人力资源管理不同，它是基于“全面人力资源管理”的思想，通过利用互联网、内部局域网、数据库这些信息技术，将企业的人力资源管理理念和管理流程通过系统固化下来，搭建规范、标准和流程化的工作平台。在这个平台上，人力资源管理生态链上的各种角色都可以使用该系统进行工作和沟通。如图 12—3 所示。

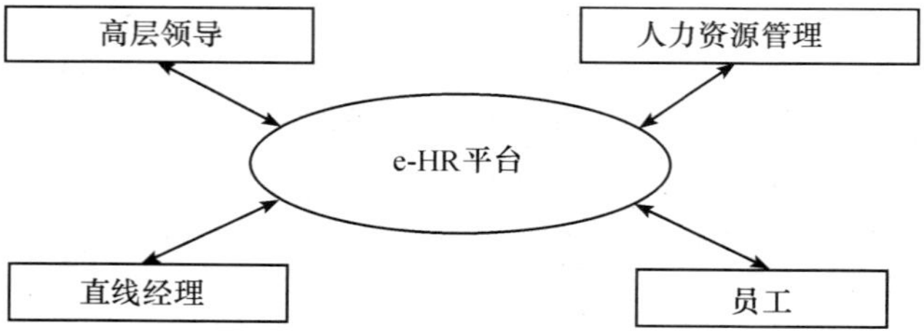

图 12—3　e-HR 资源共享

二、人力资源管理信息化的发展历程

人力资源管理信息技术的应用总体上可以分成四个主要阶段，分别是基础计算工具阶段、手工计算机化阶段、人力资源管理系统阶段、全面应用阶段。

（一）基础计算工具阶段

20 世纪 70 年代末，计算机技术进入了企业应用阶段，一些大型企业为了避免过多的烦琐计算和出错，利用计算机来代替手工计算工资。这个阶段基本上是人事部门内部的单项应用，通常集中在人事档案的查询、数据统计方面的工作，同时成为一种自动计算薪资的工具，但是只能实现薪资数据录入后的自

① 朱勇国．信息化人力资源管理．北京：中国劳动社会保障出版社，2006.

动计算，不能保留历史数据，完全没有报表生成和薪资数据分析功能。

（二）手工计算机化阶段

20 世纪 80 年代，随着人事工作定位的转变和企业内部信息技术应用程度和范围的变化，企业开始在薪资计算、招聘、培训等方面应用系统。但由于当时系统主要是由计算机人员研发，未能系统考虑人力资源管理的需求和理念，因而人力资源信息管理的覆盖面不够系统和全面。这时主要以薪资为核心，以计算机代替手工完成薪资的计算，同时衍生出对薪资报表、工资条等方面的功能需求。同时以面向外部的海量数据处理为核心，重点集中在招聘职能中对招聘信息的处理。企业使用系统完成应聘信息的初次过滤，同时衍生出了备选人才库、在线测试等方面的功能需求。

（三）人力资源管理系统阶段

20 世纪 90 年代初，人力资源管理系统出现革命性的变革。在该阶段人力资源管理从自身的职能完善和效益提升角度，进入了与信息技术应用的融合阶段。借助信息技术的优势和技术特点，人力资源管理在模式创新、效益发挥等方面都呈现出明显的优势。以人才测评、绩效评估和薪资激励制度为核心的新型人力资源管理模式得以确立。另外，人力资源理论的发展也使人们认识到人力资源在企业发展和企业竞争中的关键性作用，从而形成了人力资源管理系统阶段。

（四）全面应用阶段

21 世纪是经济全球化、资源高度共享、竞争更加激烈的时代，人力资源管理理念和管理手段都受到了时代浪潮的冲击，先进的管理技术和信息新技术的出现，为管理提供了强有力的推动和支持，使其进入全面应用阶段。此时，人力资源管理系统不再独立于企业的核心系统之外，形成了与财务、业务等系统的有机结合。人力资源管理人员摆脱了繁重的日常工作，集中精力从战略的角度来考虑企业人力资源规划和政策。系统从企业的人力资源规划开始，包含了全部人力资源管理的内容和所有信息，覆盖了所有现代人力资源管理的范畴。系统记载了员工从面试开始到离职的整个任职周期的所有人事信息，真正实现了对员工的企业全生命周期的管理。

三、e-HR的功能结构与层次性

一套好的e-HR系统，应该能够对人力资源管理的所有领域提供最佳的支持。这些领域涵盖了从政策制度管理、组织结构管理、人力资源规划、人员信息管理、人员变动管理、合同管理、时间管理、招聘管理、培训管理、绩效管理、薪酬管理、能力素质模型以及职业生涯管理的整个过程。同时，它还能够提供各种报表制作功能、查询统计功能、二次开发功能、审批流程、预警平台、手机短信、邮件系统等。另外，它还可以为非人力资源管理人员提供人力资源的自助服务，使人力资源管理生态链上的所有角色都从中受益。

由于不同的企业，人力资源管理的发展阶段不同，其人力资源管理工作的重心也不相同。根据这些e-HR也会表现出不同的层次结构。根据企业对信息的利用深度，将e-HR系统分成了三个不同的层次，分别称之为e-HR1、e-HR2、e-HR3。不同层次有不同的重点：e-HR1是通过网络技术将动态信息集中起来；e-HR2关注的是人力资源管理各模块的业务处理，主要为人力资源部门员工服务；e-HR3是运用定量分析，为企业高层领导提供战略决策。

e-HR1在动态信息集中上发挥重要作用。这是企业进行人力资源管理信息化建设的基础层，也是实施规划的第一阶段。在这个层次，企业将原来分散的人力资源信息集中起来，汇总到系统。实现组织信息、人员信息、薪酬福利信息的动态集中，可以通过报表形式呈现各种汇总结果。在这个阶段，系统让人力资源管理者摆脱了繁杂的事务性工作，使他们能集中宝贵时间处理更高层面的人力资源工作。

e-HR2在业务协同上发挥重要作用。这里有两种类型的协同：第一种是实现了人力资源部门与其他部门（如财务、生产、营销）的业务协同，使得各部门之间信息共享，发挥人力资源管理者业务合作伙伴的作用；第二种是人力资源内部各职能的协同，如人力资源规划、人事、招聘、培训、绩效、薪酬等职能模块的协同，使得人力资源内部工作高效运转。

e-HR3在决策支持上发挥重要作用。此阶段的主要服务对象为企业的高层领导，通过对企业经营指标、人力资源各种量化指标的分析，为企业经营管理决策提供依据，从而使高层领导制定正确的企业战略和人力资源战略，并促进企业整体战略目标的实现。如图12—4所示。

另外，系统内部的基础平台如审批流程、预警平台、查询引擎、邮件系统等是e-HR功能结构里最基础的平台。这三个层次不是彼此孤立的过程，而是

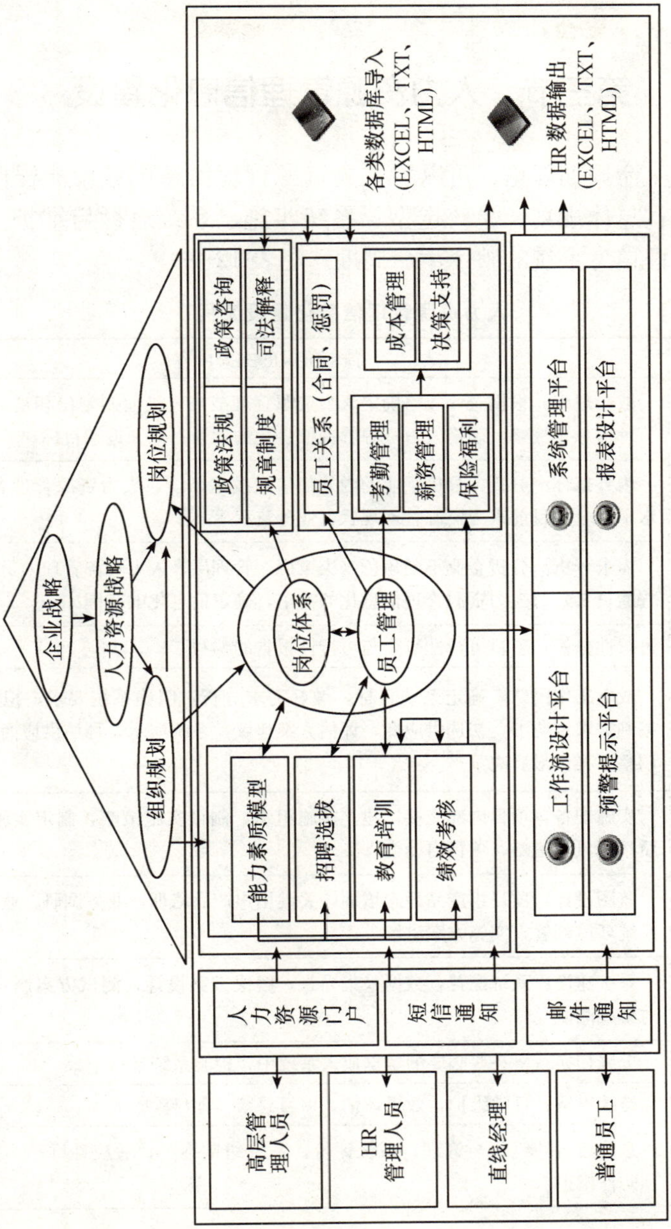

图 12—4　e-HR 功能结构图

一个循环渐进的过程，随着企业管理模式和发展阶段的不同，它们也有着不同的组合模式。

第三节　人力资源管理信息化建设

根据系统生命周期理论，可以将人力资源管理信息化建设流程概括为四个阶段，分别是：总体规划、系统选型、系统实施、系统运行与维护，它们贯穿于人力资源管理信息系统的整个生命周期，见表12—1。

表12—1　　人力资源管理信息化建设流程

名称	各个阶段的主要内容
总体规划	战略规划：根据企业战略确定人力资源管理战略，进而制定出相适应的人力资源管理信息化战略，确定人力资源管理信息化的远景目标和近期目标
	内外部环境分析：分析企业的内外部信息技术环境，人力资源管理者的信息操作水平，企业目前人力资源管理现状、业务流程等
	需求分析：分析企业不同角色（决策层、管理层、人力资源管理人员、业务经理、普通员工）对人力资源管理信息化的需求，确定信息化的范围
	可行性分析：项目可行性研究与可行性报告的编写
系统选型	成立工作团队，确定系统目标，做好需求分析，明确系统要求，拟订项目预算，编制需求说明书，初选供应商，评估方案建议，系统演示，拜访供应商与典型客户，调整方案，最后决策
系统实施	实施准备：项目内部交接，建立实施组织，制订实施策略，制定实施计划，制定质量与风险策略，项目启动会
	蓝图设计：项目组产品理念培训，关键用户产品培训，业务调研，业务梳理分析，系统环境部署，实施方案讲解
	系统建设：系统配置，数据采集导入，解决方案设计，测试方案制定，测试准备与集成测试
	上线切换：将一些必要的数据放入系统中，检验系统运行结果
	持续支持：日常维护，效果评估，项目总结，项目验收
系统运行与维护	系统运行的组织与管理，系统评价，系统纠错维护，适应性维护，完善性维护，预防性维护

一、总体规划

总体规划是根据企业的发展战略和经营目标，以及管理信息系统建设的客观规律，制定长远的、全面的规划。企业人力资源管理信息化总体规划有以下五个步骤[①]，如图 12—5 所示。

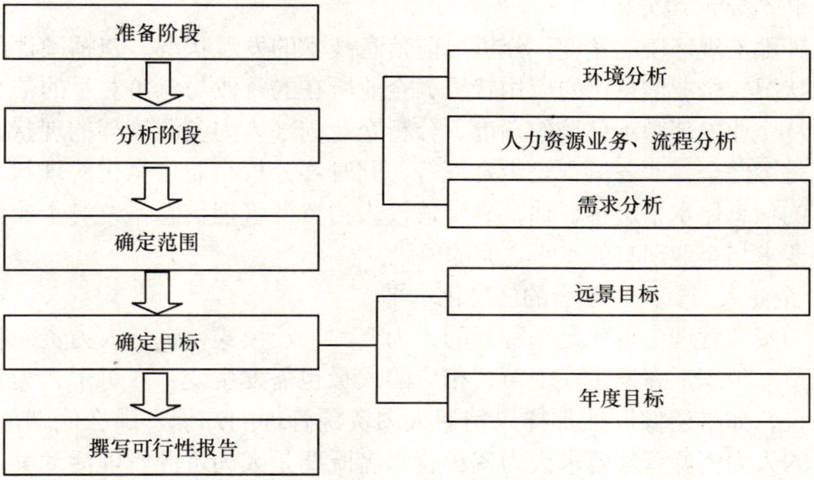

图 12—5　企业人力资源信息化总体规划步骤

（一）准备阶段

人力资源管理信息化总体规划实际上是对企业的发展战略、管理理念和企业文化的综合反映，必须用企业的发展战略和业务方向来左右人力资源管理信息化的方向，使公司内的各个部门特别是部门领导，都对人力资源管理信息化工作有一个清楚的认识，这样在以后的项目实施过程中，才能得到各部门的支持与帮助，促进项目的顺利进行。因此，在组建人力资源管理信息化队伍时至少应该包括所有职能部门和业务部门的代表。通常来讲，一个人力资源管理信息化项目的队伍主要包括以下几种群体：

（1）企业高层领导与实施方高层领导，他们主要负责项目规划与监督；

（2）人力资源部门与信息技术部门人员，其他职能部门与业务部门的代表，

---

① 朱勇国. 信息化人力资源管理. 北京：中国劳动社会保障出版社，2006. 91-188.

实施顾问与开发顾问等，他们主要负责项目具体执行；

（3）实施方咨询专家与第三方咨询机构，他们主要负责项目前期客户业务流程与管理问题的咨询改进。

（二）分析阶段

1. 内外部环境分析

从外部宏观环境的角度，分析目前信息技术的发展状况，包括硬件与软件的发展状况、企业信息化的应用状况、企业所在的行业与竞争对手的信息化状况等。从企业内部微观环境的角度，分析企业内部人力资源管理的现状，如政策制度是否健全，业务流程是否合理等，同时要分析企业信息化的现状，对企业现有的信息化水平进行评估，确定建设人力资源管理信息系统对企业信息化水平的要求与企业现有的水平之间的差距。

2. 企业人力资源管理者的信息化水平

人力资源管理信息化是一种新的人力资源管理模式，也是人力资源管理的一种变革。组织形态发生了变革，相应的人员也需发生变革。对于人力资源管理者来说，如果还像以往那样只精通人力资源管理的知识，那么他就落伍了。信息化的人力资源管理要求人力资源管理者既要是人力资源管理活动某项业务方面的专家，同时要求他对信息系统有全面的认识。

3. 需求分析

分析企业中不同的角色对人力资源管理信息化的需求，这些角色包括企业决策层、人力资源管理者、各部门业务经理及普通员工。

（三）确定系统实施的范围

根据人力资源管理信息化的要求，对企业组织机构、各部门间的业务关系进行充分的调研，明确 e-HR 系统需要涉及的机构和部门。然后分析各业务部门的职能，从中选出与系统要求直接相关的业务组，作为系统研究的范围。这个范围反映了最终系统的基本规模，同时决定了最终系统的边界。

（四）确定目标

企业人力资源管理信息化的总体目标，是对信息化建设最终实现的功能及其效果的总规划和总要求，它对系统开发具有方向性和指导性。在进行系统规划时，一定要明确企业人力资源管理信息化在企业中的功能，建设的背景、目的和要求。同时，要提出企业人力资源管理信息化建设的总任务、总方向，提出实现人力资源由成本中心向价值创造中心转变的主要对策。

（五）项目可行性分析

对于人力资源管理信息化建设项目的可行性，一般从经济可行性、技术可行性与社会可行性三个方面来考虑。可行性分析的内容，如图 12—6 所示。

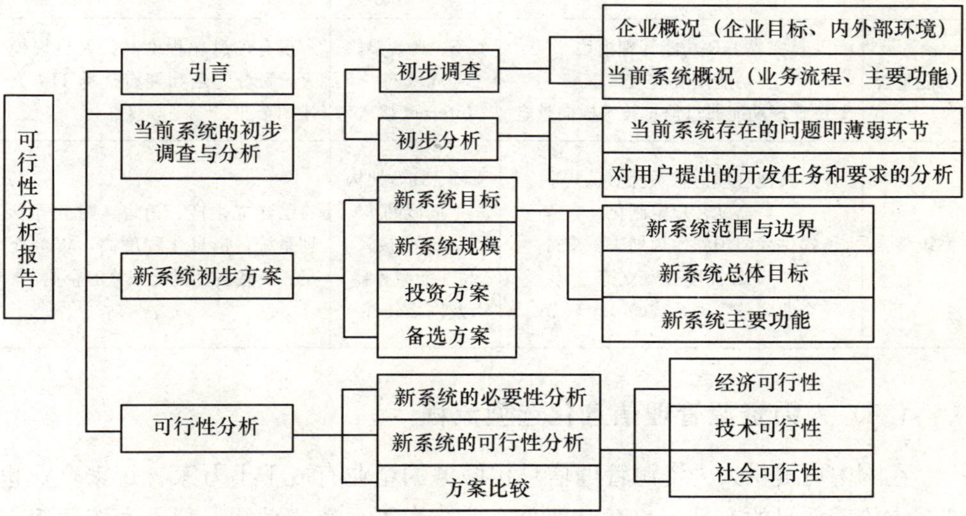

图 12—6　可行性分析报告主要内容

二、人力资源管理信息系统的选型

（一）人力资源管理信息化的类型

不同的企业，由于人员规模不同，组织结构不同，业务发展模式也不一样，因此它们的人力资源管理水平会大相径庭，在选择人力资源管理信息系统时，企业一定会根据自己的环境条件和实际的需要，选择适合自己的人力资源管理信息化方案。按照人力资源管理信息化的复杂程度，可将人力资源管理信息化分为四种类型，见表 12—2。

表 12—2　人力资源管理信息化的四种类型

类型	特征	技术需求	适合企业
资料库	档案管理电子化 HR 信息索引、查询 侧重 HR 管理职能的资料处理	单机 一般配置	现有信息化程度低、规模小或新成立的企业，资金、HR 人才不足的企业
独立功能	单个或多个 HR 管理功能模块 HR 作业流程处理大部分自动化	简单局域网 一般配置	现有信息化程度中等，人员达到一定规模，资金、HR 人才不足，HR 管理任务较重的企业
功能整合	完整 HR 功能管理模块 各功能模块信息共享 HR 管理功能通过信息技术横向整合	C/S、B/S 架构 局域网 Internet 接入	现有信息化程度高，人员规模大，资金充足和拥有优秀 HR 人才的企业
系统整合	与其他管理信息系统信息共享 高度客户定制化 提供战略预测、规划决策支持 HR 深度开发支持 企业完整管理系统的一个环节	C/S、B/S 架构 局域网 Internet 接入 高性能服务器 及网络硬件	已建立生产、销售、财务等管理系统，信息化程度高，资金充足、具备各类优秀人才的企业

（二）人力资源管理信息化选型流程

在国内可提供人力资源管理信息化服务的企业有成千上万家，每家企业也都在宣传着自己的产品，甚至有部分企业夸大了系统的功能，把人力资源管理系统说得“无所不能”。但作为客户，在对供应商及其产品没有作出充分的调研之前，绝对不能轻易作出决策，而是应当采用科学的选型方法，对其进行评估之后，再作出抉择。在寻找合适的 e-HR 解决方案过程中，企业应该遵循规范的选型流程，这不仅能帮助企业避免各种“陷阱”，有效规避风险，还能大大缩短选型周期，降低成本。

一般来说，对于人力资源管理信息系统的选型，大致经过以下几个步骤，如图 12—7 所示。

（1）成立工作团队

根据项目的大小成立由 5～8 人组成的选型项目小组。小组成员除了人力资源部门的关键人员及 IT 部门的技术人员之外，还应包括企业的中高层领导，负责审批预算，参与合同谈判。

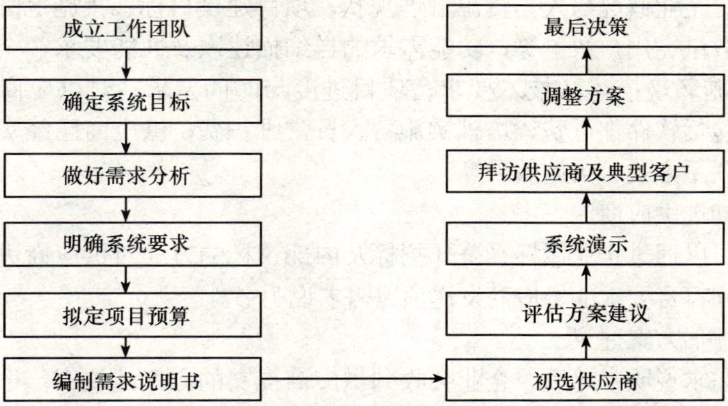

图 12—7　人力资源信息系统选型步骤

(2) 确定系统目标

在选型项目开始前，先要制定系统目标，编写目标说明书。说明书中应该包括这些内容：e-HR 系统给企业带来什么成效，人力资源部门的 IT 战略是什么，企业希望通过 e-HR 系统改变什么业务流程，系统如何对人力资源业务需求提供全面的支持。

如果在一开始就没有设立一套合理的项目目标，就很有可能导致企业在评估中的错误，最后选择了不适合的产品。

(3) 做好需求分析

需求分析主要是回答 e-HR 系统为企业提供什么功能，为什么需要这些功能，以及这些功能是否能以可以接受的代价来实现等问题。

(4) 明确系统要求

系统要求主要包括对硬件与软件的要求。例如企业的组织结构与业务流程是否合理，是否具有先进的人力资源管理理念和企业文化，岗位级别是否清晰，系统需要的技术环境是否具备等。如果企业的现实条件与系统的要求差距比较大，首先应该把精力放在改善管理基础环境的工作中。

(5) 拟定项目预算

预算主要包括三部分：软件系统费用、实施费用以及相应的运行环境建设费用。

(6) 编制需求说明书

需求说明书主要是把企业基本情况和对系统的要求告知供应商，主要包含以下内容：企业概况与人力资源管理现状；项目建设目标、实施范围、需要支持的员工数量、用户数量等；功能需求的详细描述以及性能要求；企业现有的IT基础设施环境描述和技术要求；项目进度与时间要求；对供应商价格的要求，主要包括软件许可费、培训实施费、日常维护费；供应商已经实施过的企业名单、联系方式、实施效果等。

（7）初选供应商

企业可以通过企业邀标、公开招标及内部议标的方式对供应商进行初次筛选，然后向符合要求的供应商发送项目需求说明书。

（8）评估方案建议

发送需求说明书之后，企业会收到供应商提交的方案建议书。选型项目组的成员应该与专家一起对供应商的方案进行评估。

（9）系统演示

系统演示为企业和供应商创造了面对面的交流机会，企业可以在演示中针对本企业的人力资源管理业务现状进行提问，提出一些具体的人力资源管理业务场景，如人员入职、调动、薪资调整、合同变更等，检验系统的适用性。

（10）拜访供应商及典型客户

通过实地考察对供应商的经营状况和实力做进一步的了解；通过对典型客户特别是同行业的典型客户的拜访，来判断供应商系统的功能是否满足或接近自己的需要，实施效果是否与预期接近。

（11）调整方案

通过与供应商及客户的现场沟通，对需求说明书再次进行补充与调整，并要求供应商对需求方案的调整进行答复和确认。

（12）最后决策

对供应商及其客户的拜访结束后，项目组做最后的决策，确定供应商的最佳选择。

三、系统实施

当前期的总体规划和系统选型完成之后，接下来便是项目的实施过程。这个过程是根据企业的人力资源管理业务需求，制订相对应的解决方案，帮助企业成功地应用人力资源管理信息系统来提升管理效率。系统实施过程是整个信息化建设流程中最关键的一步，实施结果的好坏直接关系着公司战略目标的实现。根据国内外人力资源管理软件供应商的成功实施案例及最佳业务实践，实施流程可以分为五个步骤[①]，如图 12—8 所示。

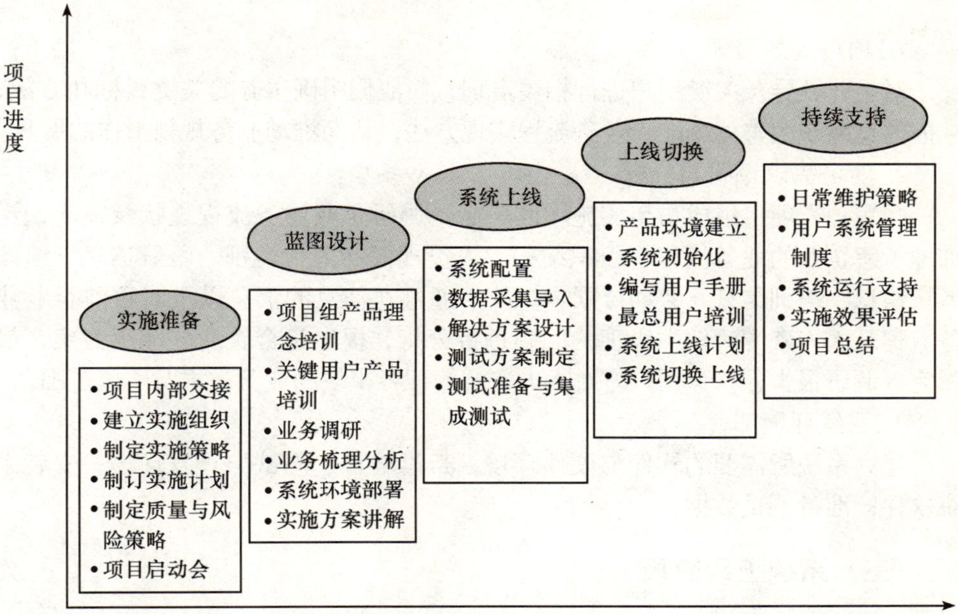

图 12—8　系统实施五步法

（一）实施准备阶段

1. 建立实施组织

项目双方共同建立高效的项目领导机构和实施机构，成立联合项目小组，并明确项目组各成员的职责与权力。

2. 制定实施策略

双方人员沟通，确定总体项目实施策略，明确项目范围。同时，双方人员需要设立项目沟通交流机制，定义项目的文档管理规范、系统管理及权限设定策略，制定项目质量管理与风险控制策略。

3. 制订实施主计划

在充分考虑项目预算、资源分配等方面的基础上制订项目的总体计划，作为指导项目实施的行动指南。

---

① 谢伟. 我国企业人力资源管理信息化相关问题研究. 北京：首都经济贸易大学硕士论文.

（二）蓝图设计阶段

1. 项目规划培训

对企业领导及关键用户进行相关培训，使他们明确实施的关键目标和方法，掌握信息系统的整体功能、业务流程实现方法，从而推动业务规划工作的展开。

2. 业务需求调研与分析

由用户方项目组成员与实施顾问一起，调研企业业务流程现状及需求，详细地了解企业的业务流程、组织结构、人员规模、人员类别、薪酬信息、绩效考核信息、培训信息、劳动合同信息等。通过对信息的汇总以及对目前企业业务流程及人力资源管理中出现的问题进行分析，提出符合企业的解决方案，最后完善调研报告，确认用户方对人力资源管理各模块的业务需求及实施范围。

3. 系统环境部署

建立系统所需要的软件与硬件环境，架设培训、测试与开发环境；安装系统软件，准备测试数据。

（三）系统上线阶段

1. 系统配置

完成企业基础参数的设定，为上线系统环境设定做好准备工作。

2. 数据采集与导入

此阶段是实施过程中最为关键的一步，由实施顾问指导，用户方项目成员提供企业的基础数据。主要包括：单位情况信息（如单位名称、公司性质、行业）、部门信息（如部门编码、部门名称、上级部门等）、岗位信息、员工个人信息、员工工作情况、员工履历信息、员工学历信息、员工合同信息、员工奖惩信息、员工教育培训信息、绩效考核信息等。这些数据采集完成后，按照固定的数据格式集中导入系统之中，为上线打好基础。需要注意的是，此阶段导入的数据是一般按照企业的业务原型导入的虚拟数据，而不是企业的真实数据。因为部分企业对于关键人员的信息以及薪酬等信息是保密的，即使是实施顾问，也没有权限知道。

3. 制订测试方案

准备测试与集成测试。制订测试计划，规划测试内容及测试流程，使项目组成员熟悉所负责的模块各流程设定与操作，完成第一次集成测试。

（四）上线切换阶段

1. 产品环境建立与系统初始化

在此阶段，由实施顾问辅助用户方项目组成员将企业的真实数据导入系统，重新安装系统环境并设定上线系统所定义的执行程序和参数，准备备份与恢复程序。

2. 编写用户手册

根据企业的职能分工制定使用者权限。

3. 最终用户培训

由实施顾问对人力资源各模块的负责人进行最终的培训，编写用户操作手册。

4. 系统上线

对系统进行最后的检查与调整，解决上线前出现的争议；对上线的资料进行正确的最后检验，确保系统正常运转。

（五）持续支持阶段

1. 日常维护策略

对于系统上线后的日常问题进行分析处理，及时解决问题，做好问题日志以及纠正整改措施，以及用户使用效果。

2. 实施效果评估

系统正式上线后，定期进行上线前与上线后的对比，评估系统的应用效果，如信息是否达到共享，人力资源体系中各项职能之间是否建立了信息交换的有效逻辑关系，这种关系在业务流程中是如何体现的，企业的各项业务流程是否优化等[①]。

3. 项目总结

对项目实施过程中涉及的资料进行整理，按照类别进行编码；由实施顾问对企业方项目组成员进行培训，完成知识与技术的转移。

四、系统运行与维护

很多企业认为人力资源管理信息系统成功上线之后，整个项目就大功告成

---

① 洪攻. 人力资源信息化管理. 北京：中国发展出版社，2006. 26，177-196.

可以享用系统的成果了。这是一种错误的认识。系统成功上线只是企业信息化的开端，上线后，会有一个逐步适应的过程，在系统上线初期，会出现种种问题，如关键用户使用不习惯、流程变更导致操作困难、数据出错、系统软件的升级，等等。

因此，在 e-HR 系统上线之后，制定各项管理制度，保障系统正常的运行和效益的发挥也是一项重要的工作。系统维护包括对应用系统的维护、数据的维护、代码的维护、文档的维护、硬件设备的维护等。可以从三个方面着手对系统进行维护：

第一，建立有效检查、沟通和培训机制，确保系统的设置能符合企业相关政策的变化，满足不同用户的要求。

第二，定期对系统进行清理和备份，清理掉无用的数据，提高运行效率。

第三，建立运行日志档案，有效地记载系统运行中出现的问题，在未来的使用中可以避免重复出现错误；定期更新系统设置说明以及用户文档，帮助新用户更好地理解系统要求，熟悉操作流程与方法，规避风险，提高系统的可用性以及用户对系统的信心。

五、企业人力资源管理系统模块功能

人力资源管理系统包括人事日常事务、薪酬、招聘、培训、考核以及人力资源的管理，也指组织或社会团体运用系统学理论方法，对企业的人力资源管理方方面面进行分析、规划、实施、调整，提高企业人力资源管理水平，使人力资源更有效地服务于组织或团体目标。主要功能模块及其功能介绍如下：

（一）职务职能管理

支持多种组织结构设计模式，灵活设置各级组织机构、机构间上下级关系；可输出不同级别、不同范围的组织结构图；支持虚拟组织（长期或临时性项目团队等）设置，灵活制定虚拟组织人员和分配角色；可按不同级别的组织实现编制控制，支持建立长期的编制年度控制规划；建立后备人才管理和维护数据库，为组织管理队伍和核心人员队伍的建立提供依据；实现职位现任人员和曾任人员的对比分析，进行组织内部各层次及各职位任职情况分析；支持对组织人员的职称体系的管理；提供岗位合并功能。

（二）人员信息管理

提供对在职员工、解聘员工、离退员工的档案管理和报表输出功能；可根据组织实际需要，从符合人事信息指标代码标准管理指标集、管理指标项等众多信息字段中选择，自定义员工档案结构，记录所有员工的基本信息或个性化信息；实现跟踪记录员工从进入组织到离职全过程的历史记录，包括职位变动、奖惩情况、学习经历、工作经历、培训经历等；提供对晋升、降职、辞职、辞退、退休、下岗等人事变动的申请、审批管理。

可按时间、部门等进行查询统计，并可输出个人资料单项、综合列表，为人员优化配置提供依据；灵活定义多种员工信息卡片和员工花名册样式，实现输出形式的个性化和多样化；既可对在职、解聘、离退等各类员工进行年龄、学历结构等简单统计分析，又可对员工基本情况、员工变动、考核、履历等范围进行自定义的统计分析，实现结构和信息的多方位掌控。

（三）员工调配离职管理

人员调配管理模块，可灵活定义人员调配类型；灵活设置人员调配手续办理流程，详细记录人员调配信息记录调配、转岗位原因并进行统计分析；提供转岗员工详细的资源使用清单、财务处理清单、工作交接清单以及培训情况清单；下岗员工管理，包括再就业培训计划，社区安置计划等。

可灵活定义离职类型；灵活设置离职手续办理流程，详细记录离职信息；记录离职原因，便于统计分析，为企业管理尤其是HR管理提供绩效改进的诊断依据；提供离职员工详细的资源使用清单、财务处理清单、工作交接清单以及培训情况清单；离职时，员工的公司资源占用情况将以清单形式告知相关人员，并同时自动提示相关模块中止其管理业务，如相关月份的考勤和薪资等，离职员工个人档案信息可从在职人员库转入离职人员库。

（四）劳动合同管理

建立劳动合同及岗位协议、保密协议、培训协议模板，确定各类合同的基本属性及内容；各类合同的签订管理，记录签订情况并对合同的变更、续签进行跟踪管理；记录员工解除或终止合同的情况；试用期到期、劳动合同到期自动提醒，提前天数自动定义；解除劳动合同经济补偿金及违约金的计算；提供各种劳动合同文书并可随意增删、打印；可批量打印一批员工的各类合同；提供合同台账管理，随合同情况变化自动更新，便于查询统计合同签订总体状况。

（五）制度政策管理

提供国家相关劳动人事法律法规、政策制度资料库；资料库具备可扩充性，可动态添加国家、地方出台的相关的政策法规；强大的检索查询功能，可选择浏览多个查询结果窗口，实现多文档同时检索，可打印输出；管理组织内部劳动人事规章制度，提供内部制度和文书批转管理。

（六）薪资管理

支持对岗位工资、结构工资、绩效工资等多种模式的管理；支持个人所得税的代扣代缴，支持工资的多次或分次发放；工资发放支持银行代发，提供代发数据的输出功能，同时也支持现金发放，提供分钱清单功能；可以设置并计算由于年假、事假、病假、婚假、丧假等带薪假期以及迟到、早退、旷工等形成的对薪资的扣减；存储完整的历史信息供查询和生成报表；通过动态会计平台，与财务系统的总账连接，直接生成总账凭证，生成项目数据过入到项目成本系统。

可进行多级薪资标准设置，实现网上工资定级、调整的申请、审批．自动实现工资核算及计算社会保险等代扣代缴项目，工会会费等经费计提的内容和计提的比率可以进行设置。

（七）保险福利管理

自定义福利类型，设置福利提取条件，通过定义不同的福利和保险类别，支持对各种福利、保险进行管理和提取；支持福利定期提取、福利的补缴、转入转出等；提供向相关管理企业报送相关报表，及提供相应的统计分析的功能；系统提供通过动态会计平台，与财务系统的总账连接，直接生成总账凭证，生成项目数据过入到项目成本系统。利用不同的福利类别，可以支持不同部门间、同一组织内不同人员间适用不同的福利政策。

（八）休假管理

可以自定义休假类别，例如年假、事假、病假、探亲假、工休假等；可以灵活设定组织规定的休假制度（假期规则）；员工享有的假期天数，可以根据多个因素由系统自动计算；针对不同的员工可以设定不同的休假计划，并对所有休假情况进行记录；提供休假到期预警功能，同时提供销假的处理。对员工休假情况进行统计，员工各类假期的已休假期及余数可以随时进行查询。

（九）绩效管理

系统支持人员个人述职，员工对领导、其他同事的民主评议等多种评估方式；支持对员工的专项考核；绩效评估标准可实现多级细化，使考核人准确定位工作绩效；预置月、季、年三种考核周期，支持设置多种绩效评估方案，能够对不同岗位采取不同的评估方案；实现以360°考核为基础的考核模式，考评人员涵盖上下级、同事、内外部相关人员等，可针对岗位灵活选取考评人员；系统提供员工对比分析、指标对比分析、部门对比分析、个人历史对比分析等多种统计方式。

（十）培训管理

可对培训机构、培训教师、培训场地、培训资料等资源进行系统管理和评估，时时更新评估信息；支持拟定培训活动理论体系，确保培训活动的系统性；可依照季度、年度采集培训需求，并进行培训需求的对比分析；支持研讨会、课堂讲授等多种类型的外训，以及公司内训；能够编制公司和部门培训计划，涵盖培训目标、费用预算、培训方式、参加人员、时间等多项内容；实现对培训项目、培训活动的申请和审批、评估培训结果等进行全过程监控；全面记录员工培训参加情况、培训成绩、培训时间等相关员工培训档案；提供对培训情况的多条件查询和统计分析，支持生成员工、部门、培训项目等多种报表。

系统可根据岗位设置、绩效管理、部门和员工提出的培训建议和要求进行培训规划。

（十一）考勤勤务管理

支持机器考勤和手工考勤两种方式；灵活定义考勤开始和结束时间、考勤记录规则、休假规则、考勤日历，体现组织特点；多种班次定义方式，提供夜班和跨天设置，可按部门或岗位生成工作日历；灵活设置倒班和节假日加班、值班类型，自定义各种请假种类和假期计量单位，并与薪资管理系统对接。

提供多种考勤日报、月报、年报以及员工休假报表，可按员工或部门统计出勤、迟到、早退、请假、休假、加班等数据。

（十二）自助服务模块

一般职员可在网上查询和维护个人基本信息；查询本人在各个期间考勤、薪资、福利的缴交和支取信息；查询公司政策、规章制度、招聘信息、培训信息；网上填写个人工作总结或述职报告、培训需求调查表；作为评估人时，填写评议量表，确认对员工本人的考核报告；网上填写调班、加班、休假、公出、离职等各种申请。

中层管理者经过授权可查询部门员工花名册、部门考勤情况、部门任职信息，进行部门员工统计分析、任职情况分析；进行继任人选维护、调配工作交接，采集部门培训需求、编写部门培训规划、申请培训活动；经过授权可更改员工考勤信息，在线管理和评估员工绩效；审批员工或下级部门的各种申请，向上级部门提交各种申请。

高层领导可自主查询组织内部人力资源的信息；进入各个模块，生成各类人力资源统计分析图表；按照预定审批流程，进行网上事务审批；在条件允许的情况下（企业业务管理系统、财务系统的基础数据比较完善，并与 e-HR 平台集成起来），能够获得各种辅助进行决策的人力资源经营指标。

六、人力资源管理系统供应商的选择

在国内，e-HR 厂商有上百家：以 SAP、Oracle 等为代表的欧美公司，它们的产品具有多元化，占据着高端市场；以施特伟、Geniusteck 智科为代表的专业人力资源软件公司；以用友、金蝶和东软为代表的内资产品多元化公司；另外还有以北京朗新、世纪宏景、北京万古、北京金益康为代表的内资专业人力资源软件公司。这些不同的供应商都在同时瓜分中国这块大的蛋糕，形成了一种良莠不齐的市场格局。

以 SAP、甲骨文为代表的国际软件巨头由于有大量成功的案例、成熟的市场模式及最佳的业务实践，因此可以快速地复制业务模式。但是由于中国是一个有着几千年传统文化的国家，从这样的文化环境中成长起来的企业，也有独特的企业文化，而外资软件供应商由于缺乏对中国企业文化深层次的理解，因此往往会“开错药”。而国内的软件供应商由于缺乏成熟的业务模式和最佳业务实践，往往只是照搬国外先进企业的模式，采取“摸着石头过河”的方式，夸大自己产品的功能和作用，给客户一种假象，因此，也不是“对症下药”。即使是同一层次的不同厂商，在产品理念与技术手段方面，也是千差万别。

这样一来，一方面造成市场混乱，标准不一，使得有一部分软件供应商过度夸大产品功能，催生了更多不正当竞争行为；另一方面使企业在选择供应商时常常不知所措，踌躇不前。行业的无序将对 e-HR 的发展和推广产生极大的负面影响，对于企业的人力资源管理信息化建设也有阻碍作用。

因此选型过程中需要对供应商进行评估，主要可以从 4 个角度考虑：第一，供应商的经营状况；第二，供应商的开发实力，包括对于管理资源和技术资源获取和应用的实力；第三，供应商的咨询及实施团队的水平；第四，供应商的售后服务能力，包括技术支持、系统维护和系统改进、升级等。

七、企业人力资源管理信息化实现方法的选择

企业人力资源管理信息化的实现方法主要有四种途径：自主开发、委托开发、合作开发、购置产品。

（一）自主开发

自主开发是由企业信息部门根据自身人力资源管理的特点，自己进行研制、开发人力资源管理信息系统。其优点是自行开发软件成本低，上级单位一次开发，基层单位可以多次利用，还可以满足自己单位的个性化需求。但是，实践证明由于人力资源管理人员和软件开发人员的行业壁垒很难打破。人力资源管理人员很少有懂软件开发的，软件开发人员又往往专攻技术，对现代人力资源管理软件缺乏深入系统的认识，所以自行开发的软件往往难以成功。

（二）委托开发

委托开发是企业将开发人力资源管理信息系统的工作委托给某一家软件开发公司，软件开发公司则针对该企业的特点开展系统的开发工作。委托开发具有很强的针对性，是一种个性化的设计与开发。但该种方法开发周期较长、费用较高。

（三）合作开发

合作开发是由企业与专业的软件开发公司合作进行的开发工作。企业派出了解自身人力资源状况的人员将本企业的需求与软件开发商不断沟通，并且企业派出的人员也参与到软件开发的过程中，此种方法有利于提高软件开发前期需求调查的准确性，更有利于软件在企业使用初期培训工作的顺利进行。

（四）购置产品

购置产品就是企业从软件开发商处购买通用型产品。通用型产品就是不分行业，什么行业都可采用的软件产品。这样的产品限制了行业的专业性，往往无法满足不同企业的特殊需求。由于企业人才发展战略的环境条件及其内容多种多样、千变万化，不可能用一种固定的系统即可解决所有存在的问题。

上述四种人力资源管理信息化实现的途径都有其自身的优点和不足，企业在选择时应充分考虑自身的特点和实际需要。

八、企业人力资源管理信息化建设注意事项

企业在进行 e-HR 建设时，需要重点关注以下 9 个关键问题①：

（一）确定企业是否需要引入 e-HR

迄今为止，信息化项目仍然是高风险的投资项目，企业应根据自身经营发展状况，分析企业当前人力资源业务特点、管理水平和战略规划，并充分考虑信息化风险因素，如时间、预算、目标的变化，组织和人员对变革的接受能力等，对引入 e-HR 进行一个全面、客观而充分的评估，确定目前是否是引进 e-HR 的恰当时机，确定是引进基本人事信息管理软件还是通用人力资源管理程序或是全面人力资源管理系统。

（二）获得企业高层决策人员和各部门的支持

成功实施 e-HR 有赖于企业高层决策人员的高度重视。e-HR 建设涉及企业的信息管理、人力资源、企业管理等多个部门，且项目投入往往是长期的，其效益短期内无法体现，企业各级领导支持与否、支持的力度如何将直接影响项目的进程和结果，没有高层决策人员的强力支持，没有各部门的通力合作，e-HR 建设是不可能顺利进行的。

（三）明确企业 e-HR 的实施策略

企业在制定 e-HR 的实施策略时，应遵循“整体规划、分步实施、循序渐进、化解风险”的原则，不能盲目追求系统一步到位，功能贪大求全，脱离人

① 杨刚，成功构建 e-HR 系统的九个关键．中国管理信息化，2009（14）．

力资源管理的现实需求，从而造成投资成本加大、实施周期延长，未来不确定因素增加的被动局面。e-HR 的实施可分为以下三个步骤：

第一，提高人力资源管理的工作效率，包括机构管理、人事管理、薪酬福利管理和时间管理等，这几部分工作往往占用管理者大量的时间和精力，手工操作不仅效率低，且容易出错。因此，e-HR 首先要解决的是工作效率的问题。

第二，规范人力资源管理的业务流程，包括招聘管理、绩效管理、培训管理和员工能力管理等，在相关工作职能划分清楚的基础上，将具体业务流程整合至 e-HR 中。

第三，构建战略人力资源开发与管理体系，包括人力资源规划、职业生涯规划、人力资源成本评估和人力资源战略决策等，促进人力资源管理向高层次迈进。

（四）整合企业在用信息系统

企业在实施 e-HR 前，可能已建立了多个针对不同业务流程的应用软件或信息系统，若没有进行有效整合，企业内部往往会形成一个个信息孤岛，使数据信息不能相互调用和联动，降低了数据的综合利用效率和程度。实施 e-HR 为整合信息孤岛创造了良好的契机，企业可对不同信息系统进行有效整合或建立数据信息链接接口，实现信息共享、资源配置优化和协同工作，满足相关管理工作的统计、分析和决策需要。

（五）建立系统的、稳定的人力资源管理体系

人力资源管理信息化系统的每一步操作都是按照固定的流程来进行的，如果企业的人力资源管理基础不扎实，业务操作不规范，管理流程混乱，信息集成度不高，那么实施出来的 e-HR 系统也只能是一团乱麻，在操作中势必会出现混乱的局面。因此，实施人力资源管理信息化的前提是建立和完善人力资源管理体系，包括管理制度、业务流程、操作规范等。

高层领导的支持与参与，其他部门的支持，全体员工的支持，这些都是人力资源管理信息化过程中容易忽略的地方。而 e-HR 建设是一项重大的变革，会对企业的方方面面带来改变，外部环境、组织结构、人员安置、权力划分等，任何一个环节的不协作都会阻碍人力资源管理信息化的进程。所以，在实施 e-HR 项目前，就要动员所有部门全体员工，告知协作的重要性，并建立相关的制度，约束不同部门之间的协作。

（六）加强人员培训

信息化改变了人力资源管理者的工作方式，同时对其素质有了更高的要求，不仅要求他们能处理事务性的工作和职能工作，更需要开展一些具有战略意义的工作，如人力资源的量化分析、人工成本分析等。这就要求他们改变以前的工作习惯，重新定位自己的角色。一方面，要加强对系统的操作培训；另一方面，要学习相关的 IT 知识，提高 IT 应用能力，从而能真正地理解和消化人力资源管理信息化系统的本质，真正地通过系统为企业带来价值。

（七）确保基础数据的规范、完整和准确

基础数据的准备极为重要，特别是对于大中型企业，员工人数多、各类情况比较复杂，再加上组织机构庞大，这些都会给数据采集带来很大困难。比如，员工不能准确填写自己的基础信息，基层单位不能及时地收集、审查、录入基础数据。特别是关键信息的审核，如出生日期、岗位等，需要基层单位进行严格的审查。

在基础数据准备中，另外一个基础数据来源为数据迁移，若企业原有各系统信息体系不统一、原有基础数据维护不及时，将会造成数据迁移接口程序不统一、迁移数据不准确的结果，整个数据迁移工作劳民伤财，费力不讨好。因此，基础数据准备工作需要企业的业务人员、技术人员以及各级领导积极投入、大力支持和配合，要从上到下设立各级领导对数据准确性的责任制，保证进入 e-HR 系统的基础数据规范、完整和准确。

（八）应对变革阻力和实施后暂时的低潮表现

企业发展过程中的变革往往都会面对各种不同的阻力，大部分 e-HR 对企业的人力资源管理不仅仅是技术转型，更大程度上是改变企业的管理思路、工作方式以及业务流程。因此，e-HR 实施后随之而来的变革阻力和适应期是不可避免的，甚至那些在实施阶段非常顺利的项目。也无法避免新系统启动后的适应期。因此，企业必须充分认识到项目投用最初的这段适应期，通过必要的试点试用、内部培训和风险分析等手段，减少这种情况发生的可能性。

（九）强调系统“投用”不能作为项目建设的终点

e-HR 建设绝不仅仅是一个简单的项目，“投用”不是终点，也不能代表万

事大吉，而是一个新的开始。人力资源管理本身就是管理需求在前、功能实现在后，这都要求 e-HR 系统在投入运行后进行定期分析评估和改进升级以适应新的业务管理需求。同时，应保留 e-HR 系统实施团队的主要成员，包括业务人员和技术人员，保障 e-HR 系统日常安全、稳定和高效的运行，并及时处理出现的问题。

九、云计算对人力资源管理信息化建设的影响

云计算已成为当今信息技术领域中最重要的新概念，被称为继大型计算机、个人计算机、互联网之后的第 4 次 IT 产业革命，正在成为未来互联网和移动互联网结合的一种新兴的计算模式。它的核心价值在于提供了新的应用开发和运营模式，是下一代互联网、物联网和移动互联网的基础，全球信息领域的主要厂商都在围绕云计算重新布局。目前，国内的用友、金蝶等大的 ERP 管理软件提供商都在尝试采用云计算技术对其商业模式进行变革，这必将影响企业人力资源管理信息化建设。

（一）云计算的定义

云计算（Cloud Computing）是一种新兴的商业计算模型，他将计算任务分布在大量计算机构成的资源池上，使各种应用系统能够根据需求获取计算能力、存储空间和各种软件服务。

云是一些可以自我维护和管理的虚拟计算资源，通常为一些大型服务器集群，包括计算服务器，存储服务器，宽带资源等。云计算将所有的计算资源集中起来，并由软件实现自动管理，无需人为参与。这使得应用服务提供者无需关注烦琐的细节，能够更加专注于自己的业务，有利于创新和降低成本。

（二）云计算的层次划分

根据实现的具体服务不同，云计算的应用可以被划分为三个层次[①]。

1. 基础架构即服务

基础架构即服务（Infrastructure as a Service，IaaS）指的是以服务形式提供服务器、存储和网络硬件。

2. 平台即服务

---

① wikipedia. Clound Computing.

平台即服务（Platform as a Service，PaaS）指的是以服务形式提供给开发人员应用程序开发及部署平台，让他们可利用此平台来开发、部署和管理 SaaS 应用程序。这种平台一般包含数据库、中间件及开发工具，所有都以服务形式通过互联网提供。

3. 软件即服务

软件即服务（Software as a Service，SaaS）指的是通过浏览器，以服务形式提供给用户应用程序。有些是由公有云提供商提供的商用 SaaS 应用，有的则是企业私有云提供商提供的商用及订制的 SaaS 应用。

在以上的三个层次中，IaaS 降低了服务器、计算和存储资源的获取门槛，PaaS 降低了开发者部署和维护应用的门槛，SaaS 则降低了用户使用软件的门槛。IaaS 改变了传统的计算和存储能力的提供模式，PaaS 和 SaaS 颠覆了传统的软件开发、使用和提供的模式，它们改变了人民获得 IT 资源的方式，将对未来 IT 产业的格局产生重大影响。需要指出的是，这三个层次的划分主要是概念上的区别，具体的云服务可能同时具有两个层次的特点，人力资源管理软件大致属于 SaaS 层。

（三）基于 SaaS 的人力资源管理系统

各大人力资源管理软件提供商都在考虑如何利用 SaaS 改变原有商业模式，为企业提供基于 SaaS 的人力资源管理系统。SaaS 是云计算中最顶层的运用，SaaS 提供商为企业搭建人力资源管理信息化所需的所有网络基础设施及软硬件运作平台，并负责所有前期的实施、后期的维护等一系列服务，企业无需购买软硬件、建设机房、招聘 IT 人员，即可通过互联网使用信息系统。就像打开自来水龙头就能用水一样，企业根据实际需要，从 SaaS 提供商租赁软件服务。

此模式下，人力资源管理软件被以服务的形式开放在互联网上面，软件提供商将应用软件统一部署在自己的服务器上，企业无需购买软件，也不需要购买部署软件所需的相应的软硬件资源，客户只需要根据实际需求，通过互联网向人力资源管理软件提供者订购所需的人力资源管理软件服务。按照订购服务的种类、用户数量和租用时间向人力资源管理软件提供者支付费用，而人力资源管理软件提供者通过互联网向企业提供服务支持。

（四）基于 SaaS 的人力资源系统的业务特征

从运行模式的角度考虑，最初阶段，人力资源系统按需实现，SaaS 服务提供商可能为每个目标客户公司提供独立的一套代码和数据库；其后，考虑到维护成本，系统提供商实现基础的平台，并为每个目标客户公司实现针对性的扩展版本。早期阶段，这两种模式甚至要求为每个客户投资自己的实际硬件环境。在 SaaS 服务及成熟度模型的概念提出之后，这两种模式由 SaaS 服务提供商统一维护硬件运行环境，实际上实现了 SaaS 成熟度模型的第一级和第二级。[①]

然而，对于人力资源系统来说，引入 SaaS 的真正意义在于实现其成熟度模型的第三级或第四级。在第四级中，SaaS 服务提供商在负载均衡服务器群上为不同客户提供服务，运行的是相同的实例，不同客户的数据保持一定的隔离性；同时，还为客户提供自定义的功能，进行服务的配置。这种成熟度级别下的 SaaS 应用可以轻松扩展而不必改动其架构设计。这也是基于 SaaS 的人力资源系统优化资源，降低维护成本的主要途径。

一套典型的基于 SaaS 的人力资源系统应当具备如下这些特征[②]：

1. 设计良好的基础平台

各独立模块可在该平台上方便地整合及维护良好的基础平台，有利于约束各独立模块快速实现。同时基础平台还可为模块及模块内的细粒度定制提供保障。

2. 模块间有规范且低耦合的数据共享与调用模式

各模块间功能上相互独立，但数据可以共享，且某些情况下，模块间也有标准的调用模式。这使得整个系统从整体上观察并不是简单模块的堆砌，而是一个完整的基于大规模网络的应用系统。

3. 适应不同业务需求的多样化

UI 交互界面各模块间业务主体的差异性必然带来界面和操作的差异性。但这种差异性需要统一的风格和标准进行约束，同时也需要基础平台提供统一的交互支持。

4. 不同公司用户数据的安全隔离以及运行实例的透明化

第四级成熟度模型的关键在于维护一套实例的同时，提供不同内容的服务，这就要求不同公司的用户数据在任何情况下不能有交叉。实例透明化即指客户完全感觉这是一套针对自己的独立系统，而非共享模式下的通用系统。

5. 方便灵活的细粒度按需定制

---

① http：//en. wikipedia. org/wiki/Software _ as _ a _ Service.

② 李由. 基于 SaaS 的人力资源管理系统表现层框架研究与实现. 上海交通大学硕士论文。

除模块本身的特性定制外，还可以定制模块中的数据内容，这同样基于第四级成熟度模型的要求，系统必须提供全面的定制服务，在同一套运行实例上实现针对不同客户的系统。

6. 及时的响应速度，为用户提供良好的用户体验

及时的响应速度是 SaaS 软件服务质量的基本保证。相对于传统方式，SaaS 软件服务拥有更大的访问量和访问压力，因此，性能问题往往比传统模式更加突出。

本章小结

本章主要介绍了企业人力资源管理系统的构成及其特性、企业人力资源信息化的相关概念、人力资源信息化建设的过程以及趋势。人力资源管理信息化（e-HR）是以先进的信息技术为手段，以软件系统为平台，实现低成本、高效率、全员共同参与管理的过程，实现人力资源管理战略地位的全面提升、开放的人力资源管理模式。人力资源管理信息技术的应用总体上可以分成四个主要阶段，分别是基础计算工具阶段、手工计算机化阶段、人力资源管理系统阶段、全面应用阶段。

根据系统生命周期理论，可以将人力资源管理信息化建设流程概括为四个阶段，它们分别是：总体规划、系统选型、系统实施、系统运行与维护，它们贯穿于人力资源管理信息系统的整个生命周期。

进入云时代，云计算、互联网、物联网之间交互演进，推动了信息载体爆发式的增长，云时代将会成为企业创造价值的新的动力。国内的用友、金蝶等大的 ERP 管理软件提供商都在尝试采用云计算技术对其商业模式进行变革。SaaS 是云计算中最顶层的运用，基于 SaaS 的人力资源管理系统是企业人力资源信息化建设的趋势。

本章习题

1. 简述企业人力资源管理系统的构成及其一般特性。
2. 简述企业人力资源管理信息化经历的发展阶段。
3. 简述企业人力资源管理信息化建设的基本流程。

4. 简述企业人力资源管理信息化建设的注意事项。
5. 简述云计算技术对企业人力资源信息化建设的影响。

案例分析

案例 长江三峡：从“数对人头”到“决策参谋”的转身①

2003 年，随着三峡工程开始发电以及其后的长江电力上市，三峡工程成为真正意义上的企业，人力资源管理的重要性也随之凸显。如今，该公司全面负责三峡工程的建设与运营，现已发展成为有近万名职工，业务包含工程建设、电力生产、金融服务、多种经营等四大板块的集团公司。

人力资源集团管控，从“数对人头”开始

2004 年以前，尚处在项目法人阶段的中国长江三峡工程开发总公司主要聚集了三个时期的员工。第一批是从全国抽调的 20 世纪五六十年代参加工作的水电界精英，第二批是恢复高考后 80 年代初期毕业的大学生，第三批是三峡工程开工前后招聘的学生。“当时公司人数很少，只有不到 600 人，为三峡工程开工在一起奋斗了多年，总公司领导对所有员工都非常了解，人力资源相对简单。

2004 年以后，随着长江电力上市，长江三峡由工程建设转向电力生产和工程建设并举阶段，企业进入了法人阶段，作为集团企业，国资委进行经营业绩考核，企业需要多少人，花费多少人工成本，劳动生产率是多少，人工成本占主营业务收入的比重是多少，等等，都是公司团队需要考虑的新战略问题。

另一方面，长江三峡的业务也日益庞杂起来，逐步覆盖了电力生产、工程建设、资本运营、风力发电、煤化工等行业，经营地点以长江为主线，全国展开，相对分散，同时还扩展到了国际市场。跨行业、跨地域的业务市场使得管理信息化迫在眉睫。

2004 年年底，公司领导决定必须上马信息化系统。上系统的决策过程很简单，集团领导非常爽快，以人力资源部为核心迅速成立了领导小组，由集团高层亲自挂帅，抽调了最得力的干部。上系统最初的目标就是数对人头，发对工资，选择职工利益和企业利益作为出发点最容易切入。如图 A 所示。

“数对人头、发对工资只是基础。系统还要支持业务重组，通过过程再造，突破时间和地域的限制，形成集团化管控，优化人财物和信息资源的配置。最

---

① http：//finance. qq. com/a/20090622/018743. htm.

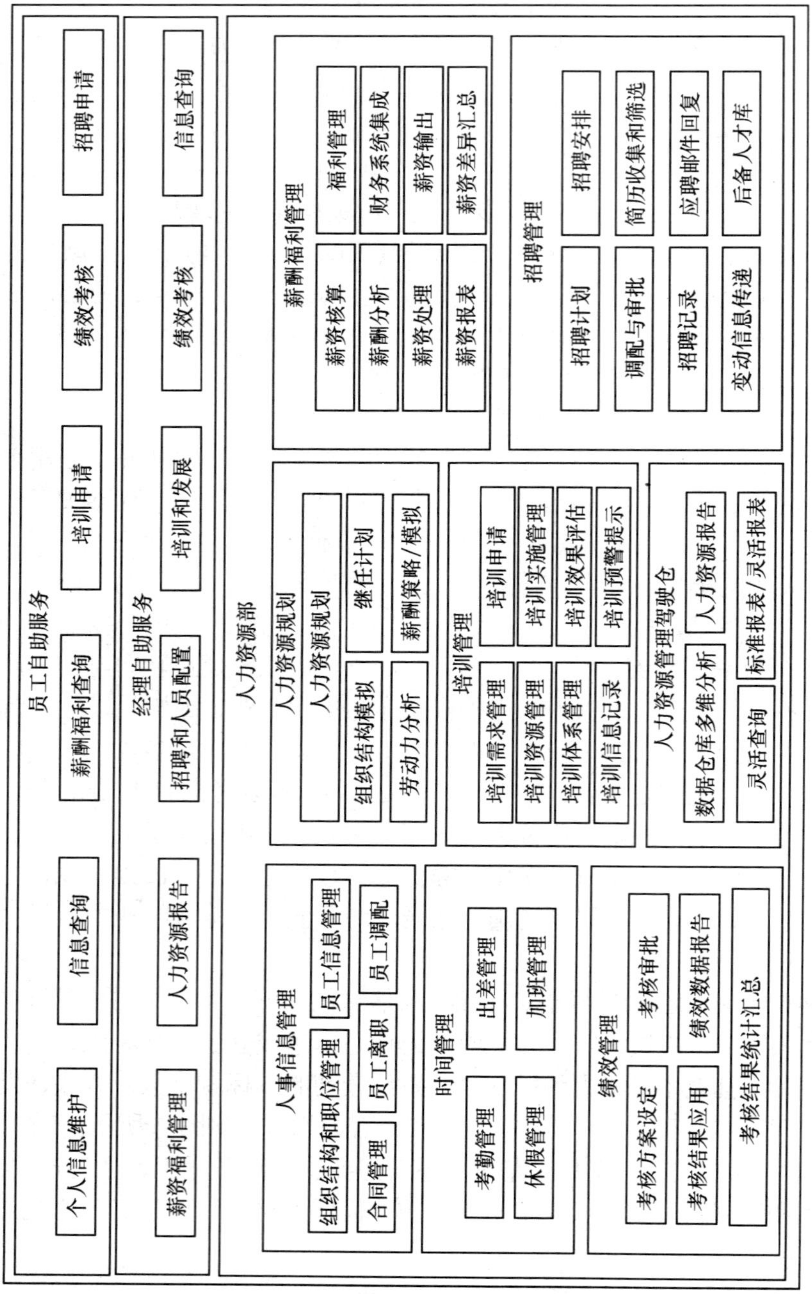

图 A 长江三峡 e-HR 解决方案体系

后，以系统为手段、以绩效为导向，向管理要效益。比如凡是上一个模块，在实施过程中，人力资源部门就和业务人员一起研究，能否带来劳动生产率的提高，能否降低成本，能否为各个层面的系统用户带来好处。总之上系统是为了解决人力资源管理的问题。”

长江三峡 HR 信息化的很多压力不是来自于外部，而是内部，集团定位于做最好的清洁能源集团。跟民营企业比较，央企集聚了更多的精英，当然也对人力资源提出更多的要求。人才的开发、人才的激励等都是长江三峡必须考虑的长远问题。

长江三峡认为，企业正处于由人力资源管理向战略性人力资源转变交叉的过程，这是内在的需求。在这个过程中，企业人力资源管理部门在企业中的角色也在发生变化。原来领导怎么说就怎么干，现在可以为领导提供更好的决策支持。现在人力资源部门发挥着越来越重要的作用。上项目首先要考虑人的问题，分析人力资源成本、人员配置问题。企业的兼并重组会议也一定会请人力、财务部门参加，俨然已经是企业的战略组成部门。

目前，e-HR 系统已经成为长江三峡不可或缺的集团管理平台。集团各级领导可通过综合查询系统获得有关人力资源现状和异动，人工成本等关键指标，为各级领导提供了管理和决策支持，使人力资源管理与企业运营息息相关。人力资源管理人员可通过 e-HR 报表对本岗位的相关业务进行统计分析。人员基础信息数据库为集团编制控制和人力资源规划奠定了良好的基础；劳动合同签订情况通过系统实时反映，为集团贯彻劳动合同法提供了有效的手段；对薪酬、福利等相关业务进行了规范，保证了集团相关人力资源政策的贯彻执行。通过 e-HR 系统推动人力资源信息化，公司总部能实时、有效、全面、准确地掌握全集团的人力资源信息，集团管控能力得到进一步加强。

请结合本案例，回答下列问题：

1. 长江三峡的上 e-HR 系统的动因是什么？
2. e-HR 系统为长江三峡带来哪些收益？

主要参考文献

［1］杰弗里·梅洛．战略人力资源管理［M］．北京：中国财政经济出版社，2004．

［2］劳埃德·拜厄斯，莱斯利·鲁．人力资源管理［M］．北京：华夏出版社，2002．

［3］加里·德斯勒．人力资源管理（第九版）［M］．北京：清华大学出版社，2003．

［4］戴维·沃尔里奇．人力资源教程［M］．北京：新华出版社，2000．

［5］劳伦斯·S．克雷曼．人力资源管理：获取竞争优势的工具（第二版）［M］．北京：机械工业出版社，2002．

［6］冯忠铨．现代人力资源管理［M］．北京：中国财政经济出版社，2002．

［7］李宝元．人力资本运营［M］．北京：企业管理出版社，2001．

［8］［美］莱尔·约克斯著，胡英坤，孙宁译．战略人力资源开发［M］．大连：东北财经大学出版社，2007．

［9］［美］雷蒙德·A．诺伊等著，刘昕译．人力资源管理：赢得竞争优势［M］．北京：中国人民大学出版社，2005．

［10］［美］乔恩·M．沃纳（Jon M. Werner），兰迪·L．德西蒙（Randy L. DeSimone）著．人力资源开发（第5版）［M］．北京：清华大学出版社，2010．

［11］［美］斯蒂芬·P．罗宾斯，玛丽·库尔特著．管理学［M］．北京：中国人民大学出版社，2012．

［12］安鸿章，孙义敏．定员定额师培训教程［M］．北京：中国劳动社会保障出版社，2007．

［13］安鸿章，余刘军主编．现代企业劳动定额定员管理与标准化［M］．北京：中国劳动社会保障出版社，2008．

［14］安鸿章主编．工作岗位研究原理与应用（第3版）［M］．北京：中国

劳动社会保障出版社，2012.

［15］常凯. 劳动关系·劳动者·劳权——当代中国的劳动问题［M］. 北京：中国劳动出版社，1995.

［16］陈东健等编著. 人力资源管理［M］. 北京：清华大学出版社，2012.

［17］陈维政编著. 人力资源管理［M］. 北京. 高等教育出版社，2011.

［18］程延园. 劳动关系［M］. 北京：中国人民大学出版社，2011.

［19］程延园，杨柳.《劳动合同法》对劳动力市场效率的影响研究［M］. 北京：中国人民大学出版社，2012.

［20］董克用编著. 人力资源管理概论［M］. 北京：中国人民大学出版社，2008.

［21］付维宁编著. 绩效管理［M］. 北京：中国发展出版社，2012.

［22］付亚和主编. 工作分析（第 2 版）［M］. 上海：复旦大学出版社，2009.

［23］付亚和，许玉林主编. 绩效管理（第 2 版）［M］. 上海：复旦大学出版社，2011.

［24］葛玉辉主编. 人力资源管理［M］. 北京：清华大学出版社，2013.

［25］郝红，姜洋主编. 绩效管理［M］. 北京：科学出版社，2011.

［26］洪玫主编. 人力资源信息化管理［M］. 北京：中国发展出版社，2006.

［27］侯典牧，傅家荣主编. 人员素质测评［M］. 北京：科学出版社，2012.

［28］侯光明主编. 人力资源战略与规划［M］. 北京：科学出版社，2009.

［29］贾俊玲. 劳动法与社会保障法学［M］. 北京：中国劳动社会保障出版社，2005.

［30］金延平主编. 人力资源管理人员培训与开发（第 2 版）［M］. 大连：东北财经大学出版社，2010.

［31］劳动和社会保障部. 中华人民共和国劳动合同法讲座［M］. 北京：中国劳动社会保障出版社，2007.

［32］廖泉文. 招聘与录用（第 2 版）［M］. 北京：中国人民大学出版社，2010.

［33］林新奇编著. 绩效管理：技术与应用［M］. 北京：中国人民大学出版社，2012.

[34] 林泽炎主编. 执行人力资源战略规划［M］. 北京：中国发展出版社，2008.

[35] 林忠，金延平主编. 人力资源管理（第3版）［M］. 大连：东北财经大学出版社，2012.

[36] 刘明鑫，刘崇林主编. 人力资源规划［M］. 北京：电子工业出版社，2010.

[37] 刘昕主编. 薪酬管理［M］. 北京：中国人民大学出版社，2011.

[38] 刘昕编著. 人力资源管理［M］. 北京：中国人民大学出版社，2012.

[39] 刘远我. 人才测评方法与应用（第2版）［M］. 北京：电子工业出版社，2011.

[40] 彭建峰主编. 人力资源管理概论（第2版）［M］. 上海：复旦大学出版社，2011.

[41] 石金涛主编. 培训与开发（第2版）［M］. 北京：中国人民大学出版社，2009.

[42] 孙健敏，高日光主编. 人力资源测评理论与技术［M］. 北京：首都经济贸易大学出版社，2010.

[43] 孙健敏，李原编著. 组织行为学［M］. 上海：复旦大学出版社，2005.

[44] 王宝石主编. 人力资源管理（第2版）［M］. 北京：机械工业出版社，2008.

[45] 王全兴. 劳动法（第3版）［M］. 北京：法律出版社，2008.

[46] 王少东等编著. 企业人力资源管理［M］. 北京：清华大学出版社，2012.

[47] 王淑红主编. 人员素质测评［M］. 北京：北京大学出版社，2012.

[48] 王玉娇编著. 人力资源管理［M］. 北京：清华大学出版社，2013.

[49] 萧鸣政，［英］Mark Cook 编著. 人员素质测评（第3版）［M］. 北京：高等教育出版社，2013.

[50] 徐芳主编. 培训与开发理论及技术［M］. 上海：复旦大学出版社，2009.

[51] 许玉林主编. 组织设计与管理（第2版）［M］. 上海：复旦大学出版社，2010.

[52] 杨文士等编著. 管理学［M］. 北京：中国人民大学出版社，2009.

[53] 于海波. 员工招聘与素质测评 [M]. 北京：对外经济贸易大学出版社，2009.

[54] 余凯成等编著. 人力资源管理 [M]. 大连：大连理工大学出版社，2013.

[55] 曾湘泉主编. 薪酬管理 [M]. 北京：中国人民大学出版社，2010.

[56] 张爱卿编著. 人才测评（第2版）[M]. 北京：中国人民大学出版社，2011.

[57] 赵曙明，戴万稳编著. 人力资源战略规划 [M]. 北京：北京师范大学出版集团，2009.

[58] 赵永乐，姜农娟，凌巧编著. 人员招聘与甄选 [M]. 北京：电子工业出版社，2009.

[59] 中国就业培训技术指导中心组织编写. 安鸿章主编. 企业人力资源管理师（一级）[M]. 北京：中国劳动社会保障出版社，2010.

[60] 中国就业培训技术指导中心组织编写. 安鸿章主编. 企业人力资源管理师（二级）[M]. 北京：中国劳动社会保障出版社，2007.

[61] 中国就业培训技术指导中心组织编写. 安鸿章主编. 企业人力资源管理师（三级）（第2版）[M]. 北京：中国劳动社会保障出版社，2007.

[62]《中华人民共和国劳动合同法实施条例》起草小组. 中华人民共和国劳动合同法实施条例要点解答 [M]. 北京：中国劳动社会保障出版社，2008.

[63] 周憬宇，李武军，过敏意主编. 飞天开放平台编程指南阿里云计算的实践 [M]. 北京：北京电子工业出版社，2013.

[64] 周三多主编. 管理学 [M]. 北京：高等教育出版社，2011.

[65] 朱勇国主编. 人力资源管理信息化 [M]. 北京：中国劳动社会保障出版社，2006.

[66] 加里·德斯勒. 人力资源管理（第12版）[M]，北京：中国人民大学出版社，2012.

[67] [美] 德斯勒，（新加坡）陈水华著，赵曙明，高素英译. 人力资源管理（亚洲版·第2版）[M]，北京：机械工业出版社，2013.

[68] 罗宾斯等著，孙健敏等译. 组织行为学（第14版）[M]. 北京：中国人民大学出版社，2012.

[69] 赵曙明编著. 人力资源战略与规划（第三版）[M]. 北京：中国人民大学出版社，2012.

［70］文跃然主编．薪酬管理原理［M］．上海：复旦大学出版社，2004．

［71］康士勇主编．薪酬设计与薪酬管理［M］．北京：中国劳动社会保障出版社，2005．

［72］苏列英等主编．薪酬管理（第二版）［M］．西安：西安交通大学出版社，2012．

［73］李中斌，曹大友，章守明等编著．薪酬管理［M］．北京：中国社会科学出版社，2007．

［74］李广义主编．人力资源管理．天津：天津大学出版社，2009．

［75］阿吉斯．绩效管理（英文版·第3版）［M］．北京：中国人民大学出版社，2012．

［76］顾琴轩主编．绩效管理［M］．上海：上海交通大学出版社，2009．

［77］方振邦等编著．绩效管理［M］．北京：科学出版社，2010．

［78］［英］卡恩斯著，张来贵译．员工业绩测评与管理［M］．北京：经济管理出版社，2005．

［79］付亚和，许玉林主编．绩效管理（第二版）［M］．上海：复旦大学出版社，2008．

［80］徐延利编著．绩效管理——理论、方法、流程及应用［M］．北京：经济科学出版社，2011．

［81］秦杨勇．平衡计分卡与绩效管理（第二版）［M］．北京：中国经济出版社，2009．

［82］边文霞编著．人事测评技术［M］．北京：中国劳动社会保障出版社，2007．

［83］陈文浩主编．公司治理（第二版）［M］．上海：上海财经大学出版社，2011．

［84］萧鸣政编著．工作分析的方法与技术（第三版）［M］．北京：中国人民大学出版社，2010．

［85］马国辉，张燕娣主编．工作分析与应用（第二版）［M］．上海：华东理工大学出版社，2012．

［86］金延平主编．人员培训与开发（第二版）［M］．大连：东北财经大学出版社，2010．

［87］周昌湘．非人力资源经理的人力资源管理［M］．广州：广东省出版集团，2010．

[88] 王瑞永，全鑫编著. 绩效量化考核与薪酬体系设计全案 [M]. 北京：人民邮电出版社，2011.

[89] 唐志红编著. 人力资源招聘培训考核（第 2 版）[M]. 北京：首都经济贸易大学出版社，2011.

[90] 许玉林，王剑. 人力资源吸引与招聘——基于战略思考与管理流程 [M]. 北京：清华大学出版社，2013.

[91] 王旭，乐雯晴著. 从招聘到离职——人力资源管理实务操作宝典（增订 4 版）[M]. 北京：中国法制出版社，2013.

[92] 王丽娟编著. 员工招聘与配置（第二版）[M]. 上海：复旦大学出版社，2012.

[93] 李旭旦，吴文艳主编. 员工招聘与甄选 [M]. 上海：华东理工大学出版社，2009.

[94] [美] 惠顿，卡梅伦著，戴维智等译. 管理技能开发（第 8 版）[M]. 北京：清华大学出版社，2011.

[95] 李作学编著. 员工招聘与面试精细化实操手册 [M]. 北京：中国劳动社会保障出版社，2010.

[96] 田效勋，柯学民，张登印. 过去预测未来——行为面试法（第二版）[M]. 北京：中国轻工业出版社，2012.

[97] 李秋香主编. 劳动政策与分析 [M]. 上海：华东理工大学出版社，2010.

[98] 边文霞编著. 员工招聘实务（第 2 版）[M]. 北京：机械工业出版社，2011.

[99] 姚裕群，刘家珉，原喜泽主编. 招聘与配置（第二版）[M]. 大连：东北财经大学出版社，2012.

[100] 高秀娟，王朝霞主编. 人员招聘与配置 [M]. 北京：中国人民大学出版社，2011.

[101] 王淑珍，王铜安编著. 现代人力资源培训与开发. 北京：清华大学出版社，2010.

[102] 宋培林. 企业员工战略性培训与开发——基于胜任力提升的视角 [M]. 厦门：厦门大学出版社，2011.

[103] 张丽琍主编. 人力资源培训与职业生涯管理 [M]. 北京：中国人民大学出版社，2011.

［104］萧鸣政主编. 人员素质测评理论与方法［M］. 北京：北京大学出版社，2011.

［105］王淑红主编. 人员素质测评［M］. 北京：北京大学出版社，2012.

［106］钱叶芳. 企业劳动关系稳定的法律问题研究［M］. 北京；中国法制出版社，2012.

［107］袁凌. 转轨时期中国企业劳动关系研究［M］. 长沙：湖南大学出版社，2012.

［108］刘明鑫，刘崇林主编. 人力资源规划（第 2 版）［M］. 北京：电子工业出版社，2010.